Reisepraktisches
Geschichte und Politik

Lissabon –
Stadtgeschichte
Reisepraktisches

Lissabon – Sehenswertes

Linha de Cascais

Linha de Sintra

Nördlich von Lissabon

Südlich von Lissabon

Autor: Johannes Beck
Recherchen: Michael Böhme, Jutta Wasserrab
Lektorat: Annegret Pannewitz, Peter Ritter, Carmen Wurm
Redaktion und Layout: Nona-Andreea Kolle
Cover: Karl Serwotka
Karten: Günther Grill, Matthias Patrzek, Judit Ladik, Gábor Sztrecska
Coverkarten: Carlos Borrell
Fotos: s. Fotonachweis auf S. 11

Zum Autor

Johannes Beck, geboren am 30.04.1972 in Meersburg. Aufgewachsen in Jllmensee unweit des Bodensees. Zivildienst von 1991-93 in Lissabon. Danach Studium der Regionalwissenschaften Lateinamerika an der Uni Köln sowie 1995-96 Studium der Volkswirtschaftslehre am ISEG (Instituto Superior de Economia e Gestão) in Lissabon. Seit 1999 bei der Deutschen Welle in Bonn. Seit 2006 leitet er die portugiesische Hörfunk-Redaktion der DW. Arbeitet außerdem als freier Journalist mit Schwerpunkt Portugal und Lateinamerika.

Dieser Reiseführer wurde am 10. November 2000 vom Fremdenverkehrsverein und der Stadt Lissabon als bester deutschsprachiger Reiseführer zu Lissabon mit dem **„Lisboa – Best Travel Guide Award"** ausgezeichnet. Aus etwa 70 Reiseführern hatte die Jury fünf Handbücher zur Prämierung ausgewählt. Ein wichtiges Auswahlkriterium des Komitees war die Herausarbeitung eines realistischen Bildes der Stadt Lissabon.

Die in diesem Reisebuch enthaltenen Informationen wurden von den Autoren nach bestem Wissen erstellt und von ihnen und dem Verlag mit größtmöglicher Sorgfalt überprüft. Dennoch sind, wie wir im Sinne des Produkthaftungsrechts betonen müssen, inhaltliche Fehler nicht mit letzter Gewissheit auszuschließen. Daher erfolgen die Angaben ohne jegliche Verpflichtung oder Garantie der Autoren bzw. des Verlags. Beide übernehmen keinerlei Verantwortung bzw. Haftung für mögliche Unstimmigkeiten. Wir bitten um Verständnis und sind jederzeit für Anregungen und Verbesserungsvorschläge dankbar.

ISBN 3-89953-315-1
© Copyright Michael Müller Verlag GmbH, Erlangen 2006. Alle Rechte vorbehalten. Alle Angaben ohne Gewähr. Printed in Germany.

Aktuelle Infos online: **www.lissabon-umgebung.de**

Aktuelle Infos zu unseren Titeln, Hintergrundgeschichten zu unseren Reisezielen sowie brandneue Tipps erhalten Sie in unserem regelmäßig erscheinenden Newsletter, den Sie im Internet unter **www.michael-mueller-verlag.de** kostenlos abonnieren können.

4. vollständig überarbeitete und aktualisierte Auflage 2006

Lissabon und Umgebung

Johannes Beck

1845 1900

EÇA DE QUEIROZ

INHALT

Die weiße Stadt am Tejo ... 12

Anreise ... 18
Mit der Bahn ... 18
Mit dem Flugzeug ... 20
Mit dem Bus ... 22
Mit dem eigenen Fahrzeug ... 23
Mit dem Schiff ... 24

Die Geschichte Portugals ... 25
Die „Vorportugiesen" ... 25
Lusitanier gegen Römer ... 26
Die Germanen fallen ein ... 26
Die Araber ... 27
Portucale ... 28
Die Dynastie Burgund ... 28
Blütezeit unter dem Dichterkönig Dinis ... 29
Die Dynastie Aviz ... 30
Das Zeitalter der Entdeckungen (1415–1560) ... 30
Die Expansion nach Afrika, Asien und Amerika ... 31
Der Niedergang ... 32
Die spanische Herrschaft ... 33
Die Dynastie Bragança ... 34
Die napoleonische Invasion ... 35
Die liberale Verfassung von 1821 ... 36
Liberalismus gegen Absolutismus ... 37
Der Niedergang der Monarchie ... 38
Die Republik ... 39
Der Militärputsch vom 28. Mai 1926 ... 41
Salazars Weg aus dem Chaos ... 41
Estado Novo – Der Neue Staat ... 42
Die Wirtschaft unter Salazar ... 44
Widerstand gegen die Diktatur ... 45
Kolonialkriege ... 46
Kurzer Frühling unter Caetano ... 46
Die Nelkenrevolution ... 47
Kommunismus gegen liberale Demokratie ... 49
Die Demokratie ... 51
Der EG-Beitritt ... 52
Die Ära des Cavaquismo ... 53
Nova Maioria – Die Neue Mehrheit ... 53
Die Rückkehr des Cavaquismo ... 54
Chaos unter Santana Lopes ... 55

Politik und Gesellschaft ... 57
Parteien ... 58
Regionaler Aufbau ... 60
Küste versus Landesinneres ... 61
Kirche ... 61
Menschliche Entwicklung ... 62
Umwelt ... 63

Wirtschaft ... 65
Schwache Landwirtschaft ... 66
Mit Kork an der Weltspitze ... 67
Fehlende Markenprodukte ... 68
Lange Arbeitszeiten – geringe Produktivität ... 69
Die EU als Entwicklungshelfer ... 71
Ein Land im Konsumrausch ... 71

Wissenswertes von A bis Z ... 73
Adressen ... 73
Aufenthaltsgenehmigung ... 74
Behinderte ... 74
Botschaften ... 75
Cartão Jovem (Jugendkarte) ... 76
Deutsche in Lissabon ... 76
Drogen ... 77
Einreisebestimmungen ... 78
Elektrizität ... 78
Feiertage ... 78
Fernsehen ... 78
Frauen ... 79
Friseure ... 79
Fundbüros ... 79
Geld ... 80
Gesundheit ... 81
Haustiere ... 83
Internet ... 84

Karten	84
Kinder	84
Kleidung	85
Klima	86
Kriminalität	86
Leitungswasser	87
Lesben und Schwule	87
Öffnungszeiten	88
Photo	88
Polizei	88
Post	89
Radio	90
Reklamationen	91
Sprachkenntnisse	92
Studierende	92
Telefonieren	93
Toiletten	95
Touristeninformationen	95
Trinkgeld	96
Verhaltensknigge – in Lissabon zu vermeiden	96
Versicherungen	96
Wäschereien	97
Wohnen	98
Zeit	98
Zeitungen	98

Lissabon ... 100

Stadtgeschichte ... 102

Das antike Lissabon	103
Blütezeit unter den Mauren	103
Christliche Reconquista	104
Aufschwung im gotischen Lissabon	105
Lissabon im Zeitalter der Eroberungen	106
Manuelinik – prachtvoller Baustil der Verschwendung	107
Humanismus versus Gegenreformation	107
Unter Spanien in die Krise	108
Im brasilianischen Goldrausch – die barocke Stadt	109
Chaos und Zerstörung	109
Wiederaufbau im Stil der Aufklärung	110
Liberale Dynamik im 19. Jahrhundert	111
Elend der Arbeiter, Pracht des Bürgertums	112
Unter der Diktatur des Estado Novo	113
Fluchtweg Lissabon	114
Die moderne Stadt nach der Nelkenrevolution	114
Bevölkerungsschwund	116
Stadtgeschichte im Überblick	118

Unterwegs im Großraum Lissabon ... 120

Metro	122
Carris (Stadtbusse, Straßenbahnen, Aufzüge)	123
Züge	128
Fähren	130
Vorortbusse	131
Organisierte Stadtrundfahrten	132
Stadtspaziergänge	132
Taxi	133
Auto	133
Fahrrad	136

Übernachten ... 140

Hotels	141
Pensionen	141
Herrenhäuser und Landgüter	142
Privatzimmer und Appartements	143
Jugendherbergen	144
Camping	144
Hotels und Pensionen in Lissabon	146

Essen & Trinken ... 155

Wo isst man?	155
Wann isst man?	156
Was isst man?	157
Getränke	162
Restaurants in Lissabon	165

Cafés ... 176

Einkaufen ... 184

Einkaufszentren ... 184	Kunsthandwerk und Antiquitäten ... 190
Lebensmittel und Wein ... 186	Mode ... 192
Märkte ... 188	Bücher ... 193
Flohmärkte ... 189	Musik ... 195

Unterhaltung und Kultur ... 196

Feste ... 197	Literatur ... 204
Fußball ... 200	Musik ... 205
Galerien ... 201	Theater ... 210
Kinos ... 202	

Nachtleben ... 212

Bars und Kneipen ... 213	Nächtlicher Hunger ... 223
Diskotheken ... 220	

Sport ... 224

Baden im Meer ... 224	Tauchen und Schnorcheln ... 230
Golfen ... 228	Tennis ... 233
Joggen ... 229	Wellenreiten und Bodyboarden ... 233
Reiten ... 229	Windsurfen ... 236
Segeln ... 230	

Sehenswertes ... 237

Baixa ... 237

Praça do Comércio ... 238	Praça da Figueira ... 244
Câmara Municipal (Rathaus) ... 239	Igreja do Convento de São Domingos ... 244
Igreja da Conceição Velha ... 240	
Römische Galerien ... 240	Coliseu dos Recreios ... 244
Rossio ... 243	

Chiado ... 245

Igreja do Convento do Carmo ... 246	Largo do Chiado ... 246

Alfama ... 247

Casa dos Bicos ... 250	Teatro Romano ... 255
Chafariz d'El Rei ... 251	Miradouro Santa Luzia ... 256
Sé Catedral (Kathedrale) ... 251	Castelo São Jorge (Burg) ... 256
Igreja de Santo António ... 255	

Mouraria/Graça ... 259

Miradouro Nossa Senhora do Monte ... 260	Igreja e Mosteiro São Vicente de Fora ... 261
Igreja da Graça ... 261	Panteão Nacional ... 264

Santana/Avenida da Liberdade ... 265

Avenida da Liberdade ... 266

Avenidas Novas ... 270

Parque Eduardo VII/Estufa Fria ... 271	Moderne Architektur ... 274
Campo Pequeno (Stierkampfarena) ... 272	Metrostationen ... 275
	Penha de França ... 279

Bairro Alto 280
Miradouro São Pedro
  de Alcântara 281
Igreja de São Roque 281
Praça do Príncipe Real 282
Jardim Botânico 284
Convento dos Cardaes 284
Miradouro Santa Catarina 286

Lapa/Madragoa/São Bento 287
Basílica da Estrela 288
Jardim da Estrela 290
Britischer Friedhof 290
Assembleia da República
  (Parlament) 291
Convento das Bernardas 292

Campo de Ourique/Amoreiras 294
Cemitério dos Prazeres
  (Westfriedhof) 294
Igreja do Santo Condestável 295
Casa Fernando Pessoa 297
Casa Fernando Pessoa 298
Aqueduto das Águas Livres 298
Mãe d'Água 299

Alcântara 301
Ermida de Santo Amaro 302
Ponte 25 de Abril 302
Palácio das Necessidades 303
Instituto Superior
  de Agronomia 304
Porto de Lisboa (Hafen) 305

Belém 305
Cordoaria Nacional 306
Palácio de Belém 307
Jardim do Ultramar 307
Igreja da Memória 307
Mosteiro dos Jerónimos 308
Planetário Calouste Gulbenkian 312
Centro Cultural de Belém 313
Padrão dos Descobrimentos 314
Torre de Belém 314
Ermida de Belém 315

Ajuda 316
Palácio Nacional da Ajuda 316
Jardim Botânico da Ajuda 317
Cemitério da Ajuda 317
Parque Urbano dos
  Moinhos de Santana 318

Benfica 319
Jardim Zoológico (Zoo) 319
Palácio Marquês de Fronteira 319
Miradouro do Calhau 320
Parque Florestal de Monsanto 320
Palácio do Beau Séjour 323
Estádio da Luz 325
Quinta Granja 326

Carnide/Lumiar 326
Parque do Monteiro-Mor 326
Estádio de Alvalade 328

Stadtviertel im Osten Lissabons 328
Cemitério Alto de São João
  (Ostfriedhof) 329
Parque das Nações 330
Ponte Vasco da Gama 334

Museen 335

Linha de Cascais 353
Algés 354
Caxias 355
Paço de Arcos 357
Oeiras 358

Carcavelos	362	Guincho	386
Estoril	364	Malveira da Serra	388
Cascais	373		

Linha de Sintra ... 390

Queluz	391	Praia da Adraga	428
Sintra	396	Praia Grande	429
Serra de Sintra	409	Praia das Maçãs	430
Colares	424	Azenhas do Mar	431
Cabo da Roca	425	Magoito	433

Nördlich von Lissabon ... 434

Mafra	435	Torres Vedras	447
Ericeira	440	Vila Franca de Xira	451

Südlich von Lissabon ... 457

Alcochete	458	Sesimbra	477
Almada	464	Azeitão	481
Costa da Caparica	469	Serra da Arrábida	487
Lagoa de Albufeira /		Palmela	499
Aldeia do Meco	473	Setúbal	502
Cabo Espichel	475	Tróia	511

Etwas Portugiesisch ... 512

Register ... 522

Verzeichnis der Wanderungen

Rundwanderung durch den Monsanto-Park ... 322

Wanderungen in der Serra de Sintra ... 414

Wanderung 1: Sintra – Castelos dos Mouros – Pena – Cruz Alta ... 416
Wanderung 2: Parque da Pena – Capuchos – Sintra ... 418
Wanderung 3: Parque da Pena – Peninha – Cabo da Roca ... 419
Wanderung 4: Malveira da Serra – Capuchos – Colares ... 420
Wanderung 5: Cabo da Roca – Praia Grande – Azenhas do Mar ... 422

Wanderung zu den Salinen ... 462

Wanderung zur Praia dos Lagosteiros ... 476

Wanderungen in der Serra da Arrábida ... 490

Wanderung 1: Setúbal – Palmela ... 490
Wanderung 2: Setúbal – Azeitão ... 492
Wanderung 3: Palmela – Azeitão ... 494
Wanderung 4: Azeitão – Picheleiros – Azeitão ... 495
Wanderung 5: Azeitão – Sesimbra ... 498

Kartenverzeichnis

Lissabon Übersicht	vorderer Umschlag
Lissabon und Umgebung Übersicht	hinterer Umschlag
Metroplan Lissabon	hinterer Umschlag

Alcântara	302/303	Nördlich von Lissabon	437
Alcochete	461	Oeiras	361
Wanderung zu den Salinen in Alcochete	463	Palmela	500
		Parque da Pena	411
Alfama	252/253	Parque de Nações	334/335
Almada	465	Santana/Avenida Liberdade	266/267
Avenidas Novas	276/277		
Bairro Alto	282/283	Serra de Arrábida – Wanderungen 1, 2 und 3	492/493
Baixa und Chiado	240/241		
Belém/Ajuda	308/309	Serra de Arrábida – Wanderungen 4 und 5	496/497
Benfica	321		
Campo de Ourique/Amoreiras	296/297	Serra de Sintra – Wanderung 1	415
Carnide/Lumiar	327	Serra de Sintra – Wanderung 2	417
Cascais	382/383		
Costa da Caparica	470	Serra de Sintra – Wanderung 3	418/419
Ericeira	445		
Estoril	368/369	Serra de Sintra – Wanderung 4	421
Lapa/Madragoa/São Bento	288/289		
		Serra de Sintra – Wanderung 5	423
Linha de Cascais	358/359	Sesimbra	479
Linha de Sintra	392/393	Setúbal	504/505
Lissabon Innenstadt	138/139	Sintra	398/399
Lissabon Stadtentwicklung	105	Stadtteile im Osten Lissabons	331
Lissabon Straßenbahnlinien	125		
Mafra	435	Südlich von Lissabon	458
Mosteiro dos Jerónimos	313	Torres Vedras	449
Mouraria/Graça	262/263	Vila Franca de Xira	454/455
Monsanto	323		

Ein Dankeschön ganz besonders an: David Soares für die wiederholte Gastfreundschaft und viele Tipps und Vorschläge, Michael Ferreira für seine Hilfe und Hinweise zum Nachtleben in Lissabon, Boris Planer, Martin Heiden und Teresa Bomba Correia für sprachliche und sachliche Anregungen, Frithjof Gauss und Silke Giesecke für viele Surftipps. Außerdem an: Ana Pio und Diogo, Angelina Ribeiro, Bernhard Beck, Carlos Martins, Carlos Pio, Claudia Rutschmann, Daniel Beck, Danielle und Sónia „Napolimão", David Egner, Doris Beck, Filipe Esparteiro, Helge Müller, Jorge Cosme, Juliana de Fátima Carreira, Kathrein Hölscher, Leslie Simon, Lucia Wasserrab, Margarida Gil, Nuno Costa, Otília Ramos, Pamela Schätzle, Peter Koj, Philipp Hartmann, Retno Setianingsih, Rita Rocha, Rui Peres Jorge, Sandra Bernardino, Simone Klein, Sofia Sousa, Sonia Ramos, Sonia Ramalheiro, Teresa Cardoso, Volker Gold und Volker Stuppe für ihre Tipps. Sowie an Manuela Alves-Christiansen und alle MitarbeiterInnen der Turismos für ihre Unterstützung.

Herzlichen Dank auch an folgende **LeserInnen** für Tipps: Akiko Hitomi (Berlin), Andreas Kollmann, Angelika Baer (Schömberg), Anna Mach (Barcelona), Anne Meyer, Beatrix Bastos, Detlef Lorenz, Elisabeth Stark (München), Carla Bienz (Calw), Dagmar Völksen (München), Elvira Sladek, Ernst Kopold, Esther Klepgen (Köln), Eva-Marie Rühlig (Ostfildern), Gabi Troeger (Prag), Gudrun Sucher (München), Hannelore Quade (Osterstedt), Herrmann Koch-Gröber (Stuttgart), Holger Zabold (Steinberg), Ingeborg Kurschat (Oberwolfach), Jörg Kürschner, Josef Rinderer (München), Jutta Lienekogel (Essen), Klaus Kirchgäßner, Kristina Rosenfeld (Essen), Lorenz Gerstmayr (Lissabon), Lukas Mayrhofer (Wien), Manuela Gillich, Marina Reinstorf (Ahrensburg), Mark Stegelmeyer, Marta Malessa (Wilhelmsdorf), Martin Tilles (Rheda-Wiedenbrück), Martina Lindorfer, Michael Bussmann (Prag), Michael Gail (Siegen), Michael Schwaegermann, Michaela Weghaupt (Wien), Ralf Reköndt (Osterstedt), Reinhold Mundle (Waldshut-Tiengen), Roland Sucher (München), Sabine Löffler (Steinberg), Sigward Michaelsen (Darmstadt), Simon Betschart, Simon Hauser (Altenriet), Stefan Jockers (Freiburg), Stephan Baldesberger, Stephan Mager (Würzburg), Susanne Hilker (Bochum), Tanja Müller (Berlin), Ulrike Pomp (Ettlingen), Walter Krieger (Wiesbaden).

Besonderer Dank gebührt dem portugiesischen Fremdenverkehrsamt ICEP für das Sponsoring eines Fluges nach Lissabon, der Firma Glasaja und ihrer Mitarbeiterin Silvia Wehrspann für eine Woche Übernachtungsmöglichkeit in Lissabon. Dank auch an Maria João Pereira Caldas für die Möglichkeit im Há Mar ao Luar unterzukommen, sowie an die Fluglinie TAP und ihrer Mitarbeiterin Frau Claudia Prahl für die Hilfe bei den Flugbuchungen. Das gilt auch für die Presseabteilung der LTU.

Was haben Sie entdeckt?

Wenn Sie Tipps, Kritik oder Verbesserungsvorschläge haben, schreiben Sie uns – wir freuen uns über Ihre Anregungen!

Johannes Beck
Stichwort „Lissabon und Umgebung"
Michael Müller Verlag
Gerberei 19
91054 Erlangen
E-Mail: johannes.beck@michael-mueller-verlag.de

Liebe Leserinnen und Leser,

Lissabon ist eine Stadt der Kontraste: alt und neu, arm und reich, ländlich und städtisch, hektisch und ruhig, hässlich und wunderschön ... Diese vierte, völlig überarbeitete und aktualisierte Auflage des Reiseführers Lissabon und Umgebung zeigt Ihnen die Hauptstadt Portugals in ihrer ganzen Vielfalt. Sie finden in diesem Buch neben den klassischen Sehenswürdigkeiten auch solche, die sich dem Besucher erst auf den zweiten Blick erschließen. Aber nicht nur die Stadt Lissabon zieht den Besucher in ihren Bann, auch die Umgebung der Metropole ist äußerst reizvoll: Sintra mit seinen Königsschlössern, die noblen Badeorte Cascais und Estoril, die Fischerdörfer an der Atlantikküste, die beschauliche Altstadt von Alcochete ...

Alle praktischen Tipps haben wir für Sie vor Ort getestet. So haben wir uns in über 200 Hotels, Pensionen, Campingplätzen und Jugendherbergen umgesehen, in ebenso vielen Restaurants Probe gegessen und in Dutzenden Bars und Diskotheken auf ein Bier oder eine Cola vorbeigeschaut.

Auch bei der Aktualisierung des Textes dieser vierten Auflage haben wir uns die Zeit genommen, die Tipps grundlegend zu überarbeiten. Dabei haben wir beispielsweise alle Restaurants, Cafés und Bars erneut direkt aufgesucht, um Speisekarten, Preise und Öffnungszeiten auf den neuesten Stand zu bringen.

Änderungen nach dem Erscheinen dieses Reiseführers stellen wir übrigens im Internet für Sie zusammen. Dazu finden Sie auch zahlreiche Links zu den im Buch erwähnten Hotels. Wer will, kann direkt Zimmer und Flüge buchen. Schauen Sie rein: www.lissabon-umgebung.de

Ich wünsche Ihnen einen erholsamen Urlaub in Europas Hauptstadt am Atlantik!

Johannes Beck

Fotonachweis

Johannes Beck (JB): 14, 18, 25, 27, 31, 41, 42, 50, 57, 65, 67, 71, 72, 75, 77, 80, 82, 85, 93, 99, 100, 104, 107, 111, 112, 116, 123, 127, 128, 130, 137, 140, 142, 143, 147, 148, 149, 150, 153, 154, 155, 159, 163, 166, 169, 173, 175, 176, 178, 179, 183, 184, 193, 196, 197, 201, 209, 211, 212, 214, 218, 221, 223, 224, 226, 227, 228, 229, 231, 232, 233, 235, 236, 196, 197, 201, 209, 211, 212, 214, 218, 221, 223, 224, 226, 227, 228, 229, 231, 232, 233, 235, 236, 237, 246, 251, 256, 257, 258, 259, 260, 265, 272, 278, 280, 285, 287, 290, 298, 299, 304, 311, 312, 315, 317, 328, 333, 337, 338, 341, 342, 344, 347, 349, 351, 355, 356, 357, 360, 363, 365, 373, 375, 377, 379, 380, 384, 385, 386, 388, 389, 395, 397, 413, 428, 429, 431, 432, 438, 439, 443, 444, 450, 453, 456, 459, 469, 472, 475, 480, 483, 495, 509

Michael Böhme: 3, 12, 13, 14, 187, 188, 249, 293, 295, 306, 353, 390, 394, 401, 405, 409, 410, 427, 434, 446, 457, 486, 501, 503, 511

Michael Müller: 17, 63, 87, 134

Martin Heiden: 48, 59, 242

Fremdenverkehrsamt der Stadt Lissabon (FVL): 15, 59, 121, 192, 198, 274

Das Dächermeer der Baixa

Die weiße Stadt am Tejo

„*Agora, que lembro as horas ao longo do tempo; desejo voltar, voltar a ti, desejo-te encontrar.*" *(Jetzt, wo ich mich an die vergangenen Stunden erinnere, möchte ich zurückkehren, zu Dir zurückkehren, Dich wieder treffen.)*

Ihrer Sehnsucht nach Lissabon hat die portugiesische Gruppe Madredeus mit diesem Lied *Alfama* Ausdruck gegeben. Viele, die Portugals Hauptstadt am Tejo besucht haben, empfinden Ähnliches, wenn sie an ihre Zeit in Lissabon zurückdenken. Es gibt nur wenige, die sich nicht vom Charme der Stadt in den Bann ziehen lassen. Wer einmal vom Aussichtspunkt Miradouro Santa Luzia über die Dächer des Stadtteils Alfama und die Tejobucht geschaut hat, wird verstehen, warum der Schweizer Regisseur Alain Tanner seinen Film über Lissabon *Dans la ville blanche* („In der weißen Stadt") genannt hat.

Nehmen Sie sich für Ihren Aufenthalt in Lissabon Zeit, es gibt in der Stadt viel zu entdecken und zu genießen. Schlendern Sie von der Praça do Comércio am Tejo die Rua Augusta hinauf, und betrachten Sie die rechtwinklig angelegten Straßenzüge der Lissabonner Unterstadt Baixa. Setzen Sie sich am Rossio, dem Hauptplatz der Stadt, in eines der klassischen Caféhäuser, um das hektische Kommen und Gehen der Passanten zu betrachten. Nutzen Sie die Gelegenheit, um die köstlichen portugiesischen Gebäckstücke wie Cremetörtchen (*pastel de nata*) oder Reisküchlein (*bolo de arroz*) zu probieren. Selbstverständlich bei einem guten portugiesischen Espresso, einer *bica*.

Beliebter Treffpunkt am Rossio – das traditionelle Caféhaus Suiça

Miradouros – „goldene" Ausblicke

Um einen ersten Überblick zu bekommen, empfiehlt es sich, auf einen der vielen Hügel Lissabons zu fahren. Wer die teilweise recht steilen Straßen nicht hinaufsteigen will, dem stehen die so genannten *elevadores* zur Verfügung. Das sind Aufzüge und Standseilbahnen, die ihre Benutzer bequem den Berg hinauffahren. Oben auf den Hügeln der Stadt erschließen *Miradouro* („goldener Blick") genannte Aussichtspunkte immer wieder neue Perspektiven: Der Miradouro Santa Luzia öffnet den Blick auf die Alfama, der Miradouro Santa Catarina auf den Lissabonner Hafen, der Miradouro São Pedro de Alcântara auf die Unterstadt Baixa. Einen Rundblick über das gesamte Stadtgebiet genießt man allerdings nur von den Zinnen des Castelo São Jorge, der Lissabonner Burg.

Mit der Straßenbahn 28 zum „Markt der Diebin"

Ein unvergessliches Erlebnis ist die Fahrt mit der Straßenbahnlinie 28. Außerdem ist das die beste Gelegenheit, die Stadt kennen zu lernen. Vom Platz Martim Moniz in der Nähe des Rossio starten die alten Wagen und quälen sich die Hügel der Stadt hinauf. Manche Gassen in der Alfama sind so eng, dass die Bahnen nur noch eingleisig fahren können. Die Fußgänger müssen sich in die Hauseingänge drücken, um nicht erfasst zu werden. Die Linie 28 führt an den schönsten Kirchen Lissabons vorbei, für die man die Straßenbahnfahrt kurz unterbrechen könnte. Beispielsweise an der wuchtigen, im romanischen Stil erbauten Kathedrale Sé oder an der luftig wirkenden, neoklassizistischen Basílica da Estrela mit ihrem weitläufigen Park.

Keine Museumsfahrt, sondern Alltagsrealität – in Lissabon mit der Straßenbahn unterwegs

Nicht entgehen lassen sollte man sich auch die Kirche São Vicente de Fora samt angeschlossenem Kloster sowie das nicht weit davon entfernte Nationalpantheon. Dienstags und samstags wird zwischen der Kirche und dem Pantheon der berühmte Flohmarkt Feira da Ladra abgehalten. Der „Markt der Diebin" hat seinen Namen nicht ganz von ungefähr erhalten, aber heute ist die Mehrheit der hier gehandelten Waren legal.

Endstation der Linie 28 ist der Westfriedhof der Stadt, der Cemitério dos Prazeres. Im „Friedhof der Vergnügungen" können Sie durch grüne Alleen wandern und herrliche Familienmausoleen in weißem Marmor betrachten. Wem der Prazeres-Friedhof gefallen hat, der sollte auch den Ostfriedhof Cemitério Alto São João besuchen. Er beeindruckt durch noch opulentere Grabkapellen.

Wochenende mit Cremetörtchen

Nahe der Tejomündung im Westen der Stadt liegt Belém. Früher war dieser Stadtteil der Ausgangspunkt der Schiffe, die zur Entdeckungsreise nach Übersee ablegten. Noch heute ist das Kloster Mosteiro dos Jerónimos Zeugnis der Reichtümer, welche die portugiesischen Flotten aus Afrika, Indien und Brasilien nach Europa brachten.

Die Lissabonner lieben es, hier im grünen Belém ihre Wochenend-Nachmittage zu verbringen. Kinder spielen auf der Wiese vor dem Kloster Fußball, Liebespaare schmusen am Tejoufer und Mountainbiker radeln die Uferpromenade entlang. Fast alle treffen sich jedoch im Café Fábrica dos Pastéis de Belém neben dem Mosteiro dos Jerónimos. In großen, labyrinthartigen Sälen

Bei den Marchas Populares de Santo António wird geprunkt

verzehren sie gut riechende, frisch aus dem Ofen kommende Cremetörtchen, die hier *Pastéis de Belém* genannt werden.

Auch dem Staatspräsidenten Portugals gefällt es in Belém: Er residiert hier im ehemaligen Königspalast Palácio de Belém. Ein weiterer Königspalast, der neoklassizistische Palácio Nacional de Ajuda, kann im Nachbarstadtteil Ajuda besichtigt werden.

Konzerte und Museen

Kulturinteressierte sollten sich das Centro Cultural de Belém nicht entgehen lassen. In diesem modernen Kulturzentrum finden regelmäßig Konzerte und Kunstausstellungen statt. Überhaupt ist an interessanten Museen in Belém kein Mangel: In den Seitenflügeln des Mosteiro dos Jerónimos sind das Marinemuseum und das Archäologiemuseum untergebracht. Ebenfalls lohnenswert sind das Museu Nacional dos Coches mit seiner großen Kutschen-Sammlung und das Elektrizitätsmuseum in einem stillgelegten Kohlekraftwerk am Tejoufer.

Aber auch in anderen Stadtteilen Lissabons finden sich sehenswerte Museen. Portugals bedeutendste Kunstsammlung ist in der Lapa im Museu Nacional de Arte Antiga zu bewundern. Weltruhm genießt auch das Museu Calouste Gulbenkian in der Neustadt, in dem die private Kunstsammlung des armenischen Ölmilliardärs Calouste Gulbenkian ausgestellt ist. Ein Museum ganz besonderer Art ist das Azulejomuseum im ehemaligen Madredeus-Konvent im Ostteil der Stadt. Hier werden nicht nur besonders gelungene Kunstwerke, sondern auch die Herstellung dieser für Portugal so typischen Fliesen gezeigt.

15.000 Meerestiere

Vom Azulejomuseum ist es nicht mehr weit bis zum Parque das Nações, dem ehemaligen Gelände der EXPO 98, das heute Lissabons modernsten Stadtteil beherbergt. Nicht alles wurde nach dem Ende der Weltausstellung abgebaut, sodass sich ein Besuch weiter lohnt. Zu den größten Sehenswürdigkeiten Lissabons gehört das faszinierende Ozeanarium mit seinen 15.000 Meerestieren. Nebenan lädt die Tejopromenade zu einem Spaziergang ein.

Badespaß an den Stränden in Lissabons Umgebung

Doch selbst wenn Sie von der Fülle an Sehenswertem in der Stadt überwältigt sind, vergessen Sie die Umgebung Lissabons nicht! Lissabon ist inzwischen weit über seine Stadtgrenzen hinausgewachsen, und so fahren täglich hunderttausende Pendler aus der Umgebung mit dem Zug, dem Bus, dem Auto oder den Tejofähren in die Stadt. Steigen auch Sie in den Zug nach Cascais! Neben einer wunderschönen Fahrt entlang der Küste können Sie hier kleine Felsenstrände, mondäne Seebäder und das Kasino von Estoril kennen lernen. Ebenso schön ist es, den Tejo Richtung Süden mit einer der vielen Fährlinien zu überqueren. Jede bietet Ihnen einen ganz besonderen Blick auf Lissabon.

Romantische Königspaläste in Sintra

Ein Muss ist der Besuch Sintras, der Stadt der Königspaläste. Sie begeistert ihre Besucher mit romantischen Palästen und einer schönen Altstadt. Wer genug Zeit mitbringt, sollte auch den Museen der Stadt seine Aufmerksamkeit schenken – so dem liebevoll aufgebauten Spielzeugmuseum, das längst vergessene Raritäten aus unserer Kindheit bereithält, oder der exzellenten Sammlung moderner Kunst im Museu de Arte Moderna. Nicht weit von Sintra entfernt findet das europäische Festland am Cabo da Roca sein westliches Ende. Hier fällt das Gebirge der Serra de Sintra mit hohen Felsenklippen steil ins Meer hinab.

Fisch und Weißwein

Für Ihr leibliches Wohl ist in Lissabon und Umgebung bestens gesorgt. Besonders Liebhaber deftiger Fleischgerichte sowie von Fisch und Meeresfrüchten kommen in Portugal auf ihre Kosten. Probieren Sie die leckere *açorda de mariscos* (Brotbrei mit Meeresfrüchten). Warum nicht in den großen Speiseräumen der Cervejaria da Trindade im Bairro Alto, der Oberstadt Lissabons? Oder lassen Sie sich einen *peixe espada grelhado* (gegrillten Degenfisch) servieren. Am besten schmeckt er in den Restaurants von Setúbal. Wenn Sie einen Tisch auf dem Bürgersteig wählen, können Sie zusehen, wie der Fisch auf dem Holzkohlegrill zubereitet wird. Dazu empfiehlt es sich, einen der leichten Weißweine der Region, z. B. aus Azeitão, Bucelas oder Colares zu trinken. Wer lieber Fleisch statt Fisch isst, der sollte *carne de porco à alentejana* probieren. Das Schweinefleisch mit Muscheln ist eine Spezialität aus der südportugiesischen Provinz Alentejo.

Der beliebte stumme Losverkäufer – eine Bronzefigur im Bairro Alto

Ländlicher Charme

Im Norden Lissabons erwarten Sie herrliche Strände um den Fischerort Ericeira und Dörfer, die noch viel ländlichen Charme bewahrt haben. Inmitten der dörflich geprägten Landschaft erhebt sich weithin sichtbar der riesige Klosterpalast von Mafra, Zeichen barocker Verschwendungssucht.

Die Südseite des Tejo sollten sie sich ebenfalls nicht entgehen lassen. Hier liegen die beliebtesten Strände der Lissabonner: Von Costa da Caparica bis Tróia stehen kilometerlange Sandstrände und kleine Felsbuchten zur Auswahl. Zahlreiche Wanderrouten führen zu immer neuen Aussichtspunkten. Aber auch die Städte auf der Tejosüdseite verdienen es, besucht zu werden. So die Fischerstadt Sesimbra, die Kleinstadt Alcochete oder das Hafen- und Industriezentrum Setúbal.

Die pulsierende „Movida" Lissabons

Die koloniale Vergangenheit hat auch in der Lissabonner Gastronomie ihre Spuren hinterlassen: japanische, chinesische, indische, angolanische oder brasilianische Restaurants erweitern das kulinarische Spektrum der Stadt. Bis spät in die Nacht kann man zu Abend essen und sich anschließend in das pulsierende Lissabonner Nachtleben stürzen. Auch hier ist die Auswahl groß: Von kleinen, gemütlichen Jazzkneipen über stilvolle Fado-Lokale bis hin zu großen Diskotheken in alten Lagerhäusern am Hafen ist alles vorhanden. Wo im Moment gerade der Puls der Lissabonner *Movida* schlägt, weiß so ganz genau keiner zu sagen, aber eines ist immer sicher: Lissabon schläft nie.

Tor Lissabons – der neue Hauptbahnhof Gare do Oriente

Anreise

Für die Reise nach Lissabon bieten sich zahlreiche Möglichkeiten – das Abenteuer einer über 2.000 Kilometer langen Bahnfahrt oder ein drei Stunden kurzer Direktflug. Das Angebot ist groß, es gilt zu vergleichen!

In Zeiten des Internets ist es überhaupt kein Problem mehr, sich An- und Abreise selbst zusammenzustellen. Wer dennoch lieber ein komplettes Paket „geschnürt" bekommen möchte, dem empfehlen sich folgende auf Portugal spezialisierte **Reiseveranstalter**:

Olimar, Pasteurstr. 1, 50735 Köln, ✆ 0221/20590590, ℻ 20590599. Der Portugalreiseveranstalter mit dem umfangreichsten Programm. Großes Sortiment an Individualreisen. Auch Herrenhäuser des Turismo de Habitaçáo und Landgüter des Turismo no Espaço Rural im Programm. Internet: www.olimar.de.

Check-In, Dieffenbachstr. 1, 61169 Friedberg, ✆ 06031/62062, ℻ 63110. Ein sehr großes Angebot für Reisen auf die Azoren und Madeira, daneben auch für das portugiesische Festland. Es werden auch kombinierte Touren Lissabon, Azoren und Madeira angeboten. Internet: www.check-in-reisen.de.

Mit der Bahn

Die zeitraubende Anreise mit der Bahn empfiehlt sich hauptsächlich für „Langzeiturlauber", die schweres Gepäck haben. Ein Vorteil ist auch, Zwischenstopps einlegen zu können. Die Bahn ist außerdem das umweltfreundlichste Verkehrsmittel.

Eine Hin- und Rückfahrt in der 2. Klasse von Frankfurt/M. nach Lissabon kostet ca. 400 € (inkl. aller Zuschläge). Besitzer einer BahnCard können für 15 € den Zusatzausweis Railplus kaufen. Damit erhält man bei Reisen ins Ausland auch auf dem ausländischen Streckenteil Ermäßigungen von 25 %. Beteiligt

Mit der Bahn 19

sind unter anderem die portugiesischen und die spanischen Eisenbahnen. Reisende unter 26 oder ab 60 Jahren bekommen mit Railplus auch in Frankreich 25 % Ermäßigung. Fahrkarten mit Railplus-Ermäßigung können in der Regel nur in Deutschland, nicht aber in Portugal gekauft werden.

Information: Bei der Deutschen Bahn unter der kostenlosen ℅ 0800/1507090, mit persönlicher Beratung kostenpflichtig unter ℅ 11861, im Internet unter www.bahn.de.
In der Schweiz bei der SBB unter ℅ 0900 300300 und www.sbb.ch.
In Österreich bei der ÖBB unter ℅ 05/1717 und www.oebb.at.
Die französische Bahn SNCF findet man im Internet unter www.sncf.fr, die spanische RENFE unter www.renfe.es und die portugiesischen CP unter www.cp.pt.
Angebote: Alle europäischen Bahnangebote präsentiert übersichtlich die Broschüre „Zügig durch Europa". Kostenlos unter www.vcd.org oder bei VCD, Kochstr. 27, 10969 Berlin, ℅ 030/2803510, ℅ 28035110.
InterRail: Dieses Ticket ermöglicht eine unbegrenzte Zahl von Reisen in Europa während eines bestimmten Zeitraums. Man kann zwischen mehreren Zonen wählen: Für eine Fahrt nach Portugal bietet sich z. B. eine Zwei-Zonen-Karte für 22 Tage mit den Zonen E (Frankreich, Belgien, Niederlande, Luxemburg) und F (Spanien, Portugal und Marokko) an. Für Fahrten im eigenen Wohnsitzland und in weiteren Transitländern erhält man 50 % Ermäßigung. Das Zwei-Zonen-Ticket kostet bis 25 Jahre 275 €, ab 26 Jahren 396 €. Dazu kommen jedoch noch die Schnellzug-Zuschläge und Reservierungsgebühren für Thalys, TGV und Talgo.

Atlantikroute

Eine Verbindung täglich. Durch die abgestimmten Anschlüsse und den TGV-Atlantique die schnellste Variante: Fahrtdauer Frankfurt/M.–Lissabon ca. 27 Std.
Route: Über Paris, Bordeaux, Hendaye/Irún, San Sebastián, Salamanca, Fuentes de Oñoro/Vilar Formoso, Pampilhosa, Coimbra. Die Züge aus Norddeutschland kommen in Paris am Gare du Nord an, die aus Süddeutschland am Gare de l'Est. Zur Weiterfahrt geht es mit der Metrolinie 4 Porte de Clignancourt/Porte d'Orléans quer durch die Stadt zum Gare de Montparnasse. Dafür sollte man 45 Min. einkalkulieren. Infos der Pariser Metro unter www.ratp.fr.
Ab Gare de Montparnasse weiter mit dem TGV-Atlantique bis Irún an der französisch-spanischen Grenze. In Irún steigt man auf den Süd-Express um, der Lissabon am nächsten Tag erreicht.
Achtung: In Richtung Frankreich – Spanien wird in Irún, in Richtung Spanien – Frankreich in Hendaye umgestiegen – d. h., man fährt immer erst über die Grenze!
Reservierung: Der Thalys, die TGV-Züge und der Süd-Express sind alle reservierungspflichtig. Besonders um Ostern, im Sommer und zur Weihnachtszeit empfiehlt sich eine frühzeitige Reservierung. Wer über Köln fährt, sollte zu allen Jahreszeiten möglichst früh buchen, damit die Thalys-Sondertarife in Anspruch genommen werden können (auch Interrailer). Information im Internet: www.thalys.com.

Mittelmeerroute

Besonders attraktiv für Zwischenstopps, da die beiden größten Städte Spaniens an der Route liegen. Die Fahrtzeit ist allerdings aufgrund der nicht abgestimmten Anschlüsse länger als über Paris. Fahrtdauer Zürich–Lissabon ca. 38 Std.
Route: Über Lyon, Cerbère/Portbou, Barcelona, Madrid, Valencia de Alcántara/Marvão, Entroncamento. Von Genf fährt tägl. ein Nachtzug bis Narbonne; dort Anschluss mit Talgo nach Barcelona/Sants. Die teurere und schnellere Alternative ist der Hotel-Talgo Pau Casals, der mehrmals pro Woche im Nachtsprung Zürich über Genf mit Barcelona verbindet (Infos zum Hotelzug unter www.elipsos.com).
Von Barcelona/Sants kommt man mit dem Hochgeschwindigkeitszug Altaria weiter nach Madrid/Atocha. Mit dem Nahverkehrszug geht es zum Bahnhof Chamartín, wo man Anschluss an den Nachtzug Hotel-Talgo Lusitânia nach Lissabon hat.
Reservierung: In Spanien sind alle Fernzüge reservierungspflichtig.

Anreise

Bahnverbindung aus Nordspanien

Aus Galicien: Von Vigo fahren über den Grenzübergang Valença/Tui tägl. zwei Züge nach Porto (nicht reservierungspflichtig). Schöne Strecke, teilweise am Meer entlang. In Porto/Campanhã (nicht an der Endstation Porto/São Bento!) Anschluss nach Lissabon (die Alfa-Züge und Intercidades sind reservierungspflichtig). Fahrtdauer ca. 7 Std.

Ankunft in Lissabon

Die Züge aus dem Ausland enden alle im Bahnhof Santa Apolónia, in Kursbüchern meist mit S.A. abgekürzt (Stadtteil Alfama, s. Karte S. 252/253). Busverbindungen s. S. 129 (Unterwegs/Züge).

Außerdem halten alle internationalen Züge auch am neuen Hauptbahnhof im Osten Lissabons, der Gare do Oriente (s. Karte S. 331).

Hier besteht auch Anschluss an die Metro. **Gepäckschließfächer**: In den Bahnhöfen Santa Apolónia, Rossio und Cais do Sodré. Kleinere Gepäckstücke können neben der Gare do Oriente am Infostand des Parque das Nações in der Alameda dos Oceanos abgegeben werden.

Mit dem Flugzeug

Zahlreiche Gesellschaften fliegen Lissabon direkt an. Wer Sondertarife nützt und entsprechend früh bucht, fliegt in der Regel etwa für 200 € hin und zurück. Die Linienflüge nach Lissabon sollte man möglichst mehrere Wochen vor dem Abflug buchen. Bei den so genannten Billigfliegern kann man mit viel Glück dann sogar Flüge ab etwa 80 € finden. Oft sind bei den günstigen Tarifen allerdings Umbuchungen vor und nach Reiseantritt recht teuer oder teilweise gar nicht mehr möglich. Generell lohnt es die Preise verschiedener Reisebüros zu vergleichen, da manche über spezielle Kontingente (die so genannten Graumarkt-Tickets) verfügen oder besondere Angebote für Studenten machen können.

Eine günstige Alternative bei kurzfristigen Buchungen sind die Last-Minute-Charterflüge nach Faro an der Algarve. In der Nebensaison gibt es sie ab ca. 100 €. Von Faro kann man mit Zug oder Bus in ca. 3–4 Stunden nach Lissabon gelangen. Bahnhof und Busbahnhof liegen direkt nebeneinander im Stadtzentrum von Faro und sind vom Flughafen per Stadtbus zu erreichen.

Wer die Klimabilanz seines Fluges aufbessern will, kann übrigens mit einer Spende bei www.atmosfair.de klimaschonende Projekte unterstützen. Außerdem können Sie dort herausfinden, wie stark das Weltklima durch Ihre Flugreise belastet wird.

TAP-Air Portugal – Transportes Aéreos Portugueses: Die portugiesische Staats-Fluggesellschaft TAP fliegt mehrmals tägl. von Frankfurt, München, Zürich und Genf direkt nach Lissabon. Innerhalb Deutschlands mit der Bahn günstiger Anschluss per Rail&Fly möglich. Flüge auch ab Luxemburg. Kooperation mit der Lufthansa im Rahmen der Star Alliance.
Deutschland: Baseler Str. 48, 60329 Frankfurt/M., ✆ 01803/000341, www.tap-airportugal.de.

Schweiz: Gotthardstr. 56, 8002 Zürich, ✆ 0848/800704 und 043/3443888, ✆ 3443889.
Lissabon: Av. Duque de Loulé, 125, ✆ 707205700. Metro Marquês de Pombal.

PGA – Portugália Airlines: Die portugiesische Gesellschaft Portugália aus der Espírito Santo-Unternehmensgruppe bietet Flüge nach Lissabon tägl. ab Basel-Mülhausen-Freiburg. www.pga.pt.
Lissabon: Aeroporto de Lisboa, Rua C, Edifício 70, ✆ 707789090, 218938070 und 2184255-59/-60/-61/-62. Nur am Flughafen vertreten.

Mit dem Flugzeug 21

Air Berlin: Jeden Tag verbindet Air Berlin Lissabon mit Palma de Mallorca. Von dort geht es mit Umsteigen weiter zu zahlreichen Flughäfen wie Berlin, Düsseldorf, Leipzig, München, Münster, Nürnberg, Stuttgart und Wien. www.air-berlin.de.
Easyjet: Der britische Billigflieger verbindet Basel-Mülhausen-Freiburg und Genf tägl. direkt mit Lissabon. www.easyjet.com.
Germanwings: Der Billigflieger bedient Lissabon fast tägl. ab Köln und Stuttgart. www.germanwings.com.
LTU: Die LTU fliegt einmal tägl. direkt von Düsseldorf nach Lissabon. www.ltu.de.
Lufthansa: Direktflüge nach Lissabon mehrmals tägl. ab Frankfurt und München. www.lufthansa.de.
Lissabon: Aeroporto de Lisboa, Gabinete 211, ✆ 707782782 und 218480528. Nur am Flughafen vertreten.
Swiss: Tägl. Direktflug nach Lissabon ab Zürich. www.swiss.com.
Portugal: ✆ 808200487.
Flugtickets im Internet: Fündig werden Sie z. B. bei www.lissabon-umgebung.de, www.travel-overland.de, www.statravel.de, www.ltur.de sowie www.5vorflug.de.

Flug überbucht?

Wenn Sie durch Überbuchung Ihre Maschine verpassen sollten, garantiert Ihnen die Europäische Union bei Linienflügen innerhalb der EU mehrere Rechte: Sie können sich entscheiden, entweder den Flugpreis zurückerstattet zu bekommen, schnellstmöglich oder erst zu einem von Ihnen gewünschten, späteren Datum weiterzufliegen. Außerdem muss Ihnen die Fluggesellschaft der Wartezeit angemessen Getränke und Speisen anbieten und – falls nötig – Übernachtungen bezahlen. Zusätzlich steht Ihnen eine Entschädigung in Höhe von 400 € zu (bei Entfernungen bis 1.500 km 250 €, bei Flugdistanzen über 3.500 km 600 €). Diese Regeln gelten auch, wenn Flüge annulliert werden aus Gründen, die die Fluggesellschaft zu vertreten hat. Für längere Verspätungen von mehr als 3 Std. (bis 1.500 km schon ab 2 Std., über 3.500 km erst ab 4 Std.) gilt Folgendes: Die Airline muss für Mahlzeiten und Getränke und, falls nötig, auch für eine Übernachtungsmöglichkeit sorgen.

Ankunft am Flughafen Lissabon

Im Gegensatz zu den meisten anderen europäischen Hauptstadtflughäfen liegt der *Aeroporto de Lisboa* mit nur 7 km Entfernung zur Stadtmitte relativ zentrumsnah. In den letzten Jahren wurde er gründlich umgebaut und renoviert. Mietautos können bei den großen Autoverleihern gemietet, Geld an zahlreichen Automaten abgehoben, und Gepäck bei der Gepäckaufbewahrung abgegeben werden. Infos zur Stadt gibt es am Informationsschalter Turismo, der Touristeninformation, in der Ankunftshalle.
Information: Auskunft zu den Flugzeiten unter ✆ 218413700 bzw. www.ana-aeroportos.pt.
Gepäckaufbewahrung: 24 Stunden geöffnet.
Busse: Von 7.45 bis 20.45 Uhr fährt der Flughafenbus Aero-Bus 91 alle 20 Min. ins Stadtzentrum zum Rossio und Cais do Sodré. Er bietet mehr Platz für Gepäck als die normalen Stadtbusse. Der Fahrpreis beträgt 3 €, da für diesen Bus ein spezielles Ticket gekauft werden muss. TAP-Fluggäste haben - eine Fahrt frei, wenn sie die Boarding-Card beim Fahrer abgeben. Man kann aber auch auf die günstigeren Linienbusse zurückgreifen (eine Übersicht finden Sie auf S. 189), die Linie 45 fährt beispielsweise bis 24 Uhr über den Rossio zum Cais do Sodré. Nach Mitternacht fährt der Nachtbus 208 (Estação Oriente-Cais do Sodré) der *Rede da Madrugada*. Abfahrt des Aero-Bus 91 ist direkt vor der Ankunftshalle, die anderen Linien halten an der Straßenecke schräg gegenüber. Außerdem gibt es Direktbusse nach Estoril und Cascais (s. unter den Orten).
Taxi: Ein Taxi zum Zentrum kostet ca. 10 €. Wer sicher gehen will, von den Lissabonner Taxifahrern nicht übers Ohr gehauen zu werden (wir bekommen jedes Jahr zahlreiche Beschwerden von übervorteilten Lesern), kann Taxi-Gutscheine (*Táxi Voucher*) für den Transport vom Flughafen in die Stadt

und die Umgebung erwerben. Sie werden vom Turismo de Lisboa in der Ankunftshalle des Flughafens verkauft, dort kann man auch weitere Infos zur Stadt bekommen. Eine Fahrt in den näheren Bereich des Flughafens (bis Campo Grande bzw. Alameda) kostet 11 €, ins restliche Stadtgebiet 14 €, in die Vororte deutlich mehr: z. B. Estoril, Cascais und Sintra 35 € sowie Ericeira, Sesimbra und Setúbal 46 €. Nachts von 22 bis 6 Uhr sowie an Wochenenden und Feiertagen ganztags jeweils 20 % mehr.

Fahrradmitnahme

Das eigene Fahrrad kann ohne große Probleme von zu Hause mitgebracht werden. Fluggäste können ihr Fahrrad als Fluggepäck abgeben (eventuell werden aber Zuschläge für Übergepäck fällig). Lenker und Pedale müssen dafür abgebaut werden, die Luft muss wegen des Überdrucks während des Fluges aus den Reifen gelassen werden. Vorher sollte man sich aber sicherheitshalber erkundigen, ob das Rad auch wirklich mitgenommen wird! Die Bahn und die Europabusse befördern dagegen keine Räder mehr nach Portugal.
In Portugal ist der Fahrradtransport per Bahn praktisch nur in den Vorortzügen von Lissabon erlaubt, die anderen Züge haben zumeist keine Gepäckwagen mehr. Ein Fahrrad wird in Fernzügen nur toleriert, wenn es komplett zerlegt und verpackt als Handgepäck mitgenommen wird. Der Transport per Expressbus ist einfacher, aber auch hier sollte man das Fahrrad zerlegen und zumindest in Tüten einpacken.
Detaillierte Informationen für Fahrradtouristen gibt es beim Allgemeinen Deutschen Fahrrad-Club/ADFC, der Informationen zu verschiedenen Reiseländern sammelt und weitergibt. Allgemeiner Deutscher Fahrrad-Club/ADFC, Postfach 107747, 28077 Bremen, ✆ 0421/346290, ✉ 3462950, www.adfc.de.

Mit dem Bus

Von Deutschland nach Portugal fahren 4-mal wöchentlich Reisebusse der portugiesischen Busgesellschaft Intercentro in Zusammenarbeit mit der Deutschen Touring. Vor allem portugiesische Gastarbeiter nutzen die Busse als preiswerte Verbindung in die Heimat.

• *Ab Deutschland* Die Busgesellschaft Intercentro fährt von Deutschland pro Woche 4-mal nach Lissabon, davon 2-mal weiter nach Setúbal. Abfahrtsorte sind u. a. Aachen, Bielefeld, Bremen, Cuxhaven, Dortmund, Duisburg, Düsseldorf, Essen, Gießen, Hamburg, Hannover, Karlsruhe, Köln, Münster, Nürnberg, Osnabrück, Saarbrücken und Stuttgart.
Die Fahrtzeit bis Lissabon beträgt ab Köln ca. 32 Std. und kostet einfach 127 € (Hin- und Rückfahrt 210 €).
Buchung und Information: Deutsche Touring, Service Center, Am Römerhof 17, 60486 Frankfurt/M., ✆ 069/790350, ✉ 069/7903219.
Außerdem über die Reisezentren der Deutschen Bahn oder unter www.deutsche-touring.com.
• *Ab Spanien* Die spanische Busgesellschaft Alsa fährt 2- bis 3-mal tägl von Madrid (Busbahnhof Estación Sur) nach Lissabon (Busbahnhof Sete Rios und teilweise auch Gare do Oriente). Es fahren auch 1- bis 2-mal tägl. Alsa-Busse von Sevilla (Busbahnhof Plaza de Armas) nach Lissabon. Information: www.alsa.es.

Ankunft in Lissabon

In Lissabon kommen die Busse im Busbahnhof Sete Rios in der Rua Professor Lima Basto in der Nähe des Zoos an (Metro Jardim Zoológico, s. Karte Benfica S. 321). Mit der blauen Metrolinie besteht Anschluss ins Zentrum, ab dem benachbarten Bahnhof Sete Rios fahren Züge in Richtung Sintra (mit Umsteigen in Queluz-Massamá) sowie nach Vila Franca de Xira und Setúbal. Karten für die Busse nach

Deutschland und Spanien werden am Intercentro-Schalter verkauft. Mit dem *Cartão Jovem* (s. „Wissenswertes" S. 76) erhält man beim Kauf einer Hin- und Rückfahrkarte 10 % Ermäßigung.

Informationen und Reservierungen für Busse nach Deutschland und Spanien: *Intercentro*, Rua Engenheiro Vieira da Silva, 8, ✆ 213301500. Metro Saldanha, im Stadtzentrum.

Mit dem eigenen Fahrzeug

Die Tour hat ihre eigenen Reize, drei Tage „on the road". Diese Anreiseart dürfte sich aber nur für längere Aufenthalte oder mit Wohnmobil lohnen, da die reine Fahrtzeit ab der Grenze bei Freiburg im Breisgau ca. 30 Std. beträgt (Entfernung 2.200 km). Wer stramm durchfährt, könnte also gar in zwei Tagen in Portugal ankommen. Dennoch sollte man genügend Pausen einrechnen, da die Autobahnen in Spanien weit kurvenreicher sind als in Deutschland und schon zu viele Reisende den Drang, möglichst schnell anzukommen, mit ihrem Leben bezahlt haben.

Nicht nur auf Grund der hohen Rückholkosten bei einem Unfall empfiehlt sich dringend der Abschluss eines Euroschutzbriefs, erhältlich z. B. bei Automobilclubs wie dem umweltfreundlich orientierten Verkehrsclub Deutschland VCD (www.vcd.org). Wer keinen eigenen Wagen hat, kann mit Glück über eine Mitfahrzentrale seine Reise nach Portugal organisieren.

Atlantikroute

Vor allem aus Nord- und Mitteldeutschland ist diese Strecke über Paris und dann über Nordspanien zu empfehlen.
Route: Über Paris geht es bis Bordeaux auf durchgehend gebührenpflichtigen Autobahnen. Dann folgen autobahnähnliche Straßen (drei- oder vierspurig) bis Bénesse. Ab hier gebührenpflichtige *Autopista* über San Sebastián bis Burgos; ab Burgos gebührenfreie, vierspurige *Autovía* durch das spanische Hochland bis zur Grenze bei Vilar Formoso/Fuentes de Oñoro. Weiter geht es in Portugal auf den gut ausgebauten, gebührenfreien Schnellstraßen A 25/IP 5 und A 24/IP 3 bis Coimbra. Den Rest fährt man dann auf der gebührenpflichtigen Autobahn A 1.
Autobahngebühren: Lille–Bordeaux 58 €, Bénesse–Burgos 28 €, Coimbra–Lissabon 11 €. Die Preise gelten für Pkw; Motorradfahrer zahlen weniger, Fahrer von Wohnmobilen sowie von Kraftfahrzeugen mit Anhängern mehr. Kreditkarten werden angenommen.

Mittelmeerroute

Für Autofahrer aus Süddeutschland, Österreich und besonders für alle Schweizer die bessere Alternative.
Route: Zuerst geht es bis Lyon. Das erreicht man entweder auf der französischen Seite über das Rheintal und Mühlhausen oder die Schweizer Autobahn Zürich–Bern–Genf–Grenoble. Von Lyon geht es über Valence, Montpellier durch Südfrankreich bis an den Grenzübergang Le Perthus. In Spanien weiter via Zaragoza nach Madrid. Die Umfahrung der spanischen Hauptstadt ist etwas kompliziert: Aus Zaragoza kommend auf die M 30 Norte einbiegen und dann bis Abzweigung Talavera N IV. Auf der vier spurigen, wenig befahrenen *Autovía de Extremadura* (N IV) geht es dann bis zur spanisch-portugiesischen Grenze bei Badajoz/Elvas. Von dort gebührenpflichtige Autobahn bis Lissabon.
Autobahngebühren: Pkw zahlen für Mühlhausen–La Jonquera (span. Grenze) 57 €, La Jonquera–Madrid 37 € und Elvas–Lissabon 14 €. Kreditkarten werden akzeptiert. Für die Schweizer Streckenalternative nach Lyon benötigt man eine Autobahnvignette für 40 CHF.

Verkehrstipps Frankreich

Verkehrsregeln: In Ortschaften darf maximal 50 km/h gefahren werden; auf Landstraßen 90 km/h, bei Nässe 80 km/h; vierspurige Landstraßen mit Mittelstreifen 110 km/h, bei Nässe 100 km/h; Autobahnen 130 km/h, bei Nässe 110 km/h. Wer den Führerschein seit weniger als einem Jahr hat, darf generell nur 90 km/h fahren. Maximal 0,5 Promille Alkohol im Blut sind erlaubt. Bei Unfällen sollte man sich die Versicherungsnummer der Beteiligten von der Plakette an der Windschutzscheibe abschreiben.
Treibstoff: Benzin ist ebenso wie Diesel etwas günstiger als in Deutschland. Diesel heißt auch *Gasoil*.
Panne: Notruf ✆ 112, Polizei ✆ 17. Pannendienst an Autobahnen nur über die Notrufsäulen, sonst ADAC-Notrufdienst (auch für Nichtmitglieder): ✆ 04/72171222.

Verkehrstipps Spanien

Verkehrsregeln: Innerorts gilt eine Höchstgeschwindigkeit von 50 km/h, außerorts 90 km/h, auf Autobahnen 120 km/h. Mit Anhänger auf Landstraßen 70 km/h, auf autobahnähnlichen Straßen und Autobahnen 80 km/h. Ein Überholverbot gilt 10 km vor Kuppen und auf Straßen, die nicht mindestens auf 20 km zu überblicken sind. Das Halten auf der Fahrbahn außerorts ist streng verboten. Die Strafen für Verkehrsvergehen liegen in Spanien wert höher als in Deutschland. Radarkontrollen auf den Autobahnen sind recht häufig und mit der spanischen *Guardia Civil* ist nicht gut Kirschen essen. Die Alkoholgrenze liegt bei 0,5 Promille.
Treibstoff: Im Vergleich zu Frankreich und Portugal sind sowohl Diesel als auch Benzin billiger. Diesel heißt auf Spanisch übrigens *Gasóleo*.
Panne: Notruf ✆ 112. Abschleppen durch Privatfahrzeuge ist verboten! Den Abschleppdienst des spanischen Automobilclubs erreicht man unter ✆ 91/5933333 (24-Stunden-Service), der ADAC ist unter ✆ 93/5082828 zu erreichen. In jedem Fahrzeug muss eine Leuchtweste mitgeführt werden, die man anziehen muss, wenn man im Fall einer Panne oder eines Unfalls das Auto verlässt.

Verkehrstipps Portugal

Verkehrsregeln: Innerorts ist bei 50 km/h Schluss, auf Landstraßen bei 90 km/h. Auf Autobahnen ist das erlaubte Maximum 120 km/h. Wer seinen Führerschein erst ein Jahr besitzt, darf maximal 90 km/h fahren. Das Telefonieren am Steuer ohne Freisprecheinrichtung ist verboten und wird mit Strafen zwischen 120 und 600 € sowie Fahrverbot geahndet!
Die Promillegrenze liegt bei 0,5 Promille. Darüber sind drastische Strafen fällig: 250 bis 2.500 € Geldbuße und ein bis 24 Monate Führerscheinentzug. Ab 1,2 Promille gilt Trunkenheit am Steuer als Straftat und wird mit bis zu einem Jahr Gefängnis geahndet!
Panne: Notruf ✆ 112. Pannenhilfe leistet der *Automóvel Clube de Portugal – ACP*, der Partnerschaftsabkommen mit zahlreichen deutschen Automobilclubs geschlossen hat. 24 Stunden Pannenhilfe ✆ 707509510. Für den Großraum Lissabon außerdem ✆ 219429103. In jedem Fahrzeug muss eine Leuchtweste mitgeführt werden, die man anziehen muss, wenn man im Fall einer Panne oder eines Unfalls das Auto verlässt.

Mit dem Schiff

Die Ankunft in Lissabon per Schiff ist sicherlich die schönste Art, die Stadt zu erreichen. Auf der Fahrt von Nordeuropa ins Mittelmeer oder auch in die Karibik machen Kreuzfahrtschiffe hier gerne Zwischenstation. Lissabon ist inzwischen der beliebteste europäische Kreuzfahrthafen am Atlantik.

Terminals für Passagierschiffe: *Gare Marítima de Alcântara* im Stadtteil Alcântara, die benachbarte *Rocha do Conde de Óbidos* im Stadtteil Madragoa sowie *Santa Apolónia* neben dem gleichnamigen Bahnhof im Stadtteil Alfama.

Portugiesische Entdecker und Seefahrer am Padrão dos Descobrimentos in Belém

Die Geschichte Portugals

Die „Vorportugiesen"

Es wäre etwas verfehlt, bereits die Frühgeschichte Portugals aus heutiger Sicht als „portugiesische" Geschichte zu betrachten, denn bis zum 12. Jh. existierte Portugal nicht. Die eigentliche Landesgeschichte Portugals beginnt erst im Mittelalter, als 1143 die Grafschaft Portucale von den umliegenden Herrschern als selbständiges Königreich anerkannt wurde. Doch die ersten menschlichen Spuren reichen natürlich weiter zurück: So wurden bei dem Dorf Muge im Flusstal des Tejo (ca. 30 km nordöstlich von Vila Franca de Xira) Skelette einer mittelsteinzeitlichen Siedlung aus der Zeit 8000–5000 v. Chr. gefunden.

Die Phönizier, besser unter dem Namen ihrer nordtunesischen Kolonie Karthago als Karthager bekannt, sind die ersten Siedler, von deren Geschichte mehr bekannt ist. Sie vertrieben die Griechen ab 540 v. Chr. schrittweise aus dem westlichen Mittelmeer. Anfangs arrangierten sich die Karthager noch mit der aufsteigenden Macht Rom. Später brach der Konflikt aber im Streit um Sizilien offen aus und führte zum Ersten Punischen Krieg (264–241 v. Chr.), in dem die Römer die Karthager aus Sizilien und Sardinien vertrieben. Zum Ausgleich dafür begannen die Karthager ab 237 v. Chr., ihre Macht auf der Iberischen Halbinsel auszubauen. 226 v. Chr. legte der iberische Oberbefehlshaber Karthagos, Hasdrubal, im Ebrovertrag mit Rom die Grenze beider Interessensphären auf den nordspanischen Fluss fest.

Der Nachfolger Hasdrubals als Oberbefehlshaber, Hannibal, verletzte jedoch die Ebrogrenze, was den Zweiten Punischen Krieg (218–201 v. Chr.) auslöste. In dessen Verlauf eroberten die Römer alle überseeischen Besitzungen der Karthager, einschließlich ihrer Gebiete auf der Iberischen Halbinsel. Der Westen und Norden der Halbinsel blieb aber zunächst von der römischen Okkupation verschont. Erst im Jahr 25 v. Chr., bereits unter der Herrschaft des Kaisers Augustus, wurde die Eroberung der gesamten Iberischen Halbinsel abgeschlossen.

Lusitanier gegen Römer

Die lange Dauer der Eroberung hatte ihre Gründe. So erwiesen sich die iberischen „Ureinwohner" als recht widerspenstig. Im Gebiet des heutigen Portugal wurden die Lusitanier aktiv. Viriatus, einer der lusitanischen Häuptlinge, konnte gleich fünf römische Feldherren besiegen. Er schaffte es, die vereinzelt lebenden lusitanischen Stämme gegen die Römer zu vereinen und erbitterten Widerstand gegen die Weltmacht zu leisten.

Erst 139 v. Chr. konnte Viriatus aus dem Hinterhalt ermordet werden, als er sich zu Friedensverhandlungen bereit erklärt hatte. Auch wenn die Kleinkriege mit den Lusitaniern noch jahrelang weitergingen, war damit der Hauptwiderstand gebrochen, und die Römer konnten Portugal bis in den Norden besetzen. In der portugiesischen Überlieferung wurde Viriatus zu einem Volkshelden und einer Art „Urvater" der Nation, ähnlich Hermann dem Cherusker bei den Deutschen. Doch obgleich Viriatus und seine Anhänger sicher keine Portugiesen waren, zeigte sich schon damals eine gewisse Eigenständigkeit des Gebiets im Westen der Iberischen Halbinsel. Damit hatte zwischen 61 und 60 v. Chr. auch Julius Cäsar als Statthalter der römischen Provinz *Hispania Ulterior* – zu ihr gehörte damals die westliche Hälfte der Iberischen Halbinsel – zu kämpfen.

Wie in jedem eroberten Gebiet bauten die Römer auch hier sofort ihr Verwaltungs- und Wirtschaftssystem auf. Sie änderten die Besitzverhältnisse und errichteten ein Straßensystem, das in seiner Linienführung z. T. noch heute benutzt wird. Die Römer teilten 7 v. Chr. unter Kaiser Augustus ihre bisherigen Provinzen auf der Iberischen Halbinsel neu ein. Das heutige Gebiet Portugals südlich des Douro gehörte nun zur Provinz *Lusitania* mit der Hauptstadt Emerita Augusta, dem heutigen Mérida (Spanien). 212 n. Chr. erhielten schließlich unter Kaiser Caracalla alle frei geborenen Bewohner der Iberischen Halbinsel durch die *Constitutio Antoniniana* das volle römische Bürgerrecht.

Die Germanen fallen ein

Der römische „Frieden" hatte ein halbes Jahrtausend Bestand – doch nichts währt ewig! Für die landhungrigen Germanenheere, die seit Ende des 4. Jh. über die römischen Befestigungswälle (Limes) in Mitteleuropa stürmten, stellten auch die Pyrenäen kein Hindernis dar. Ab 409 n. Chr. begannen sie, in Spanien einzudringen.

All die Germanenstämme fein säuberlich zu trennen, ist nicht ganz einfach, denn meistens hatten sie sich bereits auf ihren Wanderungen stark miteinander vermischt. Man kann jedoch in etwa festhalten, dass sich im Norden des heutigen Portugal die Sueben festsetzten, im Süden dagegen Alanen und Van-

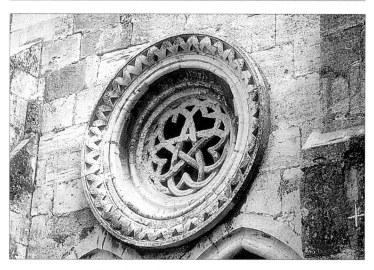

Nur selten stößt man auf islamische Symbolik in Lissabon – Fenster im Kreuzgang der Kathedrale

dalen. Gegen diese Eindringlinge wurden von den Römern bald die Westgoten, die sich in Südfrankreich niedergelassen hatten, zu Hilfe gerufen, mit denen Kaiser Honorius 411 einen Föderationsvertrag schloss. Dies hatte aber zur Folge, dass sich die Westgoten schließlich über die ganze Halbinsel ausbreiteten und 474 endgültig vom römischen Reich abspalteten. Von den Römern sind bis heute die romanische Sprache und die katholische Religion erhalten. Von den Westgoten blieb dagegen wenig übrig, da ihre Herrschaftsschicht viel zu klein war. Sie gingen kulturell fast völlig in der „Urbevölkerung" auf und nahmen auch deren Sprache, eine regionale Form des Vulgärlateins, an.

Die Araber

711 kam dann das Ende des westgotischen Reiches, das durch ständige Reibereien zwischen den Adligen und durch soziale Unruhen stark geschwächt war. In Windeseile fielen die Mauren (Araber und Berber) über die Meerenge von Gibraltar in das morbide Reich ein und eroberten innerhalb von fünf Jahren praktisch die ganze Iberische Halbinsel; sie waren von oppositionellen Westgotengruppen zu Hilfe gerufen worden. Kulturell waren die Araber den Westgoten weit überlegen, und auch landwirtschaftlich waren sie mit ihren ausgeklügelten Bewässerungssystemen wesentlich innovativer.

Nur nördlich des Douro konnten sie sich nicht definitiv in den bergigen Gebieten am Nordrand der Iberischen Halbinsel festsetzen, wohin sich die Westgoten zurückgezogen hatten. Vom heutigen Asturien aus begann im Jahr 722 mit der Schlacht von Covadonga die *Reconquista*, die Rückeroberung der von Mauren besetzten Gebiete. Neue christliche Königreiche entstanden, die sich nach Süden ausdehnten. Wichtigster dieser neuen Herrschaftsbereiche wurde das Königreich León; später kam Kastilien dazu, und es entstand das vereinigte Königreich Kastilien-León.

Die verschiedenen arabischen Gruppen und Königreiche (*Taifas*) erleichterten die Wiedereroberung durch ihre Streitigkeiten. Zwar konnten sich die Mauren nach Beginn der *Reconquista* noch mehrere jahrhundertelang in Spanien und Portugal halten, doch die Grenze zwischen dem christlichen und dem arabischen Gebiet verschob sich kontinuierlich nach Süden.

Portucale

Ende des 9. Jh. erlangte das Gebiet südlich des nordportugiesischen Flusses Lima eine gewisse Selbständigkeit innerhalb des Königreiches León. Seit 938 wurde es *Portucale* („Hafen von Cálem" – Cálem ist das heutige Porto) genannt. Rechtlich war der Landstrich zwischen Minho und Douro jedoch weiter vom Königreich León abhängig, ebenso die weiter südlich gelegene Grafschaft Coimbra. 1094 übertrug König Afonso VI. von Kastilien-León seinem Schwiegersohn Heinrich von Burgund als Entschädigung für dessen militärischen Dienste in der *Reconquista* die Grafschaften Portucale und Coimbra.

Deren Unabhängigkeit konnte allerdings erst der Sohn Heinrichs erringen, Dom Afonso Henriques. Zwischen 1128 und dem Frieden von Tui 1137 befand er sich fast permanent im Kampf gegen seinen Cousin König Afonso VII. von Kastilien-León. Jedoch kann man kaum von einer Unabhängigkeitsbewegung im heutigen Sinn sprechen, da es Dom Afonso Henriques weniger um den kompletten Bruch der feudalen Bande mit seinen kastilischen Verwandten, sondern eher um den Titel König (*Rex*) und die Ausweitung seines Herrschaftsgebietes ging. Bei der Schlacht von Ourique (bei Beja im Alentejo) besiegte er im Jahr 1139 die Mauren und ließ sich zum König ausrufen. 1140 war der Friede von Tui schon wieder Makulatur, die Portugiesen fielen in Galizien ein, die Kastilier ihrerseits in Portugal. 1143 schlossen beide Seiten einen Friedensvertrag, in dem Dom Afonso Henriques von Afonso VII. der Titel König (*Rei*) zugestanden wurde. Dieses Ereignis wird heute als die Geburtsstunde Portugals betrachtet, dessen erste Hauptstadt Guimarães werden sollte.

Für die vollständige staatliche Autonomie fehlte allerdings noch die Anerkennung des Papstes. Um diese einzuholen, musste Dom Afonso Henriques über 35 Jahre warten und erhebliche Tributzahlungen leisten, bis Papst Alexander III. das Königreich Portugal im Jahr 1179 anerkannte.

Die Dynastie Burgund

Von 1134–1385 stellte die Dynastie der Burgunder die Herrscher im neuen Staat Portugal. Oberstes Ziel war die Vertreibung der Mauren: 1147 eroberte Dom Afonso Henriques Lissabon; sein Sohn Sancho I. (1185–1211) nahm 1189 zum ersten Mal den Alentejo und die Algarve von den Mauren ein, verlor sie aber wieder 1190/91 nach einer Gegenoffensive unter dem almohadischen Kalifen Abu Al-Mansur. 1249 konnte dann Afonso III. die Mauren vom gesamten Gebiet des heutigen Portugal vertreiben. Mit der maurisch-christlichen Grenze verlagerte sich auch das Zentrum Portugals vom Norden nach Lissabon in den Süden.

Unter Afonso II., der aufgrund von Fettleibigkeit (er wird auch „der Fette" genannt) und Lepraerkrankung nur von 1211 bis zu seinem frühen Tod 1223 regieren konnte, brach ein innenpolitisches Chaos aus. Verschiedene Fraktionen des Adels und des Klerus bekämpften einander, auch städtische Gruppen mischten zum ersten Mal mit. Auch Sancho II. (1223–1248) gelang es nicht, die Lage zu stabilisieren. Er machte den zur Befreiung von den Mauren gegründeten Ritterorden von *Santiago de Espada* und *Calatrava* sowie den Tempelrittern große Zugeständnisse und trat ihnen fast den ganzen Alentejo und Teile der Algarve ab. Nachdem er sich durch Attacken auf die Kirche den Papst zum Feind gemacht hatte, ernannte dieser 1245 seinen Bruder, den späteren Afonso III. (1248–1279), zum Verteidiger des Reiches. Nach einem Bürgerkrieg zwischen den beiden Brüdern musste Sancho ins Exil nach Kastilien fliehen, wo er kurze Zeit später starb. Afonso III. vollendete die *Reconquista* und brach die Macht des Klerus und des Adels, die er energisch bekämpfte.

Blütezeit unter dem Dichterkönig Dinis

Nach einem Krieg mit Kastilien wurde 1297 im Vertrag von Alcañices die Grenze zwischen Portugal und Kastilien festgeschrieben, die seither bis auf einige kleinere Änderungen besteht. Damit hat Portugal heute die am längsten bestehende Staatsgrenze der Welt. König Dinis (1279–1325) konnte sich daher endlich wieder dem Aufbau Portugals widmen, das eine Blütezeit erlebte. Portugiesisch wurde offizielle Landessprache und verdrängte damit auch im Schriftbereich zunehmend das Lateinische – der König betätigte sich selbst als Dichter. In der Ständeversammlung, den *Cortes*, war nun mit dem Besitzbürgertum auch der dritte Stand vertreten; der Landbesitz der Kirche wurde drastisch eingeschränkt. König Dinis erreichte auch, dass die Güter des vom Papst 1312 aufgelösten Tempelritterordens nicht konfisziert, sondern in einen neuen Orden, den Christusritterorden, überführt werden konnten, der später einer der wichtigsten Machtinstrumente der portugiesischen Krone werden sollte.

Unter König Dinis' Sohn Afonso IV. (1325–57) brach 1348/49 in Portugal die Pest aus – ein harter Rückschlag, da nach Schätzungen bis zu einem Drittel der Bevölkerung an der Seuche starb. Auch danach kam das Land nicht zur Ruhe, da Prinz Pedro und sein Vater einen blutigen Bürgerkrieg ausfochten, nachdem König Afonso die Geliebte Pedros, die Kastilierin Inês de Castro, hatte ermorden lassen. Nach Afonsos Tod wurde Pedro aber dennoch als Pedro I. (1357–67) zum König gekrönt.

Sein Nachfolger Fernando I. (1367–83) erhob im Verlaufe interner kastilischer Konflikte Anspruch auf den kastilischen Thron und verbündete sich mit dem Königreich Aragón und dem islamischen Granada. Die Kämpfe von 1369–71 führten jedoch zur Niederlage der portugiesischen Seite. Im Rahmen des Hundertjährigen Krieges zwischen Frankreich und England führte Fernando I. 1372/73 und 1381/82 zwei weitere verlustreiche Kriege mit Kastilien, während derer große Teile Portugals verwüstet wurden. Im Verlauf dieser Kämpfe wurde 1373 ein geheimer Bündnisvertrag mit England geschlossen (ein erster war bereits 1308 unterzeichnet worden). Dieses Bündnis sollte bis heute gültig bleiben und somit zur längsten Staaten-Allianz der Neuzeit werden.

Die Dynastie Aviz

Fernando I. starb 1383, ohne einen Sohn hinterlassen zu haben. Als seine Tochter Beatriz, verheiratet mit dem spanischen König Juan I. von Kastilien, Erbansprüche auf Portugal stellte, war höchste Alarmbereitschaft geboten. Um nach dem Aussterben der Dynastie Burgund die nationale Unabhängigkeit zu sichern, wählten der untere Adel und das Bürgertum schließlich João I. (1385–1433) zum neuen König. João, der Großmeister des Ordens von *Aviz* war, entstammte einem illegitimen Verhältnis von Pedro I. Die darauf folgenden heftigen Angriffe der Spanier wurden zurückgeschlagen. Eine vernichtende Niederlage erlitten die Spanier am 14. August 1385 in der Schlacht von Aljubarrota. Trotz großer zahlenmäßiger Überlegenheit wurden die Spanier mit Hilfe englischer Truppen besiegt. In der Schlacht tat sich besonders der Feldherr Nuno Álvares Pereira hervor, der später zum Nationalhelden avancieren sollte.

Das Zeitalter der Entdeckungen (1415–1560)

Das Meer hatte die Portugiesen schon immer gelockt. Nebenan das feindliche Spanien, ringsherum der riesige Atlantik – was lag da näher, als die Expansion über das Meer zu suchen, um dem Druck des übermächtigen Nachbarn gewachsen zu bleiben. So wurden die Portugiesen im Zeitalter der Entdeckungen zum Vorreiter.

Einer der Söhne Joãos I., O Infante Dom Henrique (Prinz Heinrich der Seefahrer), organisierte Anfang des 15. Jh. die ersten Entdeckungsfahrten. 1415 eroberten die Portugiesen von den Mauren das an der Meerenge von Gibraltar gelegene Ceuta (heute eine spanische Enklave in Marokko); auf diese Weise hatte man sich die erste Kolonie sowie ein Standbein in Afrika gesichert. Portugal war damit zur ersten Kolonialmacht des neuzeitlichen Europas geworden.

Aber schon unter dem Nachfolger von João I., Duarte (1433–38), erlitten die Portugiesen 1437 bei einem Angriff auf Tanger die erste schwere Niederlage. Prinz Fernando geriet dabei in Gefangenschaft und musste das Abenteuer mit dem Leben bezahlen. Doch dies sollte nur der Auftakt einiger verheerender portugiesischer Niederlagen in Nordafrika werden.

Beim Tod von Duarte war sein Sohn, der spätere Afonso V. (1438–81), gerade einmal sechs Jahre alt. Der König hatte die Regentschaft deshalb an die Königin-Witwe Leonor de Aragão übergeben. Gegen diese erhob sich aber der jüngere Bruder Duartes, Pedro. Es folgte ein Bürgerkrieg, in dem die unteren städtischen Schichten und der Santiago-Ritterorden Pedro zum Sieg verhalfen. Der Triumph währte allerdings nur kurz, denn Afonso V. setzte mit seiner Volljährigkeit seinen Onkel Pedro als Regenten ab. Dieser griff aufgrund hofinterner Intrigen erneut zu den Waffen. Mit fast all seinen Anhängern wurde er 1449 in der Schlacht von Alfarrobeira getötet.

Außenpolitisch blieb Afonso V. recht glücklos. Als der kastilische König Enrique IV. 1474 starb, wollte Afonso seine Ansprüche auf die kastilische Krone durch eine Invasion unterstreichen, wurde aber in der Schlacht von Toro geschlagen und musste sich zurückziehen. Sein Sohn João II. (1481–1495) brach

Unterwerfung der Mauren durch die Portugiesen: Azulejos in Vila Franca de Xira

dagegen die Macht sämtlicher bedeutender Adelsfamilien: Den Herzog von Bragança ließ er ermorden und den Herzog von Viseu, seinen Cousin und Schwager, erdolchte er eigenhändig. Nachfolger von João II. wurde mit Manuel I. (1495–1521) der jüngere Bruder der Königin, da der einzige Sohn des Königspaares bei einem Reitunfall ums Leben gekommen war.

Die Expansion nach Afrika, Asien und Amerika

Einerseits wollte man den Seeweg nach Indien finden, um dort den einträglichen Gewürzhandel betreiben zu können, andererseits wollte man die „Ungläubigen" bekehren; so konnte man sich außerdem auch die Hilfe der Kirche sichern. Schließlich waren die Seefahrer auf der Suche nach dem sagenumwobenen christlichen Priesterkönig Johann, dessen riesiges Reich in Äthiopien vermutet wurde.

Nach dem Auftakt in Ceuta 1415 begann die eigentliche Expansion nach Übersee mit der Besetzung Madeiras in den Jahren 1419/20 unter Tristão Vaz Teixeira. 1427 entdeckte Diogo de Silves die Azoren, wobei es sich hier um eine wirkliche Entdeckung im eigentlichen Sinne handelte, da die Inseln allesamt unbewohnt waren. Allmählich tasteten sich die Portugiesen entlang der Westküste Afrikas nach Süden vor. 1434 umrundete Gil Eanes das Kap Bojador, 1441 erreichte Nuno Tristão Gambia und den Senegal, später stieß Diogo Gomes bis Sierra Leone vor. Zwischen 1450 und 1460 nahm man die Kapverdischen Inseln in Besitz, und 1455 erhielt Portugal durch die päpstliche Bulle *Romanus Pontifex* das Monopol für weitere Entdeckungen und Eroberungen in Afrika. Allerdings musste es 1479 im Vertrag von Alcáçovas die Oberhoheit über die Kanarischen Inseln an Spanien abgeben, das sie bis dahin schon faktisch besessen hatte.

Mit dem Vertrag von Tordesillas wurde 1494 die Grenze zwischen den Einflussgebieten Portugals und Spaniens, für das inzwischen Christoph Kolumbus Amerika „entdeckt" hatte, neu abgesteckt. Die Kanaren blieben ebenso bei Spanien wie zusätzlich die Zone jenseits einer Linie 370 Seemeilen westlich der Kapverden. Damals war noch nicht bekannt, dass Portugal damit Ansprüche auf Brasilien erwarb.

1482–84 erreichte Diogo Cão den Kongo, und 1488 umrundete Bartolomeu Dias endlich die Südspitze Afrikas, das Kap der Guten Hoffnung. Kurz vor der Jahrhundertwende konnten die Portugiesen schließlich bis nach Indien vorstoßen, als Vasco da Gama 1498 Calicut erreichte. Auf seinen Fahrten zeichnete sich Vasco da Gama dabei durch große Brutalität aus. So versenkte er ein Schiff mit 380 islamischen Pilgern, die auf dem Weg nach Mekka waren.

1500 entdeckte Pedro Álvares Cabral auf dem Weg nach Indien mehr oder weniger zufällig Brasilien, das später Portugals größte Kolonie werden sollte. 1511 erreichten die portugiesischen Schiffe Timor und 1555 übergab der chinesische Kaiser Jiajing den Portugiesen die Halbinsel Macau zu ihrer Verwaltung, da China die Portugiesen als Zwischenhändler für den Silberimport aus Japan benötigte. Diese Kolonie blieb bis zu ihrer Rückgabe 1999 an die Volksrepublik China unter der Verwaltung Portugals.

Nun kamen über die auf der ganzen Welt verteilten portugiesischen Handelsstützpunkte die Schätze ins Land: Gold aus Afrika, Gewürze aus Asien und Brasilholz aus dem danach benannten Brasilien. Unter König Manuel I. (1495–1521) erreichte Portugal den Höhepunkt seiner Macht: Portugiesische Bauleute schufen die größten Kunstwerke des Landes; sie kreierten einen eigenständigen Baustil, die Manuelinik.

Die Kolonien ihrerseits zahlten für den portugiesischen Expansionismus einen hohen Preis: 1441 erreichte das erste Sklavenschiff aus Mauretanien Portugal. Das Land wurde bald zum größten Sklavenumschlagplatz Europas und kann sich der traurigen Tatsache rühmen, die Sklaverei in Europa „hoffähig" gemacht zu haben ...

Portugal hatte Anfang des 16. Jh. nur etwas über eine Million Einwohner. Trotz eines gewissen Bevölkerungswachstums reichte dies zu einer wirklichen Besiedlung der Kolonien nicht aus, daher blieb es hauptsächlich bei kleinen Handelsniederlassungen, den so genannten Faktoreien. Nur Brasilien wurde flächenmäßig kolonisiert, da man befürchtete, das Land an die Spanier zu verlieren, die ihre Besitzungen in Amerika systematisch besiedelten. Neben Portugiesen, denen teilweise riesige Ländereien zugeteilt wurden, siedelte man in Brasilien hauptsächlich Sklaven aus Schwarzafrika an (besonders aus der portugiesischen Kolonie Angola).

Der Niedergang

Die Reichtümer aber, die aus den Kolonien kamen, flossen zum Großteil weiter ins Ausland (besonders nach England, Deutschland und in die Niederlande), da die portugiesische Wirtschaft inzwischen ganz auf Import eingestellt war. Über den großen Investitionen für die Entdeckungs- und Handelsunternehmungen war der Ausbau des eigenen Landes sträflich vernachlässigt worden. Die Landwirtschaft war nicht produktiv genug, und so musste Getreide eingeführt werden, was einen Teil der Kolonialgewinne auffraß.

Schon unter João III. (1521–57) begann der Niedergang Portugals als Weltmacht. Am verheerendsten wirkte sich jedoch die Niederlage des portugiesischen Heers gegen die Araber in Marokko unter dem jungen König Sebastião (1557–78) aus. Im Sommer 1578 wurde in der Wüste bei Alcácer-Quibir ein Heer aus 18.000 schlecht organisierten portugiesischen Soldaten niedergemetzelt, das durch deutsche, spanische und italienische Söldner, die sich auf einem Kreuzzug nach Jerusalem befanden, ergänzt worden war. Der König selbst und ein Großteil des Aristokratie Portugals kamen ums Leben, nur etwa 100 Personen überlebten die Schlacht. Für Portugal bedeutete dies die größte Niederlage aller Zeiten sowie das faktische Ende der Dynastie Aviz, unter der das Land seine glanzvollsten Zeiten erlebt hatte. Lediglich der Onkel Sebastiãos, Kardinal Henrique von Lissabon, regierte noch für kurze Zeit (1578–1580), mit seinem Tod war die Dynastie aber endgültig ausgestorben.

Sebastianismo

Sebastião, der damalige König, verschwand während der Schlacht von Alcácer-Quibir spurlos, sein Leichnam wurde nie gefunden. Bald darauf hieß es, er werde wiederkommen und die Niederlage rächen. Dieser Glaube fasste starke Wurzeln im portugiesischen Volk: Seitdem tauchten immer wieder falsche Sebastians auf, die die Macht an sich reißen wollten. Aber der echte kehrte nicht mehr zurück ...

Dieses Trauma der portugiesischen Geschichte hat den Begriff *Sebastianismus* geprägt. Unter diesem Namen organisierten sich später politische Bewegungen, die den ehemaligen Glanz Portugals wiederherstellen wollten, so während der spanischen Herrschaft von 1580–1640.

Die spanische Herrschaft

Spaniens König Felipe II. („Philipp II.", 1558–98) nützte die Gelegenheit und annektierte 1580 das Land des ungeliebten Nachbarn. Durch seine Abstammung von einer Tochter Manuels I. hatte er Anspruch auf die portugiesische Krone. Den nach Portugal eingefallenen Truppen des spanischen Generals Duque de Alba konnten die beiden portugiesischen Thronprätendenten António, Prior von Crato und uneheliches Kind eines Sohnes von Manuel I., und die Herzogin Catarina de Bragança, eine Enkelin von Manuel I., keinen nennenswerten Widerstand entgegensetzen. Fortan wurden Spanien und Portugal von den spanischen Königen in Personalunion regiert. Damit war die Katastrophe für Portugal perfekt. Etliche Portugiesen flohen auf die Azoren und konnten sich dort noch drei Jahre lang verteidigen.

Die „Sechzig Jahre" unter der Herrschaft Spaniens sind den Portugiesen als Zeit der nationalen Schmach in Erinnerung geblieben. Zwar blieb die Verwaltung des Landes und seiner Kolonien nach einem Abkommen von Felipe II. mit den Generalständen von Tomar, den *Cortes de Tomar*, weitgehend in portugiesischer Hand, die portugiesische Marine aber musste mit den Spaniern in den großen Krieg gegen England ziehen, in dem 1588 mit der Spanischen Armada auch ein Teil der portugiesischen Flotte vernichtet wurde.

Unter Felipe III. (1598–1621), der sich im Gegensatz zu seinem Vater kaum für die Regierungsgeschäfte interessierte, kam es zu ersten Beschneidungen der Verwaltungsautonomie und zu Steuererhöhungen. Letztlich wurde das autoritäre Verhalten den Besatzern jedoch zum Verhängnis. Unter Führung des reichsten Großgrundbesitzers des Landes, des Herzogs von Bragança, vereinbarten die Portugiesen den Aufstand gegen die Spanier. 1640 brach er los, und da die spanische Krone unter Felipe IV. gerade mit Unruhen im eigenen Land zu kämpfen hatte (auch Katalonien hatte sich für unabhängig erklärt), gelang es ihr nicht, die Revolte zu beenden. Nach langen Kämpfen wurden 1665 schließlich die letzten Gebiete des Landes von den Spaniern befreit. Mit der *Restauração* (Wiederherstellung) war damit die schmachvolle Zeit der Besatzung beendet. 1668 musste Spanien im Frieden von Lissabon die portugiesische Unabhängigkeit anerkennen, nur Ceuta blieb spanisch.

Die Dynastie Bragança

Während des erfolgreichen Aufstands gegen die Spanier wurde der Herzog von Bragança als João IV. (1640–56) zum neuen König von Portugal gewählt. Damit gelangte die neue Dynastie Bragança an die Macht. Nach dem Frieden von Lissabon mit Spanien folgte unter Afonso VI. (1656–83), Pedro II. (1683–1706) und João V. (1706–50) eine Zeit relativer politischer Stabilität, nur unterbrochen durch die Teilnahme Portugals am spanischen Erbfolgekrieg. Hier kämpfte es ab 1703 auf der Seite des habsburgischen Kandidaten Carlos III. 1713 musste Portugal im Vertrag von Utrecht jedoch den siegreichen bourbonischen Kandidaten Felipe V. akzeptieren. Zurück blieben große Verwüstungen im Alentejo und den Beira-Regionen.

Der ständige Strom von Gütern aus der Überseekolonie, darunter besonders Gold aus Brasilien, ermöglichte es den herrschenden Schichten Portugals, längst überfällige Wirtschaftsreformen immer wieder aufzuschieben. Hof und Adel führten ein Leben in Saus und Braus, während die Landbevölkerung weiter arm blieb.

Dazu kam die immer stärker werdende politische und wirtschaftliche Abhängigkeit von England. Besondere Bedeutung erlangte der 1703 geschlossene Methuenvertrag. Darin verpflichtete sich Portugal, keine Zölle auf Textilien aus England zu erheben. Im Gegenzug musste Portugal beim Export seiner Weine (insbesondere der Portweine) nur zwei Drittel der Zölle bezahlen, mit denen Wein aus Frankreich beim Export nach England belegt wurde. Dieser Vertrag bremste die Entwicklung der portugiesischen Wollindustrie, förderte aber gleichzeitig den Weinanbau. Die lange fälligen Reformen in Wirtschaft und Verwaltung wurden schließlich vom kleinadeligen Sebastião José de Carvalho e Melo unternommen, den König José I. (1750–1777) zum Premierminister berufen hatte.

Marquês de Pombal: Erneuerer und Diktator

Nachdem ihn König José I. 1750 zum Premierminister berufen hatte, griff Sebastião José de Carvalho e Melo, der spätere Marquês de Pombal, als überzeugter Anhänger des aufgeklärten Absolutismus sogleich hart gegen die damals in Portugal herrschende Misswirtschaft durch: Dem ihm verhassten Klerus und Adel nahm er etliche Privilegien. Die Inquisition unterstellte er 1769 der Krone und beendete 1774 auch die Verbrennungen auf dem Scheiterhaufen (*Autos-da-Fé*) endgültig. Außerdem ordnete er an, dass Neuchristen, also zum Christentum übergetretene Moslems und Juden, sowie Schwarze, Indios und Mischlinge im Mutterland und in den Kolonien nicht mehr diskriminiert werden durften. Gleichzeitig erfolgte eine systematische Förderung der Wirtschaft des eigenen Landes und der Kolonien. Getreu der merkantilistischen Ideologie versuchte er, den Warenimport zugunsten des Exports zu drosseln. Staatliche Monopolgesellschaften für den Kolonialhandel sowie größere Manufakturen wurden gegründet, Brasilien systematisch kolonisiert, Verwaltung und Universitäten reformiert – es wehte ein frischer Wind! Bekannt ist der Marquês de Pombal in Lissabon aber vor allem aufgrund seiner Leistungen beim Wiederaufbau der Lissabonner Unterstadt nach dem gewaltigen Erdbeben vom 1. November 1755.

Neben diesen teilweise durchaus lobenswerten Initiativen sollte jedoch nicht vergessen werden, dass der Marquês de Pombal ein erbarmungsloser Diktator war, der seine persönlichen Feinde gnadenlos verfolgte und bestrafte. Besonders Klerus und Hochadel litten unter seiner Herrschaft. Gestürzt wurde Pombal nach dem Tode Königs José I. durch dessen Tochter Königin Maria I., die eine große Abneigung gegen den Antiklerikalismus des Premierministers, aber auch gegen seinen despotischen Führungsstil hegte. Maria I. regierte, anfangs zusammen mit ihrem Mann Pedro III., von 1777 bis zu dessen Tod 1786. Anschließend hatte sie die Herrschaft alleine inne, bis sie 1791 dem Wahnsinn verfiel und 1792 ihr Sohn João, der spätere König João VI. (1816–26), die Regentschaft übernehmen musste. Die alte Misswirtschaft lebte nun zwar wieder auf, doch die Macht der Kirche und des Adels waren angesichts des erstarkten Bürgertums nicht mehr zu restaurieren.

Die napoleonische Invasion

Durch seine traditionelle Freundschaft mit England geriet Portugal in dessen Konflikt mit dem nachrevolutionären Frankreich. Bereits 1801 fiel das mit Frankreich verbündete Spanien in Portugal ein und eroberte große Teile des Alentejo. Portugal musste hohe Reparationszahlungen leisten und verlor zudem den südportugiesischen Ort Olivença an Spanien. Im Wiener Kongress 1814/15 wurde er Portugal zwar wieder zugestanden; die Rückgabe ist aber bis heute noch nicht vollzogen worden.

Da sich Portugal der 1806 von Napoleon gegen England verhängten Kontinentalsperre nur zögerlich anschloss, stellte Napoleon König João VI. 1807 vor die

Wahl: Kriegserklärung gegen den alten Verbündeten England oder Einmarsch der Franzosen und Spanier in Portugal. Der portugiesische Hof entschied sich zu einer lange geplanten und generalstabsmäßig durchgeführten Evakuierung nach Brasilien und verbrachte dort die nächsten Jahre. Rio de Janeiro wurde von 1808–22 portugiesische Hauptstadt und Portugal wie eine Kolonie von Brasilien aus verwaltet. Brasilien selbst wurde 1815 zum Königreich erklärt und in das neu geschaffene vereinigte Königreich von Portugal, Brasilien und der Algarve integriert.

Nachdem sich Frankreich und Spanien Portugal aufgeteilt hatten, fiel im November 1807 der französische General Junot mit einem mächtigen Heer ein. Zunächst leisteten die Portugiesen kaum Widerstand, da man die napoleonischen Truppen praktisch für unbesiegbar hielt. Im Juni 1808 schließlich bildete sich aber der erste Widerstand. Im Juli entsandten die Engländer Truppen unter Lord Wellington, dem es gelang, die Franzosen bis September zu vertreiben. Den Portugiesen und Engländern blieben nur fünf Monate zur Vorbereitung auf die nächste französische Invasion im Februar 1809, die sie bis Mai zurückschlagen konnten.

Auch dieser Frieden währte nicht lange: Im Juli 1810 fielen die Franzosen unter General Masséna erneut ein, Portugal wurde bis Oktober 1811, als Wellington die Eindringlinge endgültig vertreiben konnte, zum Schlachtfeld. Danach blieben die Engländer als „Besatzungsmacht" in Portugal. England sollte Portugal fortan wie eine Halbkolonie behandeln. Die Schäden des Krieges waren enorm: Neben den Verlusten in der Bevölkerung und den Plünderungen von Kulturgütern durch die Franzosen war besonders der Niedergang der Landwirtschaft und der Industrie zu beklagen.

Die liberale Verfassung von 1821

Ein erster, erfolgloser Aufstand gegen die englischen Besatzer unter Lord Beresford wurde 1817 unter dem Freimaurer Gomes Freire unternommen. Dagegen glückte im August 1820 eine von Porto ausgehende, zweite Revolte, als Beresford gerade in Brasilien weilte. Diese zweite Revolte war durch die spanische, liberale Revolte von Cádiz inspiriert, und so übernahmen die Portugiesen kurzerhand die spanische Verfassung von 1812 für Portugal.

1821 traten die *Cortes*, die Ständeversammlung, nach Wahlen in Portugal, Brasilien und den anderen Kolonien in Lissabon zusammen, um eine eigene liberale Verfassung zu erstellen. Die absolutistische Herrschaft der Krone sollte beendet und den Bürgern endlich mehr Mitspracherecht gegeben werden. König João VI., der 1821 dazu gezwungen worden war, von Brasilien nach Portugal zurückzukehren, leistete seinen Eid auf die neue Verfassung.

Gleichzeitig wollten die *Cortes* Brasilien aber wieder in den Status einer Kolonie zurückführen, was dieses nicht akzeptieren konnte und wollte. Der Bruch mit dem Mutterland war unvermeidlich geworden, besonders angesichts der Tatsache, dass sich zuvor schon die meisten spanischen Kolonien in Amerika unabhängig erklärt hatten. Prinz Pedro, der in Brasilien verblieben war, setzte sich an die Spitze der Unabhängigkeitsbewegung. Dies war zuvor mit João VI.

verabredet worden, um die Herrschaft der Dynastie Bragança in Brasilien zu retten. Mit dem *Grito de Ipiranga* vollzog Pedro im September 1822 schließlich den letzten Schritt zur Unabhängigkeit Brasiliens, einen Monat später ließ er sich zum Kaiser Pedro I. von Brasilien ausrufen.

Liberalismus gegen Absolutismus

Doch die liberalen Vorkämpfer in Portugal wurden bald wieder von den alten Machthabern im Zaum gehalten. Durch die Unabhängigkeit Brasiliens bekamen die Erzkonservativen Portugals Oberwasser. 1823 erhoben sich die Absolutisten unter Prinz Miguel in Vila Franca de Xira in der so genannten *Vilafrancada* und schafften die Verfassung von 1821 ab. João VI. löste zwar die *Cortes* auf, wollte aber nicht einfach zur Vergangenheit zurück, sondern versprach eine modifizierte Verfassung. Die Konservativen sperrten sich zwar auch gegen diese Kompromisslinie, konnten aber von João VI. mit Hilfe der Engländer zur zwischenzeitlichen Aufgabe gezwungen werden.

Nach dem Tod seines Vaters 1826 verzichtete Kaiser Pedro I. von Brasilien zugunsten seiner siebenjährigen Tochter Dona Maria II. da Glória (Königin 1826–53) auf seine Ansprüche auf den portugiesischen Thron und bestimmte seinen Bruder Miguel zum Regenten. Gleichzeitig setzte er mit einer konservativen Verfassung die Kompromisspolitik seines Vaters fort. Miguel jedoch hob 1828 mit einem Militärputsch die Verfassung auf und ließ sich zum König ausrufen. Es folgten sechs Jahre brutalster Diktatur. Als letzter König Portugals ließ sich Miguel im Stil römischer Kaiser auf Münzen mit Lorbeerkranz darstellen.

Pedro I. entschied sich deshalb 1831 zur Rückkehr nach Europa, in Brasilien dankte er zugunsten seines fünfjährigen Sohnes Pedro II. ab. Von den Azoren aus – dorthin hatten sich die Liberalen zurückgezogen – landete er (als König Pedro IV. von Portugal) mit einem Expeditionsheer in Portugal und vertrieb den Despoten Miguel. Nach dem Tode Pedros im Jahr 1834 übernahm Maria II. erneut die Königswürde. Sie heiratete 1836 den deutschen Prinzen Ferdinand von Sachsen-Coburg-Koháry (ab 1837 König Fernando II.) und begründete damit die Dynastie Sachsen-Coburg-Bragança.

Es folgten wilde Jahre mit permanenten Regierungswechseln zwischen Liberalen und Konservativen. Anfangs hatten die Liberalen die Oberhand: Mit der Säkularisierung von 1834 wurden alle Klöster aufgelöst und alle religiösen Orden abgeschafft – ein schwerer Rückschlag für die Macht der Kirche. 1842 hatte António Costa Cabral, zuvor Justizminister, mit einem Putsch Erfolg, leitete eine konservative Gegenrevolution ein und übernahm in einer korrupten Regierung die Macht. Gegen ihn kämpfte in einem jahrelangen Bürgerkrieg eine merkwürdige Koalition aus Linken und Konservativen. Darunter vor allem Landfrauen aus der nordportugiesischen Provinz Minho, die sich unter dem Namen *Maria da Fonte* vereinigt hatten. Nur mit Hilfe der Armee des Erzfeindes Spanien konnte die Krone die Aufständischen besiegen.

1851 gründete der Duque de Saldanha gegen die abgewirtschaftete Regierung Costa Cabrals die liberale Bewegung der *Regeneradores* („Erneuerer"). Königin

Maria II. sah sich auf Grund seiner großen Popularität bald gezwungen, Saldanha zum Regierungschef zu machen. Mit dem *Acto Adicional*, einem Verfassungszusatz, und einem neuen Wahlgesetz versöhnte man die früheren Gegner, und für die nächsten Jahrzehnte kehrte endlich Ruhe und Stabilität ein. Liberale *Regeneradores* und konservative *Históricos* (auch *Progressistas* genannt) wechselten sich an der Regierung ab.

Der Niedergang der Monarchie

Nach dem Tod von Maria II., die elf Kinder hinterließ, übernahm ihr ältester Sohn im Alter von nur 16 Jahren als Pedro V. (1853–1861) den Thron. Auch er heiratete in ein deutsches Adelsgeschlecht ein. Prinzessin Stephanie von Hohenzollern-Sigmaringen starb allerdings bereits 22-jährig an Diphtherie. König Pedro V. erlag wenig später im Alter von 24 Jahren dem Typhus.

Ihm folgte auf dem Thron sein Bruder als König Luís I. (1861–1889). Während der relativen Ruhe unter dessen Herrschaft bildete sich vor allem in den neuen, städtischen Mittelschichten eine starke republikanische und sozialistische Bewegung, die mit der Wirtschaftskrise von 1890 unter Carlos I. (1889–1908) aktiv wurde. In Porto brach 1891 eine erste republikanische Revolte aus, die aber schnell niedergeschlagen wurde.

Die nächsten Regierungen brachten keine Lösung der drängenden Probleme zustande. Zudem war die Monarchie in den Augen der Portugiesen diskreditiert, weil sie sich 1890 einem englischen Ultimatum zur Aufgabe des Anspruchs auf große Gebiete im südlichen Afrika (dem heutigen Sambia und Simbabwe) gebeugt hatte. Damit waren die portugiesischen Pläne zur Verbindung von Angola und Moçambique gescheitert. Um weitere Gebietsverluste zu verhindern, begann man mit einer systematischen Besiedelung der afrikanischen Kolonien.

Der Ruf nach einem starken Mann, der Ordnung in das Durcheinander bringen sollte, wurde nun immer lauter. Neuer Hoffnungsträger der Monarchisten wurde der von Bismarck beeinflusste Ministerpräsident João Fernando Pinto Franco. Um die Monarchie zu stützen, errichtete er 1907 eine Diktatur und ließ das Parlament auflösen. Doch der von der Republikanischen Partei getragene Widerstand gegen das Königshaus wuchs. Am 1. Februar 1908 erschossen zwei Attentäter König Carlos I. und dessen Sohn, den Thronfolger Luís Filipe, in Lissabon auf der Praça do Comércio. Die Hintergründe konnten nie ganz geklärt werden, da die Leibwache des Königs beide Attentäter tötete. Nur leicht verletzt überlebte der zweitgeborene Sohn Manuel den Anschlag. Als Manuel II. bestieg er den Thron und lockerte das harte Regime, doch die Monarchie war nicht mehr zu retten.

Am 3. Oktober 1910 nahm die Revolution ihren Anfang, ausgelöst von der Ermordung des angesehenen Republikanerführers Dr. Miguel Bombarda durch einen offensichtlich Geisteskranken. Am 4. Oktober bombardierten Kriegsschiffe vor Lissabon den Palácio das Necessidades in Alcântara, in dem König Manuel II. lebte. Verschreckt zog sich der König in den Palast nach Mafra zurück, er dachte nicht daran großen Widerstand zu leisten. Am Morgen des 5. Oktober wurde vom Balkon des Lissabonner Rathauses die Republik ausgerufen, als erster Präsident Teófilo Braga. König Manuel II. floh von Mafra über Ericeira und Gibraltar ins Exil nach England. Portugal war damit eine der ersten modernen Republiken Europas.

Die Republik

Schnell zeigten sich erste Divergenzen im herrschenden *Partido Republicano*. Eine Fraktion stand für eine moderate Politik, während die andere Republik mit Revolution gleichsetzte. Dazu kam eine große Zahl an Splitterparteien, die den Hauptzweck der Politik darin sah, sich bis aufs Messer zu bekämpfen. Einig war man sich nur im Kampf gegen die katholische Kirche und gegen die Monarchie. Dennoch war die Bilanz bis 1914 nicht völlig negativ: Der Staatshaushalt war ausgeglichen, und große Teile der Bevölkerung sowie der Armee standen hinter der Republik.

Doch der Erste Weltkrieg sollte die Regierung endgültig entzweien. Im Januar 1915 ernannte Präsident Manuel Arriaga seinen Freund, General Pimenta de Castro, zum Ministerpräsidenten und hinderte das Parlament daran zusammenzutreten. Doch eine Revolte im Mai 1916, die hauptsächlich von der Marine unterstützt wurde, beendete die Diktatur. Ein alter Führer der Republikaner, Bernardino Machado, wurde neuer Staatspräsident, die Demokraten gewannen die Parlamentswahl.

Auf Bitte Englands beschlagnahmte Portugal im Februar 1916 mehrere deutsche Schiffe, die in portugiesischen Häfen lagen, woraufhin Deutschland Portugal den Krieg erklärte. Als Antwort zimmerte der Kriegsminister Norton de Matos in nur neun Monaten ein Expeditionsheer zusammen, das ab Frühjahr 1917 in Frankreich gegen die Deutschen kämpfte. Für Portugal hatte die Teilnahme am ersten Weltkrieg schlimme Folgen: Die Lebensmittel wurden

Eine Republik nur für die Männer

Ein fortschrittliches Scheidungsrecht, gleiche Rechte in der Ehe für beide Geschlechter und mit Carolina Michaëlis de Vasconcelos die erste Universitätsprofessorin des Landes – der Start der Republik war für die Frauen ermutigend. Unter dem neuen Regime wollten sie nun die jahrhundertelange Unterdrückung der Monarchie ablegen. Dazu gehörte selbstverständlich auch zu wählen. Das 1911 verabschiedete Wahlrecht gab keine genaue Definition über das Geschlecht der stimmberechtigten Bürger und so verlangte die Ärztin Carolina Beatriz Ângelo in die Wahllisten aufgenommen zu werden. Mit Erfolg: Sie durfte bei den Parlamentswahlen 1911 als erste Portugiesin abstimmen. Für lange Zeit blieb sie auch die letzte. Die Männer, aufgeschreckt von solch stürmischem Drang der Frauen in die Sphären der Macht, verabschiedeten 1913 schnell ein neues Wahlgesetz, das nur noch männliche Stimmbürger zuließ. Erst 1933 sollten wieder Portugiesinnen bei nationalen Wahlen abstimmen dürfen, allerdings nur Frauen mit Universitätsabschluss und weibliche Haushaltsvorstände. Das volle Stimmrecht erhielten alle Frauen in Portugal erst nach der Nelkenrevolution 1974.

knapp, und die Bevölkerung litt teilweise Hunger. Die vielen Gefallenen erhöhten den Widerstand gegen den Krieg.

Im Dezember 1917 putschte die Armee und bildete unter Sidónio Pais eine Militärdiktatur. Er erfreute sich trotz der brutalen Verfolgung seiner Gegner durchaus einer gewissen Beliebtheit, da man in ihm einen neuen Sebastião sah. Die *República Nova* brachte aber statt der ersehnten Ordnung nur noch mehr Chaos und konnte sich lediglich ein Jahr lang halten. Im Dezember 1918 wurde Sidónio Pais ermordet.

Das Wunder von Fátima

Mit der Ausrufung der Republik 1910 hatte die Macht der katholischen Kirche einen herben Schlag erlitten: Staat und Kirche wurden getrennt, Kirchengüter beschlagnahmt, der katholische Schulunterricht verboten. Man brauchte ein Wunder, wenn möglich ein himmlisches, das dem teuflischen Treiben ein Ende bereiten konnte. Am 13. Mai 1917 ging der Wunsch in Erfüllung. Eine Erscheinung, drei Hirtenkinder, drei Prophezeiungen, viel Buße und Reue sollten die Situation der katholischen Kirche nachhaltig verändern:

Am 13. Mai 1917 hüteten die drei Hirtenkinder Lucia de Jesus, deren Vetter Francisco Marto und seine Schwester Jacinta Marto ahnungslos in der Cova da Iria unweit von Fátima, einem Dorf in Mittelportugal, eine kleine Herde. Da sahen sie um die Mittagsstunde plötzlich ein gleißendes Licht, und über einer Steineiche erschien ihnen eine Dame, welche sich als die Mutter Gottes zu erkennen gab. Vom Monat Mai an wiederholte sich bis Oktober an jedem 13. die Erscheinung. Bei der letzten fanden sich um die 70.000 Menschen ein, und selbst eingefleischte Atheisten wollten beim Sonnenwunder „den Himmel aufbrechen" und die Sonne in Jüngster-Tag-Manier wüten gesehen haben. „Um unseren Herrn zu trösten" kasteiten sich die drei kleinen Kinder selbst und taten Buße für alles Böse und jegliches Leid der Welt. Jacinta und ihr Bruder Francisco starben im Alter von neun bzw. zehn Jahren an einer Lungenentzündung. Ihre mittlerweile über 90-jährige Cousine Lucia dagegen lebte als Karmeliter-Nonne über 50 Jahre zurückgezogen im Kloster Santa Teresa in Coimbra, wo sie im Februar 2005 starb.

Lucia zeichnete die drei Prophezeiungen auf, welche die Kinder von Maria erhalten haben wollen: Mit Buße und Gebet sollte Russland vor einer heidnischen Zukunft bewahrt werden. Zweitens sollte die ganze Welt Schreckliches erleiden, wenn das Zarenreich nicht zum Katholizismus fände. Die dritte und letzte Weissagung hielt der Vatikan jahrelang als eines seiner bestgehüteten Geheimnisse geheim. Zum Anlass der Seligsprechung von Francisco und Jacinta Marta vor einer halben Million Gläubiger in Fátima am 13. Mai 2000 lüftete man aber das Geheimnis: Dabei soll es um die Vision eines weiß gekleideten Bischofs gegangen sein, der unter Schüssen aus einer Feuerwaffe wie tot zu Boden gefallen sei. Papst Johannes Paul II. sah darin das Attentat, das Ali Agca 1981 auf ihn verübt, und von dem ihn seiner Überzeugung nach die Hilfe der Mutter Gottes von Fátima gerettet hatte.

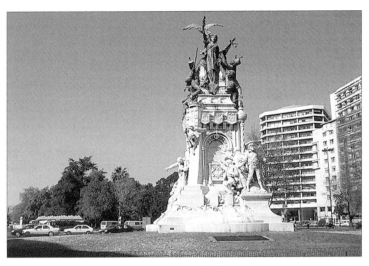

Denkmal für die Kämpfer des Ersten Weltkriegs an der Av. da República

Der Militärputsch vom 28. Mai 1926

Auch in der Folgezeit konnte sich die Republik nicht konsolidieren. Monarchistische Rebellionen, Attentate, Korruption, Inflation und hohe Staatsschulden folgten. Das Land versank ab 1919 in Chaos und Anarchie. Die mittlere Regierungszeit eines Kabinetts betrug zwischen drei und sechs Monaten, manche waren gar nur zehn Tage im Amt. Insgesamt gab es zwischen 1910 und 1926 in Portugal 21 Koalitionsregierungen, 17 Einparteienkabinette und drei Militärregierungen. Das Militär, das sich seiner Macht immer stärker bewusst wurde, stand allerdings seit Anfang der 20er Jahre nicht mehr hinter der Republik.

Am 28. Mai 1926 erhob sich die Garnison von Braga unter Führung des Generals Manuel Gomes da Costa und marschierte nach Lissabon. Als letzte Amtshandlung ernannte Präsident Bernardino Machado mit José Mendes Cabeçadas einen der Aufständischen zum Ministerpräsidenten und trat zurück. Cabeçadas hatte als Kompromisskandidat jedoch keine Chance, er wurde im Juni durch einen Staatsstreich von Gomes da Costa entmachtet. Aber auch dieser konnte sich nur einen Monat lang im Amt halten, bis ihn das Militär wegputschte und durch General António Óscar Carmona ersetzte. Er ließ sich 1928 zum Präsidenten Portugals wählen und blieb bis 1951 im Amt. Doch alle Militärs waren ohne neues Regierungskonzept angetreten – einzig erklärtes Ziel war es, dem „Unsinn" der Republik ein Ende zu setzen.

Salazars Weg aus dem Chaos

Da trat zum ersten Mal der Mann in Erscheinung, der für die nächsten vier Jahrzehnte die Führung Portugals übernehmen sollte: António de Oliveira

Salazar (1889–1970), Professor für Nationalökonomie in Coimbra und Gründer einer ultrakonservativen katholischen Partei, des *Centro Católico Português*. Die Militärregierung ernannte ihn 1928 zum Finanzminister, nachdem das Haushaltsdefizit ungeahnte Höhen erreicht hatte und Pläne, den Völkerbund um Hilfe zu bitten, auf Widerstand gestoßen waren. Schon nach dem Putsch vom 28. Mai 1926 war Salazar für 13 Tage Finanzminister gewesen. Danach war er mehrmals gebeten worden, den Posten wieder zu übernehmen, hatte aber erst zugesagt, als er weitgehende Vollmachten erhalten hatte, etwa das Vetorecht über die Ausgaben aller übrigen Minister.

Salazars Grundkonzept bestand darin, keine weitere Auslandsverschuldung zuzulassen, wie es in der Vergangenheit von den portugiesischen Politikern gerne als Ausweg aus dem drohenden Staatsbankrott praktiziert worden war. Die Mittel, mit denen er arbeitete, waren äußerste Härte gegenüber dem bis dahin üblichen Behördenschlendrian und eine konsequente Sparpolitik. Zudem schaffte er es, während der Weltwirtschaftskrise das Vertrauen in den Escudo zu steigern und große Mengen Fluchtkapital zurückzuholen, indem er die portugiesische Währung an das britische Pfund Sterling koppelte. Lange ließ sich das jedoch nicht durchhalten, da das Pfund deutlich abgewertet wurde, aber ein Zeichen war gesetzt worden.

Estado Novo – Der Neue Staat

1932 wurde Salazar Ministerpräsident und legte 1933 mit einer scheindemokratischen Verfassung den Grundstein zum so genannten *Estado Novo*, dem *Neuen Staat*, mit dem die Diktatur praktisch legalisiert wurde: Verbot aller politischen Parteien außer der Einheitspartei *União Nacional*, Einschränkung

Typische Architektur des Estado Novo am Parque Eduardo VII

der Bürgerrechte, Pressezensur, Bespitzelung und Folter – das waren die Säulen des Neuen Staates unter Salazar.

Laut Verfassung übte der Staatspräsident die Staatsgewalt aus; in Wirklichkeit war es immer Salazar in seiner Funktion als Ministerpräsident, der das Sagen hatte. Anfangs wurde das Staatsoberhaupt noch durch das wahlberechtigte Volk bestimmt, ab 1959 durch „zuverlässige" Wahlmänner, damit keine Panne passieren konnte. Die Nationalversammlung konnte de facto keinen Einfluss auf Regierungsbildung und Politik nehmen. Gesetze wurden meist durch Regierungserlasse eingeführt. Zudem konnte die Versammlung auch noch jederzeit vom Staatspräsidenten aufgelöst werden. Gewicht hatte allenfalls noch der so genannte Staatsrat, der den Staatspräsidenten unterstützen sollte und aus 15 „zuverlässigen" Mitgliedern bestand. Neben der Nationalversammlung gab es eine streng hierarchisch organisierte und nach außen abgeschirmte Korporativkammer, eine ständische Vereinigung der Berufsgruppen. Damit konnte Salazar die Arbeiterschaft unter Kontrolle halten.

Inspiriert war der *Neue Staat* durch das faschistische Regime Mussolinis in Italien, die Diktatur des Generals Primo de Rivera in Spanien, den *Integralismo*

Salazar – Franco – Hitler

Während des Zweiten Weltkriegs exportierte Portugal das zur Waffenproduktion wichtige Metall Wolfram nach Deutschland, verhielt sich aber sonst trotz aller Sympathien für Deutschland neutral. Zwar kooperierten die Geheimdienste Deutschlands und Portugals, aber Portugal war für die meisten Flüchtlinge sicher. Nur Kommunisten, vor allem ehemalige Spanienkämpfer, sowie Mitglieder anderer linker Parteien waren gefährdet. Sehr zum Ärgernis der Nationalsozialisten wurden jüdische Flüchtlinge von Portugal praktisch überhaupt nicht ausgeliefert. So flohen in der ersten Hälfte des Jahres 1941 monatlich ca. 2.000–3.000 Personen über Lissabon ins sichere Amerika. Der Roman „Die Nacht von Lissabon" von Erich Maria Remarque schildert dies sehr eindrucksvoll.

Ein Grund für die Neutralität Portugals war, dass man die traditionell guten Beziehungen zu England nicht zerstören wollte. Noch entscheidender aber war die Befürchtung, dass die Kooperation des spanischen Diktators Francisco Franco mit Adolf Hitler zu einer Besetzung Portugals führen könnte. Salazar versuchte deshalb, um jeden Preis einen Kriegseintritt Spaniens zu verhindern, was ihm letztendlich auch gelang. Dabei kam ihm zugute, dass er während des Spanischen Bürgerkriegs (1936–39) durch Portugals Hilfe entscheidend zum Sieg Francos beigetragen hatte. Als sich die Niederlage Deutschlands abzeichnete, schlossen Portugal und Spanien 1943 den so genannten *Bloco Ibérico* zur Verteidigung des christlichen Abendlandes gegen den Kommunismus. Im gleichen Jahr überließ Portugal Großbritannien und den USA die Luftwaffenbasis Lajes auf den Azoren. Nach dem Krieg bemühte sich Salazar dann aktiv um eine Anerkennung des international geächteten Franco-Regimes.

Lusitano, eine vom Sebastianismus beeinflusste rechtsautoritäre Bewegung, und später natürlich auch durch Adolf Hitler. So ähnelte die *Mocidade Portuguesa*, eine 1936 gegründete paramilitärische Organisation, in der alle Jugendlichen Mitglied sein mussten, der Hitlerjugend.

36 Jahre lang konnte sich der harte, unbeugsame Salazar an der Macht halten. Hauptgrund der langen Herrschaft war seine Kunst, die verschiedenen politischen Interessen des Landes auszugleichen. Unterstützt wurde er dabei durch die katholische Kirche, die von seinem ehemaligen Studienkollegen Kardinal Cerejeira geleitet wurde. Demonstrationen und Streiks unterdrückte die Republikanische Nationalgarde, die *Guarda Nacional Republicana – GNR*. Als letzte Waffe konnte Salazar auf die mit Hilfe der deutschen Gestapo aufgebaute Geheimpolizei *Polícia de Vigilância e de Defesa do Estado – PVDE* zurückgreifen. Später nannte sie sich *Polícia Internacional e de Defesa do Estado – PIDE* und wurde von der amerikanischen CIA trainiert. Trotz aller Repression erreichte Salazars Regime allerdings nie die Härte der Diktaturen General Francos in Spanien oder gar Hitlers.

Die Wirtschaft unter Salazar

Salazars Politik war großkapitalfreundlich – unterstützt wurde er besonders von Industriellen, Großgrundbesitzern, Banken und der Kirche. Wenige reiche und konservative Familien Portugals, wie Espírito Santo, Mello und Champalimaud, beherrschten die Wirtschaft des Landes. Dabei sorgten alleine die 100 Firmen des Konzerns *Companhia União Fabril – CUF* der Familie Mello für fünf Prozent des Bruttoinlandsproduktes. Damit war die CUF der größte Konzern der portugiesischen Geschichte. In ihrem Bestreben, die Interessen dieser Kapitalgeber zu schützen, versäumte es die Regierung, die Reformen in Angriff zu nehmen, die für eine Weiterentwicklung Portugals zur modernen Agrar- und Industrienation dringend notwendig gewesen wären.

Besonders im Agrarsektor zeigte sich das langfristige Scheitern der Wirtschaftspolitik Salazars. Im Süden, vor allem im Alentejo, herrschte in Portugal traditionell Großgrundbesitz (Latifundien), im Norden Kleinstgrundbesitz (Minifundien), in Mittelportugal dagegen eher mittlere Betriebsgrößen. Während die vielen Landarbeiter im Alentejo nur zur Erntezeit Arbeit fanden, konnten sich die Kleinstbauern im Norden gerade selbst versorgen. Die wenigen Großgrundbesitzer jedoch sträubten sich gegen Agrarreformen, obwohl sie vielfach ihre Güter brachliegen ließen und sie nur als Sommersitz oder privates Jagdrevier nutzen. Im Norden war andererseits nicht an eine Zusammenlegung kleinerer Betriebe zu denken, da die konservativen Kleinbauern eine Hauptstütze Salazars waren.

So wurde das Problem hauptsächlich durch Emigration gelöst. Im Ausland wurden wesentlich höhere Löhne gezahlt als in Portugal, und so wanderten nach und nach etwa zwei Millionen Portugiesen aus, in manchen Jahren mehr als 100.000 – das alles bei einer Gesamtbevölkerung von weniger als 10 Mio. Hauptziele der Auswanderer waren Frankreich (allein im Großraum Paris leben 500.000 Portugiesen), Kanada, Venezuela, Südafrika, Brasilien, die Schweiz, Deutschland und in den letzten Jahren zunehmend auch Spanien.

Zwar gab es auch unter Salazar eine gewisse Entwicklung, vor allem nach dem Beitritt zu EFTA, Weltbank und IWF im Jahr 1960. Doch Portugal war und blieb mit der höchsten Kindersterblichkeit und der geringsten Lebenserwartung das Armenhaus Europas. Die Ausbildung der Bevölkerung wurde unter Salazar sträflich vernachlässigt. Nach dem Untergang des *Estado Novo* 1974 herrschte in Portugal eine Analphabetenquote von 30 %. Manche Gegenden des Alentejo, des „Armenhauses von Portugal", wiesen sogar erschreckende 80 % auf! Zugang zu den Universitäten hatte nur eine kleine Minderheit, und so fehlt es noch heute an einer breiten gut ausgebildeten Bevölkerungsschicht.

Widerstand gegen die Diktatur

Opposition gegen die Diktatur gab es von Anfang an aus den Reihen des Militärs, dessen Revolten 1927, 1928 und 1931 aber brutal niedergeschlagen wurden. Viele Gegner des Regimes mussten für Jahre oder gar Jahrzehnte aus Portugal emigrieren. Die republikanischen Intellektuellen vereinigten sich 1927 in Paris zur *Liga de Paris*, schafften es aber nicht, ihre inneren Spaltungen zu überwinden. Im Inland war somit praktisch nur noch die kommunistische Partei PCP aktiv, die im März 1921 gegründet worden war.

1937 wurde in Lissabon ein Bombenattentat auf Salazar verübt – erfolglos. Die nächste ernsthafte Gefährdung des Regimes gab es erst wieder 1945, als viele Portugiesen erwarteten, dass die Alliierten Salazar, ähnlich wie Franco in Spanien, unter Druck setzen würden. Doch mit einigen kosmetischen Korrekturen und der Unterdrückung aller Aufstände überstand das Regime den Zeitraum, bis es im Kalten Krieg als antikommunistisches Bollwerk und NATO-Gründungsmitglied benötigt wurde. Dabei konnte es sich Salazar sogar leisten, die von den Alliierten angebotene Marshall-Hilfe abzulehnen: „Ich möchte dieses Land lieber arm und unabhängig, als durch amerikanisches Kapital kolonialisiert sehen."

Zwar wurden vor Wahlen regelmäßig Oppositionsbewegungen zugelassen und die Zensur gelockert, doch saubere Abstimmungen waren nie sichergestellt. Die meisten Portugiesen durften sowieso nicht wählen, darunter alle Analphabeten und fast alle Frauen mit Ausnahme jener mit Studienabschluss und der weiblichen Familienoberhäupter. Die Kandidaten der Opposition gaben meist bereits vor den Abstimmungen auf. Dies geschah auch bei den Wahlen 1951 zur Nachfolge von Präsident Carmona, die dann Salazars Kandidat, General Francisco Craveiro Lopes, gewann. Eine der wenigen wirklich brenzligen Situationen gab es bei der folgenden Präsidentenwahl 1958, als der Oppositionspolitiker General Humberto Delgado offiziell fast 30 % der Stimmen erhielt. Aber auch bei dieser Wahl hatte der Staatsapparat erfolgreich manipuliert, denn der tatsächliche Stimmenanteil Delgados war vermutlich viel höher gewesen. Neuer Staatspräsident wurde mit dem Marineminister Admiral Américo Tomás wieder ein Militär (im Amt bis 1974). Delgado wurde im übrigen 1965 beim Versuch, vom spanischen Ort Vila Nueva de Fresno illegal nach Portugal einzureisen, von der PIDE ermordet.

Folge der Wahlmanipulation von 1958 waren Demonstrationen an Universitäten, Streiks und Militärrevolten wie zum Beispiel die von 1961, die durch Verteidigungsminister Botelho Moniz initiiert wurde. Und als Oppositionelle unter der Führung von Kapitän Henrique Galvão im gleichen Jahr das portugiesische Passagierschiff *Santa Maria* in der Karibik kaperten, rückte die prekäre politische Situation des Landes auf äußerst spektakuläre Weise ins Interesse der Weltöffentlichkeit.

Kolonialkriege

Mit den Unruhen in den Kolonialgebieten wurde die letzte Phase der Diktatur eingeleitet. 1961 eroberte die Regierung Indiens unter Nehru kurzerhand die indischen Besitzungen Portugals Goa, Diu und Damão. Die 3.500 Mann der portugiesischen Garnison in Goa ergaben sich angesichts der indischen Übermacht. Für Salazar eine besonders schmachvolle Schlappe. Er hatte den Soldaten befohlen, bis zum Tod durchzuhalten.

In Afrika wurden die Portugiesen in langwierige Buschkriege verwickelt. Der angestaute Hass der schwarzen Einwohner entlud sich hier Anfang der 60er Jahre in drei Zentren: 1961 in Angola, 1963 in Guinea-Bissau und 1964 in Moçambique. Zeitweise standen 150.000 Mann gleichzeitig in den afrikanischen Kolonien, vier bis sechs Jahre dauerte der Wehrdienst, vor dem viele junge Portugiesen ins Ausland flüchteten. 1974 hatten insgesamt eine Million Portugiesen Wehrdienst in den Kolonien geleistet – 11.000 waren dabei ums Leben gekommen.

Der Krieg war teuer: In manchen Jahren gab der Staat bis zu 50 % seines Haushalts für die Kolonialkriege aus. Währenddessen wuchs die ausländische Unterstützung für die Befreiungsbewegungen stetig an, nicht unwesentlich vom Verhalten der portugiesischen Kolonialmacht beeinflusst. Mit der Zwangsumsiedlung von Schwarzen in Wehrdörfer, Massakern an der Zivilbevölkerung und dem Einsatz von Napalmbomben brachte sie die Weltöffentlichkeit immer mehr gegen sich auf. Die UNO verurteilte in mehreren Resolutionen das Festhalten Portugals an seinen Kolonien.

Kurzer Frühling unter Caetano

Ein banaler Liegestuhl sollte den Anfang vom Ende des Salazar-Regimes einläuten: Als sich Salazar im September 1968 in Estoril auf einen Liegestuhl setzte, brach dieser und Salazar stürzte so schwer, dass er sich ein Blutgerinnsel im Gehirn zuzog. Wenig später erlitt er einen Schlaganfall und wurde als Ministerpräsident durch den Juraprofessor Marcello Caetano, einen alten Mitarbeiter von Salazar, ersetzt. Unter Caetano wurde eine vorsichtige Liberalisierung gestartet, die sich u. a. in Lockerung der Pressezensur ausdrückte. In der Nationalversammlung bildete sich eine regimekritische Gruppe vor allem junger Abgeordneter, die so genannte *Ala liberal*, heraus. Im Jahr 1970 starb Salazar achtzigjährig.

Bald wurde aber klar, dass es Caetano nicht um einen grundlegenden Wechsel ging. Vor allem in der Frage der Unabhängigkeit der Kolonien zeigte sich Caetano letztlich unnachgiebig. Der so genannte marcellinische Frühling war 1970 wieder zu Ende, Oppositionsführer wie Mário Soares mussten erneut ins Exil gehen. Das alte Regime war reformunfähig.

> **Caetano – Salazar**
>
> Als Salazar ab 1968 nicht mehr regierungsfähig war, wurden für den Diktator fiktive Kabinettsitzungen abgehalten, um ihn im Glauben zu belassen, immer noch an der Macht zu sein. Salazar lebte komplett isoliert ohne Zeitung, Radio oder Fernsehen im São Bento-Palast. Während dieser Zeit hatte Marcelo Caetano bereits die Regierungsgeschäfte übernommen. Eines Tages wurde Salazar in einem Interview gefragt, was er denn von Caetano halte. Salazar antwortete: „Ein fähiger Mann, nur schade, dass er nicht in die Politik gehen will".

1974 war es dann soweit: Einige der ranghöchsten Militärs hatten endlich erkannt, dass der Krieg in Afrika trotz der sturen Haltung der Regierung militärisch nicht zu gewinnen war. Der bekannteste Vertreter dieser Militärs wurde General António de Spínola, Oberbefehlshaber der portugiesischen Truppen in Guinea-Bissau – dem Gebiet, das die Portugiesen am wenigsten unter Kontrolle hatten. Im Februar 1974 veröffentlichte er in Lissabon das Buch „Portugal und die Zukunft" (*Portugal e o Futuro*) und forderte mit den Befreiungsbewegungen zu verhandeln und den Kolonien eine begrenzte Autonomie zuzugestehen. Spínola wurde darauf samt seinem Vorgesetzten, Generalstabschef Francisco da Costa Gomes, entlassen.

Die Nelkenrevolution

Getreu der portugiesischen Tradition war es wieder einmal die Armee, die den Umsturz bewerkstelligte. Wegen eines Streits um Beförderungsregeln hatte sich 1974 die „Bewegung der Streitkräfte" *Movimento das Forças Armadas* (MFA) gegründet, aus der schnell ein Forum für den Widerstand gegen den Kolonialkrieg und das Regime wurde. Anfangs umfasste der MFA vor allem Hauptleute, später aber auch ranghöhere Militärs wie General Spínola.

Eine erste Erhebung am 16. März 1974 in Caldas da Rainha war noch fehlgeschlagen, doch als in der Nacht zum 25. April der katholische Rundfunksender *Rádio Renascença* das Lied *Grândola, Vila Morena* von José Afonso spielte, war das vereinbarte Startzeichen für den großen Putsch gegeben.

Von Santarém rückte die *Escola Prática de Cavalaria* (EPC) unter dem jungen Hauptmann Salgueiro Maia nach Lissabon vor, weitere Truppeneinheiten folgten. Sie besetzten Flughafen, Zufahrtsstraßen, Regierungsgebäude, Radio- und Fernsehanstalten sowie öffentliche Plätze. Die regimetreuen Truppen leisteten praktisch keinen Widerstand, da die Regierung vom Putsch völlig überrascht worden war. Caetano übergab schließlich die Macht an Spínola. Caetano wurde zunächst nach Madeira verbannt und durfte später nach Rio de Janeiro ins Exil gehen. Um 18.40 Uhr strahlte der MFA die ersten freien Fernsehnachrichten aus, der Putsch war gelungen. Die Bevölkerung steckte den Soldaten rote Nelken in die Gewehrläufe – daher ging der 25. April auch als „Nelkenrevolution", *Revolução dos Cravos*, in die Geschichte ein.

Die einzigen, die sich noch nicht ergeben hatten, war die Geheimpolizei PIDE/DGS in ihrem Hauptquartier im Chiado, das von einer aufgebrachten

Demonstration zum Jahrestag des 25. April

Menschenmenge belagert wurde und erst am Tag danach erstürmt werden konnte. Hier gab es mit 45 Verletzten und fünf Toten, darunter ein auf der Flucht erschossener PIDE-Agent, den einzigen schweren Zwischenfall der ansonsten unblutigen Revolution.

Tagelang feierte man den Beginn der neuen Ära. Spínola wurde vom MFA zum Chef der „Junta zur Nationalen Rettung" *Junta de Salvação Nacional* und kurz darauf zum Staatspräsidenten ernannt. Eine provisorische Mehrparteienregierung unter Adelino da Palma Carlos wurde eingesetzt, das Militär aber behielt die Macht in Händen. Sofort leitete man ein Programm in die Wege: Vorbereitung freier Wahlen innerhalb eines Jahres, Bürgerrechte, Auflösung der Geheimpolizei, Freilassung aller politischen Gefangenen, Beendigung des Kriegs in Afrika.

Doch schon in der Nacht vom 25. auf den 26. April stellten sich die ersten Differenzen ein. Spínola war rechtsgerichtet, während der MFA in der Mehrheit linksgerichtet war. Man war sich zwar darüber einig gewesen, das Salazar-Regime zu stürzen, aber nicht darüber, ob die Kolonien unabhängig werden sollten oder nicht. Spínola konnte sich mit seiner Idee einer Föderation Portugals und der Kolonien nicht durchsetzen, und schon im Mai begann die Regierung mit Cabo Verde, São Tomé e Príncipe, Guinea-Bissau, Moçambique und Angola über eine volle Unabhängigkeit zu verhandeln. Zehntausende weißer Siedler sowie Schwarze und Mischlinge strömten nun nach Portugal zurück. In den Städten war kaum freier Wohnraum vorhanden, und so wurden die so genannten *Retornados* in Baracken und angemieteten Hotels untergebracht, ihre Eingliederung sollte noch Jahre dauern.

Im Juli 1974 wurden die Linken erheblich gestärkt, als der MFA-Oberst Vasco dos Santos Gonçalves zum Ministerpräsidenten ernannt wurde. Außerdem gründeten die Linken im MFA das Militärkommando *Comando Operacional do Continente* (COPCON), das Polizeiaufgaben übernehmen sollte, und entließen drei rechte Generäle. Der Linksruck war Spínola zu viel: Er verlangte besondere Vollmachten, und als ihm diese von der *Junta de Salvação Nacional* verweigert wurden, trat er am 30. September zurück. Sein Nachfolger als Präsident wurde Costa Gomes.

Den endgültigen Sieg der Linken verursachte Spínola selbst durch seinen dilettantischen Rechtsputsch am 11. März 1975. Die schlecht organisierte Militärrevolte wurde im Keim erstickt. Spínola, der Held der portugiesischen Revolution, musste in einem Hubschrauber nach Spanien fliehen. Nun forcierten die kommunistischen Gruppen im MFA den revolutionären Prozess. Bereits einen Tag später wurden mehrere Banken verstaatlicht, große Industrieunternehmen sollten folgen. Ein 25köpfiger Revolutionsrat, *Conselho da Revolução*, ausschließlich aus den Reihen der Militärs besetzt, wurde als oberstes Führungsgremium gebildet und ersetzte die *Junta de Salvação Nacional*. Die Regierung wurde zum ausführenden Organ des Revolutionsrates degradiert. Die politischen Parteien mussten sich diesem System beugen, wenn sie nicht Gefahr laufen wollten, verboten zu werden.

Die Angst vor den roten Portugiesen

Die westlichen Verbündeten beobachteten die Vorgänge in Portugal mit größter Sorge. Besonders US-Außenminister Henry Kissinger war entsetzt, dass zum ersten Mal seit dem Zweiten Weltkrieg in Westeuropa Kommunisten an der Macht beteiligt waren. Aber nicht nur er befürchtete ein Abgleiten des NATO-Landes mit den auf halbem Weg zwischen Europa und Amerika geostrategisch wichtig gelegenen Azoren-Inseln in den Kommunismus. Aus einer geheimen Kasse des Bundesnachrichtendienstes (BND) unterstützte auch die deutsche Regierung unter Helmut Schmidt die pro-westlichen Parteien Portugals und später auch Spaniens mit 30 bis 40 Millionen Mark. Das Geld wurde ohne jede Kontrolle über SPD, CDU, CSU und FDP an deren Schwesterparteien auf der Iberischen Halbinsel ausgezahlt, wie Hans Leyendecker in der Süddeutschen Zeitung im Februar 2000 aufdeckte.

Kommunismus gegen liberale Demokratie

Genau ein Jahr nach der Nelkenrevolution, am 25. April 1975, durften die Portugiesen in den Wahlen zur verfassungsgebenden Versammlung zum ersten Mal wieder frei abstimmen. Die meisten Portugiesen entschieden sich gegen die Kommunisten des PCP unter Álvaro Cunhal, die nur 12,5 % der Stimmen erhielten und befürworteten die Errichtung einer parlamentarischen Demokratie. Die Wahlen gewannen die Parteien der Mitte, die Sozialisten (PS) mit 37,8 % und die Demokratische Volkspartei (PPD) mit 26,3 % (aus dem PPD geht später die Sozialdemokratische Partei, PSD, hervor). Das konservative Sozialdemokratische Zentrum (CDS) erhielt 7,6 %.

Das Wahlergebnis hatten den gemäßigten Kräften Auftrieb gegenüber den radikalisierten MFA-Militärs gegeben: Im Mai kam es zu den ersten Zusammenstößen zwischen MFA und PCP auf der einen und PS, PPD und CDS auf der anderen Seite. Als die linken Setzer der den Sozialisten nahe stehenden Zeitung *República* in die ideologische Orientierung des Blattes eingriffen und mit Hilfe des Militärkommandos COPCON eine eigene Ausgabe produzierten, traten die Minister des PS und des PPD aus der Regierung aus. Damit war das Mehrparteienbündnis gescheitert. Ministerpräsident Vasco Gonçalves bildete, nur noch von den Kommunisten unterstützt, eine neue Regierung.

Nun regte sich aber auch im MFA Widerstand. Es bildete sich eine gemäßigte Fraktion um Oberst Melo Antunes, die sich in ihrem *Dokument der Neun* gegen Premier Vasco Gonçalves und seine Pläne zur Errichtung eines kommunistischen Staates aussprachen. Das Dokument wurde bald von der großen Mehrheit der MFA-Offiziere unterstützt, und Präsident Costa Gomes musste Ministerpräsidenten Vasco Gonçalves Ende August durch Admiral Pinheiro de Azevedo ersetzen.

Es folgten wirre Monate im so genannten „heißen Sommer" 1975, die von Putschgerüchten, Streiks und Bombenattentaten geprägt waren. Das Land hatte sich in zwei Lager gespalten: auf der einen Seite die Kommunisten, unterstützt von den alentejanischen Landarbeitern und den Industriearbeitern im Raum Lissabon, und auf der anderen Seite die gemäßigten Kräfte, angeführt durch den PS und unterstützt von Kirche, Mittelschichten und Kleinbürgertum sowie den Arbeitern im Norden Portugals. Die Gegensätze spitzten sich zu. Langsam aber sicher schien ein Bürgerkrieg unausweichlich zu werden, sowohl linke als auch gemäßigte Gruppen trafen erste Vorbereitungen. Im November kam es zu ersten Eklats: Regierungstreue Fallschirmjäger sprengten am 7. November die Sendeanlagen des von Linksextremisten besetzten katholischen Radiosenders *Rádio Renascença*. Nur wenige Tage danach belagerten 20.000 aufgebrachte Bauarbeiter das Parlament und kidnappten den Premierminister und die Abgeordneten der verfassungsgebenden Versammlung. Die Regierung trat zurück und forderte Garantien für ihren Schutz.

Denkmal des Künstlers Jorge Cutileiro für die Nelkenrevolution im Stadtpark Eduardo VII

Am 25. November putschten dann kommunistische Militärs. Sie standen Otelo Saraiva de Carvalho nahe, der fünf Tage zuvor als Chef der Militärregion Lissabon abgesetzt worden war. In letzter Minute distanzierten sich sowohl Otelo als auch die kommunistische Partei PCP vom Putsch. Die Aufständischen hatten gegen die gemäßigten Militärs, die sich unter General António Ramalho Eanes als *Operacionais* organisiert hatten, keine Chance und mussten bald aufgeben.

Mit dem gescheiterten Putsch vom 25. November war die Gefahr eines Bürgerkrieges gebannt, der revolutionäre Prozess der Nelkenrevolution abgeschlossen und der Übergang zu einer Demokratie westlicher Prägung gesichert. Plötzlich floss auch wieder Geld aus dem Ausland nach Portugal, denn die Gefahr eines kommunistischen Landes am Westrand Europas war gebannt.

Spínolas blutige Spur

Nach dem 25. November kam das Land aber noch nicht zur Ruhe. Das rechtsgerichtete Bombenlegernetz *Rede Bombista* hielt Portugal mit über 150 Anschlägen in Atem, bei denen mehrere Menschen ums Leben kamen. Darunter ein junger Passant, den am 1. Mai 1976 eine Autobombe vor dem Parteibüro des PCP im Hotel Vitória an der Avenida da Liberdade tötete. Der blutige Spuk endete erst im August 1976, als es der Polizei gelang, mehrere Terroristen zu verhaften. Pikanterweise befand sich unter den Hintermännern der Polizeichef von Porto, Mota Freitas. Man sagte den Bombenlegern nach, General Spínola und seiner Bewegung zur Befreiung Portugals *Movimento Democrático para a Libertação de Portugal – MDLP* nahe zu stehen. Beweise gibt es dafür jedoch nicht. Aber auch Spínola selbst hatte sich offenbar noch nicht mit seinem Machtverlust abgefunden. Er fiel auf eine Falle des deutschen Stern-Journalisten Günter Wallraff herein. Der hatte sich Spínola gegenüber als deutscher Sympathisant ausgegeben und ihm finanzielle und militärische Hilfe angeboten. Nach mehreren Treffen in Deutschland und Portugal gab Spínola seine Bestellung bei Wallraff auf: darunter 4.000 automatische Gewehre des Typs AR18, 50.000 Granaten und Plastiksprengstoff. Womit Spínola nicht gerechnet hatte, war, dass er seine Bestellung alsbald im Stern und in Wallraffs Buch „Aufdeckung einer Verschwörung. Die Spinola-Aktion" nachlesen konnte.

Die Demokratie

Nach dem Ende der revolutionären Anarchie konnten sich die Politiker endlich wieder darauf konzentrieren, die neue demokratische Verfassung auszuarbeiten. Dabei schloss der inzwischen deutlich geschwächte MFA einen Kompromiss mit den Parteien der Mitte: Die Verfassung von 1976 wurde als eine Mischung aus parlamentarischer Demokratie und sozialistischer Wirtschaftsordnung entworfen. Der von den Militärs gestellte Revolutionsrat blieb zwar weiter bestehen, doch mit eingeschränkter Macht.

Bei den ersten Parlamentswahlen genau zwei Jahre nach der Nelkenrevolution am 25. April 1976 siegten erneut die Sozialisten (PS) mit 34,8 %; die Demokratische Volkspartei (PPD) erreichte 24,3 %, gefolgt vom konservativen Sozialdemokratischen Zentrum (CDS) mit 15,9 % und der Kommunistischen Partei (PCP) mit 14,4 %. Am 14. Juli 1976 wurde der linkspopulistische General Ramalho Eanes zum Präsidenten gewählt. Er ernannte Mário Soares, den Vorsitzenden des PS, zum Premier einer sozialistischen Minderheitsregierung. Diese reichte 1977 den Beitrittsantrag zur EG ein – ein klares Zeichen der neuen Orientierung weg von den ehemaligen Überseekolonien und hin nach Europa.

Zwischen den Jahren 1976 und 1987 waren insgesamt elf Regierungen an der Macht. In diesem Zeitraum wurden unter Ausschluss der Kommunistischen Partei alle möglichen Konstellationen von Mehr- und Minderheitsregierungen sowie drei Präsidential-Kabinette ohne parlamentarische Unterstützung ausprobiert. Erinnerungen an die Wirren der Nelkenrevolution wurden wach, als am 4. Dezember 1980 der damalige Ministerpräsident Francisco Sá Carneiro (PPD/PSD) bei einem Flugzeugabsturz direkt nach dem Start vom Lissabonner Flughafen ums Leben kam. Bis heute konnte nicht endgültig geklärt werden, ob es sich dabei um einen Unfall oder um ein Bombenattentat handelte.

Eine erste Verfassungsrevision beendete 1982 schließlich die Existenz des Revolutionsrats und ersetzte ihn durch den zivilen Staatsrat (*Conselho de Estado*), dessen Funktion sich auf die Beratung des Präsidenten beschränkt. Daneben richtete man auch ein Verfassungsgericht (*Tribunal Constitucional*) ein. Die nach dem 25. April 1975 durchgeführten Verstaatlichungen durften jedoch weiterhin nicht mehr rückgängig gemacht werden.

Der EG-Beitritt

Nach dem Sieg bei den Parlamentswahlen 1983 wurde der Sozialistenführer Mário Soares zum zweiten Mal Ministerpräsident, diesmal in einer Koalition aus Sozialisten (PS) und Sozialdemokraten (PSD). Eine der Hauptaufgaben der neuen Regierung war es, die langwierigen Verhandlungen über einen Beitritt Portugals zur EG endlich zum Abschluss zu bringen. Am 12. Juni 1985 unterzeichnete man die Verträge zur Aufnahme Portugals und Spaniens, mit dem 1. Januar 1986 wurden beide Länder Mitglied der EG. Soares und die Sozialisten konnten jedoch die Früchte ihres Erfolges nicht mehr ernten: Am 25. Juni 1985 zerbrach die Koalition; am 6. Oktober erlitten die Sozialisten eine verheerende Niederlage bei den vorgezogenen Parlamentswahlen. Von ihren 101 Parlamentssitzen blieben ihnen lediglich 54. Die Wähler hatten sie für die schlechte Wirtschaftslage verantwortlich gemacht, die durch die Vorbereitung auf den EG-Beitritt entstanden war.

Wahlsieger waren die Sozialdemokraten (PSD) unter dem neuen Ministerpräsidenten, dem Volkswirtschaftsprofessor Aníbal Cavaco Silva, die fortan mit 88 Sitzen regierten. Die Präsidentschaftswahlen im Jahr 1986 gewannen jedoch die Sozialisten: Mário Soares wurde Nachfolger von Ramalho Eanes und blieb bis 1996 Präsident, da er 1991 mit Unterstützung von PS und PSD mit 70,4 % der Stimmen wieder gewählt wurde.

Die Ära des Cavaquismo

Bei den Parlamentswahlen von 1987 gelang es dem PSD erstmals, eine absolute Mehrheit zu erringen und ohne Koalitionspartner zu regieren. 1991 gewannen die Partei erneut die Parlamentswahlen mit der knappen absoluten Mehrheit von 50,6 %. Die Zeit der PSD-Regierungen von 1985 bis 1995 wird nach dem portugiesischen Ministerpräsidenten Aníbal Cavaco Silva als Ära des *Cavaquismo* bezeichnet. Dem Sozialdemokraten gelang es, Portugal in eine moderne Industriegesellschaft umzuwandeln.

Mit einer zweiten Verfassungsrevision 1989 strichen Sozialisten und Sozialdemokraten gemeinsam die letzten kommunistischen Überreste der Nelkenrevolution aus der portugiesischen Verfassung. Auch den Begriff Agrarreform entfernten sie. Das noch in Staatsbesitz verbliebene Land wurde in den kommenden Jahren den Kooperativen entzogen und in private Hände zurückgegeben. Die nach der Nelkenrevolution in großem Stil verstaatlichten Unternehmen konnten nun reprivatisiert werden.

Eine Folge der Amtszeit Cavaco Silvas war die Verschärfung der sozialen Gegensätze. Der wirtschaftliche Aufstieg Portugals und die Verbesserung der Infrastruktur, finanziert durch Milliardenhilfen aus EG-Strukturfonds, kamen vor allem der Mittel- und der Oberschicht zugute. Die Armen waren arm geblieben. Dazu kam, dass sich der PSD-Filz in der staatlichen Verwaltung breit gemacht hatte.

Nova Maioria – Die Neue Mehrheit

1995, nach zehn Jahren als Regierungspartei, hatten die *Laranjas* („Orangen", so werden die PSD-Mitglieder nach der Parteifarbe Orange genannt) jedoch in den Augen der Portugiesen ausgedient. Ministerpräsident Aníbal Cavaco Silva ahnte wohl die kommende Niederlage, denn zum Entsetzen seiner Partei kündigte er Anfang 1995 an, nicht mehr zu kandidieren.

Cavacos Nachfolger als Parteivorsitzender, der wenig charismatische Fernando Nogueira, bekam bei den Parlamentswahlen am 1. Oktober 1995 die Quittung: Der PSD fiel um 16 Prozentpunkte auf 34 %. Deutlicher Gewinner dieser Wahlen waren die Sozialisten unter António Guterres, die sich im Vergleich mit den Wahlen 1991 von 29,1 % auf 43,9 % steigern konnten und die absolute Mehrheit der Sitze nur knapp verfehlten. Da die Oppositionsparteien nicht in der Lage waren, sich auf eine gemeinsame Gegenpolitik zu verständigen, konnten die Sozialisten aber mit ihrer relativen Mehrheit von 111 von 226 Sitzen die Regierung übernehmen.

Bei den Präsidentschaftswahlen am 14. Januar 1996 wurde der langjährige Bürgermeister von Lissabon, der Sozialist Jorge Sampaio, zum neuen Präsidenten gewählt. Er konnte sich mit 53,8 % der Stimmen gegen den Ex-Ministerpräsidenten Aníbal Cavaco Silva durchsetzen, der 46,2 % erhielt (im Januar 2001 wurde Sampaio mit 54 % für eine zweite Amtszeit wiedergewählt). Zum ersten Mal in der Geschichte Portugals waren damit gleichzeitig Regierungs- und Präsidialmacht in sozialistische Hände gelegt. Dazu kam noch, dass auch die drei wichtigsten Städte Lissabon, Porto und Coimbra von Sozialisten regiert wurden. Die *Nova Maioria* (Neue Mehrheit), so der PS-Slogan bei den Parlamentswahlen von 1995, beherrschte damit alle wichtigen politischen Gremien des Landes. Bei den Parlamentswahlen im Herbst 1999 gewann der PS, verfehlte mit 44 % der Stimmen zum zweiten Mal aber knapp die absolute Mehrheit der Mandate.

In ihrer zweiten Legislaturperiode gaben die Sozialisten aber ein verheerendes Bild ab. Das dringend reformbedürftige und hoch defizitäre Gesundheitswesen marodierte weiter vor sich hin, auf kommunaler Ebene häuften sich Korruptionsskandale. Der Staatshaushalt rutschte tiefer und tiefer in die roten Zahlen, um schließlich fast völlig außer Kontrolle zu geraten. Von 1998 bis 2000 wuchsen die Staatsausgaben im Durchschnitt um acht Prozent jährlich. 2001 erreichte Portugal ein Defizit von 4,1 % des Bruttoinlandsprodukts und brach damit als erstes Land die Grenzen des Europäischen Stabilitäts- und Wachstumspakts. Die Sozialisten waren aber nicht in der Lage die nötigen Entscheidungen zu treffen: Weder reduzierten sie die ausufernden Subventionen, noch schafften sie zahlreiche überflüssige Behörden ab oder reformierten das hoch defizitäre Gesundheitswesen.

1998 durchlebte Portugal gleich zwei Volksabstimmungen, die das Land tief spalteten. Mit einer recht klaren Mehrheit von 60 % lehnten die Bürger die Pläne der Regierung für eine Regionalisierung des Landes ab. Dagegen war das Land bei der Frage einer Liberalisierung der Abtreibung sehr gespalten. Am Schluss sprachen sich 50,1 % der Portugiesen gegen eine straffreie Abtreibung in den ersten zehn Schwangerschaftswochen aus, dafür hatten 48,3 % gestimmt.

Die Rückkehr des Cavaquismo

Premierminister Guterres bildete angesichts seiner sinkenden Popularität im Juni 2001 noch verzweifelt das Kabinett um und berief einige eher konservative Sozialisten in Ministerämter. Damit konnte er das Ruder aber nicht herum reißen. Im Dezember 2001 erhielten die Sozialisten bei den Kommunalwahlen die Quittung: Mit Lissabon, Porto, Coimbra, Faro, Sintra und Cascais gingen die wichtigsten Städte an die Opposition verloren. Guterres zog überraschend klare Konsequenzen aus der Niederlage und trat als Ministerpräsident und Parteivorsitzender zurück. Sein Nachfolger, der ehemalige Arbeitsminister Eduardo Luís Ferro Rodrigues, musste sich im März 2002 vorgezogenen Parlamentswahlen stellen und verlor diese gegen die oppositionelle Sozialdemokraten PSD.

Neuer Ministerpräsident wurde José Manuel Durão Barroso, der in einer Koalition mit der konservativen Volkspartei PP regierte. Dabei waren neben dem ehemaligen Außenminister Durão Barroso zahlreiche der neuen Minister bereits unter Cavaco Silva aktiv gewesen, darunter die ehemalige Bildungsministerin und neue Finanzministerin Manuela Ferreira Leite. Vor allem der Regierungsstil, der auf kühle, technokratische Entscheidungen setzte, erinnerte an das Kabinett unter Cavaco Silva. Hauptziel der Regierung war, das unter den Sozialisten ausgeuferte Hauhaltsdefizit wieder unter die Marke von

3 % des Bruttoinlandsproduktes des Europäischen Stabilitätspaktes zu bekommen. Vor allem versuchte man, die unter den Sozialisten erblühte Bürokratie einzudämmen. Die Finanzministerin verhängte einen Einstellungsstopp für den öffentlichen Dienst, dazu schaffte man einige überflüssige Behörden ab.

Chaos unter Santana Lopes

Doch in der Mitte seiner Amtszeit ließ Durão Barroso seine Partei in einer Art Schockzustand zurück, als er als neuer Präsident der EU-Kommission nach Brüssel wechselte. Sein Nachfolger wurde der Bürgermeister Lissabons und ehemalige Kulturminister, Pedro Santana Lopes. Nicht nur weil er früher Chef des Fußballvereins Sporting gewesen war, nannten ihn manche den „Berlusconi Portugals". Mit seinem Regierungsstil brachte er bald einen Großteil der politischen Klasse gegen sich auf: Spontane und oft widersprüchliche Entscheidungen aus dem Bauch heraus auf der einen Seite, seine Vorliebe für Diskothekenbesuche auf der anderen Seite ließen ihn für viele unseriös erscheinen.

Bereits zu Beginn der Amtszeit von Santana Lopes hatten ihn wichtige Minister der Regierung von Durão Barroso verlassen, so die Finanz- und die Außenministerin, aber dennoch hatte er noch die Mehrheit des PSD hinter sich bringen können. Als Santana Lopes aber das Hauptziel seines Vorgängers aufgab, den Haushalt zu sanieren, und seine Minister kritische Kommentare des ehemaligen PSD-Ministerpräsidenten Marcelo Rebelo de Sousa im Fernsehen zu unterbinden versuchten, wandten sich schließlich sogar PSD-Größen wie Cavaco Silva öffentlich gegen ihn.

Der PS hatte dagegen die Zeit in der Opposition genutzt, um sich wieder in Position zu bringen. Ferro Rodrigues hatte die Parteiführung abgeben müssen. Er hatte den Kinderschänderprozess um das staatliche Waisenhaus Casa Pia als Verschwörung gegen die Sozialisten bezeichnet, nachdem sein Kronprinz Paulo Pedroso zu den Hauptangeklagten gehört hatte. In einer Urabstimmung unter den Parteimitgliedern im Herbst 2004 konnte sich der ehemalige Umweltminister José Sócrates als neuer PS-Chef durchsetzen. Sócrates steht dabei ähnlich wie der ehemalige Ministerpräsident Guterres für die gemäßigte Linie der Sozialisten, während Ferro Rodrigues den linken Parteiflügel repräsentiert hatte.

Mit zunehmender Sorge beobachtete unterdessen Präsident Sampaio das wachsende Chaos an der Regierungsspitze. Als Santana Lopes ihm Ende November 2004 wieder einmal einen neuen Minister präsentieren wollte, ließ Sampaio noch während der Unterredung mit Santana Lopes im Präsidentenpalast von Belém bekannt geben, dass er das Parlament auflösen würde. Die Neuwahlen fanden im Februar 2005 statt und endeten mit einem Desaster für die Mitte-Rechts-Koalition von Santana Lopes: Zum ersten Mal in der Geschichte Portugals konnten die Sozialisten eine absolute Mehrheit erringen. Neuer Ministerpräsident wurde José Sócrates. Trotz der komfortablen Parlamentsmehrheit berief er mehrere unabhängige Minister in sein Kabinett, darunter als Außenminister sogar den Gründer der konservativen Partei CDS, Diogo Freitas do Amaral, der seit einigen Jahren aber keiner Partei mehr angehört hatte.

Santana Lopes dagegen kehrte auf seinen Posten als Bürgermeister in Lissabon zurück. In der für ihn typischen Art gab er dies erst zwei Tage, nachdem (!) er bereits wieder die Spitze der Stadtverwaltung übernommen hatte, der Öffentlichkeit und seinen Angestellten bekannt. Die neue PSD-Parteispitze unter Marques Mendes stellte ihn bei den Kommunalwahlen im Oktober 2005 nicht mehr auf. Santanas Nachfolger an der Spitze Lissabons wurde sein ehemaliger Vize, der parteilose Carmona Rodrigues.

Bei den Präsidentschaftswahlen Anfang 2006 traten zwei alte Schwergewichte gegeneinander an: der ehemalige Ministerpräsident Aníbal Cavaco Silva (PSD) und der ehemalige Präsident Mário Soares (PS). Selbst viele Sozialisten verstanden nicht, warum der 81-jährige Soares noch einmal kandidieren wollte. Schließlich ging mit dem Schriftsteller Manuel Alegre ein zweiter Sozialist ins Rennen, der aber nicht offiziell von seiner Partei unterstützt wurde. Die Wahlen endeten mit einer vernichtenden Niederlage für Soares: Er kam mit 14,3 % auf den dritten Platz, deutlich hinter Alegre mit 20,7 %. In den Distrikten Setúbal und Beja lag Soares sogar hinter dem kommunistischen Kandidaten Jerónimo de Sousa auf dem vierten Platz. Klarer Sieger war dagegen Cavaco Silva, der mit 50,6 % eine absolute Mehrheit erhielt und damit bereits im ersten Wahlgang gewählt wurde. Damit hat Portugal zum ersten Mal nach der Nelkenrevolution einen konservativen Präsidenten. Er muss allerdings mit einer sozialistischen Regierung auskommen, die über eine stabile Parlamentsmehrheit verfügt.

Literaturtipps zur portugiesischen Geschichte

Mit über 700 Seiten ist das Buch *Geschichte Portugals und des portugiesischen Weltreichs* von A. H. Oliveira Marques (Kröner Verlag) die weitaus detaillierteste und umfassendste Darstellung der Geschichte Portugals und seiner Kolonien. Mit dem 30-seitigen Register lässt sich das Buch auch sehr gut als Nachschlagewerk verwenden. Zum Einlesen in die Geschichte Portugals ist dagegen die *Geschichte Portugals* von Walther L. Bernecker und Horst Pietschmann (C.H. Beck) ideal. Die 130 Seiten von Bernecker und Pietschmann bieten sich all denjenigen an, die sich schnell einen Überblick verschaffen wollen. Empfehlenswert zur portugiesischen Zeitgeschichte ist das Buch *Vom Ständestaat zur Demokratie*, herausgegeben von Fernando Rosas und erschienen in der Schriftenreihe der Vierteljahreshefte zur Zeitgeschichte bei Oldenbourg.

Zeit für ein Kartenspiel: Gemütlichkeit gehört in Portugal dazu

Politik und Gesellschaft

Wer hätte am 25. April 1974 gedacht, dass sich die Demokratie in Portugal nach fast 50 Jahren ununterbrochener Diktatur so schnell festigen würde? Nach einigen chaotischen Jahren mit kommunistisch inspirierten Verstaatlichungen und katholisch-konservativem Widerstand hat sich das Land aber rasch in die westlichen Demokratien Europas eingefügt.

Die gegenwärtige portugiesische **Verfassung** garantiert einen außergewöhnlich großen Katalog an individuellen Rechten, darunter z. B. das Recht auf Daten- und Verbraucherschutz, Arbeit, Kultur, Erziehung, soziale Sicherheit, Gesundheitsfürsorge, angemessenen Wohnraum, Eheschließung und Familiengründung. Weiterhin sind die Vollbeschäftigung der Bevölkerung als Staatsziel und der Umweltschutz als Staatsaufgabe definiert. Die praktische Umsetzung dieser Ziele lässt jedoch besonders im Bereich des Umweltschutzes sehr zu wünschen übrig. In Portugal gilt darüber hinaus ein weitgehendes Asylrecht für politisch Verfolgte und für in ihrem Heimatland von der Todesstrafe bedrohte Flüchtlinge.

Regierungsform ist eine parlamentarische Demokratie mit präsidialen Elementen. Die Gesetzgebung obliegt dem **Parlament** *(Assembleia Nacional)*, welches aus einer einzigen Kammer besteht. Ihr gehören 230 Abgeordnete an, die nach dem Verhältniswahlrecht mit dem so genannten d'Hondtschen Höchstzahlverfahren ohne Sperrklausel für vier Jahre gewählt werden. Die Sitze werden in 21 Distriktwahlkreisen vergeben, die je nach Bevölkerungsgröße zwischen 2 (Portalegre) und 48 (Lissabon) Parlamentarier entsenden.

Durch dieses Wahlverfahren ergeben sich gewisse Verzerrungen zugunsten der großen Parteien: So reichen bereits ca. 45 % der Stimmen für eine absolute Mehrheit der Sitze im Parlament aus.

Staatsoberhaupt ist der **Präsident**, der für eine Amtszeit von fünf Jahren direkt vom Volk gewählt wird (nur eine Wiederwahl ist erlaubt). Er ist Oberbefehlshaber der Streitkräfte, kann das Parlament auflösen und Gesetzentwürfe zur Überprüfung auf ihre Verfassungsmäßigkeit an das Verfassungsgericht *(Tribunal Constitucional)* weiterleiten. Belegt der Präsident ein Gesetz mit seinem Veto, kann dieses nur mit einer absoluten Mehrheit des Parlaments überstimmt werden. Die Regierungspraxis der letzten Jahre zeigt, dass sich der Präsident meist auf eine korrigierende Haltung beschränkt. Er mischt sich normalerweise nicht in das politische Tagesgeschehen ein und handelt nur bei besonderen Anlässen. So kann die Regierungsfähigkeit des Landes auch in den Zeiten erhalten werden, wenn Präsident und Premierminister nicht von der gleichen Partei stammen.

Die **Regierung** besteht aus dem Ministerpräsidenten, der nach Anhörung der im Parlament vertretenen Parteien vom Präsidenten ernannt wird, sowie dessen Ministern. Diese werden vom Ministerpräsidenten vorgeschlagen und dann durch den Präsidenten ernannt. Das Parlament kann die Regierung durch ein Misstrauensvotum stürzen.

Die mit etwa 40 % traditionell hohe Zahl an Enthaltungen bei portugiesischen **Wahlen** ist in erster Linie auf mangelhafte Wählerregister zurückzuführen. Beispielsweise waren 1998 laut Register über 100.000 Wähler älter als hundert Jahre. Die Erklärung für dieses „Alterswunder" ist einfach: Die Standesämter hatten es schlichtweg versäumt, Sterbefälle an die Wahlämter weiterzuleiten.

Parteien

Partido Social Democrata (PSD): Ehemalige Politiker der regimekritischen Fraktion *Ala liberal* zur Zeit des Diktators Caetano, wie Francisco Sá Carneiro und Pinto Balsemão, riefen die Sozialdemokratische Partei am 6. Mai 1974 ins Leben. Anfangs hieß die Partei noch *Partido Popular Democrático* (PPD), 1976 änderte man den Namen in *Partido Social Democrata* (PSD/PPD). Der PSD sieht sich in der Tradition der Sozialdemokratie, des Liberalismus und der Christdemokratie. Auf europäischer Ebene arbeitete der PSD lange Zeit mit den liberalen Parteien zusammen, mittlerweile ist er aber zur Fraktion der Europäischen Volkspartei gewechselt, der auch die deutsche CDU angehört.

Partei	2005		2002		1999		1995	
	Stimmen	Sitze	Stimmen	Sitze	Stimmen	Sitze	Stimmen	Sitze
PSD	28,8 %	75	40,2 %	105	32,3 %	81	34,1 %	88
PS	45,0 %	121	37,8 %	96	44,1 %	115	43,8 %	112
PP-CDS	7,2 %	12	8,7 %	14	8,3 %	15	9,1 %	15
PCP-PEV	7,5 %	14	7,0 %	12	9,0 %	17	8,6 %	15
BE	6,4 %	8	2,7 %	3	2,4 %	2	-	-

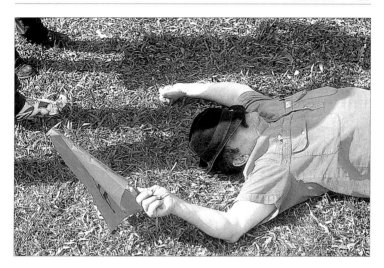
Demonstrieren ist anstrengend

Die sozialdemokratischen Hochburgen liegen in Mittelportugal um Leiria und Viseu sowie auf Madeira.

Partido Socialista (PS): Mário Soares gründete den PS am 19. April 1973 auf Initiative der SPD und der Friedrich-Ebert-Stiftung im deutschen Bad Münstereifel. Nach der Revolution 1974 sah sich die Partei als Gegengewicht zu den kommunistischen Militärs. Der PS steht in der Tradition der Sozialdemokratie der deutschen SPD nahe, ist marktwirtschaftlich und pro-europäisch orientiert. Die Bindungen zur Freimaurerei (*Maçonaria*) sind eng, doch auch bekennende Katholiken, wie der ehemalige Ministerpräsident António Guterres, finden sich in der Partei. Der PS erzielt als einzige portugiesische Partei überall im Land gute Wahlergebnisse. Am stärksten ist er in den großen Städten und an der Algarve vertreten.

Partido Popular (PP): Am 19. Juli 1974 und damit erst nach der Nelkenrevolution wurde die Volkspartei ins Leben gerufen. Damals nannte sich die Partei noch *Centro Democrático Social* (CDS), „Sozialdemokratisches Zentrum", und stand der politischen Mitte nahe. Personell weist der CDS eine gewisse Kontinuität zum *Estado Novo* auf, so war der ehemalige Überseeminister unter Salazar, Adriano Moreira, Parteivorsitzender von 1985–88. Zusammen mit dem PSD kandidierte der CDS Anfang der 80er Jahre im Wahlbündnis *Aliança Democrática* (AD), um sozialistische Wahlsiege zu verhindern. In den 90ern entwickelte er sich unter dem Vorsitzenden Manuel Monteiro zu einer rechtspopulistischen Partei vom Schlage der österreichischen FPÖ. Ausdruck der neuen Politik war 1993 die Umbenennung in *Partido Popular*, „Volkspartei". Unter dem ehemaligen Vorsitzenden Paulo Portas hat sie sich wieder gemäßigt. Die besten Ergebnisse erzielt der PP im Norden Portugals.

Partido Comunista Português (PCP): Der PCP wurde als einzige der heutigen Parteien schon lange vor der Nelkenrevolution gegründet (am 6.3.1921). Nach ihrem Verbot 1927 musste die Kommunistische Partei in den Untergrund gehen und war unter ihrem langjährigen Vorsitzenden Álvaro Cunhal eine der wichtigsten oppositionellen Kräfte gegen das Salazar-Regime. Traditionell Moskau hörig, blieb sie auch unter dem Eindruck von Perestroika und Glasnost ihrer Ideologie treu. Die alte sowjetische Fahne mit Hammer und Sichel ist weiterhin Parteisymbol, und Gorbatschow wird als Verräter des Sozialismus beschimpft. Auf lokaler Ebene machen die Kommunisten jedoch oft eine überraschend moderate Politik. Ihre Hochburgen sind der Alentejo und der Industriegürtel um Lissabon, wo der PCP teilweise absolute Mehrheiten erzielt. Der PCP tritt bei Wahlen traditionell im Bündnis mit den Grünen, dem **Partido Ecologista Os Verdes (PEV)**, an. Das Wahlbündnis führt die für deutsche Augen irritierende Abkürzung CDU – *Coligação Democrática Unitária*, „Demokratische Einheitskoalition". Die Grünen sind als eigenständige Partei auf der politischen Bühne allerdings kaum wahrzunehmen.

Bloco de Esquerda (BE): Der „Linksblock" ist eine relativ neue Formation. In ihm haben sich 1999 mehrere kleine linke Parteien als Gegenprojekt zur straff zentralistisch geführten, ideologisch unbeweglichen PCP vereinigt – darunter die maoistisch inspirierte *União Democrática Popular* (UDP). Dem *Bloco de Esquerda* gelang es seitdem vor allem im Großraum Lissabon zahlreiche Linkswähler an sich zu binden.

Regionaler Aufbau

Mit einer Fläche von 91.985 km² ist Portugal nur etwa 10 % größer als Österreich. Insgesamt leben 10,2 Mio. Einwohner in Portugal und damit knapp 2 Mio. mehr als in Österreich. Unter den Einwohnern sind etwa 450.000 Ausländer, darunter jeweils mehr als 60.000 aus Brasilien, der Ukraine und den Kapverden.

Die *República Portuguesa*, so der offizielle Staatsname, ist ein Zentralstaat mit 19 Distrikten auf dem Festland, die von der Zentralregierung ernannte Zivilgouverneure verwalten. Dazu kommen die zwei autonomen Regionen der Inselgruppen Azoren und Madeira, die eigene Regionalparlamente und Regionalregierungen haben. Alle anderen historischen Regionen existieren nicht mehr und wurden jeweils durch mehrere Distrikte ersetzt.

Auf lokaler Ebene setzen sich die Distrikte aus Kreisen (*Concelhos* oder *Municípios*) zusammen. Die Kreisverwaltungen (*Câmaras Municipais*) sind dabei die wichtigsten Verwaltungsorgane unterhalb der nationalen Ebene. Sie werden von einem direkt gewählten Oberbürgermeister (*Presidente da Câmara Municipal*), weiteren, untergeordneten Bürgermeistern (*Vereadores*) und dem Stadtrat (*Assembleia Municipal*) geleitet.

Die Kreise teilen sich wiederum in Gemeinden (*Freguesias*, wörtlich „Pfarrsprengel") auf, die jedoch nicht annähernd die Kompetenzen der deutschen Gemeindeverwaltungen besitzen.

Küste versus Landesinneres

Den Kolonien in Übersee wurde jahrhundertelang wesentlich mehr Aufmerksamkeit geschenkt als Europa und dem ungeliebten Nachbarn Spanien. Die Verkehrswege baute man entlang der Küste gut aus, in Ost-West-Richtung vernachlässigte man sie; um die Nord-Süd-Verbindungen im Landesinneren kümmerte man sich gar nicht. Ergebnis war eine starkes Gefälle zwischen dem Küstenstreifen, dem so genannten *Litoral*, und dem *Interior*, dem Landesinneren.

Mit dem Ende der Diktatur des *Estado Novo* verschärfte sich der Kontrast weiter: Die Rückkehrer (*Retornados*) aus den Kolonien zogen mehrheitlich in die prosperierenden Städte; zudem fand eine starke Landflucht vom Landesinneren in die an der Küste gelegenen Metropolen statt. Die Zuwanderer bevorzugten vor allem Lissabon und Porto, deren Einzugsgebiete schnell und unkontrolliert wuchsen.

Heute gilt der Gegensatz zwischen dem „entwickelten" *Litoral* und dem verlassenen und vernachlässigten *Interior* als eine prägende Eigenart Portugals. So schwankt die Bevölkerungsdichte zwischen circa 750 Einwohnern pro km^2 im Distrikt Lissabon und etwa 15 Einwohnern pro km^2 im alentejanischen Distrikt Beja. Drei Viertel der portugiesischen Bevölkerung leben mittlerweile im Küstenstreifen, obwohl diese Fläche nicht einmal 30 % des Landes ausmacht. Das gilt auch wirtschaftlich: Der Großraum Lissabon produziert mit 46 % knapp die Hälfte des Bruttoinlandsproduktes des Landes und erreicht ein Pro-Kopf-Einkommen auf Höhe des EU-Durchschnitts. Dagegen kommen die Alentejaner nicht einmal auf 60 % des Pro-Kopf-Einkommens der Region Lissabon.

> **Portugal = Lissabon?**
>
> Die Dominanz der Hauptstadt kommt auch in einem gerne zitierten Ausspruch der Lissabonner zum Ausdruck: *„Lisboa é Portugal, o resto é paisagem"* – Lissabon ist Portugal, der Rest ist Landschaft.

Kirche

Mit 90 % sind die meisten Portugiesen katholischen Glaubens, dennoch gibt es starke regionale Unterschiede, was das Kirchenengagement anbelangt. Dieses nimmt von Nord nach Süd stark ab. So sind in Braga, der Kirchenhauptstadt Portugals und Sitz des Erzbischofs, die Kirchen sehr gut besucht, während im Alentejo sonntags nur wenige Gläubige zur Messe gehen. Das Bistum Lissabon weist eine Besonderheit unter den portugiesischen Diözesen auf: Der jeweilige Bischof ist zugleich Kardinal und führt als einer der wenigen Bischöfe in der katholischen Kirche den Titel *Patriarch*. Geheiratet wird in Portugal übrigens entweder nur kirchlich oder nur staatlich; die meisten Paare lassen sich kirchlich trauen.

In den letzten Jahrzehnten ist in Portugal eine zunehmende Verbreitung von amerikanischen Freikirchen zu verzeichnen, wie z. B. der brasilianischen *Igreja Universal de Deus* (IURD).

Moslems sind in Portugal trotz des maurischen Erbes rar. Unter der schwarzen Bevölkerung aus den ehemaligen afrikanischen Kolonien – darunter vor allem aus Guinea-Bissau – und den in Portugal lebenden Indern findet man allerdings einige Anhänger des Islam. Die Moschee von Lissabon befindet sich an der Avenida José Malhoa (Metro Praça de Espanha, Avenidas Novas).

Judenverfolgung

Als 1492 die Juden aus Kastilien und Aragón, dem heutigen Spanien, ausgewiesen wurden, erlaubte ihnen der portugiesische König João II. die Einreise nach Portugal für acht Monate. Nach Ablauf der Zeit waren jedoch noch nicht alle von ihnen in andere Länder weitergereist, die Verbliebenen ließ João II. einkerkern. Nur die reichsten 600 Familien konnten sich freikaufen. Als Dom Manuel I. 1495 auf den portugiesischen Thron kam, ließ er in einer symbolischen Geste alle Juden frei. Doch ihr Glück währte nicht lange, denn als Manuel I. die kastilische Prinzessin Isabel heiraten wollte, machte diese die Vertreibung aller Juden und Moslems aus Portugal zur Bedingung. Ab Dezember 1496 wurden die Juden mit größter Grausamkeit aus dem Land gejagt. Ab April des folgenden Jahres akzeptierte man dann aber ihren Verbleib, sofern sie sich taufen ließen. Jedoch konnten selbst diese so genannten Neuchristen (*Cristãos-novos*) nicht lange in Frieden leben, denn bereits 1506 wurden 2.000 von ihnen bei einem Pogrom in Lissabon getötet. Die ab 1536 in Portugal agierende Heilige Inquisition, das *Santo Ofício*, ermordete später noch zahlreiche weitere Juden und jüdisch stämmige Christen. Erst 1769 setzte der damalige Premierminister Marquês de Pombal dem blutigen Treiben der Inquisition weitgehend ein Ende, indem er sie der Aufsicht des Staates unterstellte. Im Zweiten Weltkrieg erreichten erneut zahlreiche Juden das Land, als sie vor den Nazis flüchteten. Die meisten reisten in Drittländer weiter, nur wenige blieben im weiterhin sehr katholisch geprägten Portugal unter Salazar. Daher ist auch heute der jüdische Glaube in Lissabon nur schwach vertreten. Mittelpunkt des jüdischen Lebens ist die versteckt in einem Hinterhof gelegene Synagoge an der Ecke Largo do Rato/Rua Alexandre Herculano (Metro Rato).

Menschliche Entwicklung

Im Index der menschlichen Entwicklung der UN-Organisation UNDP konnte sich Portugal seit 1975 von Platz 32 auf Rang 27 verbessern (Stand 2005). Zum Vergleich: Deutschland belegt Position 20, Österreich Rang 17 und die Schweiz Platz 7. Der Index vereint Daten über Gesundheit, Bildung und Einkommen.

Negativ fällt für Portugal das Gesundheitssystem ins Gewicht. Patienten müssen z. T. monatelang auf einen Termin beim Facharzt und gar jahrelang auf Operationen warten. Aber es gab in den letzten Jahrzehnten auch Erfolge: Von 1950 bis 2003 konnte die Säuglingssterblichkeit von über 9 % auf 0,4 % gesenkt werden.

Marienverehrung – besonders bei älteren Portugiesen sehr beliebt

Im Bereich der Bildung lässt vor allem die Qualität des Schulunterrichts sehr zu wünschen übrig. In den Pisa-Studien ist Portugal zusammen mit Italien und Griechenland regelmäßig das Schlusslicht Europas. Das schlechte Abschneiden verwundert angesichts der Zustände im staatlichen Erziehungsbereich nicht: So begannen nach den Sommerferien 2004 die meisten Schulen mehrere Wochen später als geplant mit dem Unterricht. Das Bildungsministerium hatte es nicht geschafft, die Lehrer rechtzeitig auf die einzelnen Schulen zu verteilen.

Umwelt

Mit durchschnittlich 6,1 Tonnen des Treibhausgases Kohlendioxid (CO_2) pro Kopf und Jahr tragen die Portugiesen deutlich weniger zur weltweiten Klimaerwärmung bei als die Deutschen mit 10,2 Tonnen pro Kopf (2002). Das kann aber nicht als Indiz für eine erfolgreiche Umweltpolitik gewertet werden, da sich die portugiesischen Emissionen seit 1980 verdoppelt haben. Dafür ist vor allem der Verkehr verantwortlich: Die Portugiesen haben sich in den 80er und 90er Jahren immer mehr Autos gekauft – gefördert von der Regierung, welche die Autobahnen des Landes in den 90er Jahren versiebenfachte.

Auch der Stromverbrauch ist in den vergangenen Jahren stark gestiegen. Zwei Drittel des Stroms stammen dabei aus wenig umweltfreundlichen Öl- und Kohlekraftwerken. An erneuerbaren Energiequellen spielt in Portugal vor allem die Wasserkraft mit etwa 30 % Stromanteil eine bedeutende Rolle. Auch in die Windkraft wird dank eines Einspeisegesetzes nach deutschem Vorbild kräftig investiert. In den vergangenen Jahren sind zahlreiche Turbinen im

Land aufgestellt worden – viele auch aus deutscher Produktion. Zu Protesten wie in Deutschland gegen eine angebliche Landschaftsverschandelung ist es in Portugal aber nicht gekommen.

Im Bereich Wasserschutz hinkt das Land ebenfalls noch hinter anderen EU-Staaten her. So fließen die Abwässer eines Viertels der Bevölkerung direkt in Flüsse oder den Atlantik, ohne zuvor eine Kläranlage passiert zu haben. Eklatant sind auch die Missstände beim Umgang mit Abfall: Immer wieder steht man selbst in Naturparks vor illegal „entsorgten" Waschmaschinen, Kühlschränken oder Bauschutt.

Die vielleicht größten Probleme bereitet aber der kaum kontrollierte Bauboom. So haben Immobilienhaie bereits mehrfach ohne Genehmigung Hotelanlagen und Golfplätze in geschützten Gebieten hochgezogen, und an vielen Küstenabschnitten bedrohen illegal in den Sanddünen errichtete Ferienhäuschen das zerbrechliche Ökosystem und lassen die Küste erodieren.

Waldbrände

Kein Land Europas wird so stark von Waldbränden heimgesucht wie Portugal – pro Jahr werden bis zu 31.000 Brände registriert. Bereits 1991 war für Portugals Wald und Natur ein im wahrsten Sinne des Wortes schwarzes Jahr: 182.000 Hektar verbranntes Gebiet, fast 2 % der gesamten Landesfläche! In den folgenden Jahren gelang es mit angemieteten Löschflugzeugen und Helikoptern, die Brände besser unter Kontrolle zu bringen. Im Jahrhundertsommer 2003 kam es dennoch zur Katastrophe: In lediglich einer Woche Ende Juli/Anfang August brannten 242.000 Hektar. Am Ende des Jahres standen 390.000 Hektar verkohlter Fläche zu Buche – 5 % des Landes oder ein Gebiet so groß wie der gesamte Distrikt Coimbra. Nicht nur Naturschutzgebiete und hunderte Wohnhäuser verbrannten, auch 20 Menschen rissen die Flammen in den Tod. Auch 2005 kam es während eines ungewöhnlich trockenen Sommers wieder zu großflächigen Waldbränden – man wird das Gefühl nicht los, dass aus den Fehlern von 2003 wenig gelernt wurde.

Begünstigt werden die Brände durch die Aufforstung mit Monokulturen von Kiefern und des in Portugal eigentlich nicht heimischen Eukalyptus für die Zellstoffindustrie. Dazu kommt vor allem im entvölkerten Landesinneren die mangelnde Pflege des Waldes. Zwar sind im mediterranen Klima Südportugals gelegentliche Waldbrände völlig normal – sie entstehen z. B. durch Blitzschlag – und könnten von den ursprünglichen Korkeichenwäldern schnell verkraftet werden, doch vor allem 2003 waren auch zahlreiche Brandstifter am Werk. Im Gegensatz zu anderen europäischen Ländern steht hinter den Brandstiftungen jedoch eher ein perverser Spaß am Zündeln und weniger ein wirtschaftliches Interesse – die verbrannten Wälder müssen wieder aufgeforstet werden und eine Bebauung ist in den nächsten 10 Jahren verboten.

Hafen der portugiesischen Erdölfirma GALP in Porto Brandão auf der Tejosüdseite

Wirtschaft

Vor allem die Mitgliedschaft in der EU seit 1986 hat sich für Portugal als sehr vorteilhaft erwiesen. Durch großzügige Hilfen und die Marktöffnung konnten Wirtschaft und Gesellschaft modernisiert werden. Zuvor verlief in den 40 Jahren des faschistischen *Estado Novo* in Portugal die wirtschaftliche Entwicklung nur zaghaft. Ergebnis war ein unterentwickeltes Land gewesen, das bis 1989 regelmäßig in den Berichten des Bundesministeriums für wirtschaftliche Zusammenarbeit und Entwicklung (BMZ) als Empfänger deutscher Entwicklungshilfe auftauchte.

Mit einem Bruttosozialprodukt von 150 Mrd. US-Dollar im Jahr 2004 konnte sich Portugal nach Angaben der Weltbank immerhin auf Rang 33 der größten Volkswirtschaften der Welt vorarbeiten. Pro Kopf betrachtet liegt Portugal aber nicht so gut im Rennen: Mit einem Bruttosozialprodukt von 14.350 US-Dollar pro Kopf kommt das Land weltweit nur auf den 48. Platz (Schweiz Rang 4 mit 48.230 $, Österreich Rang 15 mit 32.300 $, Deutschland Rang 18 mit 30.120 $). Innerhalb der EU liegt Portugal damit hinter Griechenland und Slowenien, aber noch vor Malta.

Vieles erinnert in Portugal weiter an ein unterentwickeltes Land: die Analphabetenrate von 7 %, die weit verbreitete Kinderarbeit, die vielen Arbeitsunfälle. Auch mit der Rechtssicherheit ist es nicht gut bestellt: So stapeln sich beim Europäischen Gerichtshof für Menschenrechte die Verfahren von Portugiesen gegen ihr eigenes Land. Sie beschweren sich dabei über teilweise mehr als acht Jahre dauernde Prozesse in Portugal.

Die Ursprünge von Portugals wirtschaftlicher Unterentwicklung liegen wahrscheinlich weiter zurück, als man vermuten würde. In der Blütezeit des portugiesischen Imperiums von 1490 bis 1580 und nach Ende der spanischen Besatzung 1640 kamen große Reichtümer aus den Kolonien nach Portugal: anfangs vor allem aus Indien und Afrika, nach den großen Goldfunden in Minas Gerais zu Beginn des 18. Jh. besonders aus Brasilien. Der Import dieser Reichtümer hatte eine fatale Wirkung auf die Arbeitskultur im Mutterland: Eine Ausbeutung der Kolonien war wesentlich bequemer, als selbst zu produzieren. Die Portugiesen beschränkten sich in der Folgezeit immer mehr darauf, als Händler tätig zu sein und die Waren aus den Kolonien in anderen Ländern bzw. im eigenen Land zu vertreiben. Bald waren sie nicht einmal mehr in der Lage, ihren Bedarf an Nahrungsmitteln selbst zu decken.

Schwache Landwirtschaft

Die Bedingungen für gute Ernteerträge in Portugal scheinen auf den ersten Blick günstig: Sonne, Flüsse und fruchtbare Böden. Trotzdem muss Portugal über die Hälfte seiner Nahrungsmittel importieren. Nur mit Milch, Roggen, Olivenöl, Wein und Schaffleisch kann sich das Land selbst versorgen.

Grund ist die niedrige landwirtschaftliche Produktivität Portugals: bei Getreide liegt sie beispielsweise bei einem Drittel der Werte Deutschlands. Zum einen haben sich moderne Anbaumethoden noch nicht durchgesetzt. Zum anderen behindert die Bodenverteilung eine effiziente Landwirtschaft: Im Norden herrschen aufgrund der Erbteilung Minifundien vor, deren Ertrag oft nur zur Selbstversorgung ausreicht. Im Süden des Tejo – besonders im Alentejo – findet man dagegen große, oft brachliegende Landgüter.

Dementsprechend wurde die portugiesische Landwirtschaft nach der Marktöffnung mit dem EU-Beitritt 1986 von spanischen Produkten regelrecht an die Wand gedrückt. Das ließ bis 2003 den Anteil von Landwirtschaft und Fischerei am Bruttoinlandsprodukt (BIP) auf 4 % sinken. 1960 hatte er noch 24 % betragen!

Fischerei in der Krise

Portugal die große Fischfangnation, ein beliebtes aber inzwischen recht realitätsfremdes Bild. Dafür trägt die Fischindustrie in erster Linie selbst die Verantwortung: Denn vor der portugiesischen Küste hat sie in den letzten Jahren nicht nur die Sardinenbestände deutlich überfischt. Als Folge sind die gesamten Fischfänge des Landes von 352.000 Tonnen 1970 auf 153.000 Tonnen im Jahr 2003 eingebrochen. Da half es auch wenig, dass sich die portugiesische Fischereiflotte andere Fanggebiete vor den ehemaligen Kolonien in Afrika gesucht hat. Auch vor Neufundland, dem traditionellen Fanggebiet für Kabeljau, gingen die Bestände aufgrund der Überfischung drastisch zurück, sodass der geliebte *Bacalhau* mittlerweile meistens aus Skandinavien kommt. Auf Grund des hohen Fischkonsums der Bevölkerung ist das Land auch bei der Versorgung mit anderen Fischarten in hohem Maße auf Importe angewiesen. Folge ist ein riesiges Fischhandelsdefizit von 750 Mio. Euro jährlich.

Mit Kork an der Weltspitze 67

Fischwirtschaft in der Krise: Hafen Setúbal

Allerdings beschäftigt der Agrarsektor 13 % aller Erwerbstätigen und damit deutlich mehr als im EU-Durchschnitt.

Nur beim Wein kann Portugal international mithalten. Das kleine Land ist immerhin neuntgrößter Weinproduzent der Welt. Doch selbst dieses Potential liegt z. T. brach. Weinkritiker monieren seit langem die schwankende Qualität der portugiesischen Tropfen. Zwar verfügt Portugal über zahlreiche günstige Mittelklasse-Weine, in der Top-Klasse spielen aber nur wenige Weingüter mit. Die einzige bekannte Marke ist *Mateus* der größten portugiesischen Kellerei *Sogrape*, die qualitativ allerdings eher im Mittelfeld liegt.

Mit Kork an der Weltspitze

Zu den traditionell stärksten Sektoren der portugiesischen Wirtschaft zählt der Forstbereich: Er stellt etwa 3 % der Arbeitsplätze und 12 % der Exporte. Seine führende Rolle lässt sich schon daran ablesen, dass zwei der größten Konzerne Portugals, *Amorim* und *Sonae*, ihren Ursprung im Kork- bzw. Holzgeschäft haben. Des Weiteren ist Portugal einer der weltweit größten Produzenten von Zellstoff und die Zellstoff- und Papierfirma *Portucel* aus Setúbal südlich von Lissabon eine der größten ihrer Art in Europa. Um den Holzbedarf der portugiesischen Zellstoffindustrie zu decken, hat man auf insgesamt 8 % der Waldfläche Eukalyptus angepflanzt. Die Eukalyptuswälder sind zwar oft schön anzusehen, aber nicht unbedingt umweltfreundlich: Die Monokulturen dieser australischen Baumsorte laugen die Böden aus, verstärken die Erosion und bieten der heimischen Tierwelt kaum Platz.

Mit seiner Produktion von 155.000 Tonnen Kork (*cortiça*) jährlich, 51 % der Weltproduktion, steht das Land weltweit an erster Stelle. Die größte Firma,

Corticeira Amorim, stellt alleine 35 % der gesamten Weltproduktion. Zu den Hauptabnehmern des portugiesischen Korks gehört Deutschland, das vor allem Fußbodenkork und Flaschenkorken kauft. Korkeichenplantagen, fast immer in Kombination mit Getreideanbau oder Weidewirtschaft, findet man vor allem südlich von Lissabon und in der Region Alentejo. 25 Jahre braucht ein *sobreiro* (Korkeiche, wissenschaftlich *Quercus suber*) bis zur ersten „Ernte", dann kann er alle neun Jahre bis zu einem Alter von 200 Jahren geschält werden. Die frisch geschälten, rot leuchtenden Stämme werden mit der Jahreszahl der Schälung markiert – eine 9 z. B. steht für das Jahr 1999. Somit weiß der Korkschäler im Jahre 2008, dass dieser Baum wieder an der Reihe ist.

Außerhalb des Forstbereichs verfügt Portugal über bedeutende Rohstoffreserven bei Kupfer, Zinn und Wolfram, wo es jeweils der größte Produzent Europas ist. Nach Frankreich und Spanien besitzt Portugal zudem die drittgrößten Uranreserven Westeuropas, die übrigens auch zum Bau der Atombombe von Hiroshima dienten. Und auch beim Export von Marmor zählt Portugal zur Weltspitze – vor allem in Pêro Pinheiro bei Sintra konzentriert sich Portugals Marmor verarbeitende Industrie.

Fehlende Markenprodukte

Die portugiesische Industrie konzentriert sich auf die Großräume Lissabon und Porto. Besonders an der Eisenbahnlinie nach Norden und auf der Südseite des Tejo sind viele Unternehmen angesiedelt. Ein großes Problem der Industrie ist aber das Fehlen von bekannten Marken, durch die sie ihre Produkte zu einem höheren Preis verkaufen könnte. In der Schuhindustrie ist Portugal zwar einer der größten internationalen Produzenten, dennoch gibt es keine einzige bekannte portugiesische Schuhmarke. Eigene Marken und Ideen zu entwickeln, fällt auch deshalb schwer, weil portugiesische Unternehmen traditionell wenig in Forschung und Entwicklung investieren. Insgesamt fließen in Portugal nur 0,8 % des Bruttoinlandsproduktes (BIP) in diesen Bereich – ein Drittel des deutschen Werts.

Chronisch defizitär ist der portugiesische Außenhandel: Das Handelsbilanzdefizit erreichte 2000 eine Rekordhöhe von 14,7 % des BIP. Dies finanzierten die Portugiesen vor allem durch eine hohe Kreditaufnahme im Ausland, ein problematischer Weg, der nicht ewig fortgesetzt werden kann.

Insgesamt wickelt Portugal etwa vier Fünftel seines Handels mit der EU ab, die wichtigsten Partner sind Spanien, Deutschland und Frankreich. Dabei liefert Spanien mit 30 % die mit Abstand meisten Importe Portugals (2003). Deutschland stellt mit 14,6 % die zweitmeisten Einfuhren. Lange Zeit war Deutschland das Hauptzielland für die portugiesischen Exporte. Doch auch hier liegt der Nachbar Spanien mit 24 % inzwischen vorne, Deutschland folgt mit 15 % auf dem zweiten Platz.

Auslandsdirektinvestitionen kommen insbesondere aus dem Nachbarland Spanien und dem mit Portugal schon immer wirtschaftlich stark verbundenen Großbritannien. Auch Deutschland ist mit zahlreichen Firmen im Land vertreten. Volkswagen hat 1995 zusammen mit Ford sogar die größte ausländische Investition aller Zeiten in Portugal getätigt hat: die erste portugiesische

Autofabrik *Auto-Europa* bei Palmela südlich von Lissabon. Von den Kosten in Höhe von 2,3 Milliarden Euro subventionierte der portugiesische Staat knapp 900 Millionen. Seit Volkswagen die Fabrik komplett von Ford übernommen hat, rollen hier jährlich 130.000 Sharan-Limousinen vom Band.

Zu den bedeutendsten Wirtschaftsfaktoren des Landes gehört der Tourismus. Er schafft 6 % des Bruttoinlandsprodukts und sichert etwa 300.000 Arbeitsplätze. Etwa 28 Mio. ausländischer Gäste besuchen jedes Jahr Portugals Strände, Städte und Inseln. Die meisten Besucher kommen aus Spanien, Großbritannien und Deutschland.

Unter den Dienstleistungssektoren haben vor allem die Banken in den vergangenen Jahrzehnten einen gewaltigen Wandel durchgemacht. Nachdem die linksgerichtete Regierung nach der Nelkenrevolution alle Kreditinstitute verstaatlicht hatte, wurden diese in den 80er und 90ern wieder Schritt für Schritt reprivatisiert. Einzige Ausnahme blieb die weiter staatliche Nationalsparkasse *Caixa Geral de Depósitos* (CGD). Zusätzlich schrumpfte die Zahl der Banken in den vergangenen Jahren durch zahlreiche Fusionen deutlich. Inzwischen kommen fünf Banken auf über 80 % der Einlagen: CGD, *Banco Comercial Português* (BCP), *Banco Espírito Santo* (BES), die spanische *Santander* und *Banco Português do Investimento* (BPI). Damit ist der portugiesische Finanzsektor deutlich stärker konzentriert als der deutsche mit seinen verzweigten Sparkassen- und Genossenschaftsbanken.

> **Börsenboom in Lissabon**
>
> Nachdem die Regierung im Zuge der Nelkenrevolution 1974 etwa 90 % der an der Börse gehandelten Unternehmen verstaatlicht hatte, stellte die Lissabonner Börse mangels handelbarer Aktien ihren Betrieb ein. Erst 1976 nahm man den Handel mit Wertpapieren, erst 1977 den Verkauf von Aktien, wieder auf. Lange Jahre führte die *Bolsa de Valores de Lisboa* ein Schattendasein, bis die Privatisierungswelle in den 90ern für deutlich steigende Umsätze sorgte. Zeichen des neuen Zeitalters an der Börse war auch der Umzug aus den ehrwürdigen Hallen im Ostflügel der Praça do Comércio in ein modernes Gebäude in der Rua Soeiro Pereira Gomes in der Nähe des Bahnhofs Entrecampos. Doch in Zeiten weltweit zusammenwachsender Kapitalmärkte war wenige Jahre später auch die *Bolsa de Lisboa* zu klein geworden. Sie hat sich daher 1999 mit der Börse aus Porto vereinigt. 2001 folgte der nächste Schritt mit der Aufnahme in die *Euronext*, dem gemeinsamen Wertpapiermarkt der Börsen aus Paris, Brüssel und Amsterdam.

Lange Arbeitszeiten – geringe Produktivität

Mit 1.900 Stunden pro Jahr arbeiten die Portugiesen etwa 300 Stunden mehr als ihre deutschen Kollegen. Das ist nach den Japanern die längste Jahresarbeitszeit eines Industrielandes. Dabei sind die Portugiesen aber nicht sonderlich produktiv, was vor allem an der schlechten Bildung der Arbeitnehmer liegen dürfte. Mehr als zwei Drittel der arbeitsfähigen Bevölkerung haben höchstens neun Jahre lang die Schule besucht. Knapp ein Drittel der Portugiesen ist dabei nicht über die vier Jahre Grundschule hinausgekommen.

Die niedrige Produktivität spiegelt sich im Lohnniveau, das weit unter dem EU-Durchschnitt liegt. Durchschnittlich betrugen nach Daten von Eurostat die Lohnkosten pro Stunde in Portugal mit 7 € gerade einmal ein Viertel des deutschen Wertes von 26,7 € (2001). Allerdings sind die Lohnkosten in den vergangenen Jahren um durchschnittlich etwa 5 % jährlich gestiegen. Das hat die Wettbewerbsfähigkeit Portugals vor allem im Vergleich zu den mittel- und osteuropäischen EU-Beitrittsländern deutlich geschmälert.

Relativ niedrig ist die Arbeitslosenquote mit etwa 7,2 % (2005). Während gut bezahlte Jobs für Akademiker in Portugal weiter recht selten sind, suchen manche Unternehmen dringend nach niedrig qualifizierten Arbeitskräften. Das hat das traditionelle Auswanderungsland Portugal in den vergangenen Jahren zum Einwanderungsland werden lassen.

Vor allem aus den ehemaligen Kolonien Afrikas, den so genannten PALOP-Ländern (*Países Africanos de Língua Oficial Portuguesa*, „Afrikanische Länder mit Portugiesisch als Amtssprache"), sowie Brasilien kamen Arbeiter. Sie fanden bei den großen Bauprojekten für die EXPO 1998 in Lissabon, als Putzhilfen oder in der Gastronomie Arbeit. In den vergangenen Jahren sind aber auch zunehmend Arbeitskräfte aus Osteuropa, darunter vor allem Ukrainer, Rumänen und Moldawier, zugewandert.

Arbeiter und Angestellte haben sich in Portugal in zwei großen Gewerkschaftsdachverbänden zusammengeschlossen, die sich nach politischer und weltanschaulicher Orientierung unterscheiden. Der wichtigste Verband ist die *Confederação Geral dos Trabalhadores Portugueses* (CGTP), die der kommunistischen Partei PCP verbunden ist und besonders Arbeiter umfasst. In der mit Unterstützung der sozialistische Partei PS und der deutschen Friedrich-Ebert-Stiftung gegründeten *União Geral dos Trabalhadores* (UGT) sind dagegen vor allem Angestellte organisiert. Beide Verbände haben in den vergangenen Jahren aber an Einfluss eingebüßt, da sich immer weniger Portugiesen den Gewerkschaften anschließen.

Ein Monat bezahlter Sonderurlaub

Alle vier Jahre können sich Tausende Portugiesen einen Monat bezahlten Sonderurlaub gönnen. Grund ist Artikel 8 des portugiesischen Kommunalwahlgesetzes aus dem Jahr 2001. Er garantiert allen Kandidaten und sogar auch den Ersatzkandidaten 30 Tage vor Wahlen von allen Funktionen in privaten Firmen oder staatlichen Behörden freigestellt zu werden. Die Unternehmen sind verpflichtet, während dieser Zeit Löhne und Zusatzleistungen wie Mittagessenszuschüsse weiterzubezahlen. Dabei ist es nicht einmal nötig, dass die Kandidaten in ihrer freien Zeit tatsächlich an Wahlveranstaltungen teilnehmen. Die Arbeitgeberverbände schätzen, dass etwa 250.000 bis 500.000 Portugiesen diesen Sonderurlaub in Anspruch nehmen. Das entspräche immerhin fünf bis zehn Prozent der arbeitenden Bevölkerung Portugals.

Die EU als Entwicklungshelfer

Ein gewaltiger Entwicklungsschub für Portugal kam nach dem EU-Beitritt 1986 aus Brüssel. Seitdem hat das Land regelmäßig deutlich mehr aus den EU-Töpfen erhalten als es eingezahlt hat. In den 90er Jahren machten die Hilfen aus regionalen Entwicklungs-, Kohäsions- und Sozialfonds etwa 3 % des portugiesischen Bruttoinlandsprodukts (BIP) aus. Ein gewaltiger Finanzierungsbeitrag, der nach der EU-Osterweiterung langsam aber sicher verschwindet, da Portugal nicht mehr unter die ärmsten Mitgliedsländer fällt.

Dass Portugal, vor wenigen Jahren noch zusammen mit den anderen südeuropäischen Ländern verächtlich als *Club Med* bezeichnet, die Konvergenzkriterien des Maastrichter Vertrags für den Euro erfüllen würde, konnten sich nur wenige nord- und mitteleuropäische Politiker vorstellen. Doch nicht nur die Inflationsrate der Verbraucherpreise erfüllte 1997 mit 2,3 % klar die Vorgaben. Dies war umso sensationeller, als die Preise 1990 noch um 13,3 % gestiegen waren. So gab es keine Zweifel: Portugal gehörte 1999 zu den Gründungsmitgliedern der europäischen Währungsunion – zur Freude der Bevölkerungsmehrheit.

Ein Land im Konsumrausch

In Folge des Euro-Beitritts sanken in Portugal die Zinsen rapide; von der Europäischen Zentralbank erwarteten die Investoren eine stabilere Geldpolitik als von der Portugiesischen Zentralbank mit ihrer traditionell hohen Inflation. Die gesunkenen Zinsen verbilligten die Investitionskosten für portugiesische Unternehmen und Konsumentenkredite – ein willkommener Anschub für die Wirtschaft des Landes.

Mit den günstigen Krediten konnten viele portugiesische Verbraucher aber nicht umgehen. Sie verfielen teilweise in einen wahren Konsumrausch: ein neuer Fernseher, der eigene Pkw und am besten gleich noch die lang ersehnte Eigentumswohnung. Auf Raten und Pump schien durch die niedrigen Zinsen plötzlich vieles erreichbar, was früher nicht zu bezahlen war. Dabei gaben sich zahlreiche Menschen der Illusion hin, ihre Gehälter würden in Zukunft weiter so kräftig steigen wie in den vergangenen Jahren, als damit ein gewisser Ausgleich für die hohe Inflation gezahlt wurde. Das böse Erwachen kam für viele mit dem Wirtschaftsabschwung 2003, als die portugiesische Volkswirtschaft um

Amoreiras – erstes großes Einkaufszentrum des Landes

1,3 % einbrach. In den Jahren davor waren die Schulden der Portugiesen von 21 % ihres Jahreseinkommens 1991 auf 88 % im Jahr 2000 explodiert. Das Land hatte über seine Verhältnisse gelebt. Die neu gekauften Autos mussten teilweise wieder verkauft werden, so manches Eigenheim wechselte wieder den Besitzer.

Auch der Staat lebt seit Jahren über seine Verhältnisse: So verstieß Portugal 2001 mit einem Haushaltsdefizit von 4,4 % am Bruttoinlandsprodukt klar gegen den Europäischen Stabilitätspakt. In den Folgejahren konnte man das Defizit mit einer Mehrwertsteuererhöhung und Privatisierungserlösen etwas eindämmen. Als das Tafelsilber aber verkauft war, schnellte das Defizit 2005 auf mehr als 6 %. Auch das Hauptproblem, ein mit 700.000 Angestellten und Beamten überdimensionierter Öffentlicher Dienst, bleibt. Dazu hemmt die Bürokratie den Unternehmergeist: In Portugal dauert es mindestens 78 Tage um ein Unternehmen zu gründen, in Dänemark nur vier.

Azulejos zieren zahlreiche portugiesische Geschäfte

Sorgen bereitet der Blick in die Zukunft: Portugal hat es versäumt sich neu auszurichten. Viel zu lange setzte man noch auf niedrige Lohnkosten, anstatt neue Wettbewerbsvorteile zu suchen. Fast selbstverständlich steckten die Portugiesen zudem einen Großteil der Milliardentransfers der EU in den Bau neuer Autobahnen. Wettbewerbsfähiger ist das Land dadurch aber nicht geworden. Es mangelt vor allem an gut ausgebildeten und entsprechend produktiven Arbeitskräften sowie an kreativen Unternehmern, um mit der internationalen Konkurrenz mithalten zu können. Wie das EU-Geld besser angelegt hätte werden können, zeigt das Beispiel Irlands, das Portugal längst überholt hat. Nun hat auch Slowenien wirtschaftlich zu Portugal aufgeschlossen – das westlichste Land Europas muss sich sputen.

Literatur-Tipp zur Landeskunde
Standard ist das fast 1.000-seitige Buch *Portugal heute*, herausgegeben von Dietrich Briesemeister und Axel Schönberger bei Vervuert. Es vereint neben Artikeln zu Wirtschaft, Geschichte und Politik eine Reihe von Aufsätzen zu Sprache und Literatur sowie den deutsch-portugiesischen Beziehungen.

Wissenswertes von A bis Z

Adressen 73	Kriminalität 86
Aufenthaltsgenehmigung 74	Leitungswasser 87
Behinderte 74	Lesben und Schwule 87
Botschaften 75	Öffnungszeiten 88
Cartão Jovem (Jugendkarte) ... 76	Photo 88
Deutsche in Lissabon 76	Polizei 88
Drogen 77	Post 89
Einreisebestimmungen 78	Radio 90
Elektrizität 78	Reklamationen 91
Feiertage 78	Sprachkenntnisse 92
Fernsehen 78	Studierende 92
Frauen 79	Telefonieren 93
Friseure 79	Toiletten 95
Fundbüros 79	Touristeninformationen 95
Geld 80	Trinkgeld 96
Gesundheit 81	Verhaltensknigge 96
Haustiere 83	Versicherungen 96
Internet 84	Wäschereien 97
Karten 84	Wohnen 98
Kinder 84	Zeit 98
Kleidung 85	Zeitungen 98
Klima 86	

Adressen

An portugiesischen Haustüren finden sich so gut wie nie Namensschilder. Will man jemandem einen Besuch abstatten oder einen Brief schreiben, genügt es daher nicht, Straßennamen und Hausnummer zu wissen. Sofern der- oder diejenige nicht in einem Einfamilienhaus wohnt, sollte man sich unbedingt die entsprechende Etage und Lage der Wohnung merken. Die Nummerierung der Etagen (*andar* oder *piso*) beginnt im 1. Obergeschoss. Das Erdgeschoss wird mit *r/c* (*rés-do-chão*) angegeben. Die Lage der Wohnung wird aus der Sicht des Treppenaufgangs benannt. Links heißt *esquerdo* und wird mit *Esq* abgekürzt, rechts heißt *direito*, die entsprechende Abkürzung ist *Dto*.

> **Eine korrekte Adresse könnte beispielsweise so aussehen:**
> Maria Gorete da Silva Araújo
> Avenida dos Bombeiros Voluntários, 23-2° Dto
> 2750-030 Cascais
> Portugal

Demnach befände sich die Wohnung im zweiten Stock rechts. Die Postleitzahlen in Portugal bestehen aus einer siebenstelligen Nummer.

Die Regelung für Familiennamen ist in Portugal etwas kompliziert. Jeder Ehepartner hat das Recht, seinem Namen bis zu zwei weitere Nachnamen des

Partners anzufügen. So ergeben sich oft ellenlange Familiennamen – als Deutscher mit Vornamen und einem einzigen Nachnamen wird man häufig gefragt, ob dies tatsächlich der komplette Name sei. Sortiert wird übrigens nach dem letzten Nachnamen.

Postleitzahlen: Je nach Viertel und Straßen variieren sie in Lissabon zwischen 1000-000 und 1999-999 Lisboa. Postleitzahlensuche auf den Internetseiten der portugiesischen Post www.ctt.pt.
Adressauskunft per Telefon: bei der Auskunft unter ✆ 118.

Gängige Abkürzungen: Al. oder Alam. – Alameda (Allee); Av. – Avenida (Avenue); Bc. – Beco (Gässchen); Bo. – Bairro (Stadtviertel); Cç. – Calçada (gepflasterte Straße); Estr. – Estrada (Landstraße); L. oder Lg. – Largo (Platz); Pr. oder Pç. – Praça (Platz); Q.ta – Quinta (Landgut); R. – Rua (Straße); Tr. oder Tv. – Travessa (Gasse).

Aufenthaltsgenehmigung

Jeder Ausländer, der sich dauerhaft in Portugal niederlässt, muss sich bei der Ausländerbehörde nach spätestens sechs Monaten melden und eine Aufenthaltsgenehmigung beantragen – in der Praxis ist dies aber nicht unbedingt nötig. Dennoch, wer auf Nummer Sicher gehen oder einen portugiesischen Ausländerpersonalausweis bekommen möchte, der sollte eine Aufenthaltsgenehmigung (*Autorização de Residência*) beantragen. Dies ist allerdings mit großem bürokratischen Aufwand verbunden, und von der Beantragung bis zur Ausstellung können bis zu sechs Monate vergehen. EU-Bürger haben übrigens ein Recht auf den freien Aufenthalt in Portugal, sofern sie über genügend finanzielle Mittel zum Lebensunterhalt und eine in Portugal gültige Krankenversicherung verfügen.

Aufenthaltsgenehmigung: bei der Ausländerbehörde *Serviço de Estrangeiros e Fronteiras*, einer Unterabteilung des Innenministeriums *Ministério de Administração Interna* – *MAI*. In Lissabon: Loja do Cidadão, Praça dos Restauradores (Metro Restauradores) sowie Av. António Augusto de Aguiar, 20 (Metro Parque, Av. Novas), 1069-118 Lisboa, ✆ 213585500 www.sef.pt. Außerdem in Cascais (Rua da Misericórdia, 1) und in Setúbal (Rua Augusto Cardoso, 83-4°) vertreten.
Steuerkarte: Die Steuerkarte, *Cartão de Contribuinte*, bekommt man bei der *Loja do Cidadão*, Praça dos Restauradores, 17–22 in Lissabon (Metro Restauradores) oder beim jeweiligen für den Wohnsitz zuständigen Finanzamt, der *Repartição das Finanças*, dessen Adresse im Telefonbuch zu finden ist. Für den Antrag reicht ein deutscher Personalausweis. Eine Aufenthaltsgenehmigung ist dafür nicht vonnöten. Nach 1 bis 2 Monaten wird die Karte zugeschickt. Viele portugiesische Banken verlangen ihre Vorlage für die Eröffnung eines Bankkontos.
Fahrzeugeinfuhr: Wer nach Portugal umzieht und sein Auto steuerfrei importieren will, muss einen Berg an Formularen abarbeiten und bis zu zwei Jahren warten. Am besten holt man sich professionelle Hilfe von einem Zollagenten (*despachante*), die aber etwa 500 € kostet. Infos auf der Homepage der Deutschen Botschaft in Lissabon (www.lissabon.diplo.de) und beim portugiesischen Automobilclub Automóvel Club de Portugal (ACP), Rua Rosa Araújo, 24/6, 1250-195 Lisboa, ✆ 213180100, www.acp.pt.
Weiterführende Informationen: Bundesverwaltungsamt, Informationsstelle für Auslandstätige und Auswanderer, www.auswanderungswesen.de. Für EU-Bürger Informationen ebenfalls bei der Europäischen Kommission, http://europa.eu.int/youreurope/.
Auskünfte über langfristige Aufenthalte in Portugal geben auch die deutsche Botschaft in Lissabon sowie die portugiesischen Botschaften und Konsulate (s. u. „Botschaften").

Behinderte

Eine Reise nach Lissabon kann sich für Behinderte sehr beschwerlich gestalten. Das Vorankommen auf den Bürgersteigen ist bei den Parkgewohnheiten der Lissabonner für Rollstuhlfahrer leider fast unmöglich – erschwerend kommen noch das Kopfsteinpflaster und die starken Steigungen an den Lissabonner Hügeln hinzu. Sonst begegnen die Portugiesen Behinderten generell sehr unvoreingenommen.

Auch die öffentlichen Verkehrsmittel sind nur in wenigen Fällen auf die Bedürfnisse von Rollstuhlfahrern eingerichtet. In Lissabon unterhält die Busgesellschaft *Carris* für Behinderte einen speziellen Tür-zu-Tür-Service mit für Rollstuhlfahrer ausgerüsteten Kleinbussen. Infos unter www.carris.pt und ℡ 213613141 (Anmeldung mind. 48 Std. vorher).

Botschaften

Bei Verlust der Ausweispapiere stellt die Botschaft oder das Konsulat ohne große Probleme einen vorübergehend gültigen Ersatzausweis aus. Hierfür ist es hilfreich, vor der Reise die wichtigsten Dokumente zu fotokopieren und die Kopien während der Reise an einer anderen Stelle als die Originale aufzubewahren. Finanziell völlig Abgebrannte können einen Rückreisekredit in Anspruch nehmen, der allerdings gut verzinst zurückzuzahlen ist. Vor einem Gang zur Botschaft sollte man sich aber überlegen, ob die Geldprobleme nicht durch einen Geldtransfer zu lösen sind (s. u. „Geld"). Normalerweise sind die Botschaften nur Mo–Fr 9–12 Uhr geöffnet und an den Feiertagen beider Länder geschlossen.

Botschaft der Bundesrepublik Deutschland, Campo dos Mártires da Pátria, 38, 1169-043 Lisboa, ℡ 218810210 und 218810245, ℻ 218853846. Stadtteil Santana (s. Karte S. 266/267), www.lissabon.diplo.de.

Botschaft der Republik Österreich, Av. Infante Santo, 43-4°, 1399-046 Lisboa, ℡ 213958220, ℻ 213958224. Stadtteil Lapa (s. Karte S. 288/289).

Botschaft der Schweiz, Travessa do Jardim, 17, 1350-185 Lisboa, ℡ 213944090, ℻ 213955945 (s. Karte „Campo de Ourique" S. 296/297).

Die Deutsche Botschaft in Lissabon

Auskünfte über langfristige Aufenthalte in Portugal geben dagegen die **portugiesischen Botschaften** und Konsulate:

Deutschland: Botschaft Berlin, Zimmerstr. 56, 10117 Berlin, ✆ 030/590063500, ✆ 590063600.
Konsulat Düsseldorf, Friedrichstr. 20, 40217 Düsseldorf, ✆ 0211/138780, ✆ 323357.
Konsulat Frankfurt, Zeppelinallee 15, 60325 Frankfurt/M., ✆ 069/9798800, ✆ 97988022.
Konsulat Hamburg, Gänsemarkt 23, 20354 Hamburg, ✆ 040/35534850, ✆ 35534860.
Konsulat Stuttgart, Königstr. 20 D, 70173 Stuttgart, ✆ 0711/2273971, ✆ 2273989.
Österreich: Botschaft Wien, Opernring 1–3, 1010 Wien, ✆ 01/5867536, ✆ 5875839.
Schweiz: Botschaft Bern, Weltpoststr. 20, 3015 Bern, ✆ 031/3528329, ✆ 3514432.
Konsulat Zürich, Zeltweg 13, 8032 Zürich, ✆ 01/2003050, ✆ 2003050.

Cartão Jovem (Jugendkarte)

Der *Cartão Jovem* (Jugendkarte) bietet Jugendlichen unter 26 Jahren verschiedene Preisnachlässe für Zug- und Expressbustickets sowie bei Museumseintritten. Weiter gewähren einige Geschäfte Rabatte. Der portugiesische *Cartão Jovem* gilt in Portugal zudem als Jugendherbergsausweis. Gültig ist die Karte ein Jahr lang, wobei der Kaufmonat nicht mitgerechnet wird. In anderen europäischen Ländern gibt es übrigens vergleichbare Jugendkarten, die weitgehend gegenseitig anerkannt werden.

Verkauf Unter Vorlage des Passes oder Personalausweises und eines Photos für 8 € in allen Postämtern und beim *Instituto Português da Juventude*, Av. da Liberdade, 194 (Metro Avenida). Infos: www.cartaojovem.pt.

Deutsche in Lissabon

Schon an der christlichen Eroberung Lissabons durch Dom Afonso Henriques 1147 waren deutsche Kreuzritter beteiligt. Später heirateten mehrere deutsche Adelige in das portugiesische Königshaus ein, wodurch der Kontakt zwischen den beiden Ländern gefördert wurde. Während des Zweiten Weltkrieges war Lissabon dann für viele deutsche Verfolgte des Naziregimes Zufluchtsort und rettende Brücke ins sichere Amerika.

Mit der Nelkenrevolution rückte Portugal schlagartig wieder ins Blickfeld der Deutschen. Vor allem Angehörige der linken Szene waren vom Experiment eines sozialistischen Staates begeistert und besuchten die neu geschaffenen Kooperativen. Später ließen sich einige deutsche Aussteiger in verlassenen Dörfern des Alentejo oder Nordportugals nieder. Meist hielten sie es dort nicht lange aus, da sich das romantische Naturleben schnell als recht beschwerlich erwies.

Heute kommen viele Deutsche als Vertreter deutscher Firmen nach Lissabon. Um die wirtschaftlichen Kontakte zwischen Deutschland und Portugal kümmert sich besonders die Deutsch-Portugiesische Industrie- und Handelskammer. Die meisten Deutschen wohnen inzwischen in den vornehmen Vororten an der *Linha de Cascais*, einige auch in Sintra und der Umgebung von Colares. Lebensmittelpunkt in Lissabon und Umgebung sind die beiden deutschsprachigen Kirchengemeinden und die deutsche Schule, die zu den ältesten Einrichtungen dieser Art im Ausland zählt.

Deutsch-Portugiesische Industrie- und Handelskammer: *Câmara de Comércio e Indústria Luso-Alemã*, Av. da Liberdade, 38-2° (Metro Avenida), 1269-039 Lisboa, ✆ 213211200, ✆ 213467150, www.ccila-portugal.com.
Deutsche Schule: *Escola Alemã de Lisboa*, Rua Prof. Francisco Lucas Pires (Metro Telheiras), ✆ 217510260, www.dslissabon.com.

Sie genießt auch bei Portugiesen ein hohes Ansehen. Mittlerweile werden hier sogar mehr portugiesische als deutsche Kinder unterrichtet, und man kann sowohl den portugiesischen Abschluss als auch das deutsche Abitur machen. Ein weiteres Schulgebäude ausschließlich für Grundschüler liegt in Estoril.

Deutsch-evangelische Gemeinde: *Igreja Evangélica Alemã*, Av. Columbano Bordalo Pinheiro, 48 (Metro Praça de Espanha, Av. Novas), ☎ 217260976, ✆ 217274839, www.deutsche-kirche-portugal.org.
Gottesdienste So 11 Uhr in der architektonisch interessanten Kirche, errichtet 1934 von Otto Bartning, Bauhaus-Architekt und Begründer des modernen, protestantischen Kirchenbaus in Deutschland. Kurios: die einzige evangelische Kirche auf der Iberischen Halbinsel, die Glocken läuten darf.

Deutsch-katholische Kirchengemeinde: *Igreja dos Católicos de Língua Alemã*, Rua do Patrocínio, 8, ☎ 213964114, ✆ 213959939, www.deutsche-kirche-portugal.org. Kleine Kirche der deutschen Katholiken im Stadtteil Campo de Ourique.

Deutscher Friedhof: *Cemitério Alemão*, Rua do Patrocínio, 59. Schräg gegenüber der deutsch-katholischen Kirche, wird aber von der deutsch-evangelischen Gemeinde verwaltet. Di–Sa 9–13 und 15–18 Uhr, So 9–13 Uhr. Einer der ältesten Friedhöfe der Stadt. Kleines grünes Gelände hinter hohen Mauern mitten im Stadtteil Campo de Ourique.

Drogen

Deutsch-evangelische Kirche an der Praça de Espanha

Lissabon gehört zu den europäischen Hauptumschlagplätzen für Drogen: Schiffe aus Südamerika oder Marokko landen die Ware an der langen Küste an, Lkws verteilen sie weiter ins restliche Europa. Vor einigen Jahren sank ein Frachter mit brasilianischem Holz vor der portugiesischen Küste – als die Holzstämme an Land gespült wurden, fand man plötzlich Tüten mit weißem Pulver ...

Auch wenn die günstigen Preise so manchen verlocken mögen: Finger weg von Drogen! Abgesehen von den gesundheitlichen Folgen kann der Aufenthalt in einem portugiesischen Gefängnis für einen Ausländer äußerst ungemütlich werden. Deutsche Strafanstalten sind verglichen mit portugiesischen Gefängnissen Fünf-Sterne-Hotels.

Für Ausländer kommt verschärfend hinzu, dass sie oft schon wegen kleinster Delikte ins Hochsicherheitsgefängnis in Vale de Judeus bei Alcoentre gesperrt werden, da bei Ausländern gerne ein Exempel statuiert wird (besonders, wenn sie die Sprache nicht können und einen schlechten Pflichtverteidiger haben). In einem Fall musste ein Drogensüchtiger für den Besitz eines Gramms Heroin sieben Jahre im Gefängnis absitzen ...

Einreisebestimmungen

Zoll: Im privaten Reiseverkehr innerhalb der EU unterliegen Waren für den Eigenbedarf keinerlei Beschränkungen. Bei Rauchwaren und Spirituosen gehen die Zöllner von folgenden Richtmengen aus: 800 Zigaretten, 200 Zigarren oder 1 kg Tabak, 10 l Spirituosen, 20 l so genannte „Zwischenprodukte" wie Portwein, 90 l Wein, 110 l Bier. Im Einzelfall ist eine Überschreitung möglich, wenn nachgewiesen wird, dass die entsprechende Menge nur für den Privatbedarf bestimmt ist (Hochzeitsfeier etc.). Für Schweizer gilt: 200 Zigaretten, 100 Zigarillos oder 250 g Tabak, 1 l Branntwein oder 2 l Wein. Für Jugendliche unter 18 Jahren keine Freimengen!

Auto: Führerschein und Kfz-Schein sind erforderlich; eine grüne Versicherungskarte ist empfehlenswert. Das Fahrzeug muss auf den Benutzer zugelassen sein, ansonsten wird eine vorher in Deutschland beglaubigte Vollmacht des Besitzers verlangt.

Elektrizität

Wie in Deutschland beträgt auch in Portugal die Spannung etwa 230 Volt mit einer Frequenz von 50 Hertz. Weit verbreitet sind Eurosteckdosen ohne Schutzleiter, in die alle gängigen deutschen Stecker passen.

Feiertage

Neben kirchlichen werden auch einige historische Gedenktage im ganzen Land begangen – darunter allein vier Nationalfeiertage.

1. Januar: *Ano Novo* (Neujahr).
Februar, März, April: Karnevalsdienstag, Karfreitag, Ostersonntag.
25. April: *Dia da Liberdade* – Portugiesischer Nationalfeiertag zur Erinnerung an die Nelkenrevolution 1974.
1. Mai: Tag der Arbeit.
Juni: Fronleichnam.
10. Juni: *Dia de Portugal* – Portugiesischer Nationalfeiertag zum Gedenken an den Todestag des Schriftstellers Luís de Camões und Tag der portugiesischen Gemeinschaften im Ausland.
15. August: Mariä Himmelfahrt.
5. Oktober: *Dia da República* – Portugiesischer Nationalfeiertag zur Erinnerung an die Ausrufung der Republik 1910.
1. November: Allerheiligen.
1. Dezember: *Dia da Restauração* – Portugiesischer Nationalfeiertag in Erinnerung an die Befreiung von der spanischen Fremdherrschaft 1640.
8. Dezember: Mariä Empfängnis.
25. Dezember: Weihnachten.

Fernsehen

Neben den beiden öffentlich-rechtlichen Fernsehprogrammen der *Radiotelevisão Portuguesa* (RTP) gibt es seit 1992 den Privatkanal *Sociedade Independente de Comunicação* (SIC) des portugiesischen Medienzaren und ehemaligen Ministerpräsidenten Pinto Balsemão. 1993 folgte die katholische Kirche mit der *Televisão Independente* (TVI), die sie wenige Jahre später weiterverkaufte. Inzwischen gehört TVI der Gesellschaft *Media Capital*, an der wiederum der deutsche Medienkonzern Bertelsmann (RTL) beteiligt ist.

Die Sender unterscheiden sich mit der Ausnahme des Kulturkanals RTP 2 kaum in der Programmgestaltung. Die Nachrichtensendungen sind stark national ausgerichtet und bringen nur wenige Meldungen aus dem internationalen Geschehen. Gute Spielfilme kommen meist erst nach 23 Uhr. Sie sind wie im Kino nur untertitelt und nicht synchronisiert; so können dem Geschehen auch Ausländer ohne Portugiesischkenntnisse folgen, sofern sie Englisch verstehen. Typisch sind häufige Werbeunterbrechungen, rund um die Uhr und an allen Tagen der Woche, und Unmengen brasilianischer und portugiesischer Seifenopern, der berühmt berüchtigten *Telenovelas*. Viele Portugiesen verfolgen ihre *Novela* Tag für Tag und verpassen keine der meist ca. 150 Folgen.

Die großen Hotels besitzen fast alle Satellitenantennen und speisen mehrere **internationale Programme** in ihre Hausanlagen ein, darunter oft auch deutsche Programme wie Deutsche Welle TV, RTL und Sat 1. Einige dieser Sender werden auch über das portugiesische Kabelnetz *TV Cabo* verbreitet. In Deutschland kann man über die Satelliten Hotbird und Astra das portugiesische Auslandsfernsehprogramm *RTP Internacional* digital empfangen.

Frauen

Alleinreisende Frauen treffen in Lissabon auf wenig Schwierigkeiten. Die Erfahrung lehrt allerdings, dass besonders blonde Frauen unter nervendem Hinterherpfeifen oder Zischen des ein oder anderen Machos leiden. Die „Anmache" hält sich generell aber in Grenzen.

Zumindest in den ländlichen Gegenden Portugals sind die traditionellen Rollenverhältnisse oft noch sehr tief verwurzelt. Mit 63,7 % der Frauen im erwerbsfähigen Alter sind nach Statistiken der Weltbank in Portugal dennoch mehr Frauen erwerbstätig als in Deutschland mit 62,9 % (2003). Außerdem ist der Gehaltsunterschied zwischen Männern und Frauen in Portugal geringer als in Deutschland. Im Großraum Lissabon ist die ganztägige Berufstätigkeit beider Elternteile die Regel.

Friseure

Wer in Portugal einen Friseur sucht, wird feststellen, dass es fast ausschließlich reine Damen- oder Herrensalons gibt. Der *barbeiro* ist ein Herrenfriseur, im *salão de cabeleireiro* werden in der Regel Damen frisiert (ohne dass Herren gänzlich ausgeschlossen sind); nur ein *cabeleireiro unisexo* bedient ausdrücklich Kunden beiderlei Geschlechtes. Schafft man es, den gewünschten Haarschnitt vorher zu beschreiben, wird man den Salon durchaus zufrieden verlassen, da die Preise im Vergleich zu Deutschland wesentlich günstiger sind.

Fundbüros

Verlorene Gegenstände (z. B. in Bus oder Straßenbahn) können in Olivais Sul bei der *Secção de Achados da PSP,* dem Fundbüro der Polizei, abgeholt werden: Praça Cidade Salazar, Lote 180 r/c, ✆ 218535403 (Osten). Per Bus Nr. 21 (Richtung Estaçao Oriente) ab Metro Saldanha, 2 Haltestellen nach dem großen Kreisverkehr am Flughafen aussteigen (Haltestelle Av. Cidade Lourenço Marques). Mo–Fr 9–12.30 und 13.30–17 Uhr.

Fundbüro der Metro: In der Station Marquês de Pombal.

Geld

Gesetzliches Zahlungsmittel ist auch in Portugal der Euro. In Portugal ist eine Bank-Karte der bequemste und günstigste Weg, an Geld zu kommen. Das Abheben mit Kreditkarten ist teuer, zum Bezahlen sind sie dagegen weit verbreitet. Reiseschecks sollte man wegen der hohen Gebühren meiden. Generell empfiehlt sich, kleine Scheine und etwas Kleingeld mit sich zu führen. In Portugal herrscht nämlich grundsätzlich chronischer Münzenmangel. Die großen 200- und 500-Euro-Scheine sind kaum verbreitet und sollten daher besser nicht in die Reisekasse.

Bank-Karte: Mit den normalen Bank-Kundenkarten, den früheren ec-Karten, kann an praktisch allen Bankautomaten in Portugal Geld abgehoben werden. Dazu sollten die Karten die Zeichen von *Visa Plus* oder *Maestro* tragen, den elektronischen Netzen von Visa und Mastercard. Dann funktionieren sie mit Sicherheit an einem der zahlreich vorhandenen Automaten mit dem *Multibanco*-Zeichen. Der Höchstbetrag pro Abhebung beläuft sich in allen Fällen auf 200 €.

Das Abheben per Bank-Karte in Euro-Ländern darf nach einer Verordnung der EU-Kommission seit 2002 nicht mehr kosten als bei einer fremden Bank zu Hause in Deutschland oder Österreich. Die genaue Gebühr hängt dabei von Ihrer heimatlichen Bank ab. Meist liegt sie pro Abhebung bei 3 bis 4 €. Mit der Postbank Sparcard kann man vier Mal im Jahr gebührenfrei abheben.

In Supermärkten und vielen anderen Geschäften ist das Electronic Cash per Bank- oder Kreditkarte sehr verbreitet, allerdings funktionieren deutsche Maestro-Karten meist nicht, während es mit Kreditkarten häufiger klappt.

Unter diesem Multibanco-Zeichen gibt es Geld

Diebstahl der Bank-Karte: Unverzüglich die entsprechende Bank oder den zentralen Sperrannahmedienst benachrichtigen: ✆ 0049/1805/021021; er ist rund um die Uhr zu erreichen. Erforderlich ist in jedem Fall die Angabe der Kontonummer und Bankleitzahl, hilfreich ist der Kartennummer. Wichtig:

Geben Sie nie Ihre Geheimnummer an!
Zentrale Kartensperre: Für Karten aller Art von Bank-Karte über Kreditkarte bis zum Mobiltelefon gibt es die zentrale Rufnummer ✆ 0049/116116 von Sperr e.V. Der Verein leitet die Anrufe an die zuständigen Firmen weiter. Infos www.sperr-ev.de.

Kreditkarten: Die gängigen Kreditkarten wie American Express, Diners, Mastercard und Visa werden in Hotels, vielen Restaurants und Geschäften sowie an den *Multibanco*-Automaten problemlos angenommen. Auch hier darf es nach der EU-Verordnung keinen Zuschlag für den Auslandseinsatz mehr geben. Da das Abheben von Bargeld teuer ist, sollte man Kreditkarten nur zum Bezahlen in Hotels, Geschäften und Restaurants verwenden.

Diebstahl einer Kreditkarte: Sofort die für Sie zuständige Stelle anrufen. Auch hier gilt: Kartennummer, aber nicht die Geheimnummer angeben!
American Express: ✆ 0049/69/97971000.
Diners Club: ✆ 0049/59/21861234.
Mastercard: ✆ 0049/69/79331910 und 001/3142756690.
Visa: ✆ 800811824 und 001/4105813836.

Geldanweisungen: Am einfachsten und innerhalb einer Stunde lässt sich Geld weltweit über das US-amerikanische Unternehmen *Western Union* überweisen. In Portugal sind die Postämter sowie die Bank *Millenium BCP* Kontaktstellen von Western Union. Dem Einzahler des Geldes wird eine *Money Transfer Control Number* (MTCN) mitgeteilt, die er dem Empfänger mitteilen muss, damit dieser in Portugal das Geld in Empfang nehmen kann. Für den schnellen Service lässt sich Western Union allerdings gut entlohnen.

Deutschland: *Reisebank*, ✆ 0180/5225822 aus Portugal 0049/69/24278592; *Postbank*, ✆ 01803/030330.
Österreich: *Reisebank*, ✆ 01/5339622; *Raiffeisenbank*, ✆ 0810/200866.
Schweiz: *Change SBB*, ✆ 0800/007107;
Schweizerische Post, ✆ 0800/811099.
Portugal: *CTT Correios de Portugal*, ✆ 800206868; *Millenium BCP*, ✆ 214277072. In Lissabon z. B. am Rossio Nr. 51 und an der Praça da Figueira (Metro Rossio).
Internet: www.westernunion.com.

Gesundheit

Grundsätzlich sind vor der Einreise nach Portugal keine besonderen medizinischen Vorsorgemaßnahmen wie Impfungen zu treffen. Dringend empfiehlt sich aber der Abschluss einer Auslandsreisekrankenversicherung.

Krankenversicherung: Wer in einer gesetzlichen Krankenkasse Mitglied ist, kann sich vor Reisebeginn die Europäische Krankenversichertenkarte E-111 besorgen. Diese akzeptieren allerdings nur die staatlichen Gesundheitszentren (*Centros de Saúde*) und Krankenhäuser (Adressen s. u.) Und dies auch nur, nachdem man sich in der regionalen Gesundheitsdirektion (*Administração Regional de Saúde*) ein Gesundheitsbuch (*Livrete de Assistência Médica*) hat ausstellen lassen (in Lissabon: Av. Estados Unidos da América 77 r/c, Metro Roma). Nur bei einem Notfall geht es auch direkt. Die medizinische Behandlung lässt in diesen öffentlichen Einrichtungen teilweise aber zu wünschen übrig, lange Wartezeiten sind normal. Infos unter www.dvka.de.

Man sollte also besser zusätzlich eine private Auslandsreise-Krankenversicherung abschließen, um problemlos Privatärzte und -kliniken nutzen zu können. Nur mit einer Auslandsreise-Krankenversicherung werden im Ernstfall auch die teilweise horrend teuren Rücktransporte aus dem Ausland bezahlt (wer zu Hause schon privat krankenversichert ist, braucht allerdings je nach Versicherung teilweise keine extra Auslandsreise-Krankenversicherung). Policen gibt es schon für Jahresbeiträge unter 10 €. Die Leistungen sind von Anbieter zu Anbieter unterschiedlich – man sollte die Konditionen sorgfältig durchlesen und darauf achten, dass auf jeden Fall Arzt- und Krankenhauskosten, Medikamente und Rücktransport eingeschlossen sind. Empfehlenswert ist es, eine Versicherung zu wählen, die keine Selbstbeteiligung hat und die Kosten ganz übernimmt, egal ob Ansprüche an die gesetzliche Kasse bestehen oder nicht. Das spart Papierkrieg. Die Krankenkasse sollte ebenfalls keine beglaubigte Übersetzung der Arztrechnungen verlangen dürfen, da dies sehr teuer werden kann. Zu guter Letzt empfiehlt es sich, eine Versicherung zu wählen, die neben privaten auch berufliche Reisen abdeckt.

Empfehlenswerte Policen: Z. B. von der DBV Winterthur für etwa 9 € im Jahr. Während die meisten Versicherer nur Reisen bis zu 42 Tagen am Stück abdecken, gilt diese sogar für Aufenthalte bis zu 62 Tagen. Noch längere Reisen versichert die DKV zu Tagespauschalen. Für längere Aufenthalte hat PKV Online Angebote: Kickerlsbergring 6, 04105 Leipzig, ✆ 0341/5614520, www.germanhealthcare.org.

Arztbesuch: Man sollte sich zur Erstattung der Kosten durch die Krankenkasse vom Arzt eine Quittung über die Behandlungskosten und eine kurze Krankheitsbeschreibung (*descrição da doença*) ausstellen lassen. Homöopathische Ärzte sind in Portugal rar; eine alte Vorschrift der Ärztekammer verbietet es den Ärzten sogar, sich homöopathisch zu nennen.

Deutschsprachige Ärzte: In Lissabon und Umgebung praktizieren folgende Ärzte, die allerdings die Europäische Krankenversichertenkarte nicht annehmen:

Apotheken heißen in Portugal Farmácias und sind grün

Praktische Ärzte: Dr. Friedrich Schubeius, Rua Alexandre Herculano, 17 r/c-Esq, Lisboa, ✆ 213545484 und 213546609. Metro Marquês de Pombal, Santana/Av. Liberdade.
Dr.ª Micaela Seemann Monteiro, Clínica de Santa Maria de Belém, Rua Manuel Maria Viana, 3° piso, Lisboa, ✆ 919449190. Alcântara. Spezialistin für Innere Medizin.
Clínica Europa, Rua de Catembe, 107, Carcavelos, ✆ 214569780. Poliklinik mit deutsch- und englischsprachigen Fachärzten im Vorort Carcavelos.
Zahnarzt: Dr. Thomas Schreiner, Rua Pascoal de Melo, 60 r/c, Lisboa, ✆ 213559424. Metro Arroios, Av. Novas.
Weitere Ärzte: Die deutsche Botschaft (s. „A bis Z/Botschaften" S. 75) verfügt über eine detaillierte Liste von deutsch- und englischsprachigen Medizinern diverser Fachrichtungen. Abrufbar auch im Internet unter www.lissabon.diplo.de.

Apotheken: *Farmácias* findet man fast überall. Man wird dort über aushängende Listen auch darüber informiert, welche Apotheken am späten Abend und nachts geöffnet sind. Diesbezügliche Auskunft wird zusätzlich unter ✆ 118 erteilt. Fast alle Medikamente vom Aspirin bis zur Pille sind in Portugal billiger als in Deutschland, selbst wenn sie aus deutscher Produktion stammen. Homöopathische Medikamente verkaufen normalerweise nur spezialisierte Apotheken.

Homöopathische Apotheke: *Botica Homeopática do Centro*, Centro Comercial Imaviz (oberste Etage), Loja 2, Av. Fontes Pereira de Melo, 35, ✆ 213527484. Metro Picoas, Av. Novas.

Kondome: Im Supermarkt und in Apotheken erhältlich und bei *Condomi – Casa das Camisinhas*, Rua da Barroca, 90–92, ✆ 213479480. Metro Baixa/Chiado, Bairro Alto. Medizinische Produkte der besonderen Art in einer Filiale der Kölner Firma Condomi. Latex-Kondome in allen Varianten und diverses „Spielzeug" für nächtliche Aktivitäten im Bairro Alto und anderswo. Getreu nach dem Motto: *sem camisinha não dá!* („Mach's mit!")

Hospitäler/Gesundheitszentren: Die Krankenhäuser (*hospitais*) bieten mit ihren Notfallaufnahmen (*urgência*) schnelle Hilfe. Für normale ärztliche Leistungen sind jedoch die Gesundheitszentren *Centros de Saúde* zuständig, die unter ihrem Dach verschiedenste Ärzte aller Fachrichtungen vereinen. Da die staatliche Versorgung jedoch oft mehr schlecht als recht ist, ziehen es viele Portugiesen vor, sich von Privatärzten behandeln zu lassen. Jedoch können sich dies nicht alle leisten: Die wenigsten sind Mitglied einer Privatversicherung; in der Regel sind die Portugiesen über die staatliche Gesundheitsvorsorge *Segurança Social* versichert.

Lissabon: *Hospital Santa Maria*, Av. Prof. Egas Moniz, ✆ 217805000. Metro Cidade Universitária, Av. Novas. Universitäts-Krankenhaus und wichtigste Klinik der Stadt. Das Hospital sollte kurioserweise ursprünglich 1940 als Uniklinik in Berlin errichtet werden, wozu es aber nie kam. Die Pläne des Hamburger Architekten Hermann Distel „recycelte" man dann 1954 in Lissabon.
Hospital São José, Rua José António Serrano, ✆ 218841000. Metro Martim Moniz, Santana.
Hospital de São Francisco Xavier, Estrada Forte Alto do Duque, ✆ 213000300. Belém/Restelo.
Hospital Dona Estefânia, Rua Jacinta Marto,

> **Notrufe**
> Notruf ✆ 112 (kostenlos)
> Seenot ✆ 214401919
> Waldbrände ✆ 117 (kostenlos)

✆ 213126600. Metro Picoas, Av. Novas. Kinderkrankenhaus.
Cascais: *Hospital de Cascais*, Rua Doutor Francisco Avilez, ✆ 214827700.
Almada: *Hospital de Almada*, Estrada Nacional, 337, ✆ 212726700.
Setúbal: *Hospital de Setúbal*, Rua Camilo Castelo Branco, ✆ 265549000.

Haustiere

Um Hunde oder Katzen nach Portugal mitzunehmen, ist ein unmittelbar vor Einreise erstelltes und ins Portugiesische übersetztes amtstierärztliches Gesundheitszeugnis erforderlich. Dazu ist eine Tollwutschutzimpfung notwendig, die spätestens 21 Tage vor Einreise verabreicht wurde. Zu alt sollte die Impfung aber auch nicht sein: Bei Hunden maximal ein Jahr, bei Katzen höchstens ein halbes Jahr. Mit dem Flugzeug sollten die Tiere allerdings nicht reisen, da sie durch den Transport im dunklen, lauten und kalten Gepäckraum schwer leiden können.

Hunde sehen die Portugiesen generell nicht sehr gerne. Aus Restaurants und Cafés sind sie aus hygienischen Gründen fast immer verbannt. Auch die überwiegende Mehrheit der Hotels und Pensionen duldet keine Hunde, vorher also unbedingt nachfragen!

Internet

Aktuelle Informationen zu diesem Reiseführer, die nach dem Druck dieser Auflage nicht mehr berücksichtigt werden konnten, sowie alle in diesem Buch erwähnten und weitere Links finden sich auf den Lissabon-Seiten des Autors unter der Adresse: www.lissabon-umgebung.de.

Internetcafés Unter „Cafés" ab S. 176.

Karten

Lissabon: Der *Falk-Plan* im Maßstab 1:13.500 ist recht gut, besonders deshalb, weil in ihm die Linien der öffentlichen Verkehrsmittel eingezeichnet sind. Das beste Kartenwerk zu Lissabon ist jedoch das Buch *Lisboa – Guia Urbano* (Verlag Forum Ibérica, nur im Lissabonner Buchhandel erhältlich). Auf über 100 Karten im Maßstab 1:5.000 (der Stadtteil Alfama auch 1:1.500) sind alle Straßen Lissabons dargestellt. Besonders für alle, die sich länger in Lissabon aufhalten, eine lohnende Anschaffung.

Portugal: Als Straßenkarte für das ganze Land empfiehlt sich die Karte von *Michelin* (Maßstab 1:400.000), die stets recht aktuell und graphisch sehr ansprechend gestaltet ist.

Wanderkarten: Spezielle Karten zum Wandern oder Radfahren sind weder für Portugal noch für die Lissabonner Umgebung erhältlich. Ein guter Ersatz sind aber die detailgetreuen und regelmäßig aktualisierten Militärkarten des IGEOE. Durch ihre eingezeichneten Feldwege und 10m-Höhenlinien sind vor allem die Landkarten der Serie M 888 im Maßstab 1:25.000 gut zum Wandern oder Radfahren geeignet (Preis pro Karte 5 €).

Instituto Geográfico do Exército (IGEOE), Rua Dr. Alfredo Bensaúde, 1849-014 Lisboa, ✆ 218505300, ℻ 218532119, www.igeoe.pt (Osten). Bus 25 ab Gare do Oriente (Metro Oriente) bis Laboratório de Química Militar. Mo–Fr 9–16.30 Uhr. Personalausweis zum Einlass am militärischen Kontrollposten mitbringen.

Weitere topographische Karten aller Gebiete Portugals bekommt man auch beim zivilen portugiesischen Geographieamt IGEO in Lissabon (Preis pro Karte zwischen 5 und 8 €). Die Karten sind allerdings teilweise ziemlich veraltet und nicht so detailliert wie die Militärkarten.

Instituto Geográfico Português (IGEO), Rua Artilharia Um, 107, 1099.052 Lisboa, ✆ 213819600, ℻ 213819699, www.igeo.pt. Metro Marquês de Pombal, Amoreiras. Nur Mo–Fr zu den Bürozeiten.

Kinder

Die Zeit hoher Geburtenraten ist zwar vorbei – Portugal zählt mittlerweile zu den Ländern mit Bevölkerungsstagnation –, doch weiterhin sind die Portugiesen sehr kinderfreundlich. In Restaurants und Cafés gelten Kinder meist als gern gesehene Gäste, in Bussen räumt man Eltern mit Kleinkindern bereitwillig einen Platz. Die vielen Parks in Lissabon und die Strände in der Umgebung sind ideal für Erholungspausen vom Besichtigungsstress geeignet.

Kinderattraktionen: Für das Besuchsprogramm mit Nachwuchs empfehlen sich der Zoo Lissabons *Jardim Zoológico* (s. „Sehenswürdigkeiten/Benfica" S. 319) und das *Aquário Vasco da Gama* in Algés/Dafundo mit seinen diversen Meerestieren (s. „Linha de

Cascais/Algés" S. 355). Auch das zur EXPO 98 eingeweihte zweitgrößte Ozeanarium der Welt, das *Oceanário de Lisboa*, wird jedes Kind begeistern, ebenso das nahe gelegene Technikmuseum *Pavilhão do Conhecimento/Ciência Viva* (s. S. 332 bzw. S. 352).

Spielplätze: Empfehlenswert sind Príncipe Real (Bairro Alto), Jardim da Estrela (Lapa), Rua da Imprensa à Estrela hinter dem Parlament in São Bento, Jardim de Parada (Campo de Ourqiue) und Parque Infantil do Alvito im Monsanto-Park. Die meisten Fußballplätze sind mit einem Betonboden ausgestattet, der böse Abschürfungen verursachen kann.

Kleidung

Für Reisende, die von Oktober bis April nach Lissabon kommen, empfiehlt es sich, neben warmer Winterkleidung einen Regenschirm oder -mantel mitzunehmen, denn in diesen Monaten kann es öfters mal regnen. Für Früh- und Hochsommer wie auch im frühen Herbst ist natürlich Sommerkleidung angesagt. Aber auch dazu einige Hinweise: Selbst im Sommer kann es vor allem in den Küstenorten an der Westküste abends und nachts frisch werden, wenn vom Atlantik eine Brise weht. Es ist also immer ratsam, einen Pullover oder eine Jacke dabeizuhaben.

Neugieriger Blick zum Hafen am Miradouro Santa Catarina

Sommerliche Freizeitkleidung ist für den nicht gerade hitzeverwöhnten Mitteleuropäer zwar bequem und angenehm, sollte aber nur dort getragen werden, wo sie angemessen ist. Ohne in Prüderie verfallen oder eine Kampagne gegen Schlabbershorts, Muskel-Shirts und Badesandalen starten zu wollen, muss doch darauf hingewiesen werden, dass man muskulöse, braungebrannte Körper (oder auch das Gegenteil) besser an der Strandpromenade oder am Pool zur Schau stellen möchte. Lange Baumwollhosen, ein Hemd oder ein leichtes Kleid eignen sich hervorragend für einen Stadtbesuch; sie tragen sich angenehm, sind Hitze abweisend und außerdem weitaus passender für den Besuch von Kirchen, Museen und Restaurants. Zudem lenkt man optisch weniger Aufmerksamkeit von Taschendieben auf sich.

Noch ein Tipp für das **Schuhwerk**: Die vielen gepflasterten Straßen und Fußwege können leicht zum Absatztöter für Damenschuhe werden; darüber hinaus bergen sie das Risiko, mit glatten Sohlen auszurutschen. Besonders nach Regen sind sie z. T. extrem rutschig.

Klima

Das ausgeprägte atlantische Klima bringt Lissabon nicht zu heiße Temperaturen im Sommer und milde Winter, während denen das Thermometer nie unter den Gefrierpunkt fällt. Die meisten Niederschläge fallen im Winter von November bis Januar. In diesen Monaten kann es über längere Zeit hinweg unangenehm feuchtkalt sein. Vor allem weil viele Gebäude keine Heizung besitzen, ist es oft ungemütlicher als erwartet. Der Hochsommer von Juni bis einschließlich August ist in Lissabon dagegen praktisch regenlos. Aber auch im Frühjahr (ab Mitte/Ende März) und im Herbst (bis Anfang November) sind längere Schönwetterperioden mit Strandwetter häufig.

Reisezeiten: Günstigste Bademonate sind natürlich Juli und August. Da um diese Zeit ganz Nordeuropa und auch Portugal (Hauptreisemonat August) Urlaub macht, sieht es ähnlich aus wie in den Mittelmeerbadeorten: Hotels und Campingplätze sind voll. Die schönsten Reisemonate sind dagegen April/Mai/Juni und September/Oktober, wenn die Sommerhitze nicht mehr über der Stadt hängt und die Badeorte nicht überlaufen sind. Baden ist besonders im Herbst noch gut möglich, da das Meer erst langsam abkühlt.

Klimatabelle Lissabon

Monate	Jan.	Feb.	März	April	Mai	Juni	Juli	Aug.	Sept.	Okt.	Nov.	Dez.
mittlere Höchsttemp. (°C)	14	16	18	20	22	26	28	28	26	23	18	15
mittlere Mindesttemp. (°C)	8	8	10	11	13	16	17	17	17	14	11	8
Niederschlag (mm)	> 100	50–100	> 100	50–100	20–50	0–20	0–20	0–20	20–50	50–100	> 100	> 100
Meerestemperatur in Estoril (°C)	13	13	14	14	15	16	17	16	17	17	15	14

Kriminalität

Wie in allen Ländern sollte man auch in Portugal in mancher Hinsicht Vorsicht walten lassen. Wer die folgenden Ratschläge berücksichtigt, kann aber beruhigt in Lissabon unterwegs sein. Zumal zwar die Kleinkriminalität im europäischen Vergleich hoch, dafür aber schwere Verbrechen wie Mord und Vergewaltigung vergleichsweise selten sind.

Gedränge z. B. in der Metro oder im Bus zur Rushhour bzw. am Fußgängerüberweg am Rossio sollte zur erhöhten Vorsicht mahnen! Ein beliebter Trick ist es, Leute von hinten anzurempeln und den Überraschungsmoment zu nutzen, um den Geldbeutel zu entwenden.

Kopien der wichtigsten Dokumente wie Personalausweis, Kreditkarten, Bahn- und Flugtickets vor der Reise machen, getrennt von den Originaldokumenten aufbewahren und/oder bei Freunden und Verwandten in der Heimat hinterlassen. Die Kopien können bei der Wiederbeschaffung der Originale und bei Diebstahlsanzeigen eine große Hilfe sein.

Im Auto oder im Kofferraum keinerlei Wertsachen liegen lassen! Autoaufbrüche sind in Lissabon und Umgebung leider sehr häufig, besonders an Strandparkplätzen. Während der Fahrt sollten am besten die Türen, hinter denen niemand sitzt, von innen verriegelt werden. Es kommt gelegentlich vor, dass Diebe Staus und Wartezeiten vor Am-

Die lokale Wettervorhersage ist nicht immer zuverlässig

peln dazu nutzen, um Türen blitzschnell aufzureißen und Wertsachen zu entwenden.

Am Strand die mitgebrachten Sachen im Auge behalten! Man wäre nicht der erste, dem nur noch die Badesachen bleiben. Wenn möglich, lässt man am besten alle Wertsachen und Dokumente im Hotel.

Folgende Stadtgebiete sollte man nachts meiden:

Av. Novas: Den Largo do Intendente (Straßenstrich), die Rua da Palma und die Avenida Almirante Reis (im unteren Teil bis etwa zum südlichen Ausgang der Metro Arroios), ebenso die umliegenden Straßenzüge. Auch der Stadtpark Parque Eduardo VII ist bei Nacht recht unsicher.

Amoreiras: Die Avenida Engenheiro Duarte Pacheco und die Rua Joaquim António de Aguiar vom Centro Comercial das Amoreiras zur Praça Marquês de Pombal. Da hier kaum noch jemand wohnt, ein beliebter Ort für Überfälle zu nächtlicher Stunde. Wer alleine vom Centro Comercial das Amoreiras kommt, sollte den Bus nehmen. Wer unbedingt laufen will, hält sich besser Richtung Largo do Rato.

Osten: Das Viertel Chelas südlich von Olivais mit den schlimmsten Sozialwohnungen Lissabons; hier herrscht ein gewalttätiges Umfeld mit Jugendbanden etc.

Leitungswasser

Im Großraum Lissabon kann man das Leitungswasser unbedenklich trinken, auch wenn es stark nach Chlor schmeckt. Das Wasser der Trinkbrunnen in den Parks kann man ebenfalls meist getrost genießen.

Lesben und Schwule

Nach Jahren der Marginalisierung haben es die Homosexuellen in Lissabon mittlerweile geschafft, eine gewisse gesellschaftliche Anerkennung zu finden. Zumindest dem Gesetz nach werden Schwule und Lesben in Portugal nicht mehr diskriminiert.

Eine Schlüsselrolle für diese Erfolge spielte die portugiesische Abteilung der *International Lesbian and Gay Association – ILGA*. Die Organisation veranstaltet seit 1997 jährlich im September ein homosexuelles Filmfestival in der Cinemathek. Außerdem richtet sie jedes Jahr am Vorabend des 28. Juni den so genannten *Arraial Pride* auf der Praça do Príncipe Real (Bairro Alto) aus. Das Fest geht auf den 28. Juni des Jahres 1969 zurück, an dem die New Yorker Polizei in der Christopher Street eine Demonstration vom Homosexuellen brutal niederschlug. Der Christopher Street Day entwickelte sich später weltweit zu einer Art „Feiertag" der Schwulen und Lesben.

Informationen ILGA Portugal, Rua de São Lázaro, 88, 1150-333 Lisboa, ✆ 218873918, ✉ 218873922, www.portugalgay.pt. Metro Martim Moniz, Santana.

Öffnungszeiten

In der Regel haben die Geschäfte zwischen Montag und Freitag von 9 bis 19 Uhr geöffnet (samstags nur vormittags, sonntags geschlossen). Eine Ausnahme sind die Läden in den großen Einkaufszentren (*centros comerciais*), die täglich von 10 bis 23 Uhr offen haben. Größere *supermercados* haben an allen Tagen durchgehend von 9 bis 20 oder 21 Uhr offen. Die *hipermercados* sind täglich von 9 bis 23 Uhr geöffnet, sonn- und feiertags allerdings nur vormittags. Einen besonders guten Service bieten die *lojas de conveniência*. In diesen kleinen Supermärkten kann täglich von 7 Uhr morgens bis 2 Uhr nachts eingekauft werden.

Photo

Wenn es geht, sollte man alle Photoartikel wie Filme und sonstiges Zubehör nach Lissabon mitbringen. Auch die Entwicklung ist in Portugal deutlich teurer als beispielsweise in Deutschland.

Polizei

Als Tourist trifft man in der Regel auf die Schutzpolizei *Polícia de Segurança Pública* (PSP), die besonders in den großen Städten aktiv ist. Auf dem Land übernimmt die republikanische Nationalmiliz, die *Guarda Nacional Republicana* (GNR) die Aufgaben der PSP. Die Adressen und Telefonnummern der Polizeistationen sind unter den einzelnen Ortsbeschreibungen angegeben. Des Weiteren gibt es die Kriminalpolizei (*Polícia Judiciária*), die Wasserpolizei (*Polícia Marítima*) und den Zoll (*Guarda Fiscal*).

Anzeige bei Diebstahl ist eigentlich in jeder Polizeistation möglich, besser jedoch in der Touristenabteilung der PSP, die man in Lissabon neben dem Turismo im Palácio Foz findet: Praça dos Restauradores, ✆ 213421634 (Metro Restauradores, Baixa). Hier hat immer ein Beamter Dienst, der eine Fremdsprache spricht. Täglich rund um die Uhr geöffnet.

- *Weitere PSP-Polizeiämter in Lissabon*

Alfama: *Caminhos de Ferro*, Largo Museu de Artilharia, 1, ✆ 218879900. Nähe Bahnhof Santa Apolónia.

Avenidas Novas: *Arroios*, Rua de Arroios, 164-A, ✆ 213578969. Metro Arroios.

Amoreiras: *Rato*, Largo do Rato, 1, ✆ 213858870. Metro Rato.

Alcântara: *Calvário*, Largo do Calvário, 7,
✆ 213619628.

Belém: *Belém*, Praça Afonso de Albuquerque, 1, ✆ 213619626.

Benfica: *Benfica*, Rua André de Resende, ✆ 217142526. Gegenüber Bhf. Benfica.

Carnide: *Carnide*, Rua Manuela Porto, 14-A, ✆ 217144989. Metro Carnide.

- *Polícia Judiciária*: Rua Gomes Freire, 174, ✆ 213579271.

Post

Die Postämter der *Correios de Portugal* sind im Allgemeinen knallrot gestrichen oder zumindest immer durch ein rotes Schild gekennzeichnet und daher leicht zu finden. In der Regel sind die Postämter nur Mo–Fr von 9 bis 18 Uhr geöffnet, einige kleine Stationen machen eine Mittagspause von 12.30 bis 14 Uhr. An vielen Straßenecken trifft man auf rote, moderne Münzautomaten, die Briefmarkenverkaufstelle und Postkasten in einem sind. Auch die Lojas de Conveniênia, kleine Supermärkte, die man in allen Stadtteilen findet, verkaufen Briefmarken.

Generell unterscheidet man in Portugal zwischen der Normalpost *Correio Normal* und der Expresspost *Correio Azul*. Für Briefe ins Ausland gibt es noch den Billigtarif *Correio Económico* mit längeren Laufzeiten als die Normalpost. Um die Verwirrung komplett zu machen, existiert noch eine vierte Klasse, der *Correio Verde*, bei dem die Briefe unabhängig vom Gewicht immer gleich viel kosten – praktisch, wenn man schwere Briefe verschicken will.

Portogebühren

Normal	Portugal	EU/Schweiz
bis 20 g	0,30 €	0,57 €
20–100 g	0,49 €	1,12 €
Económico	Portugal	EU/Schweiz
bis 20 g	–	0,56 €
20–100 g	–	1,02 €
Correio Azul	Portugal	EU/Schweiz
bis 20 g	0,45 €	1,75 €
20–100 g	0,65 €	2,75 €

Auf jeden Fall sollten die Briefe in den richtigen Briefkasten geworfen werden. Eilpost, ob national oder international, wirft man in den Schlitz *Correio Azul* oder in die blauen Briefkästen. Normale Briefe gehören in die roten Briefkästen, die eventuell noch nach Empfängern in Portugal (*Correio Normal Nacional*) oder im Ausland (*Correio Normal Internacional*) unterteilt sind. Die Ländernamen zur Beschriftung Ihrer Postkarten und Briefe sind: *Alemanha* (Deutschland), *Áustria* (Österreich), *Suíça* (Schweiz).

• *Postämter in Lissabon* **Hauptpost**: *Restauradores*, Praça dos Restauradores, 58. Metro Restauradores. Mo–Fr 8–22 Uhr, Wochenende und Fei 9–18 Uhr.

Flughafen: *Aeroporto*, Aeroporto de Lisboa. Links vor der Abflughalle (*Partidas*). Mo–Fr 9–20 Uhr, Sa 9–18 und So 9–13 und 14–17 Uhr.

Weitere Postämter: Alle nur Mo–Fr meistens 9–18 Uhr:

Baixa: *Terreiro do Paço*, Praça do Comércio, Westflügel. Hier auch postlagernde Sendungen (Posta Restante).

Alfama: *Cais dos Soldados*, Rua da Bica do Sapato, 50. Santa Apolónia.

Avenidas Novas: *Arroios*, Rua Pascoal de Melo, 64. Metro Arroios.

Casal Ribeiro, Av. Casal Ribeiro, 28. Metro Saldanha.

Cinco de Outubro, Av. 5 de Outubro, 158-A. Metro Campo Pequeno.

Corte Inglés, El Corte Inglés, Av. António Augusto de Águiar. Metro São Sebastião. Mo–Sa 10–22 Uhr.

Entrecampos, Av. da República, 99-D. Metro Entrecampos.

Bairro Alto: *Chiado*, Praça Luís de Camões, 20. Metro Baixa/Chiado.

São Bento: *Cortes*, Calçada da Estrela, 33.

Amoreiras: *Amoreiras*, Av. Engenheiro Duarte Pacheco, Centro Comercial das Amoreiras, Loja 1075/6. Metro Rato.

Rato, Largo do Rato. Metro Rato.

Alcântara: *Calvário*, Rua dos Lusíadas, 5-B.

Belém: *Belém*, Praça Dom Afonso Albuquerque, 17.

Benfica: *Centro Comercial Colombo*, Loja 90/91, Av. Lusíada. Metro Colégio Militar/Luz. Mo–Fr 10–20 Uhr.

Osten: *Gare do Oriente*, Praça do Oriente, im Mittelgeschoss des Hauptbahnhofs Gare do Oriente. Metro Oriente.

Radio

Will man sich im Ausland schnell über das Tagesgeschehen in der Heimat informieren, so sollte man einen Weltempfänger mit auf die Reise nehmen, mit dem man auf Kurzwelle problemlos mehrere Sender aus Deutschland empfan-

UKW-Frequenztabelle Region Lissabon

MHz	Sender	Programmformat
87,5	Seixal FM	portugiesischer und internationaler Pop
88,0	Rádio Ocidente	Pop und Oldies, Lokalsender für Sintra
89,5	TSF Rádio Jornal	Nachrichten, Verkehrshinweise, Musik
89,9	RFM	gängige Pop- und Rock-Hits, Verkehrsinfos
90,2	Rádio Renascença	Infos, Unterhaltungsmusik, Religiöses
90,4	Europa FM	französische Chansons und Pop
90,9	Rádio Popular	Volksmusik
91,2	Rádio Clube de Sintra – RCS	Pop
91,6	Rádio Voxx	Pop, Rock, Dancefloormusik
92,0	Rádio Nova Antena – RNA	sanfte Popmusik
92,4	Mega FM	Popmusik, Jugendsender von Renascença
92,8	Horizonte FM	Lokalfunk Seixal, Pop und Rock
93,2	RFM	gängige Pop- und Rock-Hits, Verkehrsinfos
93,7	Rádio Mais	internationaler, port., brasilianischer Pop
94,4	Antena 2	Kultursender, Klassik
95,0	Rádio Miramar	Softpop von der Igreja Universal de Deus
95,3	Tropical	Pop, Unterhaltungsmusik
95,7	Antena 1	Unterhaltungsmusik, Nachrichten, Sport
96,6	Best Rock FM	Neue Rockmusik
97,4	Rádio Comercial FM	sanfter Pop und Rock, Verkehrsinfos
97,8	Radar	alternative Rockmusik
98,2	Rádio Marginal	Lokalfunk Cascais, Blues, Jazz, Oldies
98,7	Rádio Baia	Unterhaltungsmusik, Pop
99,4	Antena 1	Unterhaltungsmusik, Nachrichten, Sport
100,3	Antena 3	Pop, Rock vor allem aus Portugal
100,8	Rádio Capital	Softpop, Verkehrsinfos
101,1	Romântica	internationaler, port., brasilianischer Pop
101,5	RDP África	Programm für Afrika
101,9	Rádio Orbital	Rock, Pop
102,2	PAL FM	Pop, Lokalfunk Palmela
102,6	Oxigénio	Dancefloor, elektronische Musik
103,0	Mix FM	Dancefloor
103,4	Rádio Renascença	Infos, Unterhaltungsmusik, Religiöses
103,9	Sesimbra FM	Lokalfunk Sesimbra, Pop
104,3	Rádio Clube Português	portugiesische Popmusik, Rockklassiker
104,8	Eco FM	Popmusik und Rock
105,6	Rádio Clube de Mafra – RPL	Pop
105,8	Rádio Renascença	Infos, Unterhaltungsmusik, Religiöses
107,2	Cidade FM	Rap, Hip-Hop

gen kann. Man sollte darauf achten, dass der Weltempfänger einen durchgehenden Empfang auf Kurzwelle von 2.000 kHz bis 30.000 kHz ermöglicht und über eine Digitalanzeige sowie möglichst auch eine digitale Frequenzeingabe verfügt; Speicherplätze sind sehr komfortabel. Empfehlenswert sind die Geräte von Grundig und Sony. Interessierten sei das Buch *Mit dem Radio unterwegs. Radiohören im Urlaub und auf Reisen* von Harald Kuhl empfohlen.

Deutsche Welle (DW): Offizieller Auslandsrundfunksender Deutschlands, der in etwa 30 Sprachen sendet. Das deutsche Programm wird rund um die Uhr ausgestrahlt und ist 24 Stunden lang in ganz Portugal zu empfangen. Der beste Empfang gelingt auf 9545 kHz und auf 6075 kHz. Wer über einen der neuen digitalen Kurzwellenempfänger für DRM verfügt, kann die DW auf 3995 kHz hören. Einen Frequenzplan für die Reise erhält man bei: Deutsche Welle, 53113 Bonn, ✆ 0228/429-3208, www.dw-world.de.

DeutschlandRadio: Die beiden Programme des Senders können in Portugal ebenfalls empfangen werden, oft aber nur in schlechter Qualität: Deutschlandfunk 6190 kHz, DeutschlandRadio Kultur 6005 kHz.

Radio Österreich 1 ist am besten auf 6155 kHz (49-m-Band) und 13730 kHz (22-m-Band) zu hören. www.orf.at

Schweizer Radio International – SRI sendet nicht mehr auf Kurzwelle, sondern nur noch im Internet: www.sri.ch.

Portugiesisches Radio: Die Radioszene in Lissabon ist wesentlich vielfältiger und lebhafter als in deutschen Großstädten; geprägt wird sie von den privaten Sendern. Die drei Programme – *Antena 1*, *Antena 2* und *Antena 3* – der öffentlich-rechtlichen Anstalt *Radio e Televisão Portuguesa* (RTP) erreichen nur mittelmäßige Höreranteile. Gern gehört werden die drei Programme des katholischen Senders *Rádio Renascença – Canal 1*, *Mega FM* und *RFM*. Das Radio wurde nach dem Konkordat zwischen dem Vatikan und dem ehemaligen Diktator Salazar eingerichtet.

Nachrichten in französischer Sprache werden auf *Europa FM* ausgestrahlt, das auch das Programm des französischen Auslandssenders RFI übernimmt. Die besten Verkehrsinformationen bekommt man auf *Antena 1*, *Rádio Capital* und *Rádio Comercial*. Am ausführlichsten hält der Nachrichtensender *TSF* die Hörer auf dem Laufenden.

Faszinierend sind die Fußballreportagen, die sehr an die brasilianische Berichterstattung erinnern. Selbst wenn sich auf dem Spielfeld kaum etwas abspielt, reden die Reporter in einem unglaublich schnellen, kaum verständlichen Tempo. Deutsche Fußballreporter wirken im Vergleich dazu wie Schlaftabletten. Ist ein Tor gefallen, so ist ein minutenlanger Goooooooooloooooooo-Schrei zu hören, teilweise begleitet von Schüssen und ähnlichen Geräuschen.

Reklamationen

Alle Restaurants, Hotels, Pensionen und Campingplätze müssen das Beschwerdebuch *Livro de Reclamações* führen, das regelmäßig von der Tourismus-Generaldirektion *Direcção-Geral do Turismo* eingesehen wird. Häufig ist daher ein Problem allein dadurch zu lösen, dass man nach diesem Buch fragt. Ansonsten ist eine Beschwerde beim örtlichen Fremdenverkehrsamt, dem *Turismo*, am sinnvollsten.

Zentrale Beschwerdestelle Direcção-Geral do Turismo, Av. António Augusto Águiar, 86, 1069-021 Lisboa, ✆ 00351/213586400, 🖷 213586666, www.dgturismo.pt. Metro Parque, Av. Novas.

Sprachkenntnisse

Zumindest in Lissabon sollte es kein Problem sein, mit **Englisch** durchzukommen, da dort viele Portugiesen etwas Englisch sprechen. Auch **Französisch** wird recht häufig beherrscht, vor allem von Angehörigen der älteren Generation. Kenntnisse des **Deutschen** sind seltener. Meist sehr bereitwillig helfen die aus Deutschland oder dem deutschsprachigen Teil der Schweiz zurückgekehrten Gastarbeiter weiter.

Wer **Spanisch** kann, der wird zumindest vom geschriebenen Portugiesisch viel verstehen. Aufgrund der schwierigeren Aussprache ist jedoch das gesprochene Portugiesisch für viele *castellano hablantes* ein Buch mit sieben Siegeln. Wer Spanisch spricht, wird hingegen von den Portugiesen gut verstanden. Allerdings stößt dies nicht unbedingt immer auf große Gegenliebe. Dennoch sind die Zeiten, in denen Touristen ihre Spanischkenntnisse in Portugal besser überhaupt nicht anbrachten, heute zum Glück fast passé. Und auf eines sei außerdem noch hingewiesen: Portugiesisch ist kein Dialekt des Spanischen! Dazu sind die grammatikalischen Unterschiede zu groß, was jeder bestätigen wird, der beide Sprachen beherrscht.

Obwohl mehr als 200 Mio. Menschen in Brasilien, Portugal, Cabo Verde, Guinea-Bissau, São Tomé und Príncipe, Angola, Moçambique und Ost-Timor Portugiesisch sprechen, wird es an deutschen Schulen kaum gelehrt. Eine Möglichkeit, Sprachkenntnisse in Portugiesisch vor Ort zu erwerben bietet sich in privaten **Sprachschulen,** die Individual- oder Gruppenunterricht anbieten. Es empfiehlt sich, vor Vertragsabschluss eine Teststunde zu nehmen.

Cambridge School, Av. da Liberdade,173, ✆ 213527474, www.cambridge.pt. Metro Avenida, Av. da Liberdade. Eine der renommiertesten, aber auch teuersten Sprachschulen.

CIAL, Av. da República 41–8°, ✆ 217940448, www.cial.pt. Metro Saldanha, Av. Novas. Eine oft empfohlene, preiswerte Alternative mit Einzelunterricht und Wochenkursen in kleinen Gruppen (maximal 6 Personen).

Literatur-Tipps zum Thema Sprache

An Wörterbüchern empfiehlt sich für Sprachunkundige das *Praxiswörterbuch plus Portugiesisch* von Pons. Umfangreicher ist *Langenscheidts Taschenwörterbuch* Portugiesisch-Deutsch und Deutsch-Portugiesisch. Am besten sind jedoch die beiden Bände *Dicionário de Alemão-Português* und *Dicionário de Português-Alemão* des portugiesischen Verlags Porto Editora. Empfehlenswert, um ernsthaft Portugiesisch zu lernen, ist Langenscheidts *Praktischer Sprachlehrgang Portugiesisch* (mit CDs erhältlich). Die beste *Portugiesische Grammatik* stammt von Maria T. Hundertmark-Santos Martins.

Studierende

In zahlreichen Museen und Palästen erhalten Studenten Ermäßigungen. Dafür empfiehlt es sich, den internationalen **ISIC-Studentenausweis** mitzunehmen. Erhältlich ist er bei Jugend-Reisebüros wie STA Travel (Infos unter www.isic.org).

Der einfachste Weg zu einem **Studium in Portugal** ist ein Stipendium über Erasmus-Sokrates oder ein anderes Förderungsprogramm. Dadurch wird man von Studiengebühren befreit und erspart sich sehr viel bürokratischen Aufwand. Die Alternative ist eine Direktbewerbung bei der jeweiligen Hochschule. Hat man noch nicht an einer deutschen Hochschule studiert, so muss man aber je nach Fach mehrere spezielle Zulassungsprüfungen auf Portugiesisch absolvieren (*provas específicas*).

Zu beachten ist, dass es in Portugal Studienjahre gibt, die im Oktober beginnen und im Juli enden. Sie sind zwar in zwei Semester unterteilt, doch viele Universitäten wie die *Clássica* bieten in erster Linie Jahres-Kurse; andere wie das *Instituto Superior de Economia e Gestão – ISEG* der *Técnica* haben dagegen nur Semester-Kurse. Frauen stellen übrigens mit 53 % die Mehrheit der Absolventen an den Universitäten Portugals und immerhin auch 17 % der Professoren – Deutschland kommt dagegen nur auf 6 %.

Staatliche Universitäten: *Universidade de Lisboa – UL*, auch einfach *Clássica* genannt, Alameda da Universidade, 1649-004 Lisboa, www.ul.pt. Das klassische Programm mit Medizin, Naturwissenschaften, Jura, philologischen Fächern, Kunst etc.

Universidade Técnica de Lisboa – UTL, Rektorat: Alameda Santo António dos Capuchos, 1, 1169-047 Lisboa, www.utl.pt. Die Uni besteht aus sieben fast völlig getrennt arbeitenden Instituten, die technische sowie wirtschafts- und sozialwissenschaftliche Studiengänge anbieten.

Universidade Nova de Lisboa – UNL, Campus de Campolide, 1099-085 Lisboa, www.unl.pt. Umfassendes Angebot von Medizin über Natur- bis Wirtschaftswissenschaften. Nach der Nelkenrevolution neu gegründet, daher „Nova".

Private Universitäten: In Lissabon gibt es über zehn private Unis, unter den größten sind die *Universidade Autónoma de Lisboa – UAL* und die *Universidade Internacional de Lisboa*. Das höchste Ansehen genießt jedoch die katholische Privat-Universität *Universidade Católica Portuguesa*. Sie besitzt auf Grund des Konkordates zwischen dem portugiesischen Staat und dem Vatikan einen Sonderstatus.

Weitere Informationen: im aufschlussreichen *Studienführer Spanien, Portugal, Italien*, herausgegeben vom DAAD und erschienen im W. Bertelsmann Verlag. Erhältlich im Buchhandel. Außerdem Infos unter www.daad.de.

Telefonieren

Nach Portugal: Für Telefonate von Deutschland, Österreich oder der Schweiz nach Portugal muss vor der jeweiligen Teilnehmernummer lediglich die Vorwahl 00351 gewählt werden (keine Ziffer weglassen oder hinzufügen!). Gespräche in diese Richtung sind übrigens preiswerter als umgekehrt, besonders wenn private Anbieter im Call-by-Call-Verfahren genutzt werden – ein Preisvergleich lohnt sich immer. Informationen zu den aktuellen Preisen kann man auch im Internet einholen (www.verivox.de).

Telefonzellen: trotz Mobilfunkboom weiter gern genutzt

Von Portugal: nach Deutschland lautet die Vorwahl 0049, nach Österreich ist es die 0043 und für die Schweiz die 0041. Nach der Ländervorwahl ist jeweils die Null der Ortsvorwahl wegzulassen. Also z. B. von Lissabon nach 0221 (Köln): 0049/221/1234567. Ferngespräche führt man am besten mit einer Telefonkarte oder vom Postamt aus. Bei Gesprächen vom Hotel aus kommen 50–100 % Extragebühr hinzu.

R-Gespräche innerhalb Portugals können unter der gebührenfreien Nummer 120 angemeldet werden, für Gespräche nach Deutschland ✆ 800800490, Österreich ✆ 00800 28787421 und die Schweiz ✆ 800800410.

Auskunft: Die Telefonauskunft hat in Portugal die Rufnummer 118. Im Internet auch kostenlos unter www.118.pt; ebenso die Gelben Seiten unter www.paginasamarelas.pt.

Telefonzellen: Am häufigsten findet man Zellen, die sowohl Münzen als auch Karten akzeptieren. Telefonkarten gibt es bei den Läden der Portugal Telecom (PT), im Postamt oder am Zeitungskiosk, z. B. 100 Einheiten für 6 €. Ein Gespräch über drei Minuten nach Deutschland, Österreich oder in die Schweiz kostet mit Telefonkarte Mo–Fr von 9 bis 21 Uhr etwa 1,15 €, Mo–Fr von 21 bis 9 Uhr ist es etwa 15 % günstiger, Sa/So 0 bis 24 Uhr etwa 30 %. Cafés und Bars mit einem Schild *Telefone* über dem Eingang bieten ebenfalls Telefonservice. Hier ist es allerdings etwas teurer als von der Telefonzelle aus. In den Telefonbüchern sind die Portugiesen in der Regel übrigens unter ihrem letzten Nachnamen eingetragen.

Telefonladen der Portugal Telecom: Am Rossio, Praça Dom Pedro IV, 68 (Metro Rossio, Baixa). Telefonkabinen, Internetzugang und Verkauf von Telefonkarten. Täglich 8–23 Uhr.

Kreditkarten wie Visa oder Mastercard lassen sich ebenfalls zum Telefonieren an Kartenautomaten verwenden. Es wird eine Extra-Gebühr von 0,45 € fällig, mit der man auch mehrere Gespräche führen kann. Bevor Sie die Telefonzelle verlassen, sollten Sie unbedingt so oft auflegen, bis die Meldung *Inserir Cartão* („Karte einführen") erscheint, sonst telefonieren andere auf Ihre Kosten!

Onicard: An zahlreichen Zeitungskiosken und in Postämtern ist die *Onicard* des Telefonanbieters Oni mit Werten von 3,30 € bis 10 € erhältlich. Mit dieser Karte sind vor allem internationale Telefonate deutlich preiswerter als mit einer Portugal Telecom-Telefonkarte. 3 Minuten nach Deutschland kosten Mo–Fr 8–20 Uhr 0,87 €, sonst 0,60 €. Die Onicard lässt sich vom Hoteltelefon aus oder an jeder Telefonzelle benutzen (Karte nicht in den Schlitz stecken). Man wählt zuerst eine gebührenfreie Zugangsnummer und dann einen auf der Karte vermerkten Geheimcode. Anschließend wie gewohnt die Telefonnummer eingeben.

Mobiltelefon: Deutsche Mobiltelefone funktionieren in allen drei portugiesischen Netzen Vodafone, TMN (Portugal Telecom) und Optimus problemlos. Jedoch Vorsicht beim Einsatz des Telefons in Portugal: Im Ausland kostet es Geld, auf dem Funktelefon angerufen zu werden! Schließlich weiß der Anrufer nicht, dass man sich in Portugal befindet. 10 Minuten gemütliches Plaudern schlagen schnell mit mehr als 5 € zu Buche. **Tipp:** Wenn man selbst jemanden anruft, sollte man sich davor in das günstigste der drei portugiesischen Netze einbuchen, da die Tarife teilweise erheblich variieren (Menüpunkt: Netzauswahl). Wer wann der günstigste Anbieter ist, kann man vor der Reise bei seinem heimischen Betreiber erfahren; die aktuellen Roaming-Tarife finden sich z. B. auf den Internet-Seiten der deutschen Mobilfunkfirmen.

Touristeninformationen 95

Mailbox: Auch das Abhören der Mailbox gilt als Auslandsgespräch und ist dementsprechend kostspielig. Vor der Reise sollte man sich die Zugangsnummer zur Mailbox aus dem Ausland notieren.

SMS: Das Verschicken von Kurznachrichten ist je nach portugiesischem Netzbetreiber unterschiedlich teuer. Der Empfang kostet dagegen nichts.

Portugiesische Mobiltelefonkarte: Wer in Portugal viel mobil telefoniert oder oft angerufen werden will, sollte sich bei einem der drei portugiesischen Betreiber eine Prepaid-Karte kaufen. Diese SIM-Karten passen in alle deutschen Mobiltelefone (es sei denn, das Telefon ist noch für die Benutzung anderer Karten blockiert). Zumeist kosten die Karten 25 €, inkl. 15 € Gesprächsguthaben. Vorteil: Man telefoniert zu portugiesischen Preisen und zahlt nichts mehr dafür angerufen zu werden. Nachteil: Man bekommt eine neue Nummer. Die kann ja aber auf der deutschen Mailbox hinterlassen werden.

Toiletten

Die portugiesischen Damentoiletten sind mit „S" (*senhoras*), die Herrentoiletten mit „H" (*homens*) gekennzeichnet. Den Standort der nächsten Toilette erfragt man/frau mit *„Onde fica a casa de banho?"*. Der Standard der portugiesischen Toilettenanlagen ist oft nicht mit dem der deutschen zu vergleichen. Besonders in kleineren Restaurants und Cafés herrschen traurige Zustände.

Touristeninformationen

Für Auskünfte jeglicher Art stehen Ihnen die portugiesischen Touristikämter im Ausland zur Verfügung. Sie sind Außenstellen des portugiesischen Investitions- und Tourismusförderungsinstituts ICEP und bieten umfassendes Informationsmaterial zu den verschiedensten Themen.

ICEP Deutschland: Schäfergasse 17, 60329 Frankfurt, ✆ 01805/004930 und 069/9207260, ✉ 231433; Tauentzienstraße 7 b/c, 10789 Berlin, ✆ 030/2541060, ✉ 25410699.
ICEP Österreich: Opernring 1/Stiege R/2. OG, 1010 Wien, ✆ 01/5854450, ✉ 5854445.
ICEP Schweiz: Zeltweg 15, 8032 Zürich, ✆ 043/2688768, ✉ 2688760.
Internet: www.visitportugal.com.

In Portugal können Touristen unter der kostenlosen Telefonnummer ✆ 800296296 bei der *Linha Verde Turista* Auskünfte zu Museumsöffnungszeiten, Hotels, öffentlichen Verkehrsmitteln, Hospitälern und Polizeiämtern erhalten. Die Informationen werden auf Portugiesisch, Englisch, Französisch und Spanisch gegeben. Die Adressen und Öffnungszeiten aller lokalen Tourismusbüros in Lissabon und Umgebung haben wir für Sie unter den jeweiligen Orten angegeben. Viele *Turismos* ändern jedoch häufig ihre Öffnungszeiten, sodass man die angegebenen Zeiten eher als Richtwert nehmen sollte. Auch von zu Hause können Sie sich bereits an diese regionalen Fremdenverkehrsämter wenden, von denen hier die wichtigsten aufgeführt sind:

Lissabon: *Associação de Turismo de Lisboa*, Rua do Arsenal, 15, 1100–038 Lisboa, ✆ 00351/210312810, § 210312819 (Metro Baixa/Chiado, Baixa), www.visitlisboa.com.
Cascais/Estoril: *Junta de Turismo da Costa do Estoril*, Av. Clotilde, Edifício Centro de Congressos, 3ºA, 2765–211 Estoril, ✆ 00351/214678210, ✉ 214678213, www.costa-do-estoril.pt.
Sintra: *Turismo de Sintra*, Praça da República, 2710–616 Sintra, ✆ 00351/219241700, ✉ 219238787, www.cm-sintra.pt.
Ericeira/Mafra: *Junta de Turismo da Ericeira*, Av. 25 de Abril, 2640–456 Mafra, ✆ 00351/261817170, ✉ 261817179, www.ericeira.net.
Südlich von Lissabon: *Junta de Turismo da Costa Azul*, Travessa Frei Gaspar, 10, 2900–388 Setúbal, ✆ 00351/265539120, ✉ 265539128, www.costa-azul.rts.pt.

Turismos in Lissabon

Es gibt zahlreiche Turismos in der Stadt, die bei Fragen weiterhelfen. Am 25. Dezember und am 1. Januar sind alle Turismos geschlossen.

Palácio Foz, Praça dos Restauradores, ℡ 213463314 (Infos zu Lissabon) und ℡ 213466307 (Infos zu Portugal), 📠 213468772. Metro Restauradores, Baixa. Täglich 9–20 Uhr. Der größte Turismo Lissabons und der einzige mit Infos zu ganz Portugal. Hier kann man Zimmer reservieren lassen. Außerdem bekommt man einen Stadtplan.

Lisboa Welcome Center, Praça do Comércio, ℡ 210312810 und 210312815, 📠 210312819. Metro Baixa/Chiado. Täglich 9–20 Uhr. Hauptsitz des Fremdenverkehrsverbandes Lissabons, der *Associação de Turismo de Lisboa* – ATL in den Arkaden an der Westseite des Terreiro do Paço. Auch hier Zimmerreservierung, Stadtpläne und vielfältige Infos zu Lissabon.

Rua Augusta, ℡ 213259131. Metro Baixa/Chiado. Infokiosk in der Fußgängerzone. Täglich 10–13 und 14–18 Uhr.

Bahnhof Santa Apolónia, ℡ 218821604. Alfama. Täglich 8–13 und 14–16 Uhr.

Belém, ℡ 213658435. Infokiosk neben dem Kloster Mosteiro dos Jerónimos. Di–Sa 10–13 und 14–18 Uhr.

Flughafen, ℡ 218450660. In der Ankunftshalle befindet sich ein Infostand. Täglich 8–24 Uhr.

Trinkgeld

In Portugal sieht man die Frage des Trinkgelds nicht so eng wie in anderen Ländern. In **Restaurants** wird der Rechnungsbetrag meist auf die nächste volle Summe aufgerundet, so dass sich etwa 5 bis 10 % ergeben. Man lässt sich das Restgeld zurückbringen und lässt dann einfach etwas davon liegen bzw. legt gegebenenfalls noch Münzen dazu. In Cafés, insbesondere bei Bedienung am Tresen, gibt man in der Regel weniger oder kein Trinkgeld.

Bei **Taxifahrten** sind ebenfalls ca. 5 % Trinkgeld üblich. Platzanweisern im Kino wird manchmal etwas Geld gegeben. **Parkwächter** (*arrumadores*) verlangen einen „Beitrag" (ca. 50 Cent), sonst riskiert man, sein Auto beschädigt wieder zu finden.

Verhaltensknigge – in Lissabon zu vermeiden

Drängeln an Bus-/Straßenbahnhaltestellen: In Portugal steht man geordnet in der Schlange an.

Einsteigen in Busse durch die Hintertür: Ein Tobsuchtsanfall des Fahrers könnte die Folge sein.

Sich auf **Spanisch** mit *„gracias"* zu bedanken: Das portugiesische *„obrigado"* (als Mann) und *„obrigada"* (als Frau) kommt deutlich besser an.

Besuch von Kirchen und Diskotheken in **kurzen Hosen**: In Ersteren fällt man unangenehm auf, in Letztere darf man oft gar nicht erst rein.

In **gehobenen Restaurants** einfach Platz zu nehmen: Der Tisch wird von der Bedienung zugewiesen.

Gespräche bei Fadomusik: Es herrscht absolute Stille. Unterhaltungen gelten als Beleidigung der Musiker.

Versicherungen

Für eine Gebühr von ca. 3 % des Flugpreises lässt sich das finanzielle Risiko abdecken, von einer schon gebuchten Reise zurückzutreten. Diese **Reiserück-**

trittversicherung greift aber nur im Krankheits- oder Todesfall. Daher sollte man sich vor allem bei nicht so kostspieligen Reisen überlegen, ob sich der finanzielle Aufwand lohnt. Gleiches gilt für **Reisegepäckversicherungen**: Sie sind außergewöhnlich teuer und decken nur einen kleinen Teil der Risiken ab. Dazu kommt, dass für eine gestohlene Fotoausrüstung meistens nur einen Bruchteil des Neuwertes erstattet wird. Laptops oder andere geschäftliche Gegenstände sind gar nicht versichert. Oft ist das mitgenommene Hab und Gut auch schon durch eine bereits bestehende Hausratversicherung gedeckt. Unbedingt ins Gepäck sollte lediglich eine **Auslandsreisekrankenversicherung** (s. Gesundheit S. 81).

Ferienhaus gefällig?

Wer in Portugal Land oder Wohnraum erwerben will, sollte vorsichtig sein. Es kam schon vor, dass dem vermeintlichen Hausbesitzer die Möbel abgekarrt wurden – ein Racheakt eines zweiten vermeintlichen Hausbesitzers. Vorsicht auch vor unseriösen Maklern! Eine ganze Reihe von Agenturen kassieren Geld für die Wohnungsbesichtigung. Darauf sollte man sich keinesfalls einlassen, auch wenn die Wohnung sehr billig angeboten wird! Von seinem Geld und von der Wohnung sieht man nie mehr etwas!

Vor dem Kauf sollte man bei der deutschen Botschaft Informationen über die Seriosität der einzelnen Immobilienmakler einholen. Zudem sollte man kontrollieren, ob die Immobilie im Grundbuch (*Registo Predial*) auf den Namen des Verkäufers eingetragen ist. Dem Grundbuchauszug ist auch zu entnehmen, ob die Immobilie durch eine Hypothek belastet ist. Das Finanzamt (*Repartição das Finanças*) stellt einen Immobilienausweis aus, der Aufschluss darüber gibt, ob das Grundstück als landwirtschaftlich (*rústico*) oder städtisch (*urbano*) klassifiziert ist. Landwirtschaftliche Grundstücke dürfen nur unter bestimmten Voraussetzungen bebaut werden; insbesondere dann, wenn bereits früher einmal ein Haus darauf gestanden hat. Soll die Immobilie gewerblich genutzt werden, so sollte man bei der zuständigen Gemeindeverwaltung prüfen, ob bereits eine Nutzungsgenehmigung vorliegt oder eingeholt werden kann.

Weitere Informationen bei der Deutsch-Portugiesischen Industrie- und Handelskammer: *Câmara de Comércio e Indústria Luso-Alemã*, Av. da Liberdade, 38-2°, 1269–039 Lisboa, ✆ 213211200, ℻ 213467150, www.ccila-portugal.com.

Wäschereien

Es ist sehr schwer, in Lissabon eine günstige Wäscherei zu finden. Für Langzeiturlauber haben wir eine gute Adresse gefunden:

Lavandaria Lava Neve, Rua da Alegria, 37, ✆ 213466195. Metro Avenida, Santana/Av. Liberdade. Mo–Fr 10–13 und 15–19 Uhr, Sa 9–13 Uhr. So geschlossen. Selbstbedienung möglich: Waschen und Trocknen einer Maschinenfüllung 8,70 €. Man kann die Wäsche abgeben und bekommt sie nach zwei Stunden gewaschen, getrocknet und gefaltet zurück.

Wohnen

Im Ballungsgebiet Lissabon ist der Wohnungsmarkt äußerst angespannt. Die Mieten und Grundstückspreise erreichen deutsches Niveau und dies bei weit niedrigeren portugiesischen Durchschnittslöhnen. Die **Miete** für eine T2-Wohnung (d. h. zwei Schlafzimmer plus Wohnzimmer) beläuft sich in Lissabon auf mindestens 500 € pro Monat. Dabei gibt es im Großraum Lissabon, je nach Stadtteil und Vorort, starke Preisunterschiede. Da die Mieten durch die mieterfreundliche Gesetzgebung im Vergleich zu den Kaufpreisen recht hoch liegen, kaufen viele Portugiesen Eigentumswohnungen anstatt sie zu mieten.

Zur **Untermiete** kann man bereits ab ca. 150 € ein Zimmer bekommen. Dabei muss man jedoch oft in Kauf nehmen, dass eine Nutzung der Küche nicht eingeschlossen ist. Manchmal ist dafür aber Familienanschluss inklusive, mit all seinen Vorzügen und Nachteilen. Solche Zimmer findet man am besten über Aushänge an den Universitäten und über Listen, die bei den ASten (*Associação de Estudantes – AE*) ausliegen.

Die Unterkunft in **Studentenwohnheimen** (*residências universitárias*) ist nur etwa halb so teuer wie private Zimmer. Der Komfort ist dafür allerdings niedrig und das Zimmer muss meist mit anderen Studenten geteilt werden. Die Wohnheimplätze werden über die Studentenwerke der jeweilige Uni (*Serviços Sociais*) vermittelt. Eine frühe Anmeldung ist sinnvoll, da sie meist für ein ganzes Studienjahr vergeben werden. Sowohl Studentenwerke als auch ASten sind über die Anschriften der einzelnen Universitäten erreichbar (Adressen siehe „Wissenswertes/Studieren" S. 93).

Zeit

Portugals Zeitzone liegt eine Stunde vor der mitteleuropäischen Zeit. Da die Sommerzeit zum gleichen Zeitpunkt wie in Deutschland auf die Winterzeit umgestellt wird, gilt das ganze Jahr über: Portugiesische Zeit = Deutsche Zeit minus 1 Std.; bzw. Deutsche Zeit = Portugiesische Zeit plus 1 Std.

Zeitungen

Deutsche Zeitungen wie Süddeutsche Zeitung, FAZ oder Welt sind im Lissabonner Stadtzentrum an der Praça dos Restauradores schon am gleichen Abend verfügbar, in anderen Orten teilweise erst am folgenden Morgen.

Die auflagenstärkste portugiesische **Tageszeitung** ist *Jornal de Notícias*, die allerdings in Porto erscheint und deshalb bei den Lissabonnern nicht sonderlich beliebt ist. Angesehenste Zeitung in Lissabon ist der *Público*, eine Neugründung der 80er Jahre und politisch eher links orientiert. Er gehört zum Mischkonzern Sonae, der auch die Continente- und Modelo-Supermärkte sowie das Mobilfunknetz Optimus besitzt. Einen guten Ruf hat auch der *Diário de Notícias*, die ehemals offizielle staatliche Zeitung mit langer Tradition und eher konservativer Ausrichtung. Heute gehört sie dem Telefonkonzern Portugal Telecom über dessen Tochterfirma Lusomundo Media. Die portugiesischen „Bildzeitungen" sind der *Correio de Manhã* und *24 Horas*. Über das Wirtschaftsgeschehen informieren die Tageszeitungen *Diário Económico* und *Jornal de Negócios* sowie das Wochenblatt *Semanário Económico*.

Die **Wochenzeitungen** sind in Portugal sehr beliebt: Freitags erscheint der *Independente*, samstags der *Semanário* und der *Expresso*. Der *Expresso* ist mit der für portugiesische Verhältnisse sehr hohen verkauften Auflage von ca. 150.000 Exemplaren die größte Wochenzeitung. Man könnte die bürgerlich-liberale Zeitung mit der *Zeit* vergleichen, allerdings hat der *Expresso* einen erheblich größeren Einfluss als ihr deutsches Pendant und gilt als bedeutendste portugiesische Zeitung. Sie ist im Besitz des ehemaligen Ministerpräsidenten Pinto Balsemão (PSD). In den Kulturbeilagen findet man Hinweise auf wichtige Veranstaltungen von Theater über Kino bis zu Ausstellungen. Der *Independente* ist die zweitgrößte und kritischste Wochenzeitung Portugals und wird somit seinem Namen („Unabhängige Zeitung") vollauf gerecht. Viele Politskandale wurden durch ihn aufgedeckt; politisch steht er eher rechts vom *Expresso*. Auf Englisch erscheinen *The Portugal News* jeden Samstag.

Improvisationsgabe: Straßenhändler am Rossio

Typisch für Portugal sind die täglich erscheinenden **Sportzeitungen** wie *A Bola* und *Record*. Ihre Auflagenhöhe erreicht die der größten Tageszeitungen, ja überschreitet sie teilweise sogar. Selbst gut situierte Banker kann man beobachten, wie sie sich während der Bahnfahrt über die letzten Entwicklungen in der portugiesischen Nationalliga informieren.

Portugiesische Zeitungen im Internet

Diário de Notícias	www.dn.pt
Expresso	www.expresso.pt
Jornal de Notícias	www.jn.pt
Público	www.publico.pt
Diário Económico	www.diarioeconomico.pt
Semanário Económico	www.semanarioeconomico.pt
The Portugal News	www.the-news.net

Historisches Zentrum Lissabons: die Alfama

Lissabon

Lissabon gilt als Perle unter den Hauptstädten dieser Welt. „Lisboa" ist das Zentrum Portugals und dessen unstrittige Hauptstadt. Stolz gaben ihr die Lissabonner den Titel „Capital Atlântica Europeia", Europas Hauptstadt am Atlantik. In der Tat wurde keine europäische Hauptstadt so sehr vom Atlantik geprägt wie Lissabon, das sich jahrhundertelang vollkommen aufs Meer und sein überseeisches Kolonialreich konzentrierte.

Wer nicht das Glück hat, Lissabon mit dem Schiff zu erreichen, sondern sich der Stadt von Norden oder über den Flughafen nähert, dem wird es angesichts eilig hochgezogener Hochhauskomplexe schwer fallen, Portugals Hauptstadt das Attribut „schön" zuzugestehen. Doch wer die Peripherie hinter sich gelassen hat und in die alten Stadtviertel vorgedrungen ist, wird den Stolz der Lissabonner verstehen können.

Und alte Viertel gibt es in Lissabon zur Genüge: so viele, dass man hier gar nicht von *einer* Altstadt sprechen kann. Diese Bezeichnung trifft noch am ehesten auf die Alfama zu, deren Gewirr kleiner Gässchen südlich des Burgbergs liegt; hier siedelten schon die Phönizier. Nördlich der Burg liegt das alte Mauren- und Judenviertel Mouraria. Gegenüber thront auf dem nächsten Hügel das Bairro Alto, die Oberstadt, deren Ursprünge bis ins 16. Jh. zurückreichen. Im Tal zwischen der Alfama und dem Bairro Alto erstreckt sich die Unterstadt, Baixa Pombalina oder kurz Baixa genannt. Dieses Viertel ist vergleichsweise neu, da es nach dem Erdbeben von 1755 unter dem Premierminister Marquês de Pombal wiederaufgebaut wurde. Es gilt als einzigartiges Dokument der Architektur des 18. Jh.

Das Beste Lissabons auf einen Blick

Historische Stadtviertel
Alfama	247
Bairro Alto	280
Baixa	237
Madragoa	287
Mouraria	259

Plätze
Praça do Comércio	238
Praça dos Restauradores	266
Praça do Príncipe Real	282
Rossio	243

Bauwerke
Assembleia da República	291
Castelo São Jorge	256
Palácio dos Marqueses de Fronteira	319
Palácio Nacional da Ajuda	316
Panteão Nacional	264
Ponte 25 de Abril	302
Torre de Belém	314

Kirchen und Klöster
Basílica da Estrela	288
Mosteiro dos Jerónimos	308
São Roque	281
São Vicente de Fora	261
Sé Catedral	251

Museen
Museu Nacional de Arte Antiga	336
Museu do Chiado	340
Museu da Cidade	340
Museu Nacional dos Coches	341
Museu de Calouste Gulbenkian	345
Museu de Marinha	346

Aussichtspunkte (Miradouros)
Jardim do Torel	265
Moinhos de Santana	318
Nossa Senhora do Monte	260
Penha de França	279
Santa Catarina	286
Santa Luzia	256
São Pedro de Alcântara	281
Torre Vasco da Gama	330

Parks und Aquarium
Jardim Botânico	284
Jardim Botânico da Ajuda	317
Jardim da Estrela	290
Jardim do Ultramar	307
Oceanário	332
Parque Eduardo VII/Estufa Fria	271
Parque do Monteiro-Mor	326

Fliesen-Kunst (Azulejos)
Cervejaria da Trindade	170
Metro Parque und Laranjeiras	278
Mosteiro São Vicente de Fora	261
Museu Nacional do Azulejo	337
Pavilhão dos Desportos Carlos Lopes	272

Stadttypisch unterwegs
Elevador da Bica	126
Elevador da Glória	126
Elevador do Lavra	126
Elevador Santa Justa	125
Schiffsfahrt über den Tejo	130
Straßenbahnlinie	125

Unterkunft
Pestana Palace Hotel	154
Lapa Palace	152
Meridien Park Atlantic	151
Quinta Nova da Conceição	142
Ritz	151

Traditionelle Kaffeehäuser
A Brasileira	178
Confeitaria Nacional	178
São Martinho da Arcada	177
Nicola	178
Suiça	178
Versailles	180

Märkte
Flohmarkt Feira da Ladra	189
Mercado da Ribeira	188

Umgebung
Alcochete	458
Cascais	373
Mafra	435
Setúbal	502
Sintra	396

Badeorte
Costa da Caparica	469
Ericeira	440
Estoril	364
Guincho	386
Praia Grande	429
Sesimbra	477

Weiter Richtung Westen am Tejo schließt sich an das Bairro Alto die Madragoa an, ein von kleinen Gassen geprägtes ehemaliges Fischerviertel aus dem 17. Jh. Noch weiter westlich liegt an der Tejoausfahrt Belém mit dem Kloster Mosteiro dos Jerónimos, Lissabons bedeutendster Sehenswürdigkeit.

Auch wenn die nördlichen Stadtteile heute von Wohnblocks geprägt sind, so finden sich doch immer wieder Reste der alten, mittlerweile eingemeindeten Dörfer. Zum Beispiel in Benfica und ganz besonders in Carnide, dessen alter Ortskern fast völlig bewahrt wurde.

Genau so wenig wie *die* Altstadt gibt es in Lissabon *das* Zentrum. Eher wäre der Begriff Zentralachse angebracht. Etwa sechs Kilometer lang schlängelt sie sich von Süd nach Nord durch die Stadt. Sie beginnt in der Baixa an der Praça do Comércio, verläuft dann über den Rossio, die Praça dos Restauradores und die Avenida da Liberdade bis zur Neustadt, die Zone der so genannten Avenidas Novas. Dort folgt die Achse von der Praça Marquês Pombal, dem Verkehrszentrum der Stadt, der Avenida Fontes Pereira de Melo und der Avenida da República bis zum Park Campo Grande im Norden.

Stadtgeschichte

Am Nordufer des Tejo, nur wenige Kilometer bevor dieser in den Atlantik mündet, liegt im äußersten Westen der Iberischen Halbinsel Lissabon – eine auf Hügeln gebettete Stadt, die sich harmonisch den natürlichen Begebenheiten angepasst hat. Neben Athen ist Lissabon die südlichste und hügeligste Hauptstadt Europas.

Die Zahl der Hügel der alten Stadtviertel wird wie die von Rom mit sieben beziffert. Tatsächlich ist diese Angabe aber etwas willkürlich, gibt es doch heute über 20 Hügel. Die höchste Erhebung der Stadt ist die Festung Forte de Monsanto mit 230 m. Die Basílica da Estrela liegt 137 m, die Burg Castelo São Jorge 112 m über dem Meer, was die Mühen der Lissabonner deutlich macht, die täglich die Hügel besteigen müssen. Auch das offizielle Zentrum Lissabons liegt übrigens auf einer Anhöhe: Der Südwestturm des Castelo São Jorge ist Mittelpunkt der portugiesischen Hauptstadt.

> ### Lisboa – Ursprung des Namens
>
> Lange Zeit waren zahlreiche mehr oder minder spekulative Thesen über den Ursprung des Namens *Lisboa* im Umlauf. Die seriöse Geschichtsschreibung führt den Stadtnamen heute auf die Phönizier zurück. Diese nannten die Siedlung wegen der herrlichen Lage an der Tejomündung *Alis Ubbo* („liebliche Bucht"). Die Römer gaben ihr zu Ehren des Kaisers Julius Cäsar um 60 v. Chr. offiziell den Beinamen *Felicitas Julia*. Unter den Bewohnern der Stadt dagegen hieß sie zu dieser Zeit *Olisipo*, später mutierte der Name unter den Westgoten zu *Olisipona*. Die Araber nannten die Stadt dann *al-Usbuna*. Gegen Ende der maurischen Herrschaft setzte sich unter den Christen schließlich die verkürzte und lautlich assimilierte Form *Lisboa* durch.

Das antike Lissabon

Die Zeugnisse menschlicher Existenz reichen bis weit in die Zeit vor Christi Geburt zurück. Etwa ab dem 8. Jh. v. Chr. ließen sich die Phönizier an der Mündung des 1.007 Kilometer langen, in der spanischen Sierra de Albarracín entspringenden Tejo nieder. Das weite Binnenmeer des Tejo war und ist ein perfekter natürlicher Hafen am westlichen Ende Europas. Die nur schmale Verbindung zum offenen Meer hält die wuchtigen Atlantik-Wellen fast vollständig ab – ein idealer Platz, um in Ruhe zu ankern und Schiffe zu beladen. Die Phönizier nutzten Lissabon dann auch als Zwischenstation auf ihrem Weg nach Nordeuropa.

Ab 218 v. Chr. dominierte das Römische Reich Lissabon administrativ, politisch, kulturell und wirtschaftlich. Integriert in die Provinz Lusitanien, war die Stadt der westlichste Stützpunkt des römischen Weltreiches. Davon zeugen noch heute die vom Latein abstammende Landessprache und die römisch-katholische Konfession, der die Mehrheit der portugiesischen Bevölkerung angehört. Um 60 v. Chr. erhielt Lissabon den Ehrennamen *Felicitas Julia* und den Status eines römischen Kolonial-Munizipiums (*Municipium Civium Romanorum*). Damit waren die Bürger Lissabons mit denen Roms rechtlich gleichgestellt, was einer gewissen Autonomie gleich kam.

Die Stadt entwickelte sich zu einem bedeutenden Handels- und Produktionszentrum für konservierten Fisch. Er wurde am Rand der heutigen Baixa in Tanks eingesalzen und per Schiff bis nach Rom vertrieben. Zu sehen in den Ausgrabungen unter der Bank BCP in der Baixa; zusammen mit den Ruinen des Römischen Theaters und den archäologischen Funden im Stadtmuseum *Museu da Cidade* eines der wenigen zu besichtigenden Zeugnisse aus der römischen Periode Lissabons.

Blütezeit unter den Mauren

Um 411 n. Chr. wurde die römische Herrschaft in Lissabon durch eine Invasion der Alanen abrupt beendet, die ihrerseits 416 durch die Westgoten vertrieben wurden. Während der westgotischen Herrschaft und den Wirren der Völkerwanderung stagnierte die Entwicklung. Dementsprechend hinterließen die Westgoten auch keinerlei Spuren im heutigen Stadtbild. Als Schutz vor den „Barbaren" zogen sich die Bewohner völlig in das Gebiet innerhalb der hohen Stadtmauern um das Castelo São Jorge zurück. Die städtische Bevölkerung nahm stark ab, das urbane Leben schien fast auszusterben.

Nach der Eroberung durch die Mauren 714 blühte die Stadt wieder auf. Unter der neuen Herrschaft breitete sie sich erneut über die Stadtmauer hinaus aus. Die Araber erweiterten den Burgpalast, den sie *Alcáçova* nannten, und verstärkten die unter den Römern angelegte Stadtmauer, die später den Namen *Cerca Moura* (maurische Stadtmauer) erhielt. Wissenschaft, Handel und Handwerk gediehen, den religiösen Minderheiten der Christen und Juden war die freie Religionsausübung gestattet. Schrecken war eher von den Christen zu erwarten, so von den Truppen des christlichen Königs von León, die im 10. Jh. Lissabon plünderten.

104 Lissabon/Stadtgeschichte

Überreste des Mittelalters – archäologische Ausgrabungen im Kreuzgang der Kathedrale

Im 11. Jh. begann die Macht der Mauren zu zerbröckeln: Das Kalifat von Córdoba zerfiel in viele kleine Teilreiche. Den Almoraviden aus Marokko gelang es zwar 1092–94 die Reiche wieder zu einen. Ihre fundamentalistische Politik ließ aber viele unter den Mauren lebende Christen, die *moçarabes*, fliehen. Als um 1144 auch ihre Herrschaft zusammenbrach und die Reiche erneut auseinander fielen, war die Verteidigung Lissabons entscheidend geschwächt.

Abgesehen vom an verwinkelte marokkanische Altstädte erinnernden Grundriss der Alfama sind von den Mauren trotz ihrer über vier Jahrhunderte dauernden Herrschaft in Lissabon praktisch keine Bauwerke mehr vorhanden. Dies mag besonders im Vergleich zum Nachbarland Spanien überraschen. Ihre größten Kunstwerke bauten die Mauren in Spanien allerdings zu einer Zeit, als Portugal mit Ausnahme der Algarve bereits von den Christen zurückerobert war. Dennoch haben die Mauren ein bedeutendes Erbe hinterlassen: Die von ihnen nach Portugal gebrachten *azulejos*, bemalte Fliesen, haben sich zur typischsten Kunstform des Landes entwickelt. Dazu kommen zahlreiche arabische Ortsbezeichnungen wie Alfama, Alcântara oder Alvalade.

Christliche Reconquista

Am 28. Juni 1147 erreichte eine Flotte von 164 Kreuzfahrerschiffen Lissabon und begann die Stadt zu belagern. König Dom Afonso hatte den Zeitpunkt geschickt gewählt: Aufgrund der internen Streitigkeiten der Mauren konnten diese keine Verstärkung erwarten. Nach vier Monaten gelang es den Kreuzrittern die Stadt zu erobern: Die Einnahme war dabei alles andere als christlich: Sie plünderten, vergewaltigten und töteten Zivilisten, darunter sogar das

Die Stadtentwicklung von Lissabon

Oberhaupt der christlichen Gemeinde Lissabons. Zum neuen Bischof ernannte König Dom Afonso Henriques den englischen Kreuzritter Gilberto.

Die christlichen Eroberer strukturierten die Stadt städtebaulich, sozial und administrativ völlig um: Die Moscheen machten sie dem Erdboden gleich, auf ihren Trümmern bauten sie Dutzende neuer Kirchen. Alle Moslems, die sich nicht zum Christentum bekehren lassen wollten, verwiesen sie aus den Stadtmauern in das Mauren-Ghetto Mouraria.

Mit der christlichen Wiedereroberung, der *Reconquista*, gelangte auch die aus Südfrankreich stammende romanische Kirchenbaukunst mit ihren typischen Rundbögen nach Lissabon. Unter dem Eindruck der Kämpfe gestaltete man die ersten Bauten der Romanik wie die Lissabonner Kathedrale im Stil von Wehrkirchen mit Zinnen.

Aufschwung im gotischen Lissabon

Wie die Romanik kam auch die Gotik von Frankreich nach Portugal. Zu erkennen ist dies daran, dass Ende 12., Anfang 13. Jh. die Baumeister vom Rund- zum Spitzbogen übergehen. Unter den gotischen Bauwerken ragt in Lissabon besonders die Igreja do Carmo im Stadtteil Chiado heraus.

Um 1256 wurde Lissabon offiziell Sitz des Königshauses und somit Hauptstadt Portugals; 1290 wurde hier die erste Universität des Landes gegründet. Den zunehmenden Außenhandel begleitete ein hohes Bevölkerungswachstum, sodass man die heutige Baixa als neues Wohngebiet erschließ. Das städtische Leben konzentrierte sich dennoch weiter eng um den Burgpalast.

Lissabons Bedeutung als politisches Zentrum und Handelsplatz erfuhr ab dem 14. Jh. eine rapide Zunahme. Der Hafen wurde ausgebaut, es entstanden Werften und Warenhäuser. Der Handel mit England, Flandern und den Hansestädten blühte. Dem Aufstieg der Stadt als Europas Pforte zum Atlantik stand nichts mehr im Wege.

Um den Burgberg – Stadtentwicklung Lissabons

Wie man auf der Karte (s. S. 105) erkennen kann, entwickelte sich Lissabon aus dem Burgzentrum heraus. Im Jahr der christlichen Rückeroberung 1147 umschloss die maurische Stadtmauer *Cerca Moura* gerade mal eine Fläche von lediglich 0,16 km². Das Stadtgebiet erweiterte man mit dem Bau der *Cerca Fernandina* im Jahr 1375 auf 1 km² und zum ersten Mal auch auf Gebiete außerhalb des Burgbergs. Von beiden Stadtmauern stehen heute nur noch wenige, kaum sichtbare Reste: Die *Cerca Moura* ist noch in der gleichnamigen Bar in der Nähe der Burg zu besichtigen (s. Karte „Alfama", S. 252/253), Reste der *Cerca Fernandina* sind im Einkaufszentrum Espaço Comercial Chiado in der Rua da Misericórdia, 12–20 zu sehen (Metro Baixa/Chiado, s. Karte „Bairro Alto" S. 282/283).

Nach einer Neueinteilung der Kreisgrenzen versechsfachte sich 1852 die Stadtfläche und wuchs auf 12 km² an. Im Jahr 1886 erreichte Lissabon seine bis heute größte Ausdehnung von 97 km². Da die Vororte Sacavém, Camarate und Moscavide später dem Kreis Loures zugeschlagen wurden, kommt Lissabon heute aber nur noch auf eine Fläche von 87,4 km². Zum Vergleich: Das ist gerade einmal so groß wie Weimar und lediglich ein Viertel der Fläche Berlins!

Lissabon im Zeitalter der Eroberungen

Die Dynamik, mit der die Entdeckungen und Eroberungen Portugals in Übersee voranschritten, war auch in der Stadt zu spüren. Das starke Bevölkerungswachstum führte dazu, dass die Stadtteile um den Burgpalast im wahrsten Sinne des Wortes aus allen Nähten platzten. Lebten 1425 in Lissabon nur 60.000 Menschen, so waren es 1550 bereits 100.000.

König Dom Manuel I. bewirkte schließlich die Verlagerung des Stadtzentrums an das Flussufer, indem er in der Nähe des Hafens am Terreiro do Paço (heute Praça do Comércio) einen neuen Königspalast bauen ließ. Der einflussreiche Adel errichtete bald darauf seine neuen Wohnsitze in der Umgebung des Palastes. Im Vergleich zu früheren Jahrhunderten breitete sich die Stadt diesmal nach einem geordneten Konzept aus. Entlang durchgeplanter Straßenzüge entstanden bis ins 17. Jh. die Stadtteile Bairro Alto, Bica und Madragoa im Westen der Baixa. Zerstörung und Chaos waren dagegen die Konsequenzen eines vernichtenden Erdbebens am 25. Januar 1531, das 30.000 Menschen tötete. 1597 folgte das nächste Beben und auch dieses sollte nicht das letzte gewesen sein ...

Manuelinik – prachtvoller Baustil der Verschwendung

Doch ungeachtet dieser großen Naturkatastrophen brachte der florierende Handel Wohlstand in die Stadt. Besonders nachdem im 15. und 16. Jh. portugiesische Schiffe die Seewege um Afrika, nach Indien und nach Brasilien entdeckt hatten, wurde Lissabon zum wichtigsten Umschlagplatz für Gold, Elfenbein und Sklaven aus Afrika, exotische Gewürze aus Indien und Edelhölzer aus Brasilien.

Der Reichtum aus den Kolonien ermöglichte es den Portugiesen, ihre Bauten üppig zu dekorieren – aus ganz Europa kamen Künstler und Baumeister nach Lissabon. Die verschwenderische Pracht der damaligen Zeit wird besonders am Wehrturm Torre de Belém deutlich, den man trotz seiner simplen Funktion opulent ausgestaltete.

Seefahrer, Baumeister und Abenteurer kamen mit einer Fülle neuer Eindrücke und Ideen von ihren Reisen zurück: Orientalische und indische Ornamente wurden mit Motiven aus der Fabel- und Pflanzenwelt verquickt – der strenge gotische Stil fand sich plötzlich in bizarrer Gesellschaft wieder. Besonders Elemente und Symbole der Seefahrt dienten zur Dekoration der prächtigen Bauten: Schiffsseile, Muscheln und Korallen.

Bekannt wurde diese portugiesische Variante der Spätgotik als Manuelinik, benannt nach König Manuel I. unter dessen Herrschaft 1495–1521 Portugal den größten Einfluss erreichte und Lissabon zum Zentrum der Welt avancierte. Eines der frühesten Beispiele der manuelinischen Architektur ist übrigens die Igreja de Jesus in der Stadt Setúbal südlich von Lissabon. Sie diente dem Baumeister Diogo de Boitaca als Vorbild für das Hieronymitenkloster im Lissabonner Stadtteil Belém, dem bedeutendsten Bau im manuelinischen Stil.

Manuelinisches Eingangstor an der Igreja Madre de Deus im Osten Lissabons

Humanismus versus Gegenreformation

Vor allem ab etwa 1530 erhielt die portugiesische Kultur zunehmend Anregungen aus dem italienischen Humanismus. Die Ideale der klassischen Antike Roms und Griechenlands standen dabei im Mittelpunkt jeglichen Schaffens.

Auch in der Baukunst vollzog sich ein allmählicher Wandel vom reichen Zierwerk der Manuelinik zu den strengen klassischen Formen der Renaissance: Arkadengänge, Rundbögen und hervorspringende Balustraden, welche die Horizontale betonen.

Die Renaissance feierte in Lissabon aber nur ein kurzes Zwischenspiel. Der katholischen Kirche waren die freien Gedanken der Humanisten wie Erasmus von Rotterdam ein Dorn im Auge, dies zumal in Nordeuropa die evangelische Reformation überraschende Erfolge feierte. Mit der so genannten Gegenreformation versuchte die katholische Kirche ihren verloren gegangenen Einfluss wieder zurückzugewinnen. Ab 1547 verfolgte die Inquisition „ketzerisches" Gedankengut. Alle Bücher mussten vor ihrem Erscheinen die Zensur der Inquisition, des Bischofs und des Königs überstehen. Inspektoren der Inquisition durchsuchten die in den Hafen Lissabons einlaufenden Schiffe nach Büchern, Flugblättern oder anderem Material, das der herrschenden katholischen Lehre hätte widersprechen können. Die Inquisitoren folterten zahlreiche „Ketzer" und verbrannten sie in besonders gravierenden Fällen öffentlich auf dem Rossio. Auf Portugiesisch nannte man diese Ketzergerichte *auto-da-fé*.

Die Jesuiten, neben der Inquisition die zweite Speerspitze der Gegenreformation, kontrollierten zunehmend Schulen und Universitäten und verdrängten die dort lehrenden Humanisten. Architektonisch zeigte sich die Rebellion gegen Humanismus und die strengen klassischen Formen der Renaissance im so genannten Manierismus. Diese neue Ästhetik zeichnete sich durch die Suche nach Disharmonie und Ungleichheit der Formen aus. Ein Beispiel für den manieristischen Baustil ist die Kirche Igreja de São Roque, welche sich die Jesuiten 1566 als ihr Lissabonner Zentrum errichteten.

Unter Spanien in die Krise

Einen tiefen Einschnitt brachte das Ende der portugiesischen Dynastie Aviz 1580 und der Beginn der spanischen Herrschaft über Portugal – Lissabon war nach Madrid nur noch Hauptstadt zweiten Grades. Anfangs kümmerte sich der spanische König Felipe II. aber noch intensiv um sein neu erobertes Königreich. Von 1581–83 residierte er sogar in Lissabon und ließ währenddessen das Kloster São Vicente de Fora als Symbol der Macht der spanischen Krone in Lissabon errichten, ähnlich dem Escorial bei Madrid.

Nach den ersten Jahren der vorbildlichen Verwaltung unter Felipe II. folgte 1589 ein Moment des Schreckens, als der gefürchtete, englische Korsar Francis Drake Lissabon angriff. Seine Attacke konnte noch abgewehrt werden, dafür ging es aber in den folgenden Jahrzehnten wirtschaftlich bergab. Der einst so lukrative portugiesische Handel mit Indien brach zusammen und sank auf ein Drittel des Jahres 1580. Trotz der sinkenden Einkommen erhöhten die spanischen Statthalter die Steuern, rekrutierten immer mehr Soldaten für militärische Abenteuer im restlichen Europa und zwangen den Stadtrat von Lissabon, der spanischen Armee große Summen zu leihen.

Auch nach der erneuten Unabhängigkeit 1640 ging es wirtschaftlich nicht aufwärts. Der 29 Jahre lang andauernde Krieg gegen Spanien verschlang hohe Geldsummen. Auch der Kolonialhandel blieb weiter in der Krise, da viele Gebiete

Chaos und Zerstörung 109

in Asien, Arabien, Afrika und Brasilien zeitweise oder dauerhaft von den Engländern, Arabern oder Niederländern besetzt worden waren. 1657 blockierten die Holländer gar für drei Monate den Lissabonner Hafen und brachten den Warenverkehr endgültig zum Erliegen.

Im brasilianischen Goldrausch – die barocke Stadt

Nach dem Friedensschluss mit Spanien 1668 besserte sich allmählich die Lage. Neuen Reichtum brachten Goldfunde im brasilianischen Minas Gerais: 1699 feierten die Lissabonner die Ankunft der ersten 514 Kilo Gold aus Rio de Janeiro. In den folgenden Jahren stieg die Menge bis auf 25 Tonnen 1720.

Adligen Potentaten bot sich nun die Möglichkeit, das in Brasilien gewonnene Gold für Prachtbauten zu verschwenden. Auch die Kirchenherren beteiligten sich rege an dieser „Bauwut", die ab der Regierungszeit König Pedro II. (1683–1706) bevorzugt im barocken Baustil ausgeführt wurde. Die prunkvollen Paläste, Kirchen und Klöster verzierte man mit einer Fülle vergoldeter Holzschnitzwerke (*talha dourada*). Das sollte noch größeren Reichtum vorspiegeln, getreu dem Motto „Alles ist Schein".

Seinen Höhepunkt erreichte der „Goldrausch" beim Bau des gigantischen Klosterpalasts von Mafra, ca. 40 km nördlich von Lissabon, durch König João V. ab 1711. Er sollte das größte Bauwerk der Iberischen Halbinsel werden und war so teuer, dass sogar die Staatsfinanzen durcheinander gerieten.

Chaos und Zerstörung

Glanz und Glorie nahmen ein abruptes Ende. An Allerheiligen, dem 1. November 1755, schlug die traurigste Stunde Lissabons: Die Erde bebte, und binnen weniger Sekunden lag ein Großteil der Stadt in Schutt und Asche. Den Rest erledigten um sich greifende Brände und eine riesige Flutwelle. Insgesamt kamen damals nach heutigen Schätzungen der Münchener Rückversicherung etwa 30.000 Menschen ums Leben – erst etwa 100 Jahre später erreichte die Einwohnerzahl Lissabons wieder das ursprüngliche Niveau.

Der Erdstoß hatte ungeheure Kraft: Man schätzt ihn auf 8,5 bis 8,7 auf der Richterskala. Bis heute gilt dies als das stärkste Erdbeben aller Zeiten in Europa. Wo das Epizentrum lag, bleibt unter den Wissenschaftlern umstritten. Allgemein gilt der Banco do Gorringe, ein Seeberg 300 km südwestlich Lissabons, als Zentrum des Seebebens. Neuere Forschungen deuten dagegen auf eine Verwerfung bei Gibraltar als Epizentrum. Andere Theorien vermuten gleich zwei Epizentren: einmal Gorringe und ein weiteres im Tejotal.

Das Beben erschütterte nicht nur Lissabon, sondern auch das optimistische Weltbild des aufgeklärten Jahrhunderts. Dank des wachsenden Wohlstands und des vermeintlich unaufhaltsamen Fortschritts der Zivilisation war man der Auffassung, in der besten aller möglichen Welten zu leben, die von Stabilität und innerer Sinnhaftigkeit gekennzeichnet war. Eine Katastrophe dieses Ausmaßes stellte diese Deutung der Welt zwangsläufig in Frage, sodass schon bald eine nachhaltige philosophische Auseinandersetzung in Gang kam, an der vor allem die französischen Philosophen Voltaire und Jean-Jacques Rousseau beteiligt waren.

Voltaire zweifelte prinzipiell an der optimistischen Grundausrichtung seines Zeitalters und wandte sich insbesondere dagegen, die zerstörerischen Kräfte der Natur durch allerlei spitzfindige Erklärungsansätze als Teil eines zielgerichteten und letztlich sinnvollen göttlichen Plans anzuerkennen. Das immer wieder in Form von Naturkatastrophen über die Menschheit hereinbrechende Übel müsse als solches einfach hingenommen werden, selbst wenn der aufgeklärte Geist sich dagegen sträube.

Für Rousseau wiederum waren die schrecklichen Ereignisse von Lissabon nur ein weiterer Beleg für seine allgemeine Zivilisations- und Kulturkritik. Schuld an der verheerenden Opferzahl seien im Grunde nicht die unbeherrschbaren Naturgewalten, sondern die zivilisatorischen Eingriffe des Menschen. „Gestehen Sie mir", schrieb er an Voltaire, „dass nicht die Natur zwanzigtausend Häuser von sechs bis sieben Stockwerken zusammengebaut hatte, und dass wenn die Einwohner dieser großen Stadt gleichmäßiger zerstreut und leichter beherbergt gewesen wären, so würde die Verheerung weit geringer, und vielleicht gar nicht geschehen sein." Dem schloss sich auch der Königsberger Philosoph Immanuel Kant an. Der Mensch müsse sich eben der Natur anpassen.

Wiederaufbau im Stil der Aufklärung

Doch ungeachtet aller philosophischen Debatten, musste in Lissabon der Wiederaufbau organisiert werden. Übernommen wurde diese schwierige Aufgabe vom damaligen Premierminister Marquês de Pombal, unter dessen Ägide die Baixa, der vom Erdbeben am stärksten betroffene Stadtteil, völlig neu errichtet wurde. Mit diktatorischen Maßnahmen ließ er die Stadt nach seinen von der Aufklärung inspirierten Vorstellungen neu planen. Innerhalb weniger Monate waren die Entwürfe für den Wiederaufbau fertig gestellt.

Die Baixa, der vom Erdbeben am stärksten betroffene Stadtteil, wurde völlig neu gebaut: Innerhalb kurzer Zeit entstand ein im Schachbrettmuster angelegtes neues Zentrum, ausgestattet mit Abwasserkanälen und befestigten Straßen. Beim Neubau der Gebäude versuchte man zum ersten Mal mit Hilfe der so genannten Ständerbauweise zukünftigen Erdbeben vorzubeugen – ein Meilenstein der Naturwissenschaft! Die Hauptaufbauphase wurde 1775 abgeschlossen, als man die Baixa feierlich einweihte und das Reiterdenkmal des damaligen portugiesischen Königs Dom José I. am nun Praça do Comércio genannten Terreiro do Paço aufstellte.

Dabei war der Bauboom aber nicht zu Ende: In den Folgejahren erschloss man mit São Bento und der Lapa weitere Wohnviertel im Westen der Stadt. Die ersten Industriebetriebe Lissabons siedelten sich um den Largo do Rato im Stadtteil Amoreiras an. Vom französischen Versailles angeregt, gestaltete Königin Maria I. ihre Sommerresidenz, den Palast und die Gärten von Queluz bei Lissabon, im Rokoko-Stil.

Nicht nur beim Aufbau der Baixa wandte man sich ab Mitte des 18. Jh. unter dem Einfluss des französischen und englischen Vorbilds der Aufklärung wieder stärker den klassischen Formen zu. Die Basílica da Estrela in Lissabon wurde zwar ab 1776 noch im spätbarocken Stil erbaut, weist aber schon deutliche klassizistische Elemente auf. Später setzte sich auch in Portugal ein reiner, neoklassizistischer Stil durch, zu bewundern im Königspalast Palácio Nacional da Ajuda in Lissabon, errichtet ab 1795.

Liberale Dynamik im 19. Jahrhundert

Anfang des 19. Jh. blieb auch Lissabon nicht von den Wirren der napoleonischen Kriege in Europa verschont. Mehrere Invasionen der Franzosen verwüsten 1807–1809 das Land. Der König floh samt seinem Hof nach Rio de Janeiro, das bis zur Rückkehr des Königs 1821 anstelle von Lissabon neue Hauptstadt Portugals wurde.

In der ersten Hälfte des 19. Jh. brachte das liberale Gedankengut gravierende Veränderungen. 1834 wurden die kirchlichen Güter säkularisiert und wechselten den Besitzer. Die neuen Eigentümer, der Staat und das liberale Bürgertum, installierten in den ehemaligen kirchlichen Gebäuden öffentliche Schulen, Krankenhäuser und Warenlager.

Pombal-Statue am Ende der Avenida da Liberdade

Im Bereich von Kunst und Literatur gewannen eher gefühlsbetonte Themen Oberhand über den nüchternen, analytisch-wissenschaftlichen Klassizismus. In der Architektur zeigte sich die Romantik durch eine besonders phantasievolle Gestaltung der Bauwerke. Herausragendes Zeugnis jener Zeit ist der Palácio Nacional da Pena bei Sintra nordwestlich von Lissabon.

Ab 1850 stabilisierte sich mit der Bewegung der *Regeneradores* (s. „Geschichte" S. 37) die innenpolitische Lage. Dies führte in Lissabon zu einer dynamischen urbanen Entwicklung und einer verstärkten Industrialisierung. Die erste Eisenbahnlinie wurde gebaut, *Eléctricos* (Straßenbahnen) als Neuheit des öffentlichen Transportwesens eingeführt und ein neuer Hafen angelegt. Durch die Straßenbahnen rückten die peripheren Stadtviertel näher an das Zentrum heran. Mit den Avenidas Novas erweiterte man die Stadt nach einem durchgeplanten Muster nach Norden und damit zum ersten Mal weg vom Flussufer.

Die Stadtviertel Baixa und Chiado entwickelten sich in dieser Zeit zunehmend zum Intellektuellentreff. Zahlreiche Cafés, Theater und Büchereien eröffneten in dieser Gegend. Öffentliche Parks und Alleen wurden angelegt, Brunnen und Statuen aufgestellt – ganz dem romantischen Lebensgeist entsprechend.

Diese Entwicklung wurde nun auch wieder von einem starken Bevölkerungswachstum begleitet: Von 200.000 Einwohnern im Jahr 1820 wuchs Lissabon bis Ende des Jahrhunderts auf 300.000. Trotz des technischen Fortschritts blieben die hygienischen Verhältnisse in der Stadt weiter prekär: Tausende Menschen starben 1856 bei einem Ausbruch von Cholera und 1857 bei einer Gelbfieber-Epidemie.

Elend der Arbeiter, Pracht des Bürgertums

Vor allem die Arbeiter der neu gegründeten Industriebetriebe lebten unter teilweise miserablen Umständen in engen, überfüllten Zimmern in heruntergekommenen Klöstern, Altbauten und Baracken – die Tuberkulose grassierte. Ihr geringer Lohn ermöglichte es den Arbeiterfamilien nicht, in bessere Wohnungen umzuziehen. Einige Privatunternehmer ergriffen die Initiative und ließen für ihre Arbeiter eigene Siedlungen errichten, die so genannten *vilas operárias*. Insgesamt entstanden vor allem in Hinterhöfen oder entlang versteckter Seitengassen über 100 dieser *vilas*, die heute in den Stadtteilen Graça und Benfica noch gut sichtbar sind. Doch das Wohnungsproblem konnten die *vilas* nicht lösen, sie minderten es allenfalls. Daher breiteten sich in der Stadt ab Anfang des 20. Jh. *bairros de lata* aus, miserable Slums aus einfachen „Wellblech"-Baracken.

Die reichen Bürger errichteten dagegen herrliche Paläste, Wohnhäuser und Grabkapellen im Stil des Eklektizismus, bei dem ältere Stilformen zusammengefasst werden und der daher auch Historismus genannt wird. Im historistischen Stil entstanden um die Jahrhundertwende auch zahlreiche öffentliche Bauten wie der Bahnhof Rossio, der Aufzug Santa Justa oder das Parlament São Bento. Dabei machten sich vor allem die Architekten Miguel Ventura Terra und Manuel Joaquim Norte Júnior einen Namen.

Pracht des Eklektizismus: Hauptsitz der Lissabonner Metro an der Avenida Fontes Pereira do Melo

Der Jugendstil, in Portugal *Arte Nova* genannt, wurde in Lissabon dagegen nur sehr zögerlich aufgenommen. In erster Linie ließen Geschäftsleute ihre Modegeschäfte, Cafés oder Werkstätten mit den auf Pflanzenformen basierenden Motiven des Jugendstils verzieren, z. B. die Auto-Industrial in der Rua Alexandre Herculano am Largo do Rato.

Als die Republik 1910 die Monarchie ablöste, waren die Hoffnungen groß, sie könnte endlich das drängende Wohnungsproblem angehen. Doch die neuen Politiker enttäuschten: Der Bau neuer Sozialwohnungsviertel wie das Bairro do Arco do Cego in den Avenidas Novas verzögerte sich, schließlich zogen Wohlhabende und nicht Arbeiter in die Häuser ein.

Dennoch, zumindest architektonisch wehte ein neuer, liberaler Wind, der in den 20er Jahren in Portugal einige beeindruckende Werke des international aufkeimenden Modernismus entstehen ließ. Dabei kombinierte die von Funktionalität geprägte Architekturbewegung neue Baumaterialien wie Stahlbeton mit den geometrischen, klaren Formen des so genannten Art Déco. Den bisher vorherrschenden Eklektizismus lehnten die Modernisten als „unschöpferisch" ab. Anschauliche Beispiele für den frühen Modernismus finden sich vor allem entlang der Avenida da Liberdade.

Den Gegenpol der Modernisten bildete der in Hannover ausgebildete portugiesische Architekt Raul Lino mit seiner *Casa Portuguesa*. Diese wörtlich „Portugiesisches Haus" genannte Bewegung lehnte den Beton ab und setzte stattdessen auf traditionelle Werkstoffe wie Holz, Terrakotta und Fliesen. Die modernistischen Häuser seien mit ihren Flachdächern und ausladenden Fensterfronten nicht für das portugiesische Klima mit viel Regen im Winter und viel Sonne im Sommer geeignet, kritisierte Lino.

Unter der Diktatur des Estado Novo

Die Salazar-Diktatur des Neuen Staates *Estado Novo* sorgte in den 30er Jahren für einen Bau- und Investitionsboom in Lissabon. Sie ließ zahlreiche öffentliche Gebäuden im modernistischen Stil errichten. Vor allem Duarte Pacheco, Lissabonner Bürgermeister und später in Personalunion auch portugiesischer Bauminister, trieb die Urbanisierung bisher unerschlossener Flächen voran. Mit dem Viertel Alvalade erweiterte er die Avenidas Novas nach Nordosten, nördlich von Belém errichtete Duarte Pacheco das vornehme Wohnviertel Restelo, im Westen der Stadt legte er den Monsanto-Park an, heute die grüne Lunge Lissabons.

Sein bevorzugter Architekt war Porfírio Pardal Monteiro (1897–1957): Von ihm stammen in Lissabon beispielsweise die beiden Hafengebäude in Alcântara, der Bahnhof Cais do Sodré sowie die Technische Hochschule *Instituto Superior Técnico*. Die gute Zusammenarbeit der beiden ging auf ihre Zeit an der Technischen Hochschule zurück, an der Pardal Monteiro wissenschaftlicher Mitarbeiter von Duarte Pacheco war.

Hatte sich die Salazar-Regierung anfangs noch offen für den internationalen Leitlinien folgenden Modernismus gezeigt, so förderte sie parallel zu ihrem mit dem Spanischen Bürgerkrieg stärker werdenden Nationalismus eine nationale Form des Modernismus. Bewusst setzte man auf die Rückkehr von für typisch portugiesisch gehaltenen Ornamenten, betonte die Fenster und Ecken mit breiten Steinrahmen und ersetzte Flach- durch Ziegeldächer. Im Volksmund heißt der Stil *Português Suave* („Sanftes Portugiesisch"). Gut zu sehen z. B. an den Gebäuden östlich des Parque Eduardo VII. von Cristino da Silva.

Fluchtweg Lissabon

Nach der Machtübernahme durch die Nationalsozialisten in Deutschland und verstärkt mit dem Ausbruch des Zweiten Weltkrieges wurde Lissabon zur Hauptdrehscheibe der jüdischen Emigration nach Amerika. Hilfsorganisationen versorgten hier Zehntausende Flüchtlinge, bis diese ein Visum bekamen und die rettende Schiffspassage nach New York, Rio de Janeiro oder Buenos Aires organisieren konnten. Über Lissabon flüchteten auch zahlreiche Intellektuelle vor der Nazidiktatur, unter ihnen die Schriftsteller Alfred Döblin, Heinrich Mann und Franz Werfel.

Mancher, der nicht nach Amerika weiterreisen konnte, blieb bis Kriegsende im sicheren Portugal. Einige der Flüchtenden machten ihre unfreiwillige Zwischenstation gar zur neuen Heimat, darunter der armenische Ölmagnat Calouste Gulbenkian und die deutsch-jüdische Schriftstellerin Ilse Losa. Sie verarbeitete ihre Erfahrungen in den Büchern *Die Welt, in der ich lebte* und *Unter fremden Himmeln*.

Mit dem Ende des Zweiten Weltkriegs und der Zunahme der politischen Freiheiten, bekam auch die Architektur wieder einen größeren Spielraum. Leider nutzten viele Architekten ihre neu gewonnenen Freiheiten zum Bau hässlicher Betonkästen, die sie ohne Rücksicht auf gewachsene Strukturen in die Stadt setzten. Die in den 50er Jahren nach den Prinzipien der modernen Architektur Le Corbusiers auf Stelzen errichteten Appartementgebäude an der Avenida dos Estados Unidos da América oder Avenida Infante Santo wirken noch heute wie Fremdkörper in der Stadt.

Kaum schöner sind die beiden großen Sozialsiedlungen Olivais Norte und Olivais Sul, welche die Regierung in den 50er Jahren errichtete, um das Problem der rapide wachsenden Stadtbevölkerung in den Griff zu bekommen – vom Anfang des Jahrhunderts bis 1930 hatte sich die Einwohnerzahl auf etwa 600.000 verdoppelt.

Die moderne Stadt nach der Nelkenrevolution

Die Nelkenrevolution am 25. April 1974 riss das bis dahin verschlafene Lissabon der Salazar-Zeit jäh aus seiner Ruhe. Jahre der politischen Agitation, von Streiks und Bombenattentaten folgten. Mit der Welle von Rückkehrern, den so genannten *Retornados*, und Einwanderern aus den ehemaligen afrikanischen Kolonien nach deren Unabhängigkeit in den Jahren 1974/75 wuchsen an den Stadträndern große Slums und illegale Viertel. 20.000 Baracken zählte die Stadtverwaltung Mitte der 80er Jahre, als sie begann die Elendshütten abzureißen und ihre Bewohner umzusiedeln. Erst 2002 hatte man das Ziel, die Slums aufzulösen, weitgehend erreicht. Dabei entstanden allerdings mit großen Sozialwohnungsvierteln neue Ghettos.

Vor allem im Sozialviertel Chelas sind die Exzesse der postmodernen Architektur gut zu sehen – hier hatten sich die Architekten nach Lust und Laune austoben dürfen. Das Ergebnis des von Tomás Taveira geplanten Gebiets *Zona J* spricht mit an Hässlichkeit kaum zu überbietenden Betonburgen Bände. Weniger

Die katastrophalen Folgen einer mieterfreundlichen Politik

Um die Lebenshaltungskosten der Portugiesen zu begrenzen, verfügte der Diktator Salazar 1947 einen Mietpreis-Stopp für die Großstädte Lissabon und Porto, der über 40 Jahre lang in Kraft blieb. Während dieser Zeit sanken die realen Mieten aufgrund der hohen Inflation enorm. Seit den 90er Jahren ist es zwar erlaubt, die Miete entsprechend der Inflationsrate zu erhöhen. Dennoch gibt es noch langjährige Mieter, die für ihre Wohnungen gerade einmal drei oder vier Euro im Monat bezahlen. Da wundert es kaum, dass viele Hauseigentümer ihre Altstadtwohnungen verfallen lassen, zumal der Mieter-Schutz in Portugal generell sehr ausgeprägt ist – es ist kaum möglich, jemandem zu kündigen. Daher warten die Vermieter bis die letzten Mieter sterben, um das Haus abreißen zu lassen bzw. in Bürogebäude umzuwandeln. Und wenn doch einmal neuer Wohnraum geschaffen wird, bleibt bestenfalls die Fassade des alten Hauses erhalten, während innen alles eingerissen und saniert wird. Dies ist tatsächlich auch oft notwendig, da zahlreiche Altbauten wegen undichter Dächer und nie vorgenommener Renovierungsarbeiten in einem katastrophalen Zustand sind. Zusätzlich fehlt oft sogar eine sanitäre Grundausstattung mit Dusche und WC.

Allein im Stadtzentrum Lissabons sollen Schätzungen zufolge 30.000 Wohnungen leer stehen. Jährlich stürzten Ende der 90er Jahre davon etwa 20 Häuser ein, so schlecht war ihr Zustand. Andererseits sind die Mieten für Neubauwohnungen in Lissabon so hoch wie in Berlin. Vergleicht man das Einkommen in Deutschland mit dem in Portugal, so wird klar, warum sich viele gezwungen sehen, in Vorstädte wie Odivelas, Loures oder Barreiro zu ziehen.

hässlich, aber noch umstrittener ist auch Taveiras Hauptwerk, das Einkaufszentrum *Centro Comercial das Amoreiras*, aus den 80er Jahren.

Am 25. August 1988 erschütterte erneut eine Katastrophe die portugiesische Hauptstadt. Die Bilder des verheerenden Großbrands gingen um die ganze Welt. Er zerstörte im Stadtteil Chiado über 20 Gebäude, darunter die beiden berühmtesten Kaufhäuser Lissabons. Ursprünglich sollte die Restauration bis Mitte der 90er Jahre beendet sein, aber aufgrund eines langwierigen Gerichtsverfahrens hat sie schließlich über elf Jahre bis Dezember 1999 gedauert. Währenddessen dienten die ausgebrannten Häuser als Touristenattraktion – bei Nacht angestrahlt, wirkten sie fast malerisch.

Die Leitung des Wiederaufbaus hatte der international anerkannteste portugiesische Architekt Álvaro Siza Vieira aus Porto inne. Er steht für eine moderne Architektur-Richtung, deren Bauten sich harmonisch in das gewachsene Stadtbild einfügen und die kein Problem damit hat, vorhandene Bausubstanz zu erhalten oder zu restaurieren.

In den 80er und 90er Jahren wurde den Lokalpolitikern die Bedeutung des kulturellen Erbes der Stadt zunehmend bewusst, sodass 1992 endlich ein Plan zum Erhalt der historischen Bausubstanz verabschiedet wurde. Dies war bitter nötig, da der vorherige, christdemokratische Bürgermeister Lissabons Krus Abecasis (CDS) im großen Stil Abrissgenehmigungen ausgegeben hatte. Sein

Nachfolger, der Sozialist Jorge Sampaio (PS), versuchte dagegen dem kontinuierlichen Verfall der alten Stadtviertel entgegenzuwirken. Einen weiteren Aufschwung erlebte die Stadterneuerung unter dem konservativen Pedro Santana Lopes (PSD), der 2001 als Bürgermeister den glücklosen João Soares (PS) ablöste. Santana Lopes dehnte die Sanierungsprogramme auf die Baixa und den Chiado sowie auf São Bento aus. Vor allem in der Alfama brachte er neuen Schwung in die Bauarbeiten. Trotz aller Mühen stehen heute aber noch immer viele Altstadtgebäude in Ruinen, sind zugemauert oder nur notdürftig vor dem Einsturz gesichert.

Unter Santana Lopes sperrte die Stadt außerdem zahlreiche Altstadtviertel für den Autoverkehr: Seitdem öffnen sich die Schranken nur noch für registrierte Fahrzeuge der Anwohner, fremden Fahrzeugen bleibt die Einfahrt in weite Teile der Alfama und des Bairro Alto verwehrt – ein Gewinn für die betroffenen Zonen, da sich nun keine Autoschlangen mehr durch enge Gassen quälen.

*Parque das Nações –
der modernste Stadtteil Lissabons*

Gleichzeitig machte Santana Lopes aber auch durch abstruse Ideen von sich reden, z. B. Hochhäuser in Alcântara bauen oder die Eisenbahnlinie nach Cascais verkürzen zu wollen. Eher für mehr als weniger Autoverkehr sorgte zudem der Bau eines umstrittenen Tunnels unter der Praça Marquês de Pombal. Mitte der 90er Jahre rückte Lissabon mit mehreren Großereignissen in das Weltinteresse: 1994 war Lissabon Kulturhauptstadt Europas, und 1998 richtete die Stadt die EXPO 98 aus, die dem Thema Ozeane gewidmet war. Aus diesem Anlass wurden große Teile des bis dahin eher vernachlässigten Lissabonner Ostens rundum erneuert. Neben dem Weltausstellungsgelände am Tejo baute man mit der *Gare do Oriente* Lissabons modernen Hauptbahnhof, durch eine neue Metrolinie an das Zentrum angebunden. Wo vorher die Tristesse von Mülldeponien, Schlachthöfen und Ölraffinerien herrschte, entstand ein neues Wohnviertel mit viel Grün und Tejoblick. Symbol des neuen Lissabon ist die 1998 eingeweihte zweite Tejobrücke Ponte Vasco da Gama. Sie verbindet die Stadt über 18 km mit dem Ostteil der Halbinsel Setúbal und gehört damit zu den längsten Brücken der Welt. Ein weiteres Großereignis war die Fußball-Europameisterschaft 2004. Dafür baute man zwei neue Stadien, jeweils eines für die beiden Lokalrivalen Sporting und Benfica.

Bevölkerungsschwund

Im Jahr 1984 erreichte die Einwohnerzahl Lissabons einen Höchststand von 825.000. Aufgrund der Umwandlung von Wohn- in Büroraum sank sie bis

2001 aber dramatisch auf nur noch 560.000. Andererseits stieg die Bevölkerung der Vorstädte von 1,5 Millionen im Jahr 1960 auf etwa 2,7 Millionen. Da die Stadt mit ihrer Umgebung in den letzten Jahrzehnten eng zusammengewachsen ist, wirkt sie heute eher wie eine 3 Millionen-Metropole als eine 560.000 Einwohner-Großstadt. Sichtbar wird dies auch an der Bevölkerungsdichte Lissabons. Sie liegt bei etwa 6.400 Einwohnern pro Quadratkilometer – deutlich mehr als Berlin mit etwa 3.800 Einwohnern pro Quadratkilometer.

Dabei ist noch heute an der Bevölkerung der Stadt die Vergangenheit Lissabons als Zentrum des portugiesischen Weltreiches zu erkennen. In und bei Lissabon leben viele Einwanderer aus den ehemaligen afrikanischen Kolonien Kapverden, Guinea-Bissau, São Tomé und Príncipe, Angola sowie Moçambique, aber auch viele Brasilianer, Inder und Chinesen. Letztere vor allem aus dem ehemaligen portugiesischen Territorium Macau.

Die in Lissabon geborenen Einwohner bezeichnen sich übrigens als *Alfacinhas*, was wörtlich „Salatköpfchen" heißt. Als Erklärung erzählen manche Lissabonner aber auch gerne, dass dies von *Alpha*, dem ersten Buchstaben des griechischen Alphabets, stamme. Gemeint ist schlicht, dass die *Alfacinhas* in dem Sinne „die Ersten" sind, da sie seit ihrer Geburt in der Stadt gelebt haben.

Wo morgen auch übermorgen bedeutet

Zeit muss man haben in Portugal. Nicht alles wird schnell und sofort erledigt. *Amanhã*, übersetzt eigentlich „morgen", bedeutet in der Realität genauso übermorgen oder in drei Tagen. *Paciência* – Geduld, Gelassenheit, warten können – das gehört zu Portugal dazu. Diese Geduld sollte man als Tourist mitbringen; sie erleichtert das Leben in Portugal ganz erheblich. Vieles geht nicht so einfach und schnell wie im „durchorganisierten" Deutschland, besonders Behördengänge sind Kennern ein Gräuel.

Ein Zauberspruch in Portugal ist *com licença*, das dem deutschen „Entschuldigung" entspricht: So bittet man um Erlaubnis, sich zu jemandem im Bus oder an einen Tisch zu setzen, sich irgendwo durchzudrängeln etc. Das Geheimnis liegt darin, dass man *com licença* sagt und seine Absicht ausführt, ohne eine Antwort abzuwarten, „Mit Ihrer Erlaubnis" eben ... Wenn man etwas falsch gemacht hat (z. B. jemandem auf den Fuß getreten ist), sagt man zur Entschuldigung übrigens *desculpe* oder *desculpa*.

Das kaum zu übersetzende Wort *Saudade* bezeichnet dagegen die wehmütige Grundstimmung der Portugiesen, die man hin und wieder wahrnimmt. Vieles, was darüber geschrieben wird, ist übertrieben und klischeehaft, und manches wird unerträglich weit ausgebreitet. Dennoch: Dass die nicht eindeutig zu definierende Mischung aus Einsamkeit, Wehmut und Sehnsucht nach vergangenen Zeiten zumindest latent vorhanden ist, kann nicht völlig wegdiskutiert werden. Ein Grund dafür mag in der Vergangenheit Portugals liegen. Gerne weisen die Portugiesen traurig auf die einstmalige Größe und Bedeutung ihres Landes hin, auf die Zeit, als die überseeischen Entdeckungen der Europäer in Portugal ihren Anfang nahmen.

Stadtgeschichte im Überblick

8. Jh. v. Chr.	Die Phönizier lassen sich in der Gegend von Lissabon nieder.
218 v. Chr.	Beginn der römischen Herrschaft. Die Römer machen Lissabon zum westlichsten Stützpunkt ihres Reiches.
411 n. Chr.	Ende der Römerzeit während der Völkerwanderung durch Invasionen der Alanen und Westgoten.
714	Die Mauren erobern die Stadt. Während ihrer Herrschaft erlebt Lissabon eine Blütezeit.
1147	Eroberung Lissabons durch die Christen um König Dom Afonso Henriques.
13. Jh.	Beginn der Besiedelung der Lissabonner Unterstadt *Baixa*.
ca. 1256	Lissabon wird offiziell Sitz des Königshauses und damit portugiesische Hauptstadt.
1290	Die erste Universität Portugals entsteht in Lissabon.
1375	Bau der Fernandinischen Stadtmauer (*Cerca Fernandina*). Sie umschließt auch die Unterstadt.
15./16. Jh.	Lissabon ist Ausgangspunkt der portugiesischen Entdeckungsfahrten nach Afrika, Asien und Amerika. Die Stadt kommt zu großem Reichtum.
1500	König Dom Manuel I. lässt einen neuen Königspalast am Tejo (Terreiro do Paço, heute Praça do Comércio) errichten.
1531	Ein heftiges Erdbeben erschüttert Lissabon.
1580	Nach dem Tod des kinderlosen König Henrique stirbt die Dynastie Aviz aus. König Felipe II. von Spanien beansprucht die Herrschaft für sich und erobert Lissabon und Portugal.
1640	Die Portugiesen erheben sich erfolgreich gegen die spanische Herrschaft. Die Dynastie Bragança kommt auf den Thron.
1.11.1755	An Allerheiligen zerstört ein starkes Erdbeben weite Teile Lissabons und tötet ca. 30.000 Menschen.
1775	Ende der Wiederaufbauphase unter Leitung des Premierministers Marquês de Pombal.
1807–1809	Napoleonische Invasionen verwüsten das Land. Der portugiesische Hof flieht von Lissabon nach Rio de Janeiro.
1834	Säkularisierung: Der Staat löst viele Klöster auf.
1873	Die ersten Pferdebahnen (*americanos*) fahren.
1879	Die neue Prachtmeile der Stadt, die Avenida da Liberdade, wird eröffnet. Die Stadt wird Richtung Norden in das Gebiet der Avenidas Novas erweitert.
31.8.1901	Die Straßenbahn wechselt vom Pferde- auf elektrischen Antrieb. Die Ära der *eléctricos* hat begonnen.

Stadtgeschichte im Überblick

1.2.1908	Republikanische Attentäter töten König Dom Carlos und den Thronfolger auf der Praça do Comércio.
5.10.1910	Die Republik wird auf dem Balkon des Rathauses ausgerufen. König Manuel II. flieht nach England ins Exil.
1933	Beginn des faschistischen Ständestaates *Estado Novo* unter dem Diktator Salazar. Bau vieler monumentaler Gebäude in Lissabon. Es entstehen neue Sozialsiedlungen.
1933–45	Während des Hitlerregimes in Deutschland wird Lissabon zur rettenden Zwischenstation für viele Juden und von den Nazis politisch Verfolgte. Portugal bleibt trotz gewisser Sympathien für Deutschland im Zweiten Weltkrieg neutral.
1959	Einweihung der ersten Metrolinie.
1966	Die Tejobrücke nach Almada wird als *Ponte Salazar* eröffnet. Heute heißt sie im Gedenken an den Tag der Nelkenrevolution *Ponte 25 de Abril*.
25.4.1974	Nelkenrevolution: Die Militärs putschen in Lissabon gegen die Caetano-Diktatur. Nach einigen revolutionären Wirren herrscht spätestens ab April 1976 eine stabile Demokratie.
1974–1975	Die afrikanischen Kolonien erlangen die Unabhängigkeit. Durch die Rückkehrer (*Retornados*) aus den Kolonien entstehen neue Slums am Stadtrand.
25.8.1988	Im Stadtviertel Chiado brennen mehrere Häuserblocks komplett ab, darunter die beiden schönsten Kaufhäuser der Stadt (*Grandella* und *Grandes Armazéns do Chiado*).
1992	Renovierungsprojekte werden begonnen, um den zunehmenden Verfall der Altstadtviertel zu stoppen.
1994	Lissabon ist Kulturhauptstadt Europas.
1998	Weltausstellung EXPO 98 im Osten Lissabons. Ein neuer Stadtteil, ein moderner Hauptbahnhof (*Gare do Oriente*) und das zweitgrößte Ozeanarium der Welt entstehen. Als zweite Tejobrücke wird die *Ponte Vasco da Gama* eröffnet.
1999	Der Wiederaufbau des Chiados ist nach 11 Jahren beendet.
2001	Laut Volkszählung hat Lissabon 556.797 Einwohner, der Großraum zählt 2.662.949 Bewohner. Pedro Santana Lopes (PSD) gewinnt die Bürgermeister-Wahlen gegen den sozialistischen Amtsinhaber João Soares.
2004	Fußballeuropameisterschaft: Im Estádio da Luz in Lissabon verliert Portugal das Finale gegen Griechenland mit 0:1.
2005	Der parteilose Carmona Rodrigues gewinnt für die PSD die Kommunalwahlen in Lissabon und wird Bürgermeister.

Unterwegs im Großraum Lissabon

Das Netz öffentlicher Verkehrsmittel in und um Lissabon ist sehr dicht; dennoch dauert es teilweise recht lange, bis man das gewünschte Ziel erreicht, da Busse und Straßenbahnen leider oft im Autostau stecken. Mit dem Auto ist man meist auch nicht schneller, wenn die Zeit für die Parkplatzsuche dazugerechnet wird. Am schnellsten kommt man mit den Vorortzügen und der Metro voran.

Die Preise der öffentlichen Verkehrsmittel sind niedrig, aber leider ist das Tarifsystem für Nicht-Eingeweihte schwer zu durchschauen. Am einfachsten macht man es sich mit der **7 Colinas-Chipkarte**, die *Sete Colinasch* ausgesprochen wird. Auf sie kann man verschiedene Tickets laden, die in Metro, Bussen, Straßenbahnen und Aufzügen im Stadtgebiet Lissabon gelten (nicht aber in den Zügen, den Fähren oder im Aero-Bus Nr. 91, der zwischen dem Cais do Sodré und dem Flughafen pendelt). Die Tarife der öffentlichen Verkehrsmittel werden in Portugal mehrmals pro Jahr leicht angehoben, daher können die Preise von den Angaben im Text etwas abweichen.

Die 7-Colinas-Grundkarte gibt es an den diversen Vorverkaufsstellen für 0,50 €. Auf den Chip laden kann man **Tagestickets** *(bilhete de um dia)* für 3,20 € und **5-Tagestickets** *(bilhete de cinco dias)* für 12,90 €. Für diejenigen, die weniger oft fahren, gibt es auch **Einzelfahrscheine** *(bilhete simples urbano)* zu je 1,10 €, mit denen man innerhalb einer Stunde nach dem ersten Entwerten zwischen Bus, Tram und Metro umsteigen darf. Diese Einzelfahrscheine kann man im 5er-Block oder im 10er-Block auf die 7-Colinas-Karte laden. Beim Betreten von Bus, Tram oder Aufzug hält man die Chipkarte an das gelbe Lesegerät, bis sie erkannt wird und eine grüne Lampe aufleuchtet. In der Metro hält man die Karte an das Lesegerät im oberen Teil der Eingangsschranken. Man sollte sie dort nicht in den Schlitz für die Magnetkarten stecken! Ein Hinweis noch: Tages-, 5-Tages- und Einzeltickets lassen sich auf einer einzigen 7-Colinas-Karte nicht mischen; man muss die Karte erst leer machen, bis man eine neue Kategorie laden kann. Außerdem sollte man für den Fall einer Panne die Auflade-Quittung mitführen.

Einen etwas anderen Zuschnitt hat die **Lisboa Card,** die man in allen Touristenbüros der Stadt erwerben kann (für 24 Std. 13,50 €, 48 Std. 23 € und 72 Std. 28 €; Kinder von 5 bis 11 Jahren zahlen etwa 40 Prozent des jeweiligen Preises). Mit ihr kann man die Metro und alle Carris-Verkehrsmittel benutzen, kostenlos mit dem Zug von Lissabon nach Sintra oder Cascais fahren und hat obendrein noch freien Eintritt in etwa 25 Museen, Klöster und in die Königsschlösser in Ajuda, Queluz und Sintra. Darüber hinaus gewähren viele andere Museen Ermäßigungen. Zur Karte gibt es noch einen kleinen Führer, in dem alle Vergünstigungen dokumentiert sind. Die Lisboa Card lohnt sich aber nur dann, wenn man

Ein Transportmittel der besonderen Art – der Aufzug Elevador da Bica

täglich mehrere Museen besichtigen will und weder Studentenausweis noch die Jugendkarte Cartão Jovem besitzt. Sonst fährt man mit den 7-Colinas-Karten billiger.

Monatspässe

Für Langzeiturlauber und Bewohner der Stadt ist die Chipkarte **Lisboa Viva** interessant. Auf sie kann man verschiedene Monatskarten aufladen: Die beliebteste nennt sich *Carris/Metro Urbano 30 dias* und gilt während 30 Tagen in der Carris und der U-Bahn im Stadtgebiet Lissabon. Sie kostet 25,85 €. Außerdem kann man auch andere Monatskarten aufladen, die auch in den Vororten (*Rede*) oder nur in der Carris gültig sind. Wer auch mit der Bahn oder anderen Busgesellschaften fahren will, muss sich die Monatskarten L1, L12 oder L123 kaufen, die nicht 30 Tage, sondern einen Kalendermonat gültig sind. Hierfür wurde das Umland Lissabon in konzentrische Kreise aufgeteilt.

Gegen 5 € und Vorlage eines Passbildes kann die Lisboa Viva-Chipkarte bei den diversen Carris-Vorverkaufsstellen bestellt werden (Personalausweis oder Pass mitnehmen); nach acht Werktagen ist sie abholbereit. Innerhalb eines Tages bekommt man sie für 10 € am Straßenbahndepot Santo Amaro in der Rua Primeiro de Maio Nr. 93 in Alcântara.

Zusätzlich stellen viele Verkehrsunternehmen in der Umgebung auch noch zahlreiche spezielle Monatskarten aus (Informationen bei den Unternehmen).

Metro

Die Metro bildet das Rückgrat des öffentlichen Verkehrs in Lissabon. Wenn sie streikt, geht in der Stadt gar nichts mehr. Die U-Bahn verkehrt vor allem im modernen Lissabon; Lissabons Altstadtviertel auf den Hügeln werden dagegen nicht bedient. Von den Metrostationen aus starten die meisten Buslinien in die nördlichen Vorstädte Lissabons.

Die Lissabonner Wendung „*Como no Metro na hora de ponta*" (Wie in der Metro zur Rushhour) kommt nicht von ungefähr: Zu Arbeitsbeginn morgens und -ende abends ist es tatsächlich brechend voll, doch die Busse sind meist auch nicht leerer und schon gar nicht schneller, sodass den meisten die Fahrt mit der Metro nicht erspart bleibt. Doch die *Metropolitano de Lisboa* hat auch ihre schönen Seiten. Viele der Metrostationen Lissabons sind wahre Kunstwerke und gehören zu den schönsten der Welt (s. „Sehenswürdigkeiten/Avenidas Novas" S. 275).

In den letzten Jahren ist das Metronetz deutlich erweitert worden. Nachdem Anfang der 90er nur eine einzige Y-förmige Linie existierte, findet man heute vier Linien, denen verschiedene Farben und Symbole zugeordnet sind. Betrieben wird die Metro täglich von 6.30 bis 1 Uhr nachts.

• *Preise* Eine Einzelkarte für eine Zone kostet 0,70 €, der Zehnerpack 6,50 €. Nur wer zu den Stationen Alfornelos, Amadora Este oder Odivelas will, benötigt eine Karte für zwei Zonen.
• *Information* ✆ 213500100, www.metrolisboa.pt.

Achtung: In Portugal fährt die Metro links!

Carris (Stadtbusse, Straßenbahnen, Aufzüge)

Die *Companhia dos Carris de Ferro de Lisboa*, wie sie mit vollem Namen heißt, betreibt die Stadtbusse, Straßenbahnlinien und Aufzüge in Lissabon. Die Fahrkarten sind für alle Busse, Straßenbahnen und Aufzüge gleich. Tickets im Vorverkauf sind an den gelb-blauen Kiosken der Carris erhältlich. Diese so genannten *BUC x 2* berechtigen jeweils zu zwei Fahrten und können in beliebiger Anzahl gekauft werden. Bestellt werden sie am Kiosk unter dem Namen *módulos*. Das Umsteigen ist mit diesen Tickets im Gegensatz zu den *7-Colinas-Karten* aber nicht möglich.

- *Preise* „An Bord" gelöst *(tarifa de bordo)* kostet eine Fahrt 1,20 €. Die BUC x 2 kosten für zwei Fahrten 1,50 €. Auf die Chipkarte 7 Colinas lassen sich auch Einzelfahrkarten namens *bilhete de uma zona* laden, die während einer Stunde gültig sind und zum Umsteigen innerhalb der Carris (nicht Metro) berechtigen: 5er-Block 3,50 €, 10er-Block 6,50 €. Die 30-Tagekarte *Carris Urbano 30 dias*, die nur für die Carris im Stadtgebiet Lissabon gültig ist, kostet 20,80 €. Wer das ganze Carris-Netz nutzen will, zahlt für die Karte *Carris Rede 30 dias* etwas mehr.
- *Informationen* In der Hauptstelle Santo Amaro in der Rua Primeiro de Maio, 93, in Alcântara (täglich 8–20 Uhr). Informationen zum Carris-Angebot auch unter ✆ 213613054 sowie unter www.carris.pt.
- *Verkaufskioske der Carris* Unter anderem am Bahnhof Cais do Sodré, am Elevador de Santa Justa, an der Praça da Figueira, am Carris-Hauptsitz Santo Amaro (Rua Primeiro de Maio, 93, Alcântara) und am Largo dos Jerónimos in Belém. Die gelb-blauen Kioske sind täglich von 8 bis 20 Uhr geöffnet.
- *Informationen per Mobiltelefon* Man kann sich per SMS über die voraussichtliche Ankunftszeit von Bussen und Trams informieren. Dazu muss man die Nummer, die auf dem gelben Schild über der jeweiligen Haltestelle angegeben ist (z. B. C 9907), als Nachricht an ✆ 3599 schicken. Nach ca. einer Minute erhält man als Antwort die voraussichtliche Wartezeit der einzelnen Linien.

In Portugal steht man in der Schlange an

Da die Position und Geschwindigkeit der Busse und Trams per GPS-Satellitenortung erfasst wird, ist das meist recht zuverlässig. Preis: 30 Cent pro SMS.

Stadtbusse

Das Busnetz ist mit seinen etwa 100 Linien, die kreuz und quer durch die ganze Stadt führen, schwer zu überblicken. Die ersten Busse fahren gegen 5 Uhr morgens; gegen 1 Uhr nachts wird der Service eingestellt. Dann fahren die Nachtbusse der *Rede da Madrugada*.

Die Busflotte wurde in den letzten Jahren durch den Kauf von neuen klimatisierten Gelenkbussen aufgerüstet, sodass man nur noch selten mit alten, unkomfortablen Gefährten Vorlieb nehmen muss. In den Sommermonaten Juli und August gilt der leicht abweichende Fahrplan des *Horario de Verão*. Im Gegensatz zum „Winterfahrplan", dem *Horário de Inverno*, fahren dann vor allem im Berufsverkehr weniger Busse.

Vorsicht bei den Linien 81, 82, 83 und 101: Diese Express-Busse halten nicht an allen Stationen! Aufgepasst auch beim Flughafenzubringer Aero-Bus Nr. 91, der zwischen dem Cais do Sodré und dem Flughafen verkehrt. Er darf nur gegen den Kauf einer speziellen Tages-Karte im Bus benützt werden. Vorverkaufskarten, Pässe etc. gelten hier nicht.

Tipps zum Bus- und Straßenbahnfahren

In Lissabon gibt es einige Regeln, die man beim Bus- und Straßenbahnfahren unbedingt beachten sollte, weil man sonst unangenehm auffällt. Man stellt sich *immer* (auch bei den Straßenbahnen und Aufzügen) in der Schlange an! Bus und Straßenbahn bringt man zum Halten, indem man mit dem Arm winkt. Vergisst man dies, fahren auch die Busse einfach vorbei. Eingestiegen wird prinzipiell immer vorne; eine Ausnahme sind nur die neuen Straßenbahnen, die man durch alle Türen betreten und verlassen darf. Beim Einsteigen zeigt man dem Fahrer unaufgefordert die Karte vor bzw. kauft einen Fahrschein (außer in den neuen Straßenbahnen, dort gibt es Fahrscheinautomaten). Gehalten wird nur, wenn man vorher auf den Knopf *Parar* gedrückt hat. Aussteigen muss man prinzipiell hinten.

Die ganze Nacht über verkehren in Lissabon die **Nachtbusse** der so genannten *Rede da Madrugada*. Sie bedienen von 00.30 bis 5.30 Uhr im 30-Minuten-Takt praktisch alle Stadtteile. Fast alle Nachtbuslinien fahren jeweils zur vollen und zur halben Stunde ab dem Cais do Sodré ab (um 3 und 4 Uhr Abfahrt nur zur halben Stunde). Es gelten alle normalen Carris-Fahrkarten und die diversen Pässe, spezielle Aufschläge müssen nicht gezahlt werden.

Straßenbahnen

Die Straßenbahn ist das beste Transportmittel, um die Stadt zu erkunden. Wer nur wenige Stunden Zeit hat, Lissabon zu sehen, sollte eine Fahrt mit der faszinierenden Linie 28 unternehmen. Es gibt wohl kaum eine andere Großstadt in Europa, in der so betagte Straßenbahnen verkehren wie in Lissabon. Die älteste Straßenbahn, die noch in Betrieb ist – wenn auch nur zu besonderen Anlässen – ist die Tram Nr. 283 aus dem Jahr 1902.

1873 begann die Geschichte der Lissabonner Trams mit den *americanos*, von Pferden gezogenen Straßenbahnen. Unklar ist, warum sie „Amerikaner" genannt wurden: Entweder weil einige der Wagen aus Amerika stammten oder weil das Transportsystem ursprünglich in den USA erfunden wurde. Am 31. August 1901 um 4.40 Uhr morgens wurde dann von Pferdeantrieb auf elektrische Traktion umgestellt, die Ära der *eléctricos* hatte begonnen. Die „Elektrischen" hatten einen enormen Erfolg. Gleise wurden durch die ganze Stadt verlegt: bis zur Kirche von Benfica, über die Avenida da Liberdade, die Avenida da República und den Campo Grande bis nach Lumiar, nach Carnide, in den Osten der Stadt bis zum Poço do Bispo ... Den Rossio konnte man sich gar nicht mehr ohne die Straßenbahnen vorstellen. Insgesamt wurden über 80 km Linienlänge befahren.

Mit der Aufnahme der ersten Buslinie im Jahre 1944 begann jedoch der allmähliche Abstieg der Trams. Mit dem Start der Metro 1959 wurde der Betrieb der Linien Richtung Norden eingestellt, und alsbald waren nur noch die Strecken in den Westen übrig. Den Straßenbahnen Lissabons schien das gleiche traurige Schicksal beschieden zu sein wie so vielen Trams in anderen Städten Europas. Anfang der 70er Jahre war die komplette Einstellung schon beschlossene Sache, doch die Revolution von 1974 und die Ölkrise ließen diese Pläne wieder in der Schublade verschwinden. Die Gleise und die Oberleitung des nur noch etwa 50 km langen Netzes waren allerdings weiterhin in katastrophalem Zustand. Die Carris beschloss, einige Linien durch Busse zu ersetzen und die Straßenbahn in den Vierteln zu erhalten, in denen die Straßen für Busse zu eng und zu steil waren.

Von etwa 16 Linien hatten 1994 nur noch 7 überlebt. Die verbliebenen Gleisanlagen und Oberleitungen wurden renoviert und 45 der alten, wunderschönen Straßenbahnen aus den 40er Jahren komplett überholt. Neue Motoren verdreifachten die Leistung auf 50 kW und erhöhten die Höchstgeschwindigkeit auf 50 km/h. So blieb der Stadt eines ihrer Wahrzeichen erhalten. Für die Linie 15 in den Vorort Algés (über Belém) überlegte sich die Carris etwas anderes: Sie setzt hier seit 1995 vor allem moderne, gelbe Gelenkstraßenbahnwagen ein.

Aufzüge

Die vier Aufzüge gehören zu den Hauptsehenswürdigkeiten Lissabons. Sie helfen einem nicht nur bequem die Hügel hinauf – die Fahrt an sich ist schon ein Erlebnis. Genau genommen handelt es sich eigentlich um einen Aufzug, den Elevador Santa Justa, und drei Standseilbahnen.

Früher gab es übrigens einmal etwa zehn dieser Aufzüge, doch mit der Konkurrenz der Straßenbahnen und Busse verschwanden einige mit der Zeit wieder aus dem Stadtbild.

Elevador Santa Justa: Der Aufzug gilt als Markenzeichen Lissabons. Seine beiden Kabinen verkehren 32 m senkrecht nach oben und verbinden die Baixa

(Rua de Ouro) mit dem Chiado und dem Bairro Alto (Largo do Carmo). Von der oberen Plattform aus breitet sich eine faszinierend schöne Sicht auf die Burg und die Unterstadt aus. Folgt man der Wendeltreppe ganz nach oben, so gelangt man auf eine Terrasse mit überteuertem Cafébetrieb, den man besser meidet und stattdessen nur die Aussicht ohne störendes Gitter genießt. Der Aufzug ist nicht – wie oft behauptet – von Eiffel erbaut worden, sondern von Raul Mesnier du Ponsard, einem seiner Schüler. Er ließ sich dabei von gotischen und neo-gotischen Stilelementen inspirieren – deutlich sichtbar an den eisernen Spitzbögen. Im Jahr 1902 nahm der Elevador seinen Betrieb mit Dampfkraft auf; bereits 1907 stellte man jedoch auf elektrische Motoren um. Heute wird er täglich von 9 bis 21 Uhr betrieben.

Elevador da Glória: Die 1885 in Betrieb genommene Standseilbahn verbindet die Praça dos Restauradores mit der Rua São Pedro de Alcântara und ist verkehrstechnisch die wichtigste der drei Standseilbahnen. Heute benutzen sie besonders gerne die nächtlichen Ausflügler, um ins Bairro Alto zu kommen. Von der Bergstation, dem Miradouro São Pedro de Alcântara, hat man eine gute Aussicht (Mo–Do 7–24 Uhr, Fr/Sa 7–0.30 Uhr, So 8–24 Uhr).

Elevador do Lavra: Nicht weit von der Praça dos Restauradores entfernt verbindet diese Bahn den Largo da Anunciada mit der Rua da Câmara Pestana auf dem Santana-Hügel. Dieser älteste Aufzug Lissabons wurde am 19. April 1884 eingeweiht; er funktionierte anfangs noch mit Dampfantrieb, seit 1914 ist er ebenfalls elektrifiziert. Auch hier lohnt sich die Fahrt wegen der Aussicht, die im nahe gelegenen Jardim do Torel am besten ist. Der Aufzug fährt Mo–Sa 7–21 Uhr, So 9–21 Uhr.

Elevador da Bica: Die kleinste Standseilbahn mit einer Besonderheit, da sich die Talstation in einem Haus in der Rua de São Paulo befindet. Dort wird auch bezahlt oder abgestempelt. Die Bergstation liegt am Largo do Calhariz im Bairro Alto. Er ist der einzige Aufzug, der seit seiner Eröffnung im Jahr 1892 mehrere schwere Unfälle erlebte. Doch diese Zeiten sind lange vorbei. Das kleine Tal von Bica, in dem der Aufzug den Berg erklimmt, öffnete sich übrigens beim Erdbeben von 1597. Der auch *Ascensor da Bica* genannte Aufzug kann Mo–Sa 7–21 Uhr, So 9–21 Uhr benutzt werden.

Die 28: Martim Moniz – Prazeres

Die Fahrt mit der berühmtesten Straßenbahnlinie Lissabons beginnt am Martim Moniz (Metro Martim Moniz), Treffpunkt zahlreicher Inder und Chinesen und internationalster Platz der Stadt. Zuerst geht es die Rua da Palma und die Avenida Almirante Reis nach oben, dann biegt die Bahn kurz vor der Kirche Igreja dos Anjos scharf nach rechts ab, um emsig den Graça-Hügel zu erklimmen. Oben angekommen, erreicht man bald den Largo da Graça, nicht weit entfernt liegen die Kirche Igreja da Graça und der Aussichtspunkt Nossa Senhora do Monte. Die nächste Haltestelle befindet sich gegenüber der Igreja São Vicente de Fora. Wer zum Flohmarkt *Feira da Ladra* will, steigt hier aus. Ab dann wird es abenteuerlich: Eine eingleisige Strecke (der Verkehr wird durch eine Ampel geregelt) führt durch enge Gassen der Alfama, so eng, dass sich die Passanten in die Haustüren drücken müssen, um von der Tram nicht erfasst zu werden. Ein paar hundert Meter weiter wird die Straße wieder etwas breiter; ihr Name *Rua das Escolas Gerais* erinnert daran, dass hier im Mittelalter die erste Universität Portugals stand, bis sie 1537 nach Coimbra verlegt wurde. Nach einem weiteren eingleisigen Abschnitt in einer ansteigenden Kurve erreicht man São Tomé. Ab hier begleitet die Linie 12 für eine kurze Weile die 28.

Die nächste Station ist der Aussichtspunkt Santa Luzia, von dem die Burg zu Fuß schnell erreicht werden kann. An der Kathedrale

Rasante Fahrt durch die Alfama-Gassen

vorüber donnert die Bahn in die Baixa hinunter. Der Wagenführer kurbelt dabei kräftig an den großen Handbremsenrädern; nicht umsonst wird er auf Portugiesisch *guarda-freios* – Bremsenhüter – genannt. Kurzer Halt in der Rua da Conceição, und schon geht es wieder nach oben in Richtung Chiado. Die folgende Straße erinnert sehr an San Francisco, und siehe da: Sie heißt auch Calçada de São Francisco. Die Steigung ist mit 13,5 Prozent enorm – die steilste Straßenbahnstrecke der Welt!

Am ehemaligen Gebäude des portugiesischen Inland-Geheimdienstes PIDE in der Rua António Maria Cardoso teilen sich die beiden Richtungen der 28. Vorbei an der Oper São Carlos erreichen wir den Largo Luís de Camões im Bairro Alto. Nicht weit davon ist das berühmteste Café Lissabons, das A Brasileira, zu finden.

Lissabon ist die Stadt der Hügel: Die nächste Abfahrt ist nicht weit. Bereits kurz nach der Bergstation des Aufzugs *Elevador da Bica* muss der Fahrer wieder kräftig an der Handbremse kurbeln, damit der Wagen nicht zu schnell den Berg nach unten schießt.

Im Tal von São Bento angekommen trennen sich die Schienen ein weiteres Mal für kurze Zeit, um sich nach der Rua do Poço dos Negros wieder zu vereinigen. Am Parlament São Bento vorbei, geht es die Calçada da Estrela hinauf. Der Anstieg ist so steil, dass der Fahrer bei Regen fleissig Sand streuen muss, um nicht abzurutschen. Oben an der Basílica da Estrela mit ihrem zum Verweilen einladenden Garten Jardim da Estrela enden viele Straßenbahnen, einige fahren aber weiter durch den grünen, rechtwinklig angelegten Arbeiterstadtteil Campo de Ourique zur Endstation Cemitério dos Prazeres. Auf dem „Friedhof der Vergnügungen" kann dann eine kurze Erholungspause eingelegt werden, bevor es wieder zurückgeht – denn auf dieser Fahrt gibt es immer etwas zu entdecken …

Knotenpunkt zahlreicher Vorortlinien: Gare do Oriente

Züge

Interessante Ausflugsmöglichkeiten bieten die diversen Bahnlinien in die Vororte nördlich und südlich des Tejo. Besonders die Orte an der Küste wie Cascais und Estoril sowie Sintra im Nordwesten Lissabons sind mit dem Zug schnell und bequem zu erreichen.

Die Fahrten in den Nahverkehrszügen sind recht günstig, in jedem Fall billiger als vergleichbare Strecken mit Privatbussen. Wer über längere Zeit eine bestimmte Bahnlinie benutzt, fährt mit einem 10-Fahrten-Ticket bzw. einer 5-Tage- oder einer Monatskarte noch günstiger. Kinder bis 11 Jahre zahlen den halben Preis, unter 4 Jahren reisen die Kleinen kostenlos.

Auskünfte Bei der portugiesischen Eisenbahn CP (*Caminhos de Ferro Portugueses*) unter der gebührenfreien Nummer ✆ 808208208. Aus dem Ausland kann ✆ 213215700 gewählt werden. Im Internet unter www.cp.pt.

Achtung: In Portugal fahren die Züge links!

Linha de Cascais: Die schönste Zugstrecke in die Lissabonner Umgebung beginnt am 1925–28 nach Plänen des modernistischen Architekten Porfírio Pardal Monteiro erbauten Kopfbahnhof Cais do Sodré und bedient alle Küstenorte westlich Lissabons. Die Züge fahren fast immer direkt am Tejo bzw. Meer entlang. Aber Vorsicht: Nicht alle Züge halten an allen Stationen. Man sollte auf die Anzeigetafeln auf den Bahnhöfen achten.

Linha de Sintra: Die am stärksten befahrene Vorortlinie Portugals startet im alten Hauptbahnhof Lissabons, dem Kopfbahnhof Estação do Rossio, und führt anschließend durch einen langen Tunnel bis Campolide. Darauf folgt ein Halt im Lissabonner Stadtteil Benfica. Ab Damaia geht es dann durch die öden Schlafstädte der *Linha de Sintra*, Amadora, Queluz und Cacém, bis zum krönenden Endpunkt Sintra. Auch hier sollte man auf die Zuganzeigen achten, da nicht alle Züge bis Sintra durchfahren. Manche halten auch nicht an allen Stationen. Ein Teil der Züge fährt nicht im Rossio, sondern auf der Gürtelbahn an der Gare do Oriente oder in Entrecampos los. Das bietet praktische Umsteigemöglichkeiten auf andere Zuglinien und die Metro.

Aktueller Hinweis Bis voraussichtlich August 2006 bleibt der Bahntunnel zwischen Rossio und Campolide gesperrt. Er muss dringend erneuert werden, da er seit seinem Bau 1890 nicht mehr saniert wurde. In dieser Zeit fahren alle Züge nach Sintra ab den Bahnhöfen Entrecampos und Sete Rios (Metro Jardim Zoológico).

Linha da Azambuja: Die Strecke verbindet Lissabon mit den nördlichen Vororten entlang des Tejo wie Alverca, Vila Franca de Xira und Azambuja. Sie hat zwei Ausgangsbahnhöfe: Zum einen starten Züge im Bahnhof Santa Apolónia und fahren parallel zum Tejoufer, zum anderen beginnen Züge im Bahnhof Alcântara-Terra (mit dem Bahnhof Alcântara-Mar der Linha de Cascais über eine Fußgängerpassage verbunden). Die Züge ab Alcântara-Terra fahren über die Gürtelbahn *Linha de Cintura*, die alle Vorortlinien miteinander verbindet und mehrere Bahnhöfe mit Metroanschluss hat: Sete Rios (Metro Jardim Zoológico), Entrecampos und Roma-Areeiro. Alle Züge halten übrigens am neuen Hauptbahnhof Lissabons, der Gare do Oriente (Metro Oriente). Die Linie nach Azambuja ist die älteste Eisenbahnstrecke Portugals. Sie wurde 1856 auf dem Abschnitt Lissabon–Carregado eingeweiht, später wurde sie bis Porto, der wichtigsten Stadt Nordportugals, verlängert.

Verbindungen Bahnhöfe – Fähranleger – Flughafen

Nach Von	Santa Apolónia	Fähranleger Praça do Comércio	Cais do Sodré	Rossio	Gare do Oriente	Flughafen
Santa Apolónia		Bus 9, 28, 35, 46, 59, 81, 82, 90, 105, 107	Bus 28, 35, 82, 107	Bus 9, 46, 59, 90	Zug, Bus 28	nicht direkt, nur via Rossio
Fähranleger Praça do Comércio	Bus 9, 28, 35, 46, 59, 81, 82, 90, 105, 107		Bus 28, 35, 82, 107	Bus 9, 46, 59, 90	Bus 28	Bus 44, 45, Aero-Bus 91
Cais do Sodré	Bus 28, 35, 82, 107	Bus 28, 35, 82, 107		Metro, Bus 36, 44, 45, Aero-Bus 91	Metro, Bus 28, 44	Bus 44, 45, Aero-Bus 91
Rossio	Bus 9, 46, 59, 90	Bus 9, 46, 59, 90	Metro, Bus 36, 44, 45, Aero-Bus 91		Metro, Bus 44	Bus 44, 45, Aero-Bus 91
Gare do Oriente	Zug, Bus 28	Bus 28	Metro, Bus 28, 44	Metro, Bus 44		Bus 5, 44
Flughafen	nicht direkt, nur via Rossio	Bus 44, 45, Aero-Bus 91	Bus 44, 45, Aero-Bus 91	Bus 44, 45, Aero-Bus 91	Bus 5, 44	

Linha do Sul: Diese Verbindung war die erste in Portugal, die vom Staat an einen privaten Betreiber vergeben wurde. Gewonnen hat die Ausschreibung *Fertagus*, ein Konsortium aus dem portugiesischen Busunternehmen Barraqueiro und dem französischen Verkehrsunternehmen Connex. Die Züge auf die Tejo-südseite starten von der Station Roma-Areeiro und erreichen über Entrecampos und Sete Rios den Bahnhof Campolide mit Umsteigemöglichkeit auf die *Linha de Sintra*. Hier geht es dann auf die Brücke des 25. April mit einer spektakulären Aussicht auf Lissabon. Den besten Blick hat man im obersten Stock der Züge auf der linken Seite. Ein Tunnel führt unter der Mautstelle der Brücke zum Bahnhof Pragal in der Nähe des Einkaufszentrums Almada Forum. Es folgen gesichtslose Vororte und Kiefernwälder. Einige Bahnen enden in Fogueteiro, andere fahren weiter nach Setúbal. In Pinhal Novo trifft die Strecke auf die von der Staatsbahn CP betriebene *Linha do Sado* zwischen Barreiro und Setúbal.

Informationen 707127127, www.fertagus.pt. Achtung: CP-Fahrkarten werden in den Fertagus-Zügen nicht anerkannt! Karten gibt es an den Fertagus-Schaltern und Automaten.

Fähren

Eine Fährfahrt auf die Südseite des Tejo gehört zu den schönsten Kurzausflügen. Von jeder der zahlreichen Linien eröffnen sich neue Perspektiven auf Lissabon, und auch die Orte der Südseite halten so manche Sehenswürdigkeit bereit.

Gleich zwei Linien der Gesellschaft Transtejo führen vom Cais do Sodré nach Cacilhas, einem Stadtteil von Almada: eine Linie nur mit Personentransport, die andere auch für Fahrzeuge (hier lässt sich übrigens besser fotografieren, da

Von Cacilhas nach Lissabon: eine Fährfahrt mit Bairro-Alto-Panorama

das Deck nicht komplett verglast ist). Vom Terreiro do Paço kommt man dagegen mit schnellen Katamaranen nach Barreiro, Seixal und Montijo. Die Linie nach Montijo ist dabei die längste und schönste Fahrt. Weitere Transtejo-Fähren verkehren vom Stadtteil Belém über Porto Brandão nach Trafaria. Diese Strecke lohnt sich auf Grund ihrer etwas anderen Perspektive im engen Teil der Tejomündung. Architekturfreunde sollten den Fährbahnhof Sul e Sueste der Linie nach Barreiro genauer betrachten: Das 1929 von José Ângelo Cottinelli Telmo entworfene Gebäude gehört zu den ersten modernistischen Bauwerken Portugals.

Informationen Transtejo, Estação Fluvial do Terreiro do Paço, ✆ 808203050 und 210422400, www.transtejo.pt.

Vorortbusse

Die Verkehrsanbindung der Vororte wird zum Großteil mit Bussen abgewickelt. Vor allem von den Metrostationen und von den Bahnhöfen der S-Bahnlinien Linha de Cascais und Linha de Sintra fahren Busse zahlreicher Gesellschaften in die umliegenden Orte.

Für diejenigen, die oft mit einer bestimmten Gesellschaft fahren, lohnt es sich, vorher an einer Verkaufsstelle Vorverkaufskarten (*módulos*) zu kaufen. Diese gibt es in Blöcken für 10 oder 20 Fahrten; sie gelten aber jeweils ausschließlich auf Linien der jeweiligen Busgesellschaft.

Richtung Norden fahren die meisten Linien ab dem Busbahnhof neben der Metro Campo Grande; nach Süden dagegen ab der Praça de Espanha (Metro Praça de Espanha) oder der Gare do Oriente (Metro Oriente).

Vimeca – Lisboa Transportes (LT): Diese Gesellschaft bedient vor allem die westlich von Lissabon gelegenen Städte Amadora, Queluz und Oeiras. Informationen: ✆ 214354210 und 214357472, www.vimeca.pt.

ScottURB: Dieses Unternehmen ist vor allem in der Gegend von Sintra, Cascais und Estoril vertreten. ScottURB verkauft auch eine Tagesnetzkarte für 8,50 €. Außerdem gibt es eine Tageskarte namens *Bilhete u um dia Train e Bus* für 12 €, die in den Zügen der Linha de Cascais sowie Linha de Sintra und den ScottURB-Bussen gilt. Einzige Ausnahme bei allen Angeboten ist der Stadtbus in Cascais namens *busCas*. Die Bus-Tageskarte ist auch bei den Fahrern erhältlich. Die Bus-Zug-Tageskarte gibt es dagegen nur an den ScottURB-Verkaufsstellen und in folgenden Bahnhöfen: Gare do Oriente, Cais do Sodré, Belém, Alcântara, Algés, Estoril, Cascais, Queluz und Sintra. Informationen: ✆ 214699100, www.scotturb.com.

Barraqueiro Oeste, Boa Viagem, Mafrense: In den Norden Lissabons fahren vor allem diese Gesellschaften der Barraqueiro Transportes-Gruppe. Informationen: ✆ 217511600 (Barraqueiro Transportes), ✆ 261910370 (Barraqueiro Oeste), 263730520 (Boa Viagem) und ✆ 261816150 (Mafrense), www.rodest.pt.

Transportes Sul do Tejo – TST: Unter dem Dach dieser Gesellschaft fahren mittlerweile die meisten privaten Buslinien der Tejosüdseite wie Setubalense oder Covas. Informationen: ✆ 210427000, www.tsuldotejo.pt.

Fernbusse: Die Busse der *Rede Expressos*, des größten Express-Netzes, fahren ab dem Busbahnhof Sete Rios in der Rua Professor Lima Basto in der Nähe des Zoos (Metro Jardim Zoológico, s. Karte Benfica S. 321). Zahlreiche kleinere Privatbusgesellschaften fahren dagegen vom neuen Hauptbahnhof Gare do Oriente (Metro Oriente, s. Karte Osten S. 331).

Informationen Zu den Bussen der Rede Expressos unter ✆ 707223344 und 213581460; www.rede-expressos.pt.

Organisierte Stadtrundfahrten

Allen organisierten Stadtrundfahrten in Lissabon ist gemein, dass sie ziemlich überteuert sind. Mit etwas Eigeninitiative können die gleichen Orte oft zu einem Bruchteil des Preises erkundet werden.

Eléctrico das Colinas/Hills Tramcar: Sehr stilvolle zweistündige Fahrt in einer Straßenbahn aus dem Jahr 1902 von der Praça do Comércio durch die Hügel der Altstadt Lissabons. Begleitet wird sie von einem Führer, der Portugiesisch, Englisch und Französisch spricht. Im wesentlichen eine Mischung aus den Strecken der regulären Straßenbahnlinien 25 und 28.

Abfahrtszeiten/Preise Von Oktober bis Mai etwa stündlich, ansonsten etwa halbstündlich. Dauer der Tour 90 Min. Erwachsene zahlen 17 €, Kinder bis 10 J. die Hälfte. www.carris.pt.

Circuito Tejo/Tagus Tour: Eine Fahrt in kitschigen, oben offenen Doppeldeckerbussen nach Londoner Vorbild. Dazu werden Infos von einer Kassette in Portugiesisch, Französisch und Englisch abgespult. Es gibt noch eine weitere Linie Richtung Osten der Stadt, den *Oriente Express*.

Abfahrtszeiten/Preise Abfahrt etwa stündlich von der Praça do Comércio (März–Oktober alle 30 Min.). Dauer 90 Min. Preis 14 €, Kinder bis 10 J. zahlen die Hälfte. www.carris.pt.

Cruzeiros no Tejo: Per Transtejo-Schiff entlang der Küste mit schönem Blick auf die Stadt. Fahrt vom Terreiro do Paço (Praça do Comércio) bis Belém, dann auf die andere Tejoseite, dort weiter bis zum Parque das Nações und zurück zum Terreiro do Paço.

Abfahrtszeiten/Preise April–Oktober täglich um 15 Uhr. Dauer 2,5 Std. Erwachsene 20 €, Kinder 8 €. Information unter ✆ 808203050, www.transtejo.pt.

Stadtspaziergänge

Lissabonner LiteraTouren: Die in Lissabon lebende Deutsche Simone Klein hat mehrere Spaziergänge für Gruppen von zwei bis acht Personen mit einer Dauer von zwei Stunden im Angebot. „Kunststück Azulejo: Wie eine Fliese die Fassaden Lissabons erobert hat" leitet die Teilnehmer anhand der typisch portugiesischen Fliesen zu bekannten und eher versteckten Sehenswürdigkeiten in der Baixa, Graça und Alfama. „Fernando Pessoa: Lissabons passioniertester Spaziergänger" bietet über Zitate des berühmten Dichters einen poetischen Zugang zur Stadt und ihren Stadtteilen Baixa und Chiado. Hier nimmt besonders die Liebesgeschichte zwischen Pessoa und Ofélia Queiroz einen breiten Raum ein. Es sind auch individuell zugeschnittene Stadtführungen möglich.

Luaverde, Rua Capitão José Soares de Encarnação, 22-1.º dto., ✆ 218152467 und 969838183 (mobil), www.luaverde.com. 15 € pro Person, bei Gruppen ab fünf Personen 12,50 €, Schüler und Studenten bis 28 J. 7,50 €, Kinder bis 10 J. frei. Sonder-Konditionen für Familien auf Anfrage.

Fremdenführer: Eine weitere Möglichkeit, die Stadt mit fachkundiger Unterstützung zu erkunden, bieten geführte Rundgänge mit Fremdenführern.

Portimar, Rua de São Julião, 138, ✆ 213212040, ✉ 213212058, www.portimar.pt. Deutsch-portugiesische Incomingagentur, die auch Stadtführungen für Gruppen organisiert. Sie gehört zum deutschen Reiseveranstalter Olimar.

Sindicato Nacional da Actividade Turistica, Rua do Telhal, 4-3º-Esq, ✆ 213467170, ✉ 213423298. Santana/Av. Liberdade, Metro Avenida. Gewerkschaft der Fremdenführer, die diese auch vermittelt.

Taxi

Das Taxifahren in Lissabon ist im Vergleich zu Deutschland durchaus noch erschwinglich. Der Grund dafür sind das niedrige Lohnniveau und die hohe Zahl an Arbeitslosen ohne Berufsausbildung. Besonders abends prägen die Taxis das Straßenbild.

Die Taxis sind in Portugal beige wie in Deutschland. Man sollte vor der Fahrt unbedingt darauf achten, dass der Fahrer den Taxameter auf die Grundgebühr und den richtigen Tarif einstellt. Montags bis freitags tagsüber muss Tarif 1 auf der Taxameteranzeige erscheinen, wochentags von 21 bis 6 Uhr sowie an Wochenenden und Feiertagen ganztags gilt dagegen Tarif 2. Dann sind alle Preise und Zuschläge etwa ein Fünftel höher.

Generell ist ein gewisses Misstrauen bei den Tarifen nicht fehl am Platz. So bekommt man nicht nur als Ausländer gerne von den Taxifahrern Folgendes erzählt: Die Taxipreise seien kürzlich angehoben worden, aber die Taxameter noch nicht angepasst, daher würden Umrechnungstabellen verwendet. Bis auf wenige Ausnahmen ist das falsch. Man sollte die Umrechnungstabellen überprüfen, ob sie von der Stadt offiziell beglaubigt sind. Außerdem sollte die Differenz zum Taxameter-Preis nicht mehr als 10 Prozent betragen. Hin und wieder stellen die Fahrer am Taxameter auch den teuren Tarif 4 ein, der normalerweise aber nur für Fahrten in die Vororte außerhalb Lissabons verwendet werden darf. Ein weiterer Trick ist, den Gepäckzuschlag nicht nur einmal, wie vorgeschrieben, sondern für jedes Gepäckstück einzeln abzurechnen.

• *Preise* Die Grundgebühr beträgt 2 € (im Tarif 2 sind es 2,35 €). 295 m Fahrtstrecke oder 40 Sekunden Wartezeit kosten jeweils 0,11 € (der Tarif 2 ist etwa 20 % teurer). Wenn der Kofferraum benutzt wird, fallen 1,60 € Zuschlag an. Wurde das Taxi per Telefon bestellt, so kommen 0,80 € extra dazu. Üblich ist ein kleines Trinkgeld von mindestens 5 % – bei diesen niedrigen Tarifen sollte das keinem schwer fallen. Wo kein Taxameter vorhanden ist, wie in kleinen Dörfern, sollte der Fahrpreis immer vorher ausgemacht werden.

• *Funktaxis* Rádio Táxis de Lisboa, ✆ 218119000; *Teletáxis*, ✆ 218111100.

Auto

Lassen Sie zumindest in Lissabon das Auto stehen! Die Parkplatzsuche ist nervtötend, der Verkehr meist stockend und chaotisch. Mit den – zudem noch umweltfreundlicheren – öffentlichen Verkehrsmitteln kommt man meist schneller und auch billiger voran. Außerdem bereitet in Lissabon die recht unvollständige Ausschilderung Ortsunkundigen zusätzliche Probleme.

Wer schwache Nerven hat, sollte sich in Lissabon besser nicht hinters Steuer setzen: Schon das ständige Hupen kann einem gewaltig zusetzen, zumindest dann, wenn man an „normale" deutsche Verhältnisse gewöhnt ist. Nicht minder ungewöhnlich ist es, wenn Lissabons Stadtautobahnring *Segunda Circular* bei Fußballspielen und Rockkonzerten zur Parkfläche (!) umfunktioniert wird. Rechts zu überholen ist vollkommen üblich. Ergebnis des lockeren Umgangs mit Verkehrsregeln sind erschreckend hohe Unfallzahlen: Mit 506 Toten pro 100.000 Fahrzeuge belegt Portugal innerhalb der EU den traurigen ersten Platz (in Deutschland sind es 206 Tote pro 100.000 Fahrzeuge).

134 Unterwegs im Großraum Lissabon

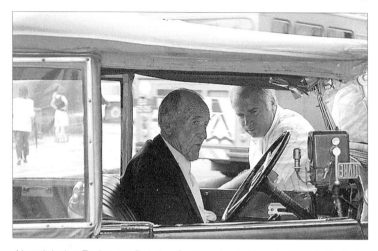

Nostalgischer Taxista am Rossio – Sr. Augusto de Macedo (*1904). Er starb 1997 kurz vor der Uraufführung des ihm gewidmeten Films „Taxi Lisboa". Von 1928 bis 1996 fuhr er mit diesem Auto.

Mit **Staus** muss in Lissabon eigentlich ständig gerechnet werden. Besonders wer in der *Rushhour*, d. h. morgens zwischen 7 und 9 Uhr und abends zwischen 17 und 19 Uhr, in der Stadt mit dem Auto unterwegs ist, sollte viel Geduld und Zeit mitbringen. An vielen Orten läuft dann nämlich gar nichts mehr. Chronisches Stauloch ist die Brücke über den Tejo, deren Rückstau sich schnell auf ganz Alcântara und bis zur Praça de Espanha ausdehnen kann.

In Lissabon und der ganzen Umgebung sind **Autoaufbrüche** leider an der Tagesordnung, wenn auch das Auto meist nur aufgebrochen und selten geklaut wird. Man sollte möglichst kein Risiko eingehen und bewachte Parkplätze oder eine belebte Straße zum Abstellen des Fahrzeugs benutzen. Zudem ist es besser, keine Utensilien im Auto-Innenraum oder im Kofferraum zu lassen.

Parken: An Werktagen kann es in Lissabon extrem schwierig sein, einen Parkplatz zu finden. Es empfiehlt sich, die diversen Tiefgaragen anzusteuern: Praça dos Restauradores (Einfahrtmöglichkeit nur aus Richtung Praça Marquês de Pombal vom äußeren rechten Fahrstreifen der Av. da Liberdade aus), Praça da Figueira, Praça Martim Moniz (alle Baixa), Praça Luís de Camões (Bairro Alto), Praça Marquês de Pombal (Avenida da Liberdade) und Picoas (Avenidas Novas).

Auto abgeschleppt? Ihr Wagen steht wahrscheinlich bei den *Carros Rebocados* der Polícia de Segurança Pública (PSP – Reboque Viaturas) im Stadtteil Restelo bei Belém (✆ 213016864) oder am Parque Eduardo VII (✆ 213831813). Hin und wieder schleppt auch die städtische Polizei, die *Polícia Municipal*, ab (✆ 217825224).

Autobahnen

Die *Autoestradas* werden von der privaten Gesellschaft BRISA betrieben und sind gebührenpflichtig; man erkennt sie an den blauen Schildern, die oft den Hinweis *Portagem* (mautpflichtig) tragen. Die autobahnähnlich ausgebauten *Itinerários*

Principais – IP und *Itinerários Complementares – IC* sind dagegen gebührenfrei und grün ausgeschildert.

- *Preise* Die Gebühren sind moderat, so kostet die Strecke Lissabon–Cascais gerade einmal 1,10 €. Auf manchen, unten angegebenen Abschnitten nahe Lissabon sind die Autobahnen teilweise sogar kostenlos. Auf den gebührenpflichtigen Autobahnen gibt es ein bargeldloses System für Vielfahrer, die *Via Verde*. Dabei handelt es sich um spezielle Durchfahrten an Mautstellen, die nur von Kunden dieses Service benutzt werden dürfen; ein Sender im Auto aktiviert die Gebührenerfassung, der Gesamtbetrag wird am Ende des Monats vom Konto abgebucht.

Informationen: Autobahngebühren unter www.brisa.pt.

A 1/Autoestrada do Norte (Porto–Lissabon), gebührenfrei auf der Strecke Lissabon–Alverca.

A 2/Autoestrada do Sul (Lissabon–Setúbal), gebührenfrei auf dem Abschnitt Almada–Fogueteiro; Preis für die Überquerung der Tejobrücke in Süd–Nord-Richtung 1,15 € (Richtung Nord–Süd gebührenfrei).

A 5/Autoestrada da Costa do Estoril (Lissabon–Cascais), gebührenfrei im Abschnitt Lissabon–Caxias (Ausfahrt zur Av. Marginal).

A 8/Autoestrada Lisboa–Torres Vedras, gebührenfrei zwischen Lissabon und Loures.

A 9/CREL – Circular Regional Exterior de Lisboa, kostenpflichtiger Autobahnring um Lissabon auf der Strecke Caxias–Queluz–Caneças–Loures–Bucelas–Alverca; verbindet alle Autobahnen untereinander und ist mit insgesamt 6 Spuren reichlich überdimensioniert.

A 12/Ponte Vasco da Gama/Autoestrada Lisboa–Setúbal, der Preis für die sechsspurige Tejobrücke beträgt pro Auto 2 € (Richtung Nord–Süd gebührenfrei). Auf der Südseite Anschluss an die gebührenpflichtige A 12 nach Setúbal.

A 21/Mafratlântico, eine lokale Autobahn, die Mafra mit der A 8 verbindet. Gebühr 0,50 €.

IC 17/CRIL – Circular Regional Interior de Lisboa, der innere Autobahnring um Lissabon auf der Strecke Algés–Buraca–Pontinha–Olival Basto–Sacavém; weiter über die *Ponte Vasco da Gama* Richtung Montijo auf die Südseite des Tejo. 2006 war der Abschnitt Buraca–Pontinha noch nicht fertig. Gebührenfrei.

IC 19/Lissabon–Sintra, im Abschnitt Amadora–Lissabon chronisch verstopft. Gebührenfrei.

Eixo Norte–Sul, die Nord–Süd-Autobahn Lissabons von der A 8 (Loures) zur A 2 (Brücke). Gebührenfrei.

Segunda Circular, die zweite Ringstraße in Lissabon vom Flughafen (wo die A 1 aus Porto hinzustößt) bis Buraca; dort wiederum mündet die Ringstraße in die CRIL (s. o.). Stets dichter und chaotischer Verkehr. Achtung: Auf der rechten Spur befinden sich Bushaltestellen! Gebührenfrei.

Die Arrumadores

Eine portugiesische Besonderheit sind die *Arrumadores*, die „Parkeinweiser". Überall, wo jemand einen Parkplatz sucht, tauchen sie auf und winken die Autos ein. Selbst wenn eine Parklücke die Länge des Autos um ein Vielfaches überschreitet, wird ein kleines Trinkgeld erwartet (50 Cent sollten es schon sein ...) Wer nicht zahlt, riskiert eine verkratzte Karosserie oder zerstochene Reifen. Als *Arrumadores* arbeiteten früher hauptsächlich Rentner, die so ihre karge Altersversorgung aufbesserten. Heute ist der „Service" allerdings zumeist fest in der Hand von Drogensüchtigen und Kleinkriminellen. Bis 1995 war die Tätigkeit als *Arrumador* weder gesetzlich gestattet, noch verboten. Seitdem gilt ein neues Gesetz, nach dem sich die Parkeinweiser lizenzieren lassen und um ein bestimmtes „Arbeitsgebiet" bewerben können.

136 Unterwegs im Großraum Lissabon

Mietautos und Mietmotorräder

Einen Mietwagen gleich in Deutschland zu buchen, kann sich lohnen. Man spart sich viel Ärger, da die Wagen vor Ort auch in der Nebensaison häufig ausgebucht sind. Außerdem liegt der Preis bei den meisten Veranstaltern niedriger als am Zielort. Das gilt vor allem, wenn über das Internet gebucht wird. Auf einen Mietwagen für die gesamte Aufenthaltsdauer kann man in Lissabon und Umgebung aber getrost verzichten. Hier kommt man mit öffentlichen Verkehrsmitteln meist besser voran.

Einen Wagen bekommt man bei Internetbuchung pauschal ab ca. 30 € pro Tag oder 150 € für eine Woche, in der Nebensaison schon ab wenig mehr als 100 €. Dazu kommt jeweils nur noch der verfahrene Treibstoff.

Generell darf man erst ab 23 Jahren einen Wagen ausleihen; ein Jahr Fahrpraxis ist Bedingung. Gewöhnlich muss man eine Kreditkarte als Kaution vorweisen. Mietmotorräder bis zu 50 ccm kann man ab 18 Jahren, bis 750 ccm ab 23 Jahren und ohne Beschränkung ab 25 Jahren ausleihen. Bedingung jeweils ein Jahr Führerschein, für die Klassen ab 750 ccm zwei Jahre.

- *Informationen Lissabon und Umgebung*, www.lissabon-umgebung.de; *Sunny Cars*, www.sunnycars.de; *Miethke*, www.autovermietung-weltweit.de.
- *Lissabon* Die großen Mietwagenfirmen sind alle auch in der Ankunftshalle des Lissabonner Flughafens vertreten. Achtung: Bei Ausleihe oder Rückgabe im Flughafen wird teilweise ein Zuschlag fällig.

A.A. Castanheira Budget, Av. João Crisóstomo, 85–87, ✆ 808252627 und 213195500, www.budgetportugal.com. Metro São Sebastião, Av. Novas. Auch Motorräder.

Europcar, Av. António Augusto de Águiar, 24-C/D, ✆ 213535115, www.europcar.pt. Metro Parque, Av. Novas. Auch an den Bahnhöfen Santa Apolónia (✆ 218861573) sowie Gare do Oriente (✆ 218946071, Metro Oriente).

Hertz, Rua Castilho, 72-A/B, ✆ 800201231 und 213812430, www.hertz.com. Metro Marquês de Pombal, Av. Novas.

Iberent, Av. Defensores de Chaves, 89-C, ✆ 217995390, www.iberent.pt. Metro Campo Pequeno, Av. Novas.

National Car, Av. Álvares Cabral, 45-B, ✆ 213703400, www.nationalcar.com. Metro Rato, Campo de Ourique.

Sixt, Av. António Augusto Águiar, 124-A, ✆ 707207007, www.sixt.pt. Metro São Sebastião, Av. Novas.

- *Estoril Iberent*, Av. Marginal, 6734-A, ✆ 214682166.

Sixt, Hotel Paris, Av. Marginal, 7034, ✆ 707207007.

- *Cascais A.A. Castanheira Budget*, Av. 25 de Abril, ✆ 808252627 und 214845468. Auch Motorräder.

Europcar, Av. Marginal, Centro Comercial Cisne, Loja 4, ✆ 214864419.

National Car, Av. 25 de Abril, Hotel Cidadela, ✆ 214833217.

- *Torres Vedras Iberent*, Rua São Gonçalo Lagos, Lt. 3-lj A, ✆ 261326273.
- *Vila Franca de Xira Iberent*, Rua Alves Redol, 108-A, ✆ 263270673.
- *Costa da Caparica Sixt*, Av. General Humberto Delgado, 47, ✆ 707207007.
- *Setúbal Europcar*, Rua Dr. António Manuel Gamito, 1, ✆ 265532288.

Hertz, Av. Luísa Todi, 277, ✆ 800201231 und 265535328.

Fahrrad

Wegen der unübersichtlichen Verkehrssituation und der hügeligen Innenstadt sollte man eine Erkundung Lissabons mit dem Fahrrad nicht in Erwägung ziehen. Es ist einfach viel zu gefährlich. Das gilt auch für die stark befahrenen Straßen in den Vorstädten Lissabons. Am Tejoufer sowie in den ländlichen Gebieten um Lissabon kann man dagegen sehr gut Rad fahren.

Die Portugiesen fahren generell kaum Rad. Das sieht man auch an der Statistik: Während die Holländer 1995 durchschnittlich 1.000 Kilometer pro Jahr zurücklegten, brachten es die Portugiesen nur auf magere 35 Kilometer!

Fahrrad

Die Stadt Lissabon hat vor einigen Jahren dennoch mehrere Radwege angelegt: am Tejoufer zwischen Alcântara und Belém (s. Karte Belém S. 308/309), nördlich des Parque das Nações zwischen der Torre Vasco da Gama und dem Trancão-Fluss (s. Karte Osten S. 331) und im östlichen Teil des Monsanto-Parks (s. Karte Benfica S. 321).

In der Umgebung Lissabons gibt es einen sehr schönen Radweg von Cascais entlang der Felsenküste der Boca do Inferno nach Guincho. Ein weiterer Fahrradweg verläuft auf der Tejosüdseite von Trafaria zur Costa da Caparica. Schöne Radtouren, vor allem mit Mountainbikes, bieten sich in der Serra de Sintra und in der Serra da Arrábida an.

• *Fahrrad-Transport* Die Carris-Busse und Straßenbahnen erlauben den Transport von Fahrrädern nicht. In der Metro kann das Rad am Wochenende kostenlos mitgenommen werden, unter der Woche dagegen gar nicht. Auf den Autofähren Setúbal–Tróia sowie Cais do Sodré–Cacilhas ist die ganze Woche über Selbstverladung möglich. Sa/So befördert die Transtejo auf allen Schiffslinien Räder sogar kostenlos. Täglich können Räder auch in den Vorortzügen mitgenommen werden. Mo–Fr von 7 bis 10 Uhr allerdings kein Transport aus den Vororten nach Lissabon und von 16 bis 20 Uhr in umgekehrter Richtung. Eine Fahrradkarte für die Züge kostet Mo–Fr einfach 1,50 €, hin und zurück 2,50 €, Sa/So und an Feiertagen ist der Fahrrad-Transport kostenlos.

• *Mietfahrräder* **Cascais**: *BiCas*, städtische Mietfahrräder, die kostenlos gegen die Vorlage eines Personalausweises abgegeben werden (s. Cascais S. 376).

Ericeira: *Três Ondas*, Rua da Cabeça Alta, Achada, Mafra, ✆ 261813133, www.tresondas.de. Die Surfschule veranstaltet auch geführte Mountainbike-Touren in der schönen Landschaft um Ericeira. Kleine Gruppen. Preis 25–30 € (inkl. Mountainbike, Sicherungshelm, Guide)

Setúbal: *Planeta Terra*, Praça General Luís Domingues, 9, ✆ 91947187-1/-4 (mobil). Auf der Ostseite des Bahnhofs Quebedo gelegen (durch die Unterführung, dann links oberhalb des Tunnels). Mountainbike-Verleih für 7,50 €/Tag.

Eléctrico 28 – die Lieblings-Tram der Lissabonner und der Touristen

Lissabons feinste Adresse: Pestana Palace Hotel

Übernachten

Moderne Hotels für Geschäftsreisende, gemütliche Familienpensionen oder idyllische Campingplätze am Strand – die Region Lissabon bietet ein breites Spektrum an Übernachtungsmöglichkeiten. Besonders charmant residiert man in den herrschaftlichen Häusern des Turismo de Habitação sowie des Turismo no Espaço Rural. Hier werden Zimmer in Palästen und Landgütern vermietet, Familienanschluss inklusive.

Angegeben sind in diesem Buch in der Regel die Preise für Doppelzimmer (DZ), für ein Einzelzimmer kann man gewöhnlich ca. 20 % vom Doppelzimmerpreis abziehen. Ein Zusatzbett kostet 30 % des Doppelzimmerpreises (Kinder unter 8 Jahren zahlen nur die Hälfte dieses Betrags). In vielen Hotels ist ein Kind bis 12 Jahre frei, wenn es im Zimmer der Eltern übernachtet. Die an der Rezeption angegebenen Preise müssen Endpreise sein, d. h. sie müssen alle Steuern und Abgaben umfassen.

Wer mehrere Nächte bleibt, hat gute Chancen, durch Verhandeln einen Preisnachlass zu bekommen. In der Hochsaison Mitte Juni bis Ende August sowie um Ostern und Neujahr kann das allerdings schwierig werden, da dann zahlreiche Unterkünfte ausgebucht sind. Zu diesen Zeiten empfiehlt sich auch dringend eine Vorausbuchung! Bei Billigpensionen ist eine schriftliche Vorbuchung zwar nicht üblich, doch wer sichergehen will, sollte einige Tage vorher anrufen. In der Nebensaison lohnt es sich, Badeorte wie Cascais, Ericeira oder Costa da Caparica anzusteuern. Dann liegen dort die Preise bis zu 50 % niedriger als in der Hochsaison. Eine Buchung von Halb- oder Vollpension ist nicht unbedingt empfehlenswert. In der Regel findet man nur wenige Meter weiter wesentlich preiswertere Restaurants.

Die in Portugal übliche Zeit zum Auschecken ist 12 Uhr mittags, auf Campingplätzen auch später. Fast immer besteht aber die Möglichkeit, das Gepäck noch einige Stunden in einem Abstellraum aufbewahren zu lassen.

• *Internet* Eine Buchung über das Internet kann bei Hotels Preisermäßigungen von 10 bis 50 % zum Listenpreis bringen. Die Internet-Adressen der Hotels und anderer Übernachtungsmöglichkeiten sind in diesem Buch alle angegeben. Sie finden zusätzlich alle aktuellen Links von Hotels, Pensionen, Jugendherbergen und Campingplätzen auch unter www.lissabonumgebung.de. Dort können Sie auch Hotelzimmer mit Internet-Rabatt buchen.

Hotels

Pousadas: Die *Pousadas* wurden als staatseigene Luxus-Hotels errichtet, aber 2003 privatisiert und an die portugiesische Hotelgruppe Pestana verkauft. Zumeist sind sie in historischen Gebäuden untergebracht wie in Schlössern, Burgen oder Klöstern. Ein Großteil der *Pousadas* wurde vor etwa 50 Jahren unter dem Diktator Salazar errichtet, um höheren Staatsbeamten und „-freunden" einen angenehmen Aufenthalt zu ermöglichen. Portugal folgte dabei dem Beispiel der spanischen *Paradores*. Dies ist sicherlich die komfortabelste Unterkunftsmöglichkeit in Portugal, aber auch eine der teuersten. Die Zimmer haben alle Bad, das Frühstück ist stets im Preis inbegriffen.

• *Informationen* Nur wenige Pousadas verfügen über mehr als 20 Zimmer – wegen der geringen Zimmerkapazität empfiehlt sich unbedingt eine Reservierung im Voraus: Pousadas de Portugal, Av. Santa Joana Princesa, 10, 1749-090 Lisboa; ✆ 218442001, ✉ 218442085, www.pousadas.pt. Man kann die Zimmer auch unter www.lissabonumgebung.de reservieren.
• *Lissabon und Umgebung* Hier gibt es die folgenden Pousadas: *Pousada de Dona Maria* in Queluz, *Pousada de Palmela* in Palmela und *Pousada de São Filipe* in Setúbal (Genaues siehe unter den jeweiligen Orten).

Hotels: Die *Hotéis* werden in Portugal mit dem internationalen Sterne-System klassifiziert. Die höchste Stufe hat fünf Sterne, die niedrigste zwei. Ein kontinentales Frühstück ist in der Regel im Preis enthalten. Standard ist in praktisch allen Hotelzimmern Satelliten- oder Kabel-TV, Telefon und ein eigenes Bad.

Estalagem: Dieser besondere Hoteltyp liegt immer außerhalb der Stadtzentren und ist in herrschaftlich wirkenden Gebäuden untergebracht, häufig mit weitläufigen Gartenanlagen. Hier bekommt man den gleichen Komfort wie in den *Hotéis*, jedoch oft wesentlich stilvollere Zimmer. Nur wenige *Estalagens* haben mehr als 20 Zimmer; teilweise herrscht daher familiäres Ambiente. Sorgen um den Komfort sind fehl am Platz, da die Kriterien für die Sterne-Klassifizierung mit den anderen Hotels identisch sind. Eine Vorbuchung empfiehlt sich, da die *Estalagens* sehr beliebt sind.

Pensionen

Albergarias: Eine *Albergaria* ist eine hotelähnliche Unterkunft ohne eigenes Restaurant. Eine Bar ist aber stets vorhanden. Der Zimmerstandard ist hoch (stets mit eigenem Bad). Die Klassifizierung entspricht den Pensionen (s. u.).

Pensões: Die Pensionen wurden früher mit einem Klassifikationssystem von einem bis zu vier Sternen eingeteilt, das teilweise immer noch in Gebrauch ist. Inzwischen gibt es ein neues System mit drei Stufen: Die *1.ª Categoria* entspricht vier Sternen, die *2.ª* drei Sternen und die *3.ª* zwei Sternen. Ab *2.ª* oder drei Sternen bekommt man praktisch immer ein eigenes Bad oder Dusche. Pensionen ohne Restaurant nennen sich *Pensão Residencial*, häufig einfach nur *Residencial*.

Casa de Hóspedes: Die billigste und einfachste Unterkunftsmöglichkeit sind diese „Gästehäuser". In ihnen verkehren meist Arbeiter, die auswärts wohnen. Daher haben die *Casas de Hóspedes* oft wenig Pensionscharakter. Die Gästehäuser werden nicht von der Tourismus-Direktion *Direcção-Geral de Turismo*, sondern von den jeweiligen Stadtverwaltungen überwacht, trotzdem gibt es teilweise deutliche Qualitätsunterschiede.

Pensionen ohne Klassifizierung: Diese Unterkünfte sind nicht offiziell und werden somit auch nicht von der *Direcção-Geral de Turismo*, der portugiesischen Tourismusdirektion, überwacht, was ein gewisses Qualitätsrisiko bedeutet. Man erkennt diese halblegalen Pensionen auch daran, dass das Schild des offiziellen Klassifikationssystems am Eingang fehlt.

Herrenhäuser und Landgüter

Turismo de Habitação – TH: Eine für Individualtouristen besonders reizvolle Unterkunftsmöglichkeit. Nach schottischem Vorbild werden in alten Palästen, Villen und Landgütern Zimmer mit „Familienanschluss" vermietet, die oft ein hervorragendes Preis-Leistungs-Verhältnis bieten. Man sollte sich bei den Herrenhäusern jedoch mindestens einige Tage vorher anmelden, weil in der Regel nur vier bis sechs Zimmer zu vermieten sind.

Turismo no Espaço Rural – TER: Diese Art der Unterbringung würde man in Deutschland wohl mit „Ferien auf dem Lande" umschreiben. Im Unterschied zum *Turismo de Habitação* sind die TER-Häuser meist nicht ganz so nobel und weitläufig, sonst gilt für diese Landgüter aber das zum *Turismo de Habitação* Gesagte. Auch hier kann man sicher sein, individuell betreut zu werden.

Casa da Quinta Nova da Conceição (4), Rua da Cidade de Rabat, 5, ✆ 217780091, ✉ 217724765, www.quintanovaconceicao.com. Metro Alto dos Moinhos, s. Karte „Benfica" S. 321. In einer Parallelstraße zur Estrada de Benfica kurz vor dem Largo do Conde de Bonfim. Die einzige TH-Unterkunft im Stadtgebiet Lissabons. Ein altes Landgut aus dem 18. Jh., als Benfica noch außerhalb der Stadtgrenzen Lissabons lag und nur wenige Bauernhöfe und Paläste zählte. Heute von Wohnblocks eingerahmt. Innerhalb seiner alten Mauern kann man Tennis spielen, sich am Schwimmbad sonnen, in der Kapelle sitzen oder einfach den schönen Garten genießen. Betritt man die alte Quinta,

Die Estalagem Villa Albatroz in Cascais

so wird man von der wunderschönen Einrichtung überwältigt. Alles sehr stilvoll und echt antik, besonders schön die Keramiken. Den Gästen stehen zwei Gemeinschaftsräume und die Bibliothek zur Verfügung. Da nur 3 Zimmer vorhanden sind, ist familiäre Atmosphäre garantiert. Leider muss man deshalb lange vorher reservieren, doch ab und zu ist auch direkt noch etwas frei. DZ pro Nacht mit Frühstück 150 €.

• *Umgebung von Lissabon* Das Angebot an ländlichem Tourismus ist besonders bei Sintra sowie um Azeitão im Süden sehr gut. Weitere Häuser findet man in Cascais, Mafra, Vila Franca de Xira, Alcochete und Setúbal. Detaillierte Beschreibungen unter den jeweiligen Orten.

Privatzimmer und Appartements

Privatzimmer/Ferienwohnungen: In Lissabon selbst ist diese Übernachtungsart eher ungewöhnlich, in der Umgebung der Hauptstadt kann man schon mehr Glück haben. Vor allem in Sintra und Ericeira werden Zimmer (*quartos particulares*) und private Ferienwohnungen angeboten.

Casa Costa do Castelo: Privatzimmer direkt unterhalb der Burg von Lissabon

Am einfachsten findet man sie über das örtliche Tourismusbüro. Die Zimmer sind durchweg recht günstig und häufig mit Koch- und Waschgelegenheit ausgestattet. Familienanschluss ist im Preis enthalten. Vorher besser genau nachfragen, wo das Zimmer liegt, sonst landet man eventuell kilometerweit vom Zentrum entfernt.

Appartements: Zum einen werden Appartements von deutschsprachigen Vermittlern vermietet (s. u.). Zum anderen gibt es in Lissabon auch mehrere Aparthotels. Für sie gelten die unter „Hotel" genannten Standards, allerdings verfügen die *apartamentos* darüber hinaus noch über eine Küchenzeile. Des Weiteren gibt es im Badeort Cascais mehrere gut ausgestattete Ressorts mit Appartements.

Glasaja, Carrer Carme 40, Principal, 1a, 08001 Barcelona, ✆ 0034/933424353, ✆ 933426494, www.lisbon-apartments.com. Diese in Katalonien ansässige Firma vermittelt zahlreiche Ferienwohnungen in Lissabon (deutschsprachige Mitarbeiter), darunter mehrere Appartements für 2–4 Personen sehr zentral in der Rua Augusta, 246. Aufgrund der Fußgängerzone liegen sie sehr ruhig und dennoch nur wenige Meter von der Metro Rossio entfernt. Geräumiges Bad, komplette Küche, Waschmaschine, Klimaanlage, Heizung, TV, Stereoanlage und Dielenboden. Einziger Nachteil: Lage im 2., 4. bzw. 5. Stock ohne Aufzug, aber dafür vor allem oben schöner Blick auf die Baixa. Weitere Ferienwohnungen in der Alfama sowie in der Rua dos Fiéis de Deus im Bairro Alto. Pro Tag ca. 90 € für zwei Personen (weitere Person 20 € Zuschlag), Bettwäsche, Handtücher und Endreinigung inkl. (Mindestaufenthalt drei Nächte).

Jugendherbergen

Zur Übernachtung in einer *Pousada de Juventude* ist ein Jugendherbergs-Ausweis notwendig, den man in Deutschland kaufen kann, jedoch auch noch für 6 € in jeder portugiesischen Herberge bekommt. Als Jugendherbergsausweis gilt auch die portugiesische Jugendkarte, der *Cartão Jovem* (s. „Wissenswertes/Cartão Jovem" S. 76).

In allen Jugendherbergen gibt es mittlerweile auch Doppelzimmer, die nur wenig mehr als zwei Plätze in einem Mehrbettzimmer kosten. Vor allem für Paare kann das sehr interessant sein, da hier die sonst übliche Geschlechtertrennung entfällt. In einigen Unterkünften kochen die Herbergseltern Mittag- und Abendessen für 5 €. Manchmal ist auch eine kleine Küche für Selbstversorger vorhanden.

• *Reservierungen* Im Sommer sind die Jugendherbergen meist ausgebucht, deshalb ist eine Vorbestellung dringend anzuraten. Sie kostet 1,50 € pro Person. Reservieren kann man über das International Booking Network (IBN) der Jugendherbergen, in allen Jugendherbergen in Portugal oder über die Reservierungszentrale: Movijovem, Rua Lúcio de Azevedo, 27, 1600-146 Lisboa, ✆ 707203030 und 217232100, ✉ 217232102, www.pousadasjuventude.pt. Metro Laranjeiras. Sehr abgelegen, daher besser direkt die Jugendherberge Lissabon aufsuchen (s. u.).

Jugendherbergen in Lissabon

Pousada de Juventude de Lisboa (17), Rua Andrade Corvo, 46, ✆ 213532696, ✉ 213537541. Metro Picoas, s. Karte Avenidas Novas S. 276/277. Vom Flughafen mit den Bussen 44 und 45 zu erreichen. Rezeption 8–24 Uhr. Keine nächtlichen Schließzeiten, dadurch kann es nachts recht laut werden. Das Gebäude wurde 1993 komplett neu aufgebaut; von der ehemaligen Aktionärsvilla blieb nur die dekorative Fassade erhalten. Auf 7 Stockwerken (Lift) wurde Platz für über 160 Gäste geschaffen. 30 Zimmer mit jeweils 4–6 Betten, die mit 1,80 m Länge recht kurz ausfallen. Auch 9 DZ mit eigenem Bad sind im Angebot. Außerdem stehen ein behindertengerechtes Zimmer und ein Self-Service-Restaurant zur Verfügung. Preise pro Person im Schlafsaal je nach Saison 13–16 €, DZ 35–42 €. Frühstück 1 € pro Person.

Pousada de Juventude do Parque das Nações (3), Via de Moscavide, L 47-101, ✆ 218920890, ✉ 218920891. Direkt am Stadtrand etwas verlassen neben dem ehemaligen Weltausstellungsgelände (s. Karte „Parque das Nações" S. 334/335). Von der Metro Oriente zu Fuß ca. 10 Min. die Av. Dom João nach Norden gehen. Die Jugendherberge befindet sich auf der linken Seite in einem mit weißen und braunen Steinen verkleideten Gebäude. Ab Flughafen Bus 44 (Richtung Moscavide) über Gare do Oriente bis Haltestelle Av. Boa Esperança. Rund um die Uhr offen, Rezeption aber nur 8–24 Uhr. Insgesamt 72 Betten in 4er-Zimmern und 10 DZ. Auch behindertengerechte Zimmer. Großzügige Aufenthaltsräume. Bar, Fernsehzimmer, Billardraum, Waschmaschine und Küche zum Selbstkochen. Mittags und abends kann auch im Self-Service-Restaurant gegessen werden. Preise pro Person im Mehrbettzimmer 13 €, DZ je nach Saison 30–37 €. Frühstück 1 € pro Person.

Weitere Jugendherbergen in der Umgebung: Zusätzliche Herbergen finden sich in Oeiras (Catalazete) und in Sintra. Dazu kommen mehrere Herbergen südlich des Tejos: Almada (Pragal) und Setúbal sowie weitere, nicht dem Jugendherbergsverband angehörende Häuser in Alcochete und Costa da Caparica.

Camping

Die Campingplätze sind mit einem bis vier Sternen klassifiziert. Plätze mit mehreren Sternen sind dichter mit Bäumen bewachsen, haben mehr Gemeinschaftseinrichtungen und bessere sanitäre Anlagen. In vielen Campinganlagen können auch Bungalows gemietet werden.

Höhepunkt der Juni-Feiern: Die 'marchas populares' am Vorabend des 13. Juni (FVL) ▲▲
Abschluss der 'Festas de Lisboa': Lichtspektakel an der Praça do Comércio (FVL) ▲

▲▲ Einkaufen an der Rua Augusta (JB) ▲▲ Dominiert die Alfama: Lissabons Kathedrale Sé (JB)
▲ Beschauliche Ruhe auf dem Castelo São Jorge (JB)

Subtropisches Klima in der Estufa Quente ▲
im Parque Eduardo VII (JB)

Azulejogeschmückter Palast in der ▲▲
Calçada do Marquês de Abrantes (Madragoa) (JB)
Verwinkelte Gassen der Alfama (JB) ▲

▲▲ "Friedhof der Vergnügungen" – Cemitério dos Prazeres (JB)
▲ Erinnert an die portugiesischen Entdeckungsfahrten – Weltkarte vor dem Padrão dos Descobrimentos in Belém (JB)

Camping 145

Die in den jeweiligen Ortsbeschreibungen angegebenen Preise für Zelte beziehen sich auf kleine Zelte von bis zu 3 m² Grundfläche, für größere Zelte kann der Preis bis zu doppelt so hoch sein. Ähnliches gilt für die angegebenen Pkw-Preise – Wohnmobile sind deutlich teurer. Für Kinder bis 4 Jahre zahlt man gewöhnlich nichts, für Kinder von 5 bis 12 Jahren in der Regel nur den halben Preis. Kinder und Jugendliche unter 15 Jahre müssen von einem verantwortlichen Erwachsenen begleitet sein.

Auf einigen Plätzen wird ein **Campingausweis** verlangt, entweder ein internationaler (*CCI Camping-Card-International*, erhältlich beim Deutschen Camping-Club e.V., Mandlstr. 28, 80802 München, www.camping-club.de) oder ein nationaler portugiesischer (*Carta Campista Nacional*, erhältlich als Mitglied eines portugiesischen Campingclubs). Beide Ausweise berechtigen zu z.T. erheblichen Rabatten.

Hin und wieder wird **wildes Campen** geduldet. Die offizielle Regelung besagt: nicht in Naturschutz- oder in Trinkwasserquellgebieten, nicht näher als 1 km vom nächsten Campingplatz entfernt, nicht an Orten oder Stränden, an denen sich weitere Badegäste aufhalten, und keine Koloniebildung, d. h. mehr als 20 Personen im Umkreis von 300 m. In der Region Lissabon ist wild Campen de facto aber kaum möglich.

- *Informationen* Auf vielen Plätzen und in Buchhandlungen ist für ca. 5 € der jährlich neu erscheinende *Roteiro Campista* erhältlich, ein sehr hilfreiches Taschenbuch, das auch auf Deutsch über Preis, Lage und Ausstattung aller portugiesischen Campingplätze informiert (im Internet: www.roteirocampista.pt).
- *Campingbedarf Intersport*, Centro Comercial Armazéns do Chiado (Metro Baixa/Chiado, Chiado). Neben umfangreicher Sportauswahl auch Zelte, Gaskartuschen und Zubehör.

Campingplätze in Lissabon

**** Lisboa Camping/Parque de Campismo Municipal de Monsanto, Parque Florestal de Monsanto, ✆ 217623100, 🖷 217623106, www.lisboacamping.com. Im großflächigen Monsanto-Park am Stadtrand, nahe der Autobahn nach Estoril. Mit Bus 14 (Richtung Outurela) ab Praça da Figueira (Metro Rossio) bis 21.30 Uhr in ca. 45 Min. zum Platz, von Belém aus auch bis 1 Uhr nachts. Alternativ Bus 50 bis 1 Uhr, z. B. ab Metro Gare do Oriente, Campo Grande oder Colégio Militar-Luz (Richtung Algés), bzw. ab Bahnhof Algés (Richtung Oriente). Von 1 Uhr nachts bis 5.30 Uhr morgens fahren Nachtbusse der Linie 202 ab Cais do Sodré (Metro). Ganzjährig geöffnet. Rezeption 9–23 Uhr. Wegen der nahen Autobahn teilweise etwas laut. 1961 eröffnet, galt der Park dank seiner Konzeption durch den Architekten Keil do Amaral lange Zeit als einer der besten seiner Art. Mit dem Ende der Kolonialherrschaft Portugals in Afrika kamen hier jedoch ab 1974 circa 400 Rückkehrer unter, die teilweise 20 Jahre danach noch immer dort wohnten. Während dieser Zeit verkam der Platz immer mehr, bis Mitte der 90er die Stadt die Dauerbewohner in Sozialwohnungen umsiedelte. 1998 wurde der Campingplatz mit modernen sanitären Anlagen wieder eröffnet. Viele Tische und Schatten spendende Bäume. Platz ist für 400 Zelte. Minimarkt, Fernsehraum, Bar, schöner Swimmingpool mit Sprungturm, Minigolf, Tennisplatz. Erwachsene je nach Saison 4,20–5,60 €, Zelte 4,10–6,80 €, Auto 2,65–3,50 €. Auch Bungalows für 2–6 Personen 40–86 €. In der Hochsaison teilweise ausgebucht.

Weitere Plätze in der Umgebung: Westlich von Lissabon findet man Zeltplätze in Areia bei Guincho nahe Cascais. Nördlich von Lissabon bieten sich Ericeira und Vila Franca de Xira zum Campen an. Zahlreiche Plätze gibt es südlich von Lissabon in den Strandorten Costa da Caparica, Aldeia do Meco, Lagoa de Albufeira, Sesimbra und Setúbal.

Hotels und Pensionen in Lissabon

Mit über 100 Hotels und Pensionen gibt es in Lissabon ein schwer zu überschauendes Angebot. Die elegantesten Unterkünfte sind im Stadtteil Lapa zu finden, die modernen Hotels der Geschäftsreisenden an der Avenida da Liberdade und in den Avenidas Novas. Wer Billiges vorzieht, sollte in der Baixa oder im Bairro Alto suchen. Hier kann es aber schon einmal etwas laut werden. Altstadtflair bieten die Unterkünfte in der Alfama, Mouraria und Graça.

Baixa/Chiado (s. Karte S. 240/241)

***** Hotel Avenida Palace (8), Rua 1° de Dezembro, 123, ℡ 213218100, ℻ 213422884, www.hotel-avenida-palace.pt. Metro Restauradores. Sehr zentrale Lage, direkt neben dem Bahnhof Rossio, mit dem zusammen das Hotel erbaut wurde. Es verdient die Bezeichnung „Palast". Über 100 Jahre nach der Eröffnung 1896 wurde es 1997/98 von Grund auf renoviert. Alles sehr elegant und klassisch dekoriert. Die Zimmer edel mit schönen Betten, Spiegeln und antiken Möbelstücken eingerichtet, schwarze oder weiße Marmorbadezimmer, Telefon, Radio, TV, Minibar und Klimaanlage. Ruhig, da doppelte Fenster nach außen. Mehrere noble Salons laden zum Verweilen ein, der Frühstückssaal ist ebenfalls beeindruckend. DZ mit Frühstück 260 €.

**** Hotel Lisboa Regency Chiado (27), Rua Nova do Almada, 114, ℡ 213256100, ℻ 213256161, www.regency-hotels-resorts.com. Metro Baixa/Chiado. Sehr zentral neben dem vom Stararchitekten Álvaro Siza Vieira wieder aufgebauten Einkaufszentrum Armazéns do Chiado. Von den obersten Stockwerken, die sich praktisch auf der Höhe des benachbarten Elevadors Santa Justa befinden, bietet sich ein überwältigender Blick über die Baixa und auf die Burg. Einen herrlichen Blick genießt man ebenso von der auch für Nicht-Gäste zugänglichen Hotel-Bar mit Terrasse. Helle und großzügige Inneneinrichtung. 40 Zimmer mit Sat-TV, Fax- und Internetanschluss, Minibar, Tresor und Marmorbäder. Classic-Zimmer mit mäßigem Blick auf den Chiado: je nach Saison 160–190 €. Die Premium-Zimmer mit dem besten Blick und Balkon kosten 220–250 € (Frühstück inkl.).

**** Hotel Mundial (7), Rua Dom Duarte, 4, ℡ 218842000, ℻ 218842110, www.hotel-mundial.pt. Metro Rossio. Großes, sehr zentral an der Praça Martim Moniz gelegenes Hotel. Das hohe Gebäude ist keine Schönheit, aber vom Hotelrestaurant Varandas de Lisboa im 8. Stock guter Blick auf den Burgberg. Insgesamt 255 mittelgroße Zimmer in zwei Hausteilen. Alle Zimmer mit Klimaanlage, Sat-TV, Minibar, Haartrockner, Tresor und Bad. Die Bäder sind schön mit Marmorwaschbecken eingerichtet. Eigenes Hotelparkhaus und 3 Konferenzräume. DZ je nach Saison 117–150 € (inkl. Frühstück).

*** Hotel Métropole (16), Rossio, 30, ℡ 213219030, ℻ 213469166, www.almeidahotels.com. Metro Rossio. Direkt am Rossio liegt dieses stilvolle Hotel in einem 1993 renovierten Gebäude aus der Zeit der Jahrhundertwende. Der Eingang ist recht unauffällig, zur Rezeption in den ersten Stock gehen, der untere Empfang ist meist nicht besetzt. Alle Zimmer mit eigenem Bad, Schreibtisch, TV, Telefon und Safe. Die Möbel der 36 recht geräumigen Zimmer sind antik. Von der Hälfte der Zimmer genießen die Gäste einen schönen Blick auf den Rossio und das Castelo São Jorge. DZ mit Frühstücksbuffet je nach Saison 130–170 €.

*** Hotel Lisboa e Tejo (13), Rua dos Condes de Monsanto, 2, ℡ 218866182, ℻ 218865163, www.hotellisboatejo.com. Metro Rossio. Unweit der Praça da Figueira. Trotz der zentralen Lage recht ruhig. Innen steht der Brunnen (poço), nach dem die Straße benannt ist. 1994 eröffnet, ein paar Jahre später hat man das Haus zu einem ganz in Blau gehaltenen Design-Hotel umgestaltet. 60 zumeist geräumige Zimmer, die portugiesische Designer gestaltet haben, mit Holzparkett, Klimaanlage, TV und Minibar. DZ mit Frühstück je nach Saison 85–135 €.

2.ª **Pensão Portuense (1)**, Rua das Portas de Santo Antão, 153, ℡ 213464197, ℻ 213424239, www.pensaoportuense.com. Metro Restauradores. Gepflegte Familienpension, nur wenige Meter von der Praça dos Restauradores und dem Rossio entfernt. Im nicht so

Hotels und Pensionen in Lissabon

stark frequentierten Teil der „Touristen-Restaurant-Meile" Lissabons, daher wenig Verkehrslärm. 18 saubere, in freundlichen Farben eingerichtete Zimmer mit eigener Dusche, Holzparkettboden, Klimaanlage, Heizung, Schreibtisch, TV, Telefon. DZ mit Frühstück je nach Saison 37–52 €.

3.ª **Pensão Residencial Gerês (6)**, Calçada do Garcia, 6, 1° e 2°, ✆ 218810497, ✉ 218882006, www.pensaogeres.com. Metro Rossio. Sympathische Pension in einer kleinen Gasse unmittelbar nördlich des Rossio (Zugang über den Largo de São Domingos). Trotz der Nähe zum Zentrum ruhige Lage. Relativ geräumige, saubere Zimmer mit Heizung, TV und Telefon. Auch 3 Zimmer für 3 Personen. Nur 20 Zimmer, daher oft ausgebucht. Hübscher Aufenthaltsraum. DZ mit Bad je nach Saison und Größe 55–65 € (kein Frühstück).

3.ª **Residencial Florescente (2)**, Rua das Portas de Santo Antão, 99, ✆ 213426609, ✉ 213427733, www.residencialflorescente.com. Metro Restauradores. Zentrale Lage direkt gegenüber dem Coliseu. Zimmer z. T. mit kleinem Balkon zur tagsüber belebten Fußgängerzone, ausgestattet mit Radio, TV, Telefon und Klimaanlage. DZ mit eigenem Bad je nach Saison 40–55 € (Frühstück inkl.).

Zentraler geht's nicht: Hotel Métropole

Alfama (s. Karte S. 252/253)

Hotel Palácio Belmonte (11), Páteo Dom Fradique, 14, ✆ 218816600, ✉ 218816609, www.palaciobelmonte.com. Direkt neben den Burgmauern. Exquisiteste Unterkunft Lissabons, wahrscheinlich verzichtet man deshalb auf Sterne. Bereits 1449 ist der Palast auf der maurischen Stadtmauer errichtet worden, Teile des Hauses stammen sogar noch aus der Römerzeit. Nachdem man hier die Filme „Lisbon Story" und „Afirma Pereira" drehte, ließ der französische Unternehmer Frédéric Coustols den Palast Ende der 90er Jahre für 16,5 Mio. Dollar zum Hotel umbauen. Rote Ziegelböden, weiß gekalkte Wände und schmiedeeiserne Gitter machen das Original-Flair perfekt. Auch sonst traditionelle und umweltfreundliche Baumaterialien. Sehenswert sind die Azulejo-Gemälde aus dem 18. Jh., deren über 38.000 Fliesen zur Restauration einzeln abgenommen werden mussten. 10 Suiten, von denen keine der anderen gleicht: die Grundfläche variiert zwischen 30 und 162 m². Alle sind mit elegantem Mobiliar aus dem 17. und 18. Jh. eingerichtet.

Luxuriöse Marmor-Bäder, Telefon sowie CD-Player, aber kein Fernseher. Die Suite „Gil Vicente" bietet zwei Terrassen mit herrlicher Aussicht und einen geräumigen Wintergarten. Die Suiten „Bartolomeu de Gusmão" und „Padre Himalaya" sind in Türmen untergebracht mit traumhaften Rundblicken auf Lissabon und den Tejo. Schwimmbad im Garten. Im Innenhof, der auch als öffentlicher Durchgang dient, ein hübsches Café. Preis je nach Suite und Saison 300–1.200 € (inkl. Frühstück).

**** Hotel Solar do Castelo (4), Rua das Cozinhas, 2, ✆ 218806050, ✉ 218870907, www.heritage.pt. Inmitten der Altstadtgassen, neben den Burganlagen gelegen. Im 16. Jh. befanden sich hier die Küchen des ehemaligen Königspalastes (im Eingangsbereich steht noch eine mittelalterliche Zisterne). Nach dem Erdbeben von 1755 errichteten Adlige an dieser Stelle einen kleinen Palast. Seit 2001 ist hier das erste Hotel der Alfama untergebracht. Mit nur 14 Zimmern familiäre Atmosphäre. Modern eingerichtet und dennoch viel Geschichte zu spüren. So sind

148 Lissabon/Übernachten

Innenhof des Hotels Solar do Castelo in der Alfama

die Zimmer nach den Beinamen portugiesischer Könige benannt. Zimmer im Altbaubereich mit Holzboden, ockerfarbenen Wänden und schönen Marmorbädern. Zimmer 21 hat den besten Blick auf den Tejo. Die ebenfalls schön eingerichteten Zimmer im Neubauflügel haben Blick in den einladenden Innenhof mit Frühstücksterrasse. DZ je nach Saison und Ausstattung 196–305 €. Frühstück 14 € pro Person.

Casa de Hóspedes Aurélio e Ivone Santos (1), Rua do Paraíso, 17, r/c-Dto, ℅ 218880737. Nur wenige Meter unterhalb des Flohmarktes Feira da Ladra sowie oberhalb des Hauptbahnhofs Santa Apolónia. Einfaches Gästehaus in neuerem Gebäude. Im Erdgeschoss 5 schlichte und saubere Zimmer mit Marmorboden. Ein ebenfalls sauberes Gemeinschaftsbad mit Dusche. DZ ohne Frühstück je nach Saison 25–30 €.

• *Privatzimmer* **Casa Costa do Castelo (8)**, Costa do Castelo, 54, ℅ 218822678, ℡ 218822679, www.c-c-castelo.com. Infos in Deutschland ℅ 07665/99255. Das Haus liegt direkt westlich unterhalb der Burgmauern am Hang. Zimmer im 4. und 5. Stock (kein Lift). Vom heruntergekommenen Treppenhaus nicht abschrecken lassen. Mehrere kleine Zimmer mit Dielenböden. Bei der Renovierung hat die deutsche Eigentümerin biologische Baumaterialien verwendet. Kleines Appartement mit Küche. Zimmer ganz oben mit Dachschräge. Teilweise umwerfender Ausblick auf den Rossio und die Brücke des 25. April. Aufenthaltsraum mit TV. Frühstücksraum im Wintergarten, dahinter ein entzückender Orangengarten mit Wendeltreppe. DZ mit Gartenblick 70 €, mit Blick auf Rossio 75 € (inkl. Frühstück), Appartement 89 € (ohne Frühstück).

Mouraria/Graca (s. Karte S. 262/263)

**** Hotel Olissipo Castelo (7), Rua Costa do Castelo, 112-126, ℅ 218820190, ℡ 218820194, www.olissippohotels.com. Modernes Hotel mitten in der Altstadt am nördlichen Burghang. Nur die Fassade ist alt. 24 geräumige Zimmer, alle mit schönem Blick auf Graça, Parque Eduardo VII und Amoreiras. Die Zimmer im 2. und 3. Stock haben eine große Dachterrasse. Einrichtung in modernem Stil mit Teppichböden, Schreibtisch, Klimaanlage, Kabel-TV, Telefon, Safe und Minibar. Mittelgroße Bäder. Garage. DZ 165 € (inkl. Frühstück).

1.ª Albergaria Senhora do Monte (2), Calçada do Monte, 39, ℅ 218866002, ℡ 218877783, www.maisturismo.pt/sramonte. Abseits des Stadtgewühls am Berghang, direkt neben dem Aussichtspunkt Miradouro Nossa Senhora do Monte. Die Haltestelle Graça der Tram 28 ist nicht weit entfernt. Von den Zimmern des Neubaus wunderschöner Blick auf Lissabons Altstadt. Große Dachterrasse, auf der die Bar mit der besten Aussicht Lissabons zu finden ist. DZ mit Bad und inkl. Frühstück je nach Saison 90–129 €. Mit Balkon etwa 20 € teurer.

3.ª Pensão Ninho das Águias (8), Costa do Castelo, 74, ℅ 218854070. Direkt unterhalb des Castelo São Jorge in der Mouraria. Eine enge Wendeltreppe in einem Turm führt nach oben zur Pension. Von der grünen Terrasse wie auch von einigen Zimmern des Altbaus herrlicher Ausblick über die Stadt. Früh buchen, da im Sommer fast immer ausgebucht. Einfache, relativ geräumige Zimmer. DZ mit sauberem Gemeinschaftsbad je nach Saison 35–45 €, mit Dusche 40–50 € (jeweils ohne Frühstück).

Hotels und Pensionen in Lissabon

Av. da Liberdade (s. Karte S. 266/267)

***** Hotel Tivoli Lisboa/**** Hotel Tivoli Jardim (6), Av. da Liberdade, 185, ℡ 213198900, ℻ 213198950, www.tivoli.pt. Metro Avenida. Hotel der Luxusklasse in exklusiver Lage an Lissabons Prachtmeile. Gehört zur Tivoli-Gruppe der Bankiersfamilie Espírito Santo. 1956 nach Plänen des Estado-Novo-Architekten Pardal Monteiro erbaut. Schöne, große Zimmer in freundlichen Farbtönen. Telefon, Minibar, Sat-TV, Klimaanlage, lärmisoliert. Insgesamt 300 Zimmer und 30 Suiten. Konferenzräume für 40–200 Personen. DZ je nach Saison 148–420 € (inkl. Frühstücksbuffet). Hinter dem eigentlichen Hotel liegt ein zweites Haus, das etwas bescheidenere Vier-Sterne-Hotel Tivoli Jardim mit 119 Zimmern. DZ je nach Saison 105–320 € (inkl. Frühstücksbuffet).

**** Hotel Britânia (4), Rua Rodrigues Sampaio, 17, ℡ 213155016, ℻ 213155021, www.heritage.pt. Metro Avenida. In einer Parallelstraße der Av. da Liberdade gelegen. Hotel der gehobenen Klasse der Heritage-Gruppe. Historisches, im Stil des Art Déco gehaltenes Gebäude des modernistischen Architekten Cassiano Branco aus den 40er Jahren. Denkmalgeschützt, da in Lissabon sonst kein anderer Hotelbau aus dieser Zeit erhalten ist. Mit 30 Zimmern fast familiäre Atmosphäre, alles sehr geschmackvoll und elegant eingerichtet. Sat-TV, Minibar, Telefon, Internetanschluss und Klimaanlage. DZ je nach Saison und Ausstattung 164–245 €. Frühstück 14 € pro Person.

**** Hotel Lisboa Plaza (10), Travessa do Salitre/Av. da Liberdade, ℡ 213218218, ℻ 213471630, www.heritage.pt. Metro Avenida. In zentraler Lage in der zweiten Reihe der Av. da Liberdade. Hinter der schlichten Fassade verbirgt sich ein modernes Luxushotel mit 91 Zimmer und 12 Suiten. Elegant eingerichtet in warmen Farbtönen mit Mamorbädern, Klimaanlage, Sat-TV, Internet- und Telefonanschluss, Minibar und Safe. Auch Konferenzsäle. DZ je nach Saison und Ausstattung 156–235 €. Frühstücksbuffet 14 € pro Person.

**** Hotel Veneza (5), Av. da Liberdade, 189, ℡ 213522618, ℻ 213526678, www.3khoteis.com.pt. Metro Avenida. Ansprechendes Hotel in der ehemaligen Residenz des portugiesischen Anwalts Barata Salgueiro aus dem Jahr 1886. Gute Stilmischung aus neoklassizistischer Architektur und moderner

Hotel Palácio Belmonte: traditionsreiches Gebäude

Gestaltung. Mit 38 Zimmern auf 3 Etagen deutlich kleiner als das benachbarte Tivoli. Hübsche, farbenfroh eingerichtete Zimmer mit Minibar, Sat-TV, Telefon und Klimaanlage. DZ mit Frühstück 125 €.

**** Hotel VIP Eden Lisboa (18), Praça dos Restauradores, 24, ℡ 213216600, ℻ 213216666, www.viphotels.com. Metro Restauradores. Direkt an der Praça dos Restauradores, trotzdem sind die Zimmer ruhig. Das architektonisch wohl interessanteste Hotel Lissabons. Das Hotel wurde in das ehemalige Kino Eden integriert, das 1931 durch den modernistischen Architekten Cassiano Branco erbaut worden war. Wo früher die Leinwand war, hat man die Mauern durchbrochen, um den wie Logen angeordneten Zimmern einen freien Blick auf den Platz zu ermöglichen. Im ersten Stock, sozusagen anstelle der normalen Bestuhlung, wachsen nun grüne Palmen. Oben auf dem Dach tummeln sich jetzt die Gäste im Schwimmbad und genießen die

Lissabon/Übernachten

Glasfront des Hotel Le Meridien – herrlicher Tejoblick aus den Zimmern

Aussicht in der Bar. Sie dürfte den meisten Deutschen bekannt sein, da das ZDF von hier aus die Fußball-Europameisterschaft 2004 übertrug. Es können sowohl kleine Studios für 1–2 Personen als auch große Appartements für 1–4 Personen gemietet werden. Wer es leiser mag, bucht besser ein Zimmer nach hinten raus. In allen Appartements ist eine kleine Küchenzeile mit Geschirrspüler, Kühlschrank, Herd und Mikrowelle eingebaut. Zusätzlich stilvolle Bäder mit Azulejos, Sat-TV, Klimaanlage und Telefon sowie Schreibtisch. Preis für die Studios je nach Saison 79–125 €, Appartements 99–180 €. Das Frühstück kostet 5 € pro Person.

** **Hotel Ibis Lisboa Liberdade (7)**, Rua Barata Salgueiro, 53, ✆ 213300630, ✆ 213300631, www.accorhotels.com. Metro Marquês de Pombal. Schmaler Neubau etwas oberhalb der Av. da Liberdade. Gehört zu einem Gemeinschaftsunternehmen der französischen Accor-Kette mit dem portugiesischen Amorim-Konzern. 70 schallisolierte, mittelgroße Zimmer mit TV, Klimaanlage, Telefon. Blick in Häuserschluchten. Einfache Einrichtung in Pastellfarben mit Teppichboden und funktionalen Bädern. DZ je nach Saison 59–64 € (keine Ermäßigung für Einzelpersonen). Frühstück 5 € pro Person.

2.ª **Pensão Residencial Dublin (1)**, Rua de Santa Marta, 45, ✆ 213555489, ✆ 213543365. Metro Marquês de Pombal. In einer relativ ruhigen Seitenstraße in der Nähe der Av. da Liberdade und des Marquês de Pombal. Sehr ansprechendes Haus mit Stil. Schöne, geräumige Zimmer mit Stuckdecken, eigenen Bädern und Kabel-TV. Sauber und gepflegt. DZ mit Frühstück je nach Saison 45–50 €.

3.ª **Pensão Alegria (12)**, Praça da Alegria, 12, ✆ 213220670, ✆ 213478070, www.alegrianet.com. Metro Avenida. Recht zentral gelegenes, älteres Gebäude am Südrand der Praça da Alegria. Um die Ecke der Jazzkeller Hot Clube de Portugal. Große Zimmer mit eigenem Bad, Telefon und Fernseher. Einfach eingerichtet, aber sauber und gut in Schuss gehalten. DZ mit eigenem Bad je nach Saison 43–63 € (inkl. Frühstück).

Casa de Hóspedes Nova Avenida (13), Rua de Santo António da Glória, 87-1°, ✆/✆ 213423689. Metro Avenida. Über der Praça da Alegria in einer Parallelstraße zur Av. da Liberdade. Einfache, saubere Unterkünfte. Zimmer recht klein, aber fast alle mit Dusche, einige mit Bad. Die Zimmer haben Korkböden und gehen teilweise direkt ins Treppenhaus. DZ ohne Bad und Dusche 25 €, mit Dusche je nach Größe 30–35 €, mit Bad 35–40 €. Die Preise variieren je nach Saison leicht nach oben bzw. nach unten. Kein Frühstück.

Hotels und Pensionen in Lissabon 151

Avenidas Novas (s. Karte S. 276/277)

***** **Ritz Four Seasons Hotel (22)**, Rua Rodrigo da Fonseca, 88, ℡ 213811400, ℻ 213831783, www.fourseasons.com. Metro Marquês de Pombal. Exklusive Lage am Parque Eduardo VII mit schönem Blick über Lissabon. 1959 eröffnet und damit das älteste Luxushotel der Stadt, entworfen vom modernistischen Architekten Porfírio Pardal Monteiro. Marmor, Stuckdecken und edle Möbelstücke schmücken das Innere der 270 geräumigen Zimmer mit Veranda. Sat-TV, Telefon (teilweise auch mit Fax), Minibar, Kühlschrank. Vom Haartrockner bis zu Hausschuhen und Zahnpasta steht so ziemlich alles zur Verfügung. Außerdem noch ein Fitnessraum. DZ 335 €. Kontinentales Frühstück 18,25 € pro Person.

***** **Le Meridien Park Atlantic (20)**, Rua Castilho, 149, ℡ 213818700, ℻ 213890505, www.lemeridien-lisbon.com. Metro Marquês de Pombal. Moderner Glaspalast in direkter Nachbarschaft zum Ritz, mit dem es um die exklusive Kundschaft in Lissabon konkurriert. Grandioser Blick über die Stadt aus den Zimmern in den oberen Stockwerken. Die 330 geräumigen Zimmer (darunter 17 Suiten) sind stilvoll und modern eingerichtet. Helle, freundliche Atmosphäre. Telefon, Sat-TV, Klimaanlage, Minibar, Safe, Haartrockner stehen dem Gast zur Verfügung. Zusätzlich verfügt das Hotel über eine Parkgarage, eine Sauna und Tagungsräume für bis zu 550 Personen. Besonders Geschäftsreisende besuchen das Meridien. DZ je nach Saison ab 136–350 €, Frühstücksbuffet 21 € pro Person.

**** **Hotel AC Lisboa (18)**, Rua Largo Andaluz, 13, ℡ 210050930, ℻ 210050931, www.ac-hoteles.es. Metro Picoas. In den Untergeschossen des Einkaufszentrums Palácio Sottomayor, Zugang aber über die Rua Largo Andaluz, die unterhalb der Av. Fontes Pereira de Melo verläuft. Wer neben dem Eingang nach oben schaut, kann die Metro unter der Brücke fahren sehen. Neubau mit 83 Zimmern. Kühl, aber elegant-modern eingerichtet. Vor allem Geschäftsreisende aus Spanien. Recht geräumige Zimmer, einige im 3. Stock mit Terrasse. Holzparkett, Schreibtisch, Sat-TV, Telefon, W-LAN-Zugang, Minibar kostenlos. Große Bäder mit viel Glas. Fitness-Center, Türkisches Bad, Konferenzräume. DZ je nach Saison ab 130–143 € (inkl. Frühstück).

*** **Hotel Olissipo Marquês de Sá (4)**, Av. Miguel Bombarda, 130, ℡ 217911014, ℻ 217936986, www.olissippohotels.com. Metro São Sebastião. 1996 eröffneter, moderner Glas- und Betonbau hinter dem Gulbenkianmuseum. Sehr ruhige Lage. 97 relativ große Zimmer in freundlichen Pastelltönen. Alle mit geräumigen Marmorbädern, TV, Telefon, Klimaanlage. Entweder Blick nach vorn auf die Straße oder nach hinten. Garage kann gegen Aufpreis benutzt werden. Im Hotel finden sich noch eine Bar und ein Restaurant. DZ inkl. Frühstück 115 €.

*** **Hotel Miraparque (19)**, Av. Sidónio Pais, 12, ℡ 213524286, ℻ 213578920, www.miraparque.com. Metro Parque. Einfaches Mittelklassehotel im Stil der 60er Jahre mit 107 Zimmern. Hübsche Zimmer, größtenteils mit Blick auf den Park Eduardo VII. Sehr ruhige Lage. Alle Zimmer mit Sat-TV, Minibar, Tresor, Telefon, Klimaanlage, Bad und WC. DZ mit Frühstück und Parkblick 69–100 €.

** **Hotel Ibis Lisboa Saldanha (10)**, Av. Casal Ribeiro, 23, ℡ 213191690, ℻ 213191699, www.accorhotels.com. Metro Saldanha. Neubau im Herzen der Avenidas Novas unweit der Praça Duque de Saldanha. 116 Zimmer mit TV, Telefon und Klimaanlage auf 10 nach Rauchern und Nichtrauchern getrennten Stockwerken. Funktionale Einrichtung und schlichte Bäder mit Wannen – der auch aus Deutschland bekannte ibis-Stil eben. DZ je nach Saison 59–62 € (keine Ermäßigung für Einzelpersonen). Frühstück 5 € pro Person.

2.ª **Residencial Astória (25)**, Rua Braamcamp, 10, ℡ 213861317, ℻ 213860491, www.evidenciahoteis.com. Metro Marquês de Pombal. Zentral gelegen. Keine 5 Min. von der Praça Marquês de Pombal entfernt. Pension der Mittelklasse. Einfache, saubere Zimmer mit Dusche/WC. Die Besitzer planen die Pension in den nächsten Jahren in ein Hotel umzuwandeln. DZ mit Frühstück je nach Saison 50–65 €.

2.ª **Pensão Casal Ribeiro (23)**, Rua Braamcamp, 10, ℡ 213861544, ℻ 213860067. Metro Marquês de Pombal. In unmittelbarer Nähe zur Praça Marquês de Pombal direkt neben dem Residencial Astória. Solide, einfache Zimmer mit eigenem Bad, Klimaanlage, TV, Radio und Telefon. DZ mit Frühstück je nach Saison 45–50 €.

2.ª **Pensão Residencial Casa Vila Nova (21)**, Av. Duque de Loulé, 111–3°, ℡ 213540838 oder 213534860. Metro Marquês de Pombal. Gleich neben der Praça Marquês de Pombal, im 3. OG eines alten, etwas renovierungsbedürftigen Jugendstil-Hauses, unten ein Büro der kommunistischen Partei PCP. Saubere, teilweise recht geräumige Zimmer. Alle mit eigenem Bad, teilweise auch mit Fernsehgerät. Dunkle Möbel aus Holz. DZ je nach Größe und Saison 30–45 € (ohne Frühstück).

3.ª **Pensão Residência Bela Veneza (9)**, Rua Tomás Ribeiro, 40-2.°-Esq, ℡ 213543003. Metro Picoas. Altes Mehrfamilienhaus aus der ersten Hälfte des 20. Jh. in einer relativ ruhigen Seitenstraße zur zentral gelegenen Av. Fontes Pereira de Melo. Einfache Pension in der 2. Etage (kein Lift). 10 Zimmer, fast alle mit eigener Duschkabine (zum Teil in der Zimmerecke). Saubere Korkböden, TV, Telefon. Am ruhigsten sind die Zimmer zum Innenhof. DZ 35 € ohne Bad und 40 € mit eigenem Bad (kein Frühstück).

Casa de Hóspedes Pascoal de Melo (13), Rua Pascoal de Melo, 127-B-1°, ℡ 213577639, ℻ 213144555. Ruhig mitten im Stadtteil Estefânia gelegen. Indische Wirtsleute. Der Eingang machte auf uns einen etwas ungepflegten Eindruck, doch im ersten Stock erwartet die Besucher eine propre Pension. Saubere, relativ geräumige Zimmer, alle mit Bad. Einige Zimmer mit Balkon zur Straße, sie sind aber etwas lauter als die anderen. DZ je nach Saison 30–40 € (kein Frühstück).

Bairro Alto (s. Karte S. 282/283)

***** **Bairro Alto Hotel (36)**, Praça Luis de Camões, 8, ℡ 213408288, ℻ 213408299, www.bairroaltohotel.com. Metro Baixa/Chiado. Ein liebevoll restauriertes Altstadt-Haus aus dem Jahr 1845 im Zentrum des Bairro Alto. Früher war hier das Hotel da Europa untergebracht. Die 55 Zimmer bleiben trotz des belebten Platzes und der vor der Tür vorbeifahrenden Tram 28 ruhig – dafür sorgen doppelte Fensterflügel mit jeweils Doppelglas. Dielenböden und hohe Decken hinterlassen einen noblen Eindruck. Nur die Mansarden-Zimmer im obersten Stock sind etwas klein geraten. Klimaanlage, Schreibtisch, Minibar, DVD-Player, Telefon, Wifi-Internetzugang, Tresor, Marmorbäder mit Wanne. Kleine Balkone mit Tejoblick. Den besten Blick bis zur Brücke des 25. April, den Tejo und den Cristo Rei hat man ganz oben von der Terrasse, auf der bei gutem Wetter Getränke serviert werden. Im Erdgeschoss ein stilvolles Restaurant und die cool gestaltete Café-Bar Garrett mit Sitzecken im Neonlicht – beide sind übrigens auch von außen zugänglich. DZ inkl. Frühstück ab 320 €.

3.ª **Pensão Londres (7)**, Rua D. Pedro V, 53-2°, ℡ 213462203, ℻ 213465682, www.pensaolondres.com.pt. Älteres, herrschaftliches Haus am nördlichen Rande des Bairro Alto. Schöne Bäckerei mit Café im Erdgeschoss. Die 36 Zimmer liegen im 2. und 3. Stock (mit Aufzug). Blick teilweise auf die Av. Novas und den Tejo, am besten in den Zimmern 404–410. Die Unterkünfte zur Rua Dom Pedro sind etwas lauter. Dunkelblaue Fußböden und hohe Decken. DZ ohne Dusche je nach Saison 35–42 €, mit Dusche 50–59 €, mit komplettem Bad 60–70 €. Alle Preise inkl. Frühstück.

Casa de Hóspedes Duque (16), Calçada do Duque, 53, ℡ 213463444, ℻ 213256827. Unmittelbare Nähe zur Kirche São Roque. Kleine Familienpension in zentraler und dennoch ruhiger Lage. Sehr einfache Zimmer ohne Ausblick mit mehr oder weniger sauberem Gemeinschaftsbad. DZ je nach Saison 26–36 € (ohne Frühstück).

Lapa/São Bento (s. Karte S. 288/289)

***** **Lapa Palace (19)**, Rua do Pau de Bandeira, 4, ℡ 213949494, ℻ 213950665, www.lapapalace.com. In einer abgeschiedenen Gegend des Stadtteils Lapa liegt eines der besten Lissabonner Hotels. 1870 wurde der Palast für den Grafen von Valença erbaut, seit 1992 Luxus-Hotel. Inzwischen im Besitz der Orient-Express-Kette, der auch das legendäre Copacabana Palace in Rio gehört. Besonders beliebt bei portugiesischen Geschäftsleuten. Ein angebauter Flügel, in dem sich 5 geräumige Suiten befinden, harmoniert perfekt mit dem alten Palast. Jede der luxuriösen Suiten besitzt eine individuelle Dekoration, die vom Klassizismus des 18. Jh. bis zum Art déco reicht, aber immer portugiesisch geprägt ist. Von den Terrassen der besseren Suiten blickt man auf Almada und den Cristo Rei. Die Balkone der 109 Zimmer gehen dagegen zu-

Lissabonner Nobelherberge – das Hotel Lapa Palace

meist in Richtung des großen Hotelgartens. Alle Zimmer mit zwei Telefonen, Sat-TV, Minibar und alten Möbeln eingerichtet. Die Marmorbäder sind mit handgemachten Azulejos ausgekachelt. Fitness-Center mit Sauna, Solarium, türkischem und schottischem Bad. 8 schöne Konferenzsäle. DZ je nach Saison ab 350–475 €. Suiten zwischen 650 und 2.000 € (Frühstück jeweils inkl.).

1.ª **Residencial As Janelas Verdes (25)**, Rua das Janelas Verdes, 47, ✆ 213968143, ✉ 213968144, www.heritage.pt. Nicht weit vom Museu de Arte Antiga zwischen Zentrum und Belém gelegen. Das herrschaftliche Haus aus dem 18. Jh. gehörte früher dem berühmten Schriftsteller Eça de Queiroz. Es bietet luxuriösen Komfort in palastähnlichem Ambiente. Die 29 Zimmer sind teilweise mit Stuckdecken geschmückt. Stilvolle Einrichtung in Pastelltönen. Schalldichte Fenster, Klimaanlage, Telefon, Sat-TV gehören zur Ausstattung. DZ je nach Saison und Ausstattung 187–295 €. Frühstück 14 € pro Person.

1.ª **Residencial York House (21)**, Rua da Janelas Verdes, 32, ✆ 213962435, ✉ 213972793, www.yorkhouselisboa.com. Außerhalb vom Zentrum auf halbem Weg nach Belém. Das alte Kloster der barfüßigen Karmeliter (im Volksmund auch *Marianos* genannt) aus dem 16. Jh. wurde mit viel Aufwand in eine exklusive, sehr stilvolle Herberge umgebaut. Für die Einrichtung der 36 Zimmer hat man nur Antiquitäten oder auch gekonnte Nachbildungen verwendet. Nüchternes, aber keineswegs unkomfortables Ambiente. Im lauschigen Klostergarten mit Springbrunnen findet man unter Palmen Lissabons Diplomaten beim Plausch. Die Zimmer zur Straße hin sind deutlich lauter als die nach innen. Zimmer mit eigenem Bad, Telefon und Sat-TV. DZ je nach Saison 150–220 €, Frühstück pro Person 14 €.

2.ª **Pensão Residencial Casa de São Mamede (1)**, Rua da Escola Politécnica, 159, ✆ 213963166, ✉ 213951896. Metro Rato. Ein alleinstehendes, 1758 erbautes Haus beherbergt seit 1948 diese sehr stilvolle Pension. Das ehemalige Familienhaus ist mit Kronleuchtern und großen Holztreppen antik eingerichtet. Aufsehenerregend ist das Frühstückszimmer mit Azulejos und schweren Vorhängen. In den 28 Zimmern auf 3 Stockwerken hohe Decken und große Bäder sowie Tresor, Telefon und Fernseher. DZ je nach Saison 75–90 € (inkl. Frühstück). Kinder bis 7 Jahren im Zimmer der Eltern kostenlos – Familien sind sehr willkommen.

154 Lissabon/Übernachten

Alcântara (s. Karte S. 302/303)

***** **Pestana Palace Hotel (5)**, Rua Jau, 54, ✆ 213615600, 📠 213615601, www.pestana.com. Das luxuriöseste und prächtigste Hotel der Stadt in ruhiger Lage auf der Anhöhe Alto de Santo Amaro. Die Tram 18 fährt hier vorbei. Beim Betreten des 1890 erbauten und als Nationaldenkmal klassifizierten Palácio Valle Flor verschlägt es dem Besucher angesichts ausladender Kronleuchter, polierter Parkettböden und feinstem Mobiliar erst einmal die Sprache. Die portugiesische Hotel-Gruppe Pestana hat den früher arg heruntergekommenen Palast und seine herrlichen Parkanlagen 1999–2001 renoviert und mit einem Neubauflügel versehen. Insgesamt 173 Zimmer und 17 Suiten. Im alten Palastflügel findet man die 4 prächtigsten Suiten, eine Bar, ein öffentlich zugängliches Restaurant mit neoklassischem Prunk und Gartenblick, ein halbes Dutzend Arbeitsräume, sowie eine herrliche Kapelle, für deren Fenster eigens Restauratoren aus dem Vatikan eingeflogen wurden. Der Neubauflügel mit den „normalen" Zimmern erscheint dagegen geradezu schlicht: Die geräumigen Zimmer haben Kabel-TV, Klimaanlage, Zentralheizung, Internetanschluss, Minibar, Tresor und luxuriöse Bäder. 2 Schwimmbäder, Sauna, Fitnessraum und Konferenzzentrum. DZ 430 € (mit Frühstück, Gartenblick Zuschlag), Suiten bis zu 2.600 €.

Osten (s. Karte Parque das Nações S. 334/335)

**** **Hotel Tivoli Tejo (1)**, Av. Dom João II, Parque das Nações, ✆ 218915100, 📠 218915345, www.tivolihotels.com. Metro Oriente. Modernes Gebäude an der Südseite des Hauptbahnhofs Gare do Oriente. Gut zu erkennen an seiner elliptischen Fassade. In der einen Hälfte der Zimmer Tejoaussicht (vor allem in den oberen Etagen), in der anderen blickt man direkt in die Gare do Oriente. Geräumige Zimmer mit Schreibtisch, Minibar und hellroten Teppichböden. Klimaanlage, die Fenster kann man dennoch öffnen. Auch behindertengerechte DZ. Schwimmbad, türkisches Bad, Sauna und Garage. Heller, freundlicher Frühstücksraum – eine große Glaswand gibt den Blick auf die Straße frei. Bar in der ersten Etage, Panorama-Restaurant im 16. Stock. DZ je nach Saison 105–190 € (inkl. Frühstück).

**** **Hotel Tryp Oriente (2)**, Av. Dom João II, ✆ 218930000, 📠 218930099, Reservierung in Deutschland ✆ 01802/121723, www.meliaconfortoriente.solmelia.com. Direkt neben der Gare do Oriente (Metro Oriente) liegt dieses Hotel der spanischen Kette Sol Meliá. Auf 15 Stockwerken 207 geräumige Zimmer. Alle Zimmer mit kleiner Küchenzeile, Schreibtisch, TV, Telefon und großen Marmorbädern. Auch Nichtraucherzimmer. Guter Blick über das ehemalige EXPO-Gelände, die Ponte Vasco da Gama und den Tejo. DZ mit Frühstück 115 €.

Turismo de Habitação am Cabo da Roca: Convento de São Saturnino

Internationaler Treffpunkt: Bar der Zirkusschule Chapitô

Essen & Trinken

Von exotischen Taschenmessermuscheln bis zum Rindfleisch ähnlichen Thunfischsteak kommt in Lissabon so ziemlich alles auf den Tisch, was der Atlantik an Meerestieren hergibt. Aber nicht nur Fischfans kommen hier auf ihre Kosten, auch Fleischgerichte hat die Region Lissabon in großer Zahl anzubieten.

International berühmt wie die französische ist die portugiesische Küche allerdings nicht. Sie gilt als schmackhafte Volksküche mit einfachen, reichhaltigen Gerichten, die oft mit viel Olivenöl zubereitet werden. Lediglich die Nachspeisen und Süßigkeiten dürften eine internationale Spitzenstellung einnehmen. Aber auch die deftigen Suppen sind eine Kostprobe wert.

In fast allen Restaurants bekommt man übrigens einen **Platz** zugewiesen. Man sollte sich also nicht einfach hinsetzen (Ausnahme: Cafés und einfache Lokale)!

Wo isst man?

In der Regel ist am Restauranteingang ein Schild mit der entsprechenden Kategorie angebracht. Die Anzahl der Sterne und das Preisniveau lassen vielleicht auf englisch sprechende Kellner oder Seife und Handtuch auf der Toilette schließen – sie garantieren aber noch lange nicht einen lustvoll gefüllten Magen. Lediglich in den Luxus-Restaurants, von denen es in Lissabon nur eine Handvoll gibt, findet man garantiert guten Service und exzellente Küche. Als nächste Kategorie folgen die Restaurants der ersten Klasse (*1.ª Categoria*), die ebenfalls zumeist erstklassige Qualität und Bedienung bieten. Die Restaurants der zweiten und dritten Klasse (*2.ª* und *3.ª Categoria*) unterscheiden sich kaum voneinander; der Service fällt zur ersten Klasse hin oft stark ab.

Was das Angebot an Speisen betrifft, so unterscheidet man neben den „normalen" Restaurants zwischen **marisqueiras**, auf Meeresfrüchte spezialisierte Restaurants, und **churrasqueiras**, die gegrilltes Fleisch und gegrillten Fisch anbieten. Unter **cervejarias** hingegen versteht man einfache Restaurants, in denen vorwiegend Bier getrunken wird. Sie sind normalerweise im Besitz von Brauereien. Das Essensangebot ist meist beschränkt auf Steaks (*bifes*), Meerestiere (*mariscos*), Omeletts (*omeletas*) und evtl. einige Fischgerichte.

Mittags, manchmal auch abends, werden ferner in den **Cafés** Tagesgerichte angeboten (häufig nur Mo–Fr), die meist ein gutes Preis-Leistungs-Verhältnis bieten. Oft sind dann alle Tische mit speisenden Büroangestellten und Arbeitern belegt, und man kann seinen Espresso nur am Tresen trinken.

Vor allen Restaurants muss die Speisekarte samt Preisen sichtbar ausgehängt sein; diese Regelung wird allerdings vor allem in kleineren Orten oft nicht eingehalten. In allen Preisen müssen die Mehrwertsteuer (*Imposto sobre o Valor Acrescentado – IVA*) und die Bedienung (*serviço*) enthalten sein. Exquisite Fischsorten und Meeresfrüchte werden oft nach Gewicht berechnet.

> ### A conta, por favor
> Um die Rechnung bittet man mit „*A conta, por favor*". Sie wird auf einem Teller gereicht, auf den man ebenfalls das Geld legt. Der Kellner bringt dann das Wechselgeld zurück, und schließlich hinterlässt man auch das Trinkgeld auf dem Teller. War der Service sehr schlecht, so sollte man ruhig kein Trinkgeld geben (s. „Wissenswertes/Trinkgeld" S. 96).

Wann isst man?

Da die Portugiesen morgens zu Hause gewöhnlich nur ein Butterbrötchen mit Quittenmarmelade oder eine *torrada* (gebutterten Toast) zu sich nehmen, sind Mittag- und Abendessen gleichermaßen Hauptmahlzeiten, die sich in ihrem Angebot nicht unterscheiden. Man isst warm, mittags in einfacheren Lokalen, Kantinen oder Cafés, abends dagegen zu Hause oder in besseren Restaurants. In Lissabon werden etwa je zur Hälfte Fisch- und Fleischgerichte gegessen – Vegetariern wird in den wenigsten Restaurants etwas geboten.

Eine komplette Mahlzeit besteht aus *couvert* (s. u.), Suppe, Hauptgericht und Nachtisch. In dieser Kombination zusammen mit einem Getränk und häufig auch mit einem Kaffee bieten die meisten Restaurants obendrein ein Touristenmenu (*ementa turística*) an. Davon wird man zu einem oft sehr günstigen Preis gut satt; in der Regel stehen ein Hauptgericht mit Fisch und eines mit Fleisch zur Auswahl. Für den kleinen Hunger ist das aber meist zu viel.

Am schnellsten serviert werden die Speisen von der Tageskarte (*pratos do dia* oder *sugestões do chefe*), zudem oft eine gute Wahl. Die Gerichte sind reichlich bemessen; Genügsamere können häufig auch halbe Portionen (*meia dose*) ordern. Viele Restaurants haben nichts dagegen, wenn man sich zu zweit eine Portion mit zwei Tellern bestellt: „*Uma dose de ... com dois pratos, por favor*".

Essenszeiten in den Lokalen

Frühstück (*pequeno almoço*) gibt es den ganzen Morgen im Café oder auch – meist sehr günstig – in einigen Bäckereien. In Lissabon trinkt man dazu gewöhnlich einen Milchkaffee (*galão*) und isst einen Toast (*tosta*), ein Brötchen (*sandes*) oder ein süßes Teilchen. Das Mittagessen (*almoço*) wird zwischen 12 und 14 Uhr eingenommen, das Abendessen (*jantar*) beginnt in den meisten Restaurants ab 19.30 Uhr, manchmal schon ab 19 Uhr. Die warme Küche ist in der Regel bis 22 Uhr geöffnet, danach wird es schwierig. In einigen Stadtteilen Lissabons (bes. im Bairro Alto) finden sich aber Restaurants, die bis spät in die Nacht servieren.

Was isst man?

Den Auftakt einer kompletten Mahlzeit bildet das **Couvert** (Gedeck) – bisweilen eine beliebte Methode, den Gästen Geld aus der Tasche zu ziehen. Als Couvert werden immer Brot oder Brötchen mit Butter gereicht, dazu eventuell Oliven (*azeitonas*), Frischkäse (*queijo fresco*), Hartkäse (*queijo*) und Thunfischcreme (*paté de atum*). Generell gilt, dass nur das bezahlt wird, was gegessen wurde. Isst man aber z. B. den Frischkäse nur zur Hälfte, so muss man ihn natürlich dennoch ganz bezahlen. Bekommt man eine zu hohe Rechnung, was besonders in Touristenlokalen leider häufig der Fall ist, sollte man reklamieren und notfalls auch das Reklamationsbuch (*livro de reclamações*) verlangen (s. „Wissenswertes/Reklamationen" S. 91). Wer kein Couvert will, sollte es am besten gleich abbestellen bzw. abtragen lassen. Es reicht meist schon, wenn man es sichtbar an den Rand des Tisches stellt. Restaurants der ersten und der Luxus-Kategorie dürfen das Couvert allerdings grundsätzlich komplett berechnen.

Vorspeisen

Zusätzlich zum normalen Couvert werden besonders in guten Restaurants Käse (*queijo*), Schinken (*presunto*), Tintenfischsalate (*salada de polvo*), Bacalhauspasteten (*pastéis de bacalhau*) und andere Spezialitäten angeboten. Besonders dann, wenn die Vorspeisen (*entradas*) unaufgefordert zusammen mit dem Couvert aufgetischt werden, empfiehlt es sich, einen Blick auf die Preisliste in der Speisekarte zu werfen ...

Die portugiesischen **Suppen** haben wenig mit den in Deutschland verbreiteten Fleischbrühen gemein. Sie sind wesentlich sämiger und werden in der Regel mit verschiedenem Gemüse zubereitet. Die traditionelle portugiesische Suppe ist der *caldo verde*, eine sehr schmackhafte Suppe mit fein geschnittenem Grünkohl und Räucherwurst (*chouriço*). In der *sopa de marisco* findet sich dagegen allerlei Meeresgetier.

Fleischgerichte

Das Standardgericht ist das Rindersteak (*bife de vaca*). Es kommt im eigenen Saft (medium gebraten) und mit einem Spiegelei obenauf auf den Tisch. Dazu gibt es Reis, Pommes frites und Salat. Wer es gut durchgebraten will, sollte es „*bem passado*" bestellen. Die billigste Version ist das kleine Steak *bitoque*. In den einfacheren Restaurants kann dabei das Fleisch etwas zäh sein. Auch Koteletts (*costeleta*) und Entrecôte/Mittelrippstückchen (*entrecosto*) sind weit verbreitet. Wer mag, kann sich an einer *dobrada* (Bohneneintopf mit Kutteln) satt essen.

Versucht werden sollten vor allem das Ziegenfleisch (*cabrito*) und das Lamm (*borrego*), die im Gegensatz zu Schwein und Rind meist aus heimischer Zucht und naturnaher Weidewirtschaft stammen. Zur gastronomischen Spitzenklasse gehört auch das so genannte Schwarze Schwein (*porco preto*), ein Landschwein, das in der südportugiesischen Region Alentejo in Eichenwäldern gehalten wird und einem Wildschwein ähnelt.

Zu den portugiesischen Spezialitäten zählen außerdem verschiedene Würste, die in Eintöpfen, Suppen oder flambiert (*assado*) serviert werden. Es gibt drei Hauptarten: *chouriço*, eine leicht geräucherte und mit Paprika gewürzte Schinkenwurst, *linguiça*, eine dünnere Version mit viel Paprika, und die *morcela*, eine grobe Blutwurst.

„Fiel amigo" – Portugals treuer Fisch-Freund

Das portugiesische Nationalgericht ist der *bacalhau*, von dem jeder Portugiese im Durchschnitt 7 kg pro Jahr isst – mehr als in jedem anderen Land der Welt. Dabei handelt es sich um eingesalzenen, getrockneten Kabeljau. In Deutschland wird er auch Klipp- oder Stockfisch genannt und ist dort eigentlich nur noch in spanischen und portugiesischen Spezialitätenläden erhältlich. Die portugiesische Kabeljau-Tradition geht bis ins 15. Jh. zurück, als die Fischer anfingen, weite Reisen über den Atlantik zu unternehmen. Eingesalzen und getrocknet ließ sich der Fisch auch ohne künstliche Kühlung über lange Strecken transportieren. Bis zu 150 Boote jagten nach dem Kabeljau, bis 1580 mit dem Ende der portugiesischen Unabhängigkeit die Fischerei zusammenbrach. Erst im 19. Jh. begannen die Portugiesen wieder in größerem Umfang *bacalhau* zu fangen. Die Arbeit auf den Booten war gefährlich. Die Fischer gingen in kleinen Beibooten alleine auf die Jagd – bei Nebel und Sturm – dabei kamen viele ums Leben. War der Fisch erst einmal an Bord des Hauptschiffes, nahmen die Seeleute dem Kabeljau sofort aus, zerlegten ihn und lagerten ihn auf Salz. In den 70er Jahren erklärten Kanada und Grönland (Dänemark) ihre 200-Meilen-Zone zu exklusiven Wirtschaftsbereichen, um die bereits überfischten Kabeljaubestände für sich zu sichern – ein schwerer Schlag für die portugiesische Flotte, die damit einen Großteil ihrer Fanggebiete verlor. Dem Fisch half es wenig: Seit 1970 ist die Fangmenge im Atlantik von über drei Millionen Tonnen im Jahr auf weniger als eine Million zurückgegangen. Wissenschaftler fordern deshalb seit Jahren ein totales Fangverbot, damit sich die Bestände erholen können. Portugiesische Schiffe fangen heute so gut wie keinen Kabeljau mehr, der Großteil wird importiert. Vor allem Norwegen und Island liefern nun den besonders an Weihnachten beliebten Fisch, den die Portugiesen fast zärtlich als *fiel amigo*, treuen Freund, bezeichnen.

Fischgerichte

Mit um die 300 verschiedenen Zubereitungsarten belegt der *bacalhau*, getrockneter Kabeljau, eindeutig den ersten Platz der portugiesischen Küche. Manchmal kommt der Stockfisch fast unkenntlich auf den Tisch: in Öl gebraten, mit Teig überbacken, zerrieben und zu frittierten Bällchen geformt. In dieser Fülle von Speisen mit gleichem Grundstoff findet auch derjenige, der *bacalhau* pur nicht so sehr schätzt, sein Lieblingsgericht. Besonders gut schmeckt der *bacalhau à Brás*, für den der Klippfisch zerrieben und mit Pommes frites und Rühreiern gemischt wird.

Bacalhau-Einkauf: In den Geschäften wird der *bacalhau* nach seinem Gewicht unterschieden: Bis 500 g heißt er *miúdo*, bis 1 kg *corrente*, bis 2 kg *crescido*, dann bis 3 kg *graúdo* und schließlich ab 3 kg *especial*. Wer sich sein eigenes Bacalhau-Gericht zubereiten möchte, der sollte den *bacalhau* mindestens 24 Std. vorher in Wasser einweichen und dieses mehrmals wechseln, da der Fisch sonst viel zu salzig schmeckt.

Schmackhafte Speisefische sind außerdem *dourada* (Goldbrasse), *robalo* (Seebarsch) und *cherne* (Silberbarsch), alle auch einfach von Gräten zu säubern. Am besten sind sie, wenn sie über Holzkohle gegrillt werden *(na brasa)*. Außerdem im Angebot sind Fischeintöpfe *(caldeiradas)*, die besonders bei Liebhabern deftiger Kost Zuspruch finden dürften. Und wer nicht nur gut essen, sondern auch auf seinen Geldbeutel achten will, sollte sich an die preisgünstigen Sardinen und die Bastardmakrelen *(carapaus)* halten. Die ganz kleinen *sardinhas* kann man mit Haut und Haaren (sprich: Schuppen) verzehren. Achtung: Die bitter schmeckenden Innereien muss man bei kleinen Fischen in der Regel selbst entfernen.

Sehr verbreitet sind die verschiedenen Tintenfischarten *(moluscos)*. Die größte ist der *polvo*, eine achtfüßige Krakenart, die einen kleinen Kopf und lange Arme mit großen Saugnäpfen besitzt. Sie wird kleingeschnitten besonders als Reiseintopf (*arroz de polvo*) und mit Essig als Salat (*salada de polvo*) serviert. Mit viel Tinte und der bekannten Sepiaschale kommen die *chocos* (Sepia) daher. Auch sie schmecken als Reiseintopf (*arroz de choco*) sehr gut. Wer sie lieber gegrillt (*grelhado*) mag, der sollte darauf achten, dass sie ohne Tinte (*sem tinta*) serviert werden. Die *lulas* (Kalmare) haben einen weißen, kapuzenförmigen Körper mit zwei langen und acht kurzen Fangarmen.

Anlandung von Fisch an der Praia de Ribeira in Cascais

Zu empfehlen sind sie gegrillt und besonders gefüllt (*lulas recheadas*): Der zarte Körper der *lulas* wird mit einer Mischung aus den zerkleinerten Fangarmen, gemischtem Hackfleisch, Zwiebeln und Petersilie gefüllt – eine Delikatesse! Feinschmecker verzichten montags übrigens besser auf Meeresgetier, da die Fischer am Sonntag zu Hause bleiben.

> **Fisch essen trotz leer gefischter Meere?**
>
> Schwertfisch (*espadarte*), Kabeljau (*bacalhau*) und Thunfisch (*atum*) – das sind nur drei der Fischarten, deren Bestände in den vergangenen Jahrzehnten dramatisch zurückgegangen sind. Zu viele Schiffe durchpflügen mit ihren Netzen die Weltmeere. Fisch ist aber ein gesundes und schmackhaftes Nahrungsmittel, das sich vor allem in Portugal weiterhin großer Beliebtheit erfreut. Man kann dennoch als Verbaucher die Weltmeere zumindest etwas entlasten. Zum einen kann man öfter mal auf weniger in ihrem Bestand gefährdete Fischarten wie Bastardmarkelen (*cavalas*) oder Hering (*arenque*) ausweichen. Zum anderen kann man Arten meiden, deren Fang mit Grundschleppnetzen besonders starke Zerstörungen am Meeresboden verursacht. So werden bei Plattfischen wie Seezunge (*linguado*) oder Scholle (*solha*) pro Kilo verwerteter Fisch bis zu 9 kg so genannter Beifang, also junge Fische, Seesterne oder Krebse, tot über Bord geworfen. Extreme Schäden richten auch Haifischprodukte wie die vor allem in chinesischen Restaurants angebotene Haifischflossensuppe (*sopa de barbatanas de tubarão*) an. Dafür schneiden die Fischer den Haien bei lebendigem Leib die Flossen ab – leider auch innerhalb der EU, darunter besonders auf spanischen und portugiesischen Schiffen. Die Tiere werfen sie anschließend zurück ins Meer, wo sie qualvoll verenden. Jedes Jahr sterben so zwischen 100 und 200 Millionen Haie, was viele Arten bereits an den Rand des Aussterbens gebracht hat. Der Dornhai (*cação*) ist ebenfalls stark überfischt, in diesem Fall allerdings nicht wegen seiner Flossen, sondern weil er in Europa gerne als Speisefisch gejagt wird.

Meeresfrüchte

Mariscos sind nicht gerade billig – das Kilo Langusten z. B. kostet ca. 50 €. Die hohen Preise sind allerdings nicht verwunderlich, wenn man bedenkt, dass die *lagostas* in Europa völlig überfischt sind und meistens aus weit entfernten Regionen wie Mauretanien lebend eingeflogen werden müssen (in diesem Zustand kommen sie dann in den Topf). Günstiger sind die Garnelen (*camarões*), die meist ein bis zwei Pfund schweren Taschenkrebse (*sapateiras*) oder die Spinnenkrabben (*santolas*). Eine Spezialität sind die *percebes*, die wegen ihrer Form auf Deutsch auch Entenfüße genannt werden und nicht jedermanns Sache sind. Wer gerne Eintöpfe isst, sollte die *açorda de marisco* versuchen, einen sehr sättigenden Brotbrei mit viel Knoblauch und Garnelen.

Eine gar nicht so teure Delikatesse sind Herzmuscheln *(amêijoas)*. In Lissabon werden sie sehr originell und schmackhaft zubereitet, z. B. mit Zitronensaft *(amêijoas à Bulhão Pato)*. Achtung: Muscheln sollte man nur dann essen, wenn sie offen sind. Sind sie nach dem Abkochen noch verschlossen, könnten sie schon vorher bereits tot und verdorben gewesen sein!

Beilagen

Die Beilagen werden auf den Speisekarten meist nicht aufgeführt. Zu den Fleischgerichten sind es üblicherweise Reis (*arroz*) und Pommes frites (*batatas fritas*), bei Fischgerichten dagegen gekochte Kartoffeln (*batatas cozidas*). Gemüse (*legumes*) findet man leider fast nur in der Suppe. Wer sich nicht sicher ist, was es zum gewünschten Hauptgericht gibt, sollte ruhig nachfragen. Meist ist es kein Problem, z. B. Reis statt Pommes frites zu bekommen. In chinesischen Restaurants, die aufgrund des ehemaligen portugiesischen Verwaltungsgebiets Macau zahlreich sind, bestellt man zu den Hauptgerichten ein Schälchen Reis (*tigela de arroz*).

Gaumenvielfalt von Nord nach Süd

Die unterschiedlichen Küchen der einzelnen portugiesischen Regionen sind für ein so kleines Land überraschend. In Lissabon haben sich einige Restaurants den einzelnen Regionalküchen verschrieben, sodass man hier eine große Auswahl an regionalen Gerichten kosten kann.

Die Küche des Nordens wartet mit derben Fleischgerichten auf: Wie wäre es mit *rojões à moda do Minho*, gut gewürzten kleinen Schweinefleischstücken, in Schmalz gebraten, dazu geronnenes Schweineblut, Leber, mit Grieß gefüllte Därme und als Beilage geröstete Kartoffeln? Die Einwohner der zweitgrößten Stadt Porto werden von den Lissabonnern abschätzig *tripeiros* (Kuttelfresser) genannt. Der Name *tripeiros* kommt daher, dass die Einwohner von Porto früher das Fleisch den Seefahrern zum Einpökeln gaben und sich selbst mit den Eingeweiden (*tripas*) begnügten. Heute ist das ehemalige Arme-Leute-Essen *tripas à moda do Porto* eine Spezialität: weiße Bohnen mit Kutteln und gebratenen Blutwurstscheiben. Dagegen schimpfen die *tripeiros* übrigens die Lissabonner verächtlich *mouros* (Mauren).

Ein typisches Gericht der mittelportugiesischen Provinzen, den *Beiras*, ist die *chanfana*. Das ist ein etwas unansehnliches, aber äußerst lecker schmeckendes Ziegenfleisch, das in Rotwein gekocht wurde.

Aus der südportugiesischen Region Alentejo kommt die *sopa alentejana*: Fleischbrühe mit viel Weißbrot, einem Ei, Knoblauch, Petersilie und grünem Koriander. Ebenfalls mit frischem Koriander wird die andere sehr schmackhafte Spezialität des Alentejo zubereitet, *carne de porco à alentejana*. Weitere Zutaten des Schweinefleischs auf alentejanische Art sind Muscheln und Kartoffeln. Ebenfalls lecker mundet die Spezialität der südlichsten portugiesischen Provinz Algarve, die *cataplana*. Dafür dünsten die Köche Muscheln, Schweinefleisch, Zwiebeln und Petersilie in einer fest verschlossenen Kupferpfanne, dazu kommt noch ein Schuss Weißwein.

Nachspeisen

Was die **sobremesas** anbelangt, dürfte die portugiesische Küche dank des maurischen Erbes einen Spitzenplatz in Europa belegen. Unbedingt probieren sollte man *arroz doce,* einen süßen Milchreis mit Zimt. Empfehlenswert ist auch der „Himmelsspeck" *(toucinho do céu),* eine Eigelbspeise mit Mandeln, sowie *pudim flan* (Vanillepudding mit Karamellsoße) oder *leite creme* (Milchcreme).

Für den Hunger zwischendurch

Der portugiesische Hamburger heißt *prego:* Rindfleischstücke werden in einem würzigen Fleisch-Knoblauch-Sud gekocht und noch warm in einem Brötchen gegessen. Das ebenfalls sehr leckere Pendant aus Schweinefleisch nennt man *bifana.* Der *cachorro,* eine Art portugiesischer Hotdog, ist dagegen meist von miserabler Qualität, denn sein Herzstück, das Würstchen, ist allenfalls ein entfernter Verwandter seiner Gattung. Hergestellt werden die kümmerlichen Würste in einheimischen Fabriken. Ihr Name: *salsichas tipo alemão –* „deutsche Würste".

Tosta mista, einen Schinken-Käse-Toast, gibt's in Bäckereien und Cafés, und zwar recht billig. Er ist auch eine gute Alternative zum Marmeladenbrötchen-Frühstück. Noch billiger ist die *torrada,* ein getoastetes Brot mit Butter (ebenfalls in Bäckereien und Cafés erhältlich). *Salada de atum,* Thunfischsalat, ist ein kräftiger Mix aus Fischstückchen, gekochten Kartoffeln, Tomaten, grünem Salat, schwarzen Oliven und Olivenöl. Thunfischsalat wird oft als Vorspeise *(entrada)* angeboten, obwohl man davon sehr gut satt wird.

Auch die *Rissóis,* panierte und frittierte Kabeljau- oder Krabbenhäppchen, munden gut und werden mit den ähnlich schmeckenden *pastéis de bacalhau* gerne in Cafés als Snacks serviert. *Empanadas* sind dagegen kleine Pasteten, gefüllt mit Gemüse, Fleisch, Fisch oder Garnelen.

Getränke

Bei den Getränken steht der Wein an erster Stelle. Kein Wunder, denn Portugal ist der neuntgrößte Weinproduzent der Welt und kann über einen Mangel an erlesenen Weinen wahrlich nicht klagen. Besonders die leichten Weißweine der Estremadura, die Rotweine der Bairrada und die süßen Portweine können begeistern.

Portugal führte als weltweit erstes Land die Abgrenzung bestimmter Weinregionen ein. Es gibt dabei verschiedene regionale **Herkunftssiegel**: Ob *Vinho Regional, Indicação de Proveniência Regulamentada (IPR), Denominação de Origem Controlada (DOC)* oder *Vinho de Qualidade Produzido em Região Determinada (VQPRD),* alle bezeichnen Qualitätsweine aus einer bestimmten Region, die speziellen Gesetzen und einer besonderen Kontrolle unterliegen. Die einzelnen Siegel lassen dabei nur auf das Alter der Weinanbaugebiete oder die Verwendung heimischer Rebsorten und Anbaumethoden schließen, nicht dagegen auf eine unterschiedliche Qualität. Vorsicht ist nur bei der Bezeichnung *vinhos de mesa* (Tafelweine) angebracht: Sie umfasst alle Weine niedrigerer Qualität.

Aus den bekannten **Weinanbaugebieten** Bairrada, Dão, Douro sowie Setúbal kommen gute Weiß- und Rotweine; man findet hier immer etwas nach seinem Geschmack. In der Umgebung von Lissabon liegen neben Setúbal auch noch zahlreiche kleinere Anbaugebiete wie Bucelas, Arruda dos Vinhos, Torres Vedras, Colares und Carcavelos, die beiden letzten allerdings mit einer sehr geringen Jahresproduktion. Preiswertere Sorten stammen oft aus der südportugiesischen Provinz Alentejo. Aber auch hier haben sich in letzter Zeit einige Edel-Weingüter niedergelassen.

Probieren sollte man unbedingt den **Vinho Verde**, den „Grünen Wein", der ausschließlich aus der Region des *Vinho Verde* im nordportugiesischen Minho stammen darf. Dieser Wein wird noch vor der vollen Reife geerntet und bekommt so einen besonders leichten und erfrischenden Geschmack. Für seine Spritzigkeit sorgt ein wenig perlende Kohlensäure, die von den Winzern hinzugefügt wird. Besonders an heißen Tagen ist der Wein ein Genuss. Der typische *Vinho Verde* ist ein Weißwein, es gibt aber auch rote Sorten. Mit ca. 9 % hält sich der Alkoholgehalt in Grenzen.

Portugiesische Weinvielfalt

Portwein

Diese 17–20 % Alkohol starke Spezialität aus Porto ist weltweit beliebt und bekannt. Für Portwein gelten seit 1756 die ältesten Weingesetze der Welt. Staatliche Kontrollen garantieren die Qualität. Die Reben wachsen im Tal des oberen Douro in Nordportugal. Nach dem Zerstampfen der Trauben gärt der Wein in Steintanks, den *lagares*. Etwa zwei Tage später wird der Most dann mit farblosem Branntwein versetzt. Dadurch wird die Gärung gestoppt, sodass von der ursprünglichen Süße der Trauben viel erhalten bleibt. Anschließend reift der Portwein in den Kellereien von Vila Nova de Gaia südlich von Porto, bis er in Flaschen abgefüllt wird.

Die Vielfalt der Portweinsorten ist anfangs etwas verwirrend. Generell ist zwischen den roten und den weißen Ports zu unterscheiden, letztere werden ausschließlich aus hellen Trauben hergestellt.

Rote Portweine: Die einfachsten heißen *Ruby*, tragen weder Altersangabe noch Jahreszahl und sind Verschnitte verschiedener Jahrgänge. Ports, die länger als drei Jahre gereift haben, nennen sich dagegen *Tawny*. Sie sind heller in der Farbe und runder im Geschmack als die *Rubies*.

Bei der nächsthöheren Klasse ist zwar ein Alter angegeben – z. B. *10 anos* –, doch kann es sich dabei um einen Durchschnittswert handeln (z. B. kann die eine Hälfte 15 und die andere lediglich 5 Jahre alt sein). Verlässlich als Jahrgangsweine ausgewiesen sind nur Produkte, die mit einer konkreten Jahreszahl versehen sind. Unter diesen Jahrgangsweinen gibt es wiederum Kategorien: Die normalen Jahrgangsweine werden ohne Satz abgefüllt und reifen in der Flasche nicht weiter. Die besten unter ihnen sind die so genannten *Late Bottled Vintages*, die vor dem Abfüllen vier bis sechs Jahre in Eichenfässern gelagert haben.

Die „echten" *Vintages*, die „Könige der Portweine", werden dagegen nach nur zwei Jahren im Fass mit Satz abgefüllt. Daher können sie in der Flasche weiter reifen. Übrigens dürfen nur die besten Jahrgänge als *Vintages* abgefüllt werden, was deren hohe Qualität und Exklusivität garantiert. Vor dem Einschenken müssen diese Weine dekantiert, d. h. gefiltert werden, um den Satz zu entfernen. Die teuersten, aber nicht unbedingt die besten Portweine schließlich sind die aus ganz bestimmten Weingütern stammenden *Vintages da Quinta*.

Weiße Portweine: Im Gegensatz zu den roten, die mit zunehmendem Alter immer heller werden, dunkeln die weißen Ports im Laufe der Zeit immer mehr nach. Die weißen Portweine werden von süß bis trocken eingeteilt: *very sweet (lágrima), sweet (doce), dry (seco)* und *extra dry (extra seco)*. Die weißen sind generell weniger bekannt und erreichen auch nicht die astronomischen Preise der exklusiven, roten *Vintages*. Dennoch lohnt es sich, sie zu probieren.

Die Portweinbezeichnungen sind übrigens deshalb auf Englisch, weil es Engländer waren, die den Portwein entwickelt haben; auch heute sind mehrere Portweinfirmen in englischem Besitz. Gute Marken sind u. a. *Taylor's* (vor allem für weiße Ports), *Ferreira*, *Graham's* sowie *Quinta do Noval*. Liebhaber dieser süßen Weine sollten unbedingt das Probierlokal *Solar do Vinho do Porto* in Lissabon aufsuchen (s. „Bars" S. 218).

Schnaps

Billig ist der *aguardente* oder auch *bagaço*, ein farbloser Weinbrand aus der zweiten Pressung der Weintrauben. Außerdem gibt es guten Brandy (die bekannteste ist Marke *Maciera)* und diverse *Liköre* aus Mandeln (*amêndoas*) und Honig (*mel*). In Lissabon sehr beliebt ist die *ginjinha*, ein Kirschlikör, den Liebhaber dieser Art Alkoholika unbedingt probieren sollten.

Bier

In Portugal existieren aufgrund der kurzen Biertradition mit *Sagres* (Centralcer-Konzern) und *Super Bock* (Unicer-Konzern) lediglich zwei nationale Brauereien. Daneben werden ausländische Biere in Lizenz gebraut. Sowohl von Sagres als auch von Super Bock gibt es neben dem normalen Bier auch Schwarzbier (*cerveja preta*). Die Portugiesen ziehen meist das Super Bock vor, das durch den beim Brauen verwendeten Zucker leicht süßlich schmeckt. Mit Zitronengeschmack und besonderer Spritzigkeit überrascht das *Super Bock Green*.

In vielen Kneipen wird Fassbier ausgeschenkt, das besser als Flaschenbier schmeckt und außerdem billiger ist. Da der Verkauf von Flaschenbier aber lukrativer ist, wird oft eine Flasche gebracht, wenn man nicht ausdrücklich nach Fassbier verlangt. Das gezapfte Bier gibt es in verschiedenen Größen: 0,2 l nennt sich in Lissabon *imperial* oder *fino*, ein großes Bier zu 0,4 oder 0,5 l dagegen *caneca* (Krug). Die *girafa* ist mit 0,75 l am größten. Sie wird allerdings nur in wenigen Kneipen angeboten.

Restaurants in Lissabon

Wer in Lissabon Essen gehen will, hat die Wahl unter mehr als 2.600 Restaurants. Darunter sind eine ganze Reihe sehr guter Lokale der oberen Preisklasse. Man kann jedoch auch in der mittleren Preisklasse ausgezeichnetes Essen bekommen. Am günstigsten und oft gar nicht schlecht isst man in den einfachen Cafés und Kneipen.

Die kulinarische Touristenmeile Lissabons im Stadtteil Baixa ist die Rua das Portas de Santo Antão, die vom Rossio parallel zur Avenida da Liberdade verläuft. Dementsprechend teuer sind dort die Restaurants. Man sollte diese Gegend besser meiden (Ausnahmen s. u.). Wer zentral und sehr preisgünstig speisen will, der ist mit den Restaurants im Santana-Viertel direkt nördlich des Rossio gut bedient. Empfehlenswerte, eher gehobene Restaurants liegen rund um das Parlament in den Stadtteilen Lapa, Madragoa und São Bento. Sehr gute und günstige ländliche Küche Portugals findet man am besten in den beiden nördlichen Stadtteilen Carnide und Benfica.

In den unten angeführten Restaurants gibt es Mittag- und Abendessen zu den normalen Essenszeiten, soweit nicht anders vermerkt. Viele Lokale haben im August geschlossen, ganz besonders solche mit weniger touristischem Publikum.

Baixa/Chiado (s. Karte S. 240/241)

Casa do Alentejo (3), Rua das Portas de Santo Antão, 58, ℡ 213405140. Metro Restauradores. Täglich offen. Das Haus der „portugiesischen Ostfriesen" ist seit 1932 im Alverca-Palast aus dem 17. Jh. untergebracht. Nachdem man die Treppe hinter dem unscheinbaren Eingang hochgegangen ist, kommt man in einen prächtigen, pseudomaurischen Innenhof, an dessen Wänden auf Marmortafeln die Namen bekannter Alentejaner eingraviert sind. 1919 vertrieben sich hier die Zocker im ersten Kasino Lissabons, dem Magestic Club, ihre Zeit. Nach rechts gelangt man in ein weiteres Treppenhaus, dessen Wände mit maurischen Ornamenten geschmückt sind. Oben findet man riesige Räume und Galerien mit außergewöhnlichem Lichteinfall, reich mit Azulejos des Künstlers Jorge Colaço geschmückt. Seit über 75 Jahren treffen sich hier die Mitglieder sonntags morgens zur berühmten Tanzmatinee. Mitglied können aber nur gebürtige Alentejaner oder mit Alentejanern Verheiratete werden. Kleine Auswahl an Gerichten aus dem Alentejo ab 10 € (halbe Portionen ab 6,50 €). Einzigartiges Ambiente, aber der Service lässt – wie wir fanden – teilweise deutlich zu wünschen übrig.

João do Grão (21), Rua dos Correeiros, 220–226, ℡ 213424757. Metro Rossio. Täglich geöffnet. Altes Restaurant in der Fußgängerzone hinter der Confeitaria Nacional an der Praça da Figueira. Auch Tische auf der Straße. Sehr beliebt und daher oft voll. Innen Steinbögen und Azulejobilder. Viele Fischgerichte, darunter auch die Spezialität des Hauses *bacalhau com grão de bico*, Bacalhau mit Kichererbsen. Hauptgerichte ab 7 €.

Everest Montanha (5), Calçada do Garcia, 15, ℡ 218876428. Metro Rossio. Oberhalb des Largo de São Domingos, schräg gegenüber der Pensão Gerês. Täglich 11.30–15 Uhr und 19–24 Uhr. Erstes nepalesisches Restaurant in Lissabon, auch indische Küche. Holzverkleidung und Landschaftsbilder mit nepalesischen Motiven an den Wänden. Große Auswahl an Currys und Biryanis. Der nepalesischen Tradition folgend gibt es viele vegetarische Gerichte. Das Fleischangebot kommt trotzdem nicht zu kurz. Hauptgerichte ab 6,75 €.

Adega Santo Antão (4), Rua das Portas de Santo Antão, 42, ℡ 213424188. Empfehlenswertes Lokal in der Restaurantmeile nördlich des Rossios. Mo Ruhetag. Eng mit Holzbänken bestuhlt. Wände sind mit Klinker verziert. Kann etwas laut werden, wenn die Tische alle besetzt sind und der Fernseher läuft. Schlichte Küche der Region. Frequentiert von Touristen und einfachem lokalen Publikum. Hauptgerichte ab 6 €.

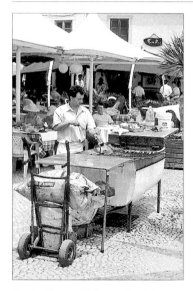

Fischgriller am Hafen von Sesimbra

Pastelaria O Lírio (10), Largo São Domingos, 2, ✆ 213425798. Metro Rossio. So Ruhetag. Einfaches Café gegenüber der Kirche São Domingos. Eng zugestellt mit Alutischen und -stühlen. Auch zahlreiche Sitzgelegenheiten im Freien in der Fußgängerzone vor der Kirche. Mittags und abends Hauptgerichte ab 5 €.
Celeiro (17), Rua 1° de Dezembro, 65, ✆ 213422463. Metro Restauradores. In einer Seitenstraße des Rossio. Nur Mittagessen Mo–Sa. Im Keller des Naturkostsupermarkts Celeiro liegt das älteste vegetarische und makrobiotische Restaurant Lissabons. Einfach eingerichtet. Selbstbedienung. Hauptgerichte ab 4 €.
Tasquinha do Celeiro (18), Rua 1° de Dezembro, 51. Nur Mittagessen Mo–Sa. Das zweite Self-Service Restaurant der Celeiro-Kette. Kleine Gerichte während des Nachmittags, aber kein Abendessen. Hier kann man an Stehtischen makrobiotisches Essen und kleine, günstige Snacks zu sich nehmen. Vorausbezahlung (*pré-pagamento*). Hauptgerichte ab 4,80 €.
Beira Gare (12), Praça Dom João da Câmara, 6. Gegenüber dem Rossio-Bahnhof zwischen der Praça dos Restauradores und dem Rossio. Täglich 6.30–1 Uhr. In der schlicht eingerichteten Snack-Bar gibt es eine große Auswahl an guten portugiesischen *petiscos* (Snacks) wie Schweineschnitzel im Brötchen *(bifana)* für 1,80 €. Auch Tagesgerichte ab 6,50 €. Achtung: am Tisch teilweise teurer als am Tresen!
A Merendinha (14), Rua Condes de Monsanto, 4-A, ✆ 218865925. Metro Rossio. In unmittelbarer Nähe der Praça da Figueira. Unter der Woche bis 19.30 Uhr, Sa bis 14 Uhr, So Ruhetag. Eine hübsche, kleine Stehbar – die Wände sind mit blauen Azulejos mit Industriemotiven geschmückt. Hier gibt es *sandes* (Sandwiches) und *pastéis* (Pasteten). Ideal als Alternative zu den Fastfood-Buden für den kleinen Snack zwischendurch. Das Rindersteak im Brötchen *(prego)* kostet 2 €.

Alfama (s. Karte S. 252/253)

Bica do Sapato (9), Av. Infante Dom Henrique, Armazém B, Cais da Pedra à Bica do Sapato, ✆ 218810320. Am Tejo neben dem Bahnhof Santa Apólonia. Eingang hinter der kupferfarbenen Vorwand. Restaurant 12.30–14.30 und 20–23.30 Uhr, Café 12 Uhr–1 Uhr, So Ruhetag, Mo mittags geschlossen. Unter den Eigentümern ist der Filmstar John Malkovich. Weite, insgesamt 2000 m² große Räume, sehr gelungen im Möbeldesign der 70er eingerichtet. Spezialität sind Fischgerichte, Austern und andere Meeresfrüchte. Auch japanische Küche mit Sushi und Nudelspeisen. Hauptgerichte ab 14 €. Von der durch große Flügeltüren windgeschützten Terrasse des Cafés herrlicher Blick auf die Tejosüdseite. An guten Tagen sieht man in der Ferne die Burg von Palmela und die Serra da Arrábida. *Bica* im Café 1 €.
Mestre André (15), Calçadinha de Santo Estêvão, 6, ✆ 218871487. Die Rua dos Remédios nach oben und dann am Anfang der zweiten Gasse links, die steil nach oben führt. Mo–Sa nur 19–24 Uhr. Zwei kleine Speiseräume mit Holztischen. Spiegel vergrößern den Raum, im Hintergrund angenehm ruhiger Jazz. Die blaue Decke ist mit goldenen Sternen bemalt. Täglich wechselnde Gerichte aus Südportugal ab 7,50 €.
Mesa de Frades (7), Rua dos Remédios, 139-A, ✆ 218884599. Täglich außer Mo. Eines der schönsten Restaurants Lissabons, da

Restaurants in Lissabon

es in der ehemaligen Kapelle eines Privatpalastes untergebracht ist. Sehenswerte 300 Jahre alte Azulejos, die Szenen aus dem Leben von Maria und Jesus zeigen. Der Nebenraum hinten links war die Sakristei. Im Sommer Terrassenbetrieb. Die brasilianische Köchin hat ihre Küche mitgebracht, aber auch italienische und portugiesische Gerichte. Hauptgerichte ab 6,50 €.

Frei Papinhas (2), Rua de São Tomé, 13, ℅ 218866471. An den Schienen der Tram 12, unweit des Miradouro Santa Luzia, daher gerne von Touristen besucht. Täglich offen. Für ein Alfama-Restaurant außergewöhnlich geräumig. Die Decke des Raumes wird von Eisensäulen gestützt, die zusammen mit einer aus rohen Steinen belassenen Wand eine originelle Atmosphäre erzeugen. Auch der sonst obligatorische Fernseher in der Ecke fehlt. Große Auswahl an Nachtischen. Hauptgerichte ab 6 €.

Fonte das Sete Bicas (18), Calçadinha de São Miguel, 10. Einfaches Restaurant gegenüber der Igreja de São Miguel. Sa abends und So geschlossen. Gegessen wird in einem eng bestuhlten Speiseraum auf kargen Holzbänken und Holztischen. Zur Unterhaltung dient ein Fernseher. Das Publikum kommt vor allem aus der Nachbarschaft. Einige wenige Gerichte ab 6 €. Es gibt auch halbe Portionen, die für den normalen Appetit völlig ausreichend sind.

São Cristóvão (5), Rua São Cristóvão, 28–30, ℅ 218885578. Etwas oberhalb der Rua da Madalena in der Nähe der Igreja de São Cristóvão (Zugang zur Rua São Cristóvão auch über die Escadinhas de São Cristóvão). Täglich geöffnet. Kapverdisches Restaurant. Sehr einfach eingerichtet. Fernseher und emsiges Kommen und Gehen – die Atmosphäre erinnert eher an das Wohnzimmer einer kapverdischen Großfamilie. Afrikanische Küche. Empfehlenswert *moamba de galinha* (Huhn in Gemüsesud) gekocht, serviert mit Maisbrei). Hauptgerichte ab 4 €.

Pastelaria Flor da Sé (21), Rua de Santo António da Sé, 10, ℅ 218875742. Unterhalb der Kathedrale an den Straßenbahnschienen der Linie 28. Sa geschlossen. Einfaches Café im typischen Pastelaria-Stil. Nur Mittagstisch ab 3,75 € pro Gericht. Auch gutes Gebäck.

Graça (s. Karte S. 262/263)

Via Graça (3), Rua Damasceno Monteiro, 9-B, ℅ 218870830. Unterhalb des Miradouro Nossa Senhora do Monte im Stadtteil Graça. 12.30–15.30 und 19.30–24 Uhr, Sa kein Mittagessen, So Ruhetag. Ein futuristischer Metalleingang führt in ein hässliches Haus, in dem jedoch das Restaurant mit dem besten Ausblick Lissabons zu finden ist. Zwei Stockwerke, die Tische können nach Aussicht vorbestellt werden. Viele Meerestiere im Angebot. Hauptgerichte ab 15 €.

Haweli Tandoori (1), Travessa do Monte, 14, ℅ 218867713. In der Graça auf dem Weg zum Aussichtspunkt Nossa Senhora da Graça. Täglich offen. Abschreckende, heruntergekommene Fassade – doch die nordindische Küche aus dem Ofen (*tandoor*) gilt als eine der besten der Stadt. Als Vorspeise sind die *chamuças* (frittierte Teigtaschen), als Beilage *nan* (indisches Brot) zu empfehlen. Vegetarische Gerichte ab 4,50 €, Hauptgerichte mit Fleisch ab 6,50 €.

Avenida da Liberdade/Santana (s. Karte S. 266/267)

Cervejaria Ribadouro (8), Av. da Liberdade, 155, ℅ 213549411. Metro Avenida. Neben der spanischen Botschaft etwas unterhalb des Kinos São Jorge. Täglich 12–1.30 Uhr. Schöne Einrichtung im Souterrain des Hauses. Eine der alten, klassischen Cervejarias Lissabons. Von Portugiesen gerne besucht, daher oft recht voll und dann auch etwas laut. Im Besitz der Sagres-Brauerei. Hauptgerichte ab 7,50 €.

Os Tibetanos (9), Rua do Salitre, 117, ℅ 213142038. Metro Avenida. Sa/So und Fei geschlossen. In einer Seitenstraße unweit der Av. da Liberdade liegt das beste vegetarische Restaurant Lissabons, untergebracht in einem tibetanisch-buddhistischen Meditationszentrum. Freundliche Räumlichkeiten, sehr guter Blick auf den Botanischen Garten und die Burg. Ruhiges Ambiente. Es kann auch im gemütlichen, begrünten Hof gegessen werden. Große Auswahl an Tees. Tagesgerichte ab 7 €.

O Forninho Saloio (3), Travessa das Parreiras, 39, ℅ 213532195. Metro Marquês de Pombal. In einer Seitengasse nahe der Rua de Santa Marta. So Ruhetag. Zwei kleine Speisesäle, die mittags mit zahlreichen Büroangestellten besetzt sind. Auf Fisch und Fleisch vom Holzkohlegrill spezialisiert, die schmackhaft zubereitet werden. Einfach eingerichtet. Hauptspeisen ab 6 €.

PSI (2), Alameda Santo António dos Capuchos – Jardim dos Sabores, ℡ 213590573. So Ruhetag. Vegetarisches Restaurant in schöner Lage unweit der deutschen Botschaft. Esoterisch angehauchte Oase gesunder Ernährung inmitten einer kleinen Parkanlage. Im Innern freundliche Dekoration in warmen Farbtönen, oft asiatische Meditationsmusik. Im Sommer auch Betrieb im Glaspavillon und auf der Terrasse. Hauptgerichte ab 6 €, exotische Salate und viele Säfte.

Goetheke, Goethe-Institut, Campo dos Mártires da Pátria, 37. Im 1. Stock des Goethe-Institutes wird Mo–Sa jeden Mittag ein deutsches Gericht für 5,50 € angeboten (kein Abendessen, So geschlossen, zu Ferienzeiten eingeschränkte Öffnungszeiten). Kleine Portionen für 4,75 €. Außerdem gute Salatauswahl. Zu Trinken gibt es Weizenbier, Köstritzer Schwarzbier und Bitburger. Caféambiente.

A Tigelinha (14), Calçada de Sant'Ana, 62, ℡ 218869276. Etwas oberhalb des Rossio auf dem Santana-Hügel. Täglich geöffnete Snack-Bar. Kleiner, voll verkachelter Speiseraum. TV läuft in der Ecke. Schmackhafte und reichliche Portionen. Spezialität ist gegrillter Fisch. Die Kundschaft kommt vor allem aus dem Viertel. Hauptgerichte ab 5 €.

Sol-Posto (16), Calçada de Sant'Ana, 11–13, ℡ 218880903. Etwas oberhalb des Rossio. Außer Sa täglich geöffnet. Einfach eingerichtet. Fernseher in der Ecke. Auf der Karte des Hauses stehen in erster Linie Speisen, die auf dem Holzkohlegrill zubereitet werden. Hauptgerichte ab 4,50 €. Günstiger Hauswein im Krug.

Verde Minho (17), Calçada de Sant'Ana, 17 und 19, ℡ 218860657. Eines der zahlreichen Restaurants in der Santana-Gasse über dem Rossio. So Ruhetag. Kleiner Raum, durch den der Rauch der auf Holzkohle gegrillten Fische zieht. Typisches Nachbarschaftsrestaurant: Azulejos zieren die Wände, der Fernseher fehlt natürlich auch nicht. Hauptgerichte ab 4 €.

Avenidas Novas (s. Karte S. 276/277)

Adega da Tia Matilde (2), Rua da Beneficência, 77, ℡ 217972172. Metro Praça de Espanha. Etwas schwer zu finden: von der Av. de Berna in die Rua da Beneficência, dann die Fußgängerbrücke über die Zuggleise queren. Sa abends und So ganztags geschlossen. Eingangsbereich in hellem Holz mit Bar, hinten drei fensterlose Speisesäle. An der Wand „betrachtet" ein Stierkopf die Szene. Vor allem von Lissabonner Geschäftsleuten besucht. Typisch Lissabonner Küche mit reichhaltigen Portionen. Hauptgerichte ab 11 €, Fischgerichte meist deutlich teurer.

Bambino D'Oro (1), Rua Frei Carlos, 11-A, ℡ 217959293. Metro Entrecampos. Exzellentes Restaurant mit Küche von den Azoren, leider aber schwer zu finden: vom Südausgang der Metro Entrecampos die Av. Álvaro Pais nach oben, dann nach links in die Rua Diogo de Macedo und geradeaus zur Rua Frei Carlos. Mo Ruhetag. L-förmiger Speisesaal im Keller des Hauses. Die Wand schmückt der berühmte Blick vom Hafen Horta auf Faial zum höchsten Berg Portugals, dem Pico. Empfehlenswert die *espetada açoreana* (Rindfleischspieße mit Chili, dazu Ananas und frittierter Maniok). Sonntags gibt es den berühmten *cozido das Furnas* (Eintopf mit Schlachtwürsten). Hauptgerichte ab 8 €.

Cervejaria Portugália (15), Av. Almirante Reis, 117, ℡ 213511234. Metro Arroios. Täglich 10–1.30 Uhr. Durchgehend warme Küche ab 12 Uhr. Diese Cervejaria ist eine Institution in Lissabon. Bis zum Ersten Weltkrieg hieß sie *Fábrica de Cerveja Germânia* (Deutsche Bierbrauerei), dann wurde sie aus patriotischen Gründen „portugalisiert". Die Cervejaria liegt neben der Sagres-Brauerei, zu der sie auch gehört. Massenbetrieb, deshalb kann die Qualität von Speisen und Service unserer Erfahrung nach deutlich schwanken. Zwei große Säle im Erdgeschoss und im 1. Stock (schöne blaue Azulejos) mit einer Kapazität für insgesamt 400 Personen Spezialität ist das berühmte *bife à Portugália* (Steak in Portugália-Soße). Hauptgerichte ab 7,85 €.

Cervejaria Ramiro (24), Av. Almirante Reis, 1 G-H, ℡ 218851024. Metro Intendente. Etwas nördlich der Praça Martim Moniz. Di geschlossen. Typische Lissabonner Cervejaria mit holzgetäfelter Decke. Langusten drehen in Aquarien ihre letzten Runden. Ausschließlich Meeresfrüchte im Angebot. Die meisten werden nach Gewicht verkauft. Es kann, wenn voll besetzt und die

Restaurants in Lissabon 169

Kellner durch die Gänge eilen, auch etwas laut werden. Die Portion Muscheln ab 7,50 €, empfehlenswert die *amêijoas à Bulhão Pato* (Herzmuscheln in Zitronensoße).
Espiral (8), Praça da Ilha do Faial, 14-A, ✆ 213553990. Metro Saldanha. Täglich geöffnet. Ein vegetarisches Restaurant im Stadtteil Estefânia. Im Keller eine Selbstbedienungstheke und der mit viel Holz eingerichtete Speiseraum. Man hat die Wahl zwischen fertig zusammengestellten Gerichten oder Einzelkomponenten. Es gibt makrobiotisches, vegetarisches und veganisches Essen wie Pizzen, Omeletts und Crêpes. Im Speiseraum kann man sich kostenlos Tee einschenken. Hauptgerichte ab 5,30 €. Oben findet man ein Geschäft mit esoterischen Artikeln, einen Naturkostladen und nebenan mit der Hausnummer 14-B eine kleine Selbstbedienungs-Snack-Bar.
Cervejaria Ceia Minhota (11), Rua Rebelo da Silva, 17–19, ✆ 213150904. Metro Arroios. Schlichte Cervejaria in der Nähe der Rua Pascoal de Melo in der Estefânia. So Ruhetag. Die Gäste kommen vorwiegend aus der Nachbarschaft und bekommen die schmackhafte Küche aus der nordportugiesischen Region Minho serviert. Empfehlenswert beispielsweise *carne de porco à canoa* (Schweinefleisch mit Muscheln). Etwas kühl eingerichtet mit Fernsehern in den Ecken. Viele Meeresfrüchte. Hauptgerichte ab 4,50 €.
Cafetaria da Fundação Calouste Gulbenkian, Rua Dr. Nicolau Bettencourt, ✆ 217935131. Metro São Sebastião. 10–17.45 Uhr, Mo und Fei geschlossen. Die Kantine des Centro de Arte Moderna der Gulbenkian-Stiftung bietet von einigen Tischen aus einen schönen Ausblick auf den Gulbenkian-Park. In dem Selfservice-Restaurant kann man günstig und gut essen. Täglich wech-

Schmuck für die Juni-Feiern: Restaurant am Beco do Alfurja in der Alfama

selnde Tagesgerichte ab 4,50 €. Eine außergewöhnlich große Auswahl an leckeren Salaten und Nachspeisen. Einziger Nachteil: Oft gibt es lange Warteschlangen.
Superfrutas Almeidas (16), Av. António Augusto de Aguiar, 58-H. Metro Parque. Mo–Fr 9–19 Uhr, Sa und So geschlossen. Gegenüber dem Metroausgang liegt dieser Fruchtsupermarkt mit Self-Service-Bar. Hier gibt es Salate und Toasts ab 1,50 €. Auch frisch gepresster Orangensaft im Angebot.

Bairro Alto (s. Karte S. 282/283)

La Brasserie de L'Entrecôte (38), Rua do Alecrim, 117, ✆ 213473616. Unterhalb der Praça Luís de Camões. Täglich 12.30–24 Uhr (So nur bis 23 Uhr). Vor allem abends gut besetzt. Große, sehr stilvoll eingerichtete Speisesäle. Hohe Granitbögen, gedämpftes Licht und dunkles Holz schaffen eine angenehme Atmosphäre. Gegenüberliegende Spiegel verlängern den Raum ins „Unendliche". Es werden nur Steaks auf französische Art für 14 € serviert. Darin inkl. ist ein Salat, eine Kräuter-Steaksauce und beliebig viel Pommes frites (nur das Couvert muss extra bezahlt werden). Zum Warmhalten kommen die in schmale Streifen geschnittenen Steaks auf ein Kerzenstövchen. Dem Gast bleibt nur eine Wahl: blutig, medium oder gut durch.
1.° de Maio (25), Rua da Atalaia, 8, ✆ 213426840. Metro Baixa/Chiado. Sa abends und So ganztags geschlossen. Kleiner, gedrängter L-förmiger Raum. Viele portugiesische Stammgäste, daher ist es in dem Traditionsrestaurant oft schwer einen

Tisch zu bekommen. Große Auswahl an portugiesischen Fisch- und Fleischgerichten, täglich wechselnd. Zahlreiche selbst gemachte Nachtische. Hauptspeisen ab 8,50 €.

A Primavera do Jerónimo (27), Travessa da Espera, 34, ℡ 213420477. Etwas nördlich der Praça Luís de Camões. So geschlossen, Mo kein Mittagessen. Kleiner Speiseraum, daher besser früh kommen oder reservieren. Fast komplett mit Azulejos ausgekleidet, was eine Akustik wie im Badezimmer erzeugt. An den Wänden Zeitungsartikel, die zum Restaurant erschienen sind. Spezialität *bacalhau à Brás* (Kabeljau mit Pommes und Eiern vermischt). Mit Hauptgerichten ab 7,50 € etwas teurer als vergleichbare Lokale im Bairro Alto, aber gute Küche.

Restaurante A25A (22), Rua da Misericórdia, 95, ℡ 213420030. Metro Baixa/Chiado. So ganztags und Mo mittags geschlossen. Restaurant der Associação 25 de Abril, der Vereinigung der Militärs der Nelkenrevolution. Schöne Jugendstilfassade. Vom Erdgeschoss führt ein Aufzug in den 1. Stock. Geräumiger, stilvoll eingerichteter Speisesaal mit großer Fensterfront. Portugiesische Küche. Couvert: das Brot ist relativ günstig, Käse und Wurst sind dagegen recht teuer. Leckere Nachspeisen. Hauptgerichte ab 7,50 €.

Comida da Ribeira (48), Mercado da Ribeira – Piso Superior, Av. 24 de Julho, ℡ 210312602. Metro Cais do Sodré. Täglich geöffnet. Beeindruckende Ausmaße: Das Restaurant nimmt ein Drittel des Obergeschosses des ehemaligen Zentralmarktes ein. Von den Fenstertischen auf der Marktseite lässt sich gut das Treiben an den Gemüse- und Obstständen beobachten. Lohnenswert ist vor allem das Mittagsbüffet Mo–Fr für 6 € pro Person. Es besteht aus Couvert, Suppe, einer guten Auswahl an Hauptgerichten sowie einigen Nachtischen und Obst. Hier wird jeder garantiert satt. Abends und am Wochenende à la carte mit Hauptgerichten ab 7 €.

Cervejaria da Trindade (20), Rua Nova da Trindade, 20-C, ℡ 213423506. Nahe der Igreja São Roque. Täglich 9–1.30 Uhr. Ehemaliges Trinitarier-Kloster, dessen Ursprünge bis in das Jahr 1294 zurückgehen. Nach der Auflösung der religiösen Orden wurde das Brauhaus 1836 im früheren Speiseraum der Mönche eröffnet. Seit 1934 ist es im Besitz der Sagres-Brauerei. An den Wänden sehenswerte Azulejos aus dem Jahr 1863: Freimaurermotive am Eingang, weiter innen symbolisieren sinnliche Frauengestalten die vier Jahreszeiten. In drei großen, lauten Speisesälen und auf einer Terrasse ist Platz für insgesamt 400 Personen. Dennoch muss man sich abends bei großem Andrang am Kiosk in der Saalmitte anstellen. Tagesgerichte (nur mittags) ab 5 €, Hauptgerichte sonst ab 7,40 €. Am billigsten ist der *combinado*, ein Steak mit Spiegelei, Pommes frites und sehr sauer schmeckendem Gemüse. Auch große Auswahl an Meeresfrüchten. Zu empfehlen: *açorda de gambas* (Brotbrei mit Garnelen) und *bacalhau à Brás* (Stockfisch mit Eiern und Pommes frites). Je nach Bedienung – so unsere Erfahrung – schwankt die Qualität des Service z. T. erheblich.

Antiga Casa Faz Frio (1), Rua Dom Pedro V, 96–98, ℡ 213461860. Wenige Meter von der Praça do Príncipe Real entfernt. Bis 22.30 Uhr warme Küche, So Ruhetag. Sehr rustikales Inneres mit Granitfußboden. Als absoluten Gag gibt es Séparées, in denen man ungestört speisen kann. Spezialität des Hauses ist *paelha de marisco* (Meeresfrüchtepaella, für 2 Personen 25 €). Jeden Tag eine andere Art *bacalhau* als Tagesgericht. Hauptgerichte ab 6,50 €.

Cabaças (32), Rua das Gáveas, 8–10, ℡ 213463443. Metro Baixa/Chiado. Nahe der Praça de Luís de Camões. Sa/So mittags, Mo ganztags geschlossen. Einfaches, eng bestuhltes Restaurant mit portugiesischer Küche. Speiseraum und Küche trennt nur eine Sichtblende. An der Decke hängen Flaschenkürbisse (port. *cabaças*), daher der Name. Wer genau hinsieht, findet das Schattengewächs auch im Stuck. Lecker schmeckt *naco na pedra*, ein saftiges Stück Rindernacken, das man sich selbst auf einem heißen Stein brutzelt. Hauptgerichte ab 6,50 €.

O Cantinho das Gáveas (19), Rua das Gáveas, 82 und 84, ℡ 213426460. In einer Seitenstraße etwas unterhalb der Igreja de São Roque. So Ruhetag. Einfach eingerichtetes Restaurant mit kleinem Speiseraum. Die Wände sind mit Marmor verkleidet. Sehr beliebt und daher oft lange Wartezeiten. Küche der Region in reichlichen Portionen. Hauptgerichte ab 6 €.

Tascardoso (4), Rua do Século, 242, ℡ 213475698. Am Rande des Parks Príncipe Real. Sa/So geschlossen. Kleine Auswahl an portugiesischen Fisch- und Fleischgerichten. Extrem kleiner Speiseraum mit familiärer Atmosphäre. An der Decke

Restaurants in Lissabon

hängen Teller mit schlauen Sprüchen. Hauptgerichte ab 5,90 €.

Adega Dantas (34), Rua Marechal Saldanha, 15, ℡ 213420329. Unweit des Miradouro Santa Catarina. So Ruhetag. Schlicht, aber durchaus stilvoll eingerichtet. Große Bögen aus Granitsteinen. Die Wände sind teilweise mit roten Ziegelsteinen gekachelt. Boden ebenfalls in roten Tonfliesen gehalten. Hinten im relativ großen Speiseraum ein Tresen, in dem die diversen Nachtische, die Spezialität des Hauses, ausgestellt sind. Reichliche Portionen portugiesischer Regionalküche, deren Qualität unserer Erfahrung nach etwas schwanken kann. Hauptgerichte ab 4,80 €.

Refeições Rápidas Tascardoso (2), Rua Dom Pedro V, 137. Einfaches, sehr günstiges Stehrestaurant in unmittelbarer Nähe zur Praça Príncipe Real. Nur Mittagessen (bis 19 Uhr), Sa/So und Fei geschlossen. Gehört zum Tascardoso-Restaurant um die Ecke, mit dem es auch die Küche teilt. Hauptgerichte ab 3 €.

Lapa/Madragoa/São Bento (s. Karte S. 288/289)

Conventual (3), Praça das Flores, 45, ℡ 213909246. In der Nähe des Parlaments São Bento an der schönen Praça das Flores gelegen (Bus 100 hält in direkter Nähe). 12.30–15.30 und 19.30–23 Uhr, Mo und Sa nur Abendessen, So ganz geschlossen. Mittags voll, wenn das Parlament tagt. Am Eingang klingeln. Gehobenes Ambiente. Zwei mit Heiligenstatuen dekorierte Speisesäle praktisch ohne Fenster – sozusagen klösterlich zurückgezogen. Zum Klostermotiv („Conventual") passt auch, dass die Gerichte teilweise kirchliche Namen haben. So wird Gegrilltes unter dem Titel „Inquisitionsgerichte" (autos-da-fé) angeboten. Sehr gute, bodenständige Küche. Spezialität ist lombo de linguado (Seezungenfilet). Tagesgerichte ab 13 €.

Picanha Janelas Verdes (24), Rua das Janelas Verdes, 96, ℡ 213975401. Nur abends, Reservierung empfohlen. Neben dem Museu Nacional de Arte Antiga. Sehr gutes brasilianisches Steakrestaurant. Zwei schöne kleinere Räume, einer vollständig mit Azulejos ausgekleidet. Das einzige Hauptgericht besteht aus zartem, gegrilltem Fleisch mit einer Fettkruste (picanha) und Beilagen. Unbegrenzte Portionen für 13,50 €.

Comida de Santo (2), Calçada do Engenheiro Miguel Pais, 39, ℡ 213963339. Kleines, brasilianisches Restaurant in der Straße gegenüber dem Eingang zum Jardim Botânico. Täglich 13–15 und 19.30–1 Uhr. Am Eingang klingeln. Unbedingt reservieren, da sehr beliebt. An der Wand große Holzpapageien. Am Anfang wird eine Caipirinha angeboten – in Brasilien nicht unbedingt gerade ein typischer Aperitif. Ansonsten kommt die schmackhafte Küche dem brasilianischen Original aber sehr nahe, auch was die großen Portionen betrifft. Hauptgerichte ab 13,50 €. Es gibt auch vegetarische Gerichte ab 10 €.

Porco Preto (4), Rua Marcos Portugal, 5, ℡ 213964895. An der Praça das Flores gelegen. Am Eingang klingeln, um eingelassen zu werden. Sa kein Mittagessen, So Ruhetag. Nichts für Vegetarier oder Fischfans, da ganz dem „Schwarzen Schwein" (porco preto) gewidmet, einer Landschweinrasse aus dem südportugiesischen Alentejo, die frei auf Korkeichenwiesen gehalten wird. An den Wänden kann man auf Fotos anschauen, wie die Schweine in Natura aussehen. In der Ecke ein Trockenfach für den berühmten Pata Negra-Schinken. Angenehme Atmosphäre, gehobenes Ambiente. Gerichte ab 11 €. Sie werden mit Kartoffelchips und Esskastanien serviert. Das Couvert kostet 2,50 €.

Frei Contente (5), Rua de São Marçal, 94, ℡ 213475922. Etwas oberhalb der Praça das Flores. Täglich 19–2 Uhr. Der Boden ist weiß-schwarz gepflastert, ähnlich wie die Bürgersteige Lissabons. Gedämpftes Licht und eine große Fensterfront. Der Name des Restaurants stammt von einem „zufrieden grinsenden Mönch", der an der Wand als Gemälde zu sehen ist. Kreativ zusammengestellte und schmackhafte Gerichte der portugiesischen Küche. Tagesgerichte ab 8 €.

Madragoa Café (15), Rua da Esperança, 136, ℡ 213978567. Direkt neben dem Treppenaufgang zum Convento das Bernardas. Sa mittags und So ganztags geschlossen. Kleiner Speiseraum, der abends oft komplett besetzt ist. Die Fliesen an der Wand wirken etwas kühl. Die Gerichte sind von den asiatischen Küchen Thailands, Indiens und Japans beeinflusst. Die Speisekarte wechselt täglich und wird auf einer Tafel gereicht. Hauptgerichte ab 8 €.

Caldo Verde (16), Rua da Esperança, 89–91, ℡ 213903581. Schräg gegenüber dem Convento das Bernardas. Mo geschlossen. Die

Besitzerin, die zugleich Köchin des Hauses ist, kommt aus Trás-os-Montes. Der Küche aus der nordöstlichsten Region Portugals ist sie auch in Lissabon treu geblieben. Der Gastraum ist klein und etwas dunkel. Einfache Holzstühle und Holztische. Die Decke ist mit bäuerlichen Arbeitsgeräten, Flaschenkürbissen und Knoblauchzöpfen dekoriert. Fisch- und Fleischgerichte ohne große Schnörkel, aber sehr schmackhaft und reichlich. Hauptgerichte ab 7,50 €, viele Gerichte aber auch deutlich teurer.

Bahia de Todos os Santos (8), Rua do Poço dos Negros, 64, ✆ 213902629. Sympathisches brasilianisches Restaurant an der Tramlinie 28. Täglich 12–15 und 20–24 Uhr. Langer, schlauchförmiger Raum, Holztische in zwei Reihen. Spezialitäten aus dem Bundesstaat Bahia im Nordosten Brasiliens, wie das empfehlenswerte *xinxim de galinha* (Hähnchen in Curry-Soße mit Cashew-Nüssen und Ananas, dazu Reis). Auch italienische Nudeln. Hauptgerichte ab 7,50 €. Komplettes Mittagsmenü Mo–Fr für 6 €.

Varina da Madragoa (11), Rua das Madres, 34, ✆ 213965533. Im Herzen der Madragoa. Mo Ruhetag. Reservierung vor allem abends sinnvoll (bis 23.30 Uhr geöffnet). Das Lokal war in den 70er Jahren eine einfache Taverne, was noch an der Einrichtung der zwei kleinen Speiseräume sichtbar ist. Die Wände sind mit Zeitungsartikeln und Fotografien der illustren Stammgäste geschmückt, darunter zwei sich politisch nicht gerade nahe stehende: der Literaturnobelpreisträger José Saramago und Ex-Ministerpräsident Cavaco Silva. Regionale Küche wie *bacalhau à Brás* (Stockfisch mit Ei und Pommes frites). Hauptgerichte ab 7 €.

Mercearia (12), Rua das Madres, 52, ✆ 213977998. Ein paar Häuser hinter der Varina da Madragoa, gleiche Besitzer. Di Ruhetag. Reservierung empfohlen. Untergebracht im ehemaligen Krämerladen *Mercearia Covilhense*. Kleiner Speiseraum, in eine Ecke hat man die Küche gezwängt. Die Tische sind aus alten Nähmaschinenfüßen hergestellt. Zusammen mit dem massiven Steinboden sowie den alten Werbeplakaten und Spiegeln an den Wänden ergibt dies ein gemütliches, nostalgisches Ambiente. Portugiesische Küche. Hauptgerichte ab 7 €.

Campo de Ourique/Amoreiras (s. Karte S. 296/297)

Casa da Comida/Casa do Chá (1), Travessa das Amoreiras, 1, ✆ 213885376. Metro Rato. Wenige Meter nördlich des Largo do Rato gelegen. 13–15 und 20–24 Uhr, Sa und Mo kein Mittagessen, So geschlossen. Restaurant der ersten Klasse mit portugiesischer und französischer Küche. Die Speiseräume gruppieren sich um einen Innenhof mit Brunnen und Palme. Eingerichtet mit antik wirkenden Möbeln. Der rote Tonfußboden verbreitet eine angenehme Stimmung. Gilt als eines der besten Restaurants Lissabons. Hauptgerichte ab 20 €. Auf der Rückseite des Blocks findet sich in der Calçada Bento da Rocha Cabral, 14 das Teehaus Casa do Chá. Ebenfalls gediegen eingerichtet mit Marmorboden und alten Azulejos. Hier gibt es Tagesgerichte ab 7,50 € sowie Kuchen und Snacks (Mo sowie Mi–Fr mittags und nachmittags).

Nova Aurora (8), Rua Ferreira Borges, 98-A, ✆ 213887544. An der Hauptstraße in Campo de Ourique. Mo geschlossen. Um den mittelgroßen Speiseraum sind die Weinflaschen gestapelt. Dunkler, blank polierter Steinboden. Angenehm ruhige Atmosphäre. Eher älteres Publikum. Große Auswahl an schmackhaften Hauptgerichten portugiesischer Hausmannskost ab 7,50 €. Viele Gerichte für 2 Personen billiger.

Real Fábrica (5), Rua da Escola Politécnica, 275–283, ✆ 213852090. Metro Rato. Fast direkt am Largo do Rato gelegen, in der ehemaligen königlichen Seidenfabrik untergebracht, die der Marquês de Pombal 1735 gründete und die zu den ersten Industriebetrieben des Landes zählte. Das Restaurant belegt aber nur einen Teil der ursprünglich 114 Meter langen Fabrikhallen. So Ruhetag. Durchgehend warme regionale Küche von 8 Uhr morgens (!) bis 2 Uhr nachts. Unten modern eingerichtetes Café-Restaurant mit Naturstein-Wänden. Oben weiterer Restaurant-Bereich mit glasüberdachter Terrasse und einem geräumigen Speisesaal. Schön in dunklem Holz gehalten. Tagesgerichte ab 7 €.

A Bota Velha (11), Rua Domingos Sequeira, 34–38, ✆ 213904447. 17.30–1.30 Uhr, So Ruhetag. Das kleine, sympathische Restaurant mit den alten Stiefeln an der Wand („Bota Velha") liegt in sicherer Nähe zur Basílica da Estrela am Südrand des Stadtteils Campo de Ourique. Sehr gut schmeckt das *bife à Bota Velha* (Rindersteak nach Art des Hauses). Hauptgerichte ab 6 €, auch halbe Portionen.

Restaurants in Lissabon

O Cantinho do Rato (2), Mercado do Rato, Rua Alexandre Herculano, 64, ℡ 213883160. Metro Rato. Kleines Restaurant auf dem Gelände der Rato-Markthalle, gleich nach der Einfahrt auf der rechten Seite. Nur Mo–Sa mittags geöffnet. Schlichte Einrichtung in einem grünen Wintergarten. Vor allem von Angestellten naher Büros besucht. Hauptgerichte ab 5 €. Ein komplettes Menu für 6 €.

Os Leões do Rato (6), Rua de São Bento, 702, ℡ 213880255. Metro Rato. Wenige Meter südlich des Largo do Rato. So Ruhetag. Einfaches Restaurant. Zur Mittagszeit besonders von Angestellten der nahe gelegenen Büros besucht. Azulejobilder neueren Datums mit Motiven des Largo do Rato. Portugiesische Küche. Geringe Auswahl, aber schmackhaft und in reichlichen Portionen. Hauptgerichte ab 5 €.

Estrela do Dia (12), Rua do Possolo, 43, ℡ 213968412. In einer Seitenstraße nahe der deutsch-katholischen Kirche und der Schweizer Botschaft (Bus Nr. 13). So Ruhetag. Großer, einfach ausgestatteter Saal. Die Gäste kommen vor allem aus der Nachbarschaft. Hauptgerichte lokaler Küche ab 4,80 €. Lecker der süße Milchreis (*arroz doce*) zum Nachtisch.

Merlin (9), Rua Ferreira Borges, 31-A, ℡ 213953385. Restaurant mitten im Stadtteil Campo de Ourique. Mo–Sa 7.30–20.30 Uhr. Vor allem Essen zum Mitnehmen, das nach Kilo berechnet wird, aber auch Gerichte mit Bedienung im kleinen Speiseraum hinten.

Ländliches Ambiente - das Restaurant O Coreto in Carnide

Die Wände zieren Schwarz-Weiß-Photos aus Afrika. Zum Hauptgericht ab ca. 4,50 € darf man noch zwei Beilagen wählen. Auch mehrere vegetarische Gerichte.

Alcântara (s. Karte S. 302/303)

Espaço Lisboa (4), Rua da Cozinha Económica, 16, ℡ 213610210. Täglich nur Abendessen bis 2 Uhr. Eine ehemalige Schlosserei mit Platz für 135 Personen, die man liebevoll umgebaut hat. Aus der Zeit der Metallverarbeitung sind noch Haken, Kessel und Öfen zu sehen. Den Boden hat man mit Holzdielen, Marmor und Pflastersteinen versehen. In der Ecke befindet sich die Küche mit einer riesigen Dunstabzugshaube. Durch die teilweise verglaste Decke kommt Licht. Als Vorspeise reicht man leckere Oliven und verschiedene Brotsorten. Die Gerichte werden vor allem im Holzofen zubereitet, z. B. der empfehlenswerte *bacalhau com natas* (Kabeljau mit Sahnesoße). Gerichte ab 13 €.

A Moamba (3), Rua Fradesso da Silveira, 75, ℡ 213630310. In der Nähe des Largo do Calvário gelegen. So Ruhetag. Angolanische und portugiesische Küche. Mit afrikanischen Masken und Bildern ausgestaltet. Spezialitäten sind afrikanische Eintopfgerichte wie *cachupa* (Bohneneintopf). Hauptgerichte ab 8 €. Mittags auch günstigere Tellergerichte.

O Mercado (2), Rua Leão de Oliveira, Mercado Rosa Agulhas, Loja 25, ℡ 213649113. Unter einem Brückenpfeiler der Ponte 25 de Abril im Markt von Alcântara gelegen. So Ruhetag und im Juli/August auch Sa abends geschlossen. Ein hoher Raum mit Blick in den Markt. Lange, elegante Lampenreihen. Fisch und Fleisch werden wie in einem Lebensmittelgeschäft in der Kühltheke präsentiert. Große Auswahl an einfacher portugiesischer Kost. Hauptgerichte ab 6,50 €.

Lissabon/Essen & Trinken

Belém/Ajuda (s. Karte S. 308/309)

Estufa Real (1), Jardim Botânico da Ajuda, Calçada do Galvão, ✆ 213619400. Im Westteil des Botanischen Gartens von Ajuda (nur beim Betreten über den Eingang an der Calçada do Galvão muss kein Eintritt für den Garten bezahlt werden). Ausschließlich mittags geöffnet, So Brunch, Sa Ruhetag. Untergebracht in einem ehemaligem Gewächshaus, dessen hohe Glasfronten elegant mit Stoff-Jalousien abgedeckt wurden. Schöner Blick in den Garten. Spielerische Einrichtung in hellen Farben. In der Mitte ein Brunnen mit Goldfischen, am Rand spei ein Stein-Delphin Wasser. Zum Essen wird an runde Metalltische gebeten. Exquisite mediterrane Küche, die großen Wert auf frische Zutaten legt. Jeder Monat steht dabei unter dem Motto eines anderen Gewürzes. Im Publikum vor allem Unternehmer. Hauptgerichte ab 16 €.

Cafetaria Quadrante (6), Centro Cultural de Belém, ✆ 213612613. Im 1. Stock des Kulturzentrums (in der Nähe des Eingangs zum Designmuseum). Café-Betrieb täglich 10–22 Uhr, Restaurant-Betrieb jeden Tag mittags, abends nur bei Veranstaltungen im Auditorium. Helle Einrichtung mit Holzboden. Kann hin und wieder etwas laut werden. Im hinteren Teil der Cafeteria Selbstbedienungs-Restaurant mit Salatbar. Wer will, kann auch auf der Terrasse mit Tejoblick Platz nehmen. Hauptgerichte ab 7 €.

Floresta de Belém (5), Praça Afonso de Albuquerque, 1-A, ✆ 213636307. In der zweiten Häuserreihe an der Rua de Belém. So abends geschlossen, Mo Ruhetag. Innen kleiner, düsterer Speiseraum. Einfach eingerichtet. Draußen große Terrasse. Vorwiegend portugiesisches Publikum. Spezialität Fleisch und Fisch auf Holzkohle gegrillt. Hauptgerichte ab 4,50 €.

Estrela de Belém (3), Rua do Embaixador, 112, ✆ 213625100. In der ersten Parallelstraße nördlich der Rua da Junqueira. So und Fei geschlossen. Ein paar schlichte Holztische im Eingangsbereich, am meisten Platz bietet allerdings der Saal im ersten Stock. Mittags gerne von Arbeitern besucht. Vor allem deftige Fleischgerichte vom Grill wie die schmackhaften *lombinhos à chefe* (Schweinelenden). Hauptgerichte ab 4,50 €.

Benfica (s. Karte S. 321)

Solar de Benfica (1), Travessa Cruz da Era, 7, ✆ 217649274. In einer Seitengasse der Estrada de Benfica ca. 50 m vor der Kirche rechts. Mi Ruhetag. Stilvoll mit grünen Säulen ausgestaltet. Ländliche portugiesische Küche zu günstigen Preisen und guter Qualität. Auch halbe Portionen. Hauptgerichte ab 7 €.

Norden (s. Karte S. 327)

O Coreto de Carnide (2), Rua Neves Costa, 57, ✆ 217152372. Metro Carnide. So geschlossen. Im Zentrum des Stadtteils Carnide liegt das kleine, gemütliche Restaurant, das nach dem Musikerpavillon (*coreto*) vor der Haustür benannt ist. Reservierung dringend empfohlen, ansonsten bei großem Andrang in die Warteliste vor der Tür eintragen. Man kann bei gutem Wetter auch im Kerzenlicht draußen unter den Bäumen speisen. Gepolsterte Holzstühle. Im hinteren Teil ein Schaufenster, in dem Fisch und Fleisch vor dem Verzehr begutachtet werden können. Phantasievolle portugiesische Küche aus den Beira-Regionen Mittelportugals. Hausspezialität ist *picanha na pedra* und *naco na pedra*, auf einer heißen Steinplatte serviertes Rindfleisch bzw. Rindernacken. Das Fleisch stammt übrigens von artgerecht gehaltenen Tieren. Hauptgerichte ab 9 €.

Velho Mirante (1), Estrada São Eloy, 2, Pontinha, ✆ 214784343. Metro Pontinha. Mo Ruhetag. Im Vorort Pontinha, der sich direkt an den Lissaboner Stadtteil Carnide anschließt, an der Kreuzung der Straßen nach Caneças und ins Bairro Padre Cruz gelegen. Das alte, gelbe Haus ohne Schild ist leicht an seinem markant hohen grünen Eisentor zu erkennen (Türgriff drehen). Serviert wird in den hohen, rustikal eingerichteten Räumen typische nordportugiesische Küche aus der Region Minho. Reichhaltige Portionen. Die Spezialität des Hauses ist Fleisch vom Holzgrill. Hauptgerichte ab 5 €.

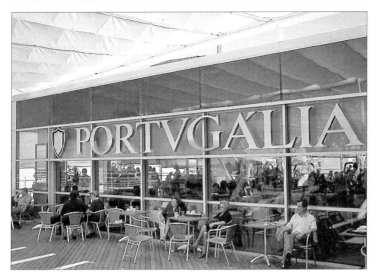

Typisches Lissabonner Steakhaus

Osten (s. Karte Osten S. 331 und Parque das Nações S. 334/335)

A Casa do Bacalhau (1), Rua do Grilo, 54, ☎ 218620007. Etwas schwer zu finden im alten Stadtteil Beato, der hinter Industrieanlagen versteckt liegt. Am besten ab Praça do Comércio Bus 39 oder 105 bis Haltestelle Alameda Beato. So Ruhetag. Untergebracht im Gewölbe des ehemaligen Reitstalls des Conde de Lafões. Über 20 Bacalhau-Zubereitungsarten, darunter seltene Formen, wie ihn in Caneloni zu servieren. Für Fleisch-Fans sind auch Rindersteaks im Angebot. Gehobenes portugiesisches Publikum. Hauptgerichte ab 11 €, Couvert (Brot, Butter, Oliven) 1,75 €. Die ebenfalls als Couvert gereichten leckeren Bacalhau-Pasteten kosten 0,50 € pro Stück.

Serra da Estrela (4), Centro Comercial Vasco da Gama, Loja 2022, Alameda dos Oceanos, Parque das Nações, ☎ 218930878. Metro Oriente. Im 2. Stock des Vasco da Gama-Einkaufszentrums. Täglich bis 24 Uhr. Innen kleiner, mit Granitsteinen eingerichteter Speiseraum, weitere Tische auf dem Gang des Einkaufszentrums. Von der Decke hängen große Schweineschinken. Vor allem Fleischgerichte aus Mittelportugal wie die leckere *chanfana* (Ziegenfleisch in Rotwein). Couvert mit schmackhafter Auswahl verschiedener portugiesischer Brotsorten. Achtung: Das restliche Couvert ist teilweise sehr teuer. Hauptgerichte ab 8 €.

A Marítima de Xabregas (2), Rua da Manutenção, 40–42, ☎ 218682235. Nur 5 Min. zu Fuß vom Museu Nacional do Azulejo entfernt: unter der Eisenbahnbrücke am Museum durch, dann in die dritte Straße rechts bis Ecke Av. Infante Dom Henrique. Direkt mit Bus 28 ab Cais do Sodré bis Haltestelle Xabregas. Sa Ruhetag. Etwas bieder mit „Fackeln" als Lampen eingerichtet, dafür überzeugt die Küche. Ihre Spezialität sind Fisch und Fleisch vom Grill, dessen Eisenrost neben dem Eingang gut einsehbar ist. Mehrere Speisesäle, in der Ecke die obligatorischen Fernseher. Hauptgerichte ab 7,50 €.

Kaffeehaustradition am Rossio – das Café Nicola

Cafés

Portugal hat eine uralte Café-Tradition: Bei einer *„bica"*, dem portugiesischen Espresso, wird stundenlang geschwatzt, studiert oder werden Geschäfte besprochen. Da sich Portugiesen äußerst ungern zu Hause verabreden, sind die Cafés beliebter Treffpunkt. Anders als in Deutschland sind sie in Portugal bis zum späten Abend geöffnet.

Der Kaffee kommt meist aus Brasilien oder Afrika und ist tiefschwarz. Sein Geschmack unterscheidet sich beträchtlich von dem in Deutschland gerösteten Kaffee. Er ähnelt eher dem italienischen Kaffee, ist aber herber. Filterkaffee ist in Portugal nicht verbreitet. Man trinkt entweder einen kleinen Espresso (*bica*) oder einen Milchkaffee. *Bicas* sind übrigens bekömmlicher als Filterkaffee, da bei der Zubereitung das Wasser unter Hochdruck durch den Kaffee gepresst wird und dadurch weniger schädliche Stoffe herausgelöst werden.

Espresso ist aber nicht gleich Espresso: Neben der normalen *bica* gibt es die größere, aber weniger gehaltvolle *bica cheia* und die kleinere, aber von der Wirkung her intensivere *bica italiana*. Man kann auch eine *bica com cheiro* bestellen, Espresso mit Schnaps, oder den *café duplo*, die doppelte Bica.

Auch für den Milchkaffee gilt: Milchkaffee ist nicht gleich Milchkaffee! *Garoto* ist eine Bica mit Milch (kleiner Milchkaffee). Etwas mehr Inhalt hat die *meia de leite*: Dies ist eine Bica mit noch einmal der gleichen Menge Milch und entspricht in etwa dem in Deutschland verbreiteten Milchkaffee. Der *galão* schließlich ist ein 0,2 l großes Glas Milchkaffee und erklärtes Lieblingsgetränk der Lissabonner am Morgen. Zubereitet wird er entweder mit einer Bica und heiß aufgeschäumter Milch (*galão de máquina*) oder in der Billigversion mit in heißer Milch oder heißem Wasser aufgelöstem Instant-Kaffeepulver.

Cafés in Lissabon

Eine Auswahl aus den weiteren Möglichkeiten der Kaffeezubereitung: Für den *carioca* wird die Bica halb mit Wasser aufgefüllt. Der *carioca de limão* dagegen wird nicht mit Kaffee, sondern mit heißem Wasser und frischem Zitronensaft zubereitet. Malzkaffee heißt in Portugal *cevada*.

Selbst bei ausgiebigem Café-Besuch muss man in Lissabon nicht um die Urlaubskasse bangen, da die **Preise** stets sehr moderat sind. Mit gerade einmal etwa 50 Cent schlägt eine am Tresen eingenommene *bica* zu Buche – nicht nur für viele Lissabonner eine preiswerte und schnelle Gelegenheit für eine kurze Kaffeepause während der Arbeit oder dem Einkauf. Auch wer sich am Tisch mehr Zeit für den Genuss lassen möchte, zahlt mit ca. 75 Cent nur wenig mehr. Und selbst auf der Terrasse ist die *bica* mit etwa 1 € traumhaft günstig.

Mit über 1.600 Cafés dürfte **Lissabon** weltweit einen Spitzenplatz einnehmen. Das hat bereits im 19. Jh. den portugiesischen Romancier Eça de Queiroz in seinem Werk *As Farpas* zu folgendem, wohl nicht ganz ernst gemeinten Fazit gebracht: „Lissabon ist die Stadt der Süßigkeiten, genauso wie Paris die Stadt der Intellektuellen ist. Paris fabriziert Ideen, Lissabon Törtchen."

Dabei reicht die Auswahl von neo-klassizistisch eingerichteten Konditoreien (*pastelarias*) aus dem 19. Jh. bis hin zu modernen Webcafés. Die sechs klassischen Cafés Lissabons sind das Martinho da Arcada an der Praça do Comércio, die Confeitaria Nacional an der Praça da Figueira, die Suiça und das Nicola am Rossio, das Versailles an der Avenida da República und – last but not least – die weltbekannte Brasileira im Chiado. Und auch wenn man angesichts der zahlreichen Cafés einen anderen Eindruck bekommen kann, mit 4,7 kg Kaffeekonsum pro Jahr liegen die Portugiesen deutlich hinter den Deutschen mit 6,7, den Schweizern mit 7,9 und den Österreichern mit 8,1 kg.

Süße Teilchen sollte man übrigens möglichst in *pastelarias* (Café-Konditoreien) kaufen; da schmecken sie am besten. Ist noch *fabrico próprio* angeschrieben, so kann man sicher sein, dass die Teilchen auch wirklich hier produziert werden. Fast jede Region Portugals hat ihr besonderes Gebäck, meistens recht süß. So mag man im Norden die Verbindung von Eigelb und Zucker (*ovos moles*), an der Algarve verwenden die Zuckerbäcker dagegen bevorzugt Mandeln. Viele dieser regionalen Spezialitäten finden sich auch in der Hauptstadt. Die Unzahl an Konditoreien ist bezeichnend für die vernaschten Portugiesen, gute Eisdielen (*gelatarias*) findet man dagegen eher selten.

Baixa/Chiado (s. Karte S. 240/241)

Martinho da Arcada (31), Praça do Comércio, ☎ 218879259. Mo–Sa 8–23 Uhr, So geschlossen. Einziges Restaurant/Café an der Praça do Comércio (Nordostecke). In dem 1782 gegründeten und somit ältesten Café Lissabons ließ sich einst der portugiesische Dichter Fernando Pessoa täglich seine Bica und einen Schnaps servieren, bis er im Alter von 47 Jahren an Leberzirrhose starb. Links hinten im Restaurant-Teil steht immer noch sein Lieblingstisch, Fotos erinnern an ihn und seine Angebetete Ofélia Queiroz. Andere illustre Stammgäste aus dem Poetenmilieu waren Bocage und Mário Sá Carneiro. Heute verkehren hier die Angestellten der umliegenden Ministerien. Dennoch lässt sich die alte Atmosphäre noch erahnen. Bica am Tisch bzw. auf der Terrasse 0,75 €, am Tresen 0,50 €. Im angeschlossenen Restaurant traditionelle portugiesische Küche mit teuren Hauptgerichten. Mittags dagegen im Café und auf der Terrasse auch günstige Gerichte.

Lissabon/Cafés

Confeitaria Nacional (20), Praça da Figueira, 18-B/C, ℡ 213424470 und 213461729. Metro Rossio. Mo–Sa 8–20 Uhr. Schon 1829 von Baltazar Rodrigues Castanheiro gegründet und damit eine der ältesten Konditoreien Portugals, heute noch in Familienbesitz. Hier wurde zum ersten Mal der *bolo-rei* hergestellt, ein ringförmiger Kuchen mit Fruchtstücken, der auf einem Originalrezept aus Paris beruht, aber inzwischen als typisch portugiesisches Weihnachtsgebäck gilt. Bis zum Beginn der Republik 1910 war die Konditorei auch Lieferant des Königshofes. Die Innenausstattung des Cafés glänzt seit einer Renovierung 2001 wieder in neuer Frische: großflächige Spiegel, geschwungenes Holz, ausladende Vitrinen. Unter der Stammkundschaft sind vor allem ältere Damen, die sich hier zu einem kleinen Schwätzchen treffen. Bica am Tresen 0,55 €, am Tisch 0,65 €. Auch das Gebäck ist recht preiswert.

A Suiça (15), Praça Dom Pedro IV, 101 (Rossio), ℡ 213420674. Metro Rossio. Täglich 7–21 Uhr. 1923 wurde dieses Café eröffnet. Helles, freundliches Ambiente mit viel Marmor. Von den beiden Terrassen kann man entweder dem emsigen Treiben auf dem Rossio zusehen oder auf der Praça da Figueira nach oben zur Burg blicken. Probieren sollte man die *guardanapos* (Servietten) – nicht die Papierservietten, sondern das süße Biskuitgebäck gleichen Namens! Insgesamt große Auswahl an köstlichem Gebäck. In der Suiça sind alle Produkte auf der Terrasse am teuersten, innen am Tisch billiger, am Tresen (Vorauszahlung an der Kasse am Eingang) ist es jedoch am günstigsten. Preis Bica: Terrasse 1,50 €, Tisch 1 €, Tresen 0,60 €.

Nicola (19), Praça Dom Pedro IV (Rossio) und Rua 1° de Dezembro, 20, ℡ 213460579. Metro Rossio. Täglich 8–22 Uhr, Fei geschlossen. Ein zweiter Eingang zum Café in der Rua 1° de Dezembro, dort steht auch eine große Statue des Dichters Bocage – nicht der einzige Literat, der hier einst verkehrte. Das Café wurde bereits 1787 eröffnet. Große Gemälde und viele Spiegel geben dem Nicola auch heute noch ein erhabenes Ambiente. Für eine Bica am Tresen zahlt man 0,50 €, am Tisch 0,65 € und auf der Terrasse 1,15 € (wer seine Bica am Tresen trinkt, zahlt zunächst an der Kasse; am Tisch wird man bedient). Wer den hinteren Ausgang verlässt, findet links in der Rua 1° de Dezembro, 12 eine kleine Dependance namens Nicola Gourmet, die einen weiteren Caféraum bietet und die vorzüglichen Kaffeesorten der Marke Nicola verkauft. Sie eignen sich gut als Urlaubsmitbringsel und sind teilweise auch in Supermärkten erhältlich.

A Brasileira (26), Rua Garrett, 120, ℡ 213469541. Metro Baixa/Chiado. Täglich 8–2 Uhr. Fast alle Touristen nehmen in dem weltbekannten Café einmal einen Kaffee auf der Terrasse zu sich. Die Lissabonner setzen sich dagegen eher nicht neben die dort stehende Statue des Dichters Fernando Pessoa, der hier weilte, wenn sein Stammcafé São Martinho da Arcada geschlossen war. Sie lassen sich drinnen an einem Tisch nieder oder stehen am Tresen, wo der Kaffee am günstigsten ist. Auch die schöne klassizistische Inneneinrichtung mit den großen Spiegeln lässt sich so besser bewundern. Früher verkehrten hier viele Literaten und Intellektuelle – angeblich soll das auch heute noch so sein. Die Wände zierten einst wertvolle Gemälde, u. a. von José Almada Negreiros, die man aber verkauft hat. Heute hängen neue Bilder im Café, u. a. von Eduardo Nery. 1905 hat die

Terrasse des Café Suiça am Rossio

Cafés in Lissabon

Brasileira ein aus Brasilien heimgekehrter Portugiese eröffnet, was auch den Namen erklärt. Entworfen hat die sehenswerte Fassade der Architekt Manuel Joaquim Norte Júnior. Ehemals gab es noch eine zweite Brasileira am Rossio. Preise für die Bica: Terrasse 1,30 €, Tisch 0,80 €, Tresen 0,50 €.

Leitaria Camponesa (23), Rua dos Sapateiros, 155. Metro Rossio. So geschlossen. Schlichtes Café. Die Wände zieren sehr schöne weiß-blaue Azulejos mit ländlichen Motiven. Das Café ist allerdings deutlich in die Jahre gekommen, ebenso die Eigentümer und viele Kunden, die hier gemütlich ihre Zeitung lesen und dazu eine Zigarette oder zwei schmauchen. In der Ecke überdauert ein verstaubter Benjamini die Jahre. Günstige Preise.

Café no Chiado (28), Largo do Picadeiro, 11/12, ℡ 213259118. Metro Baixa/Chiado. Mo–Sa 11–2 Uhr, So abends geschlossen. Schönes, in Holz gehaltenes Café gegenüber der Oper. Bei gutem Wetter werden ein paar Metalltische auf den gepflasterten Bürgersteig vor das Café gestellt.

Café dos Teatros (29), Rua António Maria Cardoso, 58, ℡ 213257658. Mo ganztags, So mittags geschlossen, sonst bis 1 Uhr nachts geöffnet. Eingang direkt neben dem Stadttheater São Luiz, dessen Glanz etwas auf das Café abfärbt. Elegant eingerichtet, der massive Dielenboden und der ruhige Jazz im Hintergrund sorgen für eine angenehme Atmosphäre. Es werden auch Hauptgerichte serviert.

Gediegenes Teehaus: Chá da Lapa

O Chá do Carmo (22), Largo do Carmo, 21, ℡ 213421301. Gegenüber dem Archäologiemuseum. So Ruhetag. Gediegener Tee-Salon mit viel Holz an den Wänden, dazu ein dunkler Steinboden. Für die Lage recht preiswert. Von einigen Tischen kann man den Platz überblicken.

Alfama (s. Karte S. 252/253)

Cerca Moura (13), Largo das Portas do Sol, 4, ℡ 218874859. An der Tramlinie 28. Täglich 10–2 Uhr (im Winter bei schlechtem Wetter teilweise erst ab 20 Uhr). Von der ausladenden Terrasse aus hat man einen sehr guten Blick auf São Vicente de Fora und den Tejo. Innen ist hinter einer Glasscheibe ein Stück der maurischen Stadtmauer zu sehen, die dem kleinen Café auch den Namen gab. Abends Barbetrieb. Für die Lage zivile Preise: *Bica* 1,10 €, Bier 2,10 €.

Graça (s. Karte S. 262/263)

Esplanada da Graça (5), Calçada da Graça. Direkt am Miradouro da Graça (neben der Igreja da Graça) liegt dieses Terrassencafé mit herrlichem Blick auf die Burg, die Ponte 25 de Abril und die Baixa. Täglich 10.30–2 Uhr. Aufgrund der langen Öffnungszeiten auch als Bar mit Aussicht sehr beliebt. Alle Tische im Freien. Ein Espresso (*bica*) für 1 €.

Pastelaria Bagabaga (4), Largo da Graça, 108, ℡ 218876695. Am zentralen Platz des Stadtteils Graça. Täglich geöffnet. Wer lange auf die Tram 28 warten muss, kann gegenüber der Haltestelle Graça die *pastéis de nata* oder anderes leckeres Gebäck in der gemütlichen Pastelaria probieren. Modern mit viel Glas und Metall eingerichtet. Es gibt auch günstigen Mittagstisch.

180 Lissabon/Cafés

Avenida da Liberdade (s. Karte S. 266/267)

Hotel VIP Eden Terraço Bar (18), Praça dos Restauradores, 24, ✆ 213216600. Metro Restauradores. Im Obergeschoss des Hotels VIP Eden (Eingang durch die Hotelrezeption, dann mit dem Aufzug in den Stock T fahren). Täglich 7–23 Uhr. Kleine Hotel-Bar mit einem der besten Ausblicke in Lissabon. Mitten im Zentrum direkt über der Praça dos Restauradores gelegen. Eine gute Gelegenheit, um kurz während einer anstrengenden Besuchstour zu verweilen. Nur wenige Tische an einer langen Fensterfront. Draußen eine Terrasse, auf der nicht bedient wird; man kann sich aber die Getränke mit nach draußen nehmen. *Bica* 1,50 €, Bier 2,50 €.

Avenidas Novas (s. Karte S. 276/277)

Café Versailles (5), Av. da República, 15-A, ✆ 213546340. Metro Saldanha. Unweit der Praça Duque de Saldanha. Täglich 7.30–22 Uhr. Großer Saal mit Empore, Säulen, Stuckdecke, Spiegeln und Marmor. Vielleicht Lissabons schönstes Café. Sehr angenehme Kaffeehausatmosphäre. Hervorragende Auswahl an vorzüglichem Gebäck (z. B. die *pastéis de nata*, die mit Gabel serviert werden!). Auch einen Versuch wert sind die *castanhas de ovos* (Eierkastanien), ein süßes Eiergebäck ähnlich den *ovos moles* aus Aveiro. Viele ältere Herrschaften und einige Prominente verkehren hier. Edel und nicht ganz billig. Günstig ist jedoch die Bica am Tresen zu 0,55 €.

Pastelaria Sequeira (7), Av. da República, 11-C, ✆ 213470749. Metro Saldanha. An der Ecke Av. da República/Av. Duque d'Ávila schnell zu entdecken. So geschlossen. Moderne Einrichtung mit großer Fensterfront. Seit 1902 stellt diese Pastelaria eine große Auswahl an gutem Gebäck her. Selbstbedienung am Tresen. Der Verbrauch wird auf einer Magnetkarte registriert. Bezahlt wird beim Herausgehen.

Pastelaria Mexicana (3), Av. Guerra Junqueiro, 30, ✆ 218486117. Metro Alameda. In der Südostecke der Praça de Londres. Täglich 8–24 Uhr. Das bekannte Café wurde 1962 eröffnet und bewahrt auf einzigartige Weise den Stil der 60er Jahre. Draußen eine *esplanada* (Terrasse). In der Mitte des Cafés 2 lange Tresen mit allerlei Süßigkeiten. Man sollte etwas davon probieren, z. B. die Fackeltropfen *pingo de tocha*. Hinten ein großer, verrauchter Saal mit Voliere. Die Mexicana wird vor allem von der wohlhabende Bevölkerung der Av. de Roma besucht.

Bairro Alto (s. Karte S. 282/283)

Boutique do Pão de São Roque (6), Rua Dom Pedro V, 57. An der Hausecke der Pensão Londres. Schöne alte Bäckerei mit aufwendigen Verzierungen an Wänden und Decken. Eine im Halbrund angeordnete, stattliche Säulenreihe vollendet das Ensemble. Allerlei Gebäck und Kaffee.

Noo Bai Café (40), Miradouro de Santa Catarina, Rua Santa Catarina, ✆ 213465014. Café und Bar direkt am Aussichtspunkt Santa Catarina, mit dem es den herrlichen Blick teilt. Täglich 12–24 Uhr. Eine Eisentreppe führt auf die Terasse mit Panorama von der Ponte 25 de Abril über den Tejo bis auf die andere Flussseite nach Almada. Wer will, kann auch innen sitzen, wo ein paar Holztische aufgestellt sind. In einer Spielecke können sich Kinder beschäftigen. Zum Essen gibt es Bagels, Toasts und Suppen. Mittags auch ein komplettes Menu.

Padaria Doce Real (3), Rua Dom Pedro V, 121. Unweit der Praça do Príncipe Real. Sa nachmittags und So ganztags geschlossen. Hübsches Eck-Café. Sehr beengt: In der Mitte sitzen die Nachbarn am Tisch und trinken ihren Kaffee, in der Ecke backen die Angestellten Gebäck. Spiegel sorgen zumindest optisch für etwas mehr Raum.

Lapa/Madragoa/São Bento (s. Karte S. 288/289)

Café Pão de Canela (6), Praça das Flores, 25 und 27, ✆ 213972220. An der hübschen, verkehrsberuhigten Praça das Flores unweit des Parlaments. Täglich 7–24 Uhr. Große Terrasse, auf der man gemütlich dem Treiben auf dem Platz zusehen kann. Mit viel Holz und einigen Azulejos dekoriert. Auch Abendessen.

Cafés in Lissabon

Café República (7), Av. Dom Carlos, I, 140-A, ✆ 213958370. Nur wenige Meter unterhalb des Parlaments São Bento. 8–2 Uhr, Sa erst ab 13 Uhr, So Ruhetag. Mit viel Holz eingerichtet. Bei gutem Wetter kann man auch draußen an der Av. Dom Carlos sitzen. Gute *empanadas* (Fleischpasteten). Nachts Bar-Betrieb, dann steigen auch die Preise.

Sítio do Pica-Pau (10), Rua dos Remédios à Lapa, 61, ✆ 213978267. Im Zentrum des Stadtteils Lapa. Sa, So und Fei geschlossen, sonst 9–17.30 Uhr. Schön gelegen: große Terrasse mit herrlichem Tejoblick mitten in einer Fußgängergasse. Auch kleiner Speiseraum im Inneren. Neben Kaffee gibt es Snacks, Omeletts und kleinere Gerichte.

O Chá da Lapa (23), Rua do Olival, 8, ✆ 213900888. Direkt oberhalb des Museu Nacional de Arte Antiga. Von außen an der bordeauxroten Fassade gut zu erkennen. Täglich 9–19 Uhr. Vorne etwas heller eingerichtet mit Metallmöbeln, hinten dagegen dunkles, klassizistisches Teelokal: Schwere Polstersessel, Holzstühle und Tische sorgen für eine gediegene Atmosphäre. Große Auswahl an Kuchen und leckeren Süßigkeiten vom Apfelstrudel bis zu Walnuss-Schokopralinen.

Amoreiras (s. Karte S. 296/297)

Pastelaria 1800 (4), Largo do Rato, 7. Metro Rato. Auffälliges Café mit schöner Azulejo-Fassade im Jugendstil auf der Ecke Rua da Escola Politécnica und Largo do Rato. Ein altes Eisentor führt in den schlicht eingerichteten Café-Raum, der von einem hohen Steinbogen überspannt wird.

Obra Vicentina/Casa Nossa Senhora do Amparo (7), Rua de São Bento, 700. Metro Rato. Wenige Meter unterhalb des Largo do Rato. Di–Sa 16–19 Uhr, So, Mo und Fei geschlossen. Café der katholischen Vicentiner-Schwestern. Der Eingangsbereich erinnert mit seinen Heiligenstatuen eher an ein Devotionaliengeschäft. Im weiter hinten gelegenen, düsteren Raum servieren die Schwestern verschiedene Tees und Kuchen. Die Zeit scheint hier stehen geblieben zu sein. Darauf deutet auch die alte Standuhr in der Ecke hin, deren Zeiger den Betrieb bei 12 Uhr eingestellt haben.

Belém (s. Karte S. 308/309)

Fábrica dos Pastéis de Belém (2), Rua de Belém, 84–92, ✆ 213637423. Neben dem Mosteiro dos Jerónimos. Täglich 8–23 Uhr (So bis 22 Uhr). Eine 1837 gegründete Konditorei mit alter Einrichtung und schönen Azulejos. Innen ein Labyrinth mit mehreren Sälen, die insgesamt 500 Plätze bieten. Hier gibt's die besten *Pastéis de Belém* (= *pastéis de nata*), köstliche Cremetörtchen in Blätterteig, die nach alten Rezepten der Mönche des Hieronymitenklosters hergestellt werden. Auch im Karton zu einem halben Dutzend und je einer Tüte Zimt und Puderzucker erhältlich. Bei den *Lisboetas* besonders beliebt für ein kleines Schwätzchen nach dem Wochenendspaziergang in Belém. Der Duft der frisch gebackenen *pastéis* schafft ein einzigartiges, unvergessliches Ambiente. Preis pro Pastete 0,75 €, Bica 0,50 €.

Fábrica dos Pastéis de Cerveja (4), Rua de Belém, 17, ✆ 213634338. Schräg gegenüber der Fábrica dos Pastéis de Belém. Täglich 6–2 Uhr. Hier werden die *pastéis de cerveja* aus Bierteig hergestellt. Das leckere Gebäck schmeckt aber eher süß als nach Bier.

A Margem (7). Kleiner Kiosk am Tejoufer, direkt neben dem Leuchtturm hinter dem Museu de Arte Popular. Ein Dutzend Tische und Sonnenschirme im Freien, daher auch nur bei gutem Wetter täglich 9–19 Uhr. Klasse Blick auf den Fluss mit den kreuzenden Transtejo-Fähren nach Trafaria und Porto Brandão sowie auf die Ponte 25 de Abril.

Benfica (s. Karte S. 321)

Pastelaria Califa (3), Estrada de Benfica, 463, ✆ 217785030. In der Nähe der Stadtautobahn Segunda Circular und des Einkaufszentrums Fonte Nova. Bekannte Pastelaria mit großem Angebot an Süßigkeiten. Spezialität sind *jesuitas*, ein nach den Jesuiten benanntes süßes Blätterteiggebäck. Angeschlossenes Restaurant. Stammkundschaft sind ältere Damen, die sich hier am Nachmittag für eine ausgiebige Unterhaltung treffen oder Naschkram für die Enkel besorgen.

Lissabon/Cafés

Pastelaria Luamel (2), Av. Grão Vasco, 3, ✆ 217601534. In einer Nebenstraße unweit der Igreja de Benfica. Ein Café mit exzellenten Süßigkeiten in großer Auswahl. Empfehlenswert beispielsweise die *queijadas* (Quarkküchlein). Die Einrichtung ist im funktionalen Pastelaria-Stil in Metall und Glas gehalten. Auch Eisverkauf und mittags Hauptgerichte. Preiswert.

Museumscafés

Lohnenswert sind auch die zahlreichen schönen Museumscafés in Lissabon – und das nicht nur im Anschluss an einen Museumsbesuch, denn wer nur ins Café möchte, muss meistens keinen Eintritt bezahlen. Besonders hübsche Cafés sind in den folgenden Museen zu finden (Adressen und Öffnungszeiten s. „Museen" ab S. 335):

Museu Nacional de Arte Antiga: Das Café liegt in einem völlig ruhigen Garten mit Bäumen, Wiese und Blumen hinter dem Museum. Da fällt das Entspannen nach einer anstrengenden Stadttour leicht.

Museu de Artes Decorativas/Fundação Ricardo Espírito Santo Silva: Hübsch eingerichtetes Café im 3. Stock des Azurara-Palastes. Der massive Granitboden verbreitet gemütliche Atmosphäre. Im Sommer kann man auch im Innenhof sitzen.

Museu Nacional do Azulejo: Das Café „Oasis" im Azulejomuseum ist tatsächlich eine Oase im Großstadttrubel. Man kann entweder drinnen an Holztischen, von Azulejos umrahmt, oder draußen im grünen, schattigen Palmengarten speisen. Neben Caféservice auch preisgünstige Gerichte und Salate.

Museu do Chiado: Mitten im Chiado kann man sich hier auf der Terrasse am Rand des Skulpturengartens oder im kleinen Caféraum erholen.

Museu de Macau: Kleines, sehr liebevoll mit chinesischer Holzarbeit eingerichtetes Café im Museum zur ehemaligen portugiesischen Kolonie Macao.

Museu da Marioneta: Das Restaurant-Café A Travessa liegt im Kreuzgang des restaurierten *Convento das Bernardas* aus dem 17. Jh., der auch das Marionettenmuseum beherbergt. Lebhafte Atmosphäre, da im Konvent auch über 30 Familien wohnen.

Museu Nacional do Teatro: Neben dem Theatermuseum kann man zwischen akkurat gestutzten Buchshecken im Park Monteiro-Mor seine Bica genießen. Dazu sind schmackhafte Kuchenstücke im Angebot. Preislich allerdings an der Spitze der Museumscafés.

Internetcafés

Portugal Telecom (11), Rossio, Praça Dom Pedro IV, 68. Metro Rossio, s. Karte Baixa/Chiado S. 240/241. Telefonkabinen, Internetzugang und Verkauf von Telefonkarten. Täglich 8–23 Uhr. Pro Stunde 3 €, Mindestnutzung 30 Min.

Cyberstore (25), Rua Nova do Almada, 105, ✆ 210927016. Metro Baixa/Chiado, s. Karte Baixa/Chiado S. 240/241. Internetcafé im zweiten Untergeschoss des Mode-Einkaufzentrums Vyrus-Yorn Shopping Attack. Täglich außer So 10–20 Uhr. Pro Stunde 3 € im 20 Min.-Takt. Oben die Bar Amo-te Chiado mit House Musik.

Cyber.bica (30), Rua Duques de Bragança, 7, ✆ 213225004. Metro Baixa/Chiado, s. Karte Baixa/Chiado S. 240/241. Etwas unterhalb des Stadttheaters São Luís. Mo–Fr 11–24 Uhr, Sa 19–24 Uhr, So geschlossen. Das erste Internetcafé Portugals. Bereits 1995 eröffnet. Eher Charakter eines Internet-Restaurants, da auch Hauptgerichte. 1 Stunde 3 €. Mindestnutzung 15 Min.

Artesanet (3), Rua das Escolas Gerais, 134, ✆ 218850426, s. Karte Alfama S. 252/253. Die Tram 28 rattert vor der Tür vorbei. Eigentlich Kunsthandwerksladen mit vielen Töpferwaren, aber auch PCs mit Internetzugang. Pro Stunde 3 €.

Portugal Telecom (14), Rua Viriato, 13, s. Karte Av. Novas S. 276/277. Centro Comercial Picoas Plaza, Loja C 0.5. Metro Picoas. Täglich 9–23 Uhr. In einem Einkaufzentrum hinter dem Sheraton-Hochhaus. Der ehemalige Telefonmonopolist betreibt hier mehrere Telefonzellen sowie Computer. Pro Stunde 2,50 €.

Web C@fé (13), Rua do Diário de Notícias, 126, ✆ 213421181, s. Karte Bairro Alto S. 282/283. Kleines Internetcafé mitten im Bairro Alto.

Cafés in Lissabon

Erholung im Garten neben dem Museu Nacional do Teatro

Täglich 16–2 Uhr. So kann man kurz zwischen zwei Barbesuchen im Bairro Alto schauen, ob nicht doch noch eine neue Mail gekommen ist. Preis pro Stunde 2 €.

Museu das Comunicações, Rua do Instituto Industrial, 16, ℡ 213935106. Metro Cais do Sodré, s. Karte Bairro Alto S. 282/283. Mo–Fr 10–12.30 und 14–18 Uhr, Sa und So geschlossen. Internet-Café im Kommunikationsmuseum. Etwa 20 Rechner. Schneller Zugang. Preis 1 € pro Stunde. Mindestens 30 Min. müssen bezahlt werden.

Bar 3 W (10), Rua Padre Francisco, Mercado Campo de Ourique, Loja 3, ℡ 213954478, s. Karte Campo de Ourique S. 296/297. Internetcafé-Bar auf mehreren Etagen des Südturms im Markt von Campo de Ourique. Im ersten Stock Café mit schönem Blick auf den Platz und die gegenüberliegende Igreja do Santo Condestável. Wer die Wendeltreppe ganz hochsteigt, findet dort 10 Rechner (vorher unten bezahlen). Pro Stunde 2 €, Mindestdauer 30 Min.

Portugal Telecom, Centro Comercial Colombo, Piso -1. Metro Colégio Militar/Luz, s. Karte Benfica S. 321. Täglich 10–24 Uhr. Von der Metro aus findet man im Durchgang zum Einkaufszentrum dieses Internetcafé. Pro Stunde 2 €. Auch Telefonzellen und Telefonkarten-Verkauf.

Cyberoceanos, Gare do Oriente, ℡ 218951995. Metro Oriente, s. Karte Osten S. 331. Am Eingang zur Metro im ersten Untergeschoss des Bahnhofs Oriente. Täglich 10–23 Uhr. Eintauchen in den „Cyberocean" für 4 € pro Stunde. Mindestnutzung 15 Min.

Cib@rcafé, Pavilhão do Conhecimento – Ciência Viva, Parque das Nações, Alameda dos Oceanos. Metro Oriente. s. Karte Osten S. 331. Di–Fr 10–18 Uhr, Sa/So 11–19 Uhr, Mo geschlossen (ebenso Weihnachten, Silvester und Neujahr). Internetcafé im Eingangsbereich des Technikmuseums Pavilhão do Conhecimento. Für 30 Min. kann kostenlos gesurft werden. Bei geringem Andrang auch länger.

Das Modegeschäft Paris em Lisboa – ehemals königlicher Hoflieferant

Einkaufen

Die klassischen Einkaufsviertel Lissabons sind der Chiado und die Baixa. Hier finden sich zahlreiche Boutiquen, Parfümerien und Buchhandlungen. Die Ladeneinrichtungen mit Kristallspiegeln und Holzverkleidungen stammen teilweise noch aus dem 19. Jh. In den letzten Jahrzehnten haben beide Stadtteile aber durch Einkaufszentren erheblich Konkurrenz bekommen.

Recht beliebt ist auch das Einkaufsgebiet in der Gegend um die Avenida de Roma. Dort sind einige der vornehmsten Geschäfte Lissabons zu finden.

Einkaufszentren

Totengräber des traditionellen Einzelhandels und verachtenswerte Kopie der amerikanischen *Malls* für die einen, bequeme und überdachte Einkaufsmöglichkeit für die anderen – an den Einkaufszentren scheiden sich auch in Lissabon die Geister. Unter den Lissabonnern sind besonders die drei großen Shopping-Center beliebt: das Centro Comercial das Amoreiras, das Centro Comercial Vasco da Gama im Osten der Stadt und das Centro Comercial Colombo in Benfica, das größte Einkaufszentrum der Iberischen Halbinsel.

Geöffnet haben die meisten *Centros Comerciais* bis spät in die Nacht (23 Uhr) und dies sieben Tage die Woche. Nur sonntags nachmittags müssen die großen Supermärkte, die so genannten *Hipermercados*, in den Einkaufszentren schließen.

Einkaufszentren 185

Chiado (s. Karte S. 240/241)

Centro Comercial dos Armazéns do Chiado, Rua do Crucifixo, 103 und Rua do Carmo (Metro Baixa/Chiado). Gern frequentiertes Einkaufszentrum im Chiado, das erheblich zur Wiederbelebung des Stadtteils beigetragen hat. Untergebracht im Gebäude eines der beim Brand von 1988 zerstörten traditionellen Kaufhäuser Lissabons, der Grandes Armazéns do Chiado. Hauptattraktion sind die Buchhandlung FNAC und das Sportgeschäft Intersport. Insgesamt erwarten die Passanten zahlreiche Modegeschäfte sowie im Obergeschoss verschiedene Restaurants und Cafés mit Blick auf die Burg Castelo São Jorge.

Mouraria (s. Karte S. 262/263)

Centro Comercial da Mouraria, Largo do Martim Moniz (direkter Eingang von der Metrostation Martim Moniz). Vor einigen Jahren machte das Zentrum auf uns einen etwas heruntergekommenen Eindruck, da ein Großteil der Geschäfte leer stand. Inzwischen haben sich Inder, Pakistanis, Chinesen und Geschäftsleute aus den ehemaligen afrikanischen Kolonien Portugals des Centro Comercial da Mouraria angenommen. Entstanden ist eine interessante Mischung der verschiedenen Einwanderer-Subkulturen: afrikanische Friseure direkt neben indischen Supermärkten und gut sortierten chinesischen Feinkostläden. Allein mit den Gerüchen lässt sich hier am Martim Moniz eine kleine Weltreise machen. Sicher der multikulturellste Einkaufstipp in Lissabon.

Avenidas Novas (s. Karte S. 276/277)

El Corte Inglés, Av. António Augusto de Aguiar, 31 (direkter Eingang von Metro São Sebastião). Am oberen Ende des Stadtparks Eduardo VII. So und Feiertags zu. Das einzige große Warenhaus deutschen Stils in Lissabon und zugleich die erste portugiesische Filiale dieser spanischen Kette. Hier sind zahlreiche spanische Produkte zu finden. Im Untergeschoss ein großer Supermarkt mit einer gut sortierten Lebensmittelauswahl, darunter viele portugiesische Weine und deutsche Biersorten. Ansonsten die üblichen Abteilungen für Damen- und Herrenmode, Sport, Haushalt und Kosmetik. Beeindruckende Ausmaße auf 13 Etagen: Insgesamt arbeiten hier 1.300 Angestellte.

Centro Comercial Atrium Saldanha, Praça Duque de Saldanha (Metro Saldanha). Hell und transparent gehaltenes Einkaufszentrum. Geprägt wird es durch eine große, lichte Halle (Atrium) mit weißem Marmorboden. Mit ca. 100 Geschäften auf 3 Stockwerken eher mittlere Größe. Vor allem Modeläden, im Untergeschoss auch Cafés und Fastfood. In unmittelbarer Nachbarschaft zwei weitere, kleinere Einkaufszentren: Centro Comercial Galerias Monumental und Galeria Saldanha.

Galerias Comerciais Palácio Sotto Mayor, Av. Fontes Pereira de Melo, 16 (Metro Picoas). Das eleganteste Einkaufszentrum Lissabons im ehemaligen Wohnhaus der Bankiersfamilie Sotto Mayor aus dem Jahr 1902. Der Palast sollte komplett abgerissen werden, wurde dann aber 1988 unter Denkmalschutz gestellt. Zum Glück hat man nicht nur die Fassade, sondern auch die Inneneinrichtung des Palastes erhalten. Hier sind nun exklusive Herrenausstatter, Damenmodeboutiquen und Juweliere eingezogen. Hinten im Erdgeschoss ein angenehmes Delta-Café ohne den üblichen Einkaufszentrums-Trubel. Leider hat der schöne Garten den Umbau nicht überlebt, da er von weiteren Ladenpassagen untertunnelt wurde. Man nutzte dabei das beträchtliche Gefälle zwischen der Av. Fontes Pereira de Melo und der sie unterquerenden Straßen.

Amoreiras (s. Karte S. 296/297)

Centro Comercial das Amoreiras, Av. Engenheiro Duarte Pacheco (Metro Rato). Bis 24 Uhr kann man täglich in dem riesigen Einkaufszentrum herumstöbern. 1985 eröffnet, war es das erste seiner Art in Portugal. Der umstrittene Bau des portugiesischen Architekten Tomás Taveira wirkt wie eine Stadt in der Stadt – und ist es auch. Von der Post bis zur Kirche ist alles vorhanden. Dementsprechend lautet auch der Werbespruch „Entre num mundo aparte" – Betreten Sie eine eigene Welt! Auf den 2 riesigen Stockwerken mit über 300 Geschäften gibt es Straßennamen, damit man sich nicht verläuft. Im Erdgeschoss ein großer Supermarkt (Pão de Açúcar). Dazu edle Shops für Schmuck und vor allem Mode. Ebenso teure HiFi-Geschäfte, mehrere Buchhandlungen und Plattenläden. Ein Teil der oberen Etage wird von über 50 Restaurants und Cafés eingenommen. 10 Kinos bieten Unterhaltung im Originalton mit portugiesischen Untertiteln. Bankfilialen sorgen für den Geldnachschub, sollte man dem Kaufrausch endgültig erliegen.

Benfica (s. Karte S. 321)

Centro Comercial Colombo, Av. Lusíada (direkter Zugang von der Metrostation Colégio Militar/Luz). Neben dem Stadion von Benfica erhebt sich dieser 1997 eröffnete Konsumtempel. Parallelen mit dem Amoreiras-Zentrum drängen sich auf, nur ist alles mit 421 Geschäften auf ca. 400.000 m² noch größer und noch luxuriöser. Es soll Lissabonner geben, die hier ganze Wochenenden verbringen. Das größte Einkaufszentrum der Iberischen Halbinsel ist auf drei Stockwerke verteilt. Ganz unten liegt der Continente-Hipermercado. Er ist so groß geraten, dass in der Mitte eine Erholungsecke eingerichtet werden musste und die Angestellten den Supermarkt auf Rollschuhen durchqueren. Im obersten Geschoss finden die Besucher neben einer Art Jahrmarkt für Kinder die obligatorischen Kinos und Restaurants.

Osten (s. Karte S. 331)

Centro Comercial Vasco da Gama, Alameda dos Oceanos (direkter Zugang von der Metrostation Oriente). Das von Naturlicht durchflutete Einkaufszentrum ist im ehemaligen Haupteingang der EXPO 98 eingerichtet worden. Mit ca. 160 Geschäften und 35 Restaurants zählt es zu den größten „Centros Comerciais" in Lissabon. Das Einkaufszentrum steht unter dem Motto des Meeres. Sehenswert ist das gläserne Dach, über das als natürliche Klimaanlage Wasser fließt. Hauptgeschäft ist ein Continente-Hipermercado im Erdgeschoss. Weiter findet man besonders viele Modeläden. Ganz oben gelangt man auf eine Terrasse mit Restaurants und einem Panoramablick über den Tejo und den Parque das Nações.

Lebensmittel und Wein

Passt man sich der portugiesischen Ernährungsweise etwas an, so kann man in Portugal preiswert Lebensmittel erstehen. Fisch kostet beispielsweise weniger als in Deutschland. Dazu ist das Angebot ungleich größer; insbesondere Spezialitäten wie frischen Thunfisch findet man in Deutschland nur selten. Insgesamt zählen die portugiesischen Supermärkte aber zu den teuersten Europas. Vor allem für Milchprodukte und Schokolade greift man deutlich tiefer in die Taschen als in Deutschland.

Das Angebot an **regionalen Spezialitäten** ist für ein so kleines Land wie Portugal dagegen überwältigend. So sei nur auf die vorzüglichen Käsesorten wie den Gebirgskäse (*queijo da serra*) und die leicht geräucherten Würste (*chouriço*) verwiesen. Unbedingt probieren sollte man auch den estremadurensischen Frischkäse (*queijo fresco*), hergestellt aus Kuhmilch; mit einem halbdunklen Roggen-Brötchen, Salz, Pfeffer und Tomate schmeckt er himmlisch. Joghurtsorten mit Aroma *(com aroma)* sollte man eher mit Vorsicht kaufen, denn sie enthalten im Gegensatz zu denen mit Fruchtstückchen *(com pedaços)* nur Aromastoffe.

In der Lissabonner Unterstadt Baixa sind **Supermärkte** mittlerweile recht selten geworden. Die großen *Hipermercados* am Stadtrand und in den Vororten

Lebensmittel und Wein 187

Hier kaufen die Köche frisch ein

haben den kleinen Geschäften viel Kundschaft genommen. Zwischen der Praça do Comércio und dem Cais do Sodré konnten sich in der Rua do Arsenal aber noch eine Reihe kleiner, uriger Lebensmittelläden halten. Beim Vorbeigehen lässt sich an vielen Stellen schon anhand des Geruchs erahnen, was verkauft wird: Bacalhau, Obst, Kaffee ...

Einen besonders guten Service bieten die **Lojas de Conveniência**. Das sind kleine Supermärkte, die von 7 Uhr morgens bis 2 Uhr nachts geöffnet haben. Hier findet man Artikel des täglichen Bedarfs wie Lebensmittel, Getränke, Brot, Zeitungen, Briefmarken, Telefonkarten und frische Pizzen sowie Café.

Ein Tipp noch für den Einkauf in Supermärkten: Vielerorts ist es üblich, an den Theken eine Nummer zu ziehen, um bedient zu werden. Ist man an der Reihe, wird die entsprechende Nummer angezeigt oder aufgerufen.

- *Baixa/Chiado (s. Karte S. 240/241)* **Pingo Doce**, Rua 1° de Dezembro, 67–83 (Metro Restauradores). Direkt neben dem Rossio gelegener Supermarkt des Jerónimo Martins-Konzerns. Gute Auswahl. Zahlreiche weitere Filialen in der ganzen Stadt.

Ponto Fresco, Rua dos Correeiros, 10–18 (Metro Baixa/Chiado). Kleiner Supermarkt mitten in der Baixa. Praktisch, um sich zwischendurch mit einem gekühlten Getränk zu versorgen.

Celeiro, Rua 1° de Dezembro, 65 (Metro Restauradores). Celeiro ist portugiesischer Pionier in der Sparte Naturkost-Produkte: Das Geschäft war das erste seiner Art in Portugal.

- *Alfama (s. Karte S. 252/253)* **Loja de Conveniência**, Campo das Cebolas, 25/27. Kleiner Supermarkt neben der Casa dos Bicos.

- *Avenidas Novas (s. Karte S. 276/277)* **Loja de Conveniência**, Praça do Chile, 3 (Metro Arroios). Weiteres Geschäft an der Praça José Fontana, 11 (Metro Picoas).

- *Bairro Alto (s. Karte S. 282/283)* **Loja de Conveniência**, Rua Dom Pedro V, 65. Unweit des Aussichtspunkts São Pedro de Alcântara.

188 Lissabon/Einkaufen

- *Lapa/Madragoa/São Bento (s. Karte S. 288/289)* **Loja de Conveniência**, Av. Pedro Álvares Cabral, 61 (Metro Rato) und Av. Infante Santo, 36.
- *Campo de Ourique (s. Karte S. 296/297)* **Loja de Conveniência**, Rua Ferreira Borges, 96-C. Supermarkt an der Hauptstraße des Stadtteils Campo de Ourique.
- *Alcântara (s. Karte S. 302/303)* **Loja de Conveniência**, Rua Luís de Camões, 133. Oberhalb des Straßenbahndepots Santo Amaro.

Agrovinhos – Adegas Cooperativas do Norte ao Sul, Rua Fradesso da Silveira, 45/47 und 57, ✆ 213636944. Hier in der Nähe des Largo do Calvário gibt es über 2.000 verschiedene Weine aus ganz Portugal. Darunter sind viele Kooperativ-Weingüter vertreten, aber auch andere Marken. *Agrovinhos* führt ebenso Portweine und andere Alkoholika wie Whisky. Die Preise sind oft günstiger als in den Supermärkten.

Märkte

Auf dem Markt einzukaufen ist in Portugal noch wesentlich verbreiteter als in Deutschland. Die einheimischen Verbraucher, besonders Restaurants und Kantinen, aber auch Hausfrau und Hausmann von nebenan kaufen hier Gemüse, Obst, Fleisch und Fisch ein. Neben günstigen Preisen lockt die Qualität – die Waren werden frisch vom Erzeuger verkauft. *Mercados Municipais*, städtische Markthallen, finden sich in fast jedem Stadtviertel Lissabons. Geöffnet sind die Markthallen in der Regel Mo–Sa 7–14 Uhr.

- *Graça (s. Karte S. 262/263)* **Mercado de Santa Clara**, Campo de Santa Clara. Schöne, gusseiserne Markthalle aus dem Jahr 1877 auf dem Gelände der Feira da Ladra. Mo–Sa 7–19 Uhr.

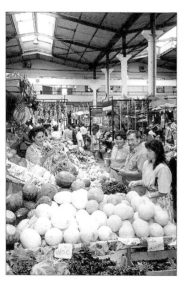

Auf dem Markt sind die Produkte oft besser und billiger als im Laden

- *Avenidas Novas (s. Karte S. 276/277)* **Mercado 31 de Janeiro**, Rua Engenheiro Vieira da Silva (Metro Picoas). Sehr zentral hinter dem Portugal Telecom Gebäude gelegene moderne Markthalle aus dem Jahr 1992 mit bunter Fassade, die Tier-, Obst- und Gemüsemotive zeigt.

  Mercado de Arroios, Rua Ângela Pinto (Metro Alameda). Eine runde Markthalle in der Nähe der Avenida Almirante Reis. Das denkmalgeschützte Gebäude aus der Estado-Novo-Zeit hat Luís Benavente im Jahr 1942 entworfen.

- *Bairro Alto (s. Karte S. 282/283)* **Mercado da Ribeira**, Av. 24 de Julho (Metro Cais do Sodré). Der ehemalige Großmarkt für Obst- und Gemüse. In einer wunderschönen Markthalle aus dem Jahr 1882 untergebracht. Entworfen hat sie übrigens Ressano Garcia – er plante auch die Bebauung der Avenidas Novas. Von weitem nicht zu übersehen ist das charakteristische weiße Kuppeldach dieses ältesten Marktes Lissabons. Seit dem Umzug des Zentralmarkts in das 320 Millionen € teure Gebäude des *Mercado Abastecedor da Região de Lisboa – MARL* in São Julião do Tojal bei Loures im Norden Lissabons allerdings nur noch Verkauf in kleineren Mengen. Angeboten werden Obst, Gemüse, Fleisch und Fisch. Dazu gibt es einen Blumenmarkt. Sehr farbenprächtige Atmosphäre, besonders interessant am frühen Morgen. Mo–Sa 6–14 Uhr, Blumenverkauf auch Mo–Fr 15–19 Uhr, So geschlossen.

Mercado do Bairro Alto, Rua da Atalaia. Markthalle auf gerade einmal 378 Quadratmetern Fläche mitten im Bairro Alto.

Mercado Biológico, Jardim do Príncipe Real, Praça do Príncipe Real. Bio-Markt mit Anbietern aus den ländlichen Regionen um Lissabon jeden Sa 9–14 Uhr.

• *Campo de Ourique/Amoreiras (s. Karte S. 296/297)* **Mercado do Rato**, Rua Alexandre Herculano (Metro Rato). In unmittelbarer Nähe zum Largo do Rato, versteckter Eingang neben dem schönen Jugendstilgebäude der Auto-Industrial.

Mercado de Campo de Ourique, Rua Coelho da Rocha, 100. Schöne, südamerikanisch anmutende Markthalle aus dem Jahr 1934. Sie ist eine der meistbesuchten der Stadt.

• *Alcântara (s. Karte S. 302/303)* **Mercado Rosa Agulhas**, Rua Leão de Oliveira. Etwas oberhalb des Largo do Calvário direkt unter der Brücke des 25. April. Moderner Bau aus dem Jahr 1987.

• *Benfica (s. Karte S. 321)* **Mercado de Benfica**, Av. Grão Vasco (Nähe Igreja de Benfica). Runde Markthalle aus dem Jahr 1971, in der die Stände kreisförmig angeordnet sind.

Flohmärkte

Weltberühmt ist der Lissabonner Flohmarkt *Feira da Ladra* im Stadtteil Graça. Nicht umsonst wird er „Markt der Diebin" genannt, da man dort unter Umständen seine gestohlenen Sachen wieder finden kann (eigene Erfahrung des Co-Autors). Besonders ärmere Lissabonner kaufen hier ihre Kleidung und Schuhe ein, da sie dort billiger als in den Geschäften sind.

Graça (s. Karte S. 262/263)

Feira da Ladra, Campo de Santa Clara (Straßenbahn 28). Der größte und bunteste Flohmarkt Lissabons findet dienstags und samstags zwischen der São-Vicente-Kirche und dem Panteão Nacional im Stadtteil Graça statt. Dieser Flohmarkt mit seiner einzigartigen Atmosphäre hat eine jahrhundertealte Geschichte: Früher fand er am Tor zum Castelo São Jorge statt, davon zeugt dort heute noch der Straßenname Chão da Feira („Marktboden"). Später wurde er auf dem Rossio, dem Praça da Alegria, dem Campo Santana und in São Bento abgehalten. Heute hat er zwischen der Igreja São Vicente de Fora und dem Panteão Nacional auf dem Campo de Santa Clara seinen Platz gefunden. Der „Markt der Diebin" besteht aus vier Teilen: Im oberen Teil finden sich professionelle Händler, die meist günstige Kleidung und Schuhe oder Elektronikramsch verkaufen, dazu gesellen sich einige Geschäfte im Umfeld, zumeist Militaryläden (hier gibt es günstig gebrauchte portugiesische Flaggen und Militärklamotten) oder Antiquariate mit schönen alten Büchern und Postkarten. In der Mitte liegt die Markthalle des Campo de Santa Clara, in der Obst, Gemüse, Fisch und Fleisch verkauft werden. Im unteren Teil dann schließlich der eigentliche Flohmarkt. Von krummen rostigen Nägeln über gebrauchte LPs und CDs bis zu „alten" Musketen bekommt man alles. Daneben Mädchen mit ihrer letzten Winterkollektion. Es empfiehlt sich allerdings, nicht zu spät zu kommen, da die Schnäppchen dann schon alle verkauft sind. Bei Regen bleibt man besser gleich weg, dann fehlen nämlich die Kleinanbieter.

Bairro Alto (s. Karte S. 282/283)

Mercado da Ribeira, Av. 24 de Julho (Metro Cais do Sodré). Im Obergeschoss der ehemaligen Zentralmarkts treffen sich jeden So vormittag die Sammler von Münzen und Briefmarken. Fleißig werden begehrte Unikate getauscht, Sammlungen des Standnachbarn bewundert am Preise gefeilscht. Im Angebot sind auch alte Bücher, Postkarten, Uhren und andere „Kuriositäten".

Avenidas Novas (s. Karte S. 276/277)

Mercado da Praça de Espanha, an der Nordseite der Praça de Espanha (Metro Praça de Espanha). Täglich außer So 8–20 Uhr. Ein permanenter Trödelmarkt unter einem großen Blechdach. Erinnert von der Stimmung eher an einen brasilianischen Markt, vielleicht auch wegen der vielen schwarzen Verkäufer und Kunden. Besonders Kleinkram wie Kassetten und Kleidung. Auch einige günstige Steh-Bars.

*A*juda *(s. K*arte *S. 308/309)*

Feira da Travessa da Boa-Hora, täglich Di–Sa vormittags in der Travessa da Boa-Hora im Stadtteil Ajuda. Ein großer Markt fliegender Händler auf dem vor allem billige Stoffe, Kleider und Obst verkauft werden. Wenn auch die angebotene Ware nicht immer gehobenen Qualitätsansprüchen entsprechen mag, so ist der Markt doch wegen seiner ursprünglichen Atmosphäre durchaus einen Besuch wert. Einige Händler fahren ihre Ware noch mit Eselsgespannen an. Diese *Feira* besuchen praktisch nur Bewohner der umliegenden Stadtteile.

*B*enfica *(s. K*arte *S. 321)*

Feira da Luz, jedes Jahr im September auf dem Largo da Luz in Carnide (Metro Colégio Militar/Luz). Jahrmarkt mit einer jahrhundertealten Tradition. Dörfliche Atmosphäre. Hier kann man günstig handwerkliche Erzeugnisse kaufen. Dazu gibt es die üblichen Marktangebote an *Farturas* (Fettgebäck) und Zuckerwatte. Die Marktstände sind so begehrt, dass sie jedes Jahr Ende August von der Stadt versteigert werden! Fast nur einheimisches Publikum.

Kunsthandwerk und Antiquitäten

Azulejos, kunstvoll bemalte Wandfliesen, eignen sich besonders gut als Mitbringsel. Man kann sie Hand bemalt, maschinell gefertigt oder antik in großer Auswahl und vorzüglicher Qualität erstehen. Auch formschöne portugiesische Keramiken wie Geschirr und Glasprodukte können in Lissabon gut und günstig eingekauft werden. Hier bürgen besonders die Firmen aus Vista Alegre und Marinha Grande in Mittelportugal für Qualität.

Neben den Azulejos und Keramiken, der Spezialität der Estremadura-Region um Lissabon, kann man in der portugiesischen Hauptstadt auch zahlreiche Produkte anderer Regionen erstehen. Herausragendes Beispiel sind die kunstvoll geknüpften Teppiche aus dem Ort Arraiolos im Alentejo. Von Souvenirs aus Korallen oder Muscheln sollte man dagegen generell absehen. Ihre Entnahme fügt der Meereswelt großen Schaden zu.

Das Zentrum des Lissabonner Antiquitätenhandels ist die Rua de São Bento. Die Straße ist eine regelrechte Antiquitätenmeile, hier reiht sich ein Geschäft an das nächste (s. Karte Campo de Ourique/Amoreiras S. 296/297, Metro Rato). Weitere Antiquitätengeschäfte finden sich nicht weit entfernt im Bairro Alto entlang des Straßenzuges der Rua Dom Pedro V und der Rua da Escola Politécnica zwischen dem Aussichtspunkt São Pedro de Alcântara und dem Botanischen Garten. Einige Händler haben sich auch in der Rua de São José, einer Parallelstraße zur Avenida da Liberdade, niedergelassen.

*B*aixa/*C*hiado *(s. K*arte *S. 240/241)*

Santos Ofícios, Rua da Madalena, 87, ✆ 218872031. Metro Baixa/Chiado. Schräg gegenüber der Igreja da Madalena in einem alten Pferdestall. Eines der am besten sortierten Geschäfte in Lissabon für landestypische Souvenirs und Kunsthandwerk hoher Qualität. Vor allem Tonfiguren und Porzellan, aber auch typisch portugiesische Wollpullover und schöne Postkarten.

Kunsthandwerk und Antiquitäten 191

Vista Alegre, Largo do Chiado, 18, ℡ 213461401. Metro Baixa/Chiado. Formschöne Keramik aus Portugal lässt sich hier in sehr guter Qualität erstehen. Die Fabrik des portugiesischen „Meißner" steht in Mittelportugal bei Aveiro. Teuer, aber erstklassig. Kurios ist, dass Vista Alegre früher auch die Porzellanisolatoren für die Straßenbahnen der Carris herstellte.

Viúva Lamego, Calçada do Sacramento, 29, ℡ 213469692. Metro Baixa/Chiado. Unweit des Convento do Carmo. Ähnliche Auswahl wie im Stammhaus am Largo do Intendente (s. u.). Auch hier sehr stilvolle Haushaltskeramik. Die Fertigung von Viúva Lamego ist übrigens im Gewerbegebiet Abrunheira in Sintra angesiedelt. Versand ins Ausland möglich.

Mouraria/Graça (s. Karte S. 262/263)

Viúva Lamego, Largo do Intendente, 25, ℡ 218852408. Metro Intendente. Diese 1849 gegründete und weithin anerkannte Keramikfabrik ist besonders für große Aufträge wie die Ausstattung ganzer Wohnungen eine sehr gute Adresse. Praktisch alle Lissabonner und mehrere Brüsseler sowie Stockholmer Metrostationen sind von ihr mit Azulejos verkleidet worden. Der Stammsitz der Firma liegt inmitten des Rotlichtviertels am Largo do Intendente; vielleicht verirrt sich auch deshalb kaum ein Fremder hierher. Schon von außen ist das Haus sehr sehenswert, da es komplett mit schönen alten Azulejos gefliest ist. Früher produzierte man sogar in diesen Verkaufsräumen. Hand bemalte Azulejos ab ca. 3,50 € das Stück. Wesentlich billiger kann man dagegen Azulejos in Serienfabrikation erstehen, ab ca. 0,70 €.

Bairro Alto (s. Karte S. 282/283)

Casa das Cortiças, Rua da Escola Politécnica, 4/6. In der Nähe des Praça Príncipe Real. Im „Haus des Korkes" gibt es so ziemlich alles aus Kork, was das Herz begehrt: In den Regalen stehen leicht verstaubte Korkschnitzereien wie Schiffchen, Figuren, Untersetzer, Papierkörbe etc. Hier kann man auch Azulejos nach eigenen Motiven anfertigen lassen.

Casa dos Tapetes de Arraiolos, Rua da Imprensa Nacional, 116-E, ℡ 213968246. Metro Rato. Gegenüber dem Eingang zum Botanischen Garten. Offizieller Verkaufsposten der bekannten portugiesischen Knüpfteppiche aus Arraiolos im Alentejo. Diese Kostbarkeiten werden komplett in Handarbeit gefertigt. Man kann auch Teppiche nach eigenen Motiven in Auftrag geben.

Ceramius–Cerâmica e Azulejos Santana, Rua do Alecrim, 91–97, ℡ 213422537. Metro Baixa/Chiado. Kunstvoll von Hand bemalte Wandfliesen aus eigener Werkstatt. Auch Teller und Porzellanfiguren finden sich hier. Ein nützliches Mitbringsel sind die Hausnummern, das Stück zu ca. 10 €. Allerdings ist diese renommierte Firma vergleichsweise teuer, da sie viel touristische Kundschaft hat. Die Fabrik steht in der Calçada da Boa-Hora, 96 im Stadtteil Ajuda und kann besichtigt werden (Tram 15, Haltestelle Hospital Egas Moniz).

Solar, Rua Dom Pedro V, 66–72, ℡ 213465522. Am Eingang vor Nr. 70 klingeln. In den Kellern stapeln sich die antiken Azulejos aus vergangenen Jahrhunderten. Diese historischen Azulejos sind allerdings ein beliebtes Mitbringsel und werden dementsprechend teuer gehandelt.

Lapa/Madragoa/São Bento (s. Karte S. 288/289)

Depósito da Marinha Grande, Rua de São Bento, 418, 426 und 234, ℡ 213963096 und 213955818. Metro Rato. In der Nähe des Parlaments São Bento. Die drei Geschäfte sind von unten bis oben voller Gläser aus dem für seine Glasherstellung berühmten Ort Marinha Grande in Mittelportugal. Vom kleinen Schnapsglas über den filigranen Sektkelch bis zur großen Blumenvase ist praktisch alles zu haben. Es gibt insgesamt drei Läden in der Rua de São Bento: Nr. 418 führt vor allem Gläser, Nr. 426 vor allem Vasen, aber auch hochwertiges Geschirr. Der Laden weiter unten mit der Hausnummer 234 (Cristalfama) ist schlichter eingerichtet, als die beiden anderen, dafür aber günstiger. Hier gibt es das ganze Glassortiment.

Ajuda (s. Karte S. 308/309)

Azul Battistini, Travessa do Armador, 4, ℡ 213629502. Hinter dem Platz mit dem Uhrenturm des Palácio Nacional da Ajuda. Diese Azulejo-Werkstatt setzt die Arbeit des 2001 in Konkurs gegangenen Traditionsunternehmens Cerâmica Constância fort. Mitarbeiter der alten Firma haben Azul Battistini gegründet. Für Küchen oder Bäder, alt oder neu, von Hand oder maschinell bemalt – das Unternehmen bietet eine breite Produktauswahl klassischer und moderner Azulejos.

Mode

Auch außerhalb der großen Einkaufszentren lohnt es sich, nach Kleidung und Schuhen zu schauen. Lissabon kann mittlerweile mit einer ganzen Reihe erstklassiger Modeschöpfer aufwarten. Jährlicher Höhepunkt ihres Schaffens ist die *ModaLisboa*, auf der im Frühjahr und im Herbst die neuen Kollektionen präsentiert werden. Vor allem im Bairro Alto und Umgebung findet man ihre Geschäfte. Die wohl beste Gelegenheit, billig Kleidung zu erstehen, hält dagegen der Markt in Carcavelos an der *Linha de Cascais* jeden Donnerstagmorgen bereit (s. „Carcavelos" S. 363).

Ein Kleidungs-Kauf in Lissabon ist prinzipiell kein Problem, da die Konfektions-Größen in der Regel den in Deutschland, der Schweiz und Österreich verwendeten entsprechen. Allerdings ist es für hoch gewachsene Frauen und Männer schwer, Kleidung und Schuhe in den entsprechenden Größen zu bekommen, da die Portugiesen im Durchschnitt etwas kleiner gebaut sind als die Mitteleuropäer.

ModaLisboa: Impulse für die portugiesische Mode

● *Chiado (s. Karte S. 240/241)* **Ana Salazar**, Rua do Carmo, 87, ℡ 213472289. Metro Rossio. Die berühmteste portugiesische Modeschöpferin. Bereits seit Anfang der 80er kreiert Ana Salazar eher dezente Kollektionen, darunter auch die Uniformen der portugiesischen Eisenbahn CP. In den Geschäften ausschließlich Damenmode. Auch Schuhe und Taschen. Exklusive Preise, aber auch teilweise deutlich ermäßigte Kollektionen aus den vergangenen fünf Jahren. Eine weitere Filiale in der Avenida de Roma, 16-E, ℡ 218486799. Metro Roma, Av. Novas.

Alves / Gonçalves, Rua Serpa Pinto, 15, ℡ 213460690. Metro Baixa/Chiado. Kleiner Laden der beiden bekannten portugiesischen Mode-Stylisten Manuel Alves und José Manuel Gonçalves etwas oberhalb der Oper. Exklusive Damenmode im Vintage-Stil in klassisch-eleganten Formen. Die Eingangstüre ist normalerweise verschlossen, man muss klingeln, um in den eigentlichen Verkaufsraum im Untergeschoss zu gelangen.

José António Tenente, Travessa do Carmo, 8, ℡ 213422560. Metro Baixa/Chiado. José António Tenente begann seine Karriere 1986 als Praktikant bei Ana Salazar und ist inzwischen der bekannteste männliche Modeschöpfer Portugals. Kollektionen mit schlichten, klaren Linien und einfachen, gut gewählten Farben. Herren- und Damenmode (auch Bademode). Ein weiteres Geschäft im Centro Comercial Picoas Plaza, Rua Tomás Ribeiro, 65 – Loja 038 (Metro Picoas).

• *Bairro Alto (s. Karte S. 282/283)* **Fátima Lopes**, Rua da Atalaia, 36, ℡ 213240540. Elegante Damen- und Herrenmode, Bademode und Schuhe. Hier kaufen viele VIPs ein und dementsprechend sind die Preise. Bekannt wurde Fátima Lopes, als sie 1999 in Paris einen Bikini aus Diamanten präsentierte. Fátima Lopes experimentiert gerne mit neuen Chemiefasern und verwendet für ihre eng geschnittenen Kleider häufig reflektierende Stoffe. Ergebnis ist ein „sexy" Stil. Ein weiterer Laden von Fátima Lopes liegt in der Avenida de Roma, 44 (Metro Roma, Av. Novas).

Lena Aires, Rua da Atalaia, 96, ℡ 213461815. Kleiner, orange angestrichener Laden. Lena Aires kreiert psychedelisch anmutende Kleider. Bequeme Mode vor allem für ein jüngeres Publikum. Viele spielerische Elemente. Geringe Auswahl, aber dafür günstigere Preise als bei den anderen Modedesignern.

• *São Bento (s. Karte S. 288/289)* **Maria Manuela Gonçalves/Loja Branca**, Praça das Flores, 48-A, ℡ 21609028. Nur Mo–Fr nachmittags geöffnet. Kleines Geschäft der portugiesischen Mode-Designerin. Ausschließlich Damenmode. Sie verwendet vor allem natürliche Materialien, was aber nicht zu „Öko-Look" führt. Zwischen den Sommer- und Winterkollektionen kann das Geschäft einige Zeit geschlossen sein.

Centro Comercial Palácio Sotto Mayor: elegantes Einkaufszentrum

• *Campo de Ourique (s. Karte S. 296/297)*
Rés-Vés, Rua Ferreira Borges, 98-B. Dieser Laden bietet ein großes Sortiment an Second-Hand-Mode und eine Menge anderen Ramsch. Eine Fundgrube für Gebrauchtes aller Art.

Bücher

Die meisten Buchhandlungen finden sich im Chiado und Bairro Alto. In Portugal sind die Buchpreise recht gesalzen, aufgrund der etwas lockereren Preisbindung als in Deutschland lohnt es sich jedoch auch in andere Geschäfte zu schauen. Das gilt auch für die Hypermärkte, die gängige Bücher oft unter Buchhandlungspreis führen. Am besten kauft man jedoch auf der Buchmesse, der *Feira do Livro*, ein. Sie ist Treffpunkt für Lesefans, Autoren und Verleger und findet jedes Jahr Anfang Juni im Stadtpark Parque Eduardo VII statt (Metro Parque oder Marquês de Pombal).

194 Lissabon/Einkaufen

Für Liebhaber von Antiquariaten bietet das Bairro Alto ausreichend Gelegenheiten, um stundenlang in und nach gebrauchten Büchern zu stöbern. Auf Portugiesisch nennt man diese Art Buchhändler übrigens *Alfarrabistas*.

Baixa/Chiado (s. Karte S. 240/241)

FNAC, Centro Comercial dos Armazéns do Chiado, Rua do Crucifixo, 103 und Rua do Carmo, ✆ 213221800. Metro Baixa/Chiado. Die größte Buchhandlung Lissabons. Viele Sonderangebote. Auch CDs. Weiteres Geschäft im Einkaufszentrum Centro Comercial Colombo, Av. Lusíada, 1. Stock, Praça do Equador (Metro Colégio Militar/Luz, Benfica).

Livraria Bertrand, Rua Garrett, 76, ✆ 213468646. Metro Baixa/Chiado. 5 % Nachlass mit Cartão Jovem. Die älteste Buchhandlung Portugals und zugleich eine der ältesten der Welt. Befindet sich an dieser Stelle seit 1773. Bereits seit 1732 hatte Bertrand aber schon Bücher in anderen Geschäften verkauft. Große Auswahl an Literatur zu allen Themen. Bestellung auch über das Internet aus dem Ausland: www.bertrand.pt. Eine weitere gut sortierte Filiale im zweiten Obergeschoss des Einkaufszentrums Vasco da Gama im Osten der Stadt (Metro Oriente).

Livraria Ferin, Rua Nova do Almada, 70–74, ✆ 213424422. Eine der klassischen Buchhandlungen Lissabons, früher offizielle Buchbinderei der königlichen Bibliotheken. Kunstvolle Holzregale lassen noch den Glanz vergangener Jahrhunderte erahnen. Bereits 1840 von dem Belgier Pedro Langlet und der belgisch stämmigen Maria Teresa Férin gegründet und immer noch in Familienbesitz. Handelte zu Beginn vor allem französischsprachige Literatur – auch heute noch stark im Angebot vertreten. An der Fassade neben der Türe ist noch der alte Name zu sehen „Librairie de A. Ferin".

Livraria Sá da Costa Editora, Rua Garrett, 100–102, ✆ 213460702. Metro Baixa/Chiado. Eine Ikone unter den Lissabonner Buchhandlungen: In der Salazar-Zeit wurde hier Untergrundliteratur unter dem Ladentisch gehandelt. Heute ein gemischtes, etwas unsystematisch angeordnetes Sortiment. Bis 1875 befand sich hier das Café Central, Treffpunkt von Schriftstellern wie Eça de Queiroz oder Antero de Quental.

Alfama/Graça (s. Karte S. 252/253/Karte S. 262/263)

• *Alfama* **A+A**, Cais da Pedra, ✆ 213421927. Gegenüber dem Bahnhof Santa Apolónia. Kleine Kunstbuchhandlung am Tejo. Vor allem Bücher zu Architektur, Fotografie, Design und Kochen.

• *Graça* **Alfarrabista Antunes**, Rua Voz do Operário, 7-B, ✆ 218866486. Gegenüber der Igreja São Vicente de Fora. Versteckt hinter einer eher abschreckenden Fassade finden hier Freunde portugiesischer Literatur eine riesige Auswahl an gebrauchten Büchern. Das Spektrum reicht von wertvollen, alten Ausgaben bis zu relativ günstigen neueren Auflagen. Besonders viele Titel zu Lissabon und zur portugiesischen Geschichte.

Av. da Liberdade/Av. Novas (s. Karte S. 266/267/Karte S. 276/277)

• *Av. da Liberdade* **Livraria Buchholz**, Rua do Duque de Palmela, 4, ✆ 213170580. Metro Marquês de Pombal. In direkter Nähe zur Avenida da Liberdade. Buchholz führt die meisten ausländischen Bücher, darunter vor allem deutsche. Das hat mit der Geschichte dieses Geschäftes zu tun (s. u.). 5 % Ermäßigung mit Cartão Jovem.

• *Avenidas Novas* **Assírio & Alvim**, Av. Frei Miguel Contreiras, 52, ✆ 218479992. Metro Roma. Im Untergeschoss des Kinos King. Mo–Fr 13–22 Uhr, Fr/Sa und Mo 13–24 Uhr. Gehört zum renommierten Verlag Assírio & Alvim. Viele Kinobücher, aber auch sonst gute Auswahl.

Livraria Municipal, Av. da República, 21-A, ✆ 213521775. Metro Saldanha. In der Buchhandlung der Stadtverwaltung gibt es eine große Auswahl an Literatur zu Lissabon.

Bairro Alto (s. Karte S. 282/283)

J. C. Silva/Livraria Histórica e Ultramarina, Travessa da Queimada, 28–1°, ℡ 213468589. Antiquariat mit viel Literatur zu den deutsch-portugiesischen Beziehungen. Besonders für Geschichtsinteressierte eine Fundgrube.

Barateira, Rua Nova da Trindade 16-C, ℡ 213426755. Metro Baixa/Chiado. Der Name *Barateira* („Schnäppchenladen") ist Programm: preiswerte gebrauchte Bücher, darunter auch viele neueren Datums. Große, leider schlecht sortierte Auswahl. Auch viele Zeitschriften.

Imprensa Nacional – Casa da Moeda, Rua da Escola Politécnica, 135, ℡ 213945700. Metro Rato. Die Staatsdruckerei gegenüber dem Jardim Botânico verkauft Gesetzestexte und offizielle Publikationen, aber auch Geschichtsbücher. Weitere Filiale in der Nähe des Rossio: Rua das Portas de Santo Antão, 2.

Livraria Artes e Letras, Largo Trindade Coelho, 3–4, ℡ 213471675. Schön eingerichtetes Antiquariat. Fast nur Kunstbücher und alte Karten.

Livraria do Duque, Calçada do Duque, 17, ℡ 213428241. Kleine Buchhandlung oberhalb des Rossio-Bahnhofs. Zahlreiche gebrauchte Comic-Bände auf Portugiesisch.

Buchholz – merkwürdige Geschichte einer Buchhandlung

Mit 200 Aquarellen von Paul Klee im Gepäck kam er 1943 inmitten der Wirren des Zweiten Weltkrieges in Lissabon an. Zurück ließ Karl Buchholz seine von den Bomben der Alliierten zerstörte Buch- und Kunsthandlung in Berlin. Mit dem Startkapital der Klee-Aquarelle gründete er an der Lissabonner Avenida da Liberdade eine neue, nach ihm benannte Buchhandlung und Kunstgalerie. Seine Beziehung zur Hitler-Diktatur war dabei zwiespältig. Buchholz hatte sich nach 1937 in Berlin als einer der Händler verdingt, die für die Nationalsozialisten „entartete Kunst" an das Ausland verkauft hatten. Einerseits kooperierte er so mit den Nazis und profitierte von ihnen, andererseits konnte er aber auch zahlreiche Werke davor retten, von den Nazis verbrannt zu werden. Lange hielt es Buchholz aber nicht in Lissabon aus: Schon 1951 zog er nach Kolumbien, wo er in Bogotá ein weiteres Geschäft mit Kunstgalerie eröffnete. Dort ist er auch 1992 verstorben.

Musik

Wer sich aus dem Urlaub portugiesische Musik mitnehmen möchte, findet in Lissabon ein breites Angebot an CDs. Die Preise liegen etwa auf dem Niveau Deutschlands. Auch die verschiedenen brasilianischen Musikrichtungen nehmen in Portugal einen großen Platz ein, da die Musiker Brasiliens in Portugal auf Grund der gemeinsamen Sprache sehr beliebt sind.

• *Baixa/Chiado (s. Karte S. 240/241)*
BimotorDJ, Praça dos Restauradores, 7, ℡ 213430352. Metro Restauradores. Zahlreiche Techno-Maxis und Independent-CDs.

FNAC, Centro Comercial dos Armazéns do Chiado, Rua do Crucifixo, 103 und Rua do Carmo, ℡ 213221800. Metro Baixa/Chiado. Einer der größten Plattenläden Lissabons. Viele günstige Sonderangebote.

• *Bairro Alto (s. Karte S. 282/283)* **Ananana**, Travessa Água da Flor, 29, ℡ 213474770. Mitten im Bairro Alto. Vor allem CDs elektronischer Klangrichtungen und Jazz. Unter der Woche am späten Nachmittag, Fr/Sa nur abends offen.

• *Benfica (s. Karte S. 321)* **FNAC**, Av. Lusíada, Centro Comercial Colombo, 1. Stock, Praça do Equador. Metro Colégio Militar/Luz. Filiale der belgischen FNAC-Kette. Neben CDs, DVDs auch Foto- und Hifi-Artikel.

Utopisch anmutende Mehrzweckhalle Pavilhão Atlântico: Schauplatz zahlreicher Konzerte

Unterhaltung und Kultur

Getreu dem Spruch „In Braga betet man, in Porto wird gearbeitet, in Coimbra studiert und in Lissabon gelebt„ sollte es kein Problem sein, in Lissabon auszugehen. Die Stadt bietet ein exzellentes Angebot an Kinos, Diskotheken und Bars. Dazu finden das Jahr über zahlreiche Festivitäten statt.

Wann was stattfindet, erfährt man in mehreren kostenlosen Programmzeitschriften: In der von der Stadt Lissabon herausgegebenen *Agenda LX* sind fast alle kulturellen Ereignisse in Lissabon verzeichnet. Sie erscheint monatlich in portugiesischer Sprache und ist im Rathaus und im Turismo erhältlich.

Ebenfalls im Turismo liegt *Follow me Lisboa* aus, eine kostenlose Zeitschrift des Fremdenverkehrsverbands Lissabon (www.atl-turismolisboa.pt). Sie präsentiert jeden Monat auf Englisch und Spanisch die wichtigsten Veranstaltungen und Ereignisse. Monatlich erscheint auch das Programm des *Centro Cultural de Belém* auf Portugiesisch, das dort und im Turismo erhältlich ist (eine Version auf Englisch gibt es unter www.ccb.pt).

Jeden Donnerstag erscheint der *Guia do Lazer* mit Tipps zu Konzerten, Kino sowie Ausstellungen (nur auf Portugiesisch). Das Heft wird von der Zeitung *Público* herausgegeben, liegt aber nicht der Zeitung bei, sondern muss für 0,80 € extra am Zeitungskiosk gekauft werden.

Kartenvorverkauf

Agência de Bilhetes para Espectáculos Públicos–ABEP, Praça dos Restauradores, ✆ 213425360. Metro Restauradores, Baixa. Am ABEP-Pavillon gibt es Karten vom Fußballspiel bis zur Oper. Allerdings ca. 10 % Vorverkaufsgebühr.

BimotorDJ, Praça dos Restauradores, 7 (Metro Restauradores, Baixa). Rock-/Popkonzerte ohne Vorverkaufsgebühr.

FNAC, Rua do Carmo, Centro Comercial Armazéns do Chiado (Metro Baixa/Chiado, Chiado) und Av. Lusíada, Centro Comercial Colombo, 1. Stock, Praça do Equador (Metro Colégio Militar/Luz, Benfica) sowie www.fnac.pt. Für alle Arten von Konzerten mit geringer Vorverkaufsgebühr.

Coliseu, Rua das Portas de Santo Antão, (Metro Restauradores, Baixa). Nur für Konzerte im Coliseum. Kasse geöffnet Mo–Fr 13–19 Uhr.

Centro Cultural de Belém, Centro Cultural de Belém (Belém). Nur Vorverkauf für die dortigen Veranstaltungen. Täglich 13–19.30 Uhr. Auch ✆ 213612444 und www.ccb.pt.

Ticketline, www.ticketline.pt. Karten für Konzerte, Theater und Oper im Internet.

Feste

Das **Neujahr** läuten die *Lisboetas* gewöhnlich mit einem großen Feuerwerk auf der Praça do Comércio ein. Private Feuerwerke sind in Portugal zum Jahreswechsel, der *passagem de anos*, nicht üblich.

Der **Karneval** in Lissabon gibt sich eher bescheiden. Lediglich in Torres Vedras wird groß gefeiert.

Am **25. April**, dem Jahrestag der Nelkenrevolution, findet morgens traditionell eine Militärparade vor dem Kloster in Belém statt, nachmittags kann man ab ca. 15.30 Uhr die farbenprächtige Parade (*desfile*) der kommunistischen Partei PCP auf der Avenida da Liberdade erleben. Dutzende Gruppierungen der Kommunisten und der kommunistischen Gewerkschaft CGTP marschieren auf, kaum jemand, der keine rote Nelke trägt. In jedem Fall ein prächtiges Spektakel, selbst wenn man vielleicht nicht mit der Ideologie des PCP übereinstimmen mag. Die Demonstration der kommunistischen Gewerkschaften am Tag der Arbeit, dem **1. Mai**, findet dagegen auf der Alameda Dom Afonso Henriques statt.

Der erste Sonntag im **Mai** ist traditionsgemäßer Termin für die seit 1570 veranstaltete Prozession zu Ehre der *Nossa Senhora da Saúde*. Am Nachmittag zieht sie ab etwa 16 Uhr durch die Straßen der Mouraria um die Capela Nossa Senhora da Saúde an der Praça Martim Moniz. Dabei wird einer Pest-Epidemie von 1569 gedacht, die Maria beendet haben soll. An der Prozession nehmen zahlreiche religiöse Bruderschaften sowie Musikkapellen von Militär, Miliz und Feuerwehr teil.

Außerdem steigt im Mai die *Semana Académica de Lisboa – SAL*: Mit dem Studentenfest wird die volle Aufnahme der *caloiros* („Studienanfänger")

Ausgelassene Freude auf den Juni-Feiern

Farbenpracht und gute Laune bei den Marchas Populares

in die Studentengemeinschaft und die Verabschiedung der *finalistas* („Diplomanden") gefeiert. Selbstverständlich haben dann auch die *tunas*, die Studentenkapellen, ihren „großen Auftritt". Attraktion ist neben diversen Rockkonzerten der bei den Einheimischen verhasste *cortejo académico*, eine Traktorparade, die den ganzen Verkehr lahm legt und bei der die Passanten mit Wasser und Mist besprizt werden.

Der **Juni** ist der Monat der Feste in Lissabon, was ihn zum vielleicht attraktivsten Reisemonat für die portugiesische Hauptstadt macht. An dutzenden Orten in den historischen Stadtvierteln finden vom 12. Juni bis zum Ende des Monats so genannte *arraiais* (Volksfeste) statt. Besonders am Wochenende zieht der Geruch von gebratenen Sardinen, die zu Brot und Wein gegessen werden, durch alle Gassen. Die einheimische Bevölkerung lauscht unter bunten Girlanden portugiesischer Volksmusik und Fado-Gesängen.

Den größten *arraial* veranstaltet die Mouraria, die beste Stimmung bieten die *arraiais* der Alfama. Eine kleine Auswahl der verschiedenen Festorte:

Alfama: Castelo São Jorge, Campo das Cebolas, Largo de São Rafael, Igreja de São Miguel, Largo do Chafariz de Dentro, Rua da Regueira/Calçadinha de Santo Estêvao.

Mouraria: Praça Martim Moniz. **Bairro Alto**: Calçada da Bica Grande. **Madragoa**: Travessa do Pé de Ferro. **Carnide**: Rua Neves Costa.

Höhepunkt der Juni-Feste sind die *marchas populares* (Volksmärsche) am Vorabend des **13. Juni**, Lissabons Stadtfeiertag. Dann wird der Geburtstag des inoffiziellen Stadtpatrons hl. Antonius von Padua gefeiert. Die farbenfrohe Parade verschiedener Gruppen aus den einzelnen Stadtteilen Lissabons zieht am 12. Juni ab ca. 21 Uhr tanzend und singend die Avenida da Liberdade hinunter. Tänzer und Musikanten sind in prächtige Kostüme gekleidet und tragen Lampions mit sich. Das ganze Spektakel dauert etwa vier bis fünf Stunden und hat durchaus Wettbewerbscharakter: Die *marchas* der einzelnen Stadtteile kämpfen um den Titel des besten Umzugs. Dabei versucht jedes Viertel die anderen möglichst mit noch aufwendigeren Kostümen und Choreographien zu übertreffen. Am Straßenrand feuern sie Nachbarn, Freunde und Familienangehörige an. Daneben werden Töpfe mit frischem Basilikum verkauft, die sich Verliebte gegenseitig schenken. Schließlich gilt nach einer Volksweisheit der Heilige Antonius als Patron für eine glückliche Ehe: „*Santo António, Santo Antoninho, arranja-me lá um maridinho!*" (Heiliger Antonius besorge mir einen Ehemann!)

Der Feiertag des Heiligen Antonius selbst ist dann eher religiös geprägt. Am 13. Juni schlängelt sich ab 17 Uhr eine Prozession von der Igreja de Santo António durch die Gassen der Alfama. Hinter einem Bildnis des Heiligen ziehen die Menschen über die Rua São João da Praça, die Igreja São Miguel, Rua da Regueira, Rua dos Remédios, die Igreja de Santo Estêvão, Rua das Escolas Gerais und dem Miradouro de Santa Luzia zur Kathedrale Sé.

O Santo que traz noivas – Der Heilige, der Bräute bringt

Prächtige weiße Brautkleider, elegante dunkle Anzüge und ein buntes Blumenmeer. Alljährlich am 12. Juni ist die Igreja de Santo António Ort eines besonderen Spektakels: Gegen 15 Uhr nachmittags geben sich in dieser kleinen Kirche am Rand der Alfama knapp 20 Brautpaare gleichzeitig das Ja-Wort. Voraus ging für die *noivos de Santo António* ein aufwendiges Bewerbungsverfahren. Unter mehr als 200 Kandidaten werden Jahr für Jahr diejenigen Paare ausgesucht, die auf Kosten der Stadt Lissabon und mit der finanziellen Unterstützung einiger Firmen heiraten dürfen. Wer Chancen haben will, sollte bereits in Lissabon wohnen und nur über ein geringes Einkommen verfügen. Ein paar Nachteile müssen die Brautpaare dennoch in Kauf nehmen: Sie dürfen nur 30 Gäste einladen und gefeiert wird selbstverständlich mit allen anderen Paaren zusammen. Aber dafür sind sie auch Teil der *Festas de Lisboa* und mit ziemlicher Sicherheit am nächsten Morgen in der Zeitung.

Die Tradition begründet sich auf die Legende, dass der Heilige Antonius zu seinen Lebzeiten als Franziskanermönch einer verzweifelten, mittellosen Braut wundersamerweise zu einer für ihre Heirat nötigen Mitgift verholfen haben soll. Darauf beruhend hatte die Zeitung *Diário Popular* in den 50er und 60er Jahren zum ersten Mal Massenhochzeiten organisiert, die vom Lissabonner Einzelhandel finanziert worden waren. Mit dem Ende der Zeitung schlief die Tradition aber wieder ein, bis sie die Stadt Lissabon Ende der 90er zu neuem Leben erweckte.

Doch nicht nur die Brautpaare, auch die Kinder hätten gerne ihren Teil vom Heiligen Antonius. Sie bitten die Passanten in den Tagen um den 13. Juni um eine Münze *(„Uma moedinha de Santo António!")*. Früher bastelten die Kinder auch kleine Altäre, um Spenden zu sammeln, von denen sie dann Feuerwerkskörper kauften. Heute investieren sie das Geld eher in Süßigkeiten.

Weitere Höhepunkte im Juni sind die Nacht vom 21. auf den 22. mit der Mittsommerwende (*solstício*), der Vorabend des Johannistages am 24. Juni (*São João*) und der Vorabend des Tags des Heiligen Petrus am 29. Juni (*São Pedro*). Ebenfalls lohnenswert ist die Schlussveranstaltung der *Festas de Lisboa*, die gewöhnlich Ende Juni mit Rockmusik und Feuerwerk auf der Praça do Comércio stattfindet.

Fußball

Ein Spiel mit einem der drei großen portugiesischen Clubs *Benfica*, *Sporting* und *FC Porto* ist für Fußballfans immer einen Besuch wert. Die drei Clubs stellen seit 1947 kontinuierlich den portugiesischen Meister. Zum ersten Mal gelang es in der Saison 2000/2001 *Boavista*, dem zweiten Verein aus Porto, diese *tricracia* genannte Dreierherrschaft zu durchbrechen.

Besonders die Lokalderbies zwischen den beiden Lissabonner Vereinen *Benfica* und *Sporting* haben ein ganz eigenes Flair. Der dritte Lissabonner Club, die *Belenenses* aus Belém, spielt eine eher unbedeutende Rolle, hat allerdings mit dem Estádio do Restelo eines der am schönsten gelegenen Stadien Portugals. Die bedeutendsten Clubs aus der Umgebung Lissabons sind *Estrela Amadora* und *Vitória Setúbal*, beide aber nur mäßig erfolgreich.

Im Jahr 2004 hat man in Portugal zur Fußball-Europameisterschaft zahlreiche Stadien neu gebaut, darunter auch die Arenen der beiden Lissabonner Clubs Benfica und Sporting. Wenn man ein Spiel sehen will, sollte man die Karten direkt am Stadion kaufen, da sie dort am günstigsten sind. Wem der Weg im Vorfeld zu weit ist und wer dennoch sichergehen will, einen Platz zu bekommen, der kann seine Tickets auch beim ABEP-Pavillon an der Praça dos

Fußballfanatismus

Jeder große portugiesische Verein hat seinen Fanclub, auf portugiesisch *claque* genannt. Benfica wird von den *No Name Boys* und den *Diabos Vermelhos*, den „Roten Teufeln", unterstützt. Sporting setzt auf die Hilfe der *Juventude Leonina*, der „Löwenjugend", die sich nach dem Vereinssymbol benannte. Einige der meist jugendlichen Fans verbringen offenbar ganze Tage damit, Wände mit Abkürzungen ihrer *claque* wie *NN* oder *Juve Leo* sowie mit intelligenten Sprüchen wie „Oeiras gehört den No Name Boys" zu besprühen. Allen Gruppen gemein sind der ziemlich leichtfertige Umgang mit faschistischen Symbolen und eine latente Gewaltbereitschaft.

Doch wen wundert dies in einer Gesellschaft, in der die Kinder teilweise schon bei ihrer Geburt als Mitglieder des Vereins, dem der Vater angehört, eingeschrieben werden? Befragt nach den Farben der portugiesischen Flagge, antworten manche Kinder mit „Sporting" (grün) und „Benfica" (rot), weil sie zwar die Namen der Farben noch nicht kennen, aber bereits die der Fußballvereine. Das Meer wäre dann wahrscheinlich „Porto" (blau) ...

Übrigens: Wird man in Portugal gefragt, wer man denn sei („*Quem és?*"), dann interessiert den Fragesteller nicht, wie man heißt, sondern zu welchem Fußballclub man hält.

Restauradores erstehen, wo sie aber mindestens 10 % teurer sind. Karten für Länderspiele verkauft auch die *Federação Portuguesa de Futebol* (FPF) in der Rua Alexandre Herculano, 58 (Metro Rato).

Fußballstadien

Benfica, *Estádio da Luz*, Av. General Norton de Matos, ✆ 217219500. Metro Colégio Militar/Luz, Benfica. Zur Fußball-EM 2004 errichtete, komplett überdachte Arena mit 65.000 Plätzen. Portugals größtes Stadion.
Sporting, *Estádio de José Alvalade*, Rua de Francisco Stromp, ✆ 217516000. Metro Campo Grande, Av. Novas. Ebenfalls ein Neubau anlässlich der Europameisterschaft. 50.000 überdachte Plätze.
Os Belenenses: *Estádio do Restelo*, Av. do Restelo, ✆ 213010461. Belém. Nur wenige hundert Meter nördlich vom Mosteiro dos Jerónimos steht dieses Stadion mit Blick über den Tejo. 43.000 Plätze.
Nationalstadion: *Estádio Nacional do Jamor*, Cruz Quebrada (Züge ab Cais do Sodré). Das Nationalstadion liegt an der Linha de Cascais im Lissabonner Vorort Cruz Quebrada. Hier finden neben Länderspielen auch die Pokalendspiele statt. Bei der Architektur des 1944 mit Hilfe deutscher Ingenieure erbauten Stadions ist das Vorbild deutscher Stadien aus der nationalsozialistischen Zeit deutlich zu erkennen. Ca. 50.000 Plätze.

Fan von Sport Lisboa e Benfica

Galerien

Zwar kann Lissabon mit der Galerienszene von Städten wie Köln nicht annähernd mithalten, dennoch gibt es einige interessante kleinere Galerien. Besonders viele finden sich in den Straßen am Rande des Bairro Alto und im Viertel São Bento, was sicher auch auf die nahe liegenden Gebäude der Fakultät der Schönen Künste und der Akademie der Wissenschaften zurückzuführen ist. Eine komplette Galerie-Liste und aktuelle Ausstellungen findet man in der Wochenzeitung *Expresso* und in der Programmzeitschrift *Agenda LX*.

• *Avenidas Novas (s. Karte S. 276/277)*
Culturgest, Rua do Arco do Cego, Hauptgebäude der Caixa Geral de Depósitos, ✆ 217905454. Metro Campo Pequeno. Mo–Fr 10–18 Uhr, Sa/So 14–20 Uhr, Di geschlossen. Galerie und Kulturforum der Nationalsparkasse CGD.

• *São Bento (s. Karte S. 288/289)* **Galeria Ratton Cerâmicas**, Rua da Academia das Ciências, 2-C, ✆ 213460948. Unweit der Rua do Século im ehemaligen Wohnhaus des Marquês de Pombal gelegen. Mo–Fr 10–13 und 15–19.30 Uhr, Sa/So und Fei geschlossen. Die Galerie für Azulejo-Kunst in Lissabon. 1987 gegründet und seither nur Kunstwerke auf Keramik-Fliesen im Programm. Teilweise herrliche Ausstellungen moderner Azulejos.

Galeria Tapeçarias de Portalegre, Rua da Academia das Ciências, 2, ✆ 213468202. Mo–Fr 13–19.30 Uhr, Sa/So und Fei geschlossen. Kunstvoll geknüpfte Teppiche aus Portalegre im Alentejo. Moderne Motive zeigen die Vielfalt der Knüpfkunst. Der Preis pro Teppich kann schnell 5.000 € übersteigen.

Kinos

In Lissabon kann man in vielen modernen Kinos Filme zu günstigen Preisen sehen. Meist laufen die aktuellen Hollywoodstreifen; nur wenige Kinos bringen europäische Produktionen. Ausländische Filme werden generell mit Untertiteln gezeigt, sodass man mit Englischkenntnissen den meisten Filmen folgen kann.

Normal kostet eine Kino-Karte etwa 5 €. Montags, am Kinotag, ist der Eintritt deutlich auf etwa 3,50 € ermäßigt. In diesem Fall und auch am Wochenende sollte man rechtzeitig Karten für die Abendvorstellungen kaufen, da dann halb Lissabon ins Kino geht. Telefonische Kartenvorbestellungen sind aber nicht immer möglich. Die Plätze sind übrigens nummeriert, man wird oft von einem Platzanweiser eingewiesen.

Oft kommt keine Werbung im Vorfeld, es werden lediglich Trailer anderer Filme gezeigt. Eine portugiesische Unsitte war es lange Zeit, die Filme für eine zehnminütige Pause zu unterbrechen. Zum Glück ersparen mittlerweile die meisten Kinos ihren Besuchern diese Folter. Die neuen Filme laufen übrigens freitags an.

Avenida da Liberdade (s. Karte S. 266/267)

Cinemateca Portuguesa, Rua Barata Salgueiro, 39 ✆ 213596200. Metro Marquês de Pombal. So geschlossen. In der Cinemateca werden hauptsächlich Reihen mit älteren portugiesischen und ausländischen Filmen gezeigt. Günstiger Eintrittspreis. Das Kino besitzt zwei Säle. Im Obergeschoss außerdem ein Geschäft mit Büchern und DVDs. Dazu ein sehr empfehlenswertes Café, ganz in Holz eingerichtet und mit Filmplakaten dekoriert. Bei gutem Wetter kann man auch im Innenhof sitzen. Von den umliegenden Gebäuden abgeschirmt, kommt man sich etwas vor wie auf einer Insel in der Großstadt.
São Jorge, Av. da Liberdade, 175, ✆ 213103400. Metro Avenida. Das ehemalige Premierenkino Lissabons. Noch viel Pracht und Glanz, auch wenn der herrliche, über 1.800 Zuschauer fassende Saal aus dem Jahr 1950 leider in drei kleinere Räume unterteilt wurde. Das Foyer lässt den ursprünglichen Glanz des vom Architekten Fernando Silva entworfenen Gebäudes aber noch erahnen. Das Gebäude sollte im Jahr 2000 abgerissen werden und wäre damit dem Schicksal zahlreicher anderer prächtiger Kinos wie dem Eden, dem alten Monumental oder dem Condes gefolgt. Nach heftigen Protesten hat dann die Stadt Lissabon das Kino gekauft und betreibt es inzwischen. Nicht immer Kinobetrieb, teilweise auch Ausstellungen.

Avenidas Novas (s. Karte S. 276/277)

Instituto Franco-Português, Av. Luís Bivar, ✆ 213111400. Metro São Sebastião. Kleines Kino des französischen Kulturinstitutes. Filme aus Frankreich.
King, Av. Frei Miguel Contreiras, 52-A, ✆ 218480808. Metro Roma. 3 Säle, in denen eher nicht kommerzielle Kultfilme gezeigt werden. Ermäßigung mit Cartão Jovem, für Studenten, unter 16 und über 65 J.
Londres, Av. de Roma, 7-A, ✆ 707202220. Metro Roma. 2 komfortable Säle. Aktuelle Filme vorwiegend aus den USA.
Monumental Saldanha Residence, Edifício Monumental, Praça Duque de Saldanha, ✆ 213142223. Metro Saldanha. Dieses moderne Kino liegt im Obergeschoss des Einkaufszentrums Monumental. Sehr guter Sound. Vom angeschlossenen Café schöner Blick auf die Praça de Saldanha. Insgesamt 8 Säle, davon 4 im benachbarten Einkaufszentrum Saldanha Residence.
Nimas, Av. 5 de Outubro, 42, ✆ 213574362.

Metro Saldanha. Ein-Saal-Kino, in dem vorwiegend europäische Filme gezeigt werden.
Quarteto, Rua Flores de Lima, 16, ✆ 217971244. Metro Entrecampos. 4 Kinosäle im Stil der 60er Jahre mit je ca. 150 Plätzen. Das Kino ist dafür bekannt, Qualitätsfilme zu zeigen. Die nicht nummerierten Plätze bieten allerdings nur wenig Beinfreiheit.

UCI Cinemas, Grandes Armazéns El Corte Inglés, Av. António Augusto Águiar, 31, ✆ 707232221. Direkter Zugang von Metro São Sebastião. 14 moderne Kinosäle mit insgesamt 2.700 Plätzen im El Corte Inglés-Kaufhaus. Gehört zur amerikanischen UCI-Gruppe, die auch deutsche Multiplextheater betreibt.

Der portugiesische Film

Das portugiesische Filmgeschäft gehört nicht gerade zu den erfolgreichsten auf der Welt. Schlechte Kameraführung, lange Schnittfrequenzen, viel Dialog und wenig Handlung kennzeichnen die meisten Streifen. Der 1908 geborene Altmeister des portugiesischen Films Manoel de Oliveira wurde wegen seiner langatmigen Filme schon sprichwörtlich: *„Tu és de Oliveira!"* (Du bist wie Oliveira!) heißt es, wenn jemand besonders langweilig ist. So bringt es Oliveiras Film *O Sapato de Cetim* (Le Soulier de Satin, „Die seidenen Schuhe") auf sage und schreibe 410 Minuten Länge. Nur wenige portugiesische Filme erreichen ein filmtechnisch hohes Niveau. Im Sozialwohnungsviertel Chelas spielt der sehenswerte Film *Zona J* des Regisseurs Leonel Vieira. In diesem Liebesdrama porträtiert er das Leben der afrikanischen Jugendlichen Lissabons.

Amoreiras (s. Karte S. 296/297)

Warner Lusomundo Amoreiras, Centro Comercial das Amoreiras, Av. Eng. Duarte Pacheco, ✆ 707246362. Metro Rato. 10 Kinosäle auf 3 Etagen (verschiedene Eingänge beachten!). Die Vorstellungen sind oft ausverkauft. Bei der Konzeption der Säle hat man wohl nicht mit so viel Erfolg gerechnet; mit durchschnittlich 150 Plätzen sind sie recht klein.

Benfica (s. Karte S. 321)

Twin Towers, Galerias Twin Towers, Av. José Malhoa und Rua de Campolide, 351, ✆ 217249232. Metro Jardim Zoológico. Im Untergeschoss der beiden Hochhäuser südwestlich des Sete-Rios-Bahnhofs. 6 Säle mit aktuellen Produktionen aus den USA.

Warner Lusomundo Colombo, Av. Lusíada, Centro Comercial Colombo, ✆ 707246362. Metro Colégio Militar/Luz. 10 Säle im Colombo-Einkaufszentrum. Vorwiegend Hollywood-Streifen.

Lumiar (s. Karte S. 327)

Cinemas Millenium, Alvaláxia XXI Shopping, Rua Francisco Stromp, ✆ 217549000. Metro Campo Grande. 16 große Säle mit insgesamt 3.000 Plätzen im Einkaufszentrum unter dem Sporting-Stadion Estádio de Alvalade. Digitale Projektion, sehr gute Tonqualität. Eingangsbereich in schreienden Farben – hier hat sich Stararchitekt Tomás Taveira ausgetobt.

Osten (s. Karte S. 331)

Warner Lusomundo Olivaisshopping, Av. Cidade de Bolama, 10, ✆ 707246362. Metro Olivais. 4 moderne, mittelgroße Säle im Einkaufszentrum von Olivais.
Warner Lusomundo Vasco da Gama, Centro Comercial Vasco da Gama, Av. D. João

II, Parque das Nações, ℡ 707246362. Metro Oriente. Modernes Kino im Einkaufszentrum Vasco da Gama direkt neben dem Bahnhof Gare do Oriente. 10 Säle mit sehr gutem Klang dank THX-System. Insgesamt 1.600 Plätze, davon 17 behindertengerecht.

Literatur

Spätestens mit der Frankfurter Buchmesse 1997, auf der Portugal Schwerpunktland war, haben portugiesische Schriftsteller in Deutschland einen Stammplatz – besonders die zeitgenössischen Romanautoren wie der Nobelpreisträger José Saramago oder der Meister des düsteren Romans, António Lobo Antunes.

Mit der Romantik begann im 18. Jh. der Siegeszug des portugiesischen Romans. Bekannte Autoren der Romantik sind Almeida Garrett, Alexandre Herculano und Camilo Castelo Branco. Der Romantik folgte um 1870 die so genannte *Geração de 70* oder *Geração de Coimbra*, eine Gruppe junger Schriftsteller, die sich gegen die Romantiker auflehnten und die Moderne nach Portugal brachten. Bekanntester Vertreter ist Eça de Queiroz, dessen Portugiesisch als stilvollstes aller portugiesischer Autoren gilt (s. Kasten S. 291). In Lissabon ehrt ihn eine Statue in der Rua do Alecrim im Bairro Alto. Sie zeigt den Schriftsteller mit der Wahrheit in Gestalt einer Frau und wurde bereits 1903, also drei Jahre nach dem Tod des Romanciers, errichtet. Weitere bekannte Schriftsteller dieser Generation sind Antero de Quental, Oliveira Martins und Teófilo Braga, später erster Staatspräsident Portugals. Kurz darauf lebte Florbela Espanca, die berühmteste portugiesische Autorin. Für einen detaillierten Einblick in die portugiesische Literaturgeschichte empfiehlt sich das Buch *Portugiesische Literatur*, herausgegeben von Henry Thorau (Suhrkamp).

Unter den zeitgenössischen Autoren ist der Nobelpreisträger José Saramago hervorzuheben (s. Kasten S. 269). Der zweite Spitzenvertreter der zeitgenössischen portugiesischen Literatur ist der exzentrische Nervenarzt António Lobo Antunes (s. Kasten S. 321). Unter den portugiesischen Autorinnen ragt Lídia Jorge heraus. In ihrem Bestseller *Die Küste des Raunens* (*A Costa dos Murmúrios*) hat sie den Kolonialkrieg in Moçambique verarbeitet.

Empfehlenswert sind auch die Bücher des 1998 verstorbenen Autors José Cardoso Pires, so das *Lissabonner Logbuch* – vielleicht das schönste Werk, das über das moderne Lissabon verfasst wurde. Wer die Stadt anhand von Zitaten zahlreicher Schriftsteller erkunden möchte, dem sei *Lissabon – Entdeckungen in Portugals Metropole* von Claus-Günter Frank empfohlen. Sehr interessant ist auch der Roman *Lissabonner Requiem* des Italieners Antonio Tabucchi, der uns durch die Gaststätten Lissabons führt und ein Treffen mit dem toten Fernando Pessoa schildert. In *Erklärt Pereira* befasst er sich mit dem Leben unter Diktaturen am Beispiel Portugals – übrigens äußerst sehenswert verfilmt durch Roberto Faenza mit einem meisterhaften Marcello Mastroianni in der Hauptrolle. Sehr lesenswert ist auch der Roman *Nachtzug nach Lissabon* des Schweizer Autors Pascal Mercier (hinter dem Pseudonym steckt der Philosophie-Professor Peter Bieri). Er lässt einen Lehrer aus Bern Lissabon und seine Bewohner erkunden.

Die zwei berühmtesten portugiesischen **Dichter** sind Luís Vaz de Camões und Fernando Pessoa. Ersterer lebte im 16. Jh. zu den Glanzzeiten des portugiesischen Imperiums; in seinem Epos, den Lusiaden, setzte er der Geschichte der portugiesischen Entdeckungsfahrten ein Denkmal in Versform. Letzterer wurde bis heute noch nicht in seiner vollen Genialität erkannt (s. Kasten S. 300).

Bibliotheken

Goethe-Institut, Campo dos Mártires da Pátria, 37, ℡ 218824511. Aufzug Elevador do Lavra. In der Bibliothek des Goethe-Instituts neben der deutschen Botschaft findet man deutschsprachige Literatur und Zeitungen. Mo, Di, Do, Fr 11–19 Uhr; Mi, im August sowie zwischen Weihnachten und Neujahr geschlossen.

Biblioteca Municipal, Palácio das Galveias, Campo Pequeno, ℡ 217971326. Metro Campo Pequeno, Av. Novas. Zentrale Stadtbibliothek Lissabons. Der Palast gehörte früher der Távora-Familie, die der Marquês de Pombal nach einem Attentatsversuch auf König José I. entmachtete.

Biblioteca Nacional, Rua Ocidental do Campo Grande, 83, ℡ 217982000. Metro Entrecampos, Av. Novas. Die Nationalbibliothek wurde 1798 gegründet. Im Gebäude an der Westseite des Campo Grande befinden sich etwa 500.000 Bücher. Internet: www.bn.pt.

Gabinete de Estudos Olisiponenses, Estrada de Benfica, 368, ℡ 217712420. Metro Alto dos Moinhos, Benfica. Eine auf die Geschichte Lissabons spezialisierte Bibliothek, die im sehenswerten Palácio do Beau Séjour in Benfica untergebracht ist. Umfangreiches Archiv.

Musik

Das Konzert-Angebot in Lissabon ist recht vielseitig: Von moderner Klassik über Jazz und brasilianische Musik bis hin zum Rock kommt praktisch jeder auf seine Kosten. Weltbekannt auf Grund seiner oft melancholischen Lieder ist der traditionelle Lissabonner Fado – unsterblich gemacht durch die Fado-Legende Amália Rodrigues.

Aber auch moderne Pop- und Rockgruppen haben es zu weltweitem Ruhm gebracht, darunter vor allem die vom Fado stark beeinflussten **Madredeus** mit ihrer Mischung aus traditioneller portugiesischer Musik, Klassik, Fado und Pop. Spätestens seit ihrem exzellenten Soundtrack zum Film *Lisbon Story* von Wim Wenders ist die Gruppe internationales Aushängeschild der portugiesischen Musikszene. Die Filmmusik ist als CD unter dem Titel *Ainda* erhältlich und fängt wie kaum eine andere die Stimmung Lissabons ein. Unverwechselbar machen Madredeus die Kompositionen des Gitarristen Pedro Ayres Magalhães und die herrliche Stimme der ehemaligen Fadosängerin Teresa Salgueiro. Empfehlenswert sind auch die Soloaufnahmen des zweiten Gitarristen von Madredeus, José Peixoto.

Rock- und Pop

Bei **Rockmusik** denken Portugiesen zuerst an die Gruppe GNR aus Porto, die Lissabonner Band Xutos e Pontapés und an den Sänger Rui Veloso, den Vater des portugiesischen Rocks. Eher in der härteren Heavy-Fraktion spielen Blind Zero, Mão Morta und die international erfolgreichen Moonspell, letztere mit düsterem Gothic.

Die aus Cascais stammenden und in Portugal sehr erfolgreichen Delfins spielen dagegen **Popmusik**. Große Erfolge feierte auch der extravagante Sänger Pedro Abrunhosa aus Porto mit seinem provokativen Funk. Dulce Pontes dagegen ist die bekannteste portugiesische Popsängerin. Sie fasziniert durch

Lissabon/Unterhaltung und Kultur

ihre weiche Stimme und gefühlvolle Lieder, bei denen ein gewisser Einfluss traditioneller portugiesischer Musik und des Fado nicht zu überhören ist.

Bekanntester **Protestsänger** ist der 1987 verstorbene José ‚Zeca' Afonso, der geradezu ein Symbol des Widerstandes gegen Salazar wurde. Seine Interpretation des Liedes *Grândola, vila morena* wurde sogar dazu erkoren, das Startzeichen der Nelkenrevolution zu geben. Ein anderer in Portugal sehr bekannter Musiker dieser Generation ist der Liedermacher Sérgio Godinho, der sich mit nachdenklichen Songs verewigt hat.

Die **elektronische Musikszene** ist in Portugal recht lebendig. Zu international anerkannten Meistern ihres Faches zählen die Diskjockeys DJ Vibe, alias Tó Pereira, Luis Leite und Rui Silva, der es als erster Portugiese sogar an die Spitze der britischen Single-Charts schaffte. Weiter fällt in Lissabon die große Zahl Künstler afrikanischer Herkunft auf, darunter viele Hip-Hop-Gruppen wie die bekannten Da Weasel aus Almada.

Rock- und Popkonzerte

Bekannte Gruppen treten zumeist im Pavilhão Atlântico im Parque das Nações (Metro Oriente, Osten) oder im wunderschönen Kuppelbau des Coliseu auf (Rua das Portas de Santo Antão, Metro Restauradores, Baixa). Open-Air-Konzerte meist in den diversen Fußballstadien.

Kleinere Konzerte richten auch die Bar *Galeria Zé dos Bois* (siehe „Bars", S. 216) sowie die Diskotheken *Santiago Alquimista*, *Garage* und *Lux Frágil* aus, in letzterer treten auch internationale DJs auf (s. „Diskotheken" S. 220). Ab und zu spielen Gruppen auch in der Aula Magna der *Universidade de Lisboa* auf (Metro Cidade Universitária, Av. Novas).

Klassik und Oper

Im Bereich der klassischen Musik gibt die Gulbenkian-Stiftung mit ihrem 1962 gegründeten Orchester den Ton an – es spielt sowohl Kammermusik als auch Symphonien. Zur *Orquestra Gulbenkian* gesellt sich das portugiesische Staatsorchester *Orquestra Sinfónica Portuguesa*, das auch für die musikalische Begleitung in der Lissabonner Oper verantwortlich zeichnet, sowie das Lissabonner Stadtorchester *Orquestra Metropolitana de Lisboa*, in dem hauptsächlich ausländische Nachwuchsmusiker spielen. Informationen über Aufführungen klassischer Musik und Oper zu bekommen, kann allerdings etwas schwierig sein. Die im Turismo verteilten Zeitschriften halten zwar einige knappe Informationen bereit, wer Genaueres wissen will, muss aber zumeist an den Veranstaltungsorten selbst nachfragen.

Weltweit bekannteste Musikerin Portugals ist die 1944 in Lissabon geborene Pianistin Maria João Pires, die bereits mit vier Jahren ihren ersten öffentlichen Auftritt feierte. Später studierte sie mit einem Stipendium der Gulbenkian-Stiftung an der Musikhochschule München und in Hannover. Ihr virtuoses Klavierspiel hat sie mit den Wienern Philharmonikern und als Solistin auf der ganzen Welt aufgeführt. Ihre Werke veröffentlicht Maria João Pires bei der Deutschen Grammophon.

Klassische Konzerte

Centro Cultural de Belém (s. „Belém/Sehenswürdigkeiten"). Häufiger Veranstaltungsort für Klassikkonzerte ist das Auditorium. In der Bar Terraço des Centro Cultural de Belém finden außerdem Mo–Fr 19–21 Uhr kostenlose Konzerte mit Klassik und Jazz statt (Eingang Centro de Reuniões im Centro Cultural de Belém, 3. Stock, keine Konzerte im August).

Fundação Calouste Gulbenkian, Avenida de Berna (Metro Praça de Espanha, Av. Novas). Bekannter und beliebter Ort für Konzerte, nicht nur des Gulbenkian-Orchesters. Jedes Jahr im Mai findet hier das Festival der zeitgenössischen Musik, *Encontros de Música Contemporânea*, mit Werken von Komponisten wie Iannis Xenakis statt.

Teatro Camões, Passeio de Neptuno, Parque das Nações (Metro Oriente). Leicht zu erkennen an seinem blauen, würfelförmigen Äußerem. Stammsitz des nationalen Symphonie-Orchesters *Orquestra Sinfónica Portuguesa*, das hier regelmäßig auftritt. Karten für das Teatro Camões können auch an der Oper São Carlos erworben werden, wo das Orchester für die musikalische Begleitung verantwortlich zeichnet.

Teatro Nacional São Carlos, Rua Serpa Pinto, 9, ℡ 213253045. Metro Baixa/Chiado. Die mit überwältigendem Prunk ausgestattete Lissabonner Oper befindet sich im Chiado. Das neoklassizistische Gebäude wurde 1792–93 vom Architekten José da Costa Silva erbaut, der sich dabei von der Mailänder Skala inspirieren ließ. Kein eigenes Ensemble, sondern fast nur ausländische Gastspiele. Jeweils 400 Plätze auf dem Parkett und in Logen. Im Haus gegenüber dem Eingang wurde übrigens der berühmte Dichter Fernando Pessoa geboren.

Jazz

Unter den portugiesischen Jazzinterpreten ragt besonders das Duo Maria João und Mário Laginha heraus. Erkennungszeichen sind die oft kindlich wirkende Stimme von Maria João und die polyrhythmischen Klavierparts von Mário Laginha. Die Kompositionen sind teilweise langsam und getragen oder auch experimentell. Ihre Einflüsse reichen von portugiesischem Fado über afrikanische Klänge bis hin zur auf fast allen Alben präsenten brasilianischen Bossa Nova.

Jazz-Konzerte

Die meisten namhaften Künstler treten im Centro Cultural de Belém auf (s. „Sehenswürdigkeiten/Belém"). Kleinere Konzerte steigen fast täglich im Hot Clube de Portugal an der Praça da Alegria in der Nähe der Av. da Liberdade und in der Onda Jazz Bar im Stadtteil Alfama (beide siehe „Bars" ab S. 214).

Fado

Im Fado, wörtlich „Schicksal", äußert sich die *Saudade* der Portugiesen. Er ist der volkstümliche Musikstil der Lissabonner und der Studenten Coimbras. Die Texte handeln meist von unglücklicher Liebe, vergangenen Zeiten, sozialen Missständen oder der Sehnsucht nach besseren Tagen.

Woher der Fado kommt, kann keiner so genau sagen. Vermutet wird, dass er aus dem brasilianischen *Lundum* entstanden ist. Darauf deutet auch der Beginn des Fados um 1822 hin, als der portugiesische Königshof aus Rio de Janeiro zurückgekehrt war. Außerdem waren unter den ersten Fadosängern mehrere brasilianische Mulatten. Zuerst sangen ihn die Bewohner der Armenviertel Lissabons, besonders der Mouraria, Alfama und der Madragoa; in anrüchigen Kneipen war er von Stadtstreichern, Matrosen und anderen wehmütigen Gesellen zu hören. Als erster „Fado-Star" gilt die Prostituierte Maria Severa Onofriana (1820–46) aus der Mouraria. Neben Lissabon findet man den Fado seit Mitte des 19. Jh. auch in der Universitätsstadt Coimbra, hier aber von (ausschließlich männlichen) Studenten gesungen. Hier klingt der Fado volksliedartiger und getragener als in Lissabon.

Ende des 19. Jh. fand der Fado dann auch in den bürgerlichen und aristokratischen Salons Anklang; nunmehr gesellschaftlich anerkannt, wurde er in der Region von Lissabon kultiviert und verfeinert. Ab 1930 folgte seine zunehmende Kommerzialisierung mit professionellen Aufnahmen, landesweiter Ausstrahlung über den Rundfunk und Auftritten in Touristenlokalen.

Die Sängerin ist traditionell von einem schwarzen Tuch umhüllt. Die männlichen Sänger tragen dagegen einen schwarzen Anzug. Begleitet wird ihr Gesang durch mindestens zwei Gitarren. Eine sechssaitige Gitarre übernimmt dabei den rhythmischen Part. Eine zweite Gitarre, und zwar eine kleinere zwölfsaitige portugiesische Gitarre, den eher melodischen Teil. Die portugiesische Gitarre ist im 16. Jh. in Frankreich und Italien entstanden. Engländer brachten sie später nach Porto. Während sie bis heute in Portugal verwendet wird, ist sie im Rest Europas praktisch ausgestorben. Die meisten Fados bauen übrigens auf einem der lediglich drei Grundrhythmen auf: *Fado Menor*, *Fado Mouraria* und *Fado Corrido*.

Während früher die Sänger eher aus den unteren Volksschichten Lissabons stammten, kommen sie heute aus allen Schichten und zunehmend auch aus anderen Landesteilen. Dennoch wird der Fado heute immer noch als Musikstil der Hauptstadt und Coimbras angesehen, zu einem wirklichen Nationalstil hat er sich nicht entwickeln können.

Die bekannteste Fadosängerin aller Zeiten ist die 1999 verstorbene Amália Rodrigues, von der zahlreiche Alben im Handel erhältlich sind. Unter den Fado-Nachwuchsstars verdienen Cristina Branco, Mariza und Mafalda Arnauth besondere Erwähnung. Mariza (CD *Fado Curvo*) hebt sich schon durch ihre blonden, kurz geschnittenen Haare klar von der Mehrheit der anderen Interpreten ab. Während Mariza ihre ersten Fado-Schritte in Lissabon unternahm, begann Cristina Branco (CD *Sensus*) ihre Karriere ungewöhnlicherweise in den Niederlanden. Sie hat neue Strömungen in den Fado integriert, um ihm so neuen Schwung zu geben und vom Klischee der Traurigkeit wegzukommen. Ähnliche Wege geht auch die Lissabonnerin Mafalda Arnauth (CD *Encantamento*).

Unter den Fadosängern sind der Altmeister Carlos do Carmo (CD *Nove Fados e Uma Canção de Amor*) und Camané (CD *Como sempre ... como dantes*) sehr beliebt. Wer sich für portugiesische Gitarre interessiert, der ist mit den Aufnahmen des 2004 verstorbenen Carlos Paredes (CD *Guitarra Portuguesa*) und von António Chainho (CD *A Guitarra e Outras Mulheres*) gut beraten.

In Lissabon gibt es drei Kategorien **Fado-Lokale**: teure Restaurants mit gutem Profi-Fado in gediegener Atmosphäre, die auch von Portugiesen besucht werden; touristische Fado-Lokale ohne Ambiente, in die ganze Busladungen Urlauber gekarrt werden, um die typische portugiesische „saudade" kennen zu lernen; und schließlich Amateurfado-Kneipen, in denen Lissabonner für Lissabonner Fado singen und spielen.

Den „typischen", touristischen Fado findet man zuhauf im Bairro Alto. Touristen werden mit Vorliebe direkt von der Straße in diese Fado-Lokale gelotst. Der spontane Amateurfado, der *fado amador*, ist dagegen mittlerweile selten geworden. Man kann ihn nur noch in wenigen kleinen, häufig wechselnden Kaschemmen erleben. Das ist sehr schade, denn dort ist die Stimmung am authentischsten: Immer wieder stellt sich ein Gast neben den Sänger, den *fadista*, und singt ein paar Strophen mit. Oft entstehen dabei improvisierte Texte.

Wer Glück hat, kommt in den Genuss des *fado vadio*, des auf der Straße gesungenen Fado. Konzerte werden vor allem während der Stadtfeste im Juni veranstaltet. Teilweise spielen hier hochkarätige Künstler, die man sonst nur für viel Geld hören kann.

Achtung: Beim Fado herrscht absolute Stille; Gespräche werden als Beleidigung der *fadistas* aufgefasst! Nicht verwechseln sollte man den Fado mit dem andalusischen Flamenco. Der Fado wird nicht getanzt und klingt völlig anders.

Oberklasse-Fadorestaurant: Sr. Vinho

Alfama (s. Karte S. 252/253)

Clube de Fado (22), Rua S. João da Praça, 94, ✆ 218882694 und 218852704. Direkt unterhalb der Kathedrale. Täglich 19–2 Uhr. Fado-Restaurant mit vielen prominenten portugiesischen Gästen, aber auch Touristengruppen. Großer, eng bestuhlter Raum, den ein von Granitsäulen getragenes Gewölbe überspannt. Es spielen und singen viele Nachwuchs-Fadistas. Im oberen Stockwerk weitere Tische ohne Live-Musik. Hauptgerichte in kleinen Portionen ab 18 €, dazu Fado-Zuschlag 7,50 € und Couvert 2,50 € pro Person.

Parreirinha de Alfama (17), Beco do Espírito Santo, 1, ✆ 218868209. Am Largo Chafariz de Dentro in der Nähe des Bahnhofs Santa Apolónia gelegen. Täglich 20–3 Uhr. Altes Fado-Restaurant mit hohem Renommee. Geleitet von der bekannten Fado-Sängerin Argentina Santos. Hier treten Profi-Musiker auf. Kleiner, niedriger Raum im Stil eines Innenhofes – manch einer wird es etwas kitschig finden. Hauptgerichte ab 13,50 €. Tischreservierung empfohlen.

A Baiuca (20), Rua de São Miguel, 20, ✆ 218867284. Schräg gegenüber der Igreja de São Miguel. Täglich Fados 20–24 Uhr, Di und Mi geschlossen. Kleiner Raum, in dem man dicht gedrängt an Holztischen Platz nimmt. Hinten in der Kochecke brutzeln Fisch und Fleisch, daneben singen und spielen die Fadistas. Ihr Amateurfado ist nicht unbedingt preisverdächtig, aber dafür sehr authentisch. Zumindest wird man es in Profi-Fadolokalen wohl kaum erleben, dass der Tischnachbar aufsteht und für drei Lieder den Gesang übernimmt. Hauptgerichte ab 12,50 €.

Dragão de Alfama (10), Rua Guilherme Braga, 8, ✆ 218867737. In der Nähe der Igreja de Santo Estêvão. Fados Do–So abends jeweils ab 21.30 Uhr. Hier singen und spielen Amateure aus der Nachbarschaft, hin und wieder kommen aber auch ein paar professionelle Künstler vorbei. Daher vergleichsweise gutes Amateur-Fado-Niveau. Kleiner, mit blau-weißen Azulejos gekachelter Raum. Die Wände sind liebevoll mit Bildern von *fadistas* verziert. Hauptgerichte ab 6 €.

Bairro Alto (s. Karte S. 282/283)

Tasca do Chico (21), Rua Diário de Notícias, 39. Mitten im Bairro Alto. Kleine, sehr einfache Kneipe mit massiven Holztischen. Mi und Mo abends wird hier Amateur-Fado geboten, wie man ihn sonst selten findet. Auch wenn Sänger und Gitarristen manchmal musikalisch nicht immer den richtigen Ton treffen, macht es Spaß, den engagierten *fadistas* zuzuhören. Bier 1,50 €. Günstige Snacks wie *bifanas* (Schweineschnitzel im Brötchen) und Toasts.

Lapa (s. Karte S. 288/289)

Sr. Vinho (9), Rua do Meio-à-Lapa, 18, ℡ 213972681. In einer Nebenstraße zwischen Rua das Trinas und Rua do Quelhas. Täglich 20–2.30 Uhr, So Ruhetag. Portugiesische Küche. Hauptgerichte ab 18 €. Mindestverzehr 20 €. Meist gut besucht, daher Tischreservierung dringend empfohlen. Wer nicht zu Abend essen will, der kommt zwischen 22 und 22.30 Uhr. Auch dann Mindestverzehr 20 €. Mehrfach prämiertes, prestigereiches Fado-Restaurant der 1. Klasse. Großer Saal mit Holzbänken. Die Besitzerin ist die berühmte Fado-Sängerin Maria da Fé, die hier fast täglich auftritt. Der Name des Restaurants stammt von einem berühmten Fado von Alberto Janes namens *Oiça lá ó Senhor Vinho*, der sich mit den negativen Folgen übermäßigen Weingenusses beschäftigt.

Theater

Die meisten Theatervorstellungen sind in portugiesischer Sprache und somit wohl nur für Touristen mit profunden Portugiesischkenntnissen interessant.

Die Theater-Aufführungen sind gewöhnlich abends, sonntags dagegen schon am Nachmittag (dann allerdings teilweise mit hohem Geräuschpegel, da dann teilweise ein unerfahreneres Publikum die Aufführungen besucht). Montags bleiben fast alle Häuser geschlossen. Die Spielpläne werden in der beim Turismo kostenlos erhältlichen Zeitschrift *Agenda LX* und in den diversen Zeitungen veröffentlicht. Karten gibt es an den Theaterkassen oder bei ABEP (s. o. „Konzerte"). Die Eintrittspreise beginnen bei den professionellen Theatern bei 5 bis 10 €.

Hauptsächlich werden Stücke klassischer internationaler oder portugiesischer Autoren wie Gil Vicente gespielt. Portugiesische Dramatiker der Gegenwart haben es schwer, Beachtung zu finden. Sie sind vor allem in den um 1974 als Protestbewegung gegen den Estado Novo entstandenen *Grupos Independentes* zu finden. Die bekanntesten unabhängigen Theatergruppen sind *A Comuna*, *Cornucópia* und *A Barraca*.

Baixa/Chiado (s. Karte S. 240/241)

Teatro Municipal São Luiz, Rua António Maria Cardoso, 40/58, ℡ 213257640. Metro Baixa/Chiado. Städtisches Theater neben der Oper São Carlos. Prächtige Innenausstattung. Die zweite, kleine Bühne im Teatro Municipal heißt *Teatro Estúdio Manuel Viegas*.

Teatro Nacional Dona Maria II, Praça Dom Pedro IV (Rossio), ℡ 213250800. Metro Rossio. An der Rossio-Nordseite. Das Theater schenkte König Ferdinand II. von Sachsen-Coburg-Gotha seiner Gemahlin, Königin Dona Maria II., zu ihrem Geburtstag am 13. April 1846. Hier werden vor allem klassische Stücke und Revuen gespielt. Im kleineren zweiten Saal auch öfter moderne Stücke. Das Nationaltheater ist international ohne Bedeutung, kann aber mit seiner Dekoration beeindrucken.

Theater

Teatro Politeama, Rua das Portas de Santo Antão, 109, ✆ 213210043. Metro Restauradores. Gegenüber dem Coliseu liegt das mittlerweile beste Varieté- und Musicaltheater Lissabons geleitet vom bekannten Regisseur Filipe La Féria. 1912 ursprünglich als Kino im klassizistischen Stil vom Architekten Miguel Ventura Terra erbaut. Mittlerweile das letzte der einst zahlreichen Revue-Theater, auf Portugiesisch *Revistas* genannt. Nach der ersten *Revista* 1851 eroberte sich dieses Format Anfang des 20. Jh. einen Stammplatz in der Theaterszene Lissabons, bis nach der Nelkenrevolution ihr unaufhaltsamer Abstieg begann. Das 1913 eröffnete Politeama konnte sich dem Abwärtstrend jedoch entziehen – Schlüssel zum Erfolg war das Musical *Amália* über das Leben des Fadostars Amália Rodrigues.

*A*lfama (s. *K*arte *S*. 252/253) und *B*airro *A*lto (*K*arte *S*. 282/283)

- *Alfama* **Chapitô**, Costa do Castelo, 1/7, ✆ 218855550. Theater der Zirkusschule Chapitô unterhalb der Burg. Angeschlossenes Restaurant bzw. Bar mit sehr gutem Ausblick.
- *Bairro Alto* **Teatro da Trindade**, Largo da Trindade, ✆ 213420000. Metro Baixa/Chiado. Im Osten des Bairro Alto stößt man auf dieses schöne Theater mit seinen auffälligen roten Mauern. 1867 eingeweiht und im ausgehenden 19. Jh. Treffpunkt der Elite Lissabons. 680 Zuschauer fassender Saal mit zahlreichen Logen auf 2 Stockwerken. Prächtig ausgeschmückt im klassischen Stil des 19.Jh. mit viel Blattgold.

Nationaltheater Dona Maria II am Rossio

*A*v. *N*ovas (s. *K*arte *S*. 276/277)

Teatro Aberto, Praça de Espanha, ✆ 213880089. Metro Praça de Espanha. Modernes Theater an der Ostseite der Praça de Espanha.

Comuna – Teatro de Pesquisa, Praça de Espanha, ✆ 217221770. Metro Praça de Espanha. Experimentelles Theater auf 2 Theaterbühnen. Gegründet wurde die *Comuna* 1973 unter der Leitung von João Mota.

*M*adragoa/*S*ão *B*ento (s. *K*arte *S*. 288/289)

A Barraca – Teatro Cinearte, Largo de Santos, 2, ✆ 213965360. Im ehemaligen Kino Cinearte gegenüber dem Bahnhof Santos befindet sich eines der kreativsten Experimentiertheater der Hauptstadt. Die Regisseure Maria do Céu Guerra und Hélder Costa gründeten es 1975. *A Barraca* versteht sich als volksnahes, politisch aktives Theater. Geprägt wurde es durch den brasilianischen Theatermacher Augusto Boal, der in Portugal im Exil lebte und vor allem durch sein volksnahes *Teatro de Arena* berühmt geworden ist.

Teatro da Cornucópia, Rua Tenente Raúl Cascais, 1-A, ✆ 213961515. Metro Rato. Experimentelles Theater in der Nähe des Largo do Rato, das 1973 unter der Leitung von Jorge Silva Melo und Luís Miguel Sintra ins Leben gerufen wurde. Eine der Gruppen mit dem höchsten Niveau. Marxistisch beeinflusst.

Hier pulsiert nachts die Movida – Bars an der Doca de Santo Amaro

Nachtleben

Lissabon kann heute mit Fug und Recht behaupten, ein Nachtleben der Extraklasse zu bieten. Die meisten Bars und Kneipen findet man im Bairro Alto. In den engen Gassen des alten und gemütlichen Viertels dominieren kleine, preiswerte Kneipen. In der Gegend um die Avenida 24 de Julho und an den Docas findet man eher größere, teure Bars und Diskotheken.

Bis Ende der 80er Jahre spielte sich das Nachtleben fast ausschließlich im traditionellen Vergnügungsviertel **Bairro Alto** ab. Hier beginnt das Nachtleben gegen 21 Uhr, gegen 4 Uhr früh ist es größtenteils zu Ende. Besonders an Wochenenden und vor Feiertagen strömen Menschenmassen durch die Gassen, um sich bei den *Noites loucas do Bairro Alto*, „den verrückten Nächten des Bairro Alto", zu vergnügen. Das ist keine organisierte Veranstaltung, sondern die gängige Bezeichnung für das etwas durchgeknallte Nachtleben des Viertels, das in den letzten Jahren wieder einen Boom erlebt hat, nachdem es zwischenzeitlich durch den Erfolg anderer Zentren der Kneipenszene etwas abgeebbt war.

Neben den unten angegebenen Bars gibt es im Bairro Alto noch viele lebhafte Studenten- und Arbeiterkneipen mit Billigstpreisen, die so genannten *tascas*. Auf einem Streifzug durch das Bairro Alto sind sie kaum zu übersehen, da oft ganze Menschentrauben vor der Tür stehen, um ihr Bier im Freien zu trinken.

Anfang der 90er kam ein Phänomen auf, das bis heute keiner so richtig erklären konnte: In der Umgebung der **Avenida 24 de Julho**, die parallel zum Tejo durch die Stadtteile Madragoa (Santos) und Alcântara führt, eröffneten plötzlich Dutzende Diskos und Bars. Wie in Spanien beginnt hier das Nachtleben kaum vor Mitternacht und endet erst in den frühen Morgenstunden. Wer hier schon um 21 Uhr loszieht, wird sich im falschen Stadtteil wähnen – manche Diskos öffnen erst um 1 Uhr.

Doch auch die Avenida 24 de Julho blieb nicht ohne Konkurrenz. Als 1995 mit der *Doca de Santo* die erste Bar am Hafen von Alcântara eröffnete, war ein neues Zentrum für Nachtschwärmer geboren: die **Docas**. Bald folgten weitere Bars, alle untergebracht in früher nutzlos vergammelnden Lagerhäusern am Hafen – die *Movida* schwappte unerbittlich über die Eisenbahnlinie an den Tejo. Das Flair ist dort ein ganz anderes als an der Avenida 24 de Julho. Fußgängerzonen statt dichter Autoverkehr, Terrassen mit Blick auf den Tejo, in dem sich die Beleuchtung der nahe gelegenen Brücke des 25. April spiegelt – eine fast unschlagbare Erfolgsrezeptur. Mit der EXPO 98 eröffneten weitere Bars am Tejoufer – diesmal aber im Nordosten der Stadt.

Mit dem Beginn des neuen Jahrtausends waren einige Lissabonner dann aber wohl etwas Tejo müde – vielleicht weil sich die Bars an den Docas doch ziemlich ähnelten, und schnell vom Massenpublikum erobert und dementsprechend teuer wurden. Das Bairro Alto erlebte eine Renaissance und auch die längst tot gesagte Avenida 24 de Julho erwachte aus ihrem Dornröschenschlaf. Nur hat sich die Szene diesmal ein paar Parallelstraßen weiter Richtung Rua das Janelas Verdes und Avenida Dom Carlos I verschoben.

Von den Mindestverzehr-Schildern (*consumo mínimo*) bis zu 150 € an den Türen vieler Bars oder Diskotheken sollte man sich nicht abschrecken lassen. Das sind theoretische Werte, die von den Clubs tatsächlich nur dann verlangt werden, wenn sie einen ungebetenen Gast abweisen wollen. Denn rein gesetzlich ist es in Portugal verboten, den Zutritt zu einer öffentlichen Einrichtung zu untersagen. In aller Regel liegt der Mindestverzehr deutlich darunter oder wird gar nicht erhoben.

Bars und Kneipen

Baixa/Chiado (s. Karte S. 240/241)

Heróis Café-Lounge (24), Calçada do Sacramento, 14, ℅ 213420077. Etwas oberhalb des Centro Comercial Grandes Armazéns do Chiado. Täglich außer Mo 12–2 Uhr (So erst ab 17 Uhr). Eine hohe Fensterfront gibt gleich den Ton an: Lichte, cremeweiß gestrichene Räume. Elegante Lampenkonstruktionen und das geschwungene Mobiliar versetzen die Gäste zurück in die 60er Jahre, wäre da nicht die durchaus sehr aktuelle elektronische Musik. „Gay friendly" wird aber nicht nur von Schwulen und Lesben besucht. Auch günstiges Mittagessen und kleine Speisen am Nachmittag. Bier 1,50 €.

A Ginginha (9), Largo de São Domingos, 8 (Metro Rossio). Fast direkt am Rossio liegt diese urige Kaschemme. Tagsüber eigentlich immer offen. Ein winziger Raum, gerade genug Platz zum Stehen und für die Bedienung hinter dem Tresen. Hier gibt es köstlichen Kirschlikör, *ginginha*, der entweder mit oder ohne Kirsche (*com ou sem cereja*) serviert wird. Da für einen Mülleimer wohl kein Platz war, werden die Kirschkerne kurzerhand auf den Boden gespuckt. Kleines Glas 0,70 €, großes Glas 0,90 €. In der Stadt stößt man bei aufmerksamen Hinschauen immer wieder auf weitere kleine Kirschlikör-Bars, die teilweise Konkurrenzprodukte ausschenken: so z. B. die *Ginginha Sem Rival* in direkter Nähe in der Rua das Portas de Santo Antão, 7.

214 Lissabon/Nachtleben

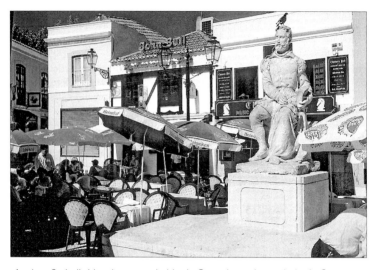

Auch außerhalb Lissabons – wie hier in Cascais am Largo Luiz de Camões – findet man zahlreiche Bars

Alfama (s. Karte S. 252/253)

Bar das Imagens (14), Costa do Castelo sowie Calçada Marquês de Tancos, 1–1B, ℡ 218884636. Mi–Sa 16–2 und So 15–21 Uhr, Mo und Di geschlossen. Januar und Februar ganz geschlossen. Bar unterhalb der Burg mit einer herrlichen Sicht von der Terrasse, auf der bei gutem Wetter einige Tische stehen. Innen zwei Räume: links modern gestaltet in gedämpften Licht, rechts der alte Barraum mit kleinen Hockern. Brasilianischer Elektro-Sound. Bier 1,50 €, Bica 1 €.

Chapitô/Restô (16), Costa do Castelo, 1–7, ℡ 218881834 und 218867334. Täglich 19.30–2 Uhr (Sa/So schon ab 12 Uhr). Die *Colectividade Recreativa de Santa Catarina* unterhält unweit des Castelo São Jorge das *Chapitô*, eine Theater-, Tanz- und Zirkusschule. Daran angeschlossen sind eine Bar und das Restaurant Restô. Von innen und von der großen Terrasse aus hat man einen wunderschönen Blick auf die Baixa und den Cristo Rei in Almada. Sehr internationales Publikum. Manchmal Live-Shows der Zirkusschule. Bier 1,70 €.

Onda Jazz (23), Arco de Jesus, 7, ℡ 218873064. In der Alfama-Gasse hinter dem dritten Torbogen neben der Casa dos Bicos. Jazzclub mit täglicher Live-Musik. Großer Gewölbesaal: Dielenboden und Kerzenlicht verbreiten gemütliche Stimmung. 21–2 Uhr (Fr/Sa bis 3 Uhr), So und Mo geschlossen. Konzerte in der Regel ab 23 Uhr, Programm unter www.ondajazz.com. Bei den Jam-Sessions am Di kein Mindestverzehr, sonst 6 €. Bier 2,50 €. Der Verzehr wird auf einer Plastikkarte registriert und beim Hinausgehen bezahlt.

Tejo Bar (12), Beco do Vigário, 1-A, ℡ 218868878. Neben einem Spielplatz an der Rua do Vigário, nahe der Igreja de Santo Estêvão. Täglich ab ca. 23 Uhr bis in die frühen Morgenstunden geöffnet. Ist die Tür trotz Betriebs geschlossen, einfach hörbar anklopfen oder durch den Postschlitz um Einlass bitten. Kleine, brasilianische Bar. Ein unscheinbarer Eingang führt in einen niedrigen Raum. Eng zugestellt mit Holztischen. Live-Gitarren-Musik, auch wenn dem Gitarristen kaum Platz zum Spielen bleibt. Ruhig wird es nur, wenn einer der Gäste ein Gedicht vorträgt. Bier 1,25 €, beliebter sind aber Caipirinhas.

Bars und Kneipen 215

Mouraria/Graca (s. Karte S. 262/263)

Albergaria Senhora do Monte (2), Calçada do Monte, 39, ✆ 218866002. Abseits des Stadtgewühls direkt neben dem Aussichtspunkt Miradouro Nossa Senhora do Monte (Straßenbahn 28, Haltestelle Graça). Täglich bis 1 Uhr nachts. Zugang zur Bar mit Dachterrasse über den Pensionseingang, dann die Treppe hoch bis in das oberste Stockwerk. Die Bar mit der besten Aussicht Lissabons: Wie in einem Raumschiff schwebt man über der Stadt und genießt einen , den Parque Eduardo VII bis in den Norden der Stadt mit den Bergen von Caneças. Innen gediegene Einrichtung mit glänzenden Messingplatten an der Decke. Bica 2,50 €. Große Cocktailkarte. Das Essen ist teuer: Käsebrötchen 4 €, gemischter Toast 6 €.

Chafarica (9), Calçada de São Vicente, 79–81, ✆ 218867449. Gegenüber dem Mosteiro São Vicente im Stadtteil Graça. Die Tram 28 rattert direkt vor der Türe vorbei. Mo–Sa 21–3.30 Uhr, So geschlossen. Einfache, kleine Bar, täglich brasilianische Livemusik. Gute Stimmung mit vielen Brasilianern. Niedriger, weiß gefliester Raum mit Hockern und kleinen Tischen. Die Musiker spielen in der Ecke unter einer portugiesischen und einer brasilianischen Flagge. Gut besucht. Am Wochenende 3 € Mindestverzehr. Bier 3 €, Caipirinha 5 €.

Netjazzcafé (6), Teatro Taborda, Rua Costa do Castelo, 75, ✆ 218880406. Direkt unterhalb der Burg. Täglich 21–2 Uhr. Bar und Internetcafé. Grosse Terrasse mit herrlichem Blick auf Mouraria und Graça. Ins Netz kann man für 0,75 € pro 30 Min. Konzerte jeweils am Wochenende. Auch unter der Woche oft Programm mit Jazz, klassischer Musik oder Video.

Avenida da Liberdade (s. Karte S. 266/267)

Enoteca/Chafariz do Vinho (15), Chafariz da Mãe d'Água à Praça da Alegria, Rua da Mãe d'Água, ✆ 213422079. Metro Avenida. Nur wenige Meter unterhalb der Praça Príncipe Real auf dem Weg zur Praça da Alegria. Di–So 18–2 Uhr, Mo Ruhetag. Das außergewöhnliche Weinprobierlokal ist in den Gewölben eines ehemaligen Brunnens untergebracht. Früher diente der Brunnen als Endpunkt des ausgeklügelten Wassernetzes, mit dem Lissabon ab dem 18. Jh. vom Aquädukt aus mit Wasser versorgt wurde. Durch den Eingangsraum mit einer kleinen Bar – einem ehemaliger öffentlicher Waschraum – geht es nach links in den hohen Hauptraum. Hier wurden unter einem massiven Steingewölbe drei Etagen eingefügt. Zur Auswahl stehen Weine im Glas (a copo) ab 2 €, die alle 15 Tage wechseln. Die Flasche Wein ab 9 €. Für die Auswahl sorgt João Paulo Martins, Autor des bekanntesten Weinführers Portugals. Auch ausländische Produkte sowie Port- und Schaumweine sind im Angebot. Dazu können Käse, Brot und Früchte bestellt werden, oder ein Menü mit kleiner Weinprobe. Bevor man wieder nach draußen geht, sollte man die Stufen nach oben gehen und in den ehemaligen Wasserkanal blicken, der zur Reserva Patriarcal unter der Praça do Príncipe Real führt. Heute lagern hier die kostbaren Flaschen der Weintheke. Auch Terrassenservice.

Hot Clube de Portugal (11), Praça da Alegria, 39, ✆ 213467369. Metro Avenida. 22–2 Uhr, So/Mo geschlossen. Der Jazzclub Lissabons – 1998 konnte man 50jähriges Jubiläum feiern. Zu Zeiten des Diktators Salazar ein Hort des Widerstands. Kleiner Konzertraum im Keller. Die improvisierte Einrichtung schafft mit ihren alten Stühlen und einem Sofa Atmosphäre. Bier 2 €. Fast täglich Live-Musik. 7 € Eintritt. Di/Mi oft Jam-Sessions, dann freier Eintritt. Programm unter www.hcp.pt.

Avenidas Novas (s. Karte S. 276/277)

Galeto (6), Av. da República, 14, ✆ 213544444. Metro Saldanha. Am Beginn der Av. da República, kurz hinter der Praça Duque de Saldanha. Täglich 7.30–3.30 Uhr. - Im Galeto fühlt man sich in einzigartiger Weise direkt in die 60er Jahre zurückversetzt. An den Wänden dunkles, mit runden Messingscheiben dekoriertes Holz. In der Mitte des Raumes ein riesiger zickzackförmiger Tresen, an dem die Gäste Platz nehmen, um ein Bier zu trinken oder Kleinigkeiten zu essen. Auch kleine Terrasse auf dem Bürgersteig vor der Tür. Bier 1,45 €, ab 23.30 Uhr 1,60 €.

Bairro Alto (s. Karte S. 282/283)

Animatógrafo (39), Travessa da Laranjeira, 35, ℡ 213464055. An den Stufen einer Querstraße nahe des Miradouro Santa Catarina. Täglich außer So 22–4 Uhr. Einige wenige Plätze draußen. Die meisten Tische innen. Die Wände sind mit Kinoplakaten übersät. Schachbrettartiger Steinboden, der Bartresen ist leicht erhöht. Wer nicht zu den Stammgästen gehört, könnte vielleicht deshalb das Gefühl bekommen, etwas „beäugt" zu werden. Angenehm ruhige Stimmung, man fühlt sich abseits des Bairro Alto-Trubels. Bier 1,50 €.

British Bar (45), Rua Bernardino Costa, 54, ℡ 213422367. Direkt am Cais do Sodré gelegen. Täglich außer So 8–24 Uhr, Fr/Sa bis 2 Uhr. Das dunkle Holz macht einen sehr antiken Eindruck, und tatsächlich existiert die British Bar schon seit 1919. Über der Theke hängt ein Bild, das die Feiern zum Ende des Zweiten Weltkriegs zeigt. Neben Guiness vom Fass gibt es auch dunkles und helles Weizenbier von Erdinger und Franziskaner für 3,80 €.

Baliza (37), Rua da Bica a Duarte Belo, 51-A, ℡ 213478719. Winzige Bar neben dem Bica-Aufzug. Mo–Sa 10–2 Uhr. Früher eine unscheinbare Eckkneipe, heute Szenetreff. Jazziger Sound im Lounge-Stil. An den mit Marmor verkleideten Wänden werden wechselnde Kunstwerke ausgestellt. Gemischtes Publikum, darunter viele Homosexuelle. Bier 1 €.

Café Suave (33), Rua Diário de Notícias, 4–6, ℡ 213471144. Mitten im Bairro Alto gelegene Bar. Täglich 22–2 Uhr. Ruhige Atmosphäre hinter milchigen Plastikwänden. Sanfte (*suave*) Farben prägen den von bunten Lichtern erhellten, mittelgroßen Raum. Elektronischer Jazz, Drum'n'Bass und verwandte Musikrichtungen. Bier 1,75 €.

A Capela Bar (23), Rua da Atalaia, 45. Mo–Do 21.30–2 Uhr, Fr/Sa bis 4 Uhr, So geschlossen. Goldumrahmte Spiegel an den Wänden, Engelstatuen und die massiven Marmorplatten am Boden sorgen für „barockes" Ambiente. Vor allem am Wochenende legen DJs guten House auf. Große Auswahl an Likören. Imperial (kleines Bier) 2 €.

Clube da Esquina (29), Rua da Barroca, 30, ℡ 213427149. Täglich 22–3 Uhr. Interessante Inneneinrichtung mit Fachwerk, von dem nur noch die Balken stehen. Eine enge Wendeltreppe führt nach unten in einen weiteren Raum, der allerdings nur am Wochenende offen ist. Coole Musik zwischen Jazz, Jungle, Ambient und Hip-Hop. Ein kleines Bier (*imperial*) 1,50 €.

Esplanada Quiosque „O Miradouro" (41), Miradouro Santa Catarina. Täglich 11–2 Uhr, im Dezember geschlossen, in den anderen Wintermonaten nur geöffnet, wenn es nicht regnet. Unter der Adamastor-Statue am Aussichtspunkt Miradouro Santa Catarina werden mehrere Metalltische von einem kleinen Kiosk mit Getränken versorgt. Eignet sich besonders gut, um laue Sommernächte zu genießen. Herrlicher Blick auf den Hafen Lissabons und den Tejo. Bier 1,50 €.

Esteves/Mascote do Bairro (11), Rua do Diário de Notícias, 136. Unscheinbare Kneipe an der Ecke mit der Travessa Água da Flor. Täglich außer So 20–4 Uhr. Heißt offiziell eigentlich „Mascote do Bairro", wird meist aber einfach nur nach dem Besitzer benannt. Eine der charakteristischsten Tascas des Bairro Alto. Einfach eingerichtet: Wände braun gestrichen, dazu kleine Tische und Metallstühle. Neben dem TV ist der einzige Luxus die alte Jukebox in der Mitte des Raumes. Bier 0,90 €.

Etílico (12), Rua do Grémio Lusitano, 8, ℡ 213225567. Di–Sa 22–4 Uhr, So und Mo geschlossen. Versteckte Lounge-Bar in einer Seitenstraße am Westrand des Bairro, eher etwas untypisch für das Viertel. Die Wände sind in Rot, Orange und Weiß gehalten. Nur wenig Sitzgelegenheiten, aber ein angenehm gedämpftes Licht. Der DJ gleich links neben dem schmalen Eingang legt Elektro-CDs gemischt mit Trance und House auf. Bier 1,50 €.

Galeria Zé dos Bois – ZDB (24), Rua da Barroca, 59, ℡ 213430205. In dem unscheinbaren Eckhaus an der Tv. dos Fiéis de Deus verbirgt sich einer der kreativsten Orte in der alternativen Kunstszene Lissabons. 1994 als Galerie gestartet, hat man sich inzwischen auf experimentelle Konzerte und Veranstaltungen spezialisiert: von minimalistischer Elektro-Musik über Hip-Hop bis zu Lesungen – Programm ist fast jeden Abend. Der Name ist übrigens eine portugiesische Verballhornung von Joseph Beuys und bedeutet wörtlich soviel wie „Ochsen-Sepp". Vor allem der Katalane Natxo sorgt mit unermüdlichem Einsatz dafür, dass immer wieder neue Künstler aus

Bars und Kneipen 217

der ganzen Welt ins ZDB kommen. Eintritt ca. 5,00–7,50 €. Zum psychedelisch angehauchten Barraum im ersten Stock gelangt man auch ohne Eintritt. Bier 1,50 €. Programm unter www.zedosbois.org.

La Moneda (44), Rua da Moeda, 1-C, ℡ 213908012. Metro Cais do Sodré. Gegenüber der ehemaligen Telefon-Zentrale neben dem Markt. Mo–Sa 12–2 Uhr, So geschlossen. Eingerichtet im Stil der 70er. Motto der Bar ist „Food and Movement". Demnach gibt es auch Essen, darunter viele Salate, die sich wohltuend von den portugiesischen Standard-Salaten abheben. Dazu Sandwiches und Fruchtsäfte. Abends dagegen Barbetrieb mit House, Latino-Rock und Pop. Bier 1 €.

Lounge (42), Rua da Moeda, 1 (Metro Cais do Sodré). An einem kleinen Platz gegenüber dem Postamt an der Praça Dom Luís. Di–So 22–4 Uhr, Mo geschlossen. Beliebter Treffpunkt für ein etwas alternativeres Publikum. Oben eine kleine Galerie, auf der ein DJ abseitige, elektronische Musik auflegt. Unten der in rötliches Licht getauchte Barbereich. Kerzen verbreiten eine gemütliche Atmosphäre. Langer Tresen mit Marmorplatte. Wenn sehr viele Leute da sind, wird auch der Platz vor der Tür als „Barraum" genutzt. Bier 1,50 €.

Mahjong (30), Rua da Atalaia, 3, ℡ 213421039. Metro Baixa/Chiado. Täglich 21.30–4 Uhr. Im unteren Teil der Rua da Atalaia findet man dieses ehemalige China-Restaurant, das durch seine hohe Fensterfront nicht zu übersehen ist. Mittelgroßer Raum, der bewusst schlicht und unbearbeitet gelassen wird. Gilt als Treffpunkt der Künstler- und Filmszene. Langer Bartresen, an der Wand Videoprojektionen. Am Rand ein Kickfußball-Tisch. Vor allem Jazz und Elektro-Lounge, aber auch andere Musik. Bier 2 €.

Maria Caxuxa (31), Rua da Barroca, 6/12 (Metro Baixa/Chiado). Am Südende der Rua da Barroca. Täglich außer So 16.30–2 Uhr. Mehrere kleine Räume, in denen früher Brot gebacken wurde. Aus dieser Zeit sind noch Teigmaschinen und ein Ofen zu sehen. Marmorplatten verkleiden Boden und Wände, von oben scheint ein angenehmes Licht. Ein paar Fenster zur Straße. Elektro-Sounds sowie Hip-Hop. Bier 1,50 €.

Mexe Café (28), Rua da Trombeta, 4, ℡ 213474910. Metro Baixa/Chiado. Versteckt in einer kleinen Querstraße zur Rua das Mercês. Täglich 22–4 Uhr. Elektronischer Jazz und Ambient prägen Sound und Bar. Knallbunte Wände, als wollten sie sagen „mexe – bewege Dich!" Diaprojektionen und animierte Grafiken. Der DJ sitzt links oben, die Gäste unten an kleinen Tischen. Ziemlich abgefahrenes Publikum. Bier 1,50 €.

Ogilin's (46), Rua dos Remolares, 8–10, ℡ 213421899. Metro Cais do Sodré. In der Nähe des Bahnhofs Cais do Sodré. Täglich 11–2 Uhr. *Das* Irish-Pub Lissabons, benannt nach dem Besitzer. Viel Holz an den Wänden, aber nicht so dunkel wie viele „typische" Irish-Pubs. An den Wänden hängen eine portugiesische und eine irische Fahne. Gemischtes Publikum. Live-Musik Fr und Sa 23–2 Uhr. Es gibt täglich auch Mittagessen. Bier ab 1,70 €.

Páginas Tantas (18), Rua do Diário de Notícias, 85, ℡ 213465495. Metro Baixa/Chiado. Mitten im Bairro Alto. Täglich 21–4 Uhr. Hinter dem schlichten Eingang aus Industrie-Glasbausteinen zwei geräumige Ebenen mit dem Interieur einer klassischen Jazzbar. Dementsprechend die Musik: nur Jazz mit seinen Varianten, auch viel brasilianische Bossa Nova. Außerdem Jam-Sessions. Das Bier ab 1,50 €.

Pavilhão Chinês (5), Rua Dom Pedro V, 89, ℡ 213424729. Kurz vor dem Largo Príncipe Real. 18–2 Uhr, So erst ab 21 Uhr. Am Eingang für den Einlass klingeln. Ein „Luxuspub", untergebracht in einer 1901 gegründeten Kurzwarenhandlung. 1985 haben die Besitzer den verlassenen Laden in Ruinen vorgefunden und in eine Bar umgewandelt. Im Inneren wird man von der üppigen Dekoration geradezu geblendet: die Verkaufsvitrinen sind überfüllt mit Miniaturen und Puppen, in den hinteren Räumen Hunderte von Flugzeug- und Kriegsschiffsmodellen sowie Plastiksoldaten. Zwei Billardtische. Publikum eher etwas älter als der Bairro Alto-Durchschnitt. *Bica* 2,50 €, Bier 3 €. Viele Tees ab 4 €. Außerdem eine riesige Cocktailauswahl. Zur Auswahl der Getränke bekommt man ein dickes, illustriertes Buch gereicht.

Portas Largas/Bar do Record (15), Rua da Atalaia, 103. Täglich. 20–3.30 Uhr. In lauen Sommernächten aufgrund der Menschentraube in der Rua da Atalaia kaum zu verfehlen. Benannt nach den breiten Türen oder auch nach der Sportzeitung, die früher im Obergeschoss herausgegeben wurde. Einfache Einrichtung mit ein paar Tischen, TV und einem langen Tresen. Allseits bekannte Kneipe zum „Aufwärmen" vor dem Diskobesuch. Gilt als Treffpunkt der Schwulenszene und der „Langzeit-Ausländer" in Lissabon. Bier 2 €.

218 Lissabon/Nachtleben

Pump House (43), Rua da Moeda, 1-K (Metro Cais do Sodré). In einer kleinen Seitenstraße unweit des Marktes am Cais do Sodré. Täglich 11–2 Uhr, Fr und Sa bis 4 Uhr. Beliebtes englisches Pub. In der Mitte die gusseiserne Wasserpumpe, die der Bar ihren Namen gab. Treffpunkt der lokalen Engländer und Anglophilen, die hier bei Fußball, Pint und gelegentlicher Live-Musik ihre *saudades* nach Good Old Great Britain pflegen. Oft Fußball-Übertragungen. Kleines Bier ab 1,50 €.

Sétimo Céu Bar (26), Travessa da Espera, 54, ✆ 213466471. Metro Baixa/Chiado. Nahe der Praça de Luís de Camões. Täglich 22–2

Rua da Atalaia: Beliebte Kneipenzone im Bairro Alto

Uhr. Zwei mittelgroße Räume. Kleine Holzhocker an runden Steintischen. An der Wand ein Aquarium, im hinteren Raum eine Videoleinwand. Im Sommer wird die Glaswand zur Straße hin geöffnet. Relativ laute Musik. Gerne, aber nicht nur von Homosexuellen besucht. Bier 1,50 €, dazu werden Erdnüsse gereicht. Die Schalen landen nicht mehr – wie früher üblich – auf dem Boden, sondern in den flachen Glasschalen, die eigens dafür bereit stehen.

Solar do Vinho do Porto (9), Rua São Pedro de Alcântara, 45, ✆ 21347570-7/-8/-9. Mo–Sa 11–24 Uhr, So Ruhetag. Fährt man von der Praça dos Restauradores per Elevador da Glória den Berg hinauf, so liegt das seit 1946 existierende Portweinprobierlokal gleich oberhalb der Haltestelle im Palácio São Pedro de Alcântara. Früher diente der Palast als Haus des deutschen Architekten Ludovice, der es selbst 1747 konstruiert hat und sonst besonders als Konstrukteur des Konvents von Mafra bekannt geworden ist. Nach einem anstrengenden Stadtrundgang kann man in den gekühlten Räumen bei einem edlen Glas Port gut relaxen. Massive Polstersessel, gediegenes Ambiente. Das Glas Portwein gibt es schon ab 1,30 €. Wer aus der riesigen Auswahl der über 100 Sorten etwas Besonderes trinken will, dem sei der herbe weiße Port *Taylor's Chip Dry* empfohlen. Unter den roten Ports sind die Marken Ferreira, Graham's oder die Edelports der Quinta do Noval kein schlechter Griff. Wer keinen Portwein kosten will, kann hier auch Bier oder eine *bica* trinken.

Tertúlia (17), Rua do Diário de Notícias, 60, ✆ 213462704. Täglich außer So 20.30–4 Uhr. Macht seinem Namen *Tertúlia*, „literarischer Stammtisch", alle Ehre. Ruhiges, angenehmes Ambiente mit leiser Jazzmusik. Es liegen viele Zeitungen aus. Am Wochenende ziemlich voll, unter der Woche weniger besucht. Älteres, eher intellektuelles Publikum. Bier 1,50 €.

Madragoa/Lapa (s. Karte S. 288/289)

Café Santos (18), Rua de Santos-o-Velho, 2–4. Gegenüber der französischen Botschaft in einer Parallelstraße zur 24 de Julho. Täglich außer So 21 bis 2 Uhr. Der Name täuscht, da praktisch nur Barbetrieb. Gelb gestrichene Wände. Marmorboden und Holztische. Kurios sind die Blumenuntersetzer, die als Aschenbecher zum Einsatz kommen. Musik querbeet von Trance bis Rock. Bier 2 €.

Estado Líquido (17), Largo de Santos, 5-A, ✆ 213955820. Am Hauptplatz von Santos, etwas rechts des Theaters A Barraca, die Tram 25 rattert vor der Tür vorbei. Di–So 22–2 Uhr (Fr/Sa bis 4 Uhr), Mo geschlossen. Der erste Eindruck: Man steht in einer orange gestrichenen Garage. Die Diskjockeys legen vor allem Elektronisches beeinflusst von Bossa Nova und Jazz auf, teil-

Bars und Kneipen 219

weise auch Live-Auftritte. Dazu unterhalten Videoprojektionen die Gäste. Wenig Sitzgelegenheiten. Bier 2,50 €.

Fluid (13), Av. Dom Carlos I, 67, ℡ 213955957. Di–Sa 22–4 Uhr, So und Mo geschlossen. Etwas unterhalb des Parlaments befindet sich diese im Jahr 2000 eröffnete, gut besuchte Lounge-Bar. Psychedelische Farbgebung und Muster im Stil der 70er. In diesem Stil auch Barhocker und Stühle. Musik Elektro, Bossa Nova, Soul und Co. Auf gute DJs wird viel Wert gelegt. Spezialität ist frisch gepresster Fruchtsaft. Bier 1,50 €.

Pérola de Santos (22), Calçada Ribeiro dos Santos, 25, ℡ 213953982. In einer Parallelstraße der 24 de Julho (an den Schienen der Tram 25). Täglich außer Mo 22–4 Uhr. In den zwei kleinen Räumen strahlen Lampen in einem Regal angenehm gedämpftes Licht aus. Im vorderen Raum gibt es außer dem Bartresen auch einen Fußball-Kicker, mit dem das letzte Lokalderby Benfica gegen Sporting nachgespielt werden kann, im hinteren werden Toasts und andere Kleinigkeiten serviert. Bier 1,25 €.

Alcântara (s. Karte S. 302/303)

Alcântara Café (7), Rua Maria Luísa Holstein, 15, ℡ 213637176. Täglich 20–3 Uhr. Dem Architekten der Inneneinrichtung, Miteigentümer Pedro Luz, ist es gelungen, die ehemalige Fabrikhalle trotz ihrer beachtlichen Ausmaße mit angenehmer Atmosphäre zu beleben, sodass man sich nicht verloren fühlt. Alles wirkt ruhig und klar. Abwechselnd reihen sich Säulen und einfache Skulpturen aneinander. In gleichmäßiger Bewegung schaffen Ventilatoren und deren Schatten etwas – hier hat die Bezeichnung ihre Berechtigung – Zauberhaftes. Kein einziger Stilbruch, ausschließlich Harmonie und gegenseitige Ergänzung prägen die vielleicht schönste Bar Lissabons. Zum Essen gibt es im Restaurant (bis 1 Uhr offen) Gerichte der *Nouvelle Cuisine Française* und der portugiesischen Küche ab 16 € pro Hauptgericht (Tischreservierung und gepflegte Kleidung empfohlen). Bier 2,75 €.

Doca de Santo (9), Doca de Santo Amaro, ℡ 213963535. Unweit des Bahnhofs Alcântara. Täglich 12.30–1 Uhr (am Wochenende bis 4 Uhr). Hier begann die Geschichte der Docas. Die einzige ganz neu errichtete Bar an der Doca de Santo Amaro; sie hebt sich alleine schon durch ihre Größe und Form von den anderen Bars ab. Innen ist sie schmuck mit dunklem Holz eingerichtet. Die Tische decken Glasplatten ab, unter denen Muscheln und Sand liegen. Oben ein Billard. Draußen ein großer Palmengarten mit Freiluft-Bar. Auf dem Bahngleis vor dem Garten fahren noch Güterzüge! Große Auswahl an Getränken: Köstlich die frisch gepressten Fruchtsäfte (*sumos naturais batidos*) z. B. mit Kiwi oder Mango. Bier 1,60 € (nach 24 Uhr 2 €).

Irish & Co. (10), Doca de Santo Amaro, ℡ 213959885. In der Reihe ehemaliger Lagerhäuser an den Docks von Alcântara, die heute als Bars und Restaurants genutzt werden. Täglich 12.30–4 Uhr. Ausladende Fensterfront und Terrasse mit Tejo-Blick. Im Innenraum wird auf zwei Stockwerken irisches Bier wie Guiness und Kilkenny gezapft. Häufig Live-Übertragung von Fußballspielen. Mittags und abends auch Restaurantbetrieb. Bier 1,50 €, ab 23 Uhr 2 €.

Op Art Café (11), Doca de Alcântara, ℡ 213956787. Neben der Gare Marítima de Alcântara am Tejoufer gelegen. Täglich 12.30–3 Uhr (Do–Sa bis 5 Uhr). Ein auf drei Seiten voll verglaster Pavillon mit Fast-Rundumblick auf den Tejo und hinauf zur Brücke des 25 April. Tagsüber Café, abends Barbetrieb. Bei gutem Wetter zahlreiche Tische auf der Promenade. Am Wochenende ab 1 Uhr nachts Diskothek. Für die DJs stehen am Ende des Raums zwei Plattenspieler und ein Mischpult. Bei Disko Einlasskontrolle und Mindestverzehr von 5–10 € pro Person. Ansonsten Bier 2 €.

Osten (s. Karte Parque das Nacões S. 334/335)

Irish & Co. (6), Rua da Pimenta, 57, Parque das Nações, ℡ 218940558. Metro Oriente. Irisches Pub in der Nähe des Pavilhão Atlântico am Tejo. Vor der Tür schwebt die Seilbahn vorbei. Täglich 12.30–4 Uhr. Ausladende, überdachte Terrasse mit Tejo-Blick. Dagegen vergleichsweise kleiner, komplett mit Holz vertäfelter Innenraum auf zwei Stockwerken. Mittags auch Restaurantbetrieb. Bier 1,50 €. Nebenan setzt sich die Reihe der Bars und Restaurants auf dem ehemaligen EXPO-Gelände fort.

Diskotheken

Die großen Diskotheken liegen fast alle an der Avenida 24 de Julho oder am Tejoufer. Im Bairro Alto findet man einige kleinere Diskos. Besonders bei beliebten Diskotheken kann es schwierig sein, Zutritt zu bekommen.

Zu den Besonderheiten einiger portugiesischer Diskotheken gehört, dass man an der Tür klingeln muss, um eingelassen zu werden. An einem Türsteher muss man grundsätzlich überall vorbei. Gefällt man ihm nicht oder ist man falsch gestylt, hat man Pech gehabt und kann wieder gehen. Besonders an den „Tanztagen" Freitag und Samstag sowie vor Feiertagen kann es schwierig sein, Zutritt zu erlangen, wenn man kein bekanntes Gesicht ist. Vielleicht sollte man es erst einmal an einem „normalen" Tag versuchen, dann sind die Chancen gut, auch in eher exklusive Etablissements zu kommen. Die Erfolgsaussichten lassen sich auch durch gute Kleidung verbessern – Turnschuhe, kurze Hosen oder zerrissene Jeans sind in fast allen Diskotheken tabu. Paare kommen leichter am Türsteher vorbei als große Gruppen, vor allem dann, wenn es sich dabei ausschließlich um Männer handelt. Man sollte sich auch darüber im Klaren sein, dass die meisten Diskotheken keineswegs scharf auf Touristenpublikum sind.

Alfama (s. Karte S. 252/253)

Lux-Frágil (6), Av. Infante D. Henrique, Armazém A, Cais da Pedra à Santa Apolónia, ✆ 218820890/8, www.luxfragil.com. Direkt am Tejo neben dem Bahnhof Santa Apolónia. Das Gebäude steht teilweise auf Stelzen. Di–Sa ab ca. 24 Uhr bis 6 Uhr morgens. Ableger des Frágil aus dem Bairro Alto. Die Bar-Diskothek ist mit Möbeln der renommierten Design-Firma Vitra im Stil der 60er gehalten. Im 1. Stock Barbetrieb mit Tejo-Blick. Tanzfläche im Erdgeschoss (Zugang über 1. Stock). Hier läuft Techno, House und Drum'n'Bass in meist erstklassiger Qualität. Häufig auch Konzerte. Leider ist der Erfolg dem Lux-Frágil zu Kopf gestiegen und man fängt mit den typischen „Zicken" Lissabonner Diskos an: die Portiers geben sich nicht einmal mehr die Mühe, Journalisten Auskunft über die Öffnungszeiten zu geben, Stammgäste sollen plötzlich 60 € Mindestverzehr bezahlen ... Einen Versuch ist das Lux dennoch wert. Mindestverzehr in der Regel 12 €. Bier 2,50 €.

Café Teatro Santiago Alquimista (19), Rua de Santiago, 19, ✆ 218820259, www.santiagoalquimista.com. Nahe der Haltestelle Miradouro Santa Luzia der Trams 12 und 28 unterhalb der Burg. Di–Sa 22–2 Uhr (Do–Sa bis 4 Uhr), So und Mo geschlossen, im August teilweise ganz. Bar-Diskothek in einer ehemaligen Schlosserei. Hat in erster Linie für Rock- und Popkonzerte geöffnet, bietet aber auch Jazz, Fado und Salsa. Täglich wechselndes Programm. Hinter dem großzügigen Eingangsbereich folgt ein hoher Raum, in dem die Konzerte stattfinden. Unter dem Holzdach eine umlaufende Galerie mit gutem Blick auf die Bühne. Bier 2,50 €.

Bairro Alto (s. Karte S. 282/283)

Casa do Brasil (8), Rua São Pedro de Alcântara, 63-1°-Dto, ✆ 213400000. In der Nähe des Elevador da Glória. Fr 23–3 Uhr Party. Ein unscheinbarer Eingang führt nach oben in das 1991 gegründete Zentrum der in Lissabon lebenden Brasilianer. Tagsüber kümmert man sich hier um Probleme mit Einreise- oder Aufenthaltsgenehmigungen und bietet einen Treffpunkt für Brasilianer. Die Inneneinrichtung des Hauses mutet nicht sehr brasilianisch an, dafür aber die Feste mit Live-Musik wie Forró, Maracatu oder Samba. Manchmal auch Rock oder andere Musikrichtungen.

Diskotheken 221

Lissabon: Zentrum des portugiesischen House

Angesichts der diversen Büroräume Atmosphäre wie auf einer Privatparty. Eintritt 3 €, Bier 1,50 €.

Frágil (14), Rua da Atalaia, 126, ✆ 213469578. Di–Sa 23.30–4 Uhr. Als diese Disko 1984 eröffnet wurde, gehörte sie zu den exklusivsten Einrichtungen der Lissabonner Nachtszene: Nur Personen mit Einladungen fanden Einlass, und noch heute kann es – besonders am Wochenende – sehr schwierig sein, hineinzukommen. Wer dem Stammpublikum, der Homosexuellen- und Nachtfreakszene um die 40 zuzurechnen ist, hat die besten Chancen. 2 Säle: Im großen mit dem charakteristischen Riesenspiegel wird Konversation gepflegt, im kleinen getanzt. Vom Plattenteller läuft Rap, Soul, House und anderes. Eintritt kostenlos, wenn man denn Einlass findet. Bier 3 €.

Incógnito (35), Rua dos Poiais de São Bento, 37, ✆ 213908755. Etwas außerhalb zwischen dem Bairro Alto und der 24 de Julho gelegen; nicht weit vom Parlament São Bento. Die Tram 28 fährt direkt an der Tür vorbei. So und Mo Ruhetag, Mi–Sa 23–4 Uhr. Kleine Diskothek. Viel Metall und dunkle Farben. Nach der Eingangsetage geht es links ein halbes Stockwerk höher zur Bar oder rechts zur Tanzfläche hinunter. Dort hängt auch der große Spiegel, der den Raum optisch verdoppelt. Musikalisch gibt's ein Querbeetangebot mit Schwerpunkt alternative Independent-Musik. Bier 2 €. Eintritt frei.

Campo de Ourique (s. Karte S. 296/297)

En'Clave (3), Rua do Sol ao Rato, 71-A, ✆ 213888738 (Metro Rato). Etwas oberhalb des Largo do Rato. Täglich außer Di 20–4 Uhr. Am Eingang klingeln. Restaurant-Diskothek mit kapverdischer Musik und Küche. Oben ein kleiner Restaurant-Raum, in dem bei Solo-Live-Musik afrikanische Gerichte serviert werden, bevor es ab etwa 24 Uhr im Untergeschoss Live-Musik gibt. Einfache, schlichte Einrichtung. Teilweise tritt der bekannte Musiker Tito Paris auf, der En'Clave gegründet hat. Im Publikum vor allem Afrikaner. Mindestverzehr 15 €, Bier 3 €.

Madragoa/Lapa (s. Karte S. 288/289)

ComVento Club (14), Calçada Marquês de Abrantes, 38-A. Angolanische Diskothek in der Madragoa, nahe der Av. Dom Carlos I. Do–Sa 23–6 Uhr, voll wird es wie in den meisten Diskotheken erst gegen 2 Uhr. Am Eingang Metalldetektor wie am Flughafen. Strikter Dresscode: keine Kappen, Turnschuhe oder Sportkleidung erlaubt. Dennoch keine „Manager-Disko". Im Publikum vor allem 20–30jährige Afrikaner, aber auch zahlreiche Europäer. Das Obergeschoss steht im Zeichen von Rhythm and Blues. Im geräumigen Untergeschoss, das von einem Steingewölbe überspannt wird, laufen afrikanische Tanzrhythmen. In der Mitte thront der DJ, um ihn herum viel Platz zum Tanzen. Einige Bereiche am Rand sind für spezielle Gäste abgesperrt. Bier 3 €. Eintritt 5 € oder mehr.

Alcântara (s. Karte S. 302/303)

Alcântara Club (6), Rua da Cozinha Económica, 11, ℡ 213645250. Unweit des Bahnhofs Alcântara-Mar. Mi–So und vor Feiertagen 1–9.30 Uhr oder später. Legendäre, 1987 eröffnete „Kathedrale" des House. House ist „music for those who know" bzw. „eine geballte Ladung Information", für den nüchternen Zuhörer eher eine Folge des technischen Fortschritts. House und Techno-Freaks jedenfalls sind hier genau richtig. Unter dem Namen Alcântara-Mar der erste Club an der 24 de Julho und die erste größere Disko überhaupt in ganz Portugal. Ende der 90er blieb sie ein paar Jahre lang geschlossen. Seit 2002 mit neuem Schwung zurück, leider ohne die frühere neo-barocke Einrichtung. Dafür modernes Design in Rot. Auf den Bartresen tanzen an manchen Tagen Vortänzer und Vortänzerinnen – die *Alcântara-Dancers* – in ziemlich knappen Klamotten. Eintritt variabel (ab 5 €). Bier 2,50 €.

Blues Café (8), Doca de Alcântara, ℡ 213957085. In der Nähe der Av. Infante Santo gelegen. Nebenan mehrere weitere Diskotheken. Vor allem Restaurantbetrieb mit Cajun-Küche aus Lousiana, ab 20.30 Uhr auch Barbetrieb. Disko mit Latino-Sound, Disko und 80er-Pop nur in den Nächten Fr/Sa und Sa/So von 2 bis 5 Uhr. Ansonsten wird getreu nach dem Motto *In Blues we trust* Blues gespielt. Publikum eher 30 Jahre und aufwärts. Der Boden der großen, ehemaligen Lagerhalle wurde mit dunklem Parkett ausgelegt und die Wände mit Ziegelsteinen verkleidet. Dadurch gelang es, eine angenehme Atmosphäre zu schaffen. Bier 2,50 €.

Garage (1), Rua João de Oliveira Miguens, 34–48, ℡ 217904080. Unter dem Rollband, das die beiden Bahnhöfe in Alcântara miteinander verbindet. Fr und Sa 24–6 Uhr und bei Konzerten geöffnet. Dazu After-Hours am Sa und So 8–16 Uhr. Besonders als Veranstaltungsort zahlreicher kleinerer Rock- und Popkonzerte portugiesischer und internationaler Bands beliebt und bekannt. Große, lichte Halle im ersten Stock. Lüftungsrohre prägen das Ambiente. Vorne eine Bühne, hinten eine Galerie, unter der Platz für den DJ mit seinem großen Mischpult ist. Die Musik pendelt zwischen House, R'n'B und HipHop. Fr ist Ladies Night. Mindestverzehr bzw. Eintritt je nach Konzert. Bier 4 €.

Osten (s. Karte Parque das Nações S. 334/335)

Barrio Latino Café (5), Rua da Pimenta, Parque das Nações, ℡ 218922201, www.barriolatinocafe.com. Metro Oriente. In der Nähe des Pavilhão Atlântico am Tejoufer. Mi 23–3 Uhr, Fr und Sa 23–5 Uhr. Die Diskothek in Lissabon für Fans von Salsa, Merengue und Bachata. Dazu afrikanische Kizomba-Rhythmen. Großer Saal im ersten Stock: Auf dem dunklen Dielenboden ist viel Platz zum Tanzen. Fast immer wird paarweise getanzt, viele üben hier die wenige Tage zuvor in der Tanzschule gelernten Schritte. An der Wand Videoprojektionen. Breite Fensterfront mit Blick auf Tejo und Ponte Vasco da Gama. Mindestverzehr 6 €. Bier 4 €. Es gibt auch ein zugehöriges Restaurant, den Barrio Latino Grill.

Nächtlicher Hunger

Durch das gewöhnlich bis in die Morgenstunden andauernde Nachtleben kommt es in Lissabon oft dazu, dass man mitten in der Nacht etwas essen will. Daher haben einige Restaurants für europäische Verhältnisse ungewöhnlich lange geöffnet.

Besonders in der Nähe der Docas und in der 24 de Julho sind Straßenverkaufswagen (*roulottes*) ein steter nächtlicher Begleiter. Sie tauchen nachts plötzlich aus dem Nichts auf und haben bis in die frühen Morgenstunden geöffnet. Angeboten werden neben Hot Dogs und *bifanas* (Schweineschnitzel im Brötchen) günstige Getränke. Manchmal lässt die Qualität allerdings zu wünschen übrig.

Bairro Alto (s. Karte S. 282/283)

Cacau da Ribeira (47), Mercado da Ribeira, Av. 24 de Julho (Metro Cais do Sodré). Bar-Café im vorderen Teil des ehemaligen Zentralmarktes. Eingang von der Av. 24 de Julho aus auf der rechten Seite. Täglich außer in der Nacht von So auf Mo von Mitternacht bis 13 Uhr. Ein paar schlichte Holzbänke, die meisten Kunden stehen aber. Guter Ort, um abgestürzte Gestalten des Lissabonner Nachtlebens zu beobachten: Prostituierte in einer freien Minute, betrunkene Diskogänger auf der Suche nach einem Absacker oder Bauarbeiter, die sich nach einer anstrengenden Nachtschicht stärken wollen. Donnerstags, am traditionellen Uni-Party-Tag, auch viele Studenten in ihren schwarzen Uniformen und Umhängen. Café 0,60 €, das klassische Getränk ist hier aber seit Jahrzehnten der Kakao. Zum Essen gibt es hauptsächlich Gebäckteilchen, z. B. Berliner für 0,70 €.

Bei den Festen im Juni verwandeln sich viele Gassen nachts in Straßenrestaurants

Pão com Chouriço (10), Rua da Rosa, 186. Im nördlichen Teil des Bairro Alto. Täglich außer in der Nacht von Sa auf So. In dieser Bäckerei gibt es leckere Brote mit Räucherwurst (*pão com chouriço*), eine portugiesische Spezialität, die man sich nicht entgehen lassen sollte. Wer Glück hat, der bekommt ein noch heißes Brot frisch aus dem Ofen.

Lapa/Madragoa (s. Karte S. 288/289)

Merendeira de Santos (22), Av. 24 de Julho, 54, ℡ 213972726. Gegenüber dem Bahnhof Santos. Täglich 11–6 Uhr (Sa/So erst ab 19 Uhr). Mit einfachen Holzbänken und -tischen eingerichtetes Restaurant, in dem *merendeira com chouriço* (Räucherwurstbrot) frisch aus dem glühenden Holzofen verkauft wird (1,50 €). Wer will, kann für den gleichen Preis auch die typisch portugiesische Kohlsuppe *caldo verde* probieren. Dazu gibt es Nachtische wie *arroz doce* (süßer Milchreis). Ländliches Ambiente. Preiswerte Getränke, so z. B. Bier für 0,90 €.

Doca de Belém: Ausgangspunkt für Segeltörns

Sport

Wer sich in der Region Lissabon sportlich betätigen möchte, findet vor allem hervorragende Bedingungen für den Wassersport. Nirgendwo sonst in Europa kann man in der Nähe einer Hauptstadt so gut windsurfen, wellenreiten oder bodyboarden. An guten Golf- und Tennisplätzen herrscht ebenfalls kein Mangel.

Nicht zuletzt kommen auch die Schwimmer wegen der Lage am Meer auf ihre Kosten. Für die Einheimischen gilt dies bemerkenswerterweise nur eingeschränkt, denn sehr viele Portugiesen können nicht schwimmen. Das liegt zum einen am Schwimmbadmangel, zum anderen daran, dass sich der raue Atlantik zum Schwimmen lernen nicht so sehr eignet.

Der Spitzensport ist in Portugal ebenfalls noch wenig entwickelt. Nur wenige Portugiesen oder Portugiesinnen haben bisher olympisches Gold gewonnen. Einzig die Langstreckenläufer, insbesondere Carlos Lopes, Rosa Mota oder Fernanda Ribeira, bilden mit ihren Erfolgen eine Ausnahme. Bei den Mannschaftssportarten ist Portugal im Rollhockey internationale Spitze, und im Fußball gibt es hin und wieder vielversprechende Ansätze, ohne dass bisher ein größerer Erfolg der Nationalmannschaft herausgesprungen wäre.

Baden im Meer

Ein Bad im atlantischen Ozean kann ein herrliches Vergnügen sein, allerdings sollte man dabei Vorsicht walten lassen: Der Atlantik ist ein gefährliches Gewässer! Wegen der hohen Brandung und den starken Strömungen ist das Schwimmen an der gesamten portugiesischen Atlantikküste nicht ganz ungefährlich.

Verhaltensregeln: Es empfiehlt sich, nicht senkrecht zur Küste aufs offene Meer zu schwimmen, da man die eigenen Kräfte schnell überschätzt. Besser ist es, parallel zur Uferlinie zu schwimmen. Nicht verzweifelt direkt gegen die Strömung ankämpfen! Es ist in Extremsituationen besser, schräg zu ihr zu schwimmen und 100 oder 200 m weiter an das Ufer zu gelangen, wo die Strömung nicht mehr so heftig ist. Generell sollte man nicht zögern, frühzeitig um Hilfe zu rufen. Wer sich nicht sicher ist, sollte ruhig schon vor dem Gang ins Wasser die lokalen Rettungsschwimmer um Rat fragen. Gehen Sie besonders bei starkem Wellengang nicht ins Wasser! Die Brandung kann so stark werden, dass sie selbst auf Sandboden Wirbelsäulenbrüche verursachen kann. Eine Bitte noch: Keinen Abfall ins Meer werfen. Eine Plastikflasche braucht beispielsweise 450 Jahre, bis sie verrottet ist.

Überwachte Strände: Hier werden drei Arten von Flaggen gehisst: Grün bedeutet, dass das Baden unbedenklich möglich ist (geringer Wellengang); Gelb heißt, man darf sich nur so weit ins Wasser wagen, wie man stehen kann (Schwimmen verboten); bei gehisster roter Flagge ist es zu gefährlich und deswegen auch ausdrücklich verboten, ins Wasser zu gehen. Eine zusätzlich angebrachte karierte Flagge zeigt an, dass der Strand vorübergehend ohne Aufsicht ist. An manchen Stränden gibt es so genannte *Zonas Concessionadas*, für Strandkörbe oder Sonnenschirme reservierte Bereiche. Meist werden diese Vorgaben aber nicht strikt befolgt. In jedem Fall sollte man für Bodyboarder oder Surfer (Wellenreiter) reservierte Wasserzonen meiden. Ein Zusammenstoß mit einem Surfboard kann zu schweren Verletzungen führen.

Sonnenschutz: Sonnencreme mit einem Faktor über 10 ist insbesondere für hellere Hauttypen empfehlenswert, bei Kindern am besten über 15. Auch bei bewölktem Himmel kann man sich im Hochsommer Portugals vor allem zur Hauptsonnenzeit zwischen 12 und 15 Uhr ordentlich verbrennen. Sonnenmilch ist in Lissabon übrigens in gut sortierten Supermärkten erhältlich.

Wassertemperaturen: Sie sind an der portugiesischen Westküste durchweg niedriger als im Mittelmeer oder an der Algarve. Im Sommer liegen die Temperaturen bei ca. 18 °C. An der Lissabonner Küste kann man von Mitte März bis Mitte November baden; im März ist das Wasser mit ca. 14 °C allerdings noch sehr erfrischend.

Nacktbaden: Bis Ende der 70er Jahre riskierten nackt badende Sonnenanbeter von Polizisten mit Gummiknüppeln verprügelt zu werden. Diese Zeiten sind jedoch vorbei. Seit 1995 und 1996 gibt es südlich von Lissabon sogar die beiden ersten offiziellen FKK-Strände Portugals: Die Praia da Bela Vista an der Costa da Caparica und die Praia do Meco etwas weiter südlich in der Nähe von Aldeia do Meco. „Oben-ohne-Baden" ist an vielen Stränden, besonders an der Costa do Estoril, durchaus üblich. Mancherorts stößt dies jedoch immer noch auf wenig Gegenliebe. Am besten schaut frau sich vorher um, ob sich schon andere enthüllt haben.

Seebäder an der Lissabonner Küste

Die bekanntesten Badeorte sind Cascais, Estoril und Costa da Caparica. Das Angebot ist vielfältig: In der Umgebung der portugiesischen Hauptstadt gibt es neben kleinen, versteckten Badebuchten auch kilometerlange Sandstrände. In Lissabon selbst ist das Baden leider aufgrund der hohen Verschmutzung des Tejo nicht möglich. Während es den Katalanen in Barcelona gelang, einen halbwegs sauberen Strand direkt neben dem Hafen zu schaffen, bleibt dies für die Lissabonner noch Zukunftsmusik.

Linha de Cascais: Hier erstreckt sich die so genannte *Costa do Estoril*, die auch Costa do Sol (Sonnenküste) genannt wird und von Algés bis Guincho reicht. Dieser Küstenabschnitt ist durch kleine, z. T. felsige Sandstrände geprägt. Aufgrund der Nähe zur Hauptstadt sind die Strände an Wochenenden oft bis auf den letzten Platz besetzt. Besonders eng wird es bei Flut, welche die ohnehin kleinen Strände oft fast völlig verschwinden lässt. In diesem Küstenbereich ist der Atlantik eher ruhig, im Sommer gibt es mit Ausnahme des exponiert gelegenen Strandes von Guincho nur selten größere Wellen. Auch für Kinder finden sich hier geeignete Bademöglichkeiten, da die Strände meist flach abfallen. An den Stränden nahe der Tejomündung ist die Wasserqualität aber sehr schlecht, da der Fluss einen Großteil der Abwässer Lissabons mit sich führt. Man sollte sich erst ab Oeiras ins Wasser wagen. Das Wasser an den Stränden von Carcavelos, Estoril und Cascais ist aber so sauber, dass man dort unbesorgt schwimmen kann.

Linha de Sintra/Nördlich von Lissabon: Die Westküste erstreckt sich vom Cabo da Roca nach Norden bis Ericeira. Viele dieser Sandstrände sind von spektakulären Felsformationen begrenzt. Trotz der langen Anfahrt von Lissabon können die Badebuchten auch hier recht bevölkert sein. Das Wasser ist vielerorts von ausgezeichneter Qualität, da an diesem Küstenstreifen keine größeren Orte liegen. An der Westküste sollte man beim Schwimmen unbedingt auf die Brandung achten, die dort oft gefährlich hoch wird. Die Wellen können schnell drei bis vier Meter erreichen. Für geübte Schwimmer kann es ein herrliches Vergnügen sein, sich in die schäumenden Wellen zu stürzen und von ihnen mittragen zu lassen. In Anbetracht der schwer berechenbaren Strömungen sollte man sich aber besser nur dort weiter ins Wasser wagen, wo schon andere baden!

Südlich von Lissabon: Hier findet man die teils traumhaften Stände der *Costa Azul* („Blaue Küste") von der Costa da Caparica bis Tróia. Vor allem die langen Sandstrände der Costa da Caparica, die sich über 35 km fast bis an das Cabo Espichel erstrecken, bieten bedeutend mehr Platz als an der Costa do Estoril. Zwischen dem Cabo Espichel, Sesimbra und Setúbal findet man dagegen nur noch kleine, zwischen den hoch aufragenden Klippen der Serra da Arrábida und ihrer Ausläufer versteckte Buchten. Im Sommer kann es hier recht voll werden, wenn die Tagesausflügler kommen. Südlich der Sado-Mündung bei Setúbal ziehen sich Sandstrände über eine Länge von 60 km von Tróia nach Süden. Der Wellengang erreicht an der Costa Azul Lissabons meist nicht ganz die Stärke der nördlich gelegenen Westküste.

Erfrischendes Nass

Baden im Meer

Nicht jeder darf überall ins Wasser – Schilder beachten!

Die saubersten Strände

Folgende Strände in der Umgebung Lissabons haben 2005 die blaue Flagge erhalten, ein EU-Gütesiegel, das nur erteilt wird, wenn ein Strand einen bestimmten Standard in puncto Sauberkeit, Umweltschutz und Überwachung erreicht hat:

Linha de Cascais: Praia das Moitas, Praia do Tamariz (Estoril), Praia do Guincho.

Linha de Sintra: Praia da Adraga, Praia Grande, Praia das Maçãs, Praia de São Julião.

Nördlich von Lissabon: São Lourenço, Ribeira d'Ilhas, Foz do Lizandro (Ericeira), Praia do Centro in Santa Cruz (Torres Vedras),

Südlich von Lissabon: Rainha, Castelo, Cabana do Pescador, Rei, Sereia (Costa da Caparica), Moinho de Baixo, Ouro (Sesimbra), Troia Mar (Tróia).

Informationen: *Associação Bandeira Azul da Europa*, Edifício Bartolomeu Dias, 11-1°-Gab. 8, Doca de Alcântara, 1250-237 Lisboa, ✆ 213942740, www.abae.pt.

Die genauen Wasseranalysen der einzelnen Strände veröffentlicht das Umweltinstitut *Instituto do Ambiente* im Internet unter www.iambiente.pt.

Schwimmbäder

Öffentliche Schwimmbäder (*piscinas*) sind rar, meist gehören sie zu Hotels oder Sportvereinen. Die wenigen frei zugänglichen sind teilweise recht teuer. Günstig sind dagegen die städtischen Schwimmbäder, die *Piscinas Municipais*, mit 1,90 € Eintritt pro Stunde.

Lissabon: *Piscina Municipal do Areeiro*, Av. de Roma, 26/28, ✆ 218437500. Metro Roma, Av. Novas. Ein 25m-Hallenbecken.

Piscina Municipal do Campo Grande, Jardim do Campo Grande, ✆ 217957945. Metro Entrecampos, Av. Novas. 33m-Becken im Mittelstreifen des Campo Grande, etwa auf der Höhe der Av. da Igreja.

Piscina Municipal dos Olivais, Av. Doutor Francisco Luís Gomes, ✆ 218551470. Bus 44 ab Metro Entrecampos, Haltestelle Piscina Olivais; Osten. Sportkomplex in der Nähe der Av. de Berlim. Ein 50 m langes Freiluftbecken, sowie ein überdachtes 25m-Becken.

Piscina Municipal da Penha de França, Calçada do Poço dos Mouros, 2, ✆ 218161750. Metro Arroios, Av. Novas. Ein 25m-Becken in einer kleinen Halle.

Ateneu, Rua das Portas de Santo Antão, ✆ 213430947. Metro Restauradores, Baixa. Historisches Schwimmbad im Zentrum Lissabons. Durch die Tür mit der Aufschrift „Ateneu", in den 2. Stock hoch, über das Basketballfeld und dann die Treppen hinten ins Freie nach oben bis zum überdachten Schwimmbad. Badekappe vorgeschrieben. Mittlere Preislage.

Health Club Solinca Colombo, Centro Comercial Colombo, Av. Lusíada, ✆ 217113650. Metro Colégio Militar/Luz, Benfica. Teures privates Schwimmbad im Colombo-Einkaufszentrum. Zwei Becken mit 25 und 12,50 m Länge. Auch Squash.

Health Club Solinca Vasco da Gama, Centro Comercial Vasco da Gama, Av. Dom João II, ✆ 218930706. Metro Oriente, Osten. Privates Schwimmbad im Fitness-Club des Vasco da Gama-Einkaufszentrums.

Oeiras: *Piscina Oceânica*. Ozeanschwimmbad in der Nähe der Jugendherberge und dem Forte São Julião da Barra. Mittlere Preislage.

Estoril: *Piscinas do Tamariz*, Praia do Tamariz. Recht teures Freibad in Privatbesitz.

Praia Grande: *Hotel das Arribas*. Mit 100 m Länge eines der größten Meerwasserschwimmbecken Europas. Gehört zu einem Hotel, ist aber öffentlich zugänglich.

Mafra: *Parque Desportivo Municipal Engenheiro Ministro dos Santos*. Städtisches Schwimmbad im Stadtpark.

Ericeira: *Campingplatz Mil Regos*. Günstiges, städtisches Freibad neben dem Campingplatz.

Vila Franca de Xira: *Piscina Municipal*, Povos. Im Parque Municipal de Campismo, ca. 1,5 km vom Bahnhof entfernt, außerhalb des Zentrums, Richtung Norden am Berg (wenige 100 m westlich der A 1). Freibad mit drei Becken und Sprungturm. Günstige Preise.

Golfen

Im Großraum Lissabon liegen einige der schönsten Golfplätze Europas, teilweise sind sie recht anspruchsvoll. Besonders viele Plätze gibt es um Cascais.

Zahlreiche Golfplätze liegen in Lissabon und Umgebung

Lissabon: *Clube de Golf Belavista Lisboa*, Av. Avelino Teixeira da Mota, Bairro do Relógio, ✆ 218310860. Osten, Bus 10 ab Metro Areeiro. Der 9-Loch-Kurs besticht mehr durch die exponierte Lage hoch über dem Stadtgetümmel als durch Eleganz. Direkte Nähe zum Flughafen. Übungsgelände bis spät abends offen. Auch Kurse. Greenfee 30–40 €.

Estoril: *Golf do Estoril*, Av. da República, ✆ 214680176. In Estoril an der Straße nach Sintra. Der 18-Loch-Kurs ist mit 5.200 m recht kurz angelegt und erfordert daher nur wenige weite Schläge. Früher Austragungsort der Portugal Open. Spieler ohne Handicap-Proof auf dem Hauptplatz nicht zugelassen, sondern nur auf dem 9-Loch Nebenplatz. Greenfee 56–70 €.

Cascais: *Quinta da Marinha*, Quinta da Marinha, ✆ 214860180. Ein von Robert Trent Jones entworfener 18-Loch-Kurs zwischen Cascais und Guincho, wunderschön über dem Atlantik gelegen. Der erste Besitzer der Ressortanlage, Carlos Montez Champalimaud, wollte 1922 die ganze Gegend bis zum Cabo Raso und Guincho bebauen – zum Glück ist es nicht dazu gekommen. Noch heute ist die Anlage Eigentum der Industriellenfamilie Champalimaud. An Wochenenden dürfen nur Spieler mit einem Handicap-Proof von 28 (Herren) oder 36 (Damen) auf den Platz. Greenfee 74–84 €.

Oitavos Golfe, Quinta da Marinha, ℡ 214860180. Der zweite Platz der Quinta da Marinha, ebenfalls mit herrlichem Meeresblick. Zwischen den Kiefern herrschen schwierige Windverhältnisse. Einige Bereiche sind Naturschutzgebiet: Geht der Ball hier rein, ist er verloren. Als erster Platz Europas von der Umweltorganisation Audubon International zertifiziert. Der 18-Loch-Platz gilt als einer der schönsten Portugals. Greenfee 150 €.

Sintra: *Penha Longa*, Quinta da Penha Longa, Estrada da Lagoa Azul, Linhó, ℡ 219249011. Einer der renommiertesten Golfplätze. Etwa auf halbem Weg nach Cascais am Rande der Serra de Sintra bei Linhó zu finden. Zwei Parcours mit 18 bzw. 9 Löchern. Ein Großteil des Golfplatzes ist ein Naturschutzgebiet mit bizarren Felsformationen. Entworfen von Robert Trent Jones ist er einer der wenigen wirklich hügeligen Golfplätze Europas. In das Clubhaus ist ein ehemaliges Kloster des Hieronymitenordens aus dem Jahr 1355 integriert; das Kloster diente später als königliche Stallung. Innerhalb des Golfressorts auch ein Luxushotel mit 177 Zimmern, Tennis- und Reitmöglichkeit, Schwimmbädern

Jogger am Tejo-Ufer vor Ponte 25 de Abril und Hafenanlagen Alcântara

und diversen Appartementanlagen. Greenfee 89–110 €.

Infos im Internet: www.portugalgolf.pt.

Joggen

Zum Laufen oder Inlineskaten bietet sich in Lissabon besonders das Tejoufer mit seinen langen Promenaden an. Gut ausgebaut sind sie zwischen den Stadtteilen Alcântara und Belém (s. Karten „Alcântara" S. 302/303 und „Belém/Ajuda" S. 308/309). Auch der östliche Tejoabschnitt rund um den Parque das Nações ist zu empfehlen (s. Karten Osten S. 331). Wer lieber im Grünen joggt, sollte im Parque Eduardo VII seine Runden drehen (s. Karte „Avenidas Novas" S. 276/277). Einen Trimm-dich-Pfad gibt es in Ajuda neben den Moinhos de Santana (s. „Sehenswürdigkeiten", S. 318). Die längsten und schönsten Jogging-Pfade bietet allerdings der Monsanto-Park im Westen der Stadt (s. „Sehenswürdigkeiten" S. 320).

Im Frühjahr ist Lissabon Veranstaltungsort der **Meia Maratona Cidade de Lisboa**. Der Marathon über die halbe Distanz verläuft von Almada über die Brücke des 25. April mit herrlicher Aussicht nach Belém.

Reiten

Für Pferdeliebhaber empfiehlt sich ein Besuch des nördlich von Lissabon gelegenen Vororts Vila Franca de Xira: Hier liegt mit dem *Centro Equestre da Lezí-*

ria Grande die bedeutendste Reitschule Portugals. Sie ist die einzige Schule der Welt, an der noch das klassische Dressurreiten des 18. Jh. unterrichtet wird.

Cascais/Guincho: *Escola de Equitação da Quinta da Marinha*, ✆ 214869084. Reitschule in der Quinta da Marinha.
Clube de Campo Dom Carlos I, ✆ 214871403. Ebenfalls in der Quinta da Marinha.
Sintra: *Picadeiro de Seteais*, Hotel Palácio de Seteais, Estrada de Monserrate, ✆ 219233200. Reitstall des Seteais-Hotels.
Vila Franca de Xira: *Centro Equestre da Lezíria Grande*, Estrada Nacional, 1, Povos, 2600 Vila Franca de Xira, ✆ 263285160, www.celg.pt. Das Zentrum der portugiesischen Reitkunst befindet sich in Povos, ca. 1,5 km nördlich von Vila Franca de Xira, Richtung Porto.
Rio Frio: *Centro Hípico de Rio Frio*, Rua José M. Santos, Rio Frio, Pinhal Novo, ✆ 212319516. Große Reitschule direkt neben dem Palast von Rio Frio (s. Alcochete/Übernachten S. 460).

Segeln

Zum Segeln bieten sich um Lissabon vor allem die Flussmündung des Sado bei Setúbal oder die Bucht von Cascais an. Besonders wenn der kräftige Nordwind, die *Nortada*, bläst, macht das Segeln Spaß. Anlegemöglichkeiten für Segelschiffe bieten in Lissabon im Stadtteil Belém die Doca do Bom Sucesso kurz hinter der Torre de Belém sowie die Doca de Belém neben dem Padrão dos Descobrimentos. Im Stadtteil Alcântara kann an der Doca de Santo Amaro und an der Doca de Alcântara. Das sind die beiden Anlegeplätze, die am nächsten zum Stadtzentrum liegen. In Cascais verfügt die moderne Marina über viel Anlegeplatz und mehrere Läden mit Segelzubehör sowie Reparaturbetriebe. Auch in Setúbal ist in der Doca de Recreio das Fontainhas Platz für Yachten.

Informationen Federação Portuguesa de Vela, Doca de Belém, 1400-342 Lisboa, ✆ 213658500, www.fpvela.pt.

Tauchen und Schnorcheln

Wer in Sesimbra tauchen geht, den wird bereits die Szenerie über Wasser beeindrucken: Man taucht in kleinen Buchten direkt unter den höchsten Steilklippen im kontinentalen Portugal. Am Cabo de Ares reichen die Felsen immerhin 380 Meter in die Höhe. Sie schirmen die Küste von Sesimbra nach Norden hin ab.

Hohe Wellen aus dem Süden können dagegen Schwierigkeiten bereiten: Dann herrscht eine starke Dünung im Flachwasser und meist schlechte Sicht von nur bis zu 3 Metern. Vor allem im Sommer zeigt sich der Atlantik aber auch von seiner angenehmen Seite mit einer glatten Oberfläche und bis zu 20 Metern Sichtweite. Dann lassen sich die mit Algen, Gorgonien und Anemonen schön bewachsenen Felsformationen gut beobachten. Neben Bärenkrebsen und diversen Brassen bekommt man auch Blennies, Sägebarsche und Drachenköpfe zu sehen.

Wer sich allerdings eine Unterwasserwelt wie im Roten Meer oder auf den Galápagos-Inseln verspricht, wird im Atlantik enttäuscht werden. Immerhin zählten Naturschützer aber 1.100 Tier- und Pflanzenarten in den Gewässern um Sesimbra. Grund für den hohen Artenreichtum ist, dass sich in Sesimbra gleichzeitig Fische finden, die normalerweise im Mittelmeer, an der Küste

Nordafrikas oder im Nordatlantik heimisch sind. Ihnen allen bietet das planktonreiche Wasser Nahrung.

Großfische sind jedoch Mangelware, auch wenn in der Region Sportfischern immer wieder Schwertfische und Haie an die Angel gehen. Vielleicht ändert sich dies, wenn die Fangverbote des 1998 eingerichteten Meeresnationalparks der Serra da Arrábida in den nächsten Jahren wie geplant umgesetzt werden. Allerdings gibt es heftige Proteste der lokalen Fischer.

Als Hauptattraktion unter Wasser gilt das Wrack der River Gurara. Der nigerianische Container-Frachter war 1988 auf die Felsen des Cabo Espichel gelaufen und gesunken. Insgesamt hat das Schiff eine beeindruckende Länge von 175 Metern. Da es in 25–33 Metern Tiefe liegt, kann man es leicht betauchen – allerdings nur an Tagen, an denen die Wellen nicht zu hoch sind, da sich der Tauchplatz sehr exponiert im Freiwasser befindet.

Zahlreiche Wracks liegen auch weiter nördlich in der Region zwischen dem Cabo da Roca und Cascais. Sie werden aber eher selten betaucht. In Cascais gibt es auch interessante

Paraglider an der Praia das Bicas südlich von Lissabon

Felsformationen zu sehen. Vor der Boca do Inferno, einer „Höllenschlund" genannten Vertiefung in der Felsküste, erstrecken sich wahre Unterwasserlabyrinthe.

Zum **Schnorcheln** sind in der Lissabonner Umgebung vor allem die Strände bei Sesimbra sowie um Estoril und Cascais geeignet. Die Jagd von Fischen und das Benutzen von Harpunen oder ähnlichem unter Wasser ist generell verboten, weil diese Methode schnell zu einer erheblichen Dezimierung des Fischbestands führen würde. Auch Pflanzen, Muscheln und andere Meerestiere zu entnehmen, ist in Portugal nicht erlaubt – echte Sporttaucher verzichten aber sowieso darauf, um die Ozeane zu schonen. Man sollte auch stets auf eine gute Tarierung im Wasser und ausreichenden Abstand zum Boden achten, um mit den Flossen keinen Schaden anzurichten.

• *Vorschriften* Um als Tourist tauchen zu dürfen, benötigt man den Grundschein einer internationalen Tauchorganisation wie CMAS (Bronze/1-Stern) oder PADI (Open Water). Gesetzlich ist die Tiefe in Portugal auf 40 m begrenzt. Mehr ist nur mit einer mobilen Druckkammer an Bord des Bootes erlaubt, de facto ein unüberwindbares Hindernis.

• *Druckkammer* Hospital da Marinha – Centro de Medicina Hiperbárica, Campo de

Santa Clara, Graça, Lisboa, ℡ 21884082-1/-2 sowie 218840800. Zwei Mehrplatz-Druckkammern der Marine mit 24 Stunden Bereitschaft auch für zivile Taucher.
• *Ausrüstung* Ideal ist ein warmer 7 Millimeter dicker Neoprenanzug samt Weste, Haube und Handschuhen oder ein Trockentauchanzug, da die Temperaturen des Atlantiks mit 13–15 °C das ganze Jahr über recht erfrischend sind.

• *Tauchgepäck* Vorsicht bei der Wahl der Fluggesellschaft, mit Übergewicht kann es schnell sehr teuer werden. Mit der TAP geht ab Deutschland ein Stück Tauchgepäck zusätzlich zum normalen Gepäck frei mit. Auch die LTU sowie Air Berlin befördern Tauchgepäck (bis 30 kg) kostenlos, allerdings muss man es hier vorher anmelden.

Tauchläden und -basen

Wer um Lissabon taucht sollte beachten, dass die meisten Basen in erster Linie für lokale Taucher arbeiten. Unter der Woche finden, wenn überhaupt, nur zur Hauptsaison Tauchgänge statt. Ansonsten konzentriert sich das Geschehen auf das Wochenende. Eigenverantwortliches Tauchen ist in Portugal die Regel, professionelle Guides gibt es praktisch nur an der Algarve und auf Madeira. Ideal ist also, zu zweit tauchen zu gehen. Dann ist man nicht von anderen, unbekannten Tauchern als Partner abhängig.

Der Preis für zwei Tauchgänge mit Flasche und Blei beträgt meistens etwa 25 €.
Lissabon: *Escola de Mergulho de Lisboa – EML*, Rua São Filipe Nery, 39-B, ℡ 213885295, www.eml.pt. Metro Rato, Amoreiras. Gut ausgestattetes Tauchgeschäft. Verleih von Gerät, Anzügen und Flaschen möglich. Kompressor zum Füllen vorhanden. Auch Ausbildung nach PADI-Richtlinien sowie Wochenendausflüge an die Küste von Sesimbra.
Cascais: *Exclusive Divers*, Av. Infante Dom Henrique, 540-9A, ℡ 214868099, www.exclusive-divers.net. Die Basis des Deutschen Fabian Reicherdt an der Praia da Duquesa verleiht Geräte und füllt Flaschen. Es werden auch Bootstouren organisiert. Anfängern kann der Autor nach seinen persönlichen Erfahrungen die Basis nicht empfehlen. In der Nebensaison sehr unregelmäßig geöffnet.
Sesimbra: *Bestdive*, Av. dos Náufragos – Edifício Marina, Loja C, ℡ 917535980 und 963094035, www.bestdive.pt. Gut organisiertes Tauchzentrum am westlichen Ende der Strandpromenade hinter dem Hotel do Mar. Ausfahrten nur Sa, So und an Feiertagen. Vorherige Anmeldung sehr empfehlenswert. Wer mit Guide tauchen will, sollte dies angeben, allzu viel darf man davon aber nicht erwarten. Wer mit Partner eigenverantwortlich tauchen kann, sollte dies vorziehen. Leihausrüstung vorhanden, aber die 7 mm-Anzüge ohne Weste und Handschuhe sind für das Tauchen im Winter zu kalt. Mit dem Boot (Sauerstoff an Bord) geht es zu Spots an der Felsküste um Sesimbra und zum Wrack der River Gurara. Ausbildung nach PADI-Standard. Nitroxfüllungen möglich.
Nautilus Sub, Porto de Abrigo, ℡ 212281769 (unter der Woche Büro in Corroios: ℡ 212551969), www.nautilus-sub.com. Nur am Wochenende geöffnetes Tauchzentrum am hinteren Ende des Fischerhafens von

Kaum Wellengang: Tejo-Binnenmeer bei Vila Franca

Sesimbra. Tauchkurse nach PADI. Ansonsten keine geführten Tauchgänge. Voranmeldung ein bis zwei Tage im Voraus nötig.

Boots-Tauchgänge in der Gegend des Cabo Espichel.

Tennis

In Portugal ist das Tennisspielen längst nicht so verbreitet wie in Deutschland. Dennoch gibt es eine Reihe von guten Plätzen in Lissabon und der Umgebung, hier besonders an der *Linha de Cascais*. Auch einige Hotels verfügen über eigene Tenniscourts.

Lissabon: *Lisboa Racket Center – Campos de Ténis de Lisboa*, Rua Alferes Malheiro, ✆ 218460232. Av. Novas, in der Nähe des Flughafens. Bus 44 und 45 ab Metro Entrecampos bis Halt Pote de Água. 9 Tartan-Plätze im Freien.

Clube VII, Parque Eduardo VII, ✆ 213848300. Metro Parque, Av. Novas. Tennis- und Fitness-Club im Westen des Stadtparks (erkennbar an den hohen Blechdächern). Benutzbar nur gegen eine Tagesgebühr von 33 € (inkl. Fitness-Zentrum und Schwimmbad).

Carcavelos: *Carcavelos Ténis*, Praça Junqueiro, 2, ✆ 214563668. 8 Hart- und Ascheplätze in der Nähe des Hotels São Julião. Preisgünstig.

Estoril: *Clube de Ténis do Estoril*, Av. Conde de Barcelona, ✆ 214658430. 18 Hart- und Ascheplätze in der Nähe der Autobahnauffahrt im Norden Estorils. Ursprungsort des renommierten Turniers *Estoril-Open*.

Costa da Caparica: *Centro de Lazer de São João da Caparica*, Rua Bernardo Santareno, 3, Santo António de Caparica, ✆ 212918250. Ein Hartplatz aus Stein auf dem Gelände der Jugendherberge.

Wellenreiten und Bodyboarden

Das **Wellenreiten** erfreut sich in Portugal größerer Beliebtheit als in jedem anderen Land Europas. Kein Wunder, denn an der rauen Atlantikküste findet man ideale Bedingungen für diesen Sport. Es gibt nur wenige Orte in Europa, wo man so gut surfen kann wie in Ericeira und Peniche nördlich von Lissabon. Kehrseite dieser Top-Bedingungen sind beeindruckende Wellen mit entsprechend heftigen Strömungen, die sich hier vor allem außerhalb der Sommermonate an der Küste brechen. Während

Surfen – populärer Jugendsport

fortgeschrittene Wellenreiter voll auf ihre Kosten kommen, sollten Anfänger besser vorsichtig sein bevor sie sich auf das Brett und in die Fluten stürzen.

Um Lissabon finden sich aber zahlreiche Spots, an denen man entspannter wellenreiten kann.

Anfänger sollten sich auch darüber im Klaren sein, dass das Surfen wesentlich schwieriger ist, als es aussieht. Man braucht viel Geduld und Übung, allein schon um durch die Wellen zu kommen, sie einschätzen zu lernen und schließlich noch auf dem Brett stehen zu können. In Ericeira kann man aber in einer deutschen Surfschule die Feinheiten des faszinierenden Sports erlernen. Wellenreiten wird in Portugal und in diesem Buch übrigens als Surfen bezeichnet.

Das **Bodyboarden**, bei dem man im Unterschied zum Wellenreiten auf dem Brett liegen bleibt, ist besonders bei Kindern beliebt. Ein Bodyboard ist kleiner, leichter und wesentlich billiger als ein Surfbrett, das um die 300 € kostet. Hinzu kommen in beiden Fällen die Kosten für einen Anzug, der vor dem kaltem Wasser schützt (ca. 200 €) und die Leine (*Leach*), mit der man das Brett befestigt (ca. 20 €). Bodyboarder brauchen zudem noch ein Paar Flossen.

Kleines Surfer-ABC

- Informieren Sie sich vorher über das Surfrevier! Auskunft können Rettungsschwimmer und andere Surfer geben. Spezielle Achtung gilt dabei Felsen an der Küste und im Wasser! Höchste Vorsicht vor Strömungen: Auf einem Surfbrett ist man ihnen viel stärker ausgeliefert, als man vermuten würde!
- Nie alleine surfen! Am besten zu dritt, dann kann bei einem Unfall einer Hilfe holen, während der Dritte sich um den Verletzten kümmert.
- Die Leine immer vor Betreten des Wassers am Fuß befestigen!
- Genügend Abstand zu Badenden wahren!
- Überschätzen Sie Ihre Grenzen nicht! So sollte man anfangs nie hinter die letzte Welle hinauspaddeln – die Strömung kann einen unbarmherzig aufs offene Meer ziehen, und bis zu den Azoren sind es über 1.000 km!

Surfspots

Linha de Cascais: Besonders gut für Anfänger geeignet ist der große Sandstrand von Carcavelos. Ebenfalls gut surft es sich am Strand von São Pedro do Estoril und in São João do Estoril an der engen felsigen Praia da Azarujinha, die aber nur Könnern zu empfehlen ist. Direkt daneben ist die Praia da Poça gut geeignet für Bodyboarder. Die Strände an der *Linha de Cascais* sind vor allem im Frühjahr und Herbst interessant, im Sommer (Juli/August) sind die Wellen dagegen oft „flat" (flach) und unbrauchbar. Die Küste von Guincho dagegen ist mit ihren gefährlichen Strömungen nichts für Anfänger, für Erfahrene aber das ganze Jahr eine Herausforderung.

Linha de Sintra: Im Gebiet um Sintra findet sich an der Praia Grande der beste Surfspot für Anfänger. Hier gibt es weit und breit keine Felsen, kaum Strömungen und zudem sehr *cleane* (saubere) Wellen.

Nördlich von Lissabon: Hier liegen bei Ericeira zwei der besten Spots Europas mit den höchsten Wellen der Umgebung: Die Praia Ribeira d'Ilhas (Achtung starke Strömung!) und die Praia dos Coxos, letztere ist aber nur für Profis geeignet. Anfänger sollten es in Ericeira am besten am Strand im Zentrum, der Praia do Algodio, versuchen.

Südlich von Lissabon: Anfängerfreundlich sind die Strände der Costa da Caparica, besonders die Praia do Rei und die Praia da Sereia, beide etwa auf halbem Weg nach Fonte da Telha.

Informationen: Infos über den Wellenzustand unter www.surftotal.com.

Wellenreiten und Bodyboarden 235

Windsurfen vor der Ponte Vasco da Gama

Surfläden

Lissabon: *Lightning Bolt*, Centro Comercial Vasco da Gama, Piso 2, Loja 6, ✆ 218951270. Metro Oriente, Osten. Vor allem Mode, aber auch kleine Auswahl an Brettern und Anzügen.
Windsurf Guincho, Av. Engenheiro Duarte Pacheco, Centro Comercial das Amoreiras, Loja 1096, ✆ 213833193. Metro Rato, Amoreiras. Trotz des viel versprechenden Firmennamens kaum Windsurf-Equipment, aber gute Anzüge. Etwas teuer, manchmal Sonderangebote.

Estoril/Guincho: *Aerial*, Rua Egas Moniz, Lote 307 (traseiras), São João do Estoril, ✆ 214674327. Gute Auswahl. Auch Verleih von Bodyboard-, Surf- und Windsurf-Equipment (Bretter, Anzüge, Flossen) und Surfunterricht. Weitere Filiale: Estalagem do Muchaxo, Guincho (nur sporadisch im Sommer geöffnet, kein Verleih).

Ericeira: *Ericeira Surf Shop*, Rua Prudêncio Franco da Trindade, 21, ✆ 261866186. Wenige Meter vom Turismo entfernt. Vor allem Mode, aber auch ein paar Bretter. Kein Verleih.
Semente Surfboards, Rabo da Raposa, Ribamar, ✆ 261863552, www.semente.pt. Etwa 400 m südlich der Praia dos Coxos im nördlich von Ericeira gelegenen Ort Ribamar. Bekanntester Surfboard-Fabrikant der Region.

Costa da Caparica: *Twister*, Av. 1° de Maio, 40-B, ✆ 212900176. Ca. 200 m nördlich des Zentrums. Vor allem Bodyboards. Auch Verleih von Surf- und Bodyboard-Brettern.

Surfschule

Ericeira: *Três Ondas*, Rua da Cabeça Alta, Achada, Mafra, ✆ 261813133, www.tresondas.de. Von März bis Ende Oktober geöffnete Surfschule des ersten deutschen Longboard-Meisters und ausgebildeten Surflehrers Frithjof Gauss und seiner Partnerin Silke Giesecke. Die beiden sympathischen Sylter führen die gut organisierte Schule im Dorf Achada (an der Buslinie zwischen Mafra und Ericeira). Ein eigenes Fahrzeug ist ebenso unnötig wie eigenes Equipment, da Transport, Bretter und Neopren-Anzüge von der Schule organisiert werden. Der Unterricht findet in maximal 8 Personen fassenden Gruppen statt. Viel Wert wird auf eine fundierte Theorie als Grundlage für sicheres Surfen gelegt. 5-Tages-Kurs ab 255 €, 2 Wochen ab 425 €. Auch eine Unterkunft kann über Três Ondas gebucht werden. Vor allem in der Hochsaison länger im Voraus buchen.

Windsurfen

Mit Guincho liegt nahe Lissabons der vielleicht beste Windsurf-Ort Europas: Hohe Wellen und ein parallel zur Küste verlaufender Wind. Hier werden auch jedes Jahr internationale Windsurf-Wettkämpfe ausgetragen. Guincho ist allerdings aufgrund der starken Wellen und der gefährlichen Strömungen nichts für Anfänger.

Windsurfen ist in Portugal selbst kaum verbreitet. So gehen hier hauptsächlich Ausländer ihrem Lieblingssport nach. Dementsprechend gering ist die Zahl von Windsurf-Läden, in denen man Ausrüstung kaufen oder reparieren kann (s. o. „Wellenreiten und Bodyboarden").

Windsurfspots

Lissabon: Im Tejo-Binnenmeer vor dem Parque das Nações in Lissabon mit Panorama der nahen Tejo-Brücke Ponte Vasco da Gama.
Linha de Cascais: Neben Guincho lässt sich auch in der Bucht vor Cascais und Estoril gut Windsurfen. Sie ist besser vor Wind und Wellen geschützt als Guincho und daher besser für Anfänger geeignet.
Südlich des Tejo: Gute Windverhältnisse findet man an der Flussmündung des Tejo vor Trafaria/São João da Caparica. Aber Vorsicht: reger Schiffsverkehr und Strömungen durch die Gezeiten! Bei São João da Caparica ist der Boden voller Muscheln, daher Schuhe verwenden. Da meistens Onshore-Wind (auf die Küste zu) herrscht, eher für Fortgeschrittene. Anfänger windsurfen am besten an der Lagoa da Albufeira südlich der Costa da Caparica, da das Wasser der Lagune sehr ruhig ist. Wer es etwas stürmischer will, kann hier auch immer noch auf das Meer hinaus. Einen weiteren Anfänger-Ort zum Windsurfen bietet das Tejo-Binnenmeer vor Alcochete.

Praça do Comércio: idealer Ausgangspunkt für Besichtigungstouren

Sehenswertes

Ob prächtige Klöster, idyllische Aussichtspunkte oder ansprechende Museen: Lissabon hat Sehenswertes für jeden Geschmack zu bieten. Zur schnellen Orientierung finden Sie die wichtigsten Sehenswürdigkeiten auf S. 101 zusammengefasst.

Baixa

Zwischen dem Rossio und der Praça do Comércio am Ufer des Rio Tejo liegt das rechtwinklig angelegte Geschäfts- und Bankenviertel Lissabons, die Baixa. Mit ihren nach dem Erdbeben von 1755 auf dem Reißbrett entworfenen Straßenzügen ist sie einzigartiges Beispiel der Architektur des 18. Jh.

Bis zum Erdbeben von 1755 hatte die Unterstadt Baixa ähnlich wie die Alfama aus einem Labyrinth von kleinen Gässchen bestanden. Da die Unterstadt auf dem sumpfigen Boden eines ehemaligen Tejoarms erbaut worden war, zeigten hier die Erdstöße besonders verheerende Wirkung. Den Rest zerstörten der Großbrand und der Tsunami nach dem Erdbeben.

Anstatt die Unterstadt im gleichen Grundriss wieder aufzubauen, entschloss sich der damalige Premierminister Marquês de Pombal dazu, die Baixa im Geist der Aufklärung völlig neu zu gestalten. Zu seinen Ehren heißt der Stadtteil noch heute *Baixa Pombalina*. Die von Pombal beauftragten Architekten Manuel da Maia, Eugénio dos Santos und Carlos Mardel wählten ein streng geometrisch angelegtes Modell, das die Lissabonner Unterstadt wie ein

Schachbrett mit je neun Längs- und Querstraßen gliederte. Jede Straße war für die Ansiedlung eines bestimmten Gewerbes vorgesehen, wovon noch heute Namen wie *Rua dos Sapateiros* (Schuhmacherstraße) oder *Rua dos Correeiros* (Sattlerstraße) zeugen. Zum Schutz gegen weitere Erdbeben errichtete man die einzelnen Häuser in Ständerbauweise.

> ### Lissabon an einem Tag
> Eigentlich ist es ein Ding der Unmöglichkeit, Lissabon an einem Tag zu besichtigen; doch so könnte man seine kurze Zeit optimal nutzen: Mit der Tram Nr. 15 geht es ab der Praça do Comércio in den Stadtteil Belém mit seinen Hauptsehenswürdigkeiten Mosteiro dos Jerónimos, Padrão dos Descobrimentos und Torre de Belém (Karte S. 308/309). Von dort über die Avenida da Torre de Belém zur Straßenbahnlinie 15, mit der man zurück bis zur Praça da Figueira fährt (Karte S. 240/241). Zu Fuß erkundet man den Rossio mit seinen klassischen Caféhäusern. Von der nicht weit entfernten Praça Martim Moniz geht es dann mit der Tram Nr. 28 hoch in die Alfama bis zur Haltestelle Miradouro Santa Luzia (Karte S. 252/253). Es folgt ein Abstecher hinauf zur Burg Castelo São Jorge. Von dort kann man sich gemütlich durch die Alfama-Gassen nach unten bis ans Tejoufer treiben lassen.

Heute findet man in dem z. T. verkehrsberuhigten Viertel neben zahlreichen Banken Juweliere und Modeboutiquen, Cafés und Restaurants, aber auch noch alte Kurzwarenläden. Die Ladenmieten erreichen hier die höchsten Werte der ganzen Iberischen Halbinsel. Tagsüber herrscht hier ein emsiges Treiben, nachts ist die Baixa fast menschenleer. Die zunehmende Umwandlung von Wohn- in Büroraum und zahlreiche leer stehende Gebäude haben dazu geführt, dass hier kaum mehr jemand lebt: Während der Stadtteil 1959 noch 40.000 Einwohner hatte, schrumpfte deren Zahl bis zum Jahr 2001 auf 2.000. Die Mehrzahl davon sind Rentner, die zumeist die obersten Etagen der Häuser bewohnen.

Anfahrt Metrostationen Rossio und Baixa/Chiado.

Kleines Glossar zur Orientierung

Avenida (Av.) = Allee
Beco = Sackgasse
Calçada = (gepflasterte) Straße
Castelo = Burg
Cemitério = Friedhof
Convento = Kloster
Elevador = Aufzug
Ermida = Einsiedelei
Fonte = Brunnen
Igreja = Kirche
Jardim = Garten
Largo = Platz
Miradouro = Aussichtspunkt
Mosteiro = Kloster
Museu = Museum
Palácio = Palast
Parque = Park
Praça = Platz
Praia = Strand
Quinta = Landgut, Bauernhof
Rua = Straße
Torre = Turm
Travessa = Querstraße, Gasse

Praça do Comércio

Mit ihren prächtigen Arkaden ist die Praça do Comércio für viele der eleganteste Platz Lissabons und einer der schönsten Europas. Der am südlichen Ende

Câmara Municipal (Rathaus) 239

der Baixa gelegene Platz öffnet sich auf einer Seite zum Tejo hin. Die drei anderen Seiten sind von Gebäuden mit prächtigen Arkadengängen umsäumt, in denen sich zahlreiche Ministerien befinden. Dass die Herrschenden Portugals hier ihren Sitz haben, hat lange Tradition: Früher stand der Königspalast an der Ostseite des Platzes, bis ihn 1755 das Erdbeben und die nachfolgende Flutwelle samt wertvollster Bibliothek und Archiv dem Erdboden gleichmachten. Bis heute hat sich aber die Bezeichnung *Terreiro do Paço* („Palastplatz") im Volksmund gehalten.

In der Mitte des Platzes, der lange Jahre als Parkfläche diente, erhebt sich ein 1774 errichtetes Reiterstandbild von König Dom José I. Unterhalb von Reiter und Pferd ist auf einem Medaillon der Erbauer der Baixa, Sebastião José de Carvalho (alias Marquês de Pombal), verewigt.

Auf der Landseite der Praça do Comércio bietet der 1873 fertig gestellte **Triumphbogen**, Arco Monumental, Zugang zum Zentrum der Baixa. Über dem Bogen haben wichtige Persönlichkeiten der Geschichte Portugals ihren Platz gefunden: rechts der Marquês de Pombal und Vasco de Gama, links der Lusitanerheld Viriato und Nuno Álvares Pereira, im Jahr 1385 Heerführer bei der Schlacht von Aljubarrota gegen die Spanier.

Hinter dem Triumphbogen beeindrucken die Straßen mit ihren stattlichen Bauten, heute hauptsächlich Sitz portugiesischer Banken. Die **Rua Augusta** ist Zentrum der Fußgängerzone. Flanierende Menschen, Straßenhändler, aber auch Bettler bestimmen hier das Straßenbild. Im emsigen Treiben übersehen die meisten Passanten die kunstvollen schwarzen Muster im weißen Straßenpflaster.

Anfahrt Metro Baixa/Chiado.

Câmara Municipal (Rathaus)

Beim Eintreten in das Rathaus, das auch **Paços do Concelho** („Stadtpalast") genannt wird, überwältigt der Anblick des prachtvollen, mit Kronleuchtern geschmückten Treppenhauses aus feinstem Marmor. Im Obergeschoss erwartet die Besucher einen ein nicht minder prächtigen Ratssaal. Das Rathaus Lissabons an der Praça do Município gilt als gutes Beispiel der offiziellen Architektur des 19. Jh. Unter Leitung des Architekten Domingos Parente da Silva wurde es im neoklassizistischen Stil zwischen 1866 und 1875 erbaut. Ein Ort mit großer Bedeutung in der portugiesischen Geschichte: Vom Rathaus-Balkon rief man am 5. Oktober 1910 die portugiesische Republik aus. 1996 lösten unachtsame Bauarbeiter beim Schweißen einen Brand im Dachstuhl aus, der über 2.000 m² wertvolle Decken und Wandbemalungen zerstörte. Zum Glück konnten die Schäden weitgehend behoben werden.

Auf dem Rathausplatz tummeln sich die Tauben um den **Pelourinho**, einen stilisierten Schandpfahl in Form einer elegant verschlungenen Doppelsäule, welche die Stadtrechte symbolisiert.

Anfahrt/Öffnungszeiten Praça do Município, ✆ 213227000. Metro Baixa/Chiado. Geführte Besuche jeden zweiten und vierten So im Monat um 10.15 und 11.15 Uhr. Gratis.

Igreja da Conceição Velha

Die Kirche, ursprünglich als *Igreja da Misericórdia* im Mittelalter erbaut, wurde beim Erdbeben von 1755 fast völlig zerstört. Glücklicherweise blieb das herrliche manuelinische Steinportal aus dem 16. Jh. erhalten, das beim Wiederaufbau sorgsam restauriert wurde. Der Giebel des Portals verdient besondere Aufmerksamkeit: Es ist der *Nossa Senhora da Misericórdia*, unserer barmherzigen Frau Maria, gewidmet. Sie schützt mit ihrem breiten Mantel, der von Engeln gehalten wird, mehrere Personen aus Klerus, Adel und dem einfachen Volk. Das Innere der Kirche passt durch den pombalinischen Neuaufbau nach dem Erdbeben nicht mehr zur prächtigen Fassade. Altar und Decke der Kirche zeigen die neue Patronin, die *Nossa Senhora da Conceição* („die ohne Erbsünde empfangene Jungfrau und Gottesmutter Maria").

Anfahrt In der Rua da Alfândega, östlich der Praça do Comércio. Metro Baixa/Chiado.

Römische Galerien

Bei einem Spaziergang durch die Baixa sollte man kaum glauben, dass sich unterhalb der Straßen ein Netz von Gängen und Galerien aus römischer Zeit erstreckt. Die schönsten Ausgrabungen aus römischer und mittelalterlicher Zeit sind im **Núcleo Arqueológico da Rua dos Correeiros** zu sehen, das sich in der Filiale der *Banco Comercial Português – BCP* an der Ecke Rua Augusta und Rua da Conceição befindet.

Als das Bankgebäude renoviert wurde, stieß man auf eine ganze Reihe archäologisch interessanter Funde, die seit 1995 zu besichtigen sind. Sie machen die wechselhafte Geschichte der

Ü bernachten
1 Pensão Portuense
2 Residencial Florescente
6 Pensão Residencial Gerês
7 Hotel Mundial
8 Hotel Avenida Palace
13 Hotel Lisboa e Tejo
16 Hotel Métropole
27 Hotel Lisboa Regency Chiado

E ssen & Trinken
3 Restaurant Casa do Alentejo
4 Adega de Santo Antão
5 Everest Montanha
10 Pastelaria O Lírio
11 Portugal Telecom
12 Snack-Bar Beira Gare
14 A Merendinha
15 Café A Suiça
17 Restaurant Celeiro
18 Tasquinha do Celeiro
19 Café Nicola
20 Confeitaria Nacional
21 João do Grão
22 O Chá do Carmo
23 Leitaria Camponesa
25 Cyberstore
26 Café A Brasileira
28 Café no Chiado
29 Café dos Teatros
30 Cyber.bica
31 Café Martinho da Arcada

N achtleben
9 A Ginginha
24 Heróis Café Lounge

Baixa und Chiado

Lissabon/Baixa

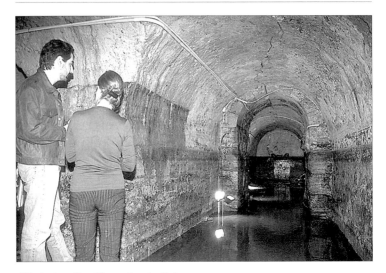

Römisches Gewölbe unter der Baixa

Lissabonner Baixa sehr anschaulich. So können hier auch die einzigen bekannten Reste der phönizischen Besiedlung Lissabons aus dem 8. bis 5. Jh. v. Chr. betrachtet werden. Aus der Römerzeit sind Tanks zur Produktion eingesalzenen Fischs, Amphoren sowie schöne Mosaike aus dem 3. Jh. n. Chr. zu sehen. Daneben haben die Archäologen Skelette aus dem Mittelalter frei gelegt.

Anfahrt/Öffnungszeiten Rua dos Correeiros, 9, ✆ 213211700. Metro Baixa/Chiado, s. Karte Baixa S. 240/241. Führungen Do 15–17 Uhr, Sa 9–13 und 15–17 Uhr. An Feiertagen geschlossen. Vorherige telefonische Anmeldung empfehlenswert. Eintritt frei.

Zweimal im Jahr, in der Regel Mitte April und Anfang Oktober, sind weitere **römische Galerien unter der Rua da Prata** und der Rua da Conceição aus der Zeit von Kaiser Augustus (um die Zeitenwende) zu besichtigen. Die Gewölbe sind zwar als Römische Thermen bekannt geworden, doch es handelt sich bei ihnen nur um unterirdische Gänge, die im sumpfigen Boden der Baixa als Fundament und als Wasserspeicher für die darüber gelegenen Häuser dienten. Bis ins Mittelalter wurden sie als Zisternen verwendet, später verunreinigten die neu geschaffenen Abwasserkanäle das Wasser und machten es unbrauchbar. Bei den Führungen ist in den niedrigen Gängen außer Steinbögen wenig zu sehen, ganz im Gegenteil zum Núcleo Arqueológico da Rua dos Correeiros.

• *Anfahrt/Öffnungszeiten* Der Eingang zu den unterirdischen Gewölben befindet sich mitten zwischen den Straßenbahnschienen in der Rua da Conceição an der Ecke Rua da Prata (Metro Baixa/Chiado). Termine für die Besichtigung der Galerien der Rua da Prata können im Museu da Cidade unter ✆ 217513200 erfragt werden. Gutes Schuhwerk mitnehmen, da die unterirdischen Galerien normalerweise meterhoch unter Wasser stehen und erst kurz vor den Führungen leer gepumpt werden.

Rossio

Eigentlich heißt er *Praça Dom Pedro IV*, aber jedermann nennt ihn schlichtweg *Rossio*. Der Platz ist einer der Verkehrsknotenpunkte Lissabons – Autolawinen umkreisen täglich die beiden Fontänen und das Standbild in der Mitte. Einsam betrachtet hier König Dom Pedro IV. von seiner 23 m hohen Marmorsäule das Treiben auf dem „Treffpunkt Lissabons". Ihm schenken die meisten *Lisboetas* ebenso wenig Beachtung wie dem korrekten Namen des nach ihm benannten Platzes. Nach langen Jahren des Verfalls hat der Rossio wieder einen festen Platz bei den Lissabonnern – spätestens nachdem die Stadt dem Platz 2001 ein frisches Gewand verpasst, die Bürgersteige deutlich verbreitert und den Autoverkehr etwas gezähmt hat. Im Zuge des Umbaus hat man auch das berühmte schwarz-weiße Pflaster in Wellenform wieder hergestellt, das bereits Anfang des 20. Jh. den Platz schmückte und zum Inbegriff Lissabonner Pflasterkunst wurde. Verlegt haben es damals übrigens Sträflinge.

Stundenlang kann man im *Café Suiça* sitzen und bei Espresso und Sahnepastete über die Melancholie der Portugiesen sinnieren oder im *Nicola* gegenüber mit Milchkaffee und Quarktörtchen in der Kaffeehaustradition der 20er Jahre schwelgen. Bei gutem Wetter sind in den Straßencafés alle Tische belegt – fliegende Händler und Bettler schieben sich dennoch durch die dicht gedrängten Räume. Aus halbgeschlossenen Händen bieten sie mit gedämpfter Stimme falschen Schmuck und Marihuana an. Neben dem charakteristischen Eingang zum Nicola fällt die kleine Tabacaria Mónaco aus dem Jahr 1894 kaum auf. Dabei lohnen die Azulejos von Rafael Bordalo Pinheiro einen genauen Blick: Er hat die Fliesen mit rauchenden Fröschen bemalt. In den Etagen oberhalb des Tabakladens lebte früher der Romancier Eça de Queiroz – er hatte damit den kürzesten Weg zu diesem Anfang des 20 Jh. sehr beliebten Treffpunkt.

Nicht zu übersehen ist an der Nordseite des Platzes die prächtige neoklassizistische Fassade des **Teatro Nacional Dona Maria II**. Ursprünglich stand hier ein Palast, der vom Prinzregenten Pedro, einem Bruder Heinrichs des Seefahrers, im 15. Jh. errichtet wurde und später der Inquisition als Sitz diente. Nachdem er durch einen Brand zerstört wurde, erbaute man ab 1843 an seiner Stelle das Nationaltheater nach Plänen des italienischen Architekten Fortunato Lodi. Zu Ehren des Begründers des portugiesischen Dramas, Gil Vicente, ließ er eine Statue auf dem hohen Eingangsportal mit seinen sechs ionischen Säulen errichten. Heute treffen sich unter der Statue Arbeiter aus den ehemaligen afrikanischen Kolonien Portugals, um als Tagelöhner angeheuert zu werden. Mehrere Schuhputzer versuchen um die Ecke, ihr Einkommen zu finden.

Das reich verzierte Gebäude mit hufeisenförmigen Eingängen und Fenstern in pseudo-manuelinischem Stil neben dem Nationaltheater beherbergt den Bahnhof **Estação Central Rossio**. Früher diente das von José Luís Monteiro 1887 konstruierte Gebäude als Hauptbahnhof der Stadt, heute fahren aber nur noch Vorortzüge nach Sintra. Abfahrt ist im fünften Stock des Bahnhofs, dann verschwinden die Züge schnell im Tunnel von Campolide.

Anfahrt Metro Rossio.

Praça da Figueira

„Erkennungsmerkmal" des Nachbarplatzes des Rossio ist eine gurrende Taubenschar, die sich entweder auf dem Reiterstandbild von König Dom João I. aufhält oder zu dessen Füßen sitzt. Früher nahm den Platz fast vollkommen eine der schönsten Markthallen Lissabons ein, der 1885 erbaute *Mercado da Praça da Figueira*. 1949 riss man die Halle mit ihrer eleganten Eisenkonstruktion ab, um zwischen dem Rossio und der Praça Martim Moniz eine weitere freie Fläche zu schaffen. Mit dem Markt ging nicht nur ein herrliches Baudenkmal, sondern übrigens auch 1.650 Arbeitsplätze verloren. Zumindest genießt man heute vom Platz aus einen guten Blick hinauf auf die Burg Castelo São Jorge – besonders schön im warmen Licht der Nachmittagssonne.
Anfahrt Metro Rossio.

Igreja do Convento de São Domingos

Schenkt man der Beschreibung der Chronisten Glauben, muss die Kirche zu den prächtigsten Gotteshäusern des alten Lissabons gehört haben. Der Konvent, Mitte des 13. Jh. vom Dominikanerorden begründet, wurde über die Jahrhunderte langsam ausgebaut. Erst im 18. Jh. stellte ihn der deutsche Architekt Ludwig, bekannt als Bauherr des Klosters von Mafra, endgültig fertig. Das Erdbeben 1755 und ein Brand 1959 zerstörten allerdings große Teile des Inneren der Kirche, sodass sie heute leider nicht mehr in voller Pracht zu bewundern ist. Dennoch lohnt die restaurierte Kirche einen Besuch – gut zu sehen sind noch die vom Brand geschwärzten Wände, die von den Restauratoren absichtlich erhalten wurden.
Anfahrt Metro Rossio.

Spaziergang durch Baixa und Chiado

Ausgangspunkt ist die **Praça do Comércio** am südlichen Ende der Baixa (Metro Baixa/Chiado) und das nur wenige Meter entfernte Rathaus Lissabons, die **Câmara Municipal**. Durch die Rua Augusta, die Fußgängerzone der Baixa, geht es weiter zum **Rossio** und der **Praça da Figueira** mit ihren Caféhäusern. Zurück in die rechtwinklig angelegten Straßenzüge der Baixa geht es bis zum Aufzug **Elevador de Santa Justa**. Ein paar Schritte von der Bergstation entfernt ragen am Largo do Carmo die weißen Ruinen der **Igreja do Convento do Carmo** in den Himmel, heute sind hier im **Museu Arqueológico** archäologische Fundstücke ausgestellt (s. „Museen" S. 336). Nicht weit entfernt, in der Rua Garrett, ist das weltbekannte Café *A Brasileira* ansässig – ideal für eine Kaffeepause (s. „Cafés" S. 178). Kunstinteressierte sollten unbedingt einen Abstecher zum **Museu do Chiado** mit seiner Sammlung zeitgenössischer Kunst unternehmen (s. „Museen" S. 340). Am **Largo do Chiado** ist der Spaziergang zu Ende. Hier führen Rolltreppen nach unten in die Metrostation Baixa/Chiado, deren Gewölbe der portugiesische Stararchitekt Álvaro Siza Vieira gestaltet hat.

Coliseu dos Recreios

Im kreisrunden Kolosseum Lissabons in der Rua das Portas de Santo Antão finden Rock- und Pop-Konzerte, Fado-Nächte und Zirkus-Auftritte statt. Über 100 Jahre nach seiner Erbauung 1890 wurde das Coliseu 1994, als Lissabon

Kulturhauptstadt Europas war, rundum renoviert. Seither erstrahlt die weiße, neoklassizistische Fassade in neuer Pracht. Auch das große Kuppeldach, das von keiner einzigen Säule gestützt wird, wurde neu gestrichen. Unter der Kuppel erstreckt sich der Innenraum (*plateia*), im eleganten Kreisrund sind mehrere Reihen Sitze und Logen angebracht – insgesamt ist Platz für 8.000 Besucher.
Anfahrt Metro Restauradores.

Chiado

Das einst sehr vornehme Intellektuellen-Viertel erstreckt sich oberhalb der Baixa um die Rua do Carmo und die Rua Garrett. Nach einer lang anhaltenden Phase des Verfalls hat der kleine Stadtteil inzwischen wieder Glanz gewonnen.

Paradoxerweise hat dazu ein Großbrand beigetragen, der 1988 die berühmten Kaufhäuser *Grandes Armazéns do Chiado* und *Grandella* sowie zahlreiche benachbarte Gebäude zerstörte. Die Schäden sind mittlerweile behoben worden, und trotz seines teilweise neuen Gewandes vermittelt der renovierte Chiado wieder einen Eindruck seiner einstigen Ehrwürdigkeit. In das Kaufhaus *Grandella* ist inzwischen eine Filiale des schwedischen Modekonzerns H&M eingezogen. Das Gebäude der *Grandes Armazéns do Chiado*, dessen Wiederaufbau sich aufgrund von Eigentumsstreitigkeiten über elf Jahre hingezogen hatte, beherbergt mittlerweile ein Einkaufszentrum, das nicht unerheblich zur Wiederbelebung des Einzelhandels der Gegend beigetragen hat. An Stelle des altehrwürdigen Kaufhaus haben inzwischen exklusive Modeboutiquen und ein kleines Luxushotel Einzug gehalten.

Heute lässt sich wieder gut erahnen, welche Bedeutung der Chiado im 19. Jh. als Treffpunkt der obersten Zehntausend Lissabons hatte. Sie trafen sich hier in den Cafés, Theatern und den Kolonialwarengeschäften. Der Schriftsteller Eça de Queiroz, selbst begeisterter Besucher des Chiado, hat es damals folgendermaßen auf den Punkt gebracht: „Im Chiado entscheidet eine kleine Gruppe von Journalisten, Politikern, Großbürgern und Weitgereisten über die Zukunft Portugals."

Die schönste und bequemste Art, in den Chiado zu gelangen, ist eine Fahrt mit dem Aufzug **Elevador de Santa Justa** in der Rua Áurea. Die einzigartige Stahlkonstruktion wurde von dem Portugiesen Raúl Mesnier de Ponsard, einem Schüler von Gustav Eiffel, um die Jahrhundertwende geschaffen. Während die Fahrgäste den wunderschönen Ausblick genießen, werden sie in diesem ungewöhnlichen Fortbewegungsmittel 32 m hoch in den Chiado befördert.
Anfahrt Gut erreichbar mit der Metro Station Baixa/Chiado.

Wer die Rua da Trindade nach oben geht, dem fällt ein mit zitronengelben und orangefarbigen Azulejos verziertes **Haus am Largo Rafael Bordalo Pinheiro** auf. Der Künstler Rafael Bordalo Pinheiro (1846–1905) hat die Fassade mit herrlichen Fliesen verziert: Allegorische Figuren wie die Erde und das Wasser schmücken den ersten, Industrie und Handel den zweiten Stock. Ganz oben erblickt man einen achtzackigen Stern mit Auge und Pyramide – Symbole der Freimaurerei.

Igreja do Convento do Carmo

Wenige Schritte von der Bergstation des Elevador Santa Justa entfernt ragen die weithin sichtbaren, strahlend weißen Ruinen der Igreja do Carmo in den Himmel. Der Konvent wurde ab 1389 im gotischen Stil errichtet und später von Karmeliter-Mönchen bewohnt. Der Bau des Klosters geht auf ein Gelübde des portugiesischen Nationalhelden Nuno Álvares Pereira zurück, der in der Schlacht von Aljubarrota 1385 gemeinsam mit König Dom João I. die Spanier besiegte. Später lebte Álvares Pereira zurückgezogen in dem Kloster, in dem er heute neben König Dom Fernando I. begraben liegt. Das Erdbeben 1755 zerstörte dann den größten Teil des Klosters und seiner Kirche. Zwar ließ Königin Dona Maria I. einen Teil des Konvents restaurieren (nicht immer originalgetreu), ganz hat man ihn jedoch nie wieder aufgebaut. Heute strahlt das dachlose Kirchenschiff mit seinen weißen, grazilen Säulen eine eigentümliche Eleganz aus.

Untergebracht ist hier seit 1864 die Vereinigung der portugiesischen Archäologen *Associação dos Arqueólogos Portugueses* mit ihrem **Museu Arqueológico** (s. „Museen" S. 336). Im ehemaligen Nebenflügel des Konvents ist inzwischen die Nationalmiliz *Guarda Nacional Republicana* stationiert. In Gardeuniform bewachen GNR-Milizionäre in einem kleinen Häuschen den vor Konvent und Kirche gelegenen Largo do Carmo, ein kleiner Platz mit einem schönen Brunnen aus dem Jahre 1896, der zu einer Pause einlädt.

Manuelinisches Grab im Convento do Carmo

Anfahrt Largo do Carmo. Elevador Santa Justa, Metro Baixa/Chiado.

Largo do Chiado

Ein belebter Platz mit langer Tradition: Im Mittelalter stand hier einst das Stadttor Portas de Santa Catarina der fernandinischen Stadtmauer. Heute rahmen gleich zwei Kirchen den Platz ein: auf der Seite zum Tejo die **Igreja da Encarnação** und direkt gegenüber die **Igreja do Loreto**. Dazwischen wurde der Namensgeber des Stadtviertels, der Mönch und Volksdichter António Ribeiro Chiado (16. Jh.), mit einer Statue verewigt. Die Igreja da Encarnação wurde

> **25. April 1974 – Belagerung der Kaserne am Largo do Carmo**
>
> Am Nachmittag des 25. April 1974, dem Tag der Nelkenrevolution, stand der Largo do Carmo im Mittelpunkt des revolutionären Geschehens. Hier hatte sich Diktator Marcello Caetano in der Kaserne der Nationalmiliz GNR verschanzt. Während die aufständischen Militärs die Kaserne umzingelten, fand sich trotz der Gefahr einer Schießerei eine riesige Menschenmenge auf dem kleinen Platz zusammen. Die Schaulustigen stiegen auf die Bäume, Telefonzellen und sogar auf die Kampffahrzeuge, um den Abgang des verhassten Caetano besser mitverfolgen zu können. Dieser war aber erst nach mehrstündigen Verhandlungen bereit, in einem Panzer abzuziehen. Zuvor hatte er darauf bestanden, die Macht an General António de Spínola zu „übergeben", damit diese nicht in die Hände der Volksmassen auf der Straße falle. Eine Übergabe an den rangniedrigeren Hauptmann Salgueiro Maia, der für das Kommando der revolutionären Truppen am Largo do Carmo verantwortlich war, hatte er als für einen Regierungschef unwürdig abgelehnt. Heute erinnert eine im Boden eingelassene Gedenk-Platte in der Nähe des Brunnens an den tapferen Hauptmann.

Ende des 18. Jh. errichtet und fällt durch ihre neoklassizistische Fassade mit einem Rokoko-Portal auf. Dagegen wurde die Igreja do Loreto bereits Ende des 16. Jh. mit der finanziellen Unterstützung italienischer Händler erbaut. Auch heute dient sie noch der italienischen Gemeinde in Lissabon als Gotteshaus.

Hinter der Hausnummer 24 verbergen sich dagegen die Reste des Tabakladens **Casa Havaneza**. Zur Glanzzeit des Chiado, im ausgehenden 19. Jh., traf sich hier die Elite der Stadt, um sich mit den neuesten Zigarren aus Cuba zu versorgen. Dazu schlug man an dieser Stelle die Nachrichten-Telegramme aus dem Rest Europas an – ohne Funk und Fernsehen war dies in der portugiesischen Hauptstadt die schnellste Möglichkeit, sich über das Weltgeschehen auf dem Laufenden zu halten.

Anfahrt Metro Baixa/Chiado.

Alfama

Das älteste und schönste Stadtviertel Lissabon, gekrönt von der Burg São Jorge. Die verschlungenen Sträßchen und Sackgassen erinnern an historische Zentren arabischer Altstädte. Das Gewirr der Gassen stammt tatsächlich im Wesentlichen noch aus der maurischen Zeit. Der Name Alfama ist ebenfalls arabischen Ursprungs und bedeutet „heiße Quellen".

In den engen Gassen liegen sich die schmiedeeisernen Balkone so dicht gegenüber, dass Küsschen mit dem Nachbarn ausgetauscht werden können. Zu den Stadtfesten im Juni schmücken die Bewohner ihre Straßen mit Girlanden; zusätzlich baumeln Lampions zwischen den Balkongittern. Nahezu jeder Hof und jeder Platz wird zum Straßenrestaurant, überall riecht es köstlich nach gegrillten Sardinen.

Mögen die zweistöckigen Häuschen in den Gassen auf viele Passanten einen sehr heimeligen Eindruck machen, so sollte nicht vergessen werden, dass das

Leben in der Alfama nicht immer romantisch ist. Viele Häuser verfügen nur über sehr spärliche sanitäre Einrichtungen und durch manche der maroden Dächer regnet es sogar in die Wohnungen hinein. Zwar saniert die Stadtverwaltung seit Jahren fleißig, doch wird es noch einige Jahre dauern, bis alle Häuser renoviert sind.

Ganz in der Nähe des Burggeländes führt am Ende der Rua do Chão da Feira ein Tor in den Hof **Pátio Dom Fradique**. Er ist einer der abgeschiedensten Plätze der Alfama. Eine gewisse Faszination muss er auch für den deutschen Regisseur Wim Wenders gehabt haben, schließlich hat er hier die meisten Szenen seines Films *Lisbon Story* gedreht.

Vergessenes Hauptgebäude der Staatssicherheit PIDE

Für die Gegner der Salazar-Diktatur war es das verhassteste Gebäude in ganz Lissabon, das Haus an der Ecke Rua António Maria Cardoso und Rua Vítor Cordon. Wer dagegen heute hier mit der Straßenbahn 28 von der Baixa kommend in Richtung Largo do Chiado um die Ecke biegt, wird kaum vermuten, über wie viele Schicksale hinter diesen Mauern entschieden wurde. Hier hatte die Staatssicherheit PIDE (*Polícia Internacional e de Defesa do Estado*) ihren Sitz. Von hier spannte sie ihr Netz an Informanten, Spitzeln und V-Leuten über das ganze Land. Hier registrierte sie aufmerksam jede Opposition gegen das Regime, die sie säuberlich in ihre Akten notierte. Beendet wurde der Spuk erst mit der Nelkenrevolution am 25. April 1974. Allerdings nicht ohne Blutvergießen: Vor dem PIDE-Hauptsitz starben vier Menschen im Kugelhagel der Agenten.

Am 27. April besuchte dann eine Gruppe von 20 Intellektuellen zum ersten Mal das Gebäude. Vom Café Brasileira aus machten sie sich auf den Weg. Unter ihnen der deutsche Übersetzer Curt Meyer-Clason, damals Direktor des Goethe-Instituts Lissabon, der seine Eindrücke in dem lesenswerten Werk *Portugiesische Tagebücher* aufgezeichnet hat: „Wir sehen die nach kurzem unblutigem Schusswechsel hastig geräumten Kanzleien, Kasematten, Einzelzellen, Folterwerkzeuge, die vergitterten Gänge und Innenhöfe, aus denen es kein Entkommen gibt, die Karteikästen mit Hunderttausenden von Dossiers, die Fotoalben mit Hunderten von politischen Verdächtigen ... Wir sehen die langgestreckten Räume mit den unter der Beratung der Gestapo eingerichteten, bereits vernichteten Abhörgeräten, die jedes gewünschte Telefongespräch auf Band protokollierten."

Nachdem das Gebäude jahrzehntelang leer stand, wandelte es 2005 die Immobilienfirma GEF Temple in Luxus-Eigentumswohnungen namens *Paço do Duque* um. In den Werbeanzeigen war von der PIDE keine Rede, stattdessen versuchte man die Interessenten damit zu ködern, dass hier während der Dynastie Bragança einmal ein Teil der königlichen Familie residiert haben soll.

Kurios: der Elevador de Santa Justa

Am Tejoufer liegt der alte Hauptbahnhof Lissabons, die **Estação Santa Apolónia**. 1856 wurde hier auf der Strecke Lissabon–Carregado die erste Eisenbahnlinie Portugals eingeweiht. Anfangs musste der alte Konvent von Santa Apolónia als Bahnhof herhalten, bis 1885 das heutige Bahnhofsgebäude eröffnet wurde.

Anfahrt Von der Baixa mit der Straßenbahn 28 ab Rua da Conceição (Richtung Martim Moniz oder Graça) bzw. ab der Praça da Figueira mit der Straßenbahn 12 oder Bus 37. Nachtbusse 206 und 210 ab Cais do Sodré.

Mit der Straßenbahn 12 rund um den Burgberg

Praça da Figueira – Martim Moniz – São Tomé – Praça da Figueira (nur in dieser Richtung)

Die Fahrt mit der kürzesten aller Tramlinien führt um und auf den Burgberg. Ihren Rundkurs beginnt die Linie Nr. 12 an der Praça da Figueira (Metro Rossio). An der Praça Martim Moniz biegt sie in die engen Gassen der Mouraria hinein, um sich dann die Rua dos Cavaleiros hinaufzuquälen. Millimetergenau passiert die Bahn Bauzäune und eng an die Bordsteine geparkte Autos. Manchmal muss dennoch kurz angehalten werden, wenn ein Bierwagen Kneipen und Geschäfte an der Strecke beliefert. Ab und zu fährt der Straßenbahnfahrer langsamer, um Freunde und Bekannte direkt vor ihrer Haustüre abspringen zu lassen. Weniger beliebt bei den Tramfahrern sind die jugendlichen „Surfer", die hinten auf den Stufen des Ausstiegs mitfahren, ohne zu bezahlen. Meist werden sie aber widerwillig geduldet. Oben angekommen geht es durch die Rua São Tomé zum Miradouro Santa Luzia. Hier bietet es sich an, für einen Besuch der Burg die Bahn zu verlassen. Gleich nach dem Miradouro Santa Luzia fährt die 12 quietschend die Rua do Limoeiro hinunter. Kurz vor der Baixa hält die Bahn vor der sehenswerten Kathedrale, der Sé. Durch die geschäftige Rua da Prata durchquert die Tram – nun deutlich schneller als in den engen Gassen der Alfama – die Baixa. An der Praça da Figueira endet der Rundkurs, ein neuer kann beginnen.

Casa dos Bicos

Den Namen verdankt die *Casa dos Bicos*, das „Haus der Spitzen", der außergewöhnlichen Fassade. Sie ist aus spitz zulaufenden Steinen aufgebaut. Erbaut wurde das Gebäude im Jahr 1523 von Brás de Albuquerque, dem unehelichen Sohn des damaligen Vizekönigs von Indien, Afonso de Albuquerque. Er ließ die Vorderseite des im italienischen Stil errichteten Adelspalastes mit spitzigen Steinen verzieren – sie sollten geschliffenen Diamanten ähneln. Wie bei so vielen Gebäuden in Lissabon wurden auch hier große Teile beim Erdbeben 1755 zerstört. Erst 1983 vollendete man mit dem Aufsetzen der beiden oberen Stockwerke die Rekonstruktion der Fassade. Dabei entdeckte man im Inneren des Hauses übrigens Tanks, die während der römischen Zeit zum Einsalzen von Fisch dienten.

Anfahrt Campo das Cebolas, Metro Baixa/Chiado.

Exzentrische Fassade – Casa dos Bicos

Chafariz d'El Rei

Der „königliche Brunnen" gilt als der erste moderne Wasserspender der Stadt. Er soll unter der Amtszeit König Dom Dinis (1279–1325) errichtet worden sein. Um das kostbare Nass gab es in späteren Jahrhunderten heftige Streitigkeiten, sodass man schlichtweg jeden der sechs Brunnenhähne einer bestimmten Bevölkerungsgruppe zuteilte: Der erste ging an die männlichen schwarzen Sklaven, der zweite an die Matrosen, die damit ihre Schiffe versorgten, der dritte und vierte an die weißen Männer, der fünfte an schwarze Sklavinnen und der sechste und letzte an die weißen Frauen.

Anfahrt Rua Cais de Santarém. Bus 9 ab Rossio (Richtung Santa Apolónia) bis Halt Alfândega.

Sé Catedral (Kathedrale)

Weit sichtbar erheben sich die beiden Türme der Kathedrale Lissabons über der Alfama. Der Grundstein für die *Sé Catedral* wurde den alten Chronisten zufolge 1147 auf den Ruinen einer Moschee gelegt – als Symbol für den Sieg des Christentums über den Islam. Sicher ist dies jedoch nicht. Klar ist aber, dass die im romanischen Stil erbaute Kathedrale – sie erinnert von außen eher an eine mittelalterliche Festung – die älteste Kirche Lissabons ist.

Mehrere Erdbeben im 14. Jh. zerstörten Teile der Kathedrale, die offiziell auch *Igreja de Santa Maria Maior* genannt wird. Bei der Behebung der Schäden wurden dem ursprünglich rein romanischen Gotteshaus gotische Stilelemente hinzugefügt. Verheerende Schäden richteten auch die Erdstöße 1755 an, die

Kardinal Cerejeira

Wie kaum ein anderer steht der Lissabonner Kardinal Emanuel Gonçalves Cerejeira (1888–1977) für die Kooperation zwischen der katholischen Kirche und der Salazar-Diktatur. Geboren wurde Cerejeira am 29. November 1888 in Lousado beim nordportugiesischen Braga, der katholischsten Stadt Portugals. Im Alter von 22 Jahren erhielt er am 1. April 1911 die Priesterweihe. Mit dem späteren Diktator Salazar verband Cerejeira bereits seit der Studienzeit eine persönliche Freundschaft. Gemeinsam gründeten sie 1917 das *Centro Católico Português*, eine konservativ-katholische Organisation, die gegen die republikanische Demokratie kämpfte. 1929 berief Papst Pius XI. Cerejeira zum Patriarchen von Lissabon. Ein Titel, den in der katholischen Kirche nur die Erzbischöfe Lissabons, Venedigs, Jerusalems und Goas führen dürfen. In den 42 Jahren seines Patriarchats war Cerejeira bemüht, die katholische Kirche auf Linientreue mit dem Salazar-Regime zu bringen. Ab 1968 wurde er unter dem Salazar-Nachfolger Marcello Caetano, der sich um eine vorsichtige politische Liberalisierung bemühte, zum Problem. Aus Altersgründen löste ihn an der Spitze des Erzbistums Lissabon schließlich 1971 der liberale Kardinal António Ribeiro ab, der eine Kurskorrektur einleitete. Die Nelkenrevolution 1974 und das Ende der Diktatur erlebte Cerejeira noch mit, bevor er am 2. August 1977 im hohen Alter von 88 Jahren starb.

den Südturm und den heute nicht mehr existierenden Glockenturm im Ostteil der Kathedrale zum Einsturz brachten. Die herunterfallenden Trümmer begruben das Gewölbe der drei Kirchenschiffe unter sich. Die nach dem Erdbeben in ganz Lissabon um sich greifenden Feuer vernichteten zudem große Teile des unter König Dom Dinis im 13. und 14. Jh. errichteten Kreuzgangs. In der ersten Hälfte des 20. Jh. befreiten portugiesische Restauratoren die Kathedrale von barockem Schmuckwerk und versuchten das Gebäude möglichst weit zur ursprünglichen romanischen Gestalt zurückzuführen.

Sehenswert ist die berühmte Krippe des Bildhauers Joaquim Machado de Castro aus dem 18. Jh. im linken Flügel. Rechts neben dem Hauptgang geht es zur Schatzkammer, in der sakrale Gegenstände ausgestellt sind. Hinter dem Chor führt ein Tor zum Kreuzgang. Wer aufmerksam hinschaut, kann dort mehrere runde Fenster mit fünfzackigen Sternen – eigentlich ein Symbol des Islam – entdecken. Bei Grabungen im Kreuzgang während der 90er entdeckten die Archäologen einen kleinen Schatz maurischer Münzen, die dort wahrscheinlich 1147 während der Belagerung Lissabons durch die Christen in einem Kanalisationsrohr versteckt worden waren.

• *Anfahrt/Öffnungszeiten* ✆ 218876628. Straßenbahn 12 oder 28 bis Haltestelle Sé. Die Kirche ist täglich 9–19 Uhr geöffnet. Schatzkammer 10–17 Uhr, So und Fei geschlossen. Kreuzgang von Mai bis September täglich 14–19 Uhr, von Oktober bis April Mo–Sa 10–18 Uhr und So 14–18 Uhr. Die Öffnungszeiten werden allerdings nicht immer streng katholisch eingehalten. Schatzkammer und Kreuzgang je 2,50 €. Schatzkammer für Kinder bis 12 J., Kreuzgang für Kinder bis 6 J. frei. Studenten und Erwachsene ab 65 J. 50% Ermäßigung auf Schatzkammer und Kreuzgang.

Igreja de Santo António

Im Vergleich zur mächtigen Fassade der Kathedrale kommt die gegenüberliegende Igreja de Santo António geradezu bescheiden daher. Die kleine Kirche ist dem hl. Antonius geweiht, dessen Geburtshaus dort gestanden haben soll, wo sich heute die Krypta befindet. Der Franziskanermönch, am 15. August 1195 als Fernando de Bulhões in Lissabon geboren, wirkte besonders in Padua in Italien, wo er im Alter von 36 Jahren gestorben ist. Zum Ärger der Lissabonner, die ihn zum inoffiziellen Stadtpatron erkoren haben, ist er daher weltweit auch als Antonius von Padua bekannt. Im linken Kirchentrakt sind in der Casa de Santo António in einem einfachen Raum Statuen, Gemälde und Messkelche ausgestellt, die den Heiligen darstellen. Die kleine Kirche wurde 1767–1812 im neoklassizistischen Stil erbaut, an der Fassade sind auch Rokoko-Einflüsse zu sehen. Neben dem Palácio Nacional de Queluz und der Basílica da Estrela ist die Kirche das dritte bekannte Bauwerk des Architekten Mateus Vicente de Oliveira.

Anfahrt/Öffnungszeiten Largo Santo António da Sé, 24, ✆ 218860447. Straßenbahn 12 oder 28 bis Haltestelle Sé. Kirche: täglich 9–19.30 Uhr, Eintritt frei. Casa: Mo und Fei geschlossen, sonst 10–13 und 14–18 Uhr. Eintritt 1,05 €. Eingang zur Casa links neben der Treppe zur Kirche.

Teatro Romano

Etwa 5.000 Zuschauer sollen einst im römischen Theater Platz gefunden haben – das wäre deutlich mehr als in den meisten modernen Theatern Lissabons. Eine erste Version hat man unter Kaiser Augustus errichtet. Im Jahr 57 n. Chr. baute der Lissabonner Bürger Caius Heius Primus das Theater auf einen Durchmesser von ca. 60 Metern aus und weihte es dem damaligen Herrscher, Kaiser Nero.

Nach dem Ende der römischen Besatzung verfiel das Theater ab dem 4. Jh. n. Chr. Die Lissabonner trugen dessen Steine ab und verwendeten sie – ähnlich wie beim Kolosseum in Rom – zum Bau ihrer Häuser. Schließlich verdeckten Wohnhäuser und Straßenpflaster die letzten Reste, und das Theater geriet völlig in Vergessenheit. Erst 1798 wurde es im Zuge der Aufbauarbeiten nach dem gewaltigen Erbeben von 1755 wieder entdeckt. Systematische Ausgrabungen unternahm man aber nicht vor 1966, als das über dem Theater gelegene Haus an der Ecke der Rua de São Mamede mit der Rua da Saudade abgerissen wurde.

Erst 2001 – über 200 Jahre nach der Entdeckung des Theaters – errichtete die Stadt im Gebäude gegenüber ein Informationszentrum, das **Museu do Teatro Romano**, und präsentiert seitdem die Ruinen in einer angemessenen Weise. Schließlich ist das Theater eines der wenigen noch erhaltenen römischen Bauwerke in Lissabon. Hier zeigen Bildschirme, wie der Rundbau einmal ausgesehen haben könnte. Im ersten Stock des Museumsgebäudes kann man beim Blick auf die Fundamente entdecken, wo einige zweckentfremdete Steine des Theaters gelandet sind. Über die Terrasse im zweiten Stock mit schönem Tejoblick gelangen die Besucher dann in das eigentliche Theater. Bühne und Orchestergraben sind dort noch gut zu erkennen. Ebenso eine kreisförmige Vertiefung, die man für Theateraufbauten in die Bühne eingefräst hat.

Anfahrt/Öffnungszeiten Pátio do Aljube, 5, ✆ 217513200. Straßenbahn 12 oder 28 bis Haltestelle Rua Augusto Rosa. Di–So 10–13 und 14–18 Uhr. Mo und Fei geschlossen. Eintritt frei.

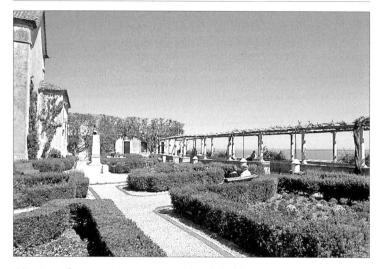

Miradouro Santa Luzia: der beste Blick auf die Alfama

Miradouro Santa Luzia

Ein Besuch des Aussichtspunkts Santa Luzia sollte nicht verpasst werden: Der Blick über das Dächermeer der Alfama und den Tejo ist traumhaft schön. Unter Weinreben treffen sich hier tagsüber die alten Männer und Frauen aus der Alfama für einen Plausch; abends sind die jungen Liebespaare an der Reihe. Früher befand sich nebenan am Largo das Portas do Sol das Sonnentor, eines der Tore, die Einlass in die maurische Altstadt gewährten.

Namensgeberin für den *Miradouro* war die benachbarte **Igreja de Santa Luzia**. Das Grundstück für die kleine Kirche hatte König Dom Afonso Henriques 1147 dem Malteser-Ritterorden als Dank für dessen Dienste bei der Eroberung Lissabons von den Mauren vermacht. Noch heute ist sie Sitz des Malteser-Ordens von Portugal. Nachdem die Kirche fast ein Vierteljahrhundert verfallen war, restaurierten sie die Malteser Ende der 90er Jahre. Seither ist die Igreja de Santa Luzia auch wieder allgemein zugänglich. Die Azulejos an der zum Miradouro gelegenen Außenwand der Kirche zeigt übrigens eine seltene Ansicht der Praça do Comércio vor dem Erdbeben von 1755.

Anfahrt Straßenbahn 12 oder 28 bis Haltestelle Miradouro Santa Luzia.

Castelo São Jorge (Burg)

Die Festung hoch über den Dächern Lissabons bietet einen einzigartigen Rundblick über die gesamte Stadt und den Tejo bis zu dessen anderer Uferseite. Um dem hektischen Großstadttreiben zu entfliehen, ist ein beschaulicher Spaziergang durch die grüne Anlage mit dem wunderbaren Ausblick

Castelo São Jorge (Burg) 257

sicherlich das Richtige. Von der Burgmauer klingt der Stadtlärm nur noch wie ein weit entferntes Brummen.

Der geschichtliche Ursprung der Burg ist nicht ganz geklärt. Sicher ist, dass die Römer hier 137 v. Chr. eine befestigte Siedlung hatten. Im 5. Jh. eroberten die Westgoten die Stadt und errichteten die z. T. heute noch erhaltenen Mauern. Später kamen die Mauren (8.–12. Jh.), die weitere Befestigungsanlagen hinzufügten. 1147 wurde innerhalb der Mauern nach der Rückeroberung Lissabons durch Dom Afonso Henriques ein prunkvoller Königspalast erbaut. Bis Ende des 15. Jh. lebten hier die portugiesischen Könige, danach zogen sie als Wohnsitz den später im Erdbeben von 1755 völlig zerstörten Palast an der heutigen Praça do Comércio vor. Unter spanischer Herrschaft wurde das Kastell als Garnisonshaus und Gefängnis missbraucht, die Paläste verfielen.

Miradouro Santa Luzia: Blick auf Alfama mit Panteão Nacional

Spaziergang durch die Alfama

Die Tour beginnt an der Praça do Comércio (Metro Baixa/Chiado). Auf dem Weg durch die Rua da Alfândega kommt man an der **Igreja da Conceição Velha** vorbei, deren detaillierte Fassade einen kurzen Halt verdient (s. „Baixa" S. 240). Kurios ist dagegen die Vorderfront der nahe gelegenen **Casa dos Bicos**. Durch den Bogen Beco do Arco Escuro – hier stand zu maurischen Zeiten das Stadttor zum Meer, die Porta do Mar – geht es anschließend hinauf bis zur **Sé**, der Kathedrale Lissabons, und der benachbarten **Igreja de Santo António de Lisboa**. Etwas oberhalb erreicht man über die Treppen des Pátio de Aljube das **Teatro Romano**. Oben am **Miradouro Santa Luzia** angekommen, sollte man eine Pause einlegen, um den Ausblick auf Tejo und Alfama zu genießen. Über den Largo do Contador-Mor geht es weiter nach oben bis zur Burg, dem **Castelo de São Jorge**.

Auf dem Rückweg vom Burggelände führt am Ende der Rua do Chão da Feira ein Tor zum Palácio Belmonte und schließlich in den Hof Pátio Dom Fradique. Anschließend geht es die enge Rua dos Cegos entlang und nach rechts die Treppen des Beco do Funil hinunter. Nach wenigen Metern folgt man der Rua do Salvador rechts hinunter, um in das Gassengewirr der Alfama einzutauchen. Hier einen Weg zu empfehlen, ist eigentlich überflüssig. Wer im Labyrinth der Gassen aber das Fadomuseum **Casa do Fado e da Guitarra Portuguesa** (s. „Museen" S. 343) nicht verfehlen will, sollte sich möglichst geradeaus halten. Nicht weit von dem Museum steht im unteren Teil der Rua dos Remédios die Fischerkapelle Ermida de Nossa Senhora dos Remédios mit einem manuelinischen Eingangsportal aus dem 16. Jh.

Den Rest erledigten das Erdbeben von 1755 und die französische Invasion von 1807. Ab 1919 errichtete hier die Nationalmiliz, *Guarda Nacional Republicana*, zahlreiche Kasernenbauten. Salazar ließ sie von 1938–40 abreißen und den heutigen Mauerring mit seinen zehn Wehrtürmen aufbauen. Trotz deutlicher Abweichungen vom Original ist das Resultat beeindruckend.

In der Nähe des Eingangs kann das Informationszentrum **Olisipónia** an der Stelle des einstigen Königspalastes besucht werden. Videobildschirme und große Reliefkarten präsentieren die Geschichte Lissabons in einer Multimedia-Show (auch auf Deutsch). Nebenan bietet sich das Café do Castelo mit seiner Terrasse für eine Pause an (Selbstbedienung).

Oben auf den Zinnen der Burg findet man in der Torre de Ulisses die **Câmara Escura** auf 110 Meter Höhe über dem Meeresspiegel. In der Dunkelkammer werden über ein Periskop Bilder Lissabons auf eine große Steinschüssel projiziert. Während der 20-minütigen „Rundfahrt" durch Lissabon und Almada auf der anderen Tejoseite eröffnen sich ganz neue Perspektiven der Stadt. Die Details sind überraschend genau zu erkennen – so sieht man Hunde auf Balkonen der Stadt und kann die Passagiere beobachten, wie sie die Fähren am Hafen verlassen. Am besten ist die Bildqualität übrigens an sonnigen und klaren Morgen.

• *Anfahrt/Öffnungszeiten* 218800620. Bus 37 ab Praça da Figueira bis Castelo oder Straßenbahnen 12 und 28 bis Haltestelle Miradouro Santa Luzia. Burggelände täglich 9–18 Uhr (März bis Oktober bis 21 Uhr). Olisipónia schließt 30 Min. früher. Câmara Escura 10–17.30 Uhr (nur 15. März bis 15. September geöffnet). Eintritt ins Burggelände inklusive Olisipónia und Câmara Escura 3 €, unter 10 J. und ab 65 J. frei. Studenten und Familien 50 % Ermäßigung.

Mächtige Burgmauern – Castelo São Jorge

Beeindruckend – Igreja São Vicente de Fora in der Graça

Mouraria/Graça

Die Graça ist ein nordöstlich der Alfama gelegenes Arbeiterviertel, das viel von seinem ursprünglichen Charakter bewahrt hat. Hier bietet der Aussichtspunkt Miradouro Nossa Senhora do Monte den schönsten Blick auf Lissabon. Das alte Maurenviertel Mouraria liegt am Nordhang der Burg und begeistert die Besucher wie die Alfama mit seinen mittelalterlichen Gassen.

Nach der Eroberung Lissabons durch die Christen mussten sich Juden und Moslems in der **Mouraria** ansiedeln, daher der Name *Maurenviertel*. Bis heute ist die Mouraria ein Viertel der Ausgeschlossenen geblieben. Ende des 19. Jh. wurde hier der Fado in üblen Spelunken von Herumtreibern gesungen. Auch heute gehören die meisten Bewohner eindeutig den Unterschichten der Stadt an, darunter viele Einwanderer aus den ehemaligen afrikanischen Kolonien Portugals.

Früher erstreckten sich die malerischen Gassen der Mouraria von der Burg bis auf den gegenüberliegenden Santana-Hügel. In den 50ern hat der damalige Bauminister Salazars, Duarte Pacheco, die Unterstadt der Mouraria aber fast komplett zerstört. Die engen Gassen standen dem Autoverkehr im Weg. Übrig gelassen hat man nur die barocke Einsiedlerkapelle **Ermida de Nossa Senhora da Saúde e São Sebastião** – angeblich nach einer Intervention des strenggläubigen Katholiken Salazars. Die benachbarte Igreja do Socorro konnte dagegen den Abrissbirnen nicht entkommen.

Folge dieser größten Bausünde der modernen Geschichte Lissabons war der systematische Verfall der ganzen Gegend: Prostitution und Kriminalität machten sich breit. Die Praça Martim Moniz, die man auf der durch den Abriss gewonnenen Fläche errichtet hatte, bot mit ihren verfallenen Resten der abgerissenen Häuser und heruntergekommenen Einkaufszentren lange ein trauriges Bild. 1998 hat man zumindest den Platz neu gestaltet. Seitdem versprühen hier Springbrunnen ihr Wasser und geben der Praça Martim Moniz eine neue, viel angenehmere Atmosphäre. Seit 2002 versucht die Stadt, die immer noch vorhandenen Baulücken am Westrand des Platzes in Anlehnung an das historische Vorbild neu zu bebauen.

In der **Graça** hat der traditionsreiche Arbeiterverein *A Voz do Operário* (Stimme des Arbeiters) seine Heimat. Tabakarbeiter gründeten den Verein und die gleichnamige Zeitung 1879, um gegen lange Arbeitszeiten und gefährliche Arbeitsbedingungen zu protestieren. Seit 1931 residiert der Arbeiterverein in einer vom Architekten Manuel Joaquim Norte Júnior erbauten Jugendstilvilla gegenüber der Kirche São Vicente de Fora.

Anfahrt In die Mouraria geht es mit der Metro bis Martim Moniz. Wer nicht zu Fuß den Burgberg nach oben will, kann ab hier oder ab der Praça da Figueira mit der Straßenbahn 12 fahren. Richtung *Graça* fährt ab der Praça Martim Moniz die Straßenbahn 28. Nachtbus 206 ab Cais do Sodré.

Miradouro Nossa Senhora do Monte

Der schönste Aussichtspunkt Lissabons bietet einen umwerfenden Blick von Seixal über die Graça, das Castelo São Jorge, Mouraria, den Cristo Rei und die Baixa bis zum Norden der Stadt. Der Miradouro Nossa Senhora do Monte ist zugleich ein beliebter Wallfahrtsort mit einer Marienstatue und einer Kapelle. In der Kapelle befindet sich ein steinerner Thron, der früher im Besitz eines der ersten Lissabonner Bischöfe namens São Gens war. Der Legende zufolge sollen schwangere Frauen, die sich auf den Thron setzen, eine leichte Geburt haben.

Hoch über Lissabon: Miradouro Nossa Senhora do Monte

In unmittelbarer Nachbarschaft des Aussichtspunktes erstreckt sich das Arbeiterviertel Estrella d'Ouro zwischen der Rua da Senhora do Monte und der Rua Virgínia. In letzter Straße prangt am Haus mit der Nummer 22 ein großes Azulejobild, das an den Erbauer des Viertels, den Konditorei-Fabrikanten Agapito Serra Fernandes erinnert. Von 1907 bis 1909 hat in seinem Auftrag Manuel Joaquim Norte Júnior 120 zwei- bis dreistöckige Häuser angelegt.

Anfahrt Straßenbahn 28 bis Haltestelle Rua da Graça.

Igreja da Graça

Ein weiterer Aussichtspunkt mit einem schönen Blick über die Stadt am Südwestende des Largo da Graça: In der direkten Nachbarschaft die Igreja da Graça mit ihrem ehemaligen Augustinerkloster aus dem 13. Jh. Man hat sie 1556 im manieristischen Stil sowie nach dem Erdbeben von 1755 umgestaltet. Leider kann man den Kreuzgang und die restlichen Räume des Klosters nicht besichtigen, da das dort untergebrachte Militär den Zugang verweigert. Die in Rosa gehaltene Kirche ist dagegen offen. Die Wände säumen zahlreiche Nebenaltäre, nach all den Jahren teilweise schon ziemlich eingedunkelt. Vor der Tür bläst der Wind hin und wieder recht heftig und erinnert daran, dass die Kirche sehr exponiert auf der Spitze des Graça-Hügels liegt.

Auf der gegenüberliegenden Seite des Largo da Graça weist ein hohes, grünes Tor im Haus mit der Nummer 82 auf den Eingang zur **Vila Sousa** hin. Das Tor führt in den Innenhof eines 1889 zu einer Arbeitersiedlung erweiterten Palastes. Eine weitere, die 1902 vom Bauunternehmer Diamantino Tojal angelegte **Vila Berta**, kann über die Travessa da Pereira am östlichen Ende des Largo da Graça erreicht werden. Hier sind vor allem interessante Eisenkonstruktionen zu sehen.

Anfahrt/Öffnungszeiten ✆ 218873943. Straßenbahn 28 bis Haltestelle Graça. Mo–Sa 9.30–12.30 und 14.30–19 Uhr, So 9.30–12.30 und 17.30–20 Uhr.

Igreja e Mosteiro São Vicente de Fora

Die Igreja São Vicente de Fora gilt als eine der schönsten Kirchen Lissabons. Auf den Resten eines Klosters, das 1147 unter Dom Afonso Henriques erbaut worden war, ließ Philipp II. von Spanien diese Kirche mit einem angeschlossenen Kloster 1582 errichten. Zu dieser Zeit herrschten die spanischen Könige in Personalunion auch über Portugal. Als Architekt der ursprünglichen Pläne gilt der Spanier Juan de Herrera, umgesetzt hat sie während der langwierigen, bis 1629 andauernden Bauarbeiten unter anderem der Italiener Filipe Terzi.

Die beeindruckende Fassade im manieristischen Stil entwarf allerdings der Portugiese Baltazar Álvares. Sie gilt als Prototyp des so genannten *Estilo Chão*, in dem man im 17. Jh. zahlreiche Kirchen in den portugiesischen Kolonien von Brasilien über Indien bis Macau erbaute.

Durch ihr lichtes Tonnengewölbe wirkt das Kircheninnere sehr leicht und luftig. Es besteht aus einem einzigen Längsschiff, an dessen Seiten Kapellen eingerichtet sind. Die Mitte, hier kreuzt sich das Längsschiff mit dem kurzen Querschiff, wird von einer großen Kuppel überspannt. Ein Baldachin auf vier Säulen überdacht den Altar. Rechts vorne befindet sich in einer Seitenkapelle

262   Mouraria und Graça

das Grab des Kreuzritters Henrique o Alemão. Der Deutsche kämpfte 1147 bei der Einnahme Lissabons durch die Christen. Um das Grab ranken sich einige Legenden – so sollen Palmen aus ihm gewachsen sein, die Kranken zur Heilung verholfen haben. Nachzulesen übrigens in José Saramagos spannendem Roman „Geschichte der Belagerung von Lissabon".

Geweiht ist die Kirche dem hl. Vinzenz, dem offiziellen Stadtpatron von Lissabon. Das Stadtwappen zieren übrigens das Schiff, mit dem dessen Leichnam von Sagres an der Algarve bis nach Lissabon transportiert wurde, und zwei Raben, die das Schiff der Legende nach begleitet haben sollen.

Zum **Kloster** geht es rechts unterhalb der Treppen, die zur Kirche emporführen. Bis zur Säkularisierung 1834 war in dem Gebäude ein Augustinerkloster untergebracht, in dem auch der hl. Antonius lebte. Später diente es als Gymnasium, seit 1940 ist es wieder im Besitz des Bistums Lissabon. Heute residiert hier der Patriarch (Kardinal) von Lissabon.

Kurz hinter dem Eingang ins Kloster kann man zu einer Aussichtsplattform mit Blick auf den Tejo gelangen. Im Kloster selbst können eine tiefe Zisterne und prächtige blau-weiße Azulejos aus dem frühen 18. Jh. besichtigt werden. Die Fliesen erzählen von der Einnahme Lissabons von den Mauren, vom Bau des Klosters und zeigen Jagd- und Landschaftsszenen bzw. Motive aus den Fabeln von La Fontaine. In der Mitte der beiden Kreuzgänge des Klosters liegt eine sehenswerte Sakristei.

Außerdem befindet sich hier das Pantheon der Dynastie Bragança mit den Särgen der letzten portugiesischen Könige. Bis zu seiner Umbettung in

das Ipiranga-Monument in São Paulo im Jahre 1972 lag hier auch der erste Kaiser Brasiliens, Dom Pedro (1798–1834). Auch der letzte König Rumäniens durfte an diesem Ort ruhen, bis ihm 1994 die Rückkehr in seine Heimat gestattet wurde. In einem weiteren Saal sind Lissabons Patriarchen begraben. Der Raum ist vollkommen ungeschmückt und macht einen unwirtlichen Eindruck, sodass man froh ist, gleich wieder im hellen Licht der weißen Kreuzgänge stehen zu dürfen.

Anfahrt/Öffnungszeiten ✆ 218824400. Straßenbahn 28 bis Haltestelle Voz Operário. Kirche und Kloster täglich 9–12 und 15–18 Uhr (letzter Einlass Kloster 17.30 Uhr). Kirche: Eintritt frei. Kloster: 4 € Eintritt, bis 25 J. und ab 65 J. 50 % Ermäßigung, bis 12 J. kostenlos.

Panteão Nacional

Am Campo de Santa Clara, dem Gelände der Feira da Ladra, erhebt sich dieses monumentale Bauwerk mit seiner weithin sichtbaren Kuppel. 1683 begann man mit dem Bau der Kirche. Sie hätte nach den Plänen des Architekten João Antunes die erste eindeutig barocke Kirche Portugals werden sollen. Die endgültige Fertigstellung zog sich jedoch über drei Jahrhunderte hin; erst unter Salazar setzte man ihr 1966 die Kuppel auf, vollendete den Bau und erklärte ihn zum Nationalpantheon. Die **Igreja de Santa Engrácia** steht mittlerweile sprichwörtlich für lange Bauzeiten: *„Obras de Santa Engrácia"* (Bauarbeiten der hl. Engrácia).

In den Nebenräumen des kreuzförmigen Baus sind mehrere Staatspräsidenten Portugals (Teófilo Braga, Sidónio Pais und Marschall Óscar Carmona) und der romantische Schriftsteller Almeida Garrett begraben. Im Jahr 2000 hat hier mit der Fadosängerin Amália Rodrigues auch die erste Frau ihre letzte Ruhestätte gefunden – ihr Sarg steht im Raum rechts neben dem Eingang. Die anderen Sarkophage haben nur symbolische Bedeutung und stehen leer. Mit einem Lift kann man unter die Kuppel fahren; oben genießt man von der Aussichtsplattform einen guten Blick über das Dächermeer der Alfama und den Tejo.

Anfahrt/Öffnungszeiten Campo de Santa Clara, ✆ 218854820. Straßenbahn 28 bis Haltestelle Voz Operário. Di–So 10–17 Uhr, Mo und Fei geschlossen. Eintritt 2 €, Cartão Jovem 60 %, bis 25 und ab 65 J. 50 % Ermäßigung, bis 14 J. frei. So bis 14 Uhr generell frei.

Spaziergang durch Mouraria und Graça

Los geht es an der Praça Martim Moniz (Metro Martim Moniz). Über die Treppen Escadinhas da Saúde betritt man die Altstadt der Mouraria. Quer durch das ehemalige Maurenviertel geht es über die Rua Marquês de Ponte do Lima, den Largo das Olarias und die Calçada do Monte in den Nachbarstadtteil Graça zum Aussichtspunkt **Miradouro Nossa Senhora do Monte**. Auch neben der **Igreja da Graça**, der nächsten Station dieses Spaziergangs, kann man eine prächtige Aussicht genießen. In der Rua da Voz do Operário ist auf der rechten Seite der Sitz des Arbeitervereins Voz do Operário kaum zu übersehen.

Schräg gegenüber steht eine der schönsten Kirchen Lissabons, die **Igreja e Mosteiro São Vicente de Fora**. Besonders bei heißem Wetter empfiehlt sich ein Besuch der kühlen Kreuzgänge. Dienstags und samstags findet hinter der Kirche mit der **Feira da Ladra** Lissabons farbenprächtigster und größter Flohmarkt statt (s. „Einkaufen/Flohmärkte" S. 189). Den besten Blick auf das Gelände Feira hat man von der weißen Kuppel des **Panteão Nacional**. Etwas unterhalb liegt der alte Hauptbahnhof Santa Apolónia und die gleichnamige Metrostation im Nachbarstadtteil Alfama. Militärgeschichtlich Interessierte sollten sich einen Besuch des benachbarten **Museu do Militar** nicht entgehen lassen (s. „Museen" S. 348).

Lissabons berühmtestes Bauwerk: Kreuzgang des Mosteiro dos Jerónimos (JB)

▲▲ Bewacht die Tejomündung: Torre de Belém (JB)
▲ Leuchtturm neben dem Museu de Arte Popular in Belém (JB)

▲ Verschlungen: Fonte das 40 Bicas im Jardim Botânico da Ajuda (JB)

Neoklassizistisch: Igreja da Memória (JB) ▲▲

Azulejoverziert: Igreja Madre de Deus (FVL) ▲▲
Westflügel des Mosteiro dos Jerónimos (JB) ▲

▲▲ Benficas Paläste 1: Palácio do Beau Séjour (JB)
▲ Benficas Paläste 2: Palácio dos Marqueses de Fronteira (JB)

Jardim do Torel – Park und Aussichtspunkt des „vergessenen" Hügels Santana

Santana/Avenida da Liberdade

Der vergessene Hügel Lissabons liegt direkt nördlich vom Rossio. Hübsche Gassen sind in seinem südlichen Bereich zu entdecken. Unterhalb des Santana-Hügels erstreckt sich die Avenida da Liberdade, die grüne Prachtallee der Hauptstadt.

Die Spitze des Hügels nimmt der Campo Santana ein, dessen offizielle Bezeichnung **Campo dos Mártires da Pátria** lautet. Im Mittelalter diente der vor den Stadtmauern gelegene Platz für Märkte und Stierkämpfe. 1817 hängte man hier die Rebellen, die sich gegen die Besetzung des Landes durch die Briten aufgelehnt hatten. Daran soll der offizielle Name des Platzes „Märtyrer des Vaterlandes" erinnern. Heute residieren hier die deutsche Botschaft, das Goethe-Institut und die portugiesische Bischofskonferenz.

Unweit des Campo Santana erstrecken sich an der Bergstation des Elevador do Lavra die Grünanlagen des **Jardim do Torel**. Angelegt hat sie der Graf von Castro Guimarães, der nebenan mit seiner Familie residierte. Von dem Garten aus genießt man eine einzigartige Aussicht auf das gegenüberliegende Bairro Alto, den Jardim Botânico und das Tal der Avenida da Liberdade.

Anfahrt Mit dem Elevador do Lavra geht es ab dem Largo da Anunciada (Metro Restauradores) auf den Santana-Hügel. Die Nachtbusse 205 und 207 fahren ab Cais do Sodré die Avenida da Liberdade entlang.

Avenida da Liberdade

Lissabons Champs-Elysées erstrecken sich in einer imposanten Breite von 100 m auf einer Länge von 1,5 km. Die Prachtstraße wurde im Jahr 1885 angelegt; ihr Vorgänger, der Stadtgarten *Passeio Público*, wurde dabei zerstört. Startpunkt der Allee ist die **Praça dos Restauradores**. Den „Platz der Erneuerer" ziert ein 30 m hoher Obelisk, auf dem die Daten der wichtigsten Schlachten zur Befreiung Portugals von der spanischen Herrschaft verzeichnet sind.

In der Mitte der **Avenida** selbst liegen fünf Fahrspuren für Autos, gesäumt von zwei breiten Grünstreifen, an den beiden Rändern je eine weitere Fahrspur für den Autoverkehr. Auf den Grünstreifen kann man zwischen Brunnen und Cafés flanieren. Statuen ehren Simón Bolívar, den Befreier Lateinamerikas, sowie Almeida Garrett und Alexandre Herculano, zwei portugiesische Schriftsteller der Romantik. Auf dem linken Streifen, auf der Höhe der Metrostation Avenida, ist den portugiesischen Kämpfern des Ersten Weltkrieges ein Denkmal gewidmet. Direkt daneben steht die Botschaft Spaniens an der Ecke mit der Rua do Salitre. Ein kleines Paradoxon, denn der Name *Avenida da Liberdade* („Freiheitsallee") wurde zum Gedenken an die Befreiung von der spanischen Herrschaft 1640 gewählt.

Auf der anderen Seite der Avenida, gegenüber der spanischen Botschaft, fällt das architektonisch im Stil des *Art déco* und des Modernismus gehaltene Haus mit der Nummer 170 ins Auge. Früher beherbergte das zwischen 1934 und 1936 vom Architekten Cassiano Branco errichtete Gebäude

bernachten

- Pensão Dublin
- Hotel Britânia
- Hotel Veneza
- Hotel Tivoli/Hotel Tivoli Jardim
- Hotel Ibis Lisboa Liberdade
- Hotel Lisboa Plaza
- Pensão Alegria
- Casa de Hóspedes Nova Avenida
- Hotel VIP Eden Lisboa

Essen & Trinken

- 2 PSI
- 3 O Forninho Saloio
- 8 Cervejaria Ribadouro
- 9 Restaurant Os Tibetanos
- 14 A Tigelinha
- 16 Restaurant Sol-Posto
- 17 Verde Minho

Nachtleben

- 11 Bar Hot Clube de Portugal
- 15 Enoteca/Chafariz do Vinho

Santana und Avenida da Liberdade

150 m

Karte Avenidas Novas auf Seite 276/277

Estefânia

Hospital Santa Marta

Tv. Parreiras

Cinema Tivoli

Avenida

Hotel Vitória

Parque Mayer

Pr. da Alegria

Rua da Conceição Glória

Jardim do Torel

Elevador do Lavra

Santana

Deutsche Botschaft

Goetheke/ Goethe-Institut

Largo do Mastro

Hospital São José

Restauradores

Estação Central Rossio

Lg. do Regedor

Lg. de São Domingos

D. Pedro V

Karte Mouraria/Graça auf Seite 262/263

Karte Baixa/Chiado auf Seite 240/241

Elevador da Glória

das **Hotel Vitória**, heute ist hier das Hauptquartier der PCP, der Kommunistischen Partei Portugals, untergebracht. Ganz in dessen Nähe liegt mit der Nummer 182 das Kino **Cinema Tivoli** von Raul Lino aus dem Jahr 1924, das aber nur noch für besondere Veranstaltungen genutzt wird. Aus der Mitte des folgenden Blocks ragt das Gebäude mit der Nummer 206–218 hervor. Mit riesigen Erkern, gebogenen Balkonen und schmiedeeisernen Gittern hat der Architekt Manuel Joaquim Norte Júnior von 1915–16 eine faszinierende vom Jugendstil beeinflusste Fassade geschaffen.

> **Sousa Martins – ein Arzt als Volksheiliger**
>
> Hunderte Steintafeln, Kerzen und Blumensträuße umgeben am Südrand des Campo Santana die Statue des bekannten portugiesischen Arztes José Tomás de Sousa Martins. Der im Jahr 1843 in Alhandra nördlich von Lissabon geborene Arzt hatte sein Leben dem Studium der Tuberkulose verschrieben, einer Krankheit, der er 1897 selbst zum Opfer viel. Dabei kümmerte er sich vor allem um die Armen: Sie mussten keine Bezahlung für die Sprechstunden leisten, hin und wieder gab Sousa Martins ihnen sogar das Geld für die nötigen Medikamente. Vielleicht lässt sich durch diese besondere Zuwendung für die Armen erklären, dass Sousa Martins nach seinem Tod zu einem „Volksheiligen" avancierte. Der Arzt war selbst nicht gläubig und vertraute eher der Wissenschaft bei der Heilung von Krankheiten. Die Verehrer des von der katholischen Kirche niemals selig oder gar heilig gesprochenen Arztes sehen dies heute anders: Sie setzen auf die heilende Kraft seiner Person. Ob kranke Knie, kaputte Nieren oder chronische Kopfschmerzen, Sousa Martins wird's schon richten. Als Dank für erfolgte Wundertaten legen sie dann eine steinerne Votivtafel an der Statue ab.
>
> Die Statue des Arztes vor der medizinischen Fakultät der Technischen Universität am Campo Santana ist so inzwischen eine wahre Pilgerstätte geworden – sicher auch zur Freunde der fliegenden Devotionalien-Verkäufer, die mit der „Heiligen-Verehrung" ihr Geschäft machen. Santana scheint übrigens in der Tat ein guter Ort für medizinische Wohltaten zu sein, denn mit drei Krankenhäusern ist das Viertel überdurchschnittlich gut versorgt. Am auffälligsten ist der große rote Bau des Hospitals São José – er ist auch von der Burg aus gut zu erkennen.

Gleich mehrere Prachtbauten der Avenida da Liberdade hat der Vorzeigearchitekt des Estado Novo, Porfírio Pardal Monteiro, gestaltet. So auf der westlichen Seite der Avenida das Hotel Tivoli mit der Nummer 185 oder auf der östlichen Seite den Hauptsitz der Tageszeitung **Diário de Notícias** aus dem Jahr 1940 mit der Hausnummer 266. Liebhaber modernistischer Kunst sollten einen Blick in die mit Fresken des Künstlers José de Almada Negreiros gestaltete Lobby werfen: Sie überspannt eine riesige, 64 Quadratmeter große Weltkarte, in die Almada Negreiros die zwölf Sternbilder des Sonnenkreises sowie die vier Elemente Wasser, Feuer, Erde und Luft integriert hat.

Am Endpunkt der **Praça Marquês de Pombal** scheint der Marquês de Pombal von seiner hohen Säule sein Lebenswerk, die wieder aufgebaute Baixa, zu betrachten. Während der Marquês de Pombal den Wiederaufbau der vom Erdbeben 1755 zerstörten Unterstadt schnell vorantrieb, ließen sich die Erbauer seines Denkmals viel Zeit. Von 1917 bis 1934 dauerten die Bauarbeiten! Und dass, nachdem man bereits 1882 zu Ehren des Marquis den Platz von Rotunda in Praça Marquês de Pombal umbenannt hatte.

Ein gelungenes Beispiel für die Verknüpfung von moderner und alter Architektur ist übrigens mit dem **Edifício Heron Castilho** nicht weit entfernt an der Ecke Rua Braamcamp und Rua Castilho zu sehen: Hier wurde die prächtige, alte Fassade erhalten und mehrere, verspiegelte Stockwerke aufgesetzt.

<u>Anfahrt</u> Metrostationen Restauradores, Avenida und Marquês de Pombal.

José Saramago

Im Gebäude der Tageszeitung *Diário de Notícias* an der Avenida da Liberdade hat der Literaturnobelpreisträger José Saramago 1975 als stellvertretender Chefredakteur gearbeitet. Eigentlich hatte der am 16. November 1922 im mittelportugiesischen Azinhaga geborene Saramago Maschinenschlosser gelernt. Doch er war nur kurz in diesem Beruf tätig und zog es später vor, als Journalist zu arbeiten. 1944 heiratete er zum ersten Mal, aus dieser Ehe stammt auch seine Tochter Violante. 1966 erschien der erste Gedichtband *Os Poemas Possíveis* (dt. „Die möglichen Gedichte") des Autors mit der faltenreichen Stirn und der charakteristischen, großen Brille. Noch zu Zeiten der Diktatur trat er 1969 in die Kommunistische Partei Portugals (PCP) ein. Auch heute noch unterstützt er die Partei aktiv. Nach der Nelkenrevolution 1974 wurde für ihn das kommunistische Parteibuch zum Vorteil: So konnte er stellvertretender Chefredakteur der Zeitung *Diário de Notícias* werden, die sich damals noch in Staatsbesitz befand.

Bereits über 50-jährig veröffentlichte Saramago 1977 seinen ersten Roman *Manual de Pintura e Caligrafia* (dt. „Handbuch der Malerei und Kalligraphie"). Der Durchbruch in Portugal gelang ihm 1980 mit *Levantado do Chão* (dt. „Hoffnung im Alentejo"), einer ergreifenden Familiensaga über die sozialen Probleme der südportugiesischen Landregion Alentejo. Internationalen Erfolg erzielte Saramago mit seinem Roman *Memorial do Convento* über den Bau des Konvents von Mafra (dt. „Das Memorial"), der in etwa 30 Sprachen übersetzt wurde. Spätestens hier werden sein ironischer, barocker Stil und die Vorliebe für historische Themen deutlich.

Sein siebter Roman *O Evangelho segundo Jesus Cristo* (dt. „Das Evangelium nach Jesus Christus") löste in Portugal nach seinem Erscheinen 1991 erhebliche Kontroversen aus. Manche hätten für Saramago gerne die Inquisition wieder eingeführt. Bereits mehrfach preisgekrönt erreichte Saramago 1998 den Höhepunkt seiner Karriere, als er als erster portugiesischsprachiger Autor den Literaturnobelpreis erhielt. Heute lebt Saramago mit seiner zweiten Frau Pilar del Río, einer spanischen Journalistin, auf der kanarischen Insel Lanzarote. Und wer den Literaturnobelpreisträger auf einer Reise von Süd- nach Nord-Portugal begleiten möchte, kann dies mit seinem Buch *Viagem a Portugal* (dt. „Die portugiesische Reise") tun.

Avenidas Novas

Hier pulsiert das moderne Leben der portugiesischen Hauptstadt. Das verkehrstechnische Herz Lissabons ist die Praça Marquês de Pombal – von hier aus verzweigen sich die „Arterien", die Avenidas Novas. Bürogebäude prägen das Bild, aber auch alte Paläste und Grünanlagen wie der Stadtpark Parque Eduardo VII.

Unter der Woche schieben sich besonders während der Rushhour lange Autoschlangen durch die Hauptverkehrsachsen. Am Wochenende dagegen, wenn die Büros geschlossen sind, fällt eine gewisse Schläfrigkeit über die sonst so quirligen Viertel. Bei gutem Wetter spielt sich das Leben dann in den vielen Grünanlagen ab: so im Stadtpark Parque Eduardo VII, am Campo Grande, um die Gulbenkian-Stiftung oder in einem der vielen kleinen Parks im grünen Stadtteil Estefânia. Hier sitzen die Rentner und spielen eine Partie *Sueca*, ein portugiesisches Kartenspiel, während die Kinder einem Fußball hinterher tollen.

Vielen Gebäuden ist es von außen nicht anzusehen, aber die Avenidas Novas gehören zu den teuersten Wohnvierteln der Stadt. Unter den reichen Lisboetas gilt besonders die Gegend um die Avenida de Roma als schick, vor allem wegen ihrer exklusiven Geschäfte. Der Ostteil der Avenidas Novas um die südliche Hälfte der Avenida Almirante Reis ist dagegen die „arme" Gegend der Avenidas Novas.

Die „Neuen Alleen" hat man Ende des 19. und Anfang des 20. Jh. nach Plänen des Ingenieurs Ressano Garcia angelegt, um Lissabon in die vom Tejo abgewandten Gegenden zu erweitern. Mit seinen großzügig geschnittenen Straßenzügen folgte Ressano Garcia dem Vorbild französischer Stadtplanung unter dem Pariser Präfekten Baron Georges-Eugène Haussmann. Im Gegensatz zu Haussmann zerstörte Ressano Garcia aber nicht die mittelalterlichen Stadtviertel, sondern legte seine „Neuen Alleen" auf bisher fast völlig unbebauten Ackerflächen an.

> ### Geisterstunde im Kinderkrankenhaus
>
> Zu den zentralen Bereichen der Avenidas Novas gehört der Stadtteil Estefânia. Dessen Name geht zurück auf die deutsche Prinzessin Stephanie von Hohenzollern-Sigmaringen, die Gattin des Königs Pedro V. Auf ihre Initiative hat man 1877 hier das erste Kinderkrankenhaus Portugals errichten lassen. Erlebt hat es die Prinzessin nicht mehr, sie verstarb vor der Einweihung. Der Legende nach soll sie dort nachts immer noch durch die Gänge irren und ihr Werk bewundern. Andere wiederum glauben, dass hier nicht die Ärzte und Krankenpfleger die Kinder heilen, sondern das Hirtenkind Jacinta aus Fátima. Jacinta war eines der drei Kinder, die dort die berühmte Marien-Erscheinung gehabt haben sollen, und ist im Estefânia-Krankenhaus gestorben.

Spätestens mit dem Bau der Lissabonner U-Bahn ab 1959 mauserte sich die Gegend zum modernen Zentrum der portugiesischen Hauptstadt: Bürohoch-

Moderne Azulejos alten Stils in der Station Campo Grande

häuser, Hotels und Einkaufszentren verdrängten die alten Villen aus der Jahrhundertwende. Leider sind die meisten historischen Gebäude inzwischen der Abrissbirne zum Opfer gefallen – unter ihnen auch zwölf mit dem *Prémio Valmor*, dem höchsten portugiesischen Architekturpreis, ausgezeichnete Häuser. Dennoch entdeckt man auch heute noch immer wieder schöne Altbauten wie den prächtigen Hauptsitz der Lissabonner Metro von Manuel Joaquim Norte Júnior an der Avenida Fontes Pereira de Melo, 28.

Neben der Praça Marquês de Pombal ist die **Praça de Espanha** ein weiterer Verkehrsknotenpunkt der Stadt. Der auffällige Steinbogen in der Mitte des Platzes stand übrigens ursprünglich direkt neben dem Parlament São Bento. Er transportierte dort als Ausläufer des Aquädukts Wasser über die Rua de São Bento. 1938 baute man ihn ab, um die Straße zu verbreitern. Die Steine des Arco de São Bento gingen aber nicht verloren und wurden hier 61 Jahre später im Jahr 1999 neu aufgebaut.

Anfahrt Mit der schnellen und häufig verkehrenden Metro erreicht man alle Gebiete der Avenidas Novas. Die Nachtbuslinien 205, 206 und 207 fahren ab dem Cais do Sodré, zusätzlich die Linie 203 ab Calvário (Alcântara).

Parque Eduardo VII/Estufa Fria

Lissabons „Central Park" ist mit seinen 400.000 m^2 nach dem Monsanto-Park die zweitgrößte Grünanlage der Stadt. Nach der Avenida da Liberdade, die direkt auf ihn zu führt, hieß er früher Parque da Liberdade. Anlässlich eines Besuchs des englischen Königs Edward VII. benannte ihn die Stadt 1903 um. In der Mitte des Parks erstreckt sich eine vom Architekten Keil do Amaral projektierte

272 Lissabon/Avenidas Novas

Überrascht mit seinen herrlichen Azulejos –
Pavilhão dos Desportos im Parque Eduardo VII

55 m breite Zentralallee 650 m lang nach oben. Besonders im oberen Bereich öffnet sich ein schöner Blick auf die Avenida da Liberdade und das andere Ufer des Tejo. Zwischen zwei weithin sichtbaren Säulen steht hier ein umstrittenes Denkmal des Künstlers Jorge Cutileiro zum Gedenken an die Nelkenrevolution 1974.

Im östlichen Teil des Parks sind am neoklassizistischen Sportpalast Lissabons, dem **Pavilhão dos Desportos Carlos Lopes** einige der schönsten Azulejobilder Lissabons zu besichtigen. An der Außenfassade ragen besonders die tiefblau gehaltenen Werke *Ala dos Namorados* und *Cruzeiro do Sul* des Malers Jorge Colaço aus den Jahren 1922 bis 1927 heraus. Innen finden sich weitere Azulejos und die stilvolle, ganz in Holz gehaltene Sporthalle.

Auf der Westseite des Parks befindet sich die **Estufa Fria**, ein riesiges, 1908 eröffnetes „Kaltes Gewächshaus" mit tropischen Pflanzen, Seen und allerlei Tieren. „Kalt" deswegen, weil die Sonne durch einen Lattenrost abgehalten wird – eine grüne Oase im hektischen Lissabon. Unmittelbar an die Estufa Fria angeschlossen ist das „Heiße Gewächshaus", die **Estufa Quente**. Dort gedeihen Kakteen und weitere tropische Pflanzen; außerdem werden einige Vögel in dunklen Volieren gehalten.

Anfahrt/Öffnungszeiten Metro Parque oder Marquês de Pombal. Täglich 9–17.30 Uhr (Oktober–März nur bis 16.30 Uhr), Fei geschlossen. Eintritt 1,20 €, mit Cartão Jovem 50 % Ermäßigung, Kinder bis 12 J. frei.

Campo Pequeno (Stierkampfarena)

Die verspielt pseudo-maurische Stierkampfarena wurde am 18. August 1892 eröffnet. An den vier Ecken der Arena erheben sich große Türme, sie umge-

Campo Pequeno (Stierkampfarena) 273

ben den kreisrunden Innenraum mit einem Durchmesser von 40,7 m. Um ihn reihen sich die Tribünen mit Platz für 8.500 Zuschauer. Seit mehreren Jahren finden hier jedoch keine Kämpfe mehr statt – zur Freude der Tierschützer. Stierkämpfe gibt es übrigens praktisch nur in Südportugal; in Nordportugal ist diese Tradition weitgehend unbekannt.

Anfahrt Metro Campo Pequeno.

Portugiesischer Stierkampf

Im Gegensatz zu Spanien und Südamerika wird in Portugal der Stier beim Kampf niemals getötet. Dieser Grundsatz wurde 1928 gesetzlich festgelegt. Eine unrühmliche Ausnahme bildet einzig das alentejanische Dorf Barrancos an der spanischen Grenze. Der portugiesische Stierkampf ist jedoch nicht unbrutal. Im Vergleich zu ihren spanischen Artgenossen bleiben den portugiesischen Stieren lediglich die Lanzenstiche der *picadores* und das Herumstochern von Anfänger-Toreros erspart, die es nicht schaffen, dem Stier den tödlichen Degenstoß zu versetzen.

Die Saison wird normalerweise an Ostern eröffnet und geht bis Oktober. Die Kämpfe beginnen in der Regel am späten Nachmittag, wenn die Arena durch den Sonnenstand in eine Schatten- und eine Sonnenseite geteilt ist. Die billigsten Plätze sind in der Sonne. Meist wird nacheinander mit sechs verschiedenen Stieren gekämpft. Der Kampf auf dem Pferd ist dabei der wichtigste, adlige Tradition ist sich hier erhalten. Die Reiter sind auch die einzigen Beteiligten, die es zu Ruhm bringen, wenngleich sie es nie zu einem landesweiten Kultstatus wie die spanischen *Toreros* schaffen. Der Stier wird von den *cavaleiros* (Reitern) angegriffen. Ein Wettkampf zwischen Reiter, Pferd und Stier beginnt, wobei der Reiter versucht, *farpas* (Pfeile mit bunten Bändeln) in den Nacken des Tieres zu stoßen, um es noch mehr zu reizen. Der Stier hat keine echte Chance, sich zu wehren, da seine Hörner mit Lederkappen versehen sind, damit die Pferde geschont werden. Anschließend betritt ein *matador* zu Fuß die Arena, um den Stier mit einem roten Tuch, der *muleta*, zu reizen und weiter zu ermüden. Danach müssen die *forcados* (Stiertreiber) den Stier zu Fuß ohne Waffen zum Anhalten bringen – eine faire Art des Kampfes. Einer springt todesmutig dem Stier zwischen die Hörner, die anderen helfen von den Flanken, um das Tier zu stoppen.

Wenn das geschafft ist, kommt das für den Stier unerwartete Ende. Indem nämlich mit Kuhglockengeläute mehrere Ochsen oder Kühe in die Arena geführt werden, wird der gerade noch wilde, tobende Stier wieder zum Rindvieh! Leicht verwirrt trottet er bereitwillig mit seinen Artgenossen hinaus. Allerdings sehen nur wenige Stiere jemals ihre heimische Weide wieder. Die allerbesten werden als Zuchtbullen verwendet, den Rest erwartet das traurige Schicksal des Schlachthofs. Die Stiere hatten jedoch zumindest ein weitaus besseres Leben als die Rinder aus der Massentierhaltung; die meiste Zeit ihres Lebens durften sie auf schönen Weiden verbringen.

Lissabons Stierkampfarena am Campo Pequeno

Moderne Architektur

Da die historischen Stadtviertel Lissabons auf Grund des Denkmalschutzes für architektonische Experimente weitgehend tabu sind, entwickelten sich die Avenidas Novas seit Anfang des 20. Jh. zum beliebtesten „Spielfeld" der portugiesischen Architekten. Hier sind einige der charakteristischsten Bauten des portugiesischen Modernismus zu finden. Als Paradebeispiel für dessen Frühphase gilt die Technische Hochschule, das **Instituto Superior Técnico**. Die Universität, die zwischen 1927 und 1935 nach Plänen von Porfírio Pardal Monteiro entstanden ist, hat ihren Unicampus mittlerweile allerdings durch den Neubau zweier schwarz glänzender Glastürme arg verschandelt. Daher bekam sie den Status als Nationaldenkmal aberkannt. Auch die auf die Technische Universität zuführende Prachtallee **Alameda Dom Afonso Henriques** mit ihrem beleuchteten Springbrunnen wurde unter dem Diktator Salazar angelegt.
Anfahrt Metro Alameda.

Der streng katholische Salazar ließ auch die **Igreja de Fátima** an der Avenida de Berna neu errichten. Die ebenfalls von Pardal Monteiro entworfene Kirche präsentiert sich in einer teilweise etwas kruden Mischung aus modernen Neonröhren im Bauhaus-Stil und mittelalterlichen Stilelementen wie schwere, an Burgen erinnernde Holztüren. Von außen wirkt das von 1934–1938 errichtete Gotteshaus aber mit seinen vertikalen, schlichten Formen aus weiß gestrichenem Beton einheitlich modern. Meisterhaft sind die modernistischen Glasbilder von José de Almada Negreiros im Inneren, die Kreuzweg und Kreuzigung Christi illustrieren. Durch ihren Modernismus verfehlte die Kirche den Geschmack zahlreicher Anhänger Salazars – daran konnte auch der Lissabonner Kardinal und Salazar-Intimus Emanuel Gonçalves Cerejeira nichts ändern, der die Kirche ausdrücklich verteidigte.
Anfahrt Metro Praça de Espanha.

Auch als Ergebnis der Diskussion über modernistische Entwürfe wie die Igreja de Fátima entwickelten Regierung und zahlreiche Architekten in den Folgejahren einen eigenen, modernen Stil, der in Portugal wegen seiner sanften, regelmäßigen Bauweise *Português Suave* („Sanftes Portugiesisch") genannt wird. In Reinform zeigen ihn die Gebäude an der **Praça de Londres**. Die auffälligsten Gebäude des *Estado Novo*, des „Neuen Staates" Salazars, sind aber die ältesten Hochhäuser Lissabons an der **Praça do Areeiro**. Den Platz, der heute offiziell Praça Francisco Sá Carneiro heißt, hat der Architekt Cristino da Silva 1938–49 als krönenden Endpunkt der Avenida Almirante Reis entworfen. Er benutzte dabei nationale Symbole und Motive: Die Grundfläche des Platzes ist dem Wappen aus der portugiesischen Fahne entlehnt, die Hochhäuser greifen den Stil portugiesischer Adelspaläste auf.

Anfahrt Metro Areeiro.

Zu den architektonisch interessantesten Bauwerken der vergangenen Jahrzehnte gehört dagegen das halbrunde, stufenförmig angelegte Gebäude der zur Portugal Telecom (PT) gehörenden Telefongesellschaft **Marconi** an der Avenida 5 de Outubro. Nicht weit entfernt beeindruckt an der Avenida João XXI der Hauptsitz der Nationalsparkasse **Caixa Geral de Depósitos** (CGD). Er erinnert mit seinem weißen Granit an eine gigantische Akropolis.

Anfahrt Metro Campo Pequeno.

Metrostationen

Beim Bau ihrer U-Bahn-Stationen hat die Metro so viel Wert auf die Gestaltung gelegt, dass wahre Kunstwerke entstanden sind. Es lohnt sich also durchaus, das ein oder andere Mal auszusteigen, um sich die Ergebnisse dieser Arbeit anzuschauen.

Linha amarela/gelbe Linie: Die Station **Marquês de Pombal** hat auf blauen Azulejos Stationen aus dem Leben des Marquês de Pombal festgehalten, dessen Statue auf dem Platz über der Station steht. Auch Goethe fand hier seine Würdigung. In **Picoas** zeigen Azulejos des Künstlers Martins Correia das ist übrigens der Pariser Metro nachempfunden. In **Saldanha** illustrieren klassische blau-gelbe Azulejos von Luís Filipe de Abreu die vier Jahreszeiten sowie die Themen „Warten", „Treffen" und „Abschied". Die Stierkampfmotive der Bilder in der Station **Campo Pequeno** sind dagegen aus Marmor gefertigt. Am Südausgang der folgenden Haltestelle **Entrecampos** kann man in Marmor eingeritzte Verse der beiden portugiesischen Dichter Fernando Pessoa (Ostseite) und Luís de Camões (Westseite) studieren – dabei inspirierte den Künstler Bartolomeu Cid dos Santos die nahe gelegene Nationalbibliothek. Den Ausgang der Station **Cidade Universitária** schmücken Repliken von Werken der Künstlerin Helena Vieira da Silva, die Weisheiten von Sokrates und Cesário Verde zeigen. Den oberirdischen Metrobahnhof **Campo Grande** hat Eduardo Nery mit interessant verzerrten, blau-weißen Azulejos alten Stils gefliest.

Linha vermelha/rote Linie: Die vom Architekten Tomás Taveira gestaltete Station **Olaias** überrascht mit einer hohen Halle, gestützt durch dicke Stahlsäulen, die an den Beginn der Industrialisierung erinnern. Die Wände sind dagegen aus bunten Betonelementen zusammengesetzt. Wer sich nach oben in die

Baixa/Chiado: wichtigste Umsteigestation

reichlich überdimensionierte Eingangshalle begibt, kann futuristische Luftschiffe aus buntem Glas bewundern. Die Station **Chelas** ähnelt mit ihren dunkelroten Säulen und dem hohen Dach etwas Olaias. An den Wänden entdeckt man interessante Vertiefungen, die mit dunkelblauen und weißen Azulejos verkleidet sind. **Olivais** präsentiert sich den Betrachtern dagegen mit futuristisch anmutenden Azulejos des Künstlers Nuno de Siqueira. Die Station wurde 1998 eingeweiht, genau 500 Jahre nach der Entdeckung des Seewegs nach Indien durch Vasco da Gama. Entsprechend geschichts- und symbolträchtig sind die Motive der Azulejos: aus der Abteilung Weltliches wird u. a. der berühmte Verteidigungsturm Torre der Belém gezeigt, aus der Abteilung Religiös-Mystisches die Marien-Erscheinung von Fátima. Mit graffitiähnlichen und von Comics inspirierten Azulejo-Bildern geht es an der Endstation der Linie, der **Gare do Oriente**, dann wieder etwas profaner zu. Sie stammen von insgesamt 11 Künstlern aus fünf Kontinenten, u. a. von Friedensreich Hundertwasser aus Österreich, dessen Bild den Untergang von Atlantis zeigt.

Linha verde/grüne Linie: Die Wände des U-Bahnhofs **Martim Moniz** sind mit Rittern aus Granit und Marmor verziert. Sie sollen die Kämpfer symbolisieren, die Lissabon 1147 von den Mauren erobert haben. Der Ritter Martim Moniz soll dabei den Christen das Stadttor geöffnet und so die Belagerung beendet haben. Oben in der Eingangshalle sind Azulejos mit stilisierten arabischen Schriftzeichen angebracht – sie erinnern an das ehemalige Maurenviertel Mouraria. Für die Doppelstation **Baixa/Chiado** entwarf dagegen der bekannte portugiesische Architekt Álvaro Siza Vieira ein hohes, in schlichtem Weiß gehaltenes Tonnengewölbe. Sie ist gleichzeitig mit 45 m unter der Oberfläche die am tiefsten gelegene Station.

Linha azul/blaue Linie: Die allerschönste Station ist **Parque**. Hier kann man aussteigen und stundenlang die vielfältigsten Motive betrachten. Aus den Wänden ragen phantastische Metallfiguren, in den Gängen der Rolltreppen sind Sprüche großer Philosophen zu bewundern. Die dunkelblauen Wände zieren Zeichnungen mit Darstellungen aus der Geschichte der Sklaverei und der Entdeckungsfahrten; außerdem sind Schiffe, Pflanzen, geometrische Figuren und Landkarten abgebildet. Doch am beeindruckendsten ist die Decke: Buchstabe für Buchstabe ist auf je einem Azulejo die Erklärung der Menschenrechte verewigt. Die belgische Künstlerin Françoise Schein schuf hier 1994 mit Unterstützung von Frederica Matta und Cerole Fontaine ein Meisterwerk. In Paris, Brüssel, Stockholm und in der Berliner U-Bahn-Station Westhafen hat Françoise Schein übrigens ähnliche Metrostationen gestaltet, die an die Menschenrechte erinnern sollen.

Die Station **Jardim Zoológico** gestaltete der Künstler Júlio Resende; er besprühte die Azulejos mit Zoomotiven in kindlichem Stil. **Laranjeiras** überrascht mit riesigen Azulejo-Orangen, die vom Maler Rolando Sá Nogueira mit Hilfe von Fotos vergrößert wurden und auf den Namen der Station („Orangengärten") anspielen. In **Alto dos Moinhos** fertigte Júlio Pomar wohl eiligst ein paar Skizzen an, u. a. vom Dichter Fernando Pessoa, während uns in **Colégio Militar-Luz** der Künstler Manuel Cargaleiro mit seinem riesiges Buchstabenrätsel auf Azulejos scheinbar zum Knobeln herausfordert. In **Carnide** warten eine bunte Neonbeleuchtung und kleine Kaulquappen aus in den Boden eingelegten, kleinen Steinen auf interessierte Besucher. Die Station **Alfornelos** dagegen wird alle Burda-Fans begeistern. Hier hat die Malerin Ana Vidigal Azulejos die Wände mit vergrößerten Schnittmustern der Zeitschrift verziert. Aufmerksame Beobachter finden auf den Fliesen der Firma Viuva Lamego Begriffe wie „Stoffbruch", „Fadenlauf" oder „Riegelansatz".

Hinweis: Wer bis Alfornelos fährt, muss ein Zwei-Zonen-Ticket lösen oder eine 1- oder 5-Tageskarte besitzen, da sich die Station bereits im Kreis Amadora befindet.

Spaziergang durch die Avenidas Novas

Mit der Metro geht es bis zur Station Parque mit ihren modernen Azulejos – Lissabons schönster **Metrostation**. Über der Station liegt der Stadtpark **Parque Eduardo VII**. Ihn durchquert man auf dem Weg zu zwei der bedeutendsten Kunstmuseen Lissabons, dem **Museu Calouste Gulbenkian** und dem angeschlossenen **Centro de Arte Moderna**. Anschließend schlendert man die grüne Avenida Elias Garcia entlang. An der Kreuzung mit der Avenida Marquês de Tomar lohnt sich ein kurzer Abstecher nach links zur Kirche Igreja de Fátima mit ihrer modernistischen Architektur aus der Zeit des Diktators Salazar. Über die Avenida da República erreicht man den **Campo Pequeno** mit der prächtig verzierten Stierkampfarena. Hier in der Nähe gibt es an der Avenida João XXI mit der Zentrale der Caixa Geral de Depósitos ein weiteres Beispiel der **modernen Architektur** Lissabons zu sehen. Mit der Praça de Londres und der Praça do Areeiro erreicht man das Lissabon der offiziellen Architektur des Estado Novo unter dem Diktator Salazar.

Penha de França

Der Penha de França-Hügel ist einer der besten Orte, um einen Überblick über die modernen Stadtteile zu bekommen. Vom Monsanto-Park im Westen über die Avenidas Novas bis zur neuen Tejobrücke Ponte Vasco da Gama reicht das Panorama. Ein Wasserturm sorgt für eine etwas skurrile Atmosphäre. Die benachbarte Barock-Kirche Igreja Penha de França aus dem Ende des 16. Jh. lohnt mit ihren Goldschnitzereien einen kleinen Abstecher. Im ehemals an die Kirche angeschlossenen Augustiner-Kloster wacht heute die Polizei PSP über Lissabon und ganz Portugal, hier ist ihr nationales Hauptquartier untergebracht.

Anfahrt Metro Arroios. Von dort zu Fuß oder per Bus 107 (Richtung Cais do Sodré) den Berg nach oben bis Haltestelle Penha de França.

Miradouro São Pedro de Alcântara – viel Grün und eine herrliche Aussicht

Etwas weiter südlich stößt man hoch über der Avenida Almirante Reis auf den verstecktesten Aussichtspunkt der Stadt. Kaum ein Lissabonner kennt den mit Säulen verzierten **Miradouro do Monte Agudo**. Der Blick ähnelt dem der Penha de França und reicht von der Cristo Rei-Statue in Almada bis in den Nordteil der Stadt. Unter den Besuchern sind leider zahlreiche rücksichtslose Hundebesitzer, deren Tiere mit ihren Hinterlassenschaften einen Teil des Aussichtspunkts verunstalten.

Anfahrt Metro Anjos, oder ab Metro Arroios per Bus 107 (Richtung Cais do Sodré) bis Haltestelle Praça António Sardinha. Eingang zu erreichen über Calçada Penha de França und dann rechts in die Rua Helidoro Salgado, nach ca. 30 m in eine unscheinbare Einfahrt.

Bairro Alto

In diesem Altstadtgebiet spielt sich ein Großteil des Lissabonner Nachtlebens ab. Rechtwinklig angelegte Gassen prägen das Viertel, aufgelockert durch mehrere schöne Aussichtspunkte und den Botanischen Garten. Hier sind auch die Geschäfte zahlreicher Modeschöpfer, die Musikhochschule und einige Zeitungsverlage zu finden.

Das Bairro Alto („Oberstadt") entstand bereits im 16. Jh. Durch die Reichtümer aus den Kolonien erlebten der städtische Handel und das Handwerk einen enormen Aufschwung, neue Geschäftsviertel wurden benötigt. In der noch weitgehend brach liegenden Oberstadt bauten einfache Leute ihre Wohnhäuser, betrieben Handwerker ihre Werkstätten und eröffneten Gastronomen ihre Tavernen. Die Bebauung erfolgte weit geordneter als in älteren Vierteln: zum Tejo ausgerichtete Straßen sollten für frische Luft und Sonnenlicht sorgen, parallel dazu verliefen rechtwinklig angeordnete Gassen. Alle Häuserfassaden mussten parallel zur Straße gebaut werden – das fällt noch heute auf. Nachdem die Jesuiten hier 1553 ihren Lissabonner Hauptsitz einrichteten, zogen zunehmend auch Adelige in die Oberstadt und errichteten dort noble Paläste.

Noch heute hat das Viertel ein ganz besonderes Flair. Nachmittags herrscht im Bairro Alto ein buntes Durcheinander aus Journalisten und Handwerkern sowie aus Jugendlichen und Hausfrauen, die auf dem Balkon ein Schwätzchen halten. Hier kann man in einem der vielen Antiquariate nach alten Büchern und Kunstdrucken oder in Antiquitätenläden nach alten Azulejos oder Möbelstücken stöbern. Für die Lissabonner hat das Bairro Alto jedoch vor allem eine Bedeutung: Nachtleben (s. S. 212).

Anfahrt Ab Praça dos Restauradores (Metro Restauradores) fährt der Elevador da Glória ins Bairro Alto hinauf. Nachtbus 202 ab Cais do Sodré.

I'm late = Estou atrasad?

An der Seite der 25 m breiten, unterirdischen Halle der Metrostation am Bahnhof **Cais do Sodré** hetzen meterhohe Azulejo-Hasen vorbei. Die in Anlehnung an das Buch „Alice im Wunderland" von Lewis Carroll gestalteten Tiere halten eine Stoppuhr in der Hand, und unten steht geschrieben *„Estou atrasd"* („Ich bin zu spät dran"). Der letzte Buchstabe *o* oder *a* – je nach Geschlecht – fehlt, eigentlich müsste es *„Estou atrasado"* oder *„Estou atrasada"* heißen. Der Grund dafür ist kurios: Eigentlich hätte es nach den Plänen des vor Vollendung verstorbenen Künstlers António Dacosta auf Englisch heißen sollen: *„I'm late".* Doch der danach mit dem Projekt beauftragte Maler Pedro Morais überlegte es sich anders, und dann fehlte – Grammatik hin, Grammatik her – der Platz für den letzten Buchstaben.

Miradouro São Pedro de Alcântara

Dieser Aussichtspunkt mit kleinem Park schließt sich direkt nördlich an die Bergstation des Elevador da Glória an. Von hier aus hat man eine wunderbare Sicht auf den gegenüberliegenden Santana-Hügel, die Avenida da Liberdade, auf die Graça und das Castelo São Jorge. Eine Azulejo-Tafel aus dem Jahr 1962 erläutert die einzelnen Gebäude. Besonders schön ist ein Besuch des Miradouro vor oder nach einer Kneipentour durchs Bairro Alto.

Anfahrt Rua São Pedro de Alcântara, Aufzug Elevador da Glória.

Igreja de São Roque

Die Lissabonner Jesuiten legten den Grundstein zu ihrer Prunkkirche 1566. Bietet sich dem Besucher zuerst eine eher schlichte Fassade im manieristischen Stil, so wird er beim Betreten der Kirche von der überladenen Inneneinrichtung schier erdrückt. Überdacht wird die einschiffige Kirche, deren Pläne wahrscheinlich von Afonso und Baltazar Álvares stammen, von einer perspektivisch bemalten Holzdecke. Neun Kapellen protzen mit barockem Überfluss: geschnitzte Heiligenfiguren, umgeben von rosafarbenen und goldenen Engeln, Reliquien- und Marmoraltäre. Besonders zu beachten ist die Kapelle Johannes des Täufers aus blauem Marmor ganz vorne links. Sie wurde komplett in Rom gefertigt, in Einzelteile zerlegt und nach Lissabon verschifft!

Der Kirche angeschlossen ist ein kleines Museum für Sakrale Kunst, das **Museu de São Roque**. In den Ausstellungsräumen gibt es Kultgegenstände,

Priestergewänder und Heiligenbilder zu betrachten. Vor der Kirche steht das Denkmal des Losverkäufers, des *cauteleiro*. Hier nebenan versorgen sich die Verkäufer bei der Wohlfahrtsorganisation *Santa Casa da Misericórdia*, die das einträgliche Losgeschäft betreibt, mit neuen Scheinen.

Anfahrt/Öffnungszeiten Largo Trindade Coelho, ℡ 213235000. Aufzug Elevador da Glória oder Metro Baixa/Chiado. Kirche: Mo–Fr 8.30–17 Uhr, Sa/So erst ab 9.30 Uhr. Freier Eintritt. Museum: Di–So 10–17 Uhr, Mo und Fei geschlossen. Eintritt 1,50 €. Freier Eintritt So, sowie generell für Kinder, Studenten, Lehrer und Rentner.

Praça do Príncipe Real

Einer der schönsten Plätze Lissabons im Norden des Bairro Alto. In der Platzmitte kann man im Café eine Ruhepause einlegen und die sehenswerten Paläste betrachten, die um den Platz gruppiert sind. Besonders auffällig ist der pseudo-maurische Palácio Ribeiro da Cunha aus dem 19. Jh. mit der Hausnummer 26.

Neben dem Springbrunnen in der Mitte der Praça do Príncipe Real führen enge Treppenstufen nach unten zum **Reservatório da Patriarcal**. Das zwischen 1860 und 1864 durch den französischen Ingenieur Mary erbaute Wasserreservoir diente zur Versorgung der tiefer gelegenen Stadtteile Lissabons mit Trinkwasser.

31 Säulen mit 9,25 m Höhe stützen die Decke, unter der 880 m³ Wasser Platz hatten, die dem Speicher über das Aquädukt zuflossen. Heute hat der Raum seine Funktion verloren, das wenige noch verbliebene Wasser am Boden verleiht ihm aber ein erfrischend kühles Ambiente. Der Name des Wasserspeichers erinnert daran, dass

Übernachten

- 7 Pensão Londres
- 16 Casa de Hóspedes Duque
- 36 Bairro Alto Hotel

Essen & Trinken

- 1 Antiga Casa Faz Frio
- 2 Refeições Rápidas Tascardoso
- 3 Padaria Doce Real
- 4 Tascardoso
- 6 Boutique de Pão de São Roque
- 13 Web C@fé
- 19 O Cantinho das Gáveas
- 20 Cervejaria da Trindade
- 22 Restaurante A25A
- 25 1.° de Maio
- 27 A Primavera do Jerónimo
- 32 Cabaças
- 34 Restaurant Adega Dantas
- 38 La Brasserie de L'Entrecôte
- 40 Noo Bai Café
- 48 Comida da Ribeira

Nachtleben

- 5 Bar Pavilhão Chinês
- 8 Casa do Brasil
- 9 Solar do Vinho do Porto
- 10 Pão com Chouriço-Bäckerei
- 11 Esteves / Mascote do Bairro
- 12 Etílico
- 14 Discothek Frágil
- 15 Portas Largas / Bar do Record
- 17 Bar Tertúlia
- 18 Páginas Tantas
- 21 Tasca do Chico
- 23 A Capela Bar
- 24 Galeria Zé dos Bois
- 26 Sétimo Céu Bar
- 28 Mexe
- 29 Clube da Esquina
- 30 Mahjong
- 31 Maria Caxuxa
- 33 Café Suave
- 35 Discothek Incógnito
- 37 Baliza
- 39 Animatógrafo
- 41 Bar-Esplanada Quiosque O Miradouro
- 42 Lounge
- 43 Pump House
- 44 La Moneda
- 45 British Bar
- 46 Ogilins
- 47 Cacau da Ribeira

Die Oberstadt/ Bairro Alto

200 m

hier auf dem Platz einst die Basilika der Lissabonner Patriarchen stand, bis sie 1769 ein Mesner in Brand setzte. An ihrer Stelle ließ die Stadt dann den heutigen Park anlegen.

Anfahrt/Öffnungszeiten Aufzug Elevador da Glória oder Metro Rato. Mo–Sa 10–18 Uhr, So und Fei geschlossen. Eintritt 2,50 €; ab 65 J., mit Cartão Jovem und Studenten 1,50 €; Kinder bis 12 J. frei. Di–Sa startet um 18 Uhr jeweils eine Wanderung durch die unterirdischen Gänge zur Weinbar Chafariz do Vinho; nur nach Anmeldung ✆ 218100215 (Museu da Água).

Jardim Botânico

Inmitten der Stadt stößt man an einem Abhang zwischen dem Bairro Alto und der Avenida da Liberdade auf den versteckt gelegenen Park des Jardim Botânico. Der Botanische Garten gehört zur Naturwissenschaftlichen Fakultät der *Universidade Clássica de Lisboa* und gilt als einer der bedeutendsten seiner Art in Europa. In dem 1873 angelegten Park wachsen verschiedenste Pflanzen aus der ganzen Welt, die fast alle genauestens etikettiert sind. Besonders hervorzuheben sind die tropischen und subtropischen Gewächse mit einer schönen Palmenallee und sehenswerten Kakteen. Von hier aus genießt man eine schöne Aussicht auf den gegenüberliegenden Santana-Hügel und das Tal der Avenida da Liberdade.

Mit dem Elevador da Bica geht es hinauf ins Bairro Alto

• *Anfahrt/Öffnungszeiten* ✆ 213921802. Zwei Eingänge: Rua da Escola Politécnica, 58 (Nähe Príncipe Real, Metro Rato) und Rua da Alegria (Metro Avenida). Im Winter Mo–Fr 9–18 Uhr, Sa/So und Fei 10–18 Uhr. Im Sommer jeweils bis 20 Uhr. Der Eingang in der Rua da Alegria ist Sa/So und Fei geschlossen, im Sommer schließt er Mo–Fr bereits um 18 Uhr. Eintritt 1,50 €, ab 65 J., Studenten und mit Cartão Jovem 0,60 €, Kinder unter 6 J. frei.

Convento dos Cardaes

Im Jahr 1677 begann der Bau des Convento da Nossa Senhora da Conceição dos Cardaes, so der volle Name des Klosters. Schon drei Jahre später zogen die Ordensschwestern der barfüssigen Karmeliterinnen ein. Für die meisten war es ein Einzug für immer, da sie nie wieder das Gebäude verlassen sollten. Die

Convento dos Cardaes

Espresso, Arbeitsbesprechung oder Zeitungslektüre im Café inmitten der Praça do Príncipe Real

Schwestern lebten hier in völliger Isolation. Nicht einmal zu Gottesdiensten zeigten sich die Schwestern der Öffentlichkeit: In der Kapelle nahmen sie hinter einem schweren mit Spitzen bewehrten Eisengitter für die anderen Gläubigen unsichtbar an den Messen teil, die Kommunion empfingen sie über eine kleine Luke. Auch nach dem Tod blieben sie im Konvent: Die Nonnen wurden im Kreuzgang des Klosters begraben. In dessen Gang sind ihre in kleine Steine eingeritzten Namen noch zu erkennen.

Während der Konvent von außen durch seine schlichten, weiß gekalkten Wände kaum auffällt, beeindruckt er im Inneren durch reiche barocke Kunst. So ist die Kapelle mit blau-weißen Azulejos des Holländers van Oort ausgefliest, die Szenen aus dem Leben der hl. Teresa von Ávila, der Gründerin des Karmeliter-Ordens, zeigen. Zu sehen sind auf dem Rundgang durch den Konvent auch zahlreiche sakrale Gegenstände wie Altäre, Kreuze und Reliquien. Kurios ist die Drehschublade im heutigen Museumsladen: Durch sie konnten die Schwestern Waren empfangen, ohne von den Lieferanten gesehen zu werden. Auch heute leben übrigens noch Ordensschwestern im Konvent, allerdings inzwischen acht Nonnen des weltoffeneren Dominikaner-Ordens, die sich um etwa 30 blinde Kinder kümmern.

Anfahrt/Öffnungszeiten Rua do Século, 123, ✆ 213427525. Aufzug Elevador da Bica oder Tram 28 bis Halt Elevador da Bica. Eintritt 2 €. Mo–Sa 14.30–17.30 Uhr, So und Fei geschlossen. Wenn während der Öffnungszeiten geschlossen ist, kann man am Klostereingang um die Ecke in der Rua Eduardo Coelho, 1 nachfragen.

Miradouro Santa Catarina

Bäume umrahmen diesen schönen Aussichtspunkt mit Blick auf die gegenüberliegende Tejoseite, die Brücke des 25. April und die Hafenanlagen von Santos und Alcântara. Geprägt wird der *Miradouro* von einer großen Statue des vom Dichter Luís de Camões erfundenen Riesen namens Adamastor. Nachts ist das Terrassen-Café am Aussichtspunkt ein beliebter Treffpunkt der Kneipengänger – vor allem in lauen Sommernächten ein herrlicher Ort, um unter sternenklarem Himmel ein Bier zu genießen.

Anfahrt Straßenbahn 28 bis Haltestelle Calhariz-Bica, Aufzug Elevador da Bica oder Metro Baixa/Chiado.

Spaziergang durch die Oberstadt

Von der Praça dos Restauradores (Metro Restauradores) ist mit dem Aufzug Elevador da Glória der Aussichtspunkt **Miradouro São Pedro de Alcântara** bequem zu erreichen. Nur wenige Meter sind es die Rua São Pedro de Alcântara hinunter bis zur Jesuiten-Prunkkirche **Igreja de São Roque**. Durch die Gassen des Bairro Alto – Travessa da Queimada und Rua da Rosa – kommt man zum elegantesten Platz der Oberstadt, der **Praça do Príncipe Real**. Unweit entfernt der botanische Garten **Jardim Botânico**.

Am Ostrand der Praça do Príncipe Real beginnt die Rua do Século, eine der interessantesten Straßen Lissabons. Schon das obere Ende der Rua do Século bietet eine Überraschung: Wer in die Gasse Alto do Longo einbiegt, gelangt auf einen Innenhof mit winzigen, eingeschossigen Häusern – das Ambiente wirkt ganz und gar nicht großstädtisch. Etwas weiter unterhalb liegt hinter weißen Mauern das Kloster **Convento dos Cardaes** verborgen. Direkt daneben steht das Gebäude des portugiesischen Verfassungsgerichts, das Tribunal Constitucional. Im Eckhaus mit der Rua da Academia das Ciências wurde am 13. Mai 1699 der Premierminister Marquês de Pombal geboren, später residierte er auch in diesem Palast. Auch die deutsche kaiserliche Gesandtschaft hatte hier bis zum Ersten Weltkrieg ihren Sitz. Auf der anderen Straßenseite liegt der schlichte Chafariz do Século, einer der einst vom Aquädukt gespeisten Brunnen, an denen sich die Lissabonner früher mit Trinkwasser versorgten. Wer sich für Azulejos oder kunstvoll geknüpfte Teppiche interessiert, sollte die Galerien **Ratton Cerâmicas** und **Tapeçarias de Portalegre** in der benachbarten Rua da Academia das Ciências besuchen (s. „Galerien" S. 201). Im Haus Nummer 51 der Rua do Século schließlich war einstmals die inzwischen eingestellte Tageszeitung *O Século* („Das Jahrhundert") untergebracht, von der die Straße ihren Namen erhalten hat.

Wenn man am unteren Ende der Rua do Século die Calçada do Combro überquert, gelangt man fast automatisch zum Aussichtspunkt **Miradouro Santa Catarina**. Nebenan steht das Apothekenmuseum **Museu da Farmácia** (s. „Museen" S. 343). Mit dem Elevador da Bica oder zu Fuß geht es schließlich zur Rua de São Paulo hinunter. Unten angelangt sollte man sich einen Besuch des ehemaligen Großmarkts **Mercado da Ribeira** nicht entgehen lassen. Gegenüber der Markthalle ist der Bahnhof Cais do Sodré mit der gleichnamigen Metrostation nicht zu übersehen.

Lapa/Madragoa/São Bento

Im Westen Lissabons liegen diese drei Stadtteile parallel zum Tejo. Die Lapa ist das aristokratischste und vornehmste Viertel der Stadt und Lieblingsort der Diplomaten. Südlich der Lapa durchziehen entzückende Gassen den kleinen Stadtteil Madragoa. Daneben erhebt sich in São Bento das portugiesische Parlament.

Ein Besuch der **Lapa** („Höhle") kann zuweilen etwas frustrierend sein. Die zahlreichen Paläste mit ihren Gartenanlagen sind gut zu sehen, doch kommt man nirgendwo hinein. In vielen Gebäuden sind Botschaften untergebracht, die wenig Wert auf fremde Besucher legen. Mit Geschäften ist das Viertel eher spärlich gesegnet. Dafür finden sich eine Reihe erstklassiger Restaurants – sicher auch wegen der benachbarten Botschaften und des nahe gelegenen Parlaments. Nachts weithin sichtbar erhebt sich die blendend weiße Kuppel der Basílica da Estrela („Sternenbasilika") über der Lapa in den Lissabonner Himmel.

Die **Madragoa** ist einer der ältesten Stadtteile Lissabons. Früher wohnten hier hauptsächlich Fischer und Fischverkäuferinnen – die berühmten *varinas* von Lissabon. Auch heute leben im Viertel vor allem einfache Leute, aber auch einige Studenten der benachbarten Wirtschaftsfakultät ISEG. Dem Charme der engen Gassen und kleinen Häuschen des gut erhaltenen Stadtteils kann sich kaum ein Besucher entziehen. Die meisten kommen jedoch nachts in die Madragoa, befindet sich hier doch in der berühmten Avenida 24 de Julho eines der Zentren des modernen Lissabonner Nachtlebens (s. S. 212). Madragoa bedeutet übrigens „Dirne", Rotlichtzonen gibt es hier aber keine.

Gassen der Madragoa

Sehenswert im Viertel ist der prächtige, klassizistische Brunnen **Chafariz da Esperança** in der Avenida Dom Carlos II. Früher speiste das Aquädukt die zwei Becken des Brunnens, dabei war das obere als Trinkwasser für Menschen bestimmt, aus dem unteren hat man Pferde getränkt.

Lissabon

Östlich des großen Gebäudes des portugiesischen Parlaments erstrecken sich die Gassen und Straßen von **São Bento**.

Neben dem Parlament sind vor allem das Hospital und die **Igreja de Jesus** am Largo de Jesus von architektonischem Interesse. Die Kirche stammt aus dem 16. Jh., wurde aber nach dem Erdbeben 1755 auf unglückliche Weise renoviert und barockisiert; die Rokoko-Fassade ist dennoch sehenswert.

Weiter südlich liegt die **Rua do Poço dos Negros** mit ihrem unübersehbaren afrikanischen Flair. Schon der Straßenname „Brunnen der Schwarzen" deutet auf afrikanische Einflüsse hin. Tatsächlich wurde hier früher ein Sklavenmarkt abgehalten, und trotz dieser unrühmlichen Vergangenheit wohnen noch heute zahlreiche Kapverdianer im Dreieck der Straßen Rua Poço dos Negros, Rua dos Poiais de São Bento und Rua de São Bento. Etwas weiter südlich haben sich um den Largo Conde Barão zahlreiche Eisenwarengeschäfte angesiedelt. Hier kann man noch einen guten Eindruck des Handwerks von Lissabon bekommen.

Anfahrt Richtung São Bento fährt man am besten mit der Linie 28 ab der Rua da Conceição (Nähe Praça do Comércio). In die *Lapa* kommt man mit der Straßenbahnlinie 25 ab der Praça do Comércio. Die *Madragoa* erreicht man ab der Praça do Comércio gut mit der Straßenbahn 15 (Haltestelle Santos). Dorthin fährt auch Nachtbus 201 ab Cais do Sodré.

Basílica da Estrela

Die Architekten Mateus Vicente de Oliveira und Reinaldo Manuel haben die weiße Sternenbasilika zwischen 1776 und 1790 auf Initiative von Königin Dona Maria I. errichtet. Die Königin hatte ein Versprechen für den Bau dieser Kirche abgelegt, falls sie einen Sohn gebären würde.

Fassade der „Sternenbasilika"

Das Ergebnis war eine der schönsten Kirchen der Stadt. Ihr Stil bewegt sich dabei zwischen dem Spätbarock und dem Neoklassizismus. Beeindruckend ist die prächtige Fassade mit Statuen aus der Schule von Mafra. Auch im Inneren sind deutliche Einflüsse der Basilika von Mafra zu erkennen. Hier finden sich das Grab von Maria I., Skulpturen von Machado de Castro und im Chorraum ein Gemälde des italienischen Malers Pompeo Battoni. Über der Kreuzung beider Kirchenschiffe erhebt sich – außen weithin sichtbar – die große Kuppel.

Anfahrt/Öffnungszeiten Largo da Estrela, ℡ 213960915. Straßenbahn 25 und 28 bis Haltestelle Estrela. Täglich 9–11.30 und 15–16 Uhr.

Jardim da Estrela

Gegenüber dem Eingang der Basílica da Estrela liegt ihr Park, offiziell heißt er *Jardim Guerra Junqueiro*, er wird aber von allen einfach *Jardim da Estrela* genannt. Mit 57.000 m² ist er der drittgrößte der Stadt. In der Parkanlage aus dem Jahr 1852 erwarten die Besucher eine Palmenallee, Schwanenteiche und ein Terrassencafé. Dazu gibt es zwei Kuriositäten zu bewundern: Die kleinste Bibliothek der Stadt, die in einem winzigen Kiosk untergebracht ist, und der älteste der noch existierenden sechs Musikpavillons Lissabons. Diesen *coreto* genannten Pavillon hat man hier bereits 1896 aufgestellt. Im hinteren Bereich des im englischen Stil gehaltenen Parks bietet eine Aussichtsplattform einen guten Ausblick.

Anfahrt/Öffnungszeiten Largo da Estrela. Straßenbahn 25 und 28 bis Haltestelle Estrela oder Busse 9, 20, 27 und 38 von Metro Rato bis Haltestelle Jardim Estrela. Täglich 7–24 Uhr.

Britischer Friedhof

Hohe Mauern versperren die Sicht auf den *British Cemetery*, der auch *Cemitério dos Ingleses* genannt wird. Inmitten von Palmen, Linden und Zypressen beerdigt die britische Gemeinde Lissabons hier seit 1656 ihre Toten, beispielsweise den britischen Autor Henry Fielding, der 1754 in Lissabon gestorben ist. Der mittelgroße Friedhof macht mit seinen verwilderten Beeten einen leicht verwunschenen Eindruck. Im hinteren Teil steht die anglikanische St. Georges-Kirche aus dem Jahr 1889. In dem viktorianischen Gebäude wird sonntags

Gottesdienst auf Englisch gehalten. Das Nachbargrundstück belegt das britische Krankenhaus.

Anfahrt/Öffnungszeiten Rua de São Jorge, 6, ✆ 213906248. Busse 9, 20, 27 und 38 von Metro Rato bis Haltestelle Jardim Estrela. Täglich 9–13 Uhr. Am Eingang klingeln. Man sollte sich einen guten Grund einfallen lassen, warum man den Friedhof besichtigen will, sonst riskiert man, dass man von der älteren Friedhofs-Wärterin nicht eingelassen wird.

Eça de Queiroz

Kein anderer Autor des 19. Jh. hat die portugiesische Sprache und Literatur so stark beeinflusst wie José Maria Eça de Queiroz, Portugals bekanntester Romanautor des realistischen Stils. Geboren wurde er am 25. November 1845 im nordportugiesischen Póvoa de Varzim als Sohn eines Verwaltungsbeamten. Während seines Jurastudiums im mittelportugiesischen Coimbra kam er in Kontakt mit anderen Schriftstellern der so genannten *Geração de 70* (Generation der 70er) oder *Geração de Coimbra*. Die jungen Mitglieder dieser Gruppe wandten sich gegen die ältere Schriftstellergeneration der Romantiker, denen sie harmlose Poesie und tränenreiche Rhetorik vorwarfen. Sie forderten eine Literatur, welche die Wirklichkeit ohne Aussparung ihrer hässlichen Aspekte wie der sozialen Probleme darstellen sollte, anstatt sie zu verklären. Die Mitglieder der *Geração de 70* wie Antero de Quental und Teófilo Braga legten damit die intellektuelle Grundlage zur Ausrufung der portugiesischen Republik 1910.

Eça de Queiroz schrieb 1871 seinen ersten realistischen Roman *O Crime do Padre Amaro* (dt. „Das Verbrechen des Paters Amaro") über die Leiden eines Pfarrers, der eine junge Frau schwängerte. Brillant ist auch die kurze Erzählung *O Mandarim* (dt. „Der Mandarin") über einen Lissabonner Angestellten, der durch einen Pakt mit dem Teufel zu Reichtum und Ansehen kommt. Bald plagen den Angestellten jedoch Gewissensbisse, da der Pakt den Tod eines ihm unbekannten chinesischen Mandarins zur Folge hatte. Eça de Queiroz' bekanntestes Werk ist aber *Os Maias* („Die Maias, Episoden aus dem romantischen Leben"), ein Roman über die Dekadenz der Familie der Maias. In diesem Meisterwerk der portugiesischen Literatur schildert er auf humorvolle und detaillierte Weise das luxuriöse Leben der Lissabonner Oberschicht in der zweiten Hälfte des 19. Jh. Die Residenz der Maias befindet sich im Roman im Stadtteil Lapa – auch Eça de Queiroz lebte in diesem aristokratischsten Viertel Lissabons. Sein ehemaliges Haus in der Rua das Janelas Verdes Nummer 47 beherbergt heute die Pension *Residencial As Janelas Verdes*.

Neben seiner Tätigkeit als Schriftsteller und Anwalt war Eça de Queiroz als Diplomat im portugiesischen Dienst tätig, so in Havanna und als Konsul in Paris. Von dort verfasste er Kolumnen für portugiesische und brasilianische Zeitungen über England und Frankreich. Gestorben ist er in seiner Wohnung im Pariser Vorort Neuilly am 16. August 1900.

Assembleia da República (Parlament)

Pracht, Glanz und Glorie vermittelt der Anblick des portugiesischen Parlaments: Besonders beeindruckend ist die Säulenfront am Haupteingang, zusätzlich unterstrichen durch den breiten Treppenaufgang. Das Gebäude, auch *Cortes* oder *São Bento* genannt, wurde 1896 erbaut. Dabei nutzte der Architekt Miguel Ventura Terra Teile des alten Konvents *São Bento da Saúde* aus dem Jahr 1598, der an gleicher Stelle gestanden hatte und bereits im 19. Jh. als Plenarsaal für das portugiesische Parlament gedient hatte. Ventura Terra gestaltete das Gebäude im neoklassizistischen Stil zu einem beeindruckenden Parlamentspalast um. Die Bauarbeiten dauerten bis in die 40er Jahre des 20. Jh. als der Architekt Cristino da Silva die imposante Freitreppe vor dem Parlament anlegte.

Im Mittelteil der Fassade stellen vier Frauenstatuen Vorsicht, Gerechtigkeit, Kraft und Mäßigung dar (von links nach rechts). Der vom Bildhauer Simões de Almeida gestaltete dreieckige Giebel gibt dagegen die politische Philosophie des Estado Novo unter Salazar an: *Omnia pro Patria* („Alles für das Vaterland"). 18 allegorische Figuren repräsentieren Gewerbe des Landes wie Handel und Industrie sowie Künste wie Architektur und Malerei. Auch in den prächtigen Innenräumen verewigten sich zahlreiche Künstler mit ihren Werken: So dominiert den Plenarsaal mit seinen Sitzen aus dunklem Nussbaumholz eine die Republik symbolisierende Steinstatue des Bildhauers Artur Gaspar dos Anjos Teixeira. Der hintere Teil des weitläufigen Gebäudes ist übrigens Amtssitz des portugiesischen Premierministers.

• *Anfahrt/Öffnungszeiten* Straßenbahn 28 bis Haltestelle Rua São Bento/Calçada da Estrela. Besichtigungen sind nur im Rahmen von Plenarsitzungen möglich, die in der Regel mittwochs und donnerstags am Nachmittag ab 15 Uhr sowie freitags am Vormittag ab 10 Uhr stattfinden. Die Parlamentsdebatten können mitverfolgt werden, die restlichen Räume außer dem Plenarsaal bleiben aber verschlossen. Eingang für Besucher an der Nordostseite des Parlaments – Personalausweis oder Pass mitbringen! Von Mitte Juli bis Mitte September tagt das Parlament in der Regel nicht. Außerdem gibt es jeden letzten Samstag des Monats um 15 und 16 Uhr geführte Besuche, bei denen man mehr sieht und für die man sich bis Freitag 12 Uhr unter ✆ 213919625 anmelden muss.

Convento das Bernardas

Seine Geschichte zählt zu den interessantesten Lissabons: Zuerst diente der 1655 erbaute Konvent Zisterzienser-Nonnen als Kloster. Nach dem Verbot aller religiösen Orden 1834 waren hier später eine Schule und ein technisches Gymnasium untergebracht. Anfang des 20. Jh. bemächtigten sich dann über 100 arme Familien des ehemaligen Klosters. Sie wandelten die Zellen kurzerhand in Wohnungen um. Die neuen Bewohner gestalteten ihren Convento das Bernardas recht eigenwillig: Wintergärten, angebaute Balkone und Waschtröge machten sich im Kreuzgang breit. Dennoch, die Lebensbedingungen in den feuchten Gemäuern blieben für die auf engsten Raum lebenden Familien sehr schlecht. Ende der 90er Jahre renovierte die Stadtverwaltung schließlich den Konvent und befreite ihn von allen An- und Neubauten, um ihn wieder weitgehend in den Originalzustand zurückzuversetzen. Seitdem leben nur noch 34 Familien unter besseren sanitären Bedingungen im Kloster. Sie zahlen nur geringe Sozialmieten. Den anderen Familien hat die Stadt andere Wohnungen außerhalb angeboten.

Ein Besuch des Konvents lohnt sich nicht nur wegen dessen erhabener Architektur, sondern auch auf Grund der sonderbaren Kombination aus Wohnungen

Convento das Bernardas

Das portugiesische Parlament tagt in São Bento

und Kreuzgang. Außerdem ist hier seit der Renovierung auch das Marionettenmuseum **Museu da Marioneta** untergebracht (s. „Museen", S. 346).

Anfahrt Rua da Esperança, 146, ✆ 213942810. Straßenbahn 25 bis Haltestelle Largo Vitorino Damásio. Zugang in den Kloster-Kreuzgang über Museu da Marioneta, Di–So 10–13 und 14–18 Uhr (Einlass bis 30 Min. vor Schluss). Mo und Fei geschlossen.

Spaziergang durch Lapa, Madragoa und São Bento

Am Anfang des Spaziergangs steht die prachtvolle Barockkirche **Basílica da Estrela** mit ihrem gegenüberliegenden Park, die mit der Tram 28 gut zu erreichen ist. Über die Rua de São Bernardo und die Rua de Santo Amaro geht es zur „Antiquitätenmeile" Rua de São Bento hinunter. Ein Besuch lohnt sich selbst für nicht an Antiquitäten Interessierte, da hier auch das ehemalige Wohnhaus der berühmten Fado-Sängerin **Amália Rodrigues** liegt (s. „Museen" S. 349). Am Ende der Rua de São Bento erhebt sich das portugiesischen Parlament, die **Assembleia da República**. Über die Rua das Francesinhas erreicht man bald die hübsche Madragoa-Gasse Rua do Machadinho, in der viel Charme des ehemaligen Fischerviertels zu spüren ist. Auf dem Weg passiert man an der Ecke der Rua das Francesinhas mit der Travessa do Pasteleiro einen der letzten öffentlichen Waschplätze Lissabons. Tagsüber seifen, schrubben und spülen hier Frauen aus der Madragoa ihre Tischdecken, Bettlaken und Kleider in großen Waschtrögen. In der Rua da Esperança im Zentrum der Madragoa steht das ehemalige Kloster **Convento das Bernardas**. Von dort ist über die Rua das Janelas Verdes das Museum der alten Künste, das **Museu Nacional de Arte Antiga**, im Stadtteil Lapa schnell erreicht (s. „Museen" S. 336). Zum Entspannen bietet sich hier das schöne Museumscafé an. Unterhalb des Museums fährt die Straßenbahn 15 zurück ins Stadtzentrum.

Campo de Ourique/Amoreiras

Auf Grund der rechtwinkligen Anlage und seiner vielen Geschäfte wird der Stadtteil Campo de Ourique auch als die Baixa des Lissabonner Westens bezeichnet. Im romantischen Westfriedhof der Stadt kann man durch weite Graballeen entlang prächtiger Mausoleen spazieren. Über dem Stadtteil Amoreiras thronen das futuristische Einkaufszentrum Centro Comercial das Amoreiras und das elegante Aquädukt.

Hauptsächlich Arbeiter und Angehörige der Mittelschichten bewohnen das Stadtviertel **Campo de Ourique**, das mit seinen grünen Straßen ein sehr angenehmes Erscheinungsbild bietet. Dies schätzte schon der berühmte Dichter Fernando Pessoa, der hier den Lebensabend verbrachte. Seit einigen Jahren kann man sein ehemaliges Wohnhaus in der Rua Coelho da Rocha besichtigen.

Amoreiras ist das älteste Arbeiterviertel ganz Portugals. Premierminister Marquês de Pombal hat hier im 18. Jh. unter König Dom José I. die ersten Industrien des Landes anlegen lassen. Die königlichen Manufakturen stellten zum ersten Mal Kämme, Messer und Uhren in Massenfabrikation her. Die dafür notwendige kontinuierliche Wasserversorgung sicherte das 1748 fertig gestellte und hier in der Mãe d'Água zum Abschluss kommende Aquädukt. Der Name Amoreiras wird mittlerweile aber fast ausschließlich als Synonym für das Einkaufszentrum verwendet. Das *Centro Comercial das Amoreiras* war das erste große Einkaufszentrum Lissabons und gehört zu den größten Europas (s. auch „Einkaufen/Einkaufszentren" S. 184). Das 1985 fertig gestellte Werk des Architekten Tomás Taveira wirkt wie eine Mischung aus Spaceshuttle und Zuckerbäckerarchitektur. Über den Geschäften sind in verschiedenen Türmen Büros und Luxuswohnungen untergebracht. Neben den gut betuchten Bewohnern des Amoreiras-Zentrums trifft man im Amoreiras-Viertel heute vor allem auf einfachen Mittelstand.

Im Stadtteil **Campolide**, nördlich von Amoreiras, liegt neben dem Aquädukt auch einer der wichtigsten Eisenbahnknotenpunkte Lissabons. Hier beginnt der Eisenbahntunnel der *Linha de Sintra*, der zum Rossio-Bahnhof führt. Nördlich des Parque Eduardo VII erstreckt sich sternförmig das Gefängnis Lissabons, das *Estabelecimento Prisional de Lisboa* (EPL); dessen Eingang an eine Burg erinnert.

Anfahrt Campo de Ourique wird von den Straßenbahnen Nr. 28 (ab der Rua da Conceição in der Baixa) und Nr. 25 (ab Praça do Comércio) bedient. Nach *Amoreiras* kommt man mit der Metro bis Largo do Rato. Zum Einkaufszentrum weiter mit Bus 58. Nachtbus 202 ab Cais do Sodré.

Cemitério dos Prazeres (Westfriedhof)

Steigt man im Westen der Stadt an der Endstation der Linie Nr. 28 („Prazeres") aus der Straßenbahn, steht man vor dem großen Eingangsportal des „Friedhofs der Vergnügungen". Der älteste Friedhof Lissabons wurde während der Cholera-Epidemie 1833 angelegt und ist eine kleine Stadt für sich. Unter den Baumalleen reiht sich ein Familienmausoleum an das andere, alle reich verziert und aus edelstem Stein. An der letzten Ruhestätte der Verstorbenen wird wahrhaftig nicht gespart. Vom hinteren Bereich des Friedhofs hat man ei-

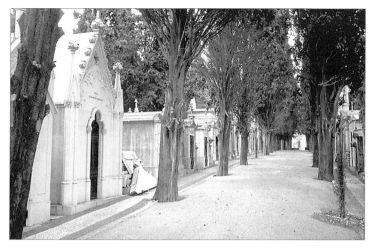

Weiße Marmorgruften und grüne Alleen – der Prazeres-Friedhof

nen guten Blick auf die Tejobrücke und Alcântara. Der sonderbare Name des Friedhofes soll übrigens aus einer Zeit stammen, in der hier häufig Feste stattfanden – bis diese verboten wurden. Eine ganz besondere Art der Totenehrung ...

Wer mehr über die Grabkultur Lissabons erfahren will, kann das Informationszentrum **Centro de Interpretação dos Cemitérios Municipais** besuchen. Dieses Dokumentationszentrum zur Grabgeschichte Lissabons ist in der Friedhofskapelle untergebracht und widmet sich in wechselnden Ausstellungen dem Thema Tod und Bestattung. Ausgestellt werden Gegenstände, die als Grabbeigaben den Verstorbenen mit in die Gruft gegeben wurden, Texttafeln informieren über die Rolle des Todes in der Gesellschaft und dessen Tabuisierung. Besonders interessant ist die alte Obduktionskammer.

Anfahrt/Öffnungszeiten Straßenbahn 25 und 28 bis Endhaltestelle Campo de Ourique (Prazeres). 9–17 Uhr (Mai–September bis 18 Uhr), Einlass bis 30 Min. vor Schluss. Informationszentrum: Di–So 10–16.30 Uhr. Eintritt frei. Gruppen ab drei Personen können Führungen unter ✆ 213912699 anfragen.

Igreja do Santo Condestável

Mit ihren mittelalterlich anmutenden Türmen und „gotischen" Spitzbögen im Inneren erinnert diese 1951 eingeweihte Kirche an längst vergangene Zeiten. Der Diktator Salazar hatte sie in Auftrag gegeben, um hier Reliquien des „Santo Condestável" Nuno Álvares Pereira unterzubringen. Im 14. Jh. konnte dieser als Heerführer eine Invasion der Spanier zurückschlagen und legte damit den Grundstein für die neue Dynastie der Aviz unter König João I. Wie so oft findet sich in den unter Salazar errichteten Gebäuden neben mittelalterlichen Bauelementen auch Modernistisches, hier sind es sehenswerte Glasgemälde von José de Almada Negreiros in den Querschiffen der Kirche.

Anfahrt Straßenbahn 25 und 28 bis Haltestelle Igreja Sto. Condestável.

Casa Fernando Pessoa

Der bedeutendste portugiesische Dichter der Neuzeit, Fernando Pessoa hat hier von 1920–1935 gelebt (geboren wurde er im Haus gegenüber dem Eingang der São Carlos-Oper im Chiado). Sein ehemaliges Wohnhaus ist inzwischen modern umgestaltet worden und zeigt einige wenige persönliche Gegenstände des Dichters. Darunter die berühmte Truhe, in der praktisch alle Manuskripte Pessoas verschwunden sind, bis sie teilweise erst 50 Jahre nach seinem Tod veröffentlicht wurden. Das ehemalige Zimmer Pessoas ist im zweiten Stock zu finden und wird regelmäßig von bildenden Künstlern neu gestaltet. Die ausführliche Pessoa-Bibliothek gibt Aufschluss über Neigungen und Interessen des Dichters. Außerdem befindet sich im Innenhof ein schönes Restaurant-Café, das über einen separaten Eingang von der Straße zu erreichen ist.

Anfahrt/Öffnungszeiten Rua Coelho da Rocha, 16–18, ✆ 213913270. S. Karte Campo de Ourique S. 296/297. Tram 25 (Richtung Prazeres) ab Praça do Comércio oder Tram 28 (Richtung Prazeres) ab Rua da Conceição bis Haltestelle Rua Saraiva Carvalho. Mo–Fr 10–18, Do nur 13–20 Uhr, Sa/So und Fei geschlossen. Eintritt frei.

Aqueduto das Águas Livres

Das elegante Bauwerk wurde zwischen 1731 und 1748 auf Initiative des Stadtbevollmächtigten Cláudio Gorgel do Amaral unter der Leitung von Brigadier Manuel da Maia und Leutnant Custódio Vieira errichtet. Sein Bau half, den chronischen Wassermangel Lissabons zu überwinden. Die Kosten finanzierte das Königshaus, indem es eine spezielle Steuer auf nach Lissabon eingeführtes Fleisch und Wein erhob.

Ehemalige Wasserquelle Lissabons: Aqueduto das Águas Livres

Wie durch ein Wunder überstand das Aquädukt das Erbeben 1755 unbeschädigt. Heute verlaufen in seinem Inneren zwar noch Wasserleitungen, die aber seit 1974 nicht mehr von den Wasserwerken EPAL für die Trinkwasserversorgung der Stadt verwendet werden. Das Aquädukt kann jedoch für einen schönen Spaziergang, den *Passeio dos Arcos*, über dem Tal von Alcântara zwischen Amoreiras und Monsanto benützt werden. Inzwischen Gefahr frei, nachdem Anfang des 19. Jh. der legendäre Räuber Diogo Alves seine Opfer auf dem Weg über das Aquädukt ausgeraubt und sie nach begangener Tat ins Tal hinunter gestürzt haben soll.

Insgesamt erstreckt sich das Aquädukt auf 19 km Länge von Queluz zur so genannten Mãe d'Água („Mutter des Wassers") in Lissabon. Mit allen

Mãe d'Água: Endstation des Aquädukts

Nebenverzweigungen misst das Bauwerk insgesamt sogar 58 km. An der zu besichtigenden Stelle in Campolide überspannen 35 imposante Bögen das Tal von Alcântara auf 941 m Länge. Wer genau hinsieht, entdeckt 14 Spitz- und 21 Rundbögen. Der größte Bogen überbrückt 28 m und erreicht eine Höhe von 65 m. Damit ist er der höchste aus Stein gemauerte Spitzbogen der Welt.

• *Anfahrt/Öffnungszeiten* Eingang nur in der Calçada da Quintinha auf der Seite Amoreiras, zu erreichen mit Bus 2, 58 ab Cais do Sodré oder Metro Rato bzw. mit Bus 2, 12 ab Marquês de Pombal oder mit Bus 18, 42, 51 ab Metro São Sebastião. An der Haltestelle Campolide aussteigen, dann zu Fuß über Rua Marquês de Fronteira, Rua Dom Carlos Mascarenhas und Rua dos Mestres. Mo–Sa 10–18 Uhr, So und Fei geschlossen, November bis Ende Februar ganz. Eintritt 2,50 €; ab 65 J., mit Cartão Jovem und Studenten 1,50 €; Kinder bis 12 J. frei. Mo–Sa startet um 10 Uhr eine dreistündige Wanderung vom Aquädukt über den Monsanto-Park zum Palácio dos Marqueses da Fronteira, nur nach Anmeldung unter ✆ 218100215.

Mãe d'Água

Mit der Mãe d'Água („Mutter des Wassers"), einem großen, kastenförmigen Gebäude am Jardim das Amoreiras, findet das Lissabonner Aquädukt seinen oberirdischen Schlusspunkt. Entlang des kleinen Parks von Amoreiras erstrecken sich noch einige Aquädukt-Bögen, aber dann kommt der Wasserfluss in einem großen Becken zum Erliegen. Von hier wurde das Wasser früher auf die Privathäuser der reichen Bürger und die öffentlichen Brunnen (*chafarizes*) verteilt, die man parallel zum Bau des Aquädukts in der ganzen Stadt errichtet hatte. Einwanderer aus Galicien, die so genannten *Galegos*, sorgten für den Wasser-Transport zu den einfachen Bewohnern der Stadt. Um 1850 gab es 3.000 *Galegos*, die mit ihren 25 Liter fassenden Kanistern wie selbstverständlich zum Stadtbild gehörten.

Entworfen hat die Mãe d'Água der ungarische Architekt Carlos Mardel im Jahr 1746. Das beeindruckende, sieben Meter tiefe Reservoir hat eine Kapazität von 550.000 Liter und steht auch heute noch voll Wasser. Gelegentlich finden hier Kunstausstellungen und Konzerte statt, aber auch sonst sind Besichtigungen möglich und lohnend. Im hinteren Teil des Saales führt eine enge Treppe steil nach oben zu einer Plattform mit Aussicht auf den Tejo, die Burg und das Bairro Alto.

• *Anfahrt/Öffnungszeiten* ✆ 218100215. Zugang über den Jardim das Amoreiras (Metro Rato). Mo–Sa 10–18 Uhr, So und Fei geschlossen. Eintritt 2,50 €; ab 65 J., mit Cartão Jovem und Studenten 1,50 €; Kinder bis 12 J. frei.

Fernando Pessoa – obskur, verschroben, genial

Pessoa (1888–1935) schrieb unter insgesamt 17 verschiedenen Pseudonymen wie Ricardo Reis, Álvaro de Campos, Alberto Caeiro und Bernardo Soares sowie unter seinem eigenen Namen. Vielen seiner auch Heteronyme genannten Pseudonymen gab er einen völlig eigenen Stil, eine originäre Handschrift und sogar eine eigene Biographie. Der Dichter trieb das so weit auf die Spitze, dass er mit einigen seiner Heteronyme sogar Briefwechsel führte. Für fast alle Heteronyme hat Pessoa auch Horoskope entwickelt, da er – eine eher unbekannte Seite des Dichters – leidenschaftlicher Okkultismus-Experte war. Die Horoskope zweier bekannter Heteronyme Pessoas, Ricardo Reis und Alberto Caeiro, hat die Verwaltung der Casa Fernando Pessoa an der Wand des Durchgangs zum Restaurant-Café aufgemalt.

Interessanterweise hat Pessoa auch zahlreiche Gedichte auf Englisch verfasst, außerdem den auch auf Deutsch erhältlichen Reiseführer *Mein Lissabon – Was der Reisende sehen sollte*. Zusammen mit den Eltern war Pessoa im Alter von fünf Jahren nach Südafrika emigriert, wo er seine Schulausbildung erhielt. Nach seiner Rückkehr 1905 nach Portugal führte er ein sehr zurückgezogenes Leben. Pessoa lehnte ein Angebot ab, englische Literatur und Sprache an der Uni in Coimbra zu unterrichten. Vielmehr verdiente er seinen Lebensunterhalt, indem er als Fremdsprachen-Sekretär für Handelsfirmen arbeitete. Die meisten Jahre war er beim Juwelier Moitinho de Almeida in der Rua da Prata Nr. 71 in der Baixa beschäftigt.

Zum isolierten Wesen des Dichters passt auch, dass Pessoa zu Lebzeiten kaum eines seiner zahlreichen Werke veröffentlichte. Der Großteil seines literarischen Schaffens verschwand in einer großen Truhe, die heute in seinem ehemaligen Wohnhaus, der Casa Fernando Pessoa, zu sehen ist. *Das Buch der Unruhe*, vielleicht sein bekanntestes Werk, erschien daher erst 1986, über fünf Jahrzehnte nach seinem Tod. Ganz zurückgezogen lebte der Dichter aber auch nicht. Gerne traf er sich mit seinen literarischen Freunden in den Cafés São Martinho da Arcada an der Praça do Comércio oder in der Brasileira im Chiado. Begraben liegt Pessoa im Kreuzgang des Mosteiro dos Jerónimos in Belém – ein passender Ort für den überzeugten Anhänger des portugiesischen Überseeimperialismus.

Spaziergang durch Campo de Ourique und Amoreiras

Zum Startpunkt, dem grünen Friedhof **Cemitério dos Prazeres** geht es mit der Straßenbahn 28 bis Endhaltestelle Campo de Ourique/Prazeres (z. B. ab der Rua da Conceição in der Baixa). Von dort geht es in die Rua Saraiva de Carvalho, vorbei an der **Igreja do Santo Condestável**. Am Eckhaus mit der Rua do Patrocínio sieht man schöne Jugendstil-Azulejos des in Zürich geborenen Künstlers Ernesto Korrodi aus dem Jahr 1910. Weiter die Rua Saraiva de Carvalho entlang, erreicht man schließlich das ehemalige Wohnhaus Fernando Pessoas, die **Casa Fernando Pessoa** mit dem Nachlass des Schriftstellers. Durch die Rua do Sol ao Rato kommt man zur nächsten Station des Spaziergangs, dem Wasserreservoir **Mãe d'Água**. Direkt gegenüber befindet sich das Museum der **Fundação Arpad Szenes/Vieira da Silva**, das Werke des gleichnamigen ungarisch-portugiesischen Künstlerehepaars ausstellt (s. „Museen" S. 351). Mit der Metro kommt man vom nahe gelegenen Largo do Rato zurück ins Stadtzentrum.

Alcântara

Das Zentrum des Lissabonner Hafens prägt den Arbeiterstadtteil Alcântara. Über dem Viertel schwingt sich erhaben die Brücke des 25. April, die Lissabon mit der Tejosüdseite verbindet. Tagsüber quirliges Verkehrszentrum, bringen nachts zahlreiche Bars und Diskotheken Leben in den Stadtteil.

Auch wenn die Zeiten Alcântaras als industrielles Zentrum Lissabons definitiv vorbei sind, ist die Arbeiteratmosphäre des Viertels dennoch weiter zu erkennen. Alte Fabrikhallen zeugen von den Zeiten Alcântaras als Werkbank Lissabons. Leider sind viele dieser Industriebauten inzwischen der Reißbirne zum Opfer gefallen und mussten teuren Appartements weichen. In einigen Fällen blieb immerhin die Fassade erhalten. Dennoch droht die Immobilienspekulation Alcântara in einen ähnlich gesichtslosen Stadtteil zu verwandeln wie Benfica oder Lumiar.

Man findet aber auch pompöse Paläste im Viertel, besonders an der Rua da Junqueira. Darunter der rosarote **Palácio Burnay** mit der Hausnummer 86. In dem Gebäude mit seiner charakteristischen Kuppel wohnte einst der Banker Henrique Burnay, später diente es der politikwissenschaftlichen Fakultät ISCSP der Technischen Universität Lissabons als Unterkunft. Als man den Palast im 18. Jh. erbaute, stand er noch direkt am Tejostrand. Durch Aufschüttungen zum Bau von Industrieanlagen, Straßen und der Zuglinie nach Cascais hat sich die Uferlinie inzwischen aber um 250 m nach Süden verschoben.

Nachts ist Alcântara eines der beliebtesten Ziele der Diskogänger (s. „Nachtleben" S. 219). Mehrere große Diskotheken sind in leer stehende Lagerhallen eingezogen. Direkt am Tejoufer, an der **Doca de Santo Amaro**, eröffneten Mitte der 90er Jahre ein Dutzend Bars in alten Hafenanlagen. Die Begeisterung der *Lisboetas* hat sicher etwas mit der Lage zu tun: Auf der einen Seite überspannt die Ponte 25 de Abril den Tejo, und auf der anderen Seite dominiert der von Porfírio Pardal Monteiro entworfene Hafenbahnhof **Gare Marítima de Alcântara** mit seiner interessanten Architektur aus den 40er Jahren die Szenerie.

302   Lissabon/Alcântara

Im Zweiten Weltkrieg flüchteten von hier aus Emigranten aus ganz Europa vor den Nazis in die USA oder nach Lateinamerika. Später brachten Schiffe portugiesische Soldaten in die Kolonialkriege nach Afrika. Heute legen hier moderne Kreuzfahrtschiffe an.

Anfahrt Mit der Straßenbahn 15 ab Praça da Figueira (Metro Rossio). Nachtbus 201 ab Cais do Sodré.

Ermida de Santo Amaro

Bei der Kapelle handelt es sich um einen Rundbau, eine in Portugal recht seltene Bauform. Die im manieristischen Stil erbaute Ermida de Santo Amaro mit ihren wunderschönen Azulejos stammt aus dem Jahr 1549 und wurde vom Erdbeben 1755 verschont. Von der Plattform der Kapelle aus genießt man einen überwältigenden Blick auf die Tejobrücke des 25. April und den Hafen von Alcântara.

Anfahrt Straßenbahn 15 bis Haltestelle Santo Amaro. Der Treppe gegenüber dem Straßenbahndepot Santo Amaro nach oben folgen.

Ponte 25 de Abril

Die Anfahrt auf der 2,3 km langen Hängebrücke über den Tejo ähnelt einem Landeanflug – 70 m über Normalnull schwebt man in die Hauptstadt ein. 1966 wurde die damals *Ponte Salazar* genannte Brücke nach nur vierjähriger Bau-

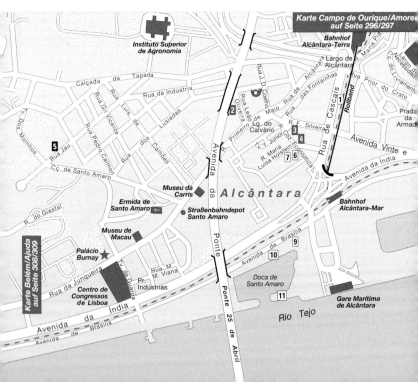

zeit eingeweiht. Nach der Nelkenrevolution wurde sie in *Ponte 25 de Abril* umbenannt. Für die meisten heißt sie aber einfach *Ponte*. Die Brücke ermöglichte die massive Industrialisierung der Halbinsel von Setúbal. Ohne ihren schnellen Zugang nach Lissabon wären auch kaum die großen Wohnsiedlungen auf der Tejosüdseite entstanden. Beachtenswert ist, dass nur die beiden äußeren der insgesamt sechs Fahrspuren asphaltiert sind. Die mittleren Fahrstreifen bestehen aus Gitterrosten: Man kann bis zum Wasser hinunterschauen!

Schon beim Bau der Brücke im Jahr 1966 durch den amerikanischen Konzern US Steel wurden für eine Zugstrecke eine zweite Etage unter der Autofahrbahn und ein Tunnel unter der Mautstelle auf der Südseite eingerichtet. Obwohl es keine einzige Bahnverbindung von Lissabon über den Tejo gab, dauerte es noch über 30 Jahre, bis man tatsächlich eine Zugverbindung Richtung Süden baute. Am 25. April 1999, dem „Namenstag" der Brücke, war es endlich soweit: Die ersten Züge fuhren von Lissabon auf die Tejosüdseite. Vorher hatte man die Brücke noch komplett überholt und neu gestrichen. Ein zweites Haupttrageseil musste über das erste gespannt und neue Querverstrebungen eingezogen werden, damit die Ponte die zusätzliche Last der Züge tragen konnte.

Aber anstatt die Linie gleich direkt bis Pinhal Novo zu bauen, um Direktverbindungen nach Setúbal, in den Alentejo und zur Algarve zu ermöglichen, ließ die portugiesische Regierung die Strecke zuerst sechs Kilometer vorher in Fogueteiro enden. Erst 2004 hat man das fehlende Streckenstück ergänzt. Der Grund: Die Regierung wollte für den Weiterbau zusätzliche EU-Subventionen ...

Übernachten
5 Hotel Pestana Palace

Essen & Trinken
2 O Mercado
3 A Moamba
4 Espaço Lisboa

Nachtleben
1 Garage
6 Alcântara Club
7 Alcântara Café
8 Blues Café
9 Doca de Santo
10 Irish & Co.
11 Op Art Café

Karte Lapa/Madragoa/São Bento auf Seite 288/289

Alcântara

200 m

Palácio das Necessidades

Weit sichtbar ist der Glockenturm des Palastes. Bei der Anfahrt über die Brücke nach Lissabon fällt das Gebäude auf der rechten Seite sofort auf. An der Stelle, an der sich heute der Palácio das Necessidades befindet, hatten im 16. Jh. Matrosen aus der Mannschaft Vasco de Gamas eine kleine Einsiedlerkapelle gebaut, die der *Nossa Senhora das Necessidades* geweiht wurde. Zum Dank dafür, dass er nach Gebeten zu Maria von einer schweren Krankheit geheilt wurde, ließ König Dom João V. die Kapelle in eine barocke Kirche umgestalten. Direkt daneben errichtete er bis 1750 einen neuen Palast für seine Brüder,

Außergewöhnliche Rundkapelle – Ermida de Santo Amaro

die Prinzen Dom Manuel und Dom António. Später lebte hier König Manuel II. Seit 1950 ist der von Caetano Tomás de Sousa entworfene Palast Sitz des Außenministeriums und für die Öffentlichkeit nicht zugänglich.

Frei zugänglich ist dagegen die **Tapada das Necessidades**, der ehemalige Wildpark des portugiesischen Königshauses. Heute ist zwar kein Wild mehr zu sehen, aber dennoch lohnt sich ein Besuch auf jeden Fall. Inzwischen dominieren exotische Pflanzen, Statuen und Teiche den Garten. Der junge deutsche König Portugals, Fernando II., hat hier im 19. Jh. mit Hilfe des französischen Gärtners Bonard zahlreiche fremdländische Arten angepflanzt. Was hier gut wuchs, verwendete man auch in den Gärten des Palácio da Pena in Sintra und im Jardim do Cerco in Mafra. In der Mitte des Parks findet sich die prächtige Glaskuppel eines ehemaligen Gewächshauses, etwas weiter oben ein großes Kakteen- und Agavenfeld. Immer wieder öffnen sich schöne Ausblicke auf Alcântara und die Ponte 25 de Abril.

Anfahrt/Öffnungszeiten Largo das Necessidades, ✆ 213932110. Straßenbahn 15 bis Haltestelle Alcântara (Av. 24 de Julho). Der Eingang zum Park liegt auf der linken Seite des Palastes. Täglich 9–18 Uhr (Sa/So im Sommer 10–19 Uhr). Eintritt frei.

Instituto Superior de Agronomia

Wie ein grüner Korridor zieht sich der Park der Landwirtschaftlichen Fakultät der Technischen Universität Lissabon parallel der Zufahrt zur Ponte 25 de Abril den Monsanto-Hügel nach oben. Hier warten 100 Hektar weite Äcker und Wälder darauf entdeckt zu werden! Wer das Tor an der quirligen Calçada da Tapada hinter sich gelassen hat, wähnt sich schnell in einer anderen Welt, die so gar nichts mit dem gewohnten Stadtleben zu tun haben will. Anfangs gelangt man an Alleen, landwirtschaftlichen Feldern und Universitätsgebäuden vorbei, in denen die Agronomie-Studenten ausgebildet werden. Im oberen Bereich des weitläufigen Areals hat König Pedro V. 1861 die Sternwarte **Observatório da Ajuda** anlegen lassen, die inzwischen von Kiefern und bis zu drei Meter hohen Kakteen umgeben ist. Noch weiter oben überrascht die prächtige gelb-blaue Ausstellungshalle **Pavilhão de Exposições**. In der filigranen Eisenhalle mit ihrer ausladenden Glasfront werden Bankette, Kunst-Auktionen und Konferenzen veranstaltet.

Anfahrt/Öffnungszeiten Calçada da Tapada, ✆ 213638161. Straßenbahn 18 bis Haltestelle Pavilhão da Ajuda. Mo–Fr 8–18 Uhr, Sa/So und Fei 10–19 Uhr.

> **Spaziergang durch Alcântara**
> Die Straßenbahn 15 (z. B. ab Praça do Comércio) fährt bis zur Haltestelle Estação de Santo Amaro am Straßenbahndepot von Alcântara, dem Ausgangspunkt dieses Spaziergangs. Hier lädt das **Museu da Carris** zu einem Besuch ein: präsentiert wird eine eindrucksvolle Sammlung historischer Busse und Straßenbahnen (s. „Museen" S. 340). Gegenüber dem Museumsausgang führen Treppen zur Kapelle **Ermida de Santo Amaro** hinauf. Dort eröffnet sich ein prächtiger Blick auf die Tejobrücke **Ponte 25 de Abril** und den **Hafen** von Alcântara. Liebhaber asiatischer Kunst sollten einen Besuch des Ostasienmuseums **Museu de Macau** anschließen (s. „Museen" S. 346). Das Tejoufer erreicht man über die Travessa da Guarda, vorbei am Centro de Congressos de Lisboa, dem modernen Kongresszentrum der Stadt. An der Doca de Santo Amaro geht es an Bars, Restaurants und dem Hafenbahnhof Gare Marítima de Alcântara entlang. Weiter durch die Fußgängerunterführung am Bahnhof Alcântara-Mar und über das Rollband bis zum Bahnhof Alcântara-Terra. Die Calçada do Livramento (die kleinere erste Straße, die Travessa do Livramento, ignorieren und die größere, zweite Straße nehmen) führt nach oben zum **Palácio das Necessidades**. An der nahe gelegenen Praça da Armada fährt die Buslinie 60 (Richtung Martim Moniz) zurück ins Zentrum. Wer lieber mit der Straßenbahn 15 fährt, findet die nächste Haltestelle an der Ecke Av. 24 de Julho/Rua de Cascais.

Porto de Lisboa (Hafen)

Eigentlich kann man gar nicht von *einem* Hafen sprechen, denn die Anlagen ziehen sich auf einer Länge von über 10 km an fast der gesamten Uferlinie Lissabons entlang. Den Anfang macht der Fischereihafen in Algés und Pedrouços, dann folgen mehrere Fährbahnhöfe zwischen dem Cais do Sodré und Terreiro do Paço, bis die Hafenanlagen schließlich ab Santa Apolónia von einem Containerterminal vervollständigt werden. Die größten und tiefsten Docks liegen jedoch in Alcântara. Insgesamt umschließen die Docks des Lissabonner Hafens eine Wasserfläche von 430.000 m². Dazu kommen noch die Anlagen auf der Tejosüdseite in Trafaria, Porto Brandão, Almada, Seixal, Barreiro und Montijo.

Belém

Ein freundlicher Stadtteil am Tejo, etwa sieben Kilometer vom Zentrum entfernt. Viel Grün, gepflegte Parks, mehrere interessante Museen und das bemerkenswerteste Bauwerk Lissabons: das Hieronymitenkloster im verspielten manuelinischen Stil der Entdeckerzeit. Nicht weit davon die alte Festung Torre de Belém im gleichen Baustil.

Vom nahen Ankerplatz in Restelo aus starteten die portugiesischen Seefahrer ihre Reisen ins Ungewisse: so Vasco da Gama im Juli 1497 auf dem Weg zur

Die Brücke des 25. April – Verkehrsschlagader für den Süden

Entdeckung des Seewegs von Europa nach Indien. Ebenfalls Richtung Indien brach hier Anfang 1500 Pedro Álvares Cabral auf. Berühmt wurde er allerdings, weil er auf seiner Reise als erster Europäer nach Brasilien gelangte. Von Cabral wird die Anekdote erzählt, er sei nur deshalb dort angekommen, weil er bei der Umsegelung Afrikas einen zu großen Bogen Richtung Westen schlug. Die Seefahrertradition des Stadtteils hielt sich bis ins 20. Jh., als Priester die portugiesischen Kabeljaufischer vor ihrer weiten Fahrt bis zur kanadischen Küste hier am Fährhafen segneten.

Bis 1886 war Belém noch ein selbstständiger Kreis, erst dann wurde Belém in die Stadt Lissabon eingemeindet. Aber schon immer zog es die Herrschenden Lissabons hierher. Während früher die Könige im Palácio de Belém lebten – sofern sie nicht gerade einen ihrer anderen Paläste in Ajuda, Queluz, Sintra oder Mafra vorzogen – residiert heute der portugiesische Staatspräsident im ehemaligen Königspalast. Nordwestlich von Belém liegt der Stadtteil **Restelo**, das vornehmste Wohnviertel Lissabons. In den Einfamilienhäusern mit Garten und Tejoblick leben zahlreiche Diplomaten.

Anfahrt Mit der Straßenbahn 15 ab der Praça da Figueira (Metro Rossio) oder Praça do Comércio. Ab dem Bahnhof Cais do Sodré fahren Züge nach Belém (Achtung: nicht alle Züge halten in Belém!). Nachtbus 201 ab Cais do Sodré.

Cordoaria Nacional

Auf dem Weg nach Belém wird kaum einem Besucher die knapp 400 m lange Fassade der ehemaligen Seilfabrik an der Rua da Junqueira verborgen bleiben. Der Marquês de Pombal gründete 1771 das schlichte, gelb gestrichene Gebäude als Real Fábrica da Cordoaria, um Seile und Segel für die portugiesische Kriegs-

marine herzustellen. Später weitete man die Produktion auf Tischdecken, Bettlaken und Fahnen aus. Unter den Arbeiterinnen befanden sich von der Polizei verhaftete Prostituierte, die auf dem Fabrikgelände in einer Besserungsanstalt interniert waren. 1992 stellte man die Produktion in dem einstöckigen Gebäude endgültig ein. Seither dient es als Ort für Ausstellungen und Veranstaltungen.
Anfahrt Straßenbahn 15 bis Haltestelle Hospital Egas Moniz.

Palácio de Belém

Der rosarote Palast an der Praça Dom Afonso Albuquerque dient den portugiesischen Staatspräsidenten seit 1912 als Amtssitz und offizielle Wohnung. König Dom João V. hatte den Palast im Jahr 1726 erworben und ihn zur königlichen Residenz umbauen lassen. Schon der Eingangssaal lässt den Luxus dieses Palastes erahnen: Hier befinden sich zwei schöne Brunnen sowie sehenswerte blau-gelbe Azulejos. Die nächsten Säle verzieren goldene Wandtücher, Kronleuchter und Wandgemälde. In den herrlichen Gärten liegt inmitten von gelben und roten Rosen und kunstvoll beschnittenen Buchshecken ein schöner Springbrunnen. Unterhalb des Palastbalkons mit herrlichem Tejoblick sind in einer kleinen Einbuchtung Reliefs römischer Kaiser zu sehen; so kann sich selbst der republikanische Präsident ein bisschen als Monarch fühlen.

In einem Nebengebäude ist das Museu da Presidência untergebracht, das Präsident Jorge Sampaio einrichten ließ. Den Eingang markiert die Uhr des Marineoffiziers Mendes Cabeçadas, der mit seinem Angriff vom Kriegsschiff Adamastor auf den Palácio das Necessidades am 4.10.1910 das Ende der Monarchie einläutete, sozusagen die Stunde Null der portugiesischen Republik. Weiter sind hier Geschenke anderer Staatsoberhäupter, Orden und persönliche Gegenstände der Präsidenten ausgestellt, darunter das berühmte Monokel António de Spínolas, des ersten Präsidenten nach der Nelkenrevolution.

Anfahrt/Öffnungszeiten ✆ 213614660. Straßenbahn 15 bis Haltestelle Belém. Museum: Di–So 10–18 Uhr. Eine Besichtigung des Palastes ist nur am Sa möglich (letzte Führung um 17 Uhr). Eintritt 2,50 €, bis 25 J. und ab 65 J. 1,50 €, unter 14 J. frei. Am Sa ist der Eintritt doppelt so hoch (inkl. Palast-Führung). Sicherheitschecks wie am Flughafen.

Jardim do Ultramar

Inmitten schöner Palmenalleen und kleiner Teiche wachsen in diesem „Überseegarten", dem ehemaligen Park des Palácio de Belém, tropische und subtropische Pflanzen aus allen Erdteilen. Eine Ausstellung in einem kleinen Pavillon informiert über Herkunft der Pflanzen und ihre Nutzung. Im oberen Teil der sieben Hektar großen Anlage des Botanischen Gartens befindet sich der sehenswerte Palácio dos Condes da Calheta aus dem 18. Jh. Auf dessen Rosenterrasse lässt es sich gut entspannen. Picknicken ist leider verboten!

Anfahrt/Öffnungszeiten Straßenbahn 15 bis Haltestelle Mosteiro dos Jerónimos. Täglich 10–17 Uhr, Fei geschlossen. Eintritt 1,50 €, Studenten und Rentner 0,75 €, Kinder bis 6 J. frei.

Igreja da Memória

Nördlich des Jardim do Ultramar liegt mit der vom Italiener Giovanni Bibienna entworfenen Igreja da Memória eine der schönsten neoklassizistischen Kirchen Portugals. Errichtet wurde das Gotteshaus zum Gedenken (*Memória*) an die angebliche Hilfe Marias beim Scheitern eines Attentats auf König Dom José I. Die Kirche ist exakt an der Stelle erbaut worden, an der in der Nacht des 3. September 1758 ein Mordversuch auf König Dom José verübt wurde, als dieser auf dem Weg zum Palácio da Ajuda war. Der Marquês de Pombal, Premierminister des Königs und faktischer Herrscher des Landes, rächte sich blutigst an den Hintermännern des Anschlags und ließ zahlreiche Mitglieder der ihm verhassten Adelsfamilien der Távoras und Mascarenhas hinrichten. Außerdem verwies er die Jesuiten des Landes; dass sie am Anschlag beteiligt waren, konnte Pombal aber nicht beweisen. So war es nur logisch, dass man 1923 auch die sterblichen Überreste von Sebastião José de Carvalho e Melo, dem Marquês de Pombal, in die Kirche überführt hat.

Anfahrt Largo da Memória. Bus 27 oder 29 bis Haltestelle Igreja Memória.

Mosteiro dos Jerónimos

Das Hieronymitenkloster gilt als bedeutendstes Werk der Manuelinik, der portugiesischen Variante der Spätgotik. Der Besuch des Klosters ist ein absolutes Muss. Es gilt als *das* Bauwerk der portugiesischen Nation schlechthin und hat einen hohen Symbolwert: Hier ruhen die Könige der Dynastie Aviz, unter der Portugal seinen Höhepunkt an internationaler Bedeutung erreichte, mit Luís de Camões, Alexandre Herculano und Fernando Pessoa drei der wichtigsten portugiesischen Schriftsteller sowie der bedeutende Seefahrer Vasco da Gama. Seit 1984 ist das Kloster auch UNESCO-Weltkulturerbe. Zuletzt nutzte diese Symbolik der damalige Ministerpräsident Mário Soares,

Belém und Ajuda

als er am 12. Juni 1985 im Kreuzgang des Klosters den Vertrag zum EU-Beitritt Portugals unterschrieb.

Laut einer weit verbreiteten Legende ließ König Manuel I. 1499 das Kloster zu Ehren der Entdeckung des Seewegs nach Indien durch Vasco da Gama bauen. Allerdings hat Papst Alexander VI. dem portugiesischen König bereits 1496 durch eine Bulle die Genehmigung für den Bau eines Hieronymitenklosters in Belém erteilt. Da war Vasco da Gama noch nicht einmal zu seiner Reise nach Indien aufgebrochen ...

Die Arbeiten an dem auch *Santa Maria de Belém* genannten Kloster begannen 1501. Während der etwa einhundertjährigen Konstruktionsphase leiteten insgesamt vier Architekten den Bau: Diogo de Boitaca, João de Castilho, Diogo de Torralva und Jerónimo de Ruão. Der lange Westflügel ist gar erst in der zweiten Hälfte des 19. Jh. vollendet worden, um dort das Marine- und das Archäologiemuseum unterzubringen. Um den Bau zu finanzieren, stellte Manuel I. große Summen zu Verfügung: Der König zweigte einen Großteil des so genannten Pfeffer-Zwanzigsten für das Kloster ab, also 5 % der Einnahmen aus dem einträglichen Pfefferhandel mit Afrika und Asien. Boitaca hatte übrigens laut seinen Originalplänen noch Größeres vor: Er wollte das Kloster viermal so groß errichten. In den Konvent zogen Mönche vom Orden des hl. Hieronymus ein. Der Ordensgründer lebte im heutigen Syrien als Einsiedler, überarbeitete die lateinische Bibel (Vulgata) und starb in Bethlehem im Jahr 420. Die Mönche in Belém hatten die Aufgabe, für die Seele des Königs zu beten und den am Strand von Restelo abfahrenden Seeleuten geistlichen Beistand zu geben. Mit der Säkularisierung löste der Staat das Kloster im Jahr 1834 auf. Bis 1940 diente es als Waisenhaus der *Casa Pia de Lisboa*.

Das großartige **Südportal** auf der Tejoseite der 300 m langen Fassade ist mit Statuen der Apostel, Propheten und Engel geschmückt. Der Architekt João de Castilho hat das Portal in Form einer kunstvollen Reliquien-Monstranz entworfen. An der Spitze ist Maria mit dem Jesuskind dargestellt – eine Anspielung auf den Namen des Klosters (Belém = Bethlehem). Noch deutlicher wird dies am Haupteingang der Kirche, dem Westportal, das die Geburt Jesu zeigt. Es lohnt sich hier auch die beiden seitlichen Figurengruppen des Bildhauers Nicolau de Chanterène zu betrachten: Die linke zeigt König Manuel I. (kniend) mit dem hl. Hieronymus; rechts Königin Dona Maria, begleitet von Johannes dem Täufer.

Gesalzene Strafe – Beco do Chão Salgado

Von der Rua de Belém biegt kurz vor dem Mosteiro dos Jerónimos eine kleine Sackgasse ab. Hier erinnert eine Säule an den am 12. Januar 1759 auf Befehl des Marquês de Pombal zerstörten Palast der Familie Mascarenhas. Dom José de Mascarenhas, Oberhaupt der Adelsfamilie und Herzog von Aveiro, hatte das gescheiterte Attentat vom 3. September 1758 auf König Dom José I. initiiert. Pombal ließ ihn und vier weitere Mitglieder der Familie am 12. Januar 1759 in Belém hinrichten – an die fünf Toten erinnern die fünf Ringe der Gedenksäule. Den Titel des *Duque de Aveiro* löschte Pombal aus, den Palast und sämtliche weiteren Güter der Familie ließ er bis auf die Grundmauern schleifen. Schlussendlich befahl Pombal, den Boden zu versalzen, damit in den Gärten nie wieder etwas wüchse. So erklärt sich auch der Name der Sackgasse, den man mit „Gasse des versalzenen Bodens" übersetzen kann.

Zitronengelbes Licht durchflutet das dreischiffige **Kirchenschiff** in Form eines lateinischen Kreuzes. Die Sonnenstrahlen fallen durch eine Rosette an der Westseite herein. Sechs reich verzierte, 25 m hohe Säulen erinnern an einen Palmengarten. Samstags (11–15 Uhr) und sonntags (13–15 Uhr) finden hier in der Kirche die prächtigsten Hochzeiten Lissabons statt.

Unter der Empore stehen zwei mächtige Sarkophage. Gleich links neben dem Eingang das Grabmal Vasco da Gamas mit Symbolen von Macht und Eroberung: Weltkugel, Karavelle und Kreuzritterzeichen. Auf der anderen Seite das Grabmal der Schönen Künste mit Buch, Federkiel und Leier. Letzteres wurde symbolisch zu Ehren des Dichters Luís de Camões geschaffen, der dort nicht wirklich beigesetzt werden konnte, da er 1580 als Opfer einer Pestepidemie seine letzte Ruhe in einem Massengrab fand.

Der **Chor** entstand einige Jahrzehnte später unter der Leitung der Architekten Diogo de Torralva und Jerónimo de Ruão. Er hebt sich mit seinem farbigen Marmor und klassisch-nüchternen italienischen Renaissancestil völlig von der übrigen Kirchengestaltung ab. 1551 erfüllte König João III. den testamentarischen Wunsch seines Vaters und Gründers des Klosters, Dom Manuel I., und ließ dessen Leichnam hierher überführen. Seitdem diente der Chor des Mosteiro dos Jerónimos als letzte Ruhestätte für die Toten der Dynastie Aviz.

Nicht alle sind aber tatsächlich hier beerdigt, so ist im rechten Teil des Chors ein symbolisches Grabmahl für König Dom Sebastião untergebracht. Sein Leichnam verschwand nach der verlorenen Schlacht von Alcácer-Quibir in Marokko – der Beginn vom Ende der Dynastie Aviz. Im Kopfteil des Chors finden wir ein Grab der Herzogin Dona Catarina de Bragança. Sie hatte nach dem Tod des letzten Königs der Dynastie Aviz, Kardinal Dom Henrique, vergeblich versucht, dem spanischen König Felipe II. den portugiesischen Thron streitig zu machen. Ein weiteres Grab, das etwas aus der Reihe fällt, ist das von Dom Afonso VI. Er ist der einzige König der Dynastie Bragança, der hier seine letzte Ruhe gefunden hat.

*Architektonische Meisterleistung –
das Südportal des Mosteiro dos Jerónimos*

Märchenhaft verspielt ist der **Kreuzgang**. Dessen Untergeschoss wurde 1517 vom französischen Architekten Boytac (in Portugal Diogo de Boitaca genannt) im rein manuelinischen Stil entworfen.

Einige Jahrzehnte später entstand das Obergeschoss unter dem Baumeister João de Castilho – es ist bereits deutlich sichtbar von Renaissance-Einflüssen geprägt. Im oberen Teil des Kreuzgangs befindet sich auch der Eingang zur Empore der Kirche. Neben einem beeindruckenden Blick in die Kirche sind hier Gemälde der zwölf Apostel und ein altes Holzkruzifix zu sehen.

Der **Kapitelsaal** im unteren Geschoss des Kreuzgangs wurde nach dem Erdbeben von 1755 rekonstruiert. Hier hat man die Klosterversammlungen abgehalten – der Balkon diente als Rednertribüne. Heute steht in der Mitte des Raumes das Grabmal Alexandre Herculanos, eines berühmten Schriftstellers der portugiesischen Romantik. Gegenüber liegt der **Speisesaal** der Mönche (*refeitório*) mit schönen Azulejos. Auf dem Gang erinnert ein Monument an den berühmtesten Dichter Portugals der Neuzeit: Fernando Pessoa (1888–1935). In seinem 50. Todesjahr wurde er 1985 vom Friedhof Cemitério dos Prazeres hierher umgebettet.

Kreuzgang des Mosteiro dos Jerónimos

Anfahrt/Öffnungszeiten Praça do Império, ✆ 213620034. Straßenbahn 15 bis Haltestelle Mosteiro dos Jerónimos. Täglich außer Mo und Fei 10–17 Uhr (Mai–September bis 18 Uhr). Letzter Einlass 30 Min. vor Schließung. Eintritt für den Kreuzgang 4,50 €, bis 25 J. und ab 65 J. 50 % Ermäßigung, mit Cartão Jovem 60 %, bis 14 J. frei, So bis 14 Uhr generell kostenlos. Eintritt zur Kirche frei.

Planetário Calouste Gulbenkian

Der auffällige Beton-Kuppelbau aus dem Jahr 1965 westlich des Hieronymitenklosters beherbergt das Planetarium der portugiesischen Marine. Das Rund des Planetariums hat einen Durchmesser von 24 m und fasst bis zu 330 Personen. Ein moderner Zeiss-Projektor illustriert den Sternenhimmel über Lissabon sowie die Planeten- und Kometen-Bewegungen.

Anfahrt/Öffnungszeiten Praça do Império, ✆ 213620002. Straßenbahn 15 bis Haltestelle Centro Cultural de Belém. Vorführungen Do 16 Uhr und Sa/So 15.30 Uhr, So Kindermorgen um 11 Uhr. Eintritt 4 €, bis 18 J. und ab 65 J. 50 % Ermäßigung. Vorführungen auch auf Englisch und Französisch.

1. Grab von Fernando Pessoa
2. Grab von Alexandre Herculano
3. Grab von König Kardinal Dom Henrique
4. Gräber der Kinder von Dom Manuel I.
5. Grab von Königin Dona Maria de Castela
6. Grab von König Dom Manuel I.
7. Grab von König Dom Alfonso VI. und Herzogin Dona Catarina de Bragança
8. Grab von König Dom João III.
9. Grab von Königin Dona Catarina de Castela
10. Gräber der Kinder von Dom João III.
11. Symbolisches Grab von Dom Sebastião
12. Südportal
13. Grab von Vasco da Gama
14. Symbolisches Grab von Luís de Camões
15. Westportal

  Mosteiro dos Jerónimos

Centro Cultural de Belém

Das Kulturzentrum in Belém ist der bedeutendste staatliche Neubau Portugals des 20. Jh. Der gigantische Komplex, ganz in leicht rosafarbenem Marmor aus dem Alentejo gehalten, übertraf die vorgesehenen Baukosten um mehr als das Doppelte und zog einen parlamentarischen Untersuchungsausschuss nach sich. Ursprünglich sollte das Gebäude zum Beginn der EG-Präsidentschaft Portugals im Januar 1992 fertig gestellt werden, doch erst zum abschließenden EG-Gipfeltreffen im Juni des gleichen Jahres konnte man einige wenige Bereiche provisorisch einweihen.

Architektonisch scheiden sich an diesem Bau die Geister: Die einen finden das vom Italiener Vittorio Gregotti und dem Portugiesen Manuel Salgado entworfene Gebäude sehr schön und gelungen, andere halten es für ein hässliches Monstrum. Zu letzteren gehörte auch der Verantwortliche für das UNESCO-Weltkulturerbe in Portugal. Am liebsten hätte er sogar dem Mosteiro dos Jerónimos und der Torre de Belém die Einstufung als Weltkulturerbe aberkannt, da durch den Centro Cultural der Blick vom Turm zum Kloster versperrt wird.

Auf jeden Fall gelang es der *Fundação das Descobertas*, die den Centro Cultural betreut, das Kulturzentrum mit Leben zu erfüllen: In den Auditorien finden Konferenzen, Konzerte und Theateraufführungen statt; die Galerien zeigen gut besuchte Ausstellungen.

Anfahrt Praça do Império, ✆ 213612400. Straßenbahn 15 bis Haltestelle Centro Cultural de Belém.

Padrão dos Descobrimentos

1940: 300 Jahre nach der Unabhängigkeit von Spanien. Ein guter Zeitpunkt, so schien es dem Diktator Salazar, um der ganzen Welt mit der so genannten Ausstellung der portugiesischen Welt, der *Exposição do Mundo Português*, Glanz und Glorie seines Kolonialreiches zu präsentieren. Den Kernpfeiler der Ausstellung bildete der Padrão dos Descobrimentos, „Denkmal der Entdeckungen" und Symbol Portugals als Entdeckernation: Von Landseite erscheint das Denkmal wie ein riesiges Schwert – das Wahrzeichen der Dynastie Aviz, unter der die Kolonien erobert und unterworfen wurden. Betrachtet man das Denkmal dagegen von einem vorbeifahrenden Schiff aus, so sieht es wie der Bug einer echten Karavelle aus.

Die erste Version des „Denkmals der Entdeckungen" war für die Ausstellung 1940 noch aus schlecht haltbarem Material erbaut worden. 1960 ließ die Regierung es aber zum Gedenken an den 500. Todestag Prinz Heinrich des Seefahrers, dessen Seefahrerschule die Keimzelle der überseeischen Expeditionsfahrten war, aus Stahlbeton rekonstruieren. Vorne am „Bug" des Denkmals ist Prinz Heinrich dargestellt, hinter ihm reihen sich an der „Reeling" weitere berühmte portugiesische Entdecker, Seeleute und Missionare in Überlebensgröße. Man kann das Denkmal auch von innen erklimmen. Oben öffnet sich ein guter Ausblick auf Belém und den Tejo. Auf dem Platz vor dem Denkmal sind die Entdeckungsfahrten und alle ehemaligen portugiesischen Kolonien auf einer Windrose mit riesiger Marmorweltkarte eingearbeitet. Portugal erhielt die Karte mit 50 m Durchmesser als Geschenk der Republik Südafrika.

Anfahrt/Öffnungszeiten Av. Brasília, ✆ 213031950. Straßenbahn 15 bis Haltestelle Centro Cultural de Belém (Fußgängerunterführung unter der Bahnlinie benutzen). 10–18 Uhr (Juni bis September bis 19 Uhr), Mo geschlossen. Eintritt 2 €, Studenten und mit Cartão Jovem 50 % Ermäßigung, bis 12 J. frei.

Torre de Belém

Der kunstvoll im manuelinischen Stil erbaute Verteidigungsturm an der Tejoeinfahrt ist *das* Fotomotiv Lissabons. Besondere Bedeutung kommt ihm als Symbol der nationalen portugiesischen Einheit und als Zeichen der Verbundenheit mit den ehemaligen Kolonien zu. Die Torre de São Vicente de Belém, so der volle Name der dem Lissabonner Stadtpatron hl. Vinzenz geweihten Festung, wurde zwischen 1514 und 1520 unter Leitung des Architekten Francisco de Arruda gebaut. Ab 1580 diente sie den spanischen Eroberern als Kerker für unbequeme Patrioten. Während der Napoleonischen Invasion wurde der Turm zerstört, 1846 unter Dona Maria II. und Kriegsminister Duque da Terceira rekonstruiert.

Früher stand der Turm mitten im Fluss, das Hieronymitenkloster direkt am Ufer. Durch Aufschüttungen und das Erdbeben von 1755 trat das Ufer weiter vor, sodass der Turm nun vom Land aus zugänglich ist. Über eine Zugbrücke geht es ins Innere. Die Aussichtsplattform ganz oben bietet einen guten Blick auf die umliegenden Stadtteile sowie über den Tejo bis nach Trafaria.

Die Verteidigungsfunktion wird heute übrigens vom Forte de Pedrouços ausgeübt, das direkt neben der Torre de Belém liegt. Neben dem Turm findet sich noch ein Flugzeug zur Erinnerung an die beiden portugiesischen Piloten Sacadura Cabral und Almirante Gago Coutinho, denen 1922 die erste Südatlantiküberquerung gelang.

Ermida de Belém: schlichte, dem hl. Hieronymus geweihte Kapelle

Anfahrt/Öffnungszeiten Straßenbahn 15 bis Haltestelle Largo da Princesa. Täglich außer Mo und Fei 10–17 Uhr (Mai–September bis 18.30 Uhr). Letzter Einlass 30 Min. vor Schließung. Eintritt 3 €, bis 25 J. und ab 65 J. 50 % Ermäßigung, mit Cartão Jovem 60 %, bis 14 J. frei, So bis 14 Uhr generell kostenlos. ✆ 213620034.

Ermida de Belém

Die kleine viereckige Einsiedelei ist im gotisch-manuelinischen Stil gehalten, wirkt aber vor allem durch ihre weiße Fassade im Gegensatz zu vielen anderen Bauwerken dieses Stiles sehr nüchtern. Die Kapelle auf dem Restelo-Hügel wurde 1514 nach einem Plan des berühmten Architekten Diogo de Boitaca erbaut. Eigentlich heißt sie *Capela de São Jerónimos*, da sie früher zum Hiernoymitenkloster gehörte. Wer den Aufstieg nach oben bis zur Ermida auf sich genommen hat, wird mit einem phantastischen Blick auf Belém und den Tejo bis weit hinaus aufs Meer belohnt.

Anfahrt/Öffnungszeiten Straßenbahn 15 bis Haltestelle Largo da Princesa. Das Innere ist leider nicht öffentlich zugänglich.

Ajuda

Der nördlich von Belém gelegene Stadtteil Ajuda wirkt mit seinen einfachen, einstöckigen Häusern wie eine Kleinstadt oder sogar wie ein Dorf. Dazu passt, dass hier die einzigen noch erhaltenen Windmühlen der Stadt zu finden sind. Über Ajuda thront das unvollendete Königsschloss Palácio Nacional da Ajuda.

In diesem Viertel haben sich vor allem Angehörige der Mittelschichten Lissabons niedergelassen. Einen guten Eindruck des bunten Lebens bekommt man dienstag- bis samstagvormittags auf dem großen Markt fliegender Händler in der Travessa da Boa-Hora (s. „Einkaufen/Märkte" S. 190).

Anfahrt Mit der Straßenbahn 18 ab der Praça do Comércio oder Bus 60 ab der Ecke Rua Augusta/Rua do Comércio.

Palácio Nacional da Ajuda

Inmitten großzügig angelegter Grünanlagen liegt der Palast der letzten portugiesischen Könige. Den Grundstein legte man im Jahr 1795. An dieser Stelle standen zuvor Holzbaracken, die so genannten *Barracas Reais*, in die sich die königliche Familie aus Angst vor Erdbeben zurückgezogen hatte. Die Originalpläne stammten von Manuel Caetano de Sousa; kurz nach Baubeginn modifizierten die Architekten Francisco Fabri und José da Costa e Silva aber den Entwurf nach der neuen neoklassizistischen Ästhetik.

Mit der Flucht von König João VI. vor den Napoleonischen Invasionstruppen nach Brasilien stellte man die Bauarbeiten 1807 ein. Erst nach mehr als einem Jahrzehnt wurden sie wieder aufgenommen, den Westflügel hat man allerdings nie ganz beendet. 1861 zog die königliche Familie unter König Dom Luís I. in den unvollendeten Palast. Heute wird er von den portugiesischen Präsidenten für Zeremonien und Festbankette genutzt. Immer wieder, zuletzt 1995, hat man die Arbeiten am Westflügel fortgesetzt. Geplant war die Fertigstellung für 1998, aber die Bauarbeiten wurden bald wieder eingestellt. Es wird wohl noch lange Jahre dauern, bis der Palast vollendet ist ...

Der große, weiße Bau ist mit einer Fülle von Möbelstücken und Kunstwerken des 19. Jh. ausgestattet. Im Osteingang stehen große Statuen aus der Schule von Machado de Castro, welche die verschiedenen Tugenden repräsentieren. Im unteren Geschoss kann man die Gemächer des Königs und der Königin bewundern; das Zimmer der Königin ist ganz in Blau gehalten und mit einem riesigen Himmelbett ausgestattet. Im oberen Stockwerk liegt die ganz in dunklem Holz gehaltene Kunstgalerie von König Dom Luís. Inspirieren ließ sich der König vom Tejoblick. Anschließend folgen nach einem beeindruckenden Korridor von 130 Metern Länge, zwei Ballsäle und der Kronsaal mit hohen Decken, ausladenden Gemälden und glitzernden Kronleuchtern. In einem Seitenflügel befindet sich das Kulturministerium sowie das portugiesische Denkmalamt IPPAR, das dort auch Kunstbücher verkauft.

• *Anfahrt/Öffnungszeiten* Calçada da Ajuda, ✆ 213620264. Straßenbahn 18 ab Praça do Comércio bis Haltestelle Calçada da Ajuda-GNR (die Tram fährt nur Mo–Fr), oder Busse 14 und 60 ab Ecke Rua Augusta/Rua do Comércio. Täglich außer Mi und Fei 10–17 Uhr (letzter Einlass 16.30 Uhr). Eintritt 4 €, bis 25 J. und Rentner 50 % Ermäßigung, mit Cartão Jovem 60 %, Kinder unter 14 J. frei, So vor 14 Uhr generell kostenlos. Die Besucher werden durch den Palast geführt.

Jardim Botânico da Ajuda

Der Jardim Botânico da Ajuda gilt als ältester botanischer Garten Portugals. König Dom José I. ließ ihn bereits 1768 durch den italienischen Botaniker Domingos Vandelli anlegen. Zu seiner besten Zeit zeigte er 5.000 exotische Pflanzen aus aller Welt. Seit 1910 gehört der Botanische Garten der Landwirtschaftlichen Fakultät der Technischen Universität von Lissabon, die dem in der Zwischenzeit verfallenen Garten wieder zu alter Pracht verholfen hat. Die schönste Zeit für einen Besuch ist Ende Mai bis Anfang Juni, wenn im oberen Teil eine herrliche Allee von violetten Jacaranda-Bäumen blüht. Den unteren Teil prägen dagegen exakt gestutzte Buchshecken in Dreiecksform. Im Schatten der seltenen tropischen Bäume streiten sich alte Männer beim Kartenspiel und toben eine Menge Kinder herum. Spektakulärer Höhepunkt des Gartens ist der Brunnen *Fonte das 40 Bicas*, dessen 40 Wasseröffnungen in abenteuerlichen Tierformen gestaltet sind. Schlangen, Enten, Frösche, Fische und Seepferdchen speien um die Wette.

• *Anfahrt/Öffnungszeiten* Calçada da Ajuda, ✆ 213622503. Straßenbahn 18 ab Praça do Comércio bis Haltestelle Calçada da Ajuda-GNR (nur Mo–Fr) oder Busse 14 und 60 ab Ecke Rua Augusta/Rua do Comércio. Täglich außer Mi 9–18 Uhr, im Sommer bis 20 Uhr. Eintritt 1,50 €, Studenten, Rentner 50 % Ermäßigung, Kinder unter 7 J. kostenlos.

Cemitério da Ajuda

Einst von Königin Maria I. als Friedhof der Armen von Belém und Ajuda und der Bediensteten der Königspaläste angelegt, ist der Cemitério da Ajuda dennoch ein reiches Schmuckstück der portugiesischen Grabkultur. Der seit 1835 der Stadt Lissabon gehörende Cemitério da Ajuda wirkt mit seinen romantischen Grabkapellen und grünen Alleen ein bisschen wie eine kleine Ausgabe des Prazeres-Friedhofs. Während der vordere Bereich mit seinen Mausoleen einen wohlhabenden Eindruck vermittelt, geht es auf den Grabfeldern weiter hinten einfacher zu. Dafür hat man dort einen umso prächtigeren Blick auf den Palácio Nacional da Ajuda, den Tejo und die Brücke des 25. April.

Anfahrt/Öffnungszeiten Calçada do Galvão. Tram 18 ab Praça do Comércio (nur Mo–Fr), oder Bus 60 ab Ecke Rua Augusta/Rua do Comércio bis Endstation Cemitério da Ajuda. Täglich 9–17 Uhr (Mai–September bis 18 Uhr). Letzter Einlass 30 Min. vor Schluss.

Cemitério da Ajuda: Blick zum Cristo-Rei nach Almada

Spaziergang durch Belém und Ajuda

Mit der Straßenbahnlinie 18 (die Linie verkehrt nur Mo–Fr) ab der Praça do Comércio oder den Bussen 14 und 60 ab der Ecke Rua Augusta/Rua do Comércio kann der Ausgangspunkt der Tour, der Königspalast **Palácio Nacional da Ajuda,** bequem erreicht werden. Gegenüber dem Ajuda-Palast bietet sich für eine erste Pause der **Jardim Botânico da Ajuda** an. Die Calçalda da Ajuda hinunter trifft man auf den zweiten Königspalast Lissabons, den rosaroten **Palácio de Belém**. In einem Seitenflügel ist das Kutschenmuseum, das **Museu Nacional dos Coches**, untergebracht. Es lohnt sich auch ein Abstecher ins Elektrizitätsmuseum **Museu de Electricidade**, das in einem ehemaligen Kohlekraftwerk untergekommen ist. (beide s. „Museen" S. 341 bzw. S. 342).

In der Rua de Belém empfiehlt sich unbedingt eine Besuch der Konditorei *Fábrica dos Pastéis de Belém* (s. „Cafés" S. 181). Nach dem Garten **Jardim do Ultramar** erreicht man Lissabons wichtigste Sehenswürdigkeit, das Hieronymitenkloster **Mosteiro dos Jerónimos**. Durch die weite Parkanlage vor dem 300 Meter langen Gebäude kommt die reich verzierte Kalksteinfassade voll zur Geltung. In Nebenflügeln des Klosters sind das **Museu Nacional de Arqueologia** (Archäologiemuseum) und das **Museu de Marinha** (Marinemuseum) untergebracht (beide s. „Museen" S. 336 bzw. S. 346).

Schräg gegenüber dem Kloster fällt ein in leicht rosafarbenem Marmor gehaltener Komplex mit ähnlichen Dimensionen wie das Hieronymitenkloster ins Auge. Es handelt sich um das **Centro Cultural de Belém**, in dem auch das **Museu do Design** (Designmuseum) seinen Platz gefunden hat (s. „Museen" S. 342). Daneben reckt sich der **Padrão dos Descobrimentos** in die Höhe. Weiter im Westen erhebt sich an der Tejoeinfahrt der Wehrturm **Torre de Belém**. Wer von hier aus zurück ins Zentrum will, kann die Straßenbahnlinie 15 (Richtung Praça da Figueira) ab der Haltestelle Largo da Princesa in der nahen Rua de Pedrouços nehmen. Wer dagegen noch Lust auf einen kleinen Spaziergang hat, kann den Hügel bis zur Einsiedelei **Ermida de Belém** erklimmen.

Parque Urbano dos Moinhos de Santana

Windmühlen mitten in Lissabon? Auf den ersten Blick hört sich das an wie ein schlechter Scherz von Don Quixote, aber die Mühlen gibt es tatsächlich. Nur 150 m hinter dem Ajuda-Friedhof drehen zwei Windmühlen ihre Segel im Tejowind. An den Verstrebungen befestigte Tonkrüge sorgen für ein pfeifendes Geräusch. 1762 errichtet, um Mehl für die Bewohner Lissabons zu mahlen, hat man sie 1965 renoviert. Eines der beiden runden Mühlgebäude kann auch von innen besichtigt werden. Außenrum hat die Stadt einen kleinen Park mit Trimm-dich-Pfad angelegt. Wer den Weg hierher gefunden hat, wird mit dem besten Blick im Westen Lissabons belohnt: Von der Brücke des 25. April über den weiten Atlantik bis hin zum Palácio Nacional da Pena in 30 km entfernten Sintra reicht das phantastische Panorama. Das Szenario wäre perfekt, wenn da nicht die hässlichen Hochhäuser in der Nachbarschaft stünden. Leider hat die Stadt auch noch neue genehmigt, anstatt die bisherigen abzureißen.

Anfahrt/Öffnungszeiten Estrada de Caselas, ✆ 217786035. Tram 18 ab Praça do Comércio (nur Mo–Fr) oder Bus 60 ab Ecke Rua Augusta/Rua do Comércio bis Endstation Cemitério da Ajuda. Täglich 9–18 Uhr, April–September bis 20 Uhr.

Benfica

Mit seinen ca. 70.000 Einwohnern ist Benfica im Nordwesten der Stadt heute eines der wichtigsten Viertel Lissabons. Aus der ländlichen Vergangenheit Benficas ist noch einiges zu sehen, so der prächtige Palácio Marquês de Fronteira. Auch der Zoo und der Monsanto-Park gehören zu den Attraktionen Benficas.

Das Viertel erstreckt sich entlang der längsten Straße Lissabons, der Estrada de Benfica, die am Zoologischen Garten Sete Rios beginnt und an den Portas de Benfica, den Stadttoren an der Grenze zum Kreis Amadora, endet. Bis 1886 gehörte Benfica zum Kreis Belém und war nicht mehr als eine Ansammlung weniger Bauernhöfe und Paläste der Reichen Lissabons. Ab den 60er Jahren und besonders in den 70er Jahren des 20. Jh. wandelte sich das Bild des Stadtteils völlig. Überall schossen mehrgeschossige Wohnblöcke und Bürogebäude aus Beton und Glas aus dem Boden und verdrängten die traditionellen Bauernhöfe und Landgüter fast vollständig. Heute leben in Benfica vor allem Angestellte und Beamte sowie andere Angehörige des Mittelstands.

Anfahrt Ab Praça do Comércio oder Rossio mit dem Bus 46 (Richtung Damaia oder Portas de Benfica). Bestimmte Bereiche sind gut mit der Metro zu erreichen, z. B. der Zoo (Station Jardim Zoológico). Nachtbusse 205 und 202 ab Cais do Sodré.

Jardim Zoológico (Zoo)

Der Jardim Zoológico wurde 1884 als erster Zoo der Iberischen Halbinsel gegründet, seit 1905 befindet er sich auf dem Gelände in Benfica. Länger als andere zoologische Gärten Europas behielt er das alte, nicht artgerechte Prinzip bei, die Tiere in Käfigen auszustellen. Seit den 80er Jahren hat man den Lissabonner Zoo aber Schritt für Schritt modernisiert. Auf einer Fläche von 18 Hektar sind 370 verschiedene Arten zu sehen, darunter Davidshirsche, Pinguine, Lamas, Raubvögel und Giraffen. Besonders beliebt bei den Besuchern ist ein Elefant, der für eine Münzspende mit einer Glocke läutet. Weitere Hauptattraktionen sind das Reptilienhaus und die Gondelbahn. Leider hat der Zoo auch auf ein Delphinarium nicht verzichtet, obwohl die Meeressäuger nicht artgerecht in Gefangenschaft gehalten werden können und in der Regel dort deutlich früher sterben als in Freiheit.

Anfahrt/Öffnungszeiten Estrada de Benfica, 158, ✆ 217232910. Metro Jardim Zoológico. Täglich 10–18 Uhr. Eintritt 11,50 €, ab 65 J. 9,50 €, bis 11 J. 8,50 €, Kinder bis 2 J. frei, mit Cartão Jovem 12 % Ermäßigung. Der vordere Bereich des Zoos mit den Gartenanlagen ist kostenlos.

Palácio Marquês de Fronteira

Der herrschaftliche Palast mit seinen schönen Grünanlagen erstreckt sich direkt am Fuße des Monsanto-Parks. Gebaut wurde der **Palast** im 17. Jh. von Dom João de Mascarenhas, dem ersten Marquês de Fronteira. Anlass war die Wiedererlangung der portugiesischen Unabhängigkeit. In der *Sala das Batalhas* stellen Azulejos die acht wichtigsten Schlachten gegen die Spanier nach 1640 dar.

Nach draußen gelangt man über einen Balkon, wo man die berühmten Azulejos mit ihren witzigen Affen-Motiven beachten sollte. Sie karikieren das Leben der herrschenden Gesellschaftsschichten. Am Ende des Balkons liegt eine

Kapelle, deren Eingang man kunstvoll mit Muscheln und zerbrochenen Porzellantellern ausgekleidet hat. Um die Teller rankt sich die Legende, dass es sich dabei um das Geschirr handele, von dem der König bei der Einweihung des Palastes gegessen habe. Weiter unten liegt der herrliche Erfrischungsraum, in dem sich die Grafen im Sommer auszuruhen pflegten.

Im **Garten** mit seinen exotischen Pflanzen erzeugt das einzigartige Licht der dunkelblauen Mauern ein ganz besonderes, romantisches Flair. Den unteren Teil dominiert eine große Galerie mit den Büsten fast aller Könige Portugals, die sich in einem Teich spiegeln. Um exakt zurechtgestutzte Buchshecken gesellen sich Statuen und Azulejos mit Motiven, die für die einzelnen Monate des Jahres typisch sind.

• *Anfahrt/Öffnungszeiten* Largo São Domingos de Benfica, 1, ℡ 217782023. Zwischen Zoo und Monsanto-Park. Mit der Metro bis zur Station Jardim Zoológico. Weiter mit Bus 70 (Richtung Espaço Monsanto) oder zu Fuß über die Rua das Furnas und die Rua de São Domingos de Benfica, die Bahnlinie über die Fußgängerüberführung querend, bis zum Palast. Besichtigung des Gartens Mo–Fr 14–16.30 Uhr. Führungen mit Palast-Besichtigung beginnen Mo–Sa um 11 und 12 Uhr (man muss sich kurz vorher am Haupteingang einfinden). So und Fei geschlossen. Eintritt Palast und Garten 7,50 €. Nur Gartenbesichtigung 3 €. Keine Ermäßigungen.

Miradouro do Calhau

Am Rand des Monsanto-Parks liegt der Miradouro do Calhau inmitten von mit vereinzelten Kiefern bestandenen Wiesen. Vom Aussichtspunkt blickt man auf Benfica, den Zoo Sete Rios und Amoreiras. Nebenan kann das mitgebrachte Picknick an Holzbänken verzehrt werden. Das benachbarte, sehr abgeschiedene Viertel Bairro do Calhau erinnert noch sehr an die ländliche Vergangenheit Benficas.

• *Anfahrt* Mit der Metro bis zur Station Jardim Zoológico. Weiter zu Fuß über die Rua das Furnas und die Rua de São Domingos de Benfica, die Bahnlinie über die Fußgängerüberführung querend (bis hierher fährt auch Bus 70 bis Halt Palácio Marquês da Fronteira). Am Beginn der Palastmauer des Palácio Marquês de Fronteira links in die Straße Sítio do Calhau. Anschließend sind es noch ca. 700 m Fußweg bis zum Aussichtspunkt (halb links halten).

Parque Florestal de Monsanto

Der Monsanto-Park ist mit seinen 800 Hektar und 600.000 Bäumen die grüne Lunge der gesamten Stadt und dominiert Lissabons Westen. Mit dem Fort von Monsanto auf 230 Metern über dem Meer ist hier auch der höchste Punkt der Stadt zu finden. Auf Grund der hohen Lage findet man allenthalben Aussichtspunkte. Auch wenn man es nicht vermuten würde, so ist der Park relativ neu. Erst in den 30er Jahren des vergangenen Jahrhunderts ließ Bauminister Duarte Pacheco hier Bäume pflanzen und den Park durch den Landschaftsarchitekten Keil do Amaral anlegen. Zuvor nutzten die Lissabonner den Hügel als Olivenhain, Getreidefeld und Steinbruch. Aus dieser Zeit sind heute noch mehrere Forts und Windmühlen zu sehen.

Die ursprünglichen Pläne, das Gebiet komplett zu begrünen, setzte die Stadt leider nie um. Stattdessen bebaute man mehrere Teile mit Wohnungen und öffentlichen Gebäuden. Die Stadtverwaltung vernachlässigte den Park so sehr,

Parque Florestal de Monsanto 321

Übernachten
4 Casa Quinta Nova da Conceição

Essen & Trinken
1 Rest. Solar de Benfica
2 Pastelaria Luamel
3 Pastelaria Califa

dass sich hier in den 90ern Straßenprostitution breit machte und Müll die Straßen säumte. Seit 2004 hat man es aber geschafft, den Park zu säubern und den Autoverkehr zugunsten der Fußgänger und Radfahrer zurückzudrängen, dennoch wird der Park von mehreren Straßen durchzogen. Inzwischen haben die Lissabonner ihren „neuen" Monsanto-Park angenommen und gehen hier vor allem am Wochenende gerne joggen, Rad fahren oder picknicken.

• *Anfahrt* Der Kreisverkehr Cruz das Oliveiras ist der beste Ausgangspunkt für eine Monsanto-Besichtigung. Er lässt sich mit den Bussen 11 (ab Praça do Comércio, Rossio und Praça Marquês de Pombal), 23 (ab Praça Marquês de Pombal), 24 (ab Metro Pontinha) und 29 (ab Belém und Metro Pontinha) gut erreichen. Zum Aussichtsrestaurant Montes Claros fahren die Busse 23 und 29.

Rundwanderung durch den Monsanto-Park

> Zahlreiche Aussichtspunkte und viel Grün inmitten der Stadt. Länge: ca. 7 km, Dauer: 2 Std. (auch nur 1 Std. möglich), Schwierigkeit: einfach.

Startpunkt ist der Kreisverkehr an der Cruz das Oliveiras (Busse s. o.), von dem es nach Süden über die Autobahn zum benachbarten Kreisverkehr geht. Dort beginnt ein geteerter Waldweg rechts neben der Straße nach Alcântara und Alvito. Der Weg nennt sich auch *Pista Miguel das Águas* und wird vor allem am Wochenende gerne als Radweg benutzt.

Er verläuft zwischen Kiefern und Eukalyptusbäumen weitgehend parallel zur Straße, bis er auf die für Autos gesperrte Straße zum Amphitheater Keil do Amaral trifft. Hier geht es rechts entlang eines Wegs parallel zur Straße. Auf der Anhöhe nach dem Skatepark bietet sich zum ersten Mal eine gute Aussicht: Zu sehen sind der Palácio Nacional da Ajuda mit Glockenturm, der Tejo und die Ponte 25 de Abril, bei guter Sicht sogar die entfernte Serra da Arrábida.

Linker Hand liegt nun das Freilufttheater Keil do Amaral, rechter Hand sieht man Kurzwellenantennen. Bei den darauf folgenden Abzweigungen die zweite nach rechts nehmen. Der geteerte Weg führt auf die Anhöhe Miradouro do Penedo. Hier steht eine der 17 Windmühlen, die von den ursprünglich 70 Mühlen des Parks noch vorhanden sind. Wer will, kann im Schatten von Kiefern bei herrlicher Aussicht auf die Tejobucht grillen und picknicken.

Anschließend geht es den Weg nach unten Richtung Parkplatz und dann nach links den Feldweg parallel zur Straße entlang. Nach etwa 100 m überquert man die Straße und biegt in den Weg hinter dem großen Straßenschild „Montes Claros" ein. Nach 20 m muss man sich an der Gabelung links halten. Vorbei an einer Schlucht mit Blick Richtung Serra de Sintra erreicht man einen weiteren Picknickplatz.

Auch an der nächsten Gabelung geht es nach links, am Kreisverkehr dann auf die gegenüberliegende Seite zum Aussichtsrestaurant Montes Claros, einem beliebten Ort für Hochzeitsfeiern. Wer das Restaurant auf der rechten Seite umgeht, erreicht den zugehörigen Aussichtspunkt mit Blick auf die Vororte Amadora und Miraflores. Am Ende des Aussichtspunkts nimmt man den Weg halbrechts nach unten. Der Bugio-Leuchtturm mitten im Meer ist von hier gut zu erkennen.

Unten erreicht man an der Estrada de Queluz den Stadtteil Restelo. Wer will, kann hier den Bus 14 ins Stadtzentrum zur Praça da Figueira oder den Bus 23 zurück zur Cruz das Oliveiras (Richtung Desterro) nehmen. Ansonsten geht es kurz vor der Straße rechts in den Weg namens *Pista da Cordoaria*. Die Vegetation ist hier spürbar niedriger: Olivenbäume und kleine Kiefern säumen den Weg. Nach 150 m geht es an der Wegzweigung rechts. Inzwischen ist die nahe Autobahn nach Cascais nicht mehr zu überhören. Der Weg läuft parallel zur Autobahn, bis man sie durch die Unterführung quert.

Auf der anderen Seite folgt man der für Autos gesperrten Straße. An der Kreuzung geht man über den Zebrastreifen und weiter geradeaus den Weg neben der Straße entlang. In den

Felsen rechter Hand verstecken sich zahlreiche Eidechsen. Olivenbäume säumen den Wegesrand. Am Bushalt der Linie 24 namens *Lisboa Clube Ténis* geht es rechts von der Straße ab. Nach 30 m biegt man rechts in einen ansteigenden Feldweg ab, der durch schattige Kiefern und Olivenbäume führt. Oben auf der Anhöhe stehen zwei Windmühlen im Wald, die *Moinhos do Mocho*. Von dort folgt man geradeaus dem Weg nach unten in die *Pista da Calceteira*. An dem aufgelassenen Steinbruch hält man sich rechts. Vorbei an einer Antennenanlage und einem Parkplatz gelangt man schließlich zurück zum Ausgangspunkt Cruz das Oliveiras.

Palácio do Beau Séjour

Inmitten der Wohnblocks von Benfica stößt man auf diesen herrlichen romantischen Palast. 1849 erbaute ihn die Gräfin von Regaleira als Landsitz. Die späteren Besitzer, die Enkel des Barons von Glória, ließen das Innere durch bekannte Künstler der Romantik Portugals wie die Geschwister Bordalo Pinheiro verzieren. Romantisch ist auch der Palast-Garten mit seinen exotisch anmutenden Pflanzen, Teichen und interessanten Lichtspielen. 1992 hat die Stadt Palast und Garten renovieren lassen und hier das *Gabinete de Estudos Olisiponenses*, ein Studienzentrum zur Geschichte Lissabons, untergebracht. Seitdem ist die prächtige Anlage öffentlich zugänglich.

Anfahrt Estrada de Benfica, 368, ✆ 217712420. Metro Alto dos Moinhos. Mo–Fr 9–18 Uhr, Sa 10–17 Uhr.

António Lobo Antunes

In seinen Romanen hat António Lobo Antunes immer wieder den Wandel Benficas von einem ländlichen Viertel zu einem von Wohnsilos geprägten Stadtteil beklagt. So schreibt er in *Der Tod des Carlos Gardel*, dem dritten Roman seiner Benfica-Trilogie: *„Benfica, das waren die Störche, das war die Fabrik, das waren die Züge, das war der Park, das waren die wunderschönen Villen, es gab Leute, die kamen nur im Sommer dorthin, so wie man heute in den Schnee oder an den Strand fährt."*

Antunes selbst hat nach seiner Geburt 1942 die Kindheit in Benfica verbracht. Sein Großvater, ein brasilianischer Kautschukhändler, gehörte zur Aristokratie Portugals, wogegen seine Großmutter Deutsche war. Bereits als Kind wollte António Lobo Antunes Schriftsteller werden. Dennoch studierte er Medizin – inspiriert durch seinen Vater João Lobo Antunes, einen berühmten portugiesischen Mediziner. Nach dem Studium musste António Lobo Antunes von 1968–72 Wehrdienst leisten, davon 27 Monate zur Zeit des Kolonialkriegs als Chirurg in Angola. Nach dem Wehrdienst spezialisierte sich Antunes auf Psychiatrie und wurde Chefarzt einer Lissabonner Nervenklinik. Die Erfahrungen des Kolonialkriegs spiegeln sich in Antunes' ersten Romanen wieder, so in seinem zweiten Buch *Os Cus de Judas* (dt. „Judaskuss"). In dem 244-seitigen Monolog rechnet der Erzähler während einer Nacht, die er mit einer unbekannten Frau in einer Lissabonner Bar verbringt, mit dem Krieg in Angola ab. Trotz des enormen Erfolgs – der Roman ist seit seinem Erscheinen 1979 etwa 20-mal neu aufgelegt worden – entschloss sich Antunes erst 1985 dazu, nur noch als Schriftsteller zu arbeiten und die Psychiatrie aufzugeben.

Dem Stadtteil Benfica hat Antunes eine ganze Roman-Trilogie gewidmet. *Tratado das Paixões da Alma* (dt. „Die Leidenschaften der Seele") handelt von der Beziehung zwischen einem Terroristen aus der wohlhabenden Familie der „Antunes" und einem auf ihn angesetzten Ermittlungsrichter, dem Sohn des ehemaligen Hausmeisters des Antunes-Anwesens. Ebenfalls gute Kritiken erhielt der zweite Teil der Benfica-Trilogie *A Ordem Natural das Coisas* (dt. „Die natürliche Ordnung der Dinge). Auch diese Erzählung über die Schattenseiten des modernen Portugal spielt in Benfica und zwar in der Calçada do Tojal. Bei der Beschreibung seiner Orte bleibt Antunes dabei stets genau und realitätsnah, so auch in seiner Romanreihe zum Thema Macht, die er 1996 mit *O Manual dos Inquisidores* (dt. „Handbuch der Inquisitoren") begann. Unverwechselbar ist sein dichter Erzählstil, in dem er mehrere Zeitebenen und Erzähler ineinander verwebt.

In Portugal sorgt der Autor regelmäßig durch sein exzentrisches Verhalten für Aufsehen. So lästerte er: „Die meisten Schriftsteller können nicht schreiben, und die meisten Kritiker nicht lesen." Nachdem sein Intimfeind José Saramago 1998 den Literaturnobelpreis erhalten hat, wird nun Antunes als aussichtsreichster portugiesischer Anwärter auf diesen Titel gehandelt.

Estádio da Luz

Die Bauarbeiten für das „Stadion des Lichtes" begannen am 1. Dezember 1954. Erst nachdem man den dritten Zuschauerring 1985 vollständig geschlossen hatte, war die Arena vollendet und Platz für bis zu 120.000 Zuschauer geschaffen – damals das größte Stadion Europas. Das reine Fußballstadion war aber fast nie ausverkauft und litt nach Ansicht der Cluboberen unter der fehlenden Überdachung. Zur Europameisterschaft 2004 in Portugal ließ der Verein das Estádio da Luz daher komplett abreißen, neu aufbauen und überdachen. Dabei sank allerdings die Zahl der Sitzplätze auf 65.000. Verloren ging damit leider auch das herrliche, offene Rund des alten Stadions, das zu den schönsten Europas zählte, auch wenn es vielleicht den „modernen" Erfordernissen von VIPs und Presse nicht genügte.

Für den Neubau schoss der portugiesische Staat immerhin 21 Millionen der 96,1 Millionen Euro Baukosten zu, schließlich hatte man schon dem Konkurrenten Sporting bei dessen Stadion-Neubau geholfen. Das Ergebnis kann sich aber durchaus sehen lassen: Auch das neue Luz-Stadion gehört weiterhin zu den schönsten Arenen Portugals.

Sport Lisboa e Benfica

Der überall schlicht und einfach unter *Benfica* bekannte Club ist der erfolgreichste Fußballverein Portugals. Er hat etwa die Hälfte aller nationalen Meisterschaften und Pokale gewonnen, konnte zweimal den begehrten Europapokal der Landesmeister mit nach Hause nehmen und brachte es darüber hinaus auf fünf weitere Endspielteilnahmen in diesem Wettbewerb. Doch Benfica heißt nicht nur Fußball: In fast allen in Portugal praktizierten Sportarten hat Benfica schon portugiesische Meisterschaften gewonnen.

Seit dem Pokalsieg von 1995/96 kriselt es jedoch im Verein, der den stolzen Adler als Wappentier trägt. Ohnmächtig mussten die *Benfiquistas* mit ansehen, wie der *FC Porto* aus Nordportugal Meisterschaft für Meisterschaft mit großem Abstand gewann. Ab 1999 sollte der deutsche Trainer Jupp Heynckes für ein Ende der sportlichen Misere sorgen. Nicht lange, denn frustriert vom im Verein herrschenden Chaos warf er ein Jahr später das Handtuch. So hatte Benfica zwar Spieler von anderen Clubs eingekauft, sie aber einfach nie bezahlt.

In der Saison 2000/2001 passierte das Undenkbare: Man schaffte nicht einmal mehr die als sicher geltende Qualifikation für den UEFA-Cup. Als sechster lag man hinter Provinzclubs wie dem Sporting Clube de Braga und União Leiria. Auch finanziell bewegte sich der Verein schnell in Richtung Abgrund: Der damalige Vereinspräsident João Vale e Azevedo soll den Club in 14 Fällen zu seinen Gunsten betrogen und das Geld in die eigene Tasche abgezweigt haben. Nach seinem Abgang 2000 wurden erhebliche Unregelmäßigkeiten in der Buchhaltung festgestellt, wofür die Justiz Vale e Azevedo später auch verhaften ließ. Sein schlimmstes Erbe ist aber der Schuldenberg von etwa 200 Millionen Euro, der langfristig die Existenz des Vereins bedroht. Immerhin konnte Benfica aber 2005 wieder einmal eine portugiesische Meisterschaft gewinnen.

Auf dem Vorplatz steht eine Statue des Fußballers Eusébio, Benficas berühmtester Spieler aus der ehemaligen portugiesischen Kolonie Moçambique und schon zu Lebzeiten eine Legende. Er erzielte in seinen 715 Spielen für Benfica 727 Tore und galt zu seiner aktiven Zeit als der beste Spieler Europas. Mit ihm hat der Verein von 1961 bis 1975 einige seiner größten Erfolge erzielt, in diesen Jahren gewannen die „Roten" allein 10-mal die Meisterschaft. Insgesamt stehen stolze 15.000 Pokale in den Hallen des Clubs.

Anfahrt/Öffnungszeiten Av. Norton de Matos, ✆ 217219500. Metro Colégio Militar/Luz. Kartenverkauf für Spiele: s. „Unterhaltung/Fußball" S. 201.

Quinta Granja

Dieser Bauernhof ist einer der wenigen sichtbaren Überbleibsel der landwirtschaftlichen Vergangenheit Benficas. Um die weiße Quinta, die durchaus mitten in der südportugiesischen Provinz Alentejo stehen könnte, grasen die Schafe im Schatten der umstehenden Wohnblöcke. Wenn die Bauern ihre Felder vor der Quinta bestellen, fällt ihr Blick direkt auf das modernste Einkaufszentrum Lissabons, das Centro Comercial Colombo. Mit 189.000 m² Fläche ist es das größte Einkaufszentrum der Iberischen Halbinsel (s. Einkaufen S. 186). Man kann geradezu spüren, wie hier das alte und das neue Portugal frontal aufeinanderprallen.

Anfahrt Metro Colégio Militar/Luz

Carnide/Lumiar

Carnide ist der einzige Stadtteil Lissabons mit vollständig erhaltenem altem Dorfkern. Ebenfalls im Norden Lissabons liegt Lumiar mit seinen schönen Palästen. Sehenswert ist hier vor allem der Parque do Monteiro-Mor, einer der schönsten Parks Lissabons mit dem Theater- und dem Trachtenmuseum.

Carnide macht mit seinen ein- bis zweistöckigen Häusern zwischen dem Largo da Luz und der Estrada da Correia auch heute noch einen ländlichen, geradezu dörflichen Eindruck. Dass der Stadtteil durchaus sehenswert ist, scheint jedoch kaum bekannt zu sein – die Touristen jedenfalls kann man hier an einer Hand abzählen.

Weiter östlich liegt der Stadtteil **Lumiar**. Auch wenn viele alte Gebäude dem Bauboom der 90er Jahre zum Opfer gefallen sind, so finden sich doch besonders entlang der Alameda das Linhas de Torres und im Bezirk Paço do Lumiar noch mehrere schöne Paläste.

Anfahrt Sowohl Carnide als auch Lumiar sind über die gleichnamigen Metrostationen gut zu erreichen. Nach Carnide fährt auch der Nachtbus 202, nach Lumiar Nachtbus 207 (beide ab Cais do Sodré).

Parque do Monteiro-Mor

Ganz im Norden Lissabons und abseits der touristischen Pfade erstreckt sich auf über elf Hektar im Stadtteil Lumiar einer der schönsten Parks Lissabons. Pedro de Noronha, der dritte Marquês de Angreja und Nachfolger des Premierministers Pombal, ließ den Park in der zweiten Hälfte des 18. Jh. anlegen.

Neben Ulmen und Eschen pflanzte er nach Plänen des italienischen Botanikers Domenico Vandelli eine Fülle exotischer Bäume, darunter Palmen und die erste Araukarie (Schuppentanne) Portugals. Heute sind im Park außerdem ein Skulpturengarten sowie das **Museu Nacional do Traje** und das **Museu Nacional do Teatro**, das Trachten- und das Theatermuseum, zu finden (s. Museen S. 351).

Anfahrt/Öffnungszeiten Largo Júlio Castilho (Metro Lumiar). Täglich außer Mo und Fei 10–17.45 Uhr (Mai bis Oktober bis 18.45 Uhr). Eintritt in den Park (ohne Museen) 1,50 €, bis 25 J. und ab 65 J. 50 %, mit Cartão Jovem 60 % Ermäßigung, bis 14 J. frei. So bis 14 Uhr generell kostenlos.

Igreja da Nossa Senhora da Luz: Hier soll Maria erschienen sein.

Estádio de Alvalade

Das Estádio de Alvalade im Süden des Stadtteils Lumiar gehört zum zweiten Lissabonner Fußballclub, dem *Sporting Clube de Portugal*, kurz *Sporting* genannt. Zur Europameisterschaft 2004 hat der Club dieses Stadion komplett neu erbaut, das alte nebenan wurde abgerissen. Die 52.000 Zuschauer fassende Arena ist in grellem Gelb und in Grün gehalten. Nicht jeder schätzt diese Farbwahl des Stararchitekten Tomás Taveira, er zeichnete auch schon für das Amoreiras-Einkaufszentrum verantwortlich. Unter dem Stadion erstreckt sich ein Einkaufszentrum, das noch greller gestaltet ist. Die Kosten für den Neubau betrugen 79 Millionen Euro, davon kamen 18,3 Millionen vom Staat.
Anfahrt Rua Francisco Stromp, 2, ✆ 217516000. Metro Campo Grande. Kartenverkauf für Spiele: s. „Unterhaltung/Fußball" S. 201.

Stadtviertel im Osten Lissabons

Eine etwas seltsam anmutende Mischung aus Wohnblocks, Fabrikhallen, Hafenanlagen und alten Palästen prägt die Viertel im Osten der Stadt. Die wichtigsten Sehenswürdigkeiten sind der Ostfriedhof Alto de São João, das Azulejomuseum und der Parque das Nações mit seinem herrlichen Ozeanarium.

Früher wurde diese Gegend weitgehend landwirtschaftlich genutzt. Einige der damals erbauten Konvente und Paläste sind noch heute zu sehen. Zu den alten Klöstern zählt der Convento dos Barbadinhos in der Rua do Alviela, der heute das sehenswerte Wassermuseum **Museu de Água** (s. „Museen" S. 335) beherbergt. Nach dem Beginn der Industrialisierung in Portugal baute man vor allem nördlich des Bahnhofs Santa Apolónia Fabriken, um von der Nähe der Bahnlinie zu profitieren. Die Fabriken stehen heute aber weitgehend leer.

Wie viele andere Viertel am Stadtrand war auch der bevölkerungsreichste Stadtteil Lissabons, **Olivais**, früher ein Dorf. Davon übrig geblieben ist lediglich der alte Ortskern Olivais Velho um die Praça da Vila dos Olivais nördlich der Avenida de Berlim. 1885 wurde der Kreis Olivais in die Stadt Lissabon eingemeindet. Lange Zeit blieb dies ohne Konsequenzen, bis die portugiesische Regierung zwischen 1955 und 1960 begann, hier in großem Stil Sozialwohnungen zu errichten. Unter dem Diktat der Beamten des Salazar-Staates *Estado Novo* wurden zwei Bebauungspläne für die Besiedelung von Olivais Nord und Süd aufgestellt und rigoros umgesetzt. Auch das Bairro da Encarnação neben dem Flughafen ist zur Zeit Salazars entstanden. In den Ein- und Zweifamilienhäusern wohnten allerdings die oberen Schichten der Diktatur.

Die EXPO 98 brachte einen neuen Entwicklungsschub in die bis dahin völlig heruntergekommene Gegend am östlichen Tejoufer. Rund um das Ausstellungsgelände, das heute **Parque das Nações** genannt wird, entstand ein komplett neues Stadtviertel für Bezieher mittlerer bis gehobener Einkommen. Vor dem Beginn der Weltausstellung wurde das Viertel völlig umgestaltet: Eine Ölraffinerie, ein Müllplatz sowie ein Schlachthof mussten den Pavillons der Weltausstellung weichen.

Südlich von Olivais erstreckt sich das große Sozialwohnungsviertel **Chelas**. Hier fanden viele ehemalige Slumbewohner nach dem Abriss ihrer alten Unterkünfte in hässlichen, anonym durchnummerierten Wohnblocks eine neue Bleibe. Kein Wunder, dass dies der Stadtteil mit den größten sozialen Problemen ist. Hohe Analphabeten- und Kriminalitätsquote, zahlreiche Jugendbanden und Vandalismus prägen das triste Bild.

Anfahrt Mit der roten Linie der Metro. Außerdem Bus 28 (Richtung Moscavide) ab Praça do Comércio den Tejo entlang. Nachts übernimmt der Bus 210 diese Strecke ab Cais do Sodré.

Cemitério Alto de São João (Ostfriedhof)

Der größte Friedhof der Stadt bietet beeindruckende Grabkapellen und einen schönen Ausblick auf das Binnenmeer des Tejo. Die Stadt legte ihn 1841 nach den Choleraepidemien von 1830–1835 an. Zuvor waren die Toten in den Kirchen bestattet worden, was der Ausbreitung von Seuchen förderlich war. Nicht zu übersehen ist gleich links neben dem Haupteingang die reich verzierte neo-manuelinische Grabkapelle der katholischen Wohlfahrtsorganisation *Santa Casa da Misericórdia* aus dem Jahr 1900. Rechts gegenüber liegt die 1905 errichtete, kaum weniger prächtige Gruft des Grafen von Valbom.

Geradeaus geht es zum einzigen Krematorium Portugals – in Portugal hat die Feuerbestattung keine Tradition. Wer sich am Krematorium links hält, erreicht bald das inmitten herrlicher romantischer Grabkapellen gelegene Monument für die Toten des 5. Oktober 1910, dem Tag der Errichtung der Republik. Ganz hinten links steht die *Cripta dos Combatentes*, in der Marechal Gomes da Costa begraben ist; er putschte am 28. Mai 1926 gegen die demokratische Republik (s. „Geschichte" S. 41). Nebenan liegen die Gräber der Toten des

Ersten Weltkriegs. Im südlichen Teil des Friedhofs, der sich den Hügel hinunter erstreckt, befinden sich dagegen die einfacheren Gräber und Beinhäuser.

Anfahrt/Öffnungszeiten Ab der Rua Morais Soares (Metro Arroios) mit den Bussen 18 (Richtung Chelas) oder 42 (Richtung Bairro Madre de Deus) bis Haltestelle Alto São João. Täglich 10–17 Uhr (Mai bis September bis 18 Uhr). Einlass bis 30 Min. vor Schluss.

Parque das Nações

Das Ausstellungsgelände der EXPO 98 am Tejoufer im Osten Lissabons heißt heute Parque das Nações (Park der Nationen). Hier an der Doca dos Olivais ist mit dem Ozeanarium eine der Hauptsehenswürdigkeiten Lissabons zu finden.

Pünktlich zur EXPO eröffneten die portugiesischen Eisenbahnen direkt neben dem Ausstellungsgelände den neuen Hauptbahnhof Lissabons **Gare do Oriente**. Entworfen hat ihn der valencianische Architekt Santiago Calatrava. Bei der Auswahl der Überdachung hat sich Calatrava von Bäumen inspirieren lassen und ein „waldartiges" Glasdach über die Bahnsteige gespannt. Entstanden ist ein herrliches Gebäude, das fast zu schweben scheint. In Punkto Sicherheit ist der Bahnhof ebenfalls Spitze: Als einzige europäische Station erhielt er von der Stiftung Warentest die Note „gut". Nebenan sind inzwischen zahlreiche moderne Hochhäuser erbaut worden. Im obersten Stock des Gebäudes mit dem auffälligen Dach neben dem Vasco da Gama-Einkaufszentrum wohnt übrigens Belmiro de Azevedo, Chef des SONAE-Konzerns und einer der reichsten Männer Portugals. Das höchste Gebäude Lissabons ist die Torre Vasco da Gama am Tejoufer. Der schlanke Betonturm bringt es auf 145 m.

Im Gegensatz zu Sevilla 1992 hatte sich die Regierung bereits im Vorfeld der Weltausstellung Gedanken über die weitere Nutzung des ca. 50 Hektar großen Geländes gemacht. Die Regierung ging mit gutem Beispiel voran und wählte den ehemaligen Pavillon Portugals als neues Domizil des Ministerrats, allerdings gab man die Pläne später wieder auf. Ausgesucht hatte man den Pavillon sicher auch wegen dessen eigenwilliger Vorplatzüberdachung: ihn überspannt ein beeindruckendes, 1.400 Tonnen schweres Stahlbetonsonnensegel des portugiesischen Star-Architekten Álvaro Siza Vieira.

Ansonsten klappte der Übergang von alter zu neuer Nutzung aber reibungslos. Die Nordhallen, in denen die meisten Länderpavillons untergebracht waren, dienen nun der **Feira Internacional de Lisboa** (FIL) als neues Messegelände. In den Haupteingang der EXPO wurde mit dem Centro Comercial Vasco da Gama gar eins der größten Einkaufszentren der Stadt eingebaut (s. Einkaufen S. 186). Und in den ehemaligen Pavilhão do Conhecimento ist das Technikmuseum **Ciência Viva** eingezogen (s. Museen S. 352).

Gegenüber ist im ehemaligen *Pavilhão do Futuro* seit April 2006 das neue Spielcasino Lissabons untergekommen, ein Ableger des Casinos aus Estoril. 800 Slot-Maschinen und 22 Spieltische warten im **Casino Lisboa** auf Besucher, die hier ihr Geld verlieren wollen (geöffnet tägl. 15 bis 3 Uhr).

Neben der Uferpromenade laden im Parque das Nações die Gärten **Jardins Garcia de Orta** zum Verweilen ein. Sie sollen die Landschaften darstellen,

Parque das Nações 331

welche die portugiesischen Entdecker auf ihrer Reisen vorfanden. Neben den Pflanzen aus Macau, São Tomé und den Azoren findet man kleine Wasserfälle, Bäche und Gartenlauben. Im Norden des ehemaligen Weltausstellungsgeländes finden auf der **Praça Sony** Pop- und Rockkonzerte statt.

Stadtteile im Osten Lissabons

Trotz der diversen Weiterverwertungen blieb als Saldo der EXPO 98 immerhin ein beachtliches Defizit von etwa 550 Millionen Euro – und dies, obwohl auch in Portugal nach Aussagen der Politiker die Weltausstellung den Steuerzahler eigentlich nichts hätte kosten sollen ...

• *Anfahrt/Öffnungszeiten* Infoposten in der Alameda dos Oceanos gegenüber dem Centro Comercial Vasco da Gama, ✆ 218919333. Metro Oriente. Täglich 10–20 Uhr (im Winter bis 18 Uhr). Die Messe Lissabon (FIL) hat die ✆ 218921000.

Mit der Karte *Cartão do Parque* erhält man kostenlosen Zutritt zum Ozeanarium, zur Seilbahn und den Pavilhão dos Conhecimentos. Die Karte kostet 16,50 €, bis 12 J. und über 65 J. 45 % Ermäßigung. Verkauf im Ozeanarium oder am Infoposten.

Pavilhão Atlântico

Von außen sieht das merkwürdig-elliptische Gebäude wie ein abgestürztes Raumschiff aus, innen überspannt die beeindruckende Mehrzweckhalle eine gebogene Holzdecke, die aus 5.600 Kubikmetern schwedischem Kiefernholz zusammengesetzt wurde. In der zur Weltausstellung 1998 errichteten Halle ist auf zwei Ringen Platz für 12.000 bis 16.000 Zuschauer. Die einem umgekippten Schiffsbauch nachempfundene Konstruktion hat neben dem ästhetischen auch einen energiesparenden Wert. Die Sonne auf der Tejoseite kann das Gebäude erhitzen, während es von den Winden auf der Landseite abkühlt wird. Zur Kühlung wird auch Wasser aus dem nahen Tejo verwendet.

Anfahrt Alameda dos Oceanos, ✆ 218918409. Metro Oriente.

Oceanário

Das größte Ozeanarium Europas war Glanzstück der Weltausstellung von 1998 und ist nun eine der Hauptsehenswürdigkeiten Lissabons. Hier können sich die Besucher Fische aus fünf verschiedenen Klimazonen der Erde hinter Glasscheiben ansehen – manchmal hat man jedoch den Eindruck, dass es eher die Fische sind, die sich Besucher aus fünf Kontinenten anschauen. Der auffällige, quadratische Bau des englischen Architekten Peter Chermayeff ragt aus der Wasserfläche der Doca dos Olivais heraus. Die Besucher erreichen das Ozeanarium über einen langen Steg. Insgesamt sind 15.000 Tiere und etwa 200 verschiedene Arten von Fischen über Vögel, Säugetiere bis hin zu Reptilien zu sehen.

Im Haupttank, an vielen Stellen durch große Glaswände einsehbar, ist die typische Flora und Fauna des offenen Meeres nachempfunden. Hier tummeln sich neben großen Makrelenschwärmen auch Stachelrochen und Barrakudas. Zu den Höhepunkten gehören Mantarochen und die kreisrunden Mondfische, vielleicht die Fische mit der außergewöhnlichsten Fortbewegungsart überhaupt. Die vorbeiziehenden Haie sorgen beim Publikum immer wieder für leichtes Frösteln, auch wenn viele davon harmlose Riffhaie sind.

An die vier Ecken des Haupttanks schließen sich Nachbildungen felsiger Küstenregionen der Weltmeere an. Der Nordatlantik wird durch die Azoren vertreten. Hier finden wir den Kabeljau, Grundlage für das Lieblingsgericht der Portugiesen, den *Bacalhau*, und den Lachs. Der Nebentank des Indischen Ozeans stellt ein Korallenriff der Seychellen mit seinen typischen Tropen-

Schiffspassage: erhöhter Mittelteil der Ponte Vasco da Gama

fischen dar. Die Antarktis bietet Pinguine und Seevögel. Wer Glück hat, erlebt hier, wie die Wärter die Tiere füttern. Die „Stars" des Ozeanariums sind aber die beiden Otter, die man Amália und Eusébio getauft hat, und die im Pazifik-Nebentank schwimmen.

Anfahrt/Öffnungszeiten Doca dos Olivais, ✆ 218917002. Metro Oriente. Täglich 10–19 Uhr (Sommer bis 20 Uhr). Letzter Einlass 1 Std. vor Ende. Eintritt 10 €, bis 12 J. 50 % Ermäßigung, ab 65 J. 5,50 €, bis 3 J. frei. Familienticket 22 €.

Jardim do Cabeço das Rolas

Wer sich einen Überblick über den Parque das Nações verschaffen möchte, findet ihn in den Gärten Jardim do Cabeço das Rolas, gelegen auf einer Anhöhe im Süden des Geländes. Mit seinen schrägen, rot geziegelten Terrassen erinnert die Anlage etwas an Festungen des 19. Jh. Ein Aufstieg lohnt sich vor allem wegen der guten Aussicht auf die Gare do Oriente, die Tejobucht und die Ponte Vasco da Gama. Nach einem anstrengenden Rundgang kann man sich hier auf einer schattigen Bank in Ruhe erholen. Oben befindet sich auch das Wasserreservoir, das den Parque das Nações mit frischem Nass versorgt. Die Grünanlagen selbst sind eher bescheiden. Da die Pflanzen erst zur und nach der EXPO eingesetzt wurden, brauchen sie noch einige Zeit, um sich richtig zu entwickeln.

Nebenan steht mit der **Torre GALP** eines der wenigen Relikte aus der Zeit, als hier noch Industrieanlagen, Schlachthöfe und Mülldeponien das Bild prägten. Der etwa 100 m hohe Öl-Raffinerie-Turm der staatlichen Petroleum-Firma GALP hat das große Aufräumen überlebt. Leider gelangt man nur auf die Panorama-Plattform in 22 m Höhe, der Weg ganz nach ganz oben bleibt versperrt.

Anfahrt/Öffnungszeiten Metro Oriente. Zutritt zum Garten: 9–20 Uhr (Oktober–März nur bis 18 Uhr).

Teleférico (Seilbahn)

Am schnellsten bewegt man sich im Parque das Nações mit dem Teleférico. Die einen Kilometer lange Seilbahn beginnt an der Torre Vasco da Gama, schwebt in etwa 20 m Höhe entlang des Tejoufers über die Gärten Jardins Garcia de Orta und endet in der Nähe des Ozeanariums. Während der Fahrt genießt man einen schönen Blick auf das Binnenmeer des Tejo und das ehemalige EXPO-Gelände.

Anfahrt/Öffnungszeiten Metro Oriente. Mo–Fr 11–19 Uhr, Sa/So und Fei 10–20 Uhr (Juni–September jeweils eine Stunde länger). 3,50 € einfach, hin und zurück 5,50 €, bis 15 J. und ab 65 J. 45 % Ermäßigung, bis 4 J. frei.

Ponte Vasco da Gama

Unweit nördlich des Parque das Nações verbindet die längste Brücke Europas Lissabon mit der Südseite des Tejo. Die Ponte Vasco da Gama mit ihren 18 Kilometern Länge wurde anlässlich der Weltausstellung 1998 errichtet. Zum Bau waren insgesamt 3.300 Arbeiter und 900 Millionen Euro nötig. Im Gegensatz zur Ponte 25 de April liegt die Fahrbahn hier weit tiefer. Nur an zwei Stellen schwingt sich die ausschließlich dem Auto- und LKW-Verkehr dienende Brücke nach oben, um den Weg für den Schiffverkehr frei zu machen. Ansonsten schwebt die Ponte Vasco da Gama nur knapp über der Wasserfläche. Am Horizont verschmilzt das fast endlos wirkende Binnenmeer des Tejo mit der Skyline des fernen Lissabon.

Anfahrt Die Buslinien ab der Gare do Oriente Richtung Setúbal überqueren die Brücke (s. Südlich von Lissabon/Setúbal S. 503).

Museen

Um die fast 50 Museen Lissabons alle zu besuchen, sollte man von vornherein zwei Wochen zusätzlich einplanen. Wer nicht so viel Zeit mitbringt, trifft besser eine Auswahl. Der Stadtteil Belém eignet sich für Museumsbesuche besonders gut, da hier einige der wichtigsten Museen Lissabons in unmittelbarer Nähe nebeneinander liegen.

Die sehenswertesten Museen sind: das Museum der alten Künste Museu Nacional de Arte Antiga, das Azulejomuseum Museu Nacional do Azulejo, das Museum der zeitgenössischen Kunst Museu do Chiado, das Stadtmuseum Museu da Cidade, das Kutschenmuseum Museu Nacional dos Coches, das Gulbenkian-Kunstmuseum Museu de Calouste Gulbenkian und das Marinemuseum Museu de Marinha. Wer bei den Eintritten sparen will, der sollte sonntags oder feiertags morgens auf Museumstour gehen, dann sind viele kostenlos.

• *Museumspass* Das Museumsinstitut IPM verkauft für seine Museen Dauerkarten. Ein Pass für 2 Tage kostet 5 €, für 5 Tage 8 € und für eine Woche 10 €. Verkauf und gültig in jedem Nationalmuseum (*Museu Nacional*) sowie in der Casa-Museu Dr. Anastácio Gonçalves und dem Museu da Música.

Museu da Água da EPAL: Das Wassermuseum ist im ehemaligen Convento dos Barbadinhos aus dem Jahr 1739 untergebracht. Der Konvent diente nach 1880 als erste dampfbetriebene Pumpstation Lissabons, welche die Stadt mit Wasser aus dem 100 km entfernten Rio Alviela versorgte. Übrigens kommt das Lissabonner Wasser z. T. auch heute noch daher, allerdings erledigen die Arbeit kleinere Elektromotoren im benachbarten Neubau. Das alte Gebäude ist eine der wenigen Industrieanlagen aus dem 19. Jh., die heute noch zu sehen sind – sogar die Dampfkessel sind noch vorhanden! Außerdem sind hier Gegenstände ausgestellt, die mit der Wasserversorgung des Großraums Lissabon in Zusammenhang stehen, z. B. Wasserzähler, Armaturen und Laborinstrumente zur Analyse des Wassers. Zum Wassermuseum gehören noch das Aquädukt, die Mãe d'Água (beide s. Amoreiras S. 298/299) und das Reservatório da Patriarcal (s. Bairro Alto/Praça do Príncipe Real S. 282).

• *Anfahrt/Öffnungszeiten* Rua do Alviela, 12, ℡ 218135522 und 218100215 (s. Karte Osten S. 331). Busse 104, 105 ab Praça do Comércio bis Haltestelle Calçada de Santa Apolónia nach dem Bahnhof Santa Apolónia. Mo–Sa 10–18 Uhr, So und Fei geschlossen. Eintritt 2,50 €, ab 65 J., mit Cartão Jovem und Studenten 1,50 €, Kinder bis 12 J. frei. ℡ 218100215.

Museu Nacional de Arqueologia: Im Nationalmuseum für Archäologie sind Fundstücke aus der Bronzezeit, der Eisenzeit, der römischen Epoche und dem hohen Mittelalter zu sehen – alles gut aufgebaut. Darüber hinaus gibt es eine eigene Abteilung für die Geschichte Ägyptens und wechselnde Ausstellungen. Untergebracht ist das Museum im Hauptgebäude des Hieronymitenklosters in Belém.

• *Anfahrt/Öffnungszeiten* Praça do Império, ℡ 213620000 (s. Karte Belém S. 308/309). Tram 15 ab Praça do Comércio bis Haltestelle Centro Cultural de Belém. Di 14–18 Uhr, Mi–So 10–18 Uhr, Mo und Fei geschlossen. Eintritt 3 €, bis 25 J. und ab 65 J. 50 % Ermäßigung, mit Cartão Jovem 60 %, bis 14 J. frei. So generell bis 14 Uhr gratis.

Museu Arqueológico: Dieses zweite, kleinere archäologische Museum Lissabons ist in dem 1755 vom Erdbeben zerstörten Kloster-Komplex der Igreja do Carmo untergebracht. Im Kirchenschiff hat die portugiesische Archäologen-Vereinigung, die *Associação de Arqueólogos Portugueses*, seit 1864 mittelalterliche Säulen und Grabsteine zusammengetragen. Sie sind leider kaum beschriftet. Außerdem steinzeitliche Beile, Grabsteine aus römischer, maurischer und westgotischer Zeit sowie eine Mumien-Sammlung aus Peru. Wer wissen möchte, wie die Kirche vor dem Erdbeben ausgesehen hat, findet im Chorraum ein entsprechendes Modell.

• *Anfahrt/Öffnungszeiten* Ruínas da Igreja do Carmo, Largo do Carmo, ℡ 213478629 (s. Karte Baixa/Chiado S. 240/241). Metro Baixa/Chiado. Direkt neben der Bergstation des Aufzug Santa Justa. 10–18 Uhr, So und Fei geschlossen. Eintritt 2,50 €, Studenten und über 65 J. 1,50 €, unter 14 J. frei.

Museu Nacional de Arte Antiga: Bereits 1884 eröffnet, zählt das Museum der alten Künste zu den ältesten Museen Portugals. In seiner Sammlung hat der portugiesische Staat vor allem die Kunstschätze der bei der Säkularisierung 1834 aufgelösten Klöster zusammengetragen. Hier ist die bedeutendste Kunstsammlung Portugals vereint: sakrale Gold- und Silberarbeiten, portugiesische Keramik, asiatisches Porzellan, antike Möbel, Skulpturen, persische Teppiche, Knüpfteppiche aus Arraiolos im Alentejo sowie afrikanische Kunst.

Untergebracht ist das Museum im mehrfach erweiterten und umgebauten Alvor-Palast aus dem 16. Jh. Nach seinen grünen Fenstern wird das Gebäude auch *Janelas Verdes* genannt. Ins Museum hat man die barocke Capela das Albertas mit ihren Schnitzarbeiten und Azulejos integriert, ein Relikt eines für die Museumserweiterung abgerissenen Albertinerklosters.

Interessanteste Abteilung ist die umfangreiche Bildergalerie mit Gemälden portugiesischer und anderer Meister der verschiedenen europäischen Schulen

▲▲ Parque das Nações vor der längsten Brücke Europas, der Ponte Vasco da Gama (JB)
▲ Buchstabenrätsel: Metro Colégio Militar/Luz (JB)

Praia de Santa Marta in Cascais (JB) ▲▲
Capela da Gandarinha: Kleinod aus dem 17. Jh. (JB) ▲

▲▲ Cascais: Blick auf die Praia da Ribeira (JB)
▲ Kleinster Strand Estorils: Praia da Azarujinha (JB)

▲ Innenhof des Museu do Conde de Castro Guimarães in Cascais (JB) aus dem 14.–19. Jh. Herausragende Einzelstücke sind das Triptychon mit der Versuchung des hl. Antonius von Hieronymus Bosch und das Poliptychon von São Vicente des portugiesischen Malers Nuno Gonçalves. Vertreten sind neben anderen namhaften europäischen Künstlern außerdem Lucas Cranach der Ältere, Albrecht Dürer und Hans Holbein der Ältere. Nicht verpassen sollte man beim Besuch auch die japanischen Wandschirme, welche die Ankunft der ersten Portugiesen in Japan zeigen, sowie Arbeiten des portugiesischen Künstlers Domingos António de Sequeira aus dem 19. Jh. und den schönen Museumsgarten, der mit seinem Café zum Verweilen einlädt.

- *Anfahrt/Öffnungszeiten* Rua das Janelas Verdes, ✆ 213912800 (s. Karte Lapa S. 288/289). Mit Tram 15 von der Praça do Comércio bis Haltestelle Cais da Rocha. Di 14–18 Uhr, Mi–So 10–13 und 14–18 Uhr (letzter Einlass 17.15 Uhr), Mo und Fei geschlossen. Eintritt 3 €, bis 25 J. und ab 65 J. 50 % Ermäßigung, mit Cartão Jovem 60 %; Kinder bis 14 J. frei. So bis 14 Uhr generell frei.

Museu das Artes Decorativas/Fundação Ricardo Espírito Santo Silva: Eingerichtet ist das Museum der dekorativen Künste im sehenswerten Azurara-Palast aus dem 17. Jh. direkt neben dem Miradouro Santa Luzia in der Alfama. Ausstellungsstücke sind vor allem Möbel, Teppiche aus Arraiolos im Alentejo, portugiesische Silberjuwelierskunst sowie chinesisches Porzellan, alle größtenteils aus der Zeit des 17. bis 19. Jh. Zu bewundern gibt es auch wertvolle Intarsienarbeiten in Tischen und Kommoden sowie prächtige Kronleuchter und Lampenschirme. Die Sammlung des Bankiers Ricardo Espírito Santo Silva umfasst ebenso Gemälde nationaler und internationaler Künstler wie dem Portugiesen Domingos António de Sequeira aus dem 18. Jh. Wer will, kann im Museumscafé gemütlich Kuchen essen.

Anfahrt/Öffnungszeiten Largo das Portas do Sol, 2, ✆ 218814600 (s. Karte Alfama S. 252/253). Straßenbahn 12 oder 28 bis Haltestelle Largo Portas do Sol. Mo–Sa 10–17 Uhr, So geschlossen. Eintritt 5 €, ab 65 J. 50 % Ermäßigung, bis 12 J. frei.

Museu Nacional do Azulejo: Das Azulejomuseum im ehemaligen Konvent Madre de Deus dokumentiert die Geschichte der typisch portugiesischen Fliesen und ihrer Fertigung. Zu bewundern sind viele kunstvolle Exemplare aus Portugal und anderen Ländern. Besonders eindrucksvoll ist ein über 20 Meter langes Stadtbild Lissabons vor dem Erdbeben 1755 aus blau-weißen Azulejos im Kreuzgang des Klosters. Es hing zuvor im Palast der Condes de Tentúgal in der Rua de São Tiago à Sé (Alfama). Auch wechselnde Ausstellungen mit modernen Keramiken

Reliefs am Volkskunstmuseum

finden im Azulejomuseum ihren Platz. Baumeister des Kloster-Kreuzgangs war Diogo de Torralva, einer der vier Architekten des Mosteiro dos Jerónimos in Belém. Auf dem Rundgang durch das Museum kann man auch die barocke Klosterkirche Madre de Deus besuchen. Diese vielleicht „portugiesischste" Kirche Lissabons stammt aus dem Jahr 1509 und wurde auf Initiative von Königin Leonor erbaut. An der Stelle der heutigen Kirche war zuvor ein Marienbildnis gefunden worden, das die lokale Bevölkerung verehrte. Außen sind ein schlichtes, aber dennoch schönes Portal und Fenster in manuelinischem Stil zu bewundern. Innen zeigen Azulejos Darstellungen des alten Lissabon. Dem Charme der Kirche konnte sich auch die bekannte portugiesische Musikgruppe Madredeus nicht entziehen: Sie hat sich nach ihr benannt.

• *Anfahrt/Öffnungszeiten* Rua Madre de Deus, ✆ 218100340 (s. Karte Osten S. 331). Ab der Rua Morais Soares (Metro Arroios) mit den Bussen 18 (Richtung Chelas) oder 42 (Richtung Bairro Madre de Deus) bis Haltestelle Igreja Madre Deus. Oder ab der Praça do Comércio mit den Bussen 104 (Richtung Chelas) und 105 (Richtung Qta. Morgado) ebenfalls bis Haltestelle Igreja Madre Deus. Di 14–18 Uhr und Mi–So 10–18 Uhr, Mo und Fei geschlossen. Eintritt 3 €, Kinder bis 14 J. frei, bis 25 J. und ab 65 J. 50 % Ermäßigung, mit Cartão Jovem 60 %. So bis 14 Uhr gratis.

Museu do Banco de Portugal: In ihrem Museum präsentiert die Zentralbank Portugals die Geschichte des Geldes bzw. der Zahlungsmittel von Kauri-Muscheln über den portugiesischen Escudo bis zum Euro. Zahlreiche römische Münzen sind zu sehen, aber auch neue Druckpressen. Portugals erste Zentralbank entstand während der französischen Invasion 1808 mit dem Banco do Brasil in Brasilien. Der Banco de Lisboa folgte erst 1821 und ging 1846 in den Banco de Portugal über. Kurios sind die ausgestellten Äxte, die früher in Westafrika als Geldersatz benutzt wurden. Hohen Seltenheitswert hat ein 5.000-Escudo-Schein, der 1941 gedruckt wurde, da man eine Inflation befürchtete. Die Regierung entschied sich aber dagegen, ihn in Umlauf zu bringen.

Anfahrt/Öffnungszeiten Av. Almirante Reis, 71, ✆ 213128281 (s. Karte Av. Novas S. 276/277). Metro Anjos. Durch den Haupteingang und dann sofort links die Treppe runter in das 2. Untergeschoss. Mo–Fr 10–12 und 14–16 Uhr. Eintritt frei.

Bemalte Fliesen, Azulejos, gelten als die portugiesischste Kunstform: hier am Palácio do Marquês de Pombal in Oeiras

Azulejos

U-Bahnhöfe, Autobahnbrücken und Sporthallen sind damit ebenso gefliest wie Klöster, Paläste und Bürgerhäuser. Im 14./15. Jh. fand diese Art der Malerei ihren Weg von den maurischen Werkstätten in Südspanien nach Lissabon. Darauf deutet auch der Ursprung des Namens *Azulejo*, der von dem arabischen Wort *al zulaique* abstammt, was in etwa „polierter Stein" bedeutet. Beispiele für Fliesen aus dieser Zeit finden sich im Königspalast Palácio Nacional von Sintra.

In der zweiten Hälfte des 16. Jh. setzte sich die aus Italien stammende *majólica*-Technik durch. Sie erlaubte es, direkt auf die emaillierten Azulejos zu malen, ohne dass die einzelnen Farben ineinander liefen. Zuvor hatte man die unterschiedlichen Farbflächen mühsam mit in den Ton gegrabenen Furchen oder kleinen Erhöhungen trennen müssen. Die portugiesischen Künstler nutzten die neue Technik, um an Wandteppiche erinnernde Azulejo-Bilder zu malen. Dabei setzten sich die einzelnen Motive zumeist aus Gruppen von jeweils vier Fliesen zusammen.

Im 17. Jh. entwickelte sich zunehmend ein eigener portugiesischer Stil. Das geometrische Design nach arabischem Vorbild wurde nun endgültig von naturalistischen und exotischen Motiven verdrängt – Fliesenszenen in den Farben Blau, Gelb und Grün auf weißem Grund bedeckten ganze Häuserwände. Ein anschauliches Beispiel sind die Fliesenbilder des Palácio Marquês de Fronteira in Benfica mit seinen fremd anmutenden, nahezu phantastischen Motiven (s. Benfica S. 319).

Ende des 17. Jh. kamen die feingezeichneten, flämischen Fliesen in Blau-Weiß immer mehr in Mode. In Deutschland sind diese unter dem Namen „Delfter Kacheln" bekannt. Damals herrschten in Portugal zwei konkurrierende Techniken vor: Entweder man verwendete die jeweils mit einer einzelnen Figur bemalten Azulejos *de motivo solto*, oder man fügte monumentale Wandbilder aus einer Vielzahl einzelner Fliesen zusammen (vorwiegend Szenen aus dem Leben der Jungfrau Maria, den Leiden Christi, aber auch ländliche Motive). Zu den bedeutendsten Künstlern dieser Zeit zählen António de Oliveira Bernardes und sein Sohn Policarpo.

Da der Bedarf an Azulejos in der Wiederaufbauphase nach dem Erdbeben von 1755 gewaltig anstieg, gründete der damalige Ministerpräsident Marquês de Pombal in Lissabon eine königliche Manufaktur, die *Real Fábrica* am Largo do Rato, mit der die Massenproduktion begann. Die industrielle Herstellung wurde um 1860 vollendet, als man das Siebdruckverfahren einführte. Dadurch mussten die Fliesen nicht mehr von Hand bemalt werden, im Ergebnis verarmte aber die Motivvielfalt.

Erst der Ende des 19.Jh. aufkommende Jugendstil brachte neue künstlerische Dynamik. Wohlhabende Bürger, Cafés und Restaurants ließen ihre Gebäude mit Azulejos verkleiden. In der zweiten Hälfte des 20. Jh. sorgte dann besonders die Lissabonner Metro für Großaufträge und einen neuerlichen Aufschwung der Azulejo-Kunst: Sie ließ ganze Stationen von modernen Künstlern mit Fliesen gestalten (s. Metrostationen S. 275).

Lissabon/Museen

Museu da Carris: Die erste Abteilung des Straßenbahnmuseums stellt Dokumente zur Geschichte der Lissabonner Verkehrsbetriebe Carris aus, die 1870 kurioserweise in Rio de Janeiro gegründet wurden. Alte Uniformen, Fahrkarten und Fotografien runden die Ausstellung ab. Besonders interessant ist ein Modell des Elevador do Carmo aus dem Jahr 1872, das per Schwungrad angetrieben wird. Mit einer historischen Straßenbahn gelangt man in den zweiten Teil des Museums. Hier können Trams und Busse aus allen Epochen von 1901 bis zur Gegenwart bewundert werden. Darunter das letzte Exemplar der offenen Straßenbahnen aus dem Jahr 1902. Man beachte übrigens den ausgestellten Spiegel aus dem Betriebshof Santo Amaro, der die Fahrer zu Reinlichkeit ermuntern sollte und die Aufschrift trägt: „Achtung! Ist der Bart rasiert und der Anzug richtig sauber?" (*Atenção! A barba está feita e o fato bem limpo?*"). Eine Visite der benachbarten Straßenbahn-Werkstätten schließt den Besuch ab.

• *Anfahrt/Öffnungszeiten* Rua Primeiro de Maio, 101/103, ☎ 213613087 (s. Karte Alcântara S. 302/303). Am einfachsten mit der Tram 15 ab Praça do Comércio bis Haltestelle Santo Amaro zu erreichen. Mo–Sa 10–13 und 14–17 Uhr (letzter Einlass 30 Min. vor Schluss). So und Fei geschlossen. Eintritt 2,50 €, bis 12 J. und ab 65 J. 50 % Ermäßigung.

Museu do Chiado/Museu Nacional de Arte Contemporânea: Kern des Museu do Chiado sind Kunstwerke aus der Zeit von 1850–1950. Dementsprechend nennt sich das Museu do Chiado auch „Museum der zeitgenössischen Kunst", im Kontrast zum „Museum der alten Künste" (Museu Nacional de Arte Antiga), von dem es 1911 abgespalten wurde. Hier sind vor allem Gemälde von portugiesischen Künstlern wie Columbano Bordalo Pinheiro, Almada Negreiros und José Malhoa, aber auch französische Plastiken von Auguste Rodin zu sehen. Es findet sich Romantisches und Naturalistisches ebenso wie Modernistisches und Symbolistisches. Zusätzlich ist Raum für wechselnde Ausstellungen. Die Präsentation der Werke in den hohen, kellergewölbeartigen Hallen ist sehr gut gelungen. Sie gehörten ehemals zu einem Franziskanerkonvent, der bei der Säkularisierung 1834 aufgelöst wurde. Später befanden sich in den Räumen eine Keksfabrik, von der heute noch die Öfen zu sehen sind, und eine Druckerei. Gut entspannen kann man übrigens im günstigen Museumscafé auf der Skulpturenterrasse.

• *Anfahrt/Öffnungszeiten* Rua Serpa Pinto, 6, ☎ 213432148 (s. Karte Baixa/Chiado S. 240/241). Metro Baixa/Chiado. Am Südrand des Chiado. Di 14–18 Uhr, Mi–So 10–18 Uhr, Mo und Fei geschlossen. Eintritt 3 €, bis 14 J. frei, bis 25 J. und ab 65 J. 50 % Ermäßigung, mit Cartão Jovem 60 %. So bis 14 Uhr gratis.

Museu da Cidade: Alleine der Palácio Pimenta aus dem 18. Jh., in dem sich das Stadtmuseum befindet, wäre schon einen Besuch wert. Außerdem dokumentiert das Museum in anschaulicher Weise die wechselhafte Geschichte der Stadt Lissabon von der prähistorischen Zeit bis zur Errichtung der Republik 1910 anhand von archäologischen Funden, Zeichnungen und Keramiken. Wer wissen will, wie Lissabon vor dem Erdbeben von 1755 aussah, sollte sich das große Stadtmodell anschauen. Es zeigt jedes einzelne Haus Lissabons der damaligen Zeit.

Anfahrt/Öffnungszeiten Campo Grande, 245, ☎ 217513200 (s. Karte Av. Novas S. 276/277). Metro Campo Grande. Am Nordende des Campo Grande. 10–13 und 14–18 Uhr, Mo und Fei geschlossen. Eintritt 2,50 €, unter 18 J., Studenten, über 60 J. sowie mit Cartão Jovem gratis.

Oase im Grünen: Café Oasis im Azulejomuseum

Museu Nacional dos Coches: Mit seinen 400.000 Besuchern pro Jahr ist das Kutschenmuseum das meistbesuchte portugiesische Museum überhaupt. Königin Amélia rief 1905 diese weltweit einzigartige Kutschensammlung ins Leben und brachte sie in der ehemaligen Reithalle des Königsschlosses von Belém unter. Gezeigt werden 54 glitzernde Gefährte aus dem 16.–19. Jh., die von der Prunksucht und Verschwendung früherer Zeiten zeugen. Ihre Gestalter haben sich teilweise eher um extravagante Formen denn um Zweckmäßigkeit und Fahrkomfort bemüht. So besonders bei den drei prächtigen Kutschen, mit denen König João V. Papst Clemens XI. beeindrucken wollte. Eine der ausgestellten Kutschen hat sogar eine Toilettenschüssel unter dem Sitzpolster versteckt.

• *Anfahrt/Öffnungszeiten* Praça Afonso de Albuquerque, ✆ 213610850 (s. Karte Belém S. 308/309). Ab Praça do Comércio mit Tram 15 bis Haltestelle Belém. Di–So 10–18 Uhr (letzter Einlass 17.30 Uhr), Mo und Fei geschlossen. Eintritt 3 €, bis 14 J. frei, bis 25 J. und ab 65 J. 50 % Ermäßigung, mit Cartão Jovem 60 %. So bis 14 Uhr gratis.

Museu das Comunicações: Inmitten eines ehemaligen Industriegebietes auf einer dem Tejo abgerungenen Fläche ist das Kommunikationsmuseum in einem schönen Gebäude aus der Zeit des Estado Novo untergebracht. Leicht zu erkennen an den großen Steinbögen. Vor allem wechselnde Ausstellungen werden in dem 1997 eröffneten Museum gezeigt. Es gibt aber auch eine permanente Präsentation der Geschichte von Post und Telefon, sehr anschaulich dargestellt anhand von Morsesendern, Radioempfängern und kompletten, funktionstüchtigen Telefonzentralen. Philatelisten finden eine Galerie mit portugiesischen Briefmarken.

• *Anfahrt/Öffnungszeiten* Rua do Instituto Industrial, 16, ✆ 213935108 (s. Karte Bairro Alto S. 282/283). Metro Cais do Sodré. Mo–Fr 10–18 Uhr, Sa 14–18 Uhr, So geschlossen. Im August teilweise geschlossen. Eintritt 2,50 €, Cartão Jovem, Studenten und ab 65 J. 50 % Ermäßigung, bis 12 J. frei.

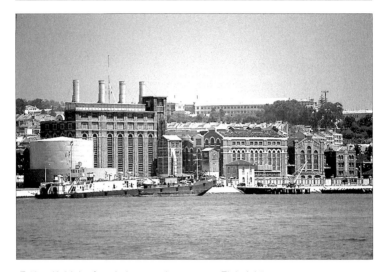

Früher Kohlekraftwerk, heute sehenswertes Elektrizitätsmuseum

Museu do Design: In den großzügig bemessenen, hohen Hallen des Designmuseums sind über 350 Ausstellungsstücke zum Design des 20. Jh. aus der Sammlung *Colecção Capelo* zu sehen. Untergebracht ist das Museum in der *Galeria Cruzeiro do Sul* des Kulturzentrums von Belém. Der erste Teil der Ausstellung präsentiert Objekte von 1937–1960. Darunter besonders Vasen und Krüge aus Venedig und Finnland, u. a. vom bekannten Designer Alvar Aalto. Der zweite Abschnitt ist dem Design von 1960–1970 gewidmet. Viele Stühle und Sessel sind hier zu sehen, aber auch der berühmte Braun-Radio-Plattenspieler „Phono-Super SK 4" aus Deutschland. Erst im dritten und letzten Teil, der sich mit dem Design seit 1970 befasst, sind dabei zum ersten Mal mehrere portugiesische Ausstellungsstücke zu finden, so z. B. vom Architekten Álvaro Siza Viera. Auch große Namen des internationalen Designs wie Philippe Starck fehlen nicht.

• *Anfahrt/Öffnungszeiten* Galeria Cruzeiro do Sul, Centro Cultural de Belém, ✆ 213612400 (s. Karte Belém S. 308/309). Straßenbahn 15 bis Haltestelle Centro Cultural de Belém. Di–So 10–19 Uhr (letzter Einlass 18.15 Uhr), Mo geschlossen. Eintritt 3,50 €, bis 25 J. und ab 65 J. 50 %, bis 12 J. 75 % Ermäßigung

Museu de Electricidade: Das Elektrizitätsmuseum des ehemaligen Strommonopolisten EDP befindet sich in einem sehenswerten, alten E-Werk direkt am Tejo, neben der Bahnstation Belém. Das frühere Kohlekraftwerk namens *Central Tejo* war 1914 erbaut worden und versorgte Lissabon mit Strom, bis es 1951 vom Wasserkraftwerk Castelo do Bode abgelöst wurde. Tejoschiffe lieferten die Kohle an, die dann Förderbänder ins Kraftwerk transportierten. Heute noch ist viel aus dieser Zeit zu sehen: Hochdruckkessel, Generatoren und Kommandotische. Dazu sind Kraftwerks-Modelle sowie die Turbinen eines

Museu da Farmácia 343

Wasserkraftwerks ausgestellt. Auch von außen hat das aus Backsteinen erbaute Gebäude die typische Industrie-Architektur gut bewahrt.

* *Anfahrt/Öffnungszeiten* Central Tejo, Av. de Brasília, ✆ 213631646 (s. Karte Belém S. 308/309). Straßenbahn 15 bis Haltestelle Belém. Di–So 10–12.30 und 14–17.30 Uhr, Mo und Fei geschlossen. Eintritt 1,50 €, Studenten, Rentner und mit Cartão Jovem 50 % Ermäßigung. Nach mehrjähriger Renovation sollte das Museum im April 2006 wieder eröffnen.

Museu Nacional de Etnologia: Das Völkerkundemuseum ist nördlich des Klosters von Belém in einem Betonbau aus dem Jahr 1960 untergebracht. Früher diente es der Politikfakultät der Technischen Universität als Studienzentrum und nannte sich Übersee-Ethnologiemuseum, bis es 1974 nach der Nelkenrevolution und dem Verlust der Kolonien umgetauft wurde. Schwerpunkte der wechselnden Ausstellungen sind Afrika, Brasilien und die portugiesisch beeinflussten Gebiete Asiens.

* *Anfahrt/Öffnungszeiten* Av. Ilha da Madeira, ✆ 213041160 (s. Karte Belém S. 308/309). Bus 28 ab Cais do Sodré bis Haltestelle Estádio do Restelo. Di 14–18 Uhr, Mi–So 10–18 Uhr, Mo geschlossen. Eintritt 3 €, 14 J. frei, bis 25 J. und ab 65 J. 50 % Ermäßigung, mit Cartão Jovem 60 %. So bis 14 Uhr gratis.

Museu do Fado e da Guitarra Portuguesa: Das Ende 1998 eröffnete Fadomuseum ist in einem ehemaligen Wasserwerk aus dem 19. Jh. untergekommen und vermittelt einen stets von musikalischen Beispielen begleiteten Einblick in die Geschichte der Lissabonner Volksmusik. Der Rundgang beginnt und endet in einem nachgestellten Fado-Lokal. Zu sehen gibt es Porträts und Schallplatten berühmter Sänger, in Vitrinen ausgestellte Kleidungsstücke nicht minder berühmter Sängerinnen und eine Gitarrensammlung. Wer Lust hat, kann sich diverse Fado-CD's anhören oder Fado-Filme ansehen. Außerdem ist die *Casa da Mariquinhas* nachgebildet, ein Bordell, das in einem bekannten Fado-Titel von Alfredo Marceneiro besungen wird. Hin und wieder finden donnerstagabends Konzerte mit Amateur-Fado im Museumscafé statt.

* *Anfahrt/Öffnungszeiten* Largo do Chafariz de Dentro, ✆ 218823470 (s. Karte Alfama S. 252/253). Vom Rossio oder Praça do Comércio mit Bus 9, 46 oder 90 bis Haltestelle Alfândega. Täglich 10–13 und 14–18 Uhr (Einlass bis 30 Min. vor Schluss). Eintritt 2,50 €, Studenten und Rentner 50 % Ermäßigung, Kinder bis 14 J. 0,75 €.

Museu da Farmácia: Alte Werbeschilder von Bayer und Schering, die Wunder gegen Kopfschmerzen und andere Wehwehchen versprechen, und liebevoll restaurierte Apotheken: Damit wartet das Apothekenmuseum auf. Im Erdgeschoss findet man z. B. die Farmácia Liberal aus dem Jahr 1890 mit ehrwürdigen Holzschränken, exakt so aufgebaut, wie sie früher einmal an der Avenida da Liberdade gestanden hat. Sehenswert sind auch die Feldapotheke von 1908 des portugiesischen Militärs aus Afrika oder die chinesische Apotheke Tai Neng Tong aus Macao im Obergeschoss mit Medizin aus Nashornschädeln und Krokodilen. Besonders kurios ein englisches Kondom aus Schafshaut aus dem 18. Jh. am Ende der Ausstellung. Der sehenswerte Palast dient auch als Sitz des portugiesischen Apotheker-Verbandes.

* *Anfahrt/Öffnungszeiten* Rua Marechal Saldanha, 1, ✆ 213400680 (s. Karte Bairro Alto S. 282/283). Metro Baixa/Chiado. Mit der Straßenbahn 28 bis zur Haltestelle Calhariz-Bica oder Aufzug Elevador da Bica. Mo–Fr 10–18 Uhr, Sa und So geschlossen. Eintritt 5 €, bis 6 J. frei, bis 18 J. und Rentner 2,50 €. Am Eingang kann ein Buch mit englischen Erklärungen ausgeliehen werden.

344 Lissabon/Museen

Museu Geológico: Das Geologiemuseum zeigt die ersten in Portugal systematisch gesammelten geologischen Funde. Im Dachboden des ehrwürdigen Gebäudes der Akademie der Wissenschaften, der *Academia das Ciências*, sind unglaubliche Mengen an Mineralien sowie Pflanzen- und Reptilienfossilien ausgestellt, darunter versteinerte Seeschnecken, Anemonen und Dinosaurierknochen. Höhepunkte sind ein versteinerte Baumstumpf neben dem Eingang, die mittelsteinzeitlichen Funde aus Muge im Tejotal sowie römische Werkzeuge aus den Minen von Ajustrel im Alentejo. Mit seinen alten Holzvitrinen und den vergilbten, handgeschriebenen Zettelchen, mit denen die Fundstücke beschriftet sind, ist das zum Geologie- und Mineninstitut *Instituto Geológico e Mineiro* gehörende Museum eine Reise in die Museumsgeschichte des 19. Jh. Man wird das Gefühl nicht los, dass hier seit der Gründung 1859 kaum etwas verändert wurde.

Casa-Museu Dr. Anastásio Gonçalves – Malerei und Keramiken in einem sehenswerten Haus

• *Anfahrt/Öffnungszeiten* Rua da Academia das Ciências 19–2°, ✆ 213463915 (s. Karte Bairro Alto S. 282/283). Ab Praça do Comércio mit Bus 100 (Richtung São Bento) bis Haltestelle Praça das Flores. Mo–Fr 10–17 Uhr, Sa, So und Fei geschlossen. Eintritt 2,50 €, Studenten und ab 65 J. 50 % Ermäßigung, unter 10 J. frei.

Casa-Museu Dr. Anastásio Gonçalves: Schwerpunkt des Museums ist blau-weißes chinesisches Porzellan der Ming-Dynastie (16.–17. Jh.) mit einer der international bedeutendsten Sammlungen ihrer Art. Der zweite Schwerpunkt sind naturalistische Gemälde und Aquarelle bekannter portugiesischer Künstler des 19. und 20. Jh., darunter Silva Porto, Columbano Bordalo Pinheiro, Domingos António de Sequeira und José Malhoa. Untergebracht ist das Museum im ehemaligen Haus des Malers José Malhoa, das 1904 im Jugendstil erbaut wurde. Der Architekt Manuel Joaquim Norte Júnior erhielt dafür 1905 den bedeutendsten portugiesischen Architekturpreis, den *Prémio Valmor*. Später wohnte hier der Arzt und Kunstsammler Dr. Anastásio Gonçalves, aus dessen Sammlung die etwa 2.000 Ausstellungsstücke stammen. Eingerichtet ist das Museumshaus übrigens mit stilvollen Möbeln des 17. und 18. Jh. aus Portugal, Frankreich, England und den Niederlanden.

• *Anfahrt/Öffnungszeiten* Av. 5 de Outubro, 6–8, ✆ 213540823 (s. Karte Avenidas Novas S. 276/277). Metro Saldanha. Di 14–18 Uhr, Mi–So 10–18 Uhr, Mo und Fei geschlossen. Eintritt 2 €, bis 14 J. frei, bis 25 J. und ab 65 J. 50 % Ermäßigung, mit Cartão Jovem 60 %. So bis 14 Uhr gratis.

Centro de Arte Moderna 345

Museu de Calouste Gulbenkian: Erbaut und eingerichtet hat man dieses führende Kunstmuseum mit den Ölmilliarden des Armeniers Calouste Sarkis Gulbenkian. Das speziell für die 6.000 Werke umfassende Kunstsammlung Gulbenkians errichtete Museumsgebäude wurde 1969 samt einem schönen Park eröffnet. Die Ausstellung gibt den persönlichen Geschmack des Kunstliebhabers wieder. Er zog zwar die klassische Kunst vor und hielt nur wenig vom Impressionismus, aber dennoch repräsentiert die Sammlung einen guten Überblick über die Kunstgeschichte vom Jahr 2800 v. Chr. bis zur Mitte des 19. Jh. Der Rundgang gliedert sich in einen Abschnitt östlicher Kunst und einen weiteren mit abendländischen Kunstwerken. Eigene Säle hat man beispielsweise Ägypten, Assyrien, Griechenland und Armenien gewidmet. Ausgestellt sind chinesisches Porzellan, arabische Azulejos, französische Möbelantiquitäten, Teppiche, Skulpturen, Schmuck und vor allem Gemälde. Darunter Rubens, Renoir, Rembrandt, La Tour, van Dyck und viele andere europäische Meister.

- *Anfahrt/Öffnungszeiten* Av. de Berna, 45, 217823461 (s. Karte Avenidas Novas S. 276/277). Metro Praça de Espanha. Moderner Bau an der Praça de Espanha. Di–So 10–18 Uhr, Mo und Fei geschlossen. Eintritt 3 €. Kombiticket mit Centro de Arte Moderna 5 €. Kostenlos für Studenten, Lehrer, ab 65 J. und mit Cartão Jovem.

Mister Five Percent – Calouste Sarkis Gulbenkian

Geboren wurde der Ölmilliardär als Sohn armenischer Eltern am 14. April 1869 in Konstantinopel. Aufgewachsen ist er in Marseille und London, wo er 1902 die englische Staatsbürgerschaft erwarb. Die langen Aufenthalte in verschiedenen Ländern haben bei Calouste Sarkis Gulbenkian zu einer ungewöhnlichen Sprachkenntnis geführt: Er sprach neben Armenisch, Türkisch, Arabisch, Englisch und Französisch auch Deutsch und Italienisch. Als Vermittler für den amerikanischen Ölkonzern Standard Petroleum erreichte er kurz vor dem Ersten Weltkrieg die alleinigen Bohrrechte in den damaligen türkischen Gebieten und gründete die Turkish Petroleum. An ihr war er, wie auch an der Nachfolgefirma Iraq Petroleum und der in Saudi-Arabien tätigen Arabian American Oil Company (Aramco), mit 5 Prozent beteiligt. Das brachte ihm den Spitznamen „Mister Five Percent" ein. Neben Öl handelte Gulbenkian mit Kupfer, Kautschuk und Motoren. Zeitweise galt er mit einem auf zwischen 600 Millionen und 2,4 Milliarden Euro geschätzten Vermögen sogar als der reichste Mann der Welt. Bis zum Zweiten Weltkrieg lebte der Armenier in Paris und begann dort seine riesige Kunst- und Münzensammlung anzuhäufen. Dann zog er nach Lissabon ins Hotel Aviz, das heute nicht mehr sichtbar ist, da es dem Betonbau des Sheraton-Hotels weichen musste. Im Alter von 86 Jahren verstarb Gulbenkian am 20. Juli 1955 in Lissabon. Sein Vermögen hinterließ er zum größten Teil der Gulbenkian-Stiftung.

Centro de Arte Moderna: Ein Neubau der Gulbenkian-Stiftung aus dem Jahr 1983, der die erste permanente Ausstellung von Werken portugiesischer Maler des 20. Jh. beherbergt. Darunter der von Paul Cézanne beeinflusste Eduardo Viana (1881–1967), der Pionier des Surrealismus Portugals António Dacosta

(1914–1990) oder José de Almada Negreiros (1893–1970), einer der bekanntesten und vielseitigsten portugiesischen Künstler des 20. Jh. Dazu gibt es wechselnde Ausstellungen weiterer Werke. Preiswerte Menüs bietet die angeschlossenen Cafeteria (s. „Essen" S. 169). Zum Verweilen lädt auch der Gulbenkian-Park mit seinen ruhig gelegenen Grünanlagen ein.

• *Anfahrt/Öffnungszeiten* Rua Dr. Nicolau Bettencourt, ℘ 217823474 (s. Karte Avenidas Novas S. 276/277). Metro São Sebastião. Di–So 10–18 Uhr, Mo und Fei geschlossen. Eintritt 3 €. Kombiticket mit Gulbenkian-Museum 5 €. Kostenlos für Studenten, Lehrer, ab 65 J. und mit Cartão Jovem.

Museu de Macau: Wer sich für China und seine Kunst interessiert, ist hier richtig. Reproduktionen alter Karten, Schiffsmodelle sowie religiöse Figuren und Gemälde illustrieren die Geschichte Macaus, eines ehemaligen portugiesischen Gebiets gegenüber von Hongkong. Daneben gibt es die größte Sammlung chinesischer Kunst in Portugal zu sehen: Porzellan, Silberarbeiten, Fächer aus dem 18. bis 20. Jh. Zeitlich weiter zurück reichen die Sammlung an Terracotta-Figuren sowie die umfangreiche Kollektion von 1.200 Münzen, die im 11. Jh. v. Chr. beginnt. Sehenswert ist auch die Abteilung mit Opiumpfeifen und Zubehör. Alles modern präsentiert, portugiesisch und englisch beschriftet. Finanziert hat das Museum der chinesische Millionär Stanley Ho, der seinen Reichtum als Besitzer der Spielbanken in Macau und Estoril gemacht hat. Die Porzellan-Sammlung hat der Kunstliebhaber António Sapage in Macau während mehrerer Jahrzehnte zusammengetragen.

• *Anfahrt/Öffnungszeiten* Rua da Junqueira, 30, ℘ 213617570 (s. Karte Alcântara S. 302/303). Tram 15 ab Praça do Comércio bis Haltestelle Rua da Junqueira. Di–Sa 10– 17 Uhr, So 12–18 Uhr, Mo und Fei geschlossen. Eintritt 3 €, mit Cartão Jovem und Studenten 50 % Ermäßigung, bis 14 J. und ab 65 J. frei.

Museu de Marinha: In den Ausstellungsräumen des Marinemuseums kann man viel Wissenswertes über die portugiesische Seefahrt und die Entdeckungsfahrten erfahren. Zu sehen sind Schiffsmodelle, Karten, Uniformen und weiteres mehr zur Geschichte der portugiesischen Marine, Fischerei und Seefahrt. Am interessantesten sind die Karavellen der alten portugiesischen Entdecker. In einer Nebenhalle auf der anderen Seite des Hofes (*Pavilhão das Galeotas*) können traditionelle Fischer- und Fährboote, Yachten, Galeeren, Kanus und alte Walfangboote von den Azoren im Original bewundert werden. Am imposantesten ist der königliche Zweimaster aus dem Jahr 1780. In der Nebenhalle hat man außerdem das Original-Wasserflugzeug ausgestellt, mit dem die portugiesischen Flieger Sacadura Cabral und Gago Coutinho 1922 als erste den Südatlantik überqueren.

• *Anfahrt/Öffnungszeiten* Praça do Império, ℘ 213620010 (s. Karte Belém S. 308/309). Straßenbahn 15 bis Haltestelle Centro Cultural de Belém. Di–So 10–17 Uhr (April–September bis 18 Uhr), Mo und Fei geschlossen. Eintritt 3 €, unter 6 J. frei, bis 17 J., Studenten und über 65 J. 50 % Ermäßigung. So bis 13 Uhr generell frei.

Museu da Marioneta: Der Besucher lernt beim Rundgang durch das im Convento das Bernardas in der Madragoa untergebrachte Marionettenmuseum die Geschichte dieser bewegten Figuren und ihrer Spieler kennen. Beginnend mit historischen Schatten-Marionetten aus Indonesien bis zum modernen Animations-Kurzfilm *A Suspeita* (Der Verdacht), seines Zeichens der meistausgezeichnete portugiesische Film aller Zeiten. Schwerpunkt sind die portu-

Casa-Museu Fundação Medeiros e Almeida 347

Der sehenswerte Parque do Monteiro-Mor umgibt das Theatermuseum

giesischen Marionetten: Lebendig dargestellt ist das Leben ihrer Artisten wie Joaquim Pinto, der in den 30ern/40ern mit seinen klobigen Figuren in Begleitung eines kleinen „Orchesters" durch das Land reiste. Man kann sich gut vorstellen, welche Rolle die Marionetten-Spieler in Portugal vor dem Beginn des Fernsehens hatten. Der Künstler António José da Silva hat damals sogar ganze Opern für Marionetten geschrieben. Unter den Ausstellungsstücken auch zahlreiche Kuriositäten wie eine Skelett-Marionette. Die Beschriftungen sind leider nur auf Portugiesisch, zu sehen gibt es aber – besonders für Kinder – trotzdem eine Menge. Im Kreuzgang des Klosters findet man übrigens ein gemütliches Restaurant-Café.

• *Anfahrt/Öffnungszeiten* Rua da Esperança, 146, ✆ 213942810 (s. Karte Madragoa S. 288/289). Tram 25 ab Praça do Comércio bis Haltestelle Santos-o-Velho. Di–So 10–13 und 14–18 Uhr, Mo und Fei geschlossen. Eintritt 2,50 €, unter 14 J., ab 65 J. sowie Studenten bis 25 J. 1,50 €, bis 5 J. 0,75 €.

Casa-Museu Fundação Medeiros e Almeida: Eine wahre Sammelsucht muss den Bankier António Medeiros e Almeida (1895–1986) getrieben haben. Anders ist kaum zu erklären, wie er zu dieser gigantischen Antiquitäten-Kollektion gekommen ist, die heute in seinem ehemaligen Privathaus nahe der Avenida da Liberdade ausgestellt ist. Ein Teil der sehenswerten, prächtig geschmückten Villa ist dabei noch so belassen, wie sie der Bankier bewohnt hat. Von zerbrechlichen, chinesischen Vasen der Ming-Dynastie über flandrische Wandteppiche des 16. Jh. bis hin zu kunstvollen, französischen Sekretären aus dem 19. Jh. – kaum eine Antiquität, die Medeiros e Almeida nicht auf einer Auktion gekauft hätte. Etwas mühevoll und zeitraubend für den Besucher ist nur die Zuordnung der vielen ausgestellten Stücke in den einzelnen Sälen anhand von Beschreibungen auf losen Blättern (auch auf Englisch). Vollendeter Kitsch ist die Sammlung von 47 Zahnstocher-Behältern der prestigereichen Firma *Vista Alegre*: Zwerge, Hühner und Wildschweine – sie alle halten die Zahnstocher. Überall in den 25 von zahlreichen Sicherheitsleuten bewachten Sälen klingeln, läuten und schlagen zur richtigen wie zur falschen Zeit hunderte Stand-, Steh- und Taschenuhren.

• *Anfahrt/Öffnungszeiten* Rua Rosa Araújo, 41, ✆ 213547892 (s. Karte Av. da Liberdade S. 270/271). Metro Marquês de Pombal. Mo–Sa 13–17.30 Uhr, So und Fei geschlossen. Eintritt 5 €, unter 16 und über 65 J. 3 €, unter 10 J. frei.

Museu Militar: Das Museum des portugiesischen Heeres ist seit 1905 in einem prächtigen Gebäude aus dem 18. Jh. untergebracht. Früher befand sich hier ein Waffendepot, später eine Pulverfabrik. Der Museumsrundgang geht durch insgesamt 32 Säle, die auch ohne Ausstellungsstücke sehenswert wären, da sie mit Gemälden und Skulpturen bedeutender portugiesischer Künstler des 18. bis 20. Jh. ausgeschmückt sind. Darunter Werke von Machado de Castro, José Malhoa und Columbano Bordalo Pinheiro. Sehenswert ist auch der Innenhof mit seinen weiß-blauen Azulejos, die Schlachtszenen aus der ganzen portugiesischen Geschichte darstellen. Ausgestellt sind verschiedene Kriegsutensilien wie Ritterrüstungen, Uniformen, Gewehre und Kanonen. Sehr interessant ist die Nachbildung der *Linhas de Torres Vedras*, der Verteidigungslinien gegen die französische Invasion zu Beginn des 19. Jh. Wer im Abschnitt zum Zweiten Weltkrieg genau hinsieht, kann ein deutsches Holzkreuz für einen gefallenen Portugiesen entdecken. Im Saal der Überseekriege, der so genannten *Campanhas do Ultramar* von 1961–74, fühlt man sich schließlich in die Zeit vor der Nelkenrevolution zurückversetzt.

• *Anfahrt/Öffnungszeiten* Largo do Museu de Artilharia, ✆ 218842569 (s. Karte Alfama S. 252/253). Gegenüber dem Bahnhof Santa Apolónia. Bus 9 ab Rossio (Richtung Santa Apolónia). Di–So 10–17 Uhr, Mo und Fei geschlossen. Eintritt 2,50 €, bis 10 J. frei, unter 18 J. und über 65 J. 50 %, mit Cartão Jovem 60 % Ermäßigung. Mi unter 18 und über 65 J. frei.

Museu da Música: Über 130 wertvolle Musikinstrumente sind hier ausgestellt: darunter Harfen, Lauten und Gitarren aus dem 16. bis zum 20. Jh. aus Italien, England, Frankreich und Portugal. Beispielsweise ein Cello des italienischen Geigenbauers Antonio Stradivari aus dem Besitz von König Dom Luís. Sehenswert eine spanische Posaune mit Drachenrachen aus dem 19. Jh. Unter den Raritäten ragt eine im 18. Jh. von Johann Heinrich Eichentopf in Leipzig gebaute Oboe heraus. Das 1994 gegründete Musikmuseum ist kurioserweise auf zwei Etagen der Metrostation Alto dos Moinhos untergebracht. Die Sammlung hat der Musikwissenschaftler Michael'angelo Lambertini ab 1911 zusammengetragen.

• *Anfahrt/Öffnungszeiten* Untergebracht in der Metrostation Alto dos Moinhos, Rua João de Freitas Branco, ✆ 217710990 (s. Karte Benfica S. 321). Di–Sa 10–18 Uhr, So und Mo geschlossen. Eintritt 2 €, bis 25 J. und ab 65 J. 50 % Ermäßigung, mit Cartão Jovem 60 %, Kinder bis 14 J. frei. So bis 14 Uhr generell frei.

Museu Bordalo Pinheiro: Rafael Bordalo Pinheiro (1846–1905) ist einer der wichtigsten Karikaturisten, Maler und Bildhauer Portugals. Bekannt wurde Bordalo Pinheiro mit *Zé Povinho*, einer Art portugiesischen Ausgabe des deutschen Michels. Der Keramik widmete er sich vor allem, nachdem er 1884 zum künstlerischen Leiter der Keramikfabrik in Caldas da Rainha wurde. Dort fertigte der vom Naturalismus beeinflusste Künstler fast alle Modelle für seine mannshohen Vasen, Krüge und anderen dekorativen Gebrauchsgegenstände.

Casa-Museu Amália Rodrigues 349

Das Museum besitzt die größte Sammlung seiner Werke: Rund 6.000 karikaturistische Zeichnungen, Gravuren und Bilder sowie 1.200 Keramiken. Allerdings bekommt der Besucher nur eine kleine Auswahl der Schätze Pinheiros gezeigt. Von Zeit zu Zeit werden die Ausstellungsstücke ausgetauscht, so dass die Sammlung das Museum peu à peu durchläuft. Erklärungen wie Videos und Infotafeln nur auf Portugiesisch.

• *Anfahrt/Öffnungszeiten* Campo Grande, 382, ☎ 217513200, (s. Karte Av. Novas S. 276/277). Metro Campo Grande. Am Nordende des Campo Grande, gegenüber Museu da Cidade. Di–So 10–18 Uhr, Mo und Fei geschlossen. Eintritt 2 €, mit Cartão Jovem 50 % Ermäßigung, bis 18 J., Studenten und ab 60 J. frei. Sonntags generell kostenlos.

Museu da Rádio: Das Hörfunkmuseum ist in einem ehemaligen Gebäude des portugiesischen Staatsrundfunks untergebracht. Zu sehen sind ein komplett eingerichtetes Sendestudio, außerdem historische Fotos, Schallplatten und Mikrofone. Kurios sind ein riesiges EMI-Tonbandgerät aus dem Jahr 1950 und der persönliche Plattenspieler des Diktators Salazar. Die Präsentation ist teilweise etwas lieblos, die Beschriftungen sind nur auf Portugiesisch, aber zumindest die zahlreichen, formschönen Radioempfänger von Nordmende, RCA oder Telefunken erklären sich selbst. Ein Museum in erster Linie für Radioenthusiasten. Etwas weiter die Straße runter an der Ecke Rua das Francesinhas befand sich früher der Auslandsrundfunk Emissora Nacional/RDP Internacional, heute ist hier die Wirtschaftsfakultät ISEG untergekommen.

• *Anfahrt/Öffnungszeiten* Rua do Quelhas, 21, ☎ 213950762 (s. Karte „Lapa/Madragoa/São Bento" S. 288/289). Tram 28 bis Calçada da Estrela/Rua Borges Carneiro. Di–Sa 10–17 Uhr, So, Mo und Fei geschlossen. Eintritt frei.

Casa-Museu Amália Rodrigues: Sie steht wie niemand anders für den Fado, die am 23. Juli 1920 in Lissabon geborene Amália Rodrigues. Als Amália, wie sie kurz genannt wird, am 6. Oktober 1999 starb, gab es kaum eine gesellschaftliche Gruppierung, die es versäumt hätte, auf ihre besonderen Beziehungen zu der Fado-Ikone hinzuweisen. Selbst die portugiesischen Kommunisten der PCP entdeckten, dass sie von ihr Spenden erhalten hatten. In dem schlichten Wohnhaus mit der Nummer 193 in der Rua de São Bento hat sie 45 Jahre bis zu ihrem Tod 1999 gelebt. Das Haus ist noch so zu sehen, wie Amália es zuletzt bewohnt hat: bis zum Dach gefüllt mit unglaublichen Mengen an Kram und teilweise etwas geschmacklos kombinierten Antiquitäten. Ihre Nachttische bersten geradezu vor kleinen Figuren, die sie dort zusammengestellt hat. Beeindruckend

Ehemaliges Bühnenkleid der Fadolegende Amália

der Blick in die riesige Kleiderkammer, die bis oben mit Kostümen, Taschen und Schuhen gefüllt ist. Zu sehen sind außerdem Porträts der Sängerin, ihr verliehene Orden, wie die Ehrenlegion Frankreichs, und eine kostbare portugiesische Gitarre aus dem Jahr 1622. Im Hintergrund ertönen konstant Fados, natürlich gesungen von Amália. Wer sich für das Leben der Fado-Diva interessiert, ist hier richtig, ansonsten ist man mit dem Fadomuseum in der Alfama besser bedient.

• *Anfahrt/Öffnungszeiten* Rua de São Bento, 193, ✆ 213971896 (s. Karte São Bento S. 288/289). Metro Rato. Di–So 10–13 und 14–18 Uhr, Mo und Fei geschlossen. Einlass bis 30 Min. vor Schluss. Eintritt 5 €, bis 6 J. frei.

Maria Helena Vieira da Silva

Die bekannteste portugiesische Künstlerin kam am 13. Juni 1908 in Lissabon zur Welt. Ihr Vater, ein Zeitungsdirektor, förderte ihr künstlerisches Talent durch Museumsbesuche und Kunstunterricht. Ab 1928 studierte Maria Helena Vieira da Silva in Paris an der *Académie de la Grande Chaumière* Bildhauerei und Malerei. Hier an der Akademie lernte sie den jüdischen Ungarn Arpad Szenes (1897–1985) kennen, den sie 1930 heiratete. Auf einer Reise nach Marseille soll sie beim Anblick der Schwebefähre *Le Pont Transbordeur* ein visuelles Schlüsselerlebnis gehabt haben. Fortan entwickelte sie ihren eigenen Stil der Vereinfachung von Formen. Sie selbst bezeichnete ihre von Linien geprägte Malerei als „mathematische Klarheit" – gut sichtbar ist dies beispielsweise in der von ihr gestalteten Lissaboner Metrostation Cidade Universitária. 1933 stellte Vieira da Silva in der Pariser Galerie *Jeanne Bucher* zum ersten Mal aus. Auf Grund der Herrschaft der Nationalsozialisten gingen Vieira da Silva und Arpad Szenes 1939 nach Rio de Janeiro ins Exil. Nach dem Krieg kehrte das Ehepaar 1945 wieder nach Paris zurück. Dort schuf Vieira da Silva 1949 mit *Gare Saint-Lazare* ihr bekanntestes Gemälde. 1956 wurde sie französische Staatsbürgerin und gründete mit anderen Künstlern (u. a. mit Hans Hartung) die Schule von Paris (*École de Paris*). Sie bezeichneten sich als „Lyriker" und lehnten es ab, ihre Werke als „Abstraktionen" zu bezeichnen. Im Alter von 83 Jahren starb Maria Helena Vieira da Silva am 6. März 1992 in ihrem Haus in Yévre-le-Chatel bei Paris. Ihre Werke sind heute in vielen amerikanischen und europäischen Museen ausgestellt, so im Museum of Modern Art in New York, der Tate Gallery in London und dem Centre Pompidou in Paris.

Casa-Museu Mestre João da Silva: Im Atelier des vielseitig begabten Künstlers Mestre João da Silva sind 300 Stücke des etwa 6.000 Arbeiten umfassenden Werkes auf engem Raum ausgestellt. Zu den Arbeiten des berühmten Bildhauers zählen Skulpturen, Medaillen, Münzen, Goldschmiedearbeiten, Zeichnungen und Mobiliar. Alle zwei Jahre wechseln die Exponate. Zu seinem selbst entworfenen Haus und Atelier gehört auch eine Bibliothek.

Anfahrt/Öffnungszeiten Rua Tenente Raul Cascais, 11 r/c, ✆ 213961396 (s. Karte São Bento S. 288/289). Metro Rato. Zwischen Rato und Bairro Alto versteckt in einer kleinen Sackgasse unterhalb der Rua da Escola Politécnica. Di–So 14–18 Uhr, Mo und Fei geschlossen. Eintritt 2,50 €, Rentner 1,75 €.

Museu Nacional do Traje 351

Prächtiger Palast oberhalb des Miradouro Santa Catarina – Museu da Farmácia

Fundação Arpad Szenes/Vieira da Silva: Im Haus der Arpad-Szenes/Vieira-da-Silva-Stiftung sind auf zwei Stockwerken über 80 Werke des ungarisch-portugiesischen Künstlerehepaars Arpad Szenes und Maria Helena Vieira da Silva (s. Kasten S. 350) zu besichtigen. Beide lebten Mitte des 20. Jh. in Paris und Rio de Janeiro. Ihre Kunst war vom Surrealismus und dem Kubismus sowie von Matisse und Cézanne beeinflusst.

• *Anfahrt/Öffnungszeiten* Jardim das Amoreiras, 56/58, ✆ 2138800-44/-53 (s. Karte Amoreiras S. 296/297). Metro Rato. Mo und Mi–Sa 11–19 Uhr, So 10–18 Uhr, Di und Fei geschlossen. Eintritt 2,50 €, Studenten, über 65 J. und mit Cartão Jovem 50 % Ermäßigung, unter 14 J. und Mo generell kostenlos.

Museu Nacional do Teatro: Im nationalen Theatermuseum sind Requisiten, Bühnenausstattungen und Fotografien aus der Welt des portugiesischen Theaters zu sehen. Darunter besonders viele farbenprächtige Kostüme. Es werden ausschließlich wechselnde Ausstellungen gezeigt, die das Theatermuseum aus seinen 250.000 vorhandenen Exponaten zusammenstellt. Untergebracht ist das Museum im Palácio do Monteiro-Mor aus dem 18. Jh., der dem Duque de Palmela als Residenz diente – der liberale Herzog war 1834 unter Königin Maria I. Ministerpräsident. Um das Museum erstreckt sich der Parque do Monteiro-Mor, einer der schönsten Parks Lissabons. Dort lädt auch das stilvolle Museumscafé zu einer Pause ein.

• *Anfahrt/Öffnungszeiten* Estrada do Lumiar, 10–12, ✆ 217567410 (s. Karte Carnide/Lumiar S. 327). Metro Lumiar. Di 14–18 Uhr, Mi–So 10–18 Uhr, Mo geschlossen. Eintritt 3 €, gleichzeitig gültig auch für Museu Nacional do Traje und Parque do Monteiro-Mor! Bis 25 J. und ab 65 J. 50 % Ermäßigung, mit Cartão Jovem 60 % Ermäßigung, bis 14 J. frei. So bis 14 Uhr generell kostenlos.

Museu Nacional do Traje: In den prächtigen Rokkoko-Sälen des Palácio do Marquês de Angreja aus dem 18. Jh. kommen die Ausstellungsstücke des nationalen Trachtenmuseums voll zur Geltung. Das Museum zeigt portugiesische Trachten und Textilien vom 4. bis zum 20. Jh. Besonders elegant die höfischen Kleider aus dem 18. Jh. Insgesamt sind 30.000 thematisch und chronologisch gegliederte Ausstellungsstücke zu sehen, darunter Webstühle und Textildruckstempel. Kern der Sammlung sind jedoch 7.000 Trachten und Kostüme, die größtenteils einst dem portugiesischen Königshaus gehörten. Vom ursprünglichen Palast kann man noch eine barocke Kapelle zu besichtigen. Dem Museum ist eine Restaurationswerkstatt für Textilien angeschlossen.

• *Anfahrt/Öffnungszeiten* Largo Júlio de Castilho, Parque do Monteiro-Mor, ☏ 217590318 (s. Karte Carnide/Lumiar S. 327). Metro Lumiar. Di–So 10–18 Uhr, Mo geschlossen. Eintritt 3 €, gleichzeitig gültig auch für Museu Nacional do Teatro und Parque Monteiro-Mor! Bis 25 J. und ab 65 J. 50 %, mit Cartão Jovem 60 % Ermäßigung, bis 14 J. frei. So bis 14 Uhr generell kostenlos.

Pavilhão do Conhecimento/Ciência Viva: Der „Pavillon des Wissens" auf dem ehemaligen Weltausstellungsgelände präsentiert wechselnde Ausstellungen zu wissenschaftlichen Themen. Sie sind allgemeinverständlich und kindgerecht aufbereitet. Dabei kann auch selbst experimentiert werden. Da kein eigener Fundus vorhanden ist, werden nur fremde Ausstellungen gezeigt, so z. B. aus dem Deutschen Museum in München. Der von João Luís Carrilho da Graça entworfene Pavillon ist mit seinem großen Innenhof, um den sich lange Aufgänge nach oben erstrecken, auch architektonisch sehr interessant.

• *Anfahrt/Öffnungszeiten* Parque das Nações, Alameda dos Oceanos, Lote 2.10.01, ☏ 218917100 (s. Karte Osten S. 331). Metro Oriente. Di–Fr 10–18 Uhr, Sa/So und Fei 11–19 Uhr, Mo geschlossen (ebenso Weihnachten, Silvester und Neujahr). Eintritt 6 €, bis 17 J., mit Cartão Jovem, Studenten und ab 65 J. 50 % Ermäßigung, bis 2 J. frei, Familienkarte 13 €.

Ein ungewöhnliches Multitalent

João da Silva war eine der herausragendsten Künstlerpersönlichkeiten Portugals: Schon als Kind zeichnete sich der am 1. Dezember 1880 geborene Bildhauer durch seine außergewöhnliche gestalterische Begabung aus. Mit 13 Jahren wurde er Schüler der Gewerbeschule Príncipe Real, gleichzeitig begann er eine Ausbildung als Goldschmied und Graveur. Bereits mit 15 Jahren studierte da Silva an der Akademie der Bildenden Künste in Lissabon. Um die Jahrhundertwende ging er nach Paris, um eine Kupferstichausbildung zu beginnen, die er, hochtalentiert, wie er war, schon nach zwei statt fünf Jahren erfolgreich zum Abschluss brachte. Genauso schnell absolvierte er das Studium der dekorativen Künste in Genf, das er mit Hilfe eines Stipendiums finanzierte. Zurück in Lissabon wurde ihm die Gründung einer Technischen Zeichenschule verwehrt, woraufhin er abermals nach Paris ging. Dort lebte und arbeitete er 36 Jahre, um auf zahlreichen Ausstellungen erste und zweite Preise zu gewinnen. Heutzutage sind seine Arbeiten über die ganze Welt verstreut, nach Deutschland kamen aber, glaubt man den Unterlagen des Museums, bislang noch keine.

In Portugal musste João da Silva zweimal ins Gefängnis, nachdem er Salazar im Streit über den Entwurf einer Büste vorgeworfen hatte, nichts von Kunst zu verstehen. Im Gefängnis entwarf er sein nüchtern und funktional gehaltenes Wohnhaus und Atelier, wie es heute zu besichtigen ist. Das Multitalent starb an seinem Arbeitsplatz am 6. März 1960. Seinem Konservator José Mantas hinterließ er die lebenslange Aufgabe, sein umfangreiches Werk zu betreuen.

Architektonische Schmuckstücke an der Linha de Cascais

Linha de Cascais

Die Linha de Cascais erstreckt sich entlang der Küste im Westen Lissabons. Hier befinden sich die teuersten Wohngebiete in der Umgebung der Metropole. Ihr angenehmes Klima und die Lage an der Küste in nächster Nähe zu Lissabon machen diese Region so attraktiv. Die Gegend hat nur wenige Sehenswürdigkeiten im eigentlichen Sinn zu bieten, doch beeindruckt sie in ihrer Gesamtheit.

An der Linha de Cascais wohnt die Oberschicht der Region Lissabon. Zahlreiche Paläste und Villen mit großen Gärten gibt es hier zu entdecken. Mehrere Golfclubs und Luxus-Restaurants ergänzen die exklusive Szenerie. Auch viele Ausländer haben sich hier und nicht direkt in Lissabon niedergelassen. Besonders Engländer und Deutsche leben an der Linha de Cascais, vor allem in Estoril, wo es sogar eine deutsche Grundschule gibt.

Das Klima ist angenehm: Der Atlantik sorgt dafür, dass es im Winter nicht zu kalt und im Sommer nicht zu warm wird; auch die Temperaturschwankungen zwischen Tag und Nacht halten sich so in Grenzen. Die Serra de Sintra im Norden hält zudem viele Wolken und Regengüsse fern – so ist die meiste Zeit des Jahres Badewetter an den kleinen Sandstränden entlang der Küste.

Anfahrt Die Region ist über eine Bahnlinie zum Sackbahnhof Cais do Sodré und über die enge, vierspurige Uferstraße Avenida Marginal (Nationalstraße EN 6) an Lissabon angebunden. Dazu verläuft im Landesinneren die gebührenpflichtige Autobahn A 5.

Algés

(mit Carnaxide 79.800 Einwohner)

Als erster Vorort im Westen Lissabons liegt Algés direkt neben den Stadtteilen Belém und Restelo. Die Hauptattraktion des Ortes ist das Meeresaquarium Aquário Vasco da Gama.

Wie viele Ortsnamen der Region kommt auch Algés aus dem Arabischen und bedeutet „Gips". Ende des 19. Jh. war der Ort ein beliebter Luxusbadestrand der Lissabonner Aristokratie, die sich von ihren Ärzten Bäder im Meer verordnen ließ. Heute braucht man eher nach dem Bad an der **Praia de Algés** einen Arzt, da das Wasser hochgradig verschmutzt ist.

Aus der Zeit als Badeort stammen noch einige herrschaftliche Häuser, die besonders an der Straße nach Cruz Quebrada zu finden sind. Sehenswert ist der **Palácio Anjos**. Policarpo Anjos, ein reicher Händler, hat 1866 den Palast als Wohnhaus erbaut. Um ihn herum ließ er einen romantischen Garten anlegen, der durch Neubauten der 60er Jahre jedoch z. T. zerstört wurde.

Neben dem Palácio Anjos liegt der **Palácio Ribamar**, davor ein steinernes Wegkreuz von 1727. Der Palast aus dem 18. Jh. diente früher als Wohnhaus für die Grafen von Vimioso und Lumiar, später als Casino. Heute ist hier die städtische Bibliothek von Oeiras untergebracht.

Am **Tejoufer** empfängt die nach Lissabon einfahrenden Schiffe der moderne Kontrollturm des Lissabonner Hafens, unverwechselbar durch seine „schiefe" Konstruktionsweise. Um den vom Architekten Gonçalo Byrne entworfenen Turm soll in den kommenden Jahren ein großer Uferpark angelegt werden.

Information/Verbindungen

• *Information* Turismo im Palácio Ribamar, Espaço Cultural, Av. Alameda Hermano Patrone, ✆/✉ 214115062. Täglich 10–18 Uhr (im Sommer bis 19 Uhr).

• *Zug* Ab *Lissabon/Cais do Sodré*: Alle Züge halten in Algés. In der Rushhour alle 5 Min., sonst alle 10–30 Min. Fahrzeit 10 Min. Nach *Cascais* (via Caxias, Paço de Arcos, Oeiras, Carcavelos, Parede und Estoril): Züge alle 15–30 Min. Fahrtdauer 30 Min.

• *Straßenbahn* Ab *Lissabon*: Mit der Tramlinie 15 ab Praça da Figueira über Praça do Comércio, Alcântara und Belém nach Algés. Bis zur Endstation Algés gilt der Stadttarif Lissabon der Carris (*urbano*).

• *Bus* Ab *Lissabon*: Die Carris-Busse 23 (Desterro, Rotunda, Amoreiras, Monsanto, Restelo), 29 (Bairro Padre Cruz, Pontinha, Benfica, Monsanto, Restelo), 50 (Gare do Oriente, Campo Grande, Benfica, Campingplatz Lissabon), 51 (Campolide, Alcântara, Belém, Restelo) halten alle am Bahnhof von Algés.

Essen & Trinken

Siesta, Passeio Marítimo de Algés, Edifício La Siesta, ✆ 213011522. Durch die Bahnhofsunterführung geradeaus in Richtung Tejo gehen. Dann gleich links am Beginn der Uferpromenade zwischen Algés und der Torre de Belém. Täglich bis 24 Uhr. Sehr schöne Tejoaussicht, vor allem in den Sommernächten kann man es auf der Terrasse gut aushalten. Innen eng bestuhlter, bunt gestalteter Speiseraum. Das Essen ist nicht sehr originalgetreu mexikanisch, sondern eher „Port-Mex", aber schmackhaft. Auch auf der Speisekarte gehen Spanisch und Portugiesisch wild durcheinander. Teilweise Livemusik. Hauptgerichte ab 9,50 €, Mittagsmenü unter der Woche günstiger.

Zinia, Rua Damião de Góis, 48-A, ✆ 214112345. An der Straßenbahnlinie unweit des Bahnhofs. Mo–Sa Mittagessen 12–15 Uhr im Self-Service-Restaurant im Keller des

Palácio Anjos: grünes Zentrum von Algés

Lebensmittelladens, So geschlossen. Kantinenatmosphäre. Reichhaltige Portionen, gute Nachtische. Hauptgerichte ab 4,50 €, Mini-Teller bereits für 3,50 €.

• *Café* **Pastelaria Nortenha**, Rua Damião de Góis, 36, ✆ 214112727. Neben der Straßenbahnhaltestelle Algés. Eine weit bekannte Konditorei. Auch Eisverkauf.

Aquário Vasco da Gama

In dem schönen Museumsbau findet man eine große Vielfalt von Fischen und anderen Meerestieren mit über 200 Arten in 93 Süß- und Salzwasseraquarien. Darunter ragen die Zitteraale heraus, deren elektrische Spannung auf einem Oszilloskop angezeigt wird. Weitere Tiere sind in Glasbehältern konserviert, die größtenteils aus der Privatsammlung Königs Carlos I. stammen; auch Haie, die vor der portugiesischen Küste gefangen wurden, sowie ausgestopfte Seevögel und Robben sind zu bewundern. Eine Hauptattraktion ist die 8,20 m lange Krake. Besonders Kinder haben Spaß an diesem Museum, das 1898 auf Anregung Königs Carlos I. gegründet wurde.

Anfahrt/Öffnungszeiten Rua Direita, Dafundo, ✆ 214196337. 300 m weiter zu Fuß nach Endstation Tram 15. Täglich 10–18 Uhr, Einlass bis 17.30 Uhr. Eintritt Erwachsene 3 €, unter 18 J. und über 65 J. 50 % Ermäßigung, bis 6 J. frei.

Caxias

Ein grüner Ort an der Bahnlinie zwischen Lissabon und Oeiras. Für die Gärten der ehemaligen königlichen Quinta von Caxias sollte man einen kurzen Zwischenstopp einlegen.

An der Praia de Caxias sollte man ebenso wie an der Praia da Cruz Quebrada wegen der schlechten Wasserqualität nicht baden.

• *Zug* Ab *Lissabon*: Nicht alle Züge vom Bahnhof Cais do Sodré (Metro Cais do Sodré) halten in Caxias. Tagsüber bedienen nur die Züge nach Oeiras den Bahnhof.

Takt in der Hauptverkehrszeit alle 15 Min., sonst 20–30 Min. Fahrzeit 20 Min. Nach Cascais (via Paço de Arcos, Oeiras, Carcavelos, Parede und Estoril): Züge alle 15–30 Min. Fahrtdauer 20 Min. Tagsüber in Oeiras umsteigen.

Real Quinta de Caxias – Jardim da Cascata

Die herrlichen Gärten des Jardim da Quinta Real wurden im 18. Jh. durch Prinz Dom Francisco, dem Sohn von Dom Pedro II. und Dona Maria Sofia, angelegt. Fertig gestellt hat man sie jedoch erst im 19. Jh. Das Königspaar Dona Maria II. und ihr deutscher Gatte Ferdinand von Sachsen-Coburg-Koháry sowie später Königin Dona Amélia nutzten das Landgut als Sommerresidenz. Mit dem Ende der Monarchie verfiel der herrliche Park zusehends – das Militär hatte sich hier breit gemacht –, bis ihn die Stadt Oeiras 1997 renovieren ließ und öffentlich zugänglich machte.

Nach einem Hof mit mehreren Gebäuden der Militärakademie gelangen die Besucher über zwei Treppen in den eigentlichen Park mit seinen akribisch zugeschnittenen Buchshecken – der Park wurde nach dem Vorbild der Gärten von Versailles angelegt. Die Statuen im Garten stammen von dem bekannten portugiesischen Bildhauer Machado de Castro und stellen eine Szene der griechischen Mythologie dar.

Am Ende der Grünanlagen erstreckt sich eine lange Galerie, die in ihrem Inneren von kühlen Gängen durchzogen wird. In der Mitte fällt ab und zu ein künstlich angelegter Wasserfall nach unten, dessen Felsen an Korallen erinnern. Im Pavillon auf der oberen Ebene der Galerien breitet sich vor den Augen der Besucher ein schönes Panorama auf Tejo und Atlantik aus.

Anfahrt/Öffnungszeiten Estrada da Gibalta, ✆ 214408511. Direkt gegenüber dem Bahnhof. Täglich 10–18 Uhr. Eintritt frei.

Königliche Gärten – Quinta Real de Caxias

Paço de Arcos (16.800 Einwohner)

Der Ort ist nach dem auffälligen, gelb gestrichenen Palast an der Avenida Marginal benannt. Zwischen Bahnhof und Hafen findet sich der kleine, historische Kern von Paço de Arcos.

Leicht zu erkennen ist der für den Ort namensgebende **Paço dos Arcos** aus dem 15. Jh.: Zwischen zwei Ecktürmen spannen sich drei Bögen, auf denen der Balkon des Obergeschosses ruht. Um ihn herum findet man einen kleinen Fischer-Hafen sowie den historischen Ortskern mit mehreren empfehlenswerten Restaurants. Am nahe gelegenen Strand Praia de Paço de Arcos sollte man auf Grund der Wasserqualität nicht baden.

Verbindungen/Diverses

• *Zug* Ab *Lissabon*: Takt in der Hauptverkehrszeit alle 8 Min., sonst alle 15–30 Min. Fahrzeit 20 Min. Achtung: Außerhalb der Hauptverkehrszeiten halten die Schnellzüge vom Bahnhof Cais do Sodré (Metro Cais do Sodré) mit Ziel Cascais nicht in Paço de Arcos, sondern nur die nach São Pedro und Oeiras.
Nach *Cascais* (via Oeiras, Carcavelos, Parede und Estoril): Züge alle 15–30 Min. Fahrtdauer 20 Min. Eventuell muss man in Oeiras oder São Pedro umsteigen.

• *Hochbahn* Vom Bahnhof Paço de Arcos (Haltestelle Navegantes) fährt die automatische Hochbahn SATU in 5 Min. zum Einkaufszentrum Oeiras Parque (Haltestelle Forum). Preis 1 € pro Fahrt, 1,50 € für Hin- und Rückfahrt. Außerdem muss man eine wieder aufladbare Chipkarte für 0,50 € kaufen.

• *Einkaufen/Kino* Oeiras Parque, Av. António Bernardo Cabral de Macedo, ℡ 214460050. Große Shopping-Mall oberhalb von Oeiras und Paço de Arcos, von dort mit der Hochbahn leicht zu erreichen. Riesiger Carrefour-Hypermarkt, dazu Restaurants und die üblichen Modeketten wie Sisley, Zara, Mango, etc. Das Warner-Lusomundo-Kino „serviert" in seinen 7 Sälen vorwiegend popcornkompatible Hollywood-Kost.

Übernachten

**** **Hotel Sol Palmeiras**, Av. Marginal, ℡ 214468300, ℡ 214468399. Direkt an der Avenida Marginal etwa 15 Min. zu Fuß zum Bahnhof. Früher war der aus dem 19. Jh. stammende Palast im Besitz der Gräfin Condessa de Cuba. Vor dem Hotel eine hübsche Terrasse mit Schwimmbecken und Tejoblick. Palmen, wie der Name des Hotels andeutet, sind auch vorhanden. 35 geräumige und komfortable Zimmer mit Telefon, Sat-TV, Klimaanlage, Tresor, Minibar und Haartrockner. Die Hälfte der Zimmer hat Meerblick. Garage vorhanden. Viele Geschäftsreisende. DZ 156 € (inkl. Frühstück).

Gab dem Ort seinen Namen:
Paço dos Arcos

Essen & Trinken

Casa Gallega, Av. Patrão Joaquim Lopes, 7-C, ☎ 214432400. Gehobenes Restaurant etwas unterhalb des Bahnhofs am Beginn des historischen Ortszentrums. So Ruhetag. Der Boden im Inneren ist mit schwarzweißem Pflaster ausgelegt. Roher Stein ziert die Wände. Ein kleiner, zweigeteilter Speiseraum. Portugiesische Küche. Hauptgerichte ab 12 €.

A Marítima, Rua Costa Pinto, 59, ☎ 214420931. Im historischen Ortskern. Di Ruhetag. Mit Schiffsbildern eingerichtet. Zum Couvert werden *pastéis de bacalhau* (Bacalhau-Pasteten) gereicht, die nicht günstig, aber sehr schmackhaft sind. Große Auswahl an Gerichten ab 5,50 €, reichhaltige Portionen. Wer nicht so hungrig ist, sollte eine halbe Portionen ordern.

Oeiras (43.400 Einwohner)

Die kleine Kreishauptstadt liegt auf halbem Weg zwischen Lissabon und Cascais. Hier mündet der Tejo ins offene Meer. Der Park Marquês de Pombal trennt die Stadt in zwei Teile: Oeiras und Santo Amaro de Oeiras. Hauptsehenswürdigkeiten sind der Palast und die Gärten des Marquês de Pombal. Außerdem erstrecken sich reizvolle Grünanlagen vom Strand bis zum Palast des Marquês de Pombal.

Bei Oeiras fließt der Tejo in den Atlantik; der ganze Schiffsverkehr muss sich in zwei engen Fahrrinnen durch das flache Mündungsgebiet quälen. Dementsprechend wurde an dieser Stelle die vorletzte Befestigungslinie Lissabons errichtet (die letzte Linie war die Torre de Belém). Am Tejoufer zwischen Oeiras und Carcavelos ist das mächtige **Forte São Julião da Barra** aus dem Jahr 1508 noch Zeuge einst kriegerischer Zeiten. Errichtet und ausgebaut wurde es nach Attacken von nordafrikanischen Piraten und französischen Korsaren auf die portugiesische Küste. Übrigens wird hier auch heute noch die Verteidigung Portugals organisiert: Im Forte São Julião da Barra residiert der Verteidigungsminister des Landes, gegenüber liegt *Cinciberlant*, das NATO-Hauptquartier von Portugal.

Für einen schönen Spaziergang bietet sich die **Uferpromenade** ab der Praia de Santo Amaro an. Vor allem am Wochenende tummeln sich Jogger, Skater und Radfahrer auf dem 3 km langen roten Asphaltband. Wer will, kann am Ende der Promenade an der Praia da Torre beim Forte São Julião da Barra weiter am

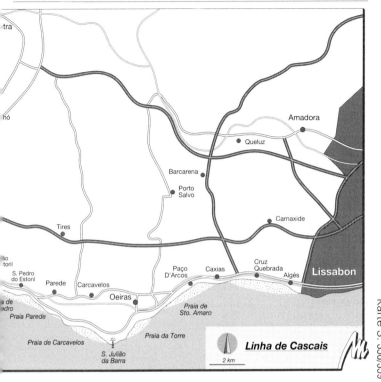

Strand entlang nach Carcavelos gehen. Dort ist das Wasser deutlich sauberer als in Oeiras, wo es durch die Tejoabwässer teilweise stark verschmutzt wird.

Information/Verbindungen/Diverses

- *Information* Turismo im Palácio do Marquês de Pombal, ✆/✉ 214408781. Täglich 10–18 Uhr (Sommer 9–20 Uhr).
- *Zug* Oeiras hat 2 Bahnhöfe: Oeiras und Santo Amaro.

Ab *Lissabon*: Alle Züge vom Bahnhof Cais do Sodré (Metro Cais do Sodré) halten in Oeiras. Den Bahnhof Santo Amaro bedienen dagegen tagsüber nur die langsamen Züge mit Endziel Oeiras. Takt in der Hauptverkehrszeit etwa alle 10 Min., sonst alle 15–30 Min. Fahrpreis 1,20 €. Fahrzeit mit den Schnellzügen 18 Min., mit den langsamen Zügen, die an allen Stationen halten, 25 Min.

Nach *Cascais* (via Carcavelos, Parede und Estoril): Züge alle 15–30 Min. Fahrtdauer 15 Min.

- *Bus* Die Busse fahren vor dem Bahnhof Oeiras ab.

Nach *Queluz*: Bus 106 (Richtung Amadora) der Vimeca-Lisboa Transportes. Mo–Fr alle 40 Min., Sa/So stündlich. Fahrzeit ca. 30 Min.

Nach *Sintra*: Die Linie 467 der ScottURB täglich jede Stunde zum Bahnhof Portela de Sintra (über Bahnhof Sintra). Fahrzeit 50 Min.

- *Taxi* Multitáxis – Rádio Táxis de Oeiras, ✆ 214155310.
- *Post* Avenida Miguel Bombarda.
- *Polizei* PSP, Rua do Espargal, 18, ✆ 214410935.
- *Stadtfeiertag* Dia de Oeiras am 7. Juni. Am Wochenende davor und in der Woche danach finden Feste statt.
- *Kino* Cinema Palmeiras, Palmeiras Shopping, Rua Quintas das Palmeiras, Stadtteil Nova Oeiras (Richtung Carcavelos).

Linha de Cascais

Forte São Julião da Barra: Sitz des Verteidigungsministers

Übernachten

• *Jugendherberge* **Pousada de Juventude de Catalazete (3)**, Estrada Marginal junto ao INATEL, ℅ 214430638, ℅ 214419267, www.pousadasjuventude.pt. Die Jugendherberge von Oeiras liegt direkt am Meer im INATEL-Feriengelände (ca. 1 km zum Bahnhof Oeiras). Sie ist im alten Fort von Catalazete untergebracht und rustikal eingerichtet. 54 Betten in 4- und 6-Bettzimmern, dazu 10 DZ. Einige Zimmer haben Meerblick auf den Leuchtturm in der Bucht von Oeiras, bis zur Costa da Caparica und zur Ponte 25 de Abril. Die Jugendherberge steht für Nachtschwärmer rund um die Uhr offen. Rezeption 8–24 Uhr. Zeitig kommen oder vorbuchen, da die Herberge sehr beliebt ist. Preis in Mehrbett-Zimmern je nach Saison pro Pers. 8,50–11 €, DZ 24–30 €. Frühstück jeweils inkl.

Essen & Trinken

A Quinta (1), Largo Henrique Paiva Couceiro, 36, ℅ 214430566. Gegenüber dem Bahnhof in einem schönen rosa Gebäude. Do Ruhetag. Bis 24 Uhr warme Küche. Innen mit Azulejos verkleidete Wände. Möglichkeit, auf der begrünten Terrasse zu sitzen. Hauptgerichte ab 8,50 €.
O Pombalino (2), Rua 7 de Junho, 6, ℅ 214430144. In der Gasse hinter dem Rathaus. Bis 2 Uhr nachts (So nur bis 22 Uhr), Mo geschlossen. Recht beliebt, man kann auch draußen essen. Einfache, schmackhafte Küche der Region in sehr reichhaltigen Portionen. Innen mittelgroßer Speiseraum mit weiß-blauen Azulejos und einer lange Bartheke. *Vinho Verde* aus dem Krug. Tagesgerichte ab 8 €.

Palácio do Marquês de Pombal

Der opulent gestaltete **Palastgarten** ist besonders wegen seiner Brunnen äußerst sehenswert. Den Brunnen der Dichter beispielsweise hat der ehemalige Hausherr Marquês de Pombal mit Büsten von Camões, Vergil, Homer und

Oeiras 361

Tassus dekorieren lassen – in der Mitte thront Neptun. Von oben hat man einen schönen Blick über den Park. Etwas weiter stößt man auf zwei Teiche, in denen die Adligen zum Freizeitvertreib gerne fischten. Dafür wurden extra Fische aus dem Meer in die beiden kleinen Teiche gebracht, wo sie die edlen Herren mühelos angeln konnten. Mitten im Park liegt der Brunnen der vier

Jahreszeiten: Die Frühlingsseite ist dabei dem Palast zugewandt als Zeichen für die erneuernde Kraft des Marquis.

Den **Palast** selbst entwarf der ungarische Architekt und Freimaurer Carlos Mardel in der zweiten Hälfte des 18. Jh. – auf seine Hilfe vertraute Pombal auch beim Wiederaufbau der Lissabonner Baixa nach dem Erdbeben von 1755. Zu sehen sind großartige Statuen vom bekanntesten portugiesischen Bildhauer, Machado de Castro. Die Veranda des Palastes ist mit sehr sehenswerten Azulejos in Gelb und Blau, die Szenen aus dem Palastleben darstellen, verziert. In der Kapelle Capela da Nossa Senhora das Mercês kann man Stuckarbeiten des Mailänder Künstlers Giovanni Grossi bewundern. Heute nützt das Nationale Verwaltungsinstitut, das *Instituto Nacional de Administração*, den Palast als Bürogebäude. Früher war er im Besitz der Gulbenkian-Stiftung, die heute am Rande des Gartens ein biologisches Forschungsinstitut unterhält. In einem Nebengebäude auf der anderen Straßenseite ist das Rathaus von Oeiras untergebracht.

Anfahrt/Öffnungszeiten Eingang in die Gärten in der Rua Cândido dos Reis, links nach dem Torbogen. Täglich 10–18 Uhr (Sommer 9–20 Uhr). Eintritt frei. Palastführungen sehr unregelmäßig.

> ### Die Komplexe des Marquis
>
> Überall in Palast und Garten des Marquês de Pombal stößt man auf den achtzackigen Stern, der auch das Wappen des Marquis ziert. Nicht umsonst wird Pombal eine gewisse Geltungssucht nachgesagt. Vielleicht hängt sein zwanghafter Geltungsdrang damit zusammen, dass er erst 1759 von König José I. den Titel des *Conde de Oeiras* (Grafen von Oeiras) erhielt. Zuvor hatte sich Sebastião José de Carvalho e Melo, so lautete sein Geburtsname, als Kleinadeliger bis zum Premierminister emporgearbeitet. 1770 „beförderte" ihn der König dann endlich zum *Marquês de Pombal* (Marquis von Pombal, einem Ort in Mittelportugal) – mit diesem Titel sollte er dann in die Geschichtsbücher eingehen.

Carcavelos (18.000 Einwohner)

Der Ort kann mit dem längsten Sandstrand der Estoriler Küste aufwarten. Berühmt wurde Carcavelos durch den bekannten Süßwein, der hier angebaut wird. Die Lissabonner kennen Carcavelos auch aufgrund seines Marktes, der als größter Kleidermarkt Portugals gilt.

Der **Strand** von Carcavelos ist besonders bei Surfern und Beachvolleyball-Spielern beliebt. Von einem der zahlreichen Strandcafés entlang der Promenade lässt sich gut beobachten, wie sich die Surfer von den Wellen tragen lassen.

Wer dagegen den allseits bekannten schweren, roten **Süßwein** des Ortes kosten möchte, wird Schwierigkeiten haben. Der 15–22-prozentige, etwas nach Mandeln schmeckende Carcavelos ist inzwischen zu einer seltenen Spezialität geworden, die pro Flasche leicht 50 € kosten kann. Der edle Tropfen wird nur noch auf zwei äußerst kleinen Weingütern angebaut: der zur Firma *Casa*

Einst opulente Residenz des Marquês de Pombal, heute Bürogebäude

Manuel Boullosa gehörenden Quinta do Peso und der Quinta de Cima, die im Besitz der Stadt Oeiras ist. Im Gegensatz zu seinen „großen Brüdern", dem Portwein und dem Moscatel aus Setúbal, hat sich durch den Bauboom der vergangenen Jahrzehnte die Anbaufläche immer weiter verringert, sodass der seit 1370 existierende Wein zwischenzeitlich sogar vom Aussterben bedroht war.

Der nächste Ort an der Bahnlinie nach Cascais ist **Parede** mit 20.000 Einwohnern, das praktisch mit Carcavelos zusammengewachsen ist. Hier findet man einen weiteren schönen Strand, die Praia da Parede, und zwei bekannte orthopädische Kliniken.

Verbindungen/Diverses

- *Zug* Ab *Lissabon*: Die Züge vom Bahnhof Cais do Sodré (Metro Cais do Sodré) nach Cascais und São Pedro halten in Carcavelos; in der Rushhour allerdings nur die Züge nach São Pedro, evtl. also in Oeiras umsteigen. Takt in der Hauptverkehrszeit alle 15 Min., sonst alle 20–30 Min. Fahrzeit mit den Schnellzügen 20 Min., mit den langsamen Zügen, die überall halten, 28 Min.
Nach *Cascais* (via Parede und Estoril): Zug alle 15–30 Min. Fahrtdauer 12 Min. Zur Rushhour muss man in São Pedro umsteigen.
- *Kino* Atlântida Cine, ℡ 214565653. 2 kleine Säle im Untergeschoss des Centro Comercial de Carcavelos direkt am Bahnhof.
- *Einkaufen* **Feira de Carcavelos**, dieser weithin bekannte Kleidermarkt findet jeden Donnerstagmorgen bis ca. 14 Uhr in der Nähe des Bahnhofs von Carcavelos statt. Auf dem Markt preisen die Händler von echten Levi's 501-Jeans zu Billigstpreisen bis zu günstigen portugiesischen Schuhen und Stoffen lautstark ihre Produkte an und versuchen dabei, dem Nachbarstand die Aufmerksamkeit der Kunden zu stehlen. Der größte Bekleidungsmarkt Portugals ist durch sein buntes, chaotisches Treiben ein Tipp für alle, die in Lissabon und Umgebung Urlaub machen. Achtung: Die auf den Jeans aufgedruckten Größen stimmen oft

Linha de Cascais
Karte S. 358/359

nicht, da es sich um Mängelware handelt. Ausprobieren oder nachmessen lassen. Trotz der kleinen Mängel kann sich der Kauf einer Hose bei den Niedrigpreisen aber durchaus lohnen. Der Markt schließt um 14 Uhr, man sollte aber besser am Morgen hingehen, da dann die Schnäppchen noch nicht weg sind.

*Ü*bernachten

**** Riviera Hotel, Rua Bartolomeu Dias, Junqueiro, ℡ 214586600, ℻ 214586619, www.rivierahotel.pt. Etwa 10 Min. zu Fuß vom Bahnhof und auch vom Strand entfernt, Nachbar ist der Tennis-Club Carcavelos. Moderner Bau mit 130 Zimmern. Von außen kein Schmuckstück, aber auch nicht hässlich. Alle Zimmer mit kleiner Terrasse. Die eine Hälfte hat Gartenblick, die andere Meerblick. Am besten ist er im 4. Stock – teilweise reicht der Blick zum Cabo Espichel. Funktionale Einrichtung mit Sat-TV, Telefon, DSL-Internet-Anschluss, Minibar, Tresor, Bad mit Fön. Auch Nichtraucher- und behindertengerechte Zimmer. Konferenzräume, Schwimmbad, Tennisplatz und Health-Club. In einem Nebenflügel des Hotels ein kleines Einkaufszentrum mit Supermarkt. DZ je nach Saison 92–153 € (inkl. Frühstücksbuffet).

** Hotel São Julião, Praça do Junqueiro, 16, ℡ 214572102, ℻ 214566993. An einem ruhigen Platz hinter dem Hotel Praia Mar gelegen und ebenfalls in Strandnähe. Kleines Haus mit 20 mittelgroßen, schön eingerichteten Zimmern, die über TV, Klimaanlage und Telefon verfügen. Kleine Badezimmer mit Duschkabinen. DZ je nach Saison 50–75 € (inkl. Frühstück).

*E*ssen & *T*rinken

Cervejaria Eduardo, Rua Capitão Leitão, Lote 8, Parede, ℡ 214573303. Wenige Meter vom Bahnhof Parede entfernt: Einfach den landseitigen Bahnsteig parallel der Schienen Richtung Lissabon verlassen, schon steht man vor der 1965 von Eduardo dos Santos gegründeten Cervejaria. Bis 2 Uhr nachts, Mi Ruhetag (im Winter auch Di abends geschlossen). Bekannt für ihre guten Meeresfrüchte. Schlicht eingerichteter Speiseraum, in dem es in allen Ecken knackt, wenn die Gäste ihre Krabben und Muscheln öffnen. Auch Terrassenservice auf dem Bürgersteig. Hauptgerichte ab 5,50 €.

•*Cafés* **Bar Moinho**, Praia de Carcavelos, Carcavelos. Letzte Bar am Strand, direkt vor der Forte São Julião da Barra. 12–1 Uhr, So und Fei ab 19 Uhr, Mi geschlossen. Ausladende Terrasse mit Liegestühlen und Tischen. Hier kann man sich entspannen und den Blick über das Meer und den Strand schweifen lassen. Auch kleine Speisen (nicht jedoch an den Liegestühlen). Bei schlechtem Wetter gibt es auch einen kleinen Innenraum. Erinnert vom Stil etwas an die Strandbars in Berlin. Bier 1,20 € tagsüber, abends 1,70€.

Pastelaria Lua de Mel, Av. da República, 1382, Parede, ℡ 214571088. Den Bahnhof Parede über den landseitigen Ausgang verlassen, dann noch 50 m – kaum zu verfehlen. Reichhaltige Auswahl an leckeren Gebäckspezialitäten. Langer Tresen, hinter dem die süßen Köstlichkeiten aufgestapelt werden. Modern und funktional eingerichtet. Außerdem Brot- und Eisverkauf.

Estoril (24.000 Einwohner)

Der Nobelbadeort Portugals mit viel Grün und Luxus, Hotels der gehobenen Kategorie und aufwendig gebauten, herrschaftlichen Villen aus den 30er Jahren. Der Ort mit dem größten Spielcasino Europas wird gerne als Beverly Hills von Lissabon bezeichnet.

Hier in Estoril begann Anfang des 20. Jh. der moderne Tourismus Portugals. Fausto de Figueiredo, der Erbauer des Hotels Palácio, verwandelte diesen fast ausschließlich von Kiefern bestandenen Küstenstreifen in einen luxuriösen Ferienort nach Vorbild der französischen Côte d'Azur. Zu den ersten Touristen an der Lissabonner *Costa do Sol* zählte der portugiesische Adel, später ge-

Um die Spielbank mit ihrem Garten ist das moderne Estoril entstanden

sellten sich abgedankte Könige hinzu, als viele Länder Europas in der ersten Hälfte des 20. Jh. den Schritt von der Monarchie zur Republik schafften.

Entscheidend für den Erfolg Estorils war der Bau des **Casinos** im Jahr 1916, der Glücksspieler aus ganz Europa anzog. Ein Gesetz aus dem Jahr 1927 machte die Estoriler Spielbank gar zum einzigen Casino auf dem portugiesischen Festland, dem ganzjähriger Betrieb gestattet war. Inzwischen gehört die Spielbank der Gesellschaft Estoril Sol. Sie ist wiederum zu 57 % im Besitz des chinesischen Glücksspiel-Zaren Stanley Ho aus Macau und zu 32 % des portugiesischen Konzerns Amorim.

Mit seinem Palmengarten dominiert der Glasbetonbau des Casinos das Zentrum Estorils. Nebenan steht das moderne Kongresszentrum, der *Centro de Congressos*. Nachts ist der Palmengarten eine von vier Millionen Lämpchen erhellte Oase, an dessen oberen Ende die Spielbank thront. Täglich von 21.30–22.00 Uhr könnte man fast glauben, in einem Zockerparadies wie Las Vegas gelandet zu sein. Dann tauchen Strahler die Wasser-Fontänen vor dem Casino in buntes Licht und projizieren Bilder auf das Gebäude. Majestätische Hymnen untermalen das Wasserspiel und beschallen den ganzen Park.

Eigentlich gibt es nur eine kunsthistorische Sehenswürdigkeit in Estoril: Das **Salesianerkloster** mit seiner Schule, unweit des Turismo an der Avenida Marginal gelegen. In seiner Kirche Igreja de Santo António sind schlichte blauweiße Azulejos mit Szenen aus dem Leben des hl. Antonius zu bewundern. Im Kontrast dazu steht der barocke, goldüberladene Hochaltar.

Besonders im Stadtteil **Monte Estoril**, auf einem Hügel zwischen Estoril und Cascais gelegen, sind zahlreiche Villen in allen möglichen Baustilen zu entdecken. Die Palette reicht von neo-manuelinisch bis norwegisch. Einige der Paläste stehen leider leer und schon zu viele mussten großen hässlichen Appartement- und Hotelneubauten weichen.

Das quirlige Leben während der Badesaison im Sommer spielt sich vor allem entlang der 300 m langen **Praia do Tamariz** ab. Der saubere Sandstrand wird von Felsplatten durchzogen, zusätzlich ist noch ein mit einer Mauer vom Meer abgetrenntes Schwimmbecken vorhanden, sodass auch Kinder bei höheren Wellen bedenkenlos baden können. Zu erreichen ist der Strand durch eine Fußgängerunterführung am Bahnhof. Durch sie kommt man auch zur befestigten **Strandpromenade**, dem *paredão*. Sie eignet sich wunderbar für Spaziergänge in Richtung Osten nach São João do Estoril oder nach Westen zur Praia da Conceição in Cascais. Zum Ausruhen kann man sich in eines der Strandcafés an der Promenade setzen und das bunte Treiben an den verschiedenen Stränden beobachten.

Folgt man der Promenade Richtung Osten um die Felsspitze herum, so gelangt man an die **Praia da Poça**, einen weiteren langen und schmalen Sandstrand, der bei Bodyboardern recht beliebt ist. Über dem Strand thronen zwei Festungen: das Forte Velho, mittlerweile eine Diskothek, und das Forte de São João da Cavadeira.

Geht man weiter um die nächste Felsspitze, so trifft man auf den schönsten Strand Estorils, die **Praia da Azarujinha** in São João do Estoril. Der winzige Sandstrand liegt in einer engen Felsenbucht, bei Flut verschwindet er zuweilen völlig unter dem Wasser. Die Praia da Azarujinha gilt als der beste Surfstrand an der Costa do Estoril, da hier die Wellen sehr „clean", also sauber, brechen. Umgeben wird der Strand von hohen Klippen und Mauern mit mehreren schönen Palästen und einer modernen Appartementanlage. Hier endet die Strandpromenade; will man weiter Richtung Osten, muss man die Stufen zur Avenida Marginal hinaufsteigen und dann der Uferstraße folgen. Bald erblickt man am Ortsausgang das weiße Fort von São João do Estoril, es ist in Armeebesitz und leider nicht zu besichtigen. Einst war es Sommerresidenz des portugiesischen Ministerpräsidenten: Salazar stürzte hier 1968 vom Liegstuhl – der Anfang vom Ende seiner Herrschaft.

Ab São João besteht die Küste aus unzugänglichen Felsklippen, unterbrochen nur vom langen Sandstrand **Praia de São Pedro**, an dem man ebenfalls gut surfen kann.

Die Strände von Monte Estoril erreicht man über die Strandpromenade, wenn man von der Praia do Tamariz in Richtung Cascais nach Westen geht. Die **Praia Monte Estoril** und die **Praia das Moitas** sind beide kleine Sandstrände mit niedrigen Felsen. Wenn die Wellen an den Stränden zu flach sind, kann man manchmal Surfer beobachten, die wagemutig direkt vor den Felsen oder der Strandmauer wellenreiten.

Information/Diverses

- *Information* Der Turismo befindet sich in der Nähe des Bahnhofs: Arcadas do Parque, ✆ 214663813, ✆ 214672280. Mo–Sa 9–19 Uhr, So und Fei 10–18 Uhr. Hier ist neben einem

Estoril

Stadtplan auch ein Veranstaltungskalender erhältlich.
- *Post* Estoril, Av. Marginal, 7152 (neben dem Hotel Vila Galé). Mo–Fr 8.30–18 Uhr.
Monte Estoril, Av. Sabóia, 233 (neben dem Hotel Estoril Eden).
São João do Estoril, Rua Nova da Estação, 9 (neben dem Bahnhof São João).
- *Polizei* PSP, Avenida de Portugal, 423, ✆ 214681396.
- *Markthalle* Unweit der Praia da Poça in der Rua J. A. Ferreira.
- *Supermarkt* Günstige Supermärkte findet man vor allem im Stadtteil São João do Estoril.

Verbindungen

- *Zug* Estoril hat vier Bahnhöfe: São Pedro, São João, Estoril und Monte.
Ab *Lissabon*: Die Züge vom Bahnhof Cais do Sodré (Metro Cais do Sodré) mit Ziel Cascais halten an allen Bahnhöfen von Estoril. In der Rushhour gibt es zusätzliche Schnellzüge nach São Pedro do Estoril. Takt zur Hauptverkehrszeit Mo–Fr alle 15 Min., sonst alle 20–30 Min. Fahrzeit 30 Min. Fahrpreis 1,50 €.
Nach *Cascais*: Alle 15–30 Min. Fahrzeit 3 Min. Preis 1,00 €.
- *Bus* Alle Busse fahren vom Bahnhofsvorplatz in Estoril ab. Wer viel Bus fährt, kann dort auch im Container der ScottURB Vorverkaufskarten (*módulos*) kaufen.
Ab *Lissabon/Flughafen*: Die Expressbuslinie 498 der Gesellschaften ScottURB und Rodoviária de Lisboa fährt stündlich 7–22.30 Uhr vom Flughafen Lissabon zum Bahnhof Estoril. Fahrpreis 8,50 € (gilt als Tageskarte im ganzen ScottURB-Netz außer BusCas). Fahrtdauer 35 Min. Zurück zum Flughafen von 6–21.45 Uhr ebenfalls stündlich. Keine Busse am 1.1. und 25.12.
Zum *CascaiShopping* nach Alcabideche: Bus 406, Richtung Bahnhof Cascais. Täglich etwa stündlich.
Nach *Sintra* (via Alcabideche und São Pedro de Sintra): Bus 418 stündlich jeden Tag zu den Bahnhöfen Sintra und Portela de Sintra. Fahrzeit 40 Min.
- *Taxi* Táxis Costa do Sol, ✆ 214659500.

Übernachten (s. Karte S. 368/369)

***** **Hotel Palácio (5)**, Av. de Nice, ✆ 214648000, ✎ 214648867, www.hotel-estoril-palacio.pt. Exklusive Lage im Herzen Estorils, in unmittelbarer Nähe zu Casino und Park. Der gepflegte Hotelbau entstand 1930 und ist die erste Adresse in Estoril. Die hohen Salons rechtfertigen die Bezeichnung „Palast". Im Garten wird ein Swimmingpool von einer Mineralquelle gespeist. Die Zimmer sind edel eingerichtet und ausgestattet mit Sat-TV, Radio, Telefon, Klimaanlage. Hoteleigener Golfclub. DZ je nach Saison ab 275–300 €, Suiten ab 325–350 € (jeweils inkl. Frühstück).

**** **Amazónia Lennox Estoril Hotel (3)**, Rua Engenheiro Álvaro Pedro de Sousa, 5, ✆ 214680424, ✎ 214670859, www.amazoniahoteis.com. Die 2 Gebäude des Country Clubs und das zugehörige kleine Schwimmbad liegen auf einem Hügel über dem Casino. Die Zimmer tragen Namen englischer Golfplätze. Luxuriöse Innenausstattung, ruhige Lage. Zimmer mit Minibar, Klimaanlage, Sat-TV, Veranda und großen Bädern. DZ mit Frühstück je nach Ausstattung 135–155 €.

**** **Hotel Vila Galé Estoril (10)**, Av. Marginal, ✆ 214648400, ✎ 214648432, www.vilagale.pt. In unmittelbarer Nähe des Bahnhofs an der Av. Marginal gelegen. Früher nannte sich das Hotel Estoril Praia. Die 126 sehr geräumigen Zimmer verfügen über Klimaanlage, Sat-TV, Telefon, Minibar, Tresor, Schreibtisch und Marmorbäder mit Badewanne. Fußboden mit hellroten Teppichen ausgelegt. An den Wänden Gemälde, auch sonst hell und freundlich eingerichtet. Health-Club, Türkisches Bad und Konferenzräume. DZ mit Frühstück 100 €. Mit Meerblick 20 € Zuschlag.

*** **Hotel de Inglaterra (2)**, Rua do Porto, 1, ✆ 214684461, ✎ 214682108, www.maisturismo.pt/hinglat. Herrschaftliche, alte Villa in exponierter Lage am Hang mit schönem Blick von den Balkons. Schwimmbad im Garten. Treppenaufgang und Salons sind noch original mit viel Holz ausgestattet.

Linha de Cascais

Übernachten
1 Pensão Pica-Pau
2 Hotel de Inglaterra
3 Amazónia Lennox Estoril Hotel
4 Smart
5 Palácio
10 Vila Galé Estoril

Essen & Trinken
6 O Sinaleiro
7 Panisol
8 Yate
9 Gelpizza
11 Gordinni
14 Pastelaria Girassol

Nachtleben
12 Bar Absurdo
13 Bar Caramba

370 Linha de Cascais

Zimmer und Bar-Einrichtung zeigen nicht mehr ganz so viel Geschmack. DZ mit Bad und Frühstück je nach Saison 83–150 €.

*** Pensão Residencial Smart (4), Rua Maestro Lacerda, 6, ✆ 214682164, ℡ 214649030, www.residencialsmart.com. Schöne Familienpension aus dem Jahr 1901 im Osten Estorils, früher im Besitz einer englischen Dame namens Mrs. Smart. 2001 durch die portugiesische Familie Bandarra komplett renoviert. Gepflegter Garten mit englischem Rasen, Brunnen und einem kleinen Schwimmbecken unter einer Palme. Schöner Frühstücksraum mit blau-weißen Azulejos. Privatgarage. 26 große und saubere Zimmer, alle mit Telefon, Kabel-TV und eigenem Bad. Teilweise kleiner Balkon, einige Zimmer im 2. und 3. Stock haben Meerblick. DZ je nach Saison 50–80 €. Frühstück inkl.

*** Pensão Pica-Pau (1), Rua Dom Afonso Henriques, 48, Monte Estoril, ✆ 214667140, ℡ 214670664, www.picapauestoril.com. Neben dem Einkaufszentrum Cruzeiro in einer schönen Villa. Oben gemütliche Sonnenterrasse mit Schwimmbad und Café. Innen mit vielen Azulejos ausgekleidet. 35 geräumige Zimmer mit Steinboden und eigenem Bad. Viele haben Balkon. Symbol der Pension ist ein Specht, auf portugiesisch *pica-pau*. DZ mit Frühstück je nach Saison 50–75 €.

Essen & Trinken (s. Karte S. 368/369)

Estoril kann längst nicht mit so vielen guten Restaurants aufwarten wie Cascais, deshalb empfiehlt es sich, im Nachbarort essen zu gehen.

Gordinni (11), Av. Marginal, 7191-2°, ✆ 214672205. Direkt neben dem Bahnhof von Estoril. Mo geschlossen. Pizzeria im zweiten Stock eines Hauses mit schöner Aussicht über die Bucht von Cascais. Zwei mittelgroße Speiseräume. Neben Pizzen auch Nudel-, Fleisch- und Fischgerichte ab 8,30 €.

O Sinaleiro (6), Av. de Saboia, 595, ✆ 214646954. Etwas oberhalb des Grande Hotel im Stadtteil Monte Estoril. Mi Ruhetag. Mehrere Tische auf der Terrasse, der Speiseraum innen ist etwas düster, da mit viel Holz eingerichtet. Portugiesische Küche. Eine gut bestückte Tageskarte, darunter zahlreiche Fleischgerichte, auch vom Porco Preto, einer Landschweinrasse aus Südportugal, die artgerecht unter Korkeichen gehalten wird. Umfangreiches und preisgünstiges Couvert mit leckerem Frischkäse. Hauptgerichte ab 8 €.

Yate (8), Arcadas do Parque, ✆ 214682661. Neben dem Turismo. Täglich außer Mi bis 2 Uhr. Wenn die vielen Tische am Platz besetzt sind, haben die Kellner Schwierigkeiten, die Bestellungen schnell und zügig auszuführen. Innen kleiner Caféraum. Als Hauptgang z. B. gegrillte Sardinen (*sardinhas assadas*) mit Salat und Pommes frites. Hauptgerichte ab 6,25 €.

• *Cafés* **Gelpizza (9)**, Av. de Sabóia, 15, ✆ 214675199. Am Hauptplatz von Monte Estoril. Täglich geöffnet. Konditorei mit großer Auswahl an Leckereien von Schokokeksen über Crème-Berliner bis zu aufwändig verzierten Torten. Mo–Sa mittags auch Restaurant-Betrieb im Nebenraum mit Pizzen und günstigen Tagesgerichten.

Panisol (7), Av. de Sabóia, 21. Gegenüber der Post im Zentrum von Monte Estoril. So geschlossen. Einfache Bäckerei mit preiswerten süßen Teilchen. Ein paar Tische zum Sitzen.

Pastelaria Girassol (14), Av. Florinda Leal, 22-A, São João do Estoril, ✆ 214685589. 100 m vom Bahnhof São João entfernt. Täglich ab 6.30 Uhr. Das Café ist Treffpunkt vieler Jugendlicher. Die Küche bietet am Mittag auch günstige Tagesgerichte. Lecker ist die *alheira de Mirandela* (Knoblauchteigring mit Schweine- und Hähnchenfleisch).

Nachtleben (s. Karte S. 368/369)

Das Flair von Cascais, wo man nachts durch die Fußgängerzonen des Zentrums flaniert, kommt in Estoril nicht auf. Die nächtlichen Attraktionen liegen hier etwas weiter auseinander – wie mangels historisch gewachsenem Zentrum überhaupt alles in Estoril. Geprägt wird das Nachtleben von Nobeleinrichtungen für älteres Publikum mit dickem Geldbeutel – z. B. Casinobesucher.

• *Spielbank* **Casino Estoril**, ✆ 214667700, www.casino-estoril.pt. Oberhalb des Bahnhofs von Estoril. Täglich 15–3 Uhr. Zum Geldverlieren werden Baccara, Roulette (französisch und amerikanisch), Chemin-de-Fer und Black-Jack angeboten; dafür benötigt man jedoch eine Eintrittskarte, die am Eingang ausgestellt wird. Auch Europas größter Saal mit „Slot-machines" ist hier im Casino zu bewundern (Eintritt kostenlos). Der Anblick der 700 Maschinen, voll besetzt mit Leuten, die Münze für Münze einwerfen, ist faszinierend und erschreckend zugleich. Durch die Gänge fahren Angestellte mit schweren Wagen voller Wechselgeld. Ab 23 Uhr Varietétheater im Casino-Restaurant (So ab 22 Uhr). Im Konzertsaal, der leider eine schlechte Akustik hat, finden häufig musikalische Veranstaltungen statt, ebenso im Wintergarten namens *Du Arte Café*.

• *Bars* **Absurdo (12)/Caramba (13)**, Praia do Tamariz, ℡ 214675418 bzw. 214661926. Direkt am Strand beim Bahnhof. Im Sommer täglich 11–4 Uhr oder später. Im Winter geschlossen. Zweistöckige Bar: Unten das Absurdo, eine mit einer Holz- und Glaswand vor Wind geschützte Bar, oben das Caramba unter Segeldächern mit Grünpflanzen schön eingerichtet. Etwas störend ist, dass man an manchen Tischen zwei verschiedene Musikrichtungen hört. Im Sommer der In-Treffpunkt in Estoril. Viel Livemusik: Dixiebands, Rock und Salsa. Bier 3 €.

• *Theater* **Teatro Municipal Mirita Casimiro – Teatro Experimental de Cascais**, Av. Fausto Figueiredo, Monte Estoril, ℡ 214670320. Das Stadttheater von Cascais im Norden des Ortsteils Monte Estoril.

Estoril während des Zweiten Weltkriegs

In den 30er und 40er Jahren war Estoril einer der bevorzugten Schauplätze von Spionage und Gegenspionage verschiedener Geheimdienste der Alliierten sowie der Achsenmächte. Die deutsche Auslandsabwehr bezog über das neutrale Portugal zudem wichtige Informationen ihrer Spione in den USA oder Großbritannien. Gestapo und Sicherheitsdienst (SD) pflegten ein gutes Verhältnis zu ihrer portugiesischen Partnerorganisation PVDE. Darüber hinaus unterhielt die deutsche Seite Kontakte zur Industrie und zum portugiesischen Staat, um sich mit dem kriegswichtigen Schwermetall Wolfram zu versorgen.

Dabei richtete sich die Kooperation nicht nur gegen vom Naziregime geflohene Kommunisten. Anfang 1940 war geplant, den Herzog von Windsor (der frühere englische König Edward VIII.) bei seinem Besuch in Estoril zu entführen, um ihn im Fall einer deutschen Landung in Großbritannien als politische Schachfigur bereitzuhalten. Für die Entführung standen dem Chef der deutschen SD-Auslandsabteilung, Walter Schellenberg, rund um die Uhr achtzehn PVDE-Agenten zur Verfügung. Letztendlich scheiterte der Plan, da Schellenberg Skrupel hatte, seinen Auftrag auszuführen. Er schickte dem Herzog anonyme Briefe, sodass dieser nach Nordamerika weiterreiste und sich der Gefahr entzog.

Als Hochburg der Agenten der Achsenmächte galten die 1939 gegründete deutsche Schule in Estoril und das Hotel Atlântico neben dem Bahnhof von Monte Estoril – im Espaço Memória kann ein Foto des Hotels mit gehisster Hakenkreuzflagge betrachtet werden. Die alliierten Agenten zogen dagegen das Hotel Palácio als sichere Residenz vor.

Für einen durchaus politische Wellen schlagenden Skandal sorgten mehrere Exilantinnen, die sich im damals noch äußerst prüden Portugal im gewagten Zweiteiler an den Strand legten. Hier verhielt sich der portugiesische Staat alles andere als neutral: Er sperrte einige der Frauen wegen Angriffs auf die guten Sitten kurzzeitig ins Gefängnis und beendete diese „freizügige" Phase an den Stränden Estorils.

Ereignisse

- *Kunsthandwerksausstellung* Seit 1964 findet im Juli und August an der Avenida de Portugal neben dem Casino die *Feira Internacional de Artesanato – FIARTIL* statt, die internationale Kunsthandwerksausstellung Estorils. Hier werden nicht nur handwerkliche Erzeugnisse gezeigt; das Ausstellungsgelände wird, besonders abends und nachts, zum Volksfest mit Folkloregruppen. Zum Essen gibt es leckeres Brot mit Räucherwurst (*pão com chouriço*) und die zu jedem portugiesischen Volksfest gehörenden *farturas* (Fettgebäck).
- *Tennis* Herausragendes Sportereignis ist das berühmteste Tennisturnier von Portugal, die Estoril-Open Anfang April mit guter internationaler Beteiligung. Das ATP-Turnier findet inzwischen allerdings am Estádio Nacional in Cruz Quebrada an der Bahnlinie nach Lissabon statt.
- *Motorsport* Früher gab es auf der Rennbahn bei Linhó regelmäßig Formel 1-Rennen. Seit Ende der 90er finden hier aber nur noch Trainingsläufe von Michael Schumacher und anderen Formel 1-Piloten statt. Dennoch hoffen die Estoriler weiter, Ihren *Grande Prémio da Formula Um* wiederzubekommen. Eine gewisse Entschädigung ist der Motorrad-Grand Prix, der zahlreiche Besucher anzieht.

Espaço Memória dos Exílios

Im ersten Stock des Postgebäudes von Estoril sind Fotos und Dokumente aus dem Zweiten Weltkrieg zu sehen, darunter vor allem Pässe und Hotelregister über die Zeit Cascais' und Estorils als Exil vieler Vertriebener. Unter den Exilanten waren bekannte Schriftsteller wie Antoine de Saint Exupéry, Diplomaten oder gar gekrönte Häupter wie König Humberto von Italien, Carol II. von Rumänien und die Großherzöge von Habsburg, die sich in Carcavelos niederließen. Viele Flüchtende kamen mit dem Süd-Express aus Paris, der zeitweise seinen Endbahnhof in Estoril hatte. Auch der rechtmäßige spanische Thronfolger Don Juan, Graf von Barcelona und Vater des jetzigen Königs Juan Carlos I.,

---

Spaziergang durch Estoril und Cascais

Gegenüber dem Bahnhof von Estoril fällt sofort das **Casino** mit seinem Palmenpark ins Auge. Etwas östlich davon liegt die Post mit der Ausstellung **Espaço Memória dos Exílios** über die Geschichte der hiesigen Exilanten. Ebenfalls an der Avenida Marginal, aber westlich des Casino-Parks, liegt das **Salesianerkloster** mit der Igreja de Santo António. Vom Hauptstrand von Estoril, der Praia do Tamariz, bietet sich über die **Strandpromenade** ein herrlicher Spaziergang zur Praia da Conceição in der Nachbarstadt Cascais an. Dort angekommen, kann man sich ins Getümmel der belebten Fußgängerzone in der Rua Frederico Arouca stürzen. Beachtung verdient die Azulejo-Fassade des Rathauses (Câmara Municipal).

Etwas außerhalb des Stadtzentrums präsentiert das **Museu do Mar** eine sehenswerte Sammlung zur Fischereigeschichte Cascais. Gegenüber dem Museum erstreckt sich der erfrischend grüne **Parque Municipal da Gandarinha.** Dort steht auch einer der schönsten Paläste von Cascais, in dem heute das **Museu do Conde de Castro Guimarães** untergebracht ist.

Über die Avenida Rei Humberto II de Itália – am neuen Marinehafen von Cascais, dem kleinen Strand Praia de Santa Marta und einem alten Leuchtturm vorbei – ist es nur noch ein knapper Kilometer bis zur **Boca do Inferno,** dem „Höllenschlund". Von der Boca do Inferno bietet sich ein Rückweg entlang herrschaftlicher Villen über die Avenida Vígia do Facho und die Avenida da República an. Zum Bahnhof Cascais geht es dann über die Rua Marquês Poncada, Rua dos Navegantes, Rua Alexandre Herculano und Avenida Valbom. Alternativ fährt der Stadtbus BusCas ab der Avenida da República zum Bahnhof.

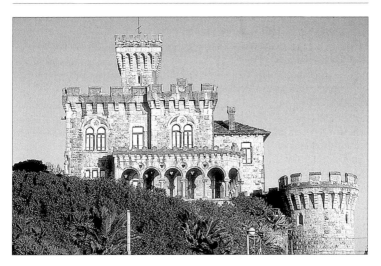

Privatwohnung – Kastell über der Praia do Tamariz in Estoril

wählte nach Ende des Zweiten Weltkriegs 1946 Estoril als Exil und organisierte von hier aus den monarchistischen Widerstand gegen die Franco-Diktatur in Spanien.

Anfahrt/Öffnungszeiten Av. Marginal, 7152-A – 1. Stock, ℅ 214825022. Mo 14–18 Uhr, Di–Fr 10–18 Uhr, Sa 10–13 und 14–18 Uhr, So und Fei geschlossen. Eintritt frei.

Cascais (27.700 Einwohner)

Der Ort ist von einer felsenreichen Küste umgeben, an der sich nur ab und zu kleine sandige Buchten finden. Das etwa 20 Kilometer westlich von Lissabon gelegene Cascais war früher ein Fischernest und zeigt heute eigenwillige Kontraste: Im Hafenbecken liegen bunt bemalte Fischerboote neben stromlinienförmigen Aluminium-Yachten, im Ort stehen alte Prunkvillen vor modernen Appartementanlagen.

Mittlerweile hat Cascais Estoril als nobelsten Wohnort im Großraum Lissabon den Rang abgelaufen. Der Ort kann eine Vielzahl schöner **Paläste** und herrschaftlicher Häuser vorweisen. Erwähnenswert ist z. B. die Offiziersmesse der Portugiesischen Marine westlich der Praia da Ribeira. Weitere prachtvolle Paläste sind über der Praia da Conceição und an der Straße zur Boca do Inferno zu sehen. Eine hübsche kleine Villa aus dem Jahr 1916 mit einem Turmdach aus Azulejos steht in der Travessa do Visconde da Luz, 16. Bemerkenswert sind auch die städtischen Parkanlagen wie der **Parque de Palmela** an der Avenida Marginal am Ortseingang.

Öffnungszeichen Park: Täglich 8.30–19.45 Uhr (im Winter nur bis 17.45 Uhr).

In der belebten Fußgängerzone von Cascais zwischen Bahnhof und Zentrum und in den umliegenden Straßen finden sich zahlreiche Restaurants und

Geschäfte. Sehenswert ist die weitgehend erhaltene, pittoreske **Altstadt** von Cascais mit ihren Kirchen, die leider aber meist geschlossen sind.

Direkt unterhalb des Bahnhofs von Cascais liegen die ersten beiden **Strände** des Ortes, die Praia da Conceição und die Praia da Duquesa, zwei benachbarte mittelgroße Sandstrände. Wer weiter Richtung Estoril um den Felsenvorsprung herumgeht, stößt auf ein kleines Ozeanschwimmbad.

Unweit der Fußgängerzone führen Treppen zur kleinen Praia da Rainha herunter; leider ist der „Strand der Königin" mit seinen interessanten Klippen sehr verschmutzt. Die Praia da Ribeira im Stadtzentrum ist durch den benachbarten Fischerhafen ebenfalls etwas verunreinigt. Weiter westlich bis nach Guincho folgt fast nur Felsenküste bis auf den kleinen Strand Praia de Santa Marta an einer Flussmündung neben dem Palast des Museu do Conde de Castro Guimarães.

In der *Doca Pesca*-Halle neben der Praia da Ribeira kann man **Fischauktionen** miterleben. Fisch und Meeresfrüchte landen nebenan die Boote an der Praia da Ribeira an. In roten Plastikkisten auf Eis gelegt schleifen sie Arbeiter auf ein Förderband, das die Ware bis zu einer Waage transportiert. Ist das genaue Gewicht bestimmt, zeigt eine große Leuchttafel Gewicht, Fischart und Herkunfts-Schiff an. Sofort beginnt der Preis auf der Tafel nach unten zu laufen, bis einer der Bieter auf der Tribüne als erstes über einen Knopfdruck die Ware ersteigert. Kiste für Kiste werden so Sardinen, Brassen, Garnelen fast lautlos versteigert, um kurz danach im einem der Restaurants zum Abendessen serviert zu werden.

• *Anfahrt/Öffnungszeiten* Av. Combatentes da Grande Guerra. Täglich außer So 17 bis ca. 18.30 Uhr. Die Halle am besten durch den Seiteneingang am Nebenplatz mit der Statue, dem Largo Mestre Henrique Anjos, betreten. Um die Gitter herum gelangt man auf die Tribüne. Wenn man hier nicht eingelassen wird, kann man über den Haupteingang unter dem kleinen Turm mit dem Docapesca-Schild in die Halle. Dann sieht man allerdings nichts von der Anzeigetafel.

Geschichte

Die ersten Spuren menschlicher Besiedlung in der Region sind auf etwa 2000 v. Chr. zu datieren. Gefunden wurden sie in den Höhlen von Alapraia bei São João do Estoril. Durch seine geschützte Bucht, die fischreichen Gewässer und die Nähe zum Tejo sowie zur Hauptstadt Lissabon bietet Cascais ideale Voraussetzungen zum Fischfang, früher Haupteinnahmequelle der Bewohner. Das Meer hat auch den Namen des Ortes geprägt: Man nimmt an, dass der Name *Cascais* vom Plural des Wortes *Casca* (Schale) kommt – Muschelschalen finden sich in großen Mengen an den umliegenden Stränden.

Mit Beginn der portugiesischen Entdeckungsfahrten wurde Cascais im 15. Jh. zum Vorposten Lissabons. Hier kamen die Schiffe von Afrika und Amerika an, ehe sie in das Binnenmeer von Lissabon einliefen. Auch Christoph Columbus erblickte bei seiner Rückkehr vom „entdeckten" Kontinent Amerika zuerst Cascais. Da Cascais als Ankunftsort der Expeditionen große Bedeutung hatte, wurde hier im 16. Jh. auf Befehl von König Manuel I. der erste Leuchtturm Portugals in Guia an der Straße nach Guincho errichtet. Auch heute noch steht an gleicher Stelle ein Leuchtturm.

Nach dem Ende der Blütezeit des portugiesischen Imperiums und dem Aussterben der Dynastie Aviz durch den Tod von König Heinrich, Erzbischof von Lissabon, landete 1580 der Duque de Alba in Cascais, um Portugal für die spanische Krone zu erobern. Somit war Cascais vom Vorposten der Entdeckungsfahrten zum Vorboten des Endes der portugiesischen Unabhängigkeit geworden.

Das Erdbeben von Lissabon 1755 richtete auch in Cascais erhebliche Schäden an: Klöster, Paläste und Häuser verwandelten sich innerhalb von wenigen Minuten in Ruinen. Während der napoleonischen Invasionen ab 1805 errichtete der französische Kommandeur Junot hier sein Hauptquartier. 1871 erkor dann die königliche Familie unter Dom Luís I. Cascais zu ihrem Sommersitz. Sein Nachfolger Dom Carlos I. hielt sich ebenfalls sehr häufig in Cascais auf. Mit dem Hof kamen viele reiche bürgerliche und adlige Familien in den Ort und ließen hier ihre prächtigen Paläste erbauen. Der Name *Praia da Rainha* (Strand der Königin) erinnert noch heute an die Zeit als königliches

Die Altstadt von Cascais wird durch kleine Gassen geprägt

Seebad. Die *Belle Epoque* von Cascais dauerte allerdings nur bis 1910, als die Republik Portugal ausgerufen wurde. Dafür begann aber ab 1930 der moderne Badetourismus, der sich besonders auf Estoril konzentrierte.

1941 folgte eine weitere Naturkatastrophe: Ein Zyklon zog durch Cascais und richtete große Verwüstungen an. Immer wieder zerstört das Meer in sturmreichen Wintern große Teile der Strandpromenade, so geschehen z. B. im Winter 1995/96. Zerstörung durch einen beispiellosen Bauboom brachten die 90er Jahre unter dem sozialistischen Bürgermeister José Luís Judas. In den acht Jahren seiner Amtszeit genehmigte er den Bau von über 12.000 neuen Wohnungen. Als er auch die letzten Grünflächen an der Linha de Cascais betonieren wollte, stieß Judas aber auf großen Widerstand in der Bevölkerung und seiner eigenen Partei PS. Diese stellte ihn schließlich bei den Kommunalwahlen 2001 nicht mehr als Kandidaten auf. Die Wahlen gingen dennoch an die Sozialdemokraten des PSD verloren. Der neue Oberbürgermeister António Capucho versuchte umgehend, die Bauwut zu dämpfen. Er entdeckte dabei „merkwürdige" Geschäftsbeziehungen seines Vorgängers mit Baufirmen.

Information/Diverses

- *Information* Turismo in der Rua Visconde da Luz, ℡ 214868204. Mo–Sa 9–19 Uhr, So und Fei 10–18 Uhr.
- *Post* Av. Marginal, 9302. Neben dem Centro Comercial Cascais Villa.
- *Polizei* PSP-Touristenpolizei, Rua Visconde da Luz, 14-D, ℡ 214863929. Neben dem Turismo.

Verbindungen

- *Zug* Ab *Lissabon* (über Oeiras, Estoril): Häufige Züge vom Bahnhof Cais do Sodré (Metro Cais do Sodré) bis spät in die Nacht. Takt in der Hauptverkehrszeit Mo–Fr alle 15 Min., sonst alle 20–30 Min. Fahrzeit ca. 35 Min. Fahrpreis 1,50 €.
- *Bus* Die Busse von ScottURB fahren vom Busbahnhof Cascais im Untergeschoss des Einkaufszentrums Centro Comercial Cascais Villa ab – vom Bahnhof aus etwa 50 m auf der anderen Seite der Av. Marginal. Im Busbahnhof auch Verkaufstand für Vorverkaufskarten (*módulos*) sowie Tages- und Wochenkarten.

Ab *Lissabon/Flughafen*: Die Expressbuslinie 498 der Gesellschaften ScottURB und Rodoviária de Lisboa fährt stündlich 7–22.30 Uhr vom Flughafen Lissabon nach Cascais. Dort halten sie in der Nähe des Bahnhofs an der Av. 25 de Abril (vor der Bank Nova Rede). Teilweise auch Stopp an Hotels wie Baía, Pestana, Quinta da Marinha und Estalagem da Guia (beim Fahrer erfragen). Dauer 40 Min. Zurück zum Flughafen von 6-21.45 Uhr ebenfalls stündlich. Keine Busse am 1.1. und 25.12. Preis 8,50 € (gilt als Tageskarte im ScottURB-Netz außer BusCas).

Zum *CascaiShopping* nach Alcabideche: Bus 406 (Ziel Bahnhof Estoril) täglich etwa stündlich. Oder Bus 462 Richtung Carcavelos. Mo–Fr alle 30 Min., Sa/So stündlich. Auch Bus 417 nach Sintra (s. u.)

Nach *Guincho*: Busse 405 und 415. Beide Busse fahren einen Rundkurs. Bus 405: Bahnhof – Guia – Oitavos – Cabo Raso – Guincho – Areia – Birre – Quinta da Marinha – Vila da Bicuda – Bahnhof. Bus 415 die umgekehrte Richtung. Beide Busse fahren täglich im Stunden-Takt. Fahrzeit bis Guincho etwa 25 Min.

Nach *Malveira da Serra*: Bus 402 Mo–Sa alle 50 Min., So alle 100 Min. Außerdem Bus 403 (Richtung Sintra) Mo–Sa 12-mal, So 10-mal. Fahrzeit 15 Min.

Nach *Sintra* (via Alcabideche): Bus 417 täglich alle 50 Min. Schnellere und preisgünstigere, aber weniger schöne Strecke nach Sintra als via Cabo da Roca. Halt in Sintra an beiden Bahnhöfen Sintra und Portela de Sintra. Fahrzeit 40 Min.

Nach *Sintra* (via Malveira da Serra, Azóia, Cabo da Roca und Colares): Bus 403 vom Bahnhof, Mo–Sa 12-mal, So 10-mal. Davon fahren je 9 Busse täglich direkt bis ans Cabo da Roca, die anderen nur bis Azóia. Halt in Sintra an den Bahnhöfen Sintra und Portela de Sintra. Fahrzeit ca. 70 Min.

- *Stadtbusse* Innerhalb Cascais verkehrt der Stadtbus *BusCas* alle 7 Min. auf einem Rundkurs: Bahnhof – Hospital – Rua Jaime Thompson – Praça de Touros – Av. da República – Zitadelle – Rathaus – Bahnhof. Fahrpreis einfach 0,90 €, hin und zurück 1,35 €.

Zur *Quinta da Marinha* (über Guia und Quinta da Bicuda): 4 Busse täglich der Linien 425 und 432. Dazu die Buslinien 405 und 415 nach Guincho (s. o.).

- *Taxi* Rádio Táxis Cascais, ℡ 214864731.

Mit dem Rad durch Cascais

In Cascais bietet die Stadt einen kostenlosen Verleih von Rädern an. Die so genannten *BiCas* kann man gegen die Vorlage eines Personalausweises gegenüber dem Bahnhof neben der Bank Millennium BCP und vor der Fortaleza ausleihen. Mo–Fr 9–16 Uhr, Sa/So und Fei 9–17 Uhr (im Sommer täglich 8–20 Uhr). Auf der Strandpromenade und durch die Parks darf aber nicht geradelt werden.

Cascais

Übernachten (s. Karte S. 382/383)

Cascais bietet eine große Auswahl an Hotels: Von der intimen Estalagem mit 10 Zimmern bis zum riesigen Hotelblock ist alles vorhanden. In der Regel bekommt man in Cascais für sein Geld mehr geboten als im international bekannteren Estoril mit seinem preistreibenden Casino. Kontakte für Privatzimmer vermittelt der Turismo. Sie kosten je nach Saison und Ausstattung ca. 30–70 € pro DZ.

***** **Albatroz Palace (7)**, Rua Frederico Arouca, 100, ✆ 214847380, ✉ 214844827, www.albatrozhotels.com. Direkt gegenüber dem Hotel Albatroz, dessen Rezeption gemeinsam benutzt wird. Einer der schönsten Paläste von Cascais. Das Gebäude wurde 1850 als Familienresidenz erbaut und stand Ende des 20. Jh. lange Zeit in Ruinen. Seit der Renovierung sind hier 2 Suiten und 4 Luxuszimmer untergebracht – das luxuriöseste Hotel in Cascais. Die ehemaligen Empfangssäle dienen heute als Konferenzräume. Die Zimmer im 2. Stock haben sehr schöne Veranden mit Meerblick. Sat-TV, Telefon, Stereoanlage, Minibar, Tresor und Marmorbäder. Bei der Buchung über das Hotel Albatroz den Albatroz Palace explizit als Wunsch angeben. DZ je nach Saison 275–355 €. Frühstück 15 € pro Person.

***** **Hotel Albatroz (10)**, Rua Frederico Arouca, 100, ✆ 214847380, ✉ 214844827, www.albatrozhotels.com. In einer Seitenstraße 50 m vom Bahnhof entfernt. Wunderschöne Lage über den Felsenklippen der Praia da Conceição. 1873 wurde das Gebäude als Palast des Herzogs Duque de Loulé erbaut. Seit 1963 Hotel. Die Räume stilvoll eingerichtet. Manche haben einen Balkon mit herrlichem Meerblick. Alle verfügen über Sat-TV, Minibar, Tresor und Klimaanlage. Auf der kleinen Terrasse kann man im Schwimmbad planschen oder ein Sonnenbad nehmen. Zusätzlich zum Hauptgebäude gibt es ein kleines, begrüntes Haus im Landhausstil mit 5 Suiten und 2 DZ – fast alle mit Meerblick. DZ je nach Saison 180–240 €, Meerblick 35–50 € mehr. Frühstück 15 € pro Person.

***** **Hotel Quinta da Marinha (19)**, Quinta da Marinha, ✆ 214860100, ✉ 214869488, www.quintadamarinha.com. Etwa 3 km westlich des Zentrums von Cascais. Busse 425 und 432 halten direkt vor dem Hotel, Busse 405 und 415 ca. 200 m weiter an der Vila Bicuda. Modernes Hotel am Rande des bekannten Golfplatzes (Ermäßigungen für die Gäste). Großzügige, zum Garten hin geöffnete Anlage in U-Form. Viel Naturlicht, breite Gänge, weite Innenhöfe. Drei Außenschwimmbäder, ein überdachtes Becken,

Albatroz Palace: Die Nummer eins in Cascais

Sauna, Kraftraum, Tennisplätze, Friseur, Konferenzräume, Garage. 200 geräumige Zimmer mit großem Balkon, Minibar, Sat-TV, Klimaanlage. Nur wenige zur Straße. Teilweise behindertengerecht. Neben dem Hotel liegen noch 45 Appartementhäuser im portugiesischen Landhausstil. Die geräumigen Appartements verfügen über mehrere Badezimmer, Küche, offenen Kamin, Terrassen und einen Garten. DZ und Appartementhäuser je nach Saison 170–210 € (inkl. Frühstück). Kinder bis 12 J. im Zimmer zweier Erwachsener kostenlos.

378 Linha de Cascais

***** Estalagem Senhora da Guia (15), Estrada do Guincho, ℡ 214869239, ℻ 214869227, www.senhoradaguia.com. Etwas außerhalb der Stadt an der Küstenstraße nach Guincho. Die Busse 405 und 415 halten vor dem Haus. 41 Zimmer in luxuriösem Landhausstil mit edlen Möbeln, Minibar, Sat-TV, Telefon, Tresor und Klimaanlage. Zum stilvollen Haus gehören auch ein Konferenzraum, eine Bar mit schöner Terrasse, ein Meerwasserschwimmbecken und ein gepflegter Garten. Gäste bekommen auf den Golfplätzen im Großraum Lissabon Sondertarife. DZ mit Frühstück je nach Saison 135–260 €. DZ mit Meerblick 10 € Zuschlag.

***** Farol Design Hotel (25), Av. Rei Humberto II de Itália, 7, ℡ 214830173, ℻ 214836461, www.cascais.org. Direkt über dem Meer am Leuchtturm in der Nähe der Boca do Inferno. Ein altes stilvolles Wohnhaus aus dem 19. Jh., dem 2002 ein Flügel im modernen Design hinzugefügt wurde. Der Kontrast zwischen alt und neu gibt dem Hotel eine sehr reizvolle Spannung. 34 Zimmer und Suiten mit Wasser-Massage-Bad, Kabel-TV, Telefon, Minibar, Tresor und Klimaanlage. Zumeist mit herrlichem Meerblick, am besten im fast komplett verglasten Zimmer 215. Die Zimmer im obersten Stockwerk dekorierten bekannte Modeschöpfer Portugals wie Ana Salazar, Fátima Lopes und Manuel Gonçalves. Konferenzräume, Bar mit Blick über den Atlantik, das Restaurant im Möbel-Design der 60er. Türkisches Bad und Salzwasserschwimmbecken mit Sonnenterrasse. Direkt nebenan die Disko Coconuts – für Gäste Eintritt frei. Das Hotel hat Geschichte: Hier traf sich im „heißen Sommer" 1975 die Gruppe um den späteren Präsidenten Ramalho Eanes, um dem Abdriften des Landes in Richtung Kommunismus ein Ende zu bereiten. DZ mit Frühstück je nach Saison 115–220 €. Meerblick 35–45 € Zuschlag.

***** Estalagem Villa Albatroz (17), Rua Fernandes Tomás, 1, ℡ 214863410, ℻ 214844680, www.albatrozhotels.com. In zentraler Lage, direkt neben der Praia da Ribeira gelegen. Altehrwürdiges, weiß getünchtes Haus, an den roten Ziegeldächern leicht zu erkennen. Im 19. Jh. im Besitz der Grafen von Palmela, später gehörte es der Schriftstellerin Maria Amália Vaz de Carvalho. Familiäre Atmosphäre, da lediglich 10 geräumige Doppelzimmer. Hell und freundlich eingerichtet mit Holzboden, Möbeln in antikem Stil, Klimaanlage, Minibar und TV. Luxuriöse Badezimmer mit handbemalten Azulejos. Alle Zimmer mit Meerblick, ebenso das Restaurant und die Terrasse mit schöner Azulejo-Verkleidung. DZ je nach Saison 122–215 € (Frühstück inkl.).

**** Aldeamento Turístico Vila Bicuda (16), Vila Bicuda, Rua dos Faisões, ℡ 214860200, ℻ 214860229, www.vilabicuda.com. Ressort am Westrand von Cascais, kurz vor dem Hotel Quinta da Marinha. Ca. 3 km zum Zentrum. Die Busse 405, 415, 425 und 432 halten direkt vor der modernen Feriensiedlung. Über 80 kleine Ferienhäuser. Etwas steril, aber dem regionalen Baustil gut nachempfunden. Zentraler Platz mit Café und Supermarkt. Schwimmbad. Gut für Familien mit Kindern geeignet. Geräumige Appartements mit Klimaanlage, Bad, Terrasse, Kabel-TV und Tresor. Komplett ausgestattete Küchen mit Spülmaschine. Ferienhaus-Appartements für 2 Pers. je nach Saison 115–175 €, für 4 Pers. 175–250 €. Ein Zusatzbett für Kinder bis 12 J. kostenlos. Frühstück 10 € pro Person.

**** Pestana Cascais Ocean & Conference Aparthotel (13), Av. Manuel Júlio Carvalho e Costa, 115, ℡ 214825900, ℻ 214825977, www.pestana.com. Große Hotelanlage außerhalb des Zentrums im Bairro do Rosário. Erreichbar mit den Bussen 405, 415 und 425. 149 freundlich eingerichtete, große Zimmer in hellen Pastellfarben. Alle verfügen über eine kleine Küche mit Kühlschrank, Balkon, Kabel-TV, Telefon und Internetzugang. Ruhige Lage mit Meerblick. Fitnesszentrum und diverse Schwimmbäder. DZ je nach Saison 95–160 €. Meerblick 22–40 € Zuschlag pro DZ. Frühstück 9 € pro Person. Extra-Bett für Kinder bis 12 J. frei.

*** Hotel Baía (18), Av. Marginal, ℡ 214831033, ℻ 214831095, www.portugal virtual.pt/hotelbaia/. Im Zentrum von Cascais thront dieses Hotel mit 113 Zimmern über der Praia da Ribeira. Gänge etwas altmodisch dunkel. Geräumige Zimmer mit gut ausgestatteten Bädern. Die Zimmer nach vorne haben Balkon. Auf dem Dach ein beheiztes Hallenschwimmbad und eine Terrasse mit gutem Blick auf den Strand. Parkplatz für Gäste. DZ mit Bad und Frühstück je nach Saison 75–125 €.

Turismo de Habitação: Casa da Pérgola (8), Av. Valbom, 13, ℡ 214840040, ℻ 214834791. In nächster Nähe zum Bahnhof. Eines der wenigen Häuser des Turismo de Habitação in zentraler Lage. Schönes Haus aus dem 19. Jh. mit einer herrlichen, mit Azulejos

Cascais

verzierten Fassade. Seit über hundert Jahren in Familienbesitz. Entzückender, kleiner Garten. Auch innen sehr stilvoll. 10 Zimmer, alle mit eigenem Bad. Mobiliar in antikem Stil. Im Winter zeitweise geschlossen. Auch sonst besser vorher nachfragen, da oft ausgebucht. DZ je nach Saison 80–102 € (inkl. Frühstück), mit Balkon 10 € Zuschlag.

2.ª **Pensão Residencial Solar Dom Carlos (21)**, Rua Latino Coelho, 8, ℡ 214828115, ℻ 214865155, www.solardomcarlos.com. Neben dem Teatro Gil Vicente in der Altstadt. Ehemaliger Sommersitz des Königs Dom Carlos. Aus dieser Zeit stammen noch der Garten, die sehenswerte 400 Jahre alte Kapelle und der wunderschöne Speisesaal. Große Zimmer. Besser vorher reservieren, da sehr oft ausgebucht. DZ mit Bad und Frühstück je nach Saison 35–65 €.

Casa de Hóspedes Casa Lena (1), Av. Engenheiro Adelino Amaro da Costa, 121, ℡/℻ 214868743. Schlichte Pension in einem Einfamilienhaus hinter dem Hotel Cidadela. Ca. 10 Min. zu Fuß bis zum Bahnhof. Straße vor der Tür recht stark befahren, daher teilweise etwas laut. 20 einfach eingerichtete, mittelgroße Zimmer mit eigenem Bad und TV. Sauberer Parkettfußboden. Kostenloser Parkplatz. Kleiner Garten um das Haus. DZ je nach Saison 40–60 € (das Frühstück ist bis auf die Nebensaison inkl.).

Quinta da Marinha: Luxus-Hotel mit angeschlossenem Golfplatz

Essen & Trinken (s. Karte S. 382/383)

La Brasserie de L'Entrecôte (23), Marina de Cascais, Loja 43, ℡ 214818196. Täglich offen. Im Untergeschoss der Marina, umgeben von Segelbooten. Großer Speisesaal in dunklem Holz. Ableger des gleichnamigen Lokals im Bairro Alto. Hier werden nur Steaks auf französische Art für 14 € serviert. Inbegriffen ist ein Salat, eine Kräuter-Steaksauce und beliebig viel Pommes frites (nur das Couvert muss extra bezahlt werden).

Eduardos (2), Largo das Grutas, 3, ℡ 214831901. Recht unscheinbar und versteckt in einem Hinterhof nahe dem großen Kreisverkehr (Praça Dr. Francisco Sá Carneiro). Mi geschlossen. Von außen durch das dunkle Holz an der Fassade gut zu erkennen. Unten ein kleiner Speiseraum im Vorbau, oben ein größerer, etwas repräsentativerer Saal und ein Raum nur für Nichtraucher. Täglich wechselnde portugiesische Gerichte, sonst belgische Küche. Hauptgerichte ab 9 €. Mittags auch günstige Gerichte ab 4,50 €.

Fogo de Chão (6), Rua Carlos Ribeiro, 50, ℡ 214820196. Unweit des Turismo hinter dem Garten Jardim Visconde da Luz. Täglich geöffnetes brasilianisches Restaurant. Großer Saal mit etwas kühler Atmosphäre, die jedoch Do–Sa abends mit Livemusik aufgelockert wird. Serviert wird im so genannten *rodízio* Grillfleisch vom Spieß (12 Fleischarten aus Südamerika), von dem man für 16 € pro Person (Mo–Fr mittags 13 €) so viel essen darf, wie man möchte. Inklusive ist das umfangreiche Buffet mit Salaten, brasilianischen und portugiesischen Vor- und Hauptspeisen. Man kann sich auch nur für das Buffet entscheiden, was sich besonders Mo–Fr mittags lohnt, da es dann nur 6 € pro Person kostet (sonst 8,50 €). Sa/So wird auch der berühmte Bohneneintopf *feijoada brasileira* serviert.

Duche Bar (5), Praia da Conceição, ℡ 214831379. Einfaches Strandrestaurant in der Nähe des Bahnhofs. Dezember und Januar geschlossen, in der Nebensaison

380 Linha de Cascais

Praia da Rainha: beliebter Strand im Zentrum von Cascais

Di Ruhetag, sonst täglich offen. Für die schöne Lage direkt am Strand mit Blick auf die Bucht moderate Preise: gebratene Sardinen schon ab 7 €.

Os Doze (11), Rua Frederico Arouca, 71, ✆ 214865334. Mitten in der Fußgängerzone am Bahnhof. Di abends und Mi ganztags geschlossen. Mit Torbögen aus roh behauenen Steinen, Ritterrüstungen und Wappen rustikal eingerichtet. Regionale Hausmannskost. Vorwiegend portugiesisches Publikum. Mittags gibt es auch einen „Snack-Bar-Serviço", das sind an den normalen Tischen erhältliche Tellergerichte ab 3 €. Die sonstigen Hauptgerichte beginnen bei 6,50 €.

Pizzaghetti (14), Rua Frederico Arouca, 5, ✆ 214822360. Hinter dem Hotel Baía liegt dieses rustikal eingerichtete Restaurant. Recht unscheinbarer, leicht zu übersehender Eingang. Speiseraum im 1. Stock. Mo Ruhetag. Wie der Name schon besagt, gibt es Pizzen aus dem Holzofen und Spaghetti ab 5 €.

Dom Pedro I (20), Beco dos Inválidos, 32, ✆ 214833734. In einer kleinen Gasse rechts hinter dem Rathaus von Cascais. So Ruhetag. Innen kleiner Speiseraum mit blau-weißen Azulejos und bunten Gemälden. Auch draußen kann gegessen werden. Große Auswahl an Gerichten, täglich wechselnd. Gute Fischspeisen. Reichliche Gerichte, es gibt aber auch halbe Portionen. Hauptgerichte ab 5 €.

*C*afés, *I*nternetcafé und *E*isdiele (s. *K*arte *S*. 382/383)

• *Cafés* **Café Segafredo (22)**, Marina de Cascais. Einfaches Café der italienischen Kaffee-Firma am Segelhafen von Cascais. Kleiner Innenraum und ein paar Tische auf der Terrasse. Hier kann man gemütlich sitzen, sich die Meeresbrise um die Ohren wehen lassen und das Treiben in der Marina beobachten.

Panisol (12), Rua Frederico Arouca, 21. In der Fußgängerzone im Souterrain. Täglich 7–20 Uhr. Preiswerte Konditorei-Bäckerei mit großer Auswahl an Gebäck und Kuchen. Gute Frühstücksadresse, z. B. mit Käsesandwich (*sandes de queijo*) oder gebuttertem Toast (*torrada*). Kein Tischservice. Um die Bestellung am Tresen abzugeben, Wartemarke ziehen. Der Verzehr wird auf einer Plastikkarte vermerkt, mit der man beim Rausgehen bezahlt. Weitere Filiale in der Rua Afonso Sanches, 71-D, Ecke Rua Manoel Joaquim de Avelar.

• *Internetcafé* **Salamandra Bar (4)**, Praia da Duquesa, ✆ 214820287. Bar-Café über dem Strand neben dem Bahnhof. Täglich

Cascais 381

12–2 Uhr. Hauptsächlich Barbetrieb, aber auch zwei Rechner. Große Fensterfront mit weitem Blick über die Bucht. Einfache Alutische, Billard und Kickfußball. 4 € pro Stunde Internet im 15-Min.-Takt.

• *Eisdiele* **Gelateria Santini (9)**, Av. Valbom, 28-F, ℅ 214872504. Versteckt in einer Parallelstraße der Fußgängerzone. 10–20 Uhr (Fr/Sa bis 24 Uhr), Mo Ruhetag, im Winter geschlossen. Vom italienischen Einwanderer Attilio Santini 1949 gegründete Eisdiele. Zu seinen Stammkunden zählte der exilierte italienische König Umberto II. Das Eis gilt als das beste im ganzen Großraum Lissabon. Ob es allerdings das beste der Welt ist („I gelati piú fini del mondo"), sei dahingestellt.

Nachtleben/Kino/Ereignisse (s. Karte S. 382/383)

Cascais hat ein attraktives Nachtleben zu bieten. Besonders viel los ist abends um den Largo Luís de Camões. Hier tummeln sich im Sommer die Touristen auf dem Platz und in den zahlreichen Kneipen bis spät in die Nacht. Dazu kommen noch einige Bars im Yachthafen, der Marina.

• *Bar* **Esplanada da Amarelinha (3)**, Praia da Duquesa, ℅ 214831379. Restaurant-Bar neben dem Bahnhof. Zugang über die Alameda Duquesa de Palmela. Täglich außer Di 12–2 Uhr. Von den Tischen an der Fensterfront perfekter Blick auf die umliegenden Strände. Wird gerne von den zahlreichen in Cascais lebenden Brasilianern besucht, wie schon der Name „Gelbe Terrasse" in Anspielung an die Landesfarben nahe legt. Jede Nacht ab 22.30 Uhr brasilianische Livemusik von MPB über Forró bis Pagode. Für Männer dann Mindestverzehr 5 €. Wer schon früher da ist, muss aber nicht bezahlen. Bier 1,50 €, nachts 2 €.

• *Diskothek* **Coconuts (24)**, Av. Rei Humberto II de Itália, 7, ℅ 214844109. Stranddisko am Leuchtturm in der Nähe der Boca do Inferno. Täglich 23–4 Uhr. Gemischtes Publikum. Musik querbeet von Progressive House über Brasilianisch bis Rock. Nicht zu übertreffende Lage: Blick aufs Meer, eigener Zugang zum Strand. Mittwochs Ladies' Night (nur für Frauen und mit Männer-Strip). Mindestverzehr 10 €.

• *Kino* **Castello Lopes**, Centro Comercial Villa Cascais, Av. Marginal, ℅ 707220220. Im Einkaufszentrum neben dem Bahnhof. 5 moderne Kinosäle.

Warner Lusomundo, CascaiShopping, Alcabideche, ℅ 707246362. Im Einkaufszentrum in Alcabideche zwischen Cascais und Sintra. Mo Kinotag. 7 klimatisierte Säle zwischen 183 und 295 Plätzen. Aktuelle Hollywoodfilme.

• *Estoril Jazz* Das renommierte Jazz-Festival findet seit über 20 Jahren im Parque de Palmela statt. Jedes Jahr im Juli treten dort internationale Musiker auf. Programm: www.projazz.pt.

Einkaufen

• *Einkaufszentren* **Centro Comercial Cascais Villa**, Av. Marginal. Einkaufszentrum direkt gegenüber dem Bahnhof. Lichte Architektur, aber etwas überdimensioniert für seine zentrale Lage. Das übliche Spektrum von Mode über Schmuck bis zu CDs. Dazu mehrere Kinos. Internationale Zeitungen gibt es im Erdgeschoss bei PresseLinha. Von einigen Tischen der Restaurants im Obergeschoss gute Aussicht auf Estoril und das Meer. Man kann auch auf einer Terrasse sitzen.

CascaiShopping, Alcabideche. Ca. 5 km nördlich von Cascais (Bus ab Bahnhof Cascais alle 30 Min.) Eines der größten Einkaufszentren Portugals. Ein riesiger Continente-Hipermercado mit 67 Kassen, diverse Modegeschäfte wie C&A, Restaurants und Kinos. Außerdem gibt es noch das Divertlândia, eine Ansammlung von Spielautomaten und sonstigen Vergnügungseinrichtungen.

• *Keramik* **Ceramicarte**, Largo da Assunção, 3, ℅ 214840170. Nach alten Techniken handgemachte Keramiken in modernem Stil. Große Auswahl, gehobene Preisklasse.

• *Märkte* **Mercado Municipal**, Av. 25 de Abril (Rua do Mercado). Hier findet jeden Mittwochmorgen ein Bauernmarkt statt. Ansonsten Mo–Sa vormittags und mittags Verkauf von Fisch, Obst und Gemüse.

• *Supermarkt* **Hipermercado Jumbo**, Av. Marginal. Neben dem Bahnhof. Der Supermarkt mit den günstigsten Preisen.

Hier liegen die luxuriösesten Yachten der Region: Marinehafen Cascais

Sehenswertes

Museu do Mar: Das Museum dokumentiert die Natur-, Fischerei- und Seefahrtsgeschichte von Cascais. Ausgestellt sind traditionelle Fischertrachten und -ausrüstungen, ausgestopfte Fische, Miniaturboote aus Cascais, Ericeira und Nazaré sowie Kunstwerke zum Thema Meer. Ein weiteres, etwas morbideres Thema sind Schiffskatastrophen auf hoher See.
Anfahrt/Öffnungszeiten Rua Júlio P. Mello, ✆ 214861377. Di–So 10–17 Uhr, Mo und Fei geschlossen. Eintritt 1,65 €, bis 18 J., ab 60 J. und Studenten frei.

Parque Municipal da Gandarinha: Das heimische Publikum nutzt diesen beliebtesten Park von Cascais besonders gern für Wochenendspaziergänge. Die weitläufige, vogelreiche Anlage gehörte früher Marschall Óscar Carmona, dem ehemaligen Staatspräsidenten unter Salazar. Obwohl die Stadt ihn bereits 1941 gekauft hat, wird er noch heute gerne *Parque Marechal Carmona* genannt. Neben dem Park liegt das rot-gelbe Kulturzentrum *Centro Cultural de Cascais*, das Raum für wechselnde Ausstellungen bietet. Untergebracht ist es in der ehemaligen Privatresidenz des Grafen von Gandarinha aus dem 19. Jh.
Anfahrt/Öffnungszeiten Eingänge in den Park beim Sportpavillon und beim Museu do Conde de Castro Guimarães. Park: Täglich 8.30–19.45 Uhr (im Winter nur bis 17.45 Uhr), Eintritt frei. Kulturzentrum in der Avenida Rei Humberto II de Italia: ✆ 214848900. Di–So 10–18 Uhr.

Cidadela: In direkter Nachbarschaft zum Park thront die mächtige Zitadelle über der Bucht von Cascais. In dem Gebäude, dessen Ursprünge bis ins Jahr 1642 zurückgehen, ist heute ein Luftabwehr-Regiment stationiert. Als Anschauungsobjekte aus der „Arbeit" der portugiesischen Luftabwehr stehen im kleinen Garten vor dem Fort Raketen und Kanonen. Nach 1963 verbrachten die portugiesischen Präsidenten ein paar Jahre lang ihre Sommer-

Cascais 385

ferien in einem kleinen Palast innerhalb der Zitadelle. Östlich der markanten, dreieckigen Zitadelle führt der Fußweg Passeio Rainha D. Maria Pia zur *Marina*, dem Segelhafen von Cascais. Er gilt als der modernste Yachthafen der Region Lissabon.

Museu do Conde de Castro Guimarães: Einer der schönsten Paläste von Cascais, am Rand des Parque Municipal da Gandarinha gelegen. In dem Palast mit der auffälligen Goldkuppel findet man neben verschiedenartigen Azulejos einen schönen Kreuzgang mit einem Löwenbrunnen. Auch die einzelnen Zimmer des Palastes sind sehr stilvoll antik eingerichtet. Sehenswert ist auch die benachbarte, schlichte *Capela da Gandarinha* aus dem 17. Jh. mit ihren schönen Azulejos.

Anfahrt/Öffnungszeiten Parque Municipal da Gandarinha, ℡ 214825407. Di–So 10–17 Uhr, Mo und Fei geschlossen. Nur im Rahmen von Führungen zu besichtigen, die meist zur vollen Stunde beginnen. Eintritt 1,65 €, bis 18 J., ab 60 J. und Studenten frei. So generell frei.

Boca do Inferno: Der „Höllenschlund" liegt an der Küstenstraße nach Guincho, ca. 2 km vom Stadtzentrum entfernt: ein großer, vom Meer ausgewaschener Felsenkessel mit kleinen Höhlen. Er wirkt besonders reizvoll, wenn die hohe Brandung das Felsenloch zum Überschäumen bringt, begleitet vom wild tosenden Geräusch der Wellen. Wem der Tag für einen Strandbesuch zu windig ist, der sollte unbedingt einen Ausflug zur Boca do Inferno unternehmen.

Anfahrt Der Stadtbus BusCas fährt vom Bahnhof bis zur Avenida da República in der Nähe der Boca do Inferno. Als Alternative sehr schöner Fußweg vom Zentrum entlang der Küste. Auch für eine kleine Radtour bietet sich die Strecke an.

Forte de São Jorge de Oitavos: Einst war das kleine Fort Teil des Befestigungssystems, das die Küste um Lissabon vor der Landung feindlicher Truppen sichern sollte. Schließlich waren die spanischen Truppen 1580 in Cascais an Land gegangen. So baute man 1641 das Fort – nur ein Jahr nachdem Portugal die Unabhängigkeit von den Spaniern zurück gewonnen hatte. Die an der Küste verteilten Festungsanlagen kommunizierten untereinander mit Hilfe eines ausgeklügelten Systems von Kanonenschüssen und Flaggen. Das Forte de Oitavos hatte dabei das Kommando inne. Im Fort sind Repliken diverser Kanonen zu besichtigen, außerdem bietet sich ein schöner Blick auf die Felsküste. Kurios ist die Latrine in der Ecke hinten rechts.

Anfahrt/Öffnungszeiten Estrada do Guincho, ℡ 214825452. An der Straße von Cascais nach Guincho, ca. 5 km vom Zentrum entfernt. Busse 405 und 415 vom Busbahnhof. Mo und Fei geschlossen, sonst täglich 11–13 und 14–18 Uhr im Sommer, bzw. 10–13 und 14–17 Uhr im Winter.

„Höllenschlund" – Boca do Inferno

Romantischer Palast: Museu do Conde de Castro de Guimarães

Guincho

Für viele Lissabonbesucher ist die Praia do Guincho einer der besten Strände Europas. Eines steht zumindest fest: Der „Strand der Möwe" ist neben dem spanischen Tarifa bei Gibraltar das beste Windsurfgebiet Europas, jedes Jahr finden hier Wettkämpfe des Windsurf-Weltcups statt. Große Sanddünen inmitten mediterraner Vegetation prägen das Bild.

Die Attraktivität des Strandes von Guincho liegt in den selten unter 1,5 m hohen Wellen und dem stetigen Wind. Er weht meist „sideshore", d. h. parallel zur Küste und nicht landeinwärts = „onshore" oder landabwärts = „offshore". Deswegen fällt es erfahrenen **Windsurfern** leicht, aufs Meer hinaus und wieder Richtung Land zu fahren und dabei die Wellen in einem 90°-Winkel zu nehmen. Anfänger sollten jedoch von diesem Strand lassen: Selbst bei Profis brechen öfter mal die Masten, und so mancher Windsurfer wurde schon zwischen Guincho und den Azoren von Fischerbooten eingesammelt (kein Witz!).

Am großen, breiten Hauptstrand kann man Windfänge gegen den manchmal sandstrahlartigen Wind mieten. Es ist natürlich nicht jedermanns Sache, sich von meterhohen Wellen durchs Wasser schleudern zu lassen. Nichtschwimmer und kleine Kinder sollten auch deshalb hier nicht baden, weil sehr gefährliche Strömungen herrschen, die gleichzeitig in Süd-Nord-Richtung und auf die hohe See hinausgehen.

Etwas weniger gefährlich ist die weiter südlich gelegene **Praia da Galé**, ebenfalls ein großer Sandstrand. Für Wellenreiter und Windsurfer ist sie jedoch wegen der vielen Felsen im Wasser nicht so gut geeignet. Nördlich vom Hauptstrand

Guincho

dagegen liegt die **Praia do Abano**. Sie ist durch Felsen abgetrennt und kann nur über eine etwa 1,5 km lange Stichstraße erreicht werden, die nach dem Restaurant Púcaro von der Straße Guincho–Malveira abbiegt.

Wellengang und Windstärke in Cascais lassen übrigens keine Schlüsse auf die Situation in Guincho zu. Denn direkt nördlich des Cabo Raso ändert sich oft schlagartig die Situation: Der Wind bläst viel stärker, kombiniert mit wesentlich höheren Wellen.

Verbindungen

- *Bus* Ab *Cascais*: Busse 405 und 415. Beide Busse fahren einen Rundkurs. Bus 405: Bahnhof – Guia – Quinta da Marinha (nur Mo–Fr) – Oitavos – Cabo Raso – Guincho – Areia – Birre – Vila da Bicuda – Bahnhof. Bus 415 die umgekehrte Richtung. Es ist also gleichgültig, welchen Bus man wählt. Allerdings empfiehlt es sich, einen Blick auf den Fahrplan zu werfen, um zu wissen, auf welcher Straßenseite in Guincho der Bus zurückfährt. Der Fahrplan hängt in Guincho an der Rezeption der Estalagem Muchaxo aus. Beide Busse fahren täglich im Stundentakt. Fahrzeit bis Guincho etwa 25 Min.
- *Rad* Entlang der felsigen Steilküste von der Boca do Inferno bis nach Guincho hat die Stadt Cascais einen Radweg angelegt. Eine sehr lohnenswerte Alternative, zumal man unterwegs auch noch das Forte de Oitavos (s. o.) besichtigen kann.

Übernachten

Außer einem Campingplatz und Fünf-Sterne-Luxushotels hat Guincho leider nichts zu bieten.

- *Hotel* ***** **Hotel Fortaleza do Guincho**, Praia do Guincho, ✆ 214870491, ✉ 214870431, www.guinchotel.pt. Auf Felsen über dem Strand von Guincho. Das Fort aus dem 17. Jh. wurde im Stil einer maurischen Burg ausgebaut und dient jetzt als Luxushotel. Alle 27 Zimmer haben Bad, Sat-TV, Telefon, Minibar und teilweise einen fantastischen Meerblick. Außerhalb der Badesaison ist es hier sehr ruhig. DZ mit Frühstück je nach Saison 170–275 €.
- *Camping* *** **Parque de Campismo do Guincho/Orbitur**, Areia, Guincho, ✆ 214870450, ✉ 214872167, www.orbitur.pt. Ca. 800 m oberhalb der Praia do Guincho neben dem Dorf Areia. Die Busse 405 und 415 kommen hinter bzw. kurz vor Guincho an dem Platz vorbei. Ganzjährig geöffnet. Sehr schattiges, mit Pinien bewachsenes Dünengebiet. Sanitäre Anlagen in Ordnung und sauber. Zur Infrastruktur gehören Supermarkt, preiswertes Restaurant, Kinderspielplatz, Aufenthaltsraum mit TV und Tennisplatz. Es werden auch kleine Bungalows vermietet. Im Sommer sehr belebt. Preis pro Person je nach Saison 2,50–4,65 €, Zelt 2,30–3,95 €, Auto 2,30–4,55 €.

Essen & Trinken

Das Preisniveau der Restaurants in Guincho ist das höchste in ganz Lissabon und Umgebung. Man findet fast nur Luxusrestaurants, die aber guten Service bieten.

Porto Santa Maria, Estrada do Guincho, ✆ 214870240 und 214879450. Einladendes Restaurant direkt über dem Strand mit sehr gutem Meerblick. Mo Ruhetag. Der Speisesaal wirkt kleiner, als er tatsächlich ist, da er aus verschiedenen Ebenen besteht. Durch die großen Fensterfronten und das Glasdach dringt viel natürliches Licht. An der Fischtheke am Eingang kann der Gast selbst auswählen. Sämtliche Krustentiere kommen direkt aus dem Aquarium. Gilt als eine der besten Küchen in Guincho, dementsprechend häufig verkehrt hier die Lissabonner Prominenz. Angenehm aufmerksamer Service. Hauptgerichte ab 13,50 €.

O Púcaro, Estrada do Guincho, 13, ✆ 214870497. Ca. 500 m nördlich vom Strand von Guincho an der Straße nach Malveira da Serra. Täglich geöffnet. Zwei schön eingerichtete Säle mit Platz für 80 Personen. Dazu im Sommer eine große, schattige Terrasse. Die cataplana de mariscos (Meeresfrüchte in der Kupfer-Kasserolle) und die Fischgerichte – teilweise aus lokalem Fang – sind sehr zu empfehlen. Als Vorspeise kann man sich linguiça, eine flambierte Wurst, bringen lassen. Gute Weinauswahl. Hauptgerichte ab 12 €.

Malveira da Serra

Das Dorf zieht sich kilometerlang den Südhang der Serra de Sintra nach oben. Der Geruch von Eukalyptusbäumen liegt in der Luft.

Hier treffen Straßen aus allen Richtungen zusammen: von Cascais, Guincho, dem Cabo da Roca, der Serra de Sintra und Alcabideche. Der Besuch des ca. 7 km von Cascais entfernt liegenden Malveira lohnt sich hauptsächlich als Ausgangspunkt für eine **Wanderung** in die Serra de Sintra (s. „Sintra" S. 420) oder um hier essen zu gehen.

Die Gegend ist noch nicht ganz so dicht bebaut wie Cascais. Allerdings hat die Immobilienbranche seit längerem ein Auge auf die weiten Flächen des Naturparks Sintra-Cascais zwischen Malveira und Guincho geworfen. Mit aktiver Unterstützung oder zumindest dem passiven „Wegschauen" einiger lokaler Politiker konnten in den vergangenen Jahren mehrere Appartementbauten inmitten des geschützten Bereichs in der Nähe der Praia do Abano nördlich von Guincho entstehen. Ein Skandal, der wochenlang die Zeitungen füllte. Immerhin konnten inzwischen die Pläne für den Bau eines Golfplatzes und eines Hotels gestoppt werden.

Estalagem Villa Albatroz – stilvolle Unterkunft im Zentrum von Cascais

Malveira da Serra 389

Guincho: wilde Atlantikstrände

Verbindungen

Ab *Cascais*: Bus 402 Mo–Sa alle 50 Min., So alle 100 Min. Außerdem Bus 403 (Richtung Sintra) Mo–Sa 12-mal, So 10-mal. Fahrzeit 15 Min. Nach *Sintra* (via Azóia, Cabo da Roca und Colares): Bus 403 Mo–Sa 12-mal, So 10-mal. Davon fahren je 9 Busse täglich direkt bis ans Cabo da Roca, die anderen nur bis Azóia. Halt in Sintra an den Bahnhöfen Portela de Sintra und Sintra. Fahrzeit 55 Min.

Übernachten

Casa de Hóspedes Casal Antigo, Rua do Cabo, 467, ✆/✉ 214852024, www.casalantigo.com. Vom Hauptplatz in Malveira da Serra etwa 8 Min. zu Fuß den Berg in Richtung Cabo da Roca hinauf. Oder mit dem Bus 403 zwei Haltestellen. Nur 4 Zimmer, daher Ruhe garantiert. Von einem portugiesisch-katalanischen Paar geführt, die ein Gebäude aus dem 18. Jh. im portugiesischen Landhausstil renoviert haben. Alle Zimmer mit Klimaanlage, Heizung, Tresor, DVD und TV. Das Zimmer im ersten Stock hinten links hat eine Terrasse mit Aussicht! Sehr guter Blick auch vom Frühstücksraum und der Veranda auf Guincho und Cascais. Kleiner Pool im Garten. Zimmer mit Gartenblick je nach Saison 75–90 € (inkl. Frühstück). Meerblick 10–20 € Zuschlag.

Essen & Trinken

Quinta do Farta Pão, Estrada Malveira da Serra, Alcorvim de Baixo, ✆ 214870568. Links unterhalb einer Kurve am Ortsausgang von Aldeia do Juso Richtung Malveira da Serra. Man sollte auf einen großen Bauernhof mit rotem Ziegeldach achten. Ein Schild auf dem Dach weist auf das Restaurant hin, ebenso ein weiteres in einer Kurve neben einer Haltestelle der Buslinie 403 Sintra-Cascais (zwei Haltestellen nach Malveira da Serra). Von Malveira sind es etwa 1,2 km zu Fuß Richtung Cascais. Täglich geöffnet. Im Garten eine Veranda mit Strohdach. Innen 120 Sitzplätze, rustikal, typisch portugiesisch eingerichtet. Die Küche ist gut und reichhaltig. Günstiges Grundcouvert (Brot, Butter, Oliven), die Beigaben (Käse, Champignons und Schinken) sind dagegen recht teuer. Der Wein vom Fass (*vinho do barril*) ist nicht nur wegen des günstigen Preises ein Tipp. Große Auswahl an Flaschenweinen. An Gerichten (ab 11 €) zu empfehlen sind *arroz de tamboril* (Reiseintopf mit Seeteufel) und *carne de porco à Alentejana* (Schweinefleisch mit Muscheln). Zum Nachtisch den *bolo de bolacha* (Kekskuchen) probieren.

Das portugiesische Neuschwanstein – Palácio da Pena

Linha de Sintra

Grüne Gebirgszüge, ländliche Idylle, aber auch monotone Schlafstädte – die Linha de Sintra überrascht mit ihren Kontrasten und zahlreichen Sehenswürdigkeiten. Darunter alleine drei ehemalige Königsschlösser. Spektakulär auch die Natur: Hier an Sintras Küste findet Europa an den Felsenklippen des Cabo da Roca sein westliches Ende. Nördlich davon liegen schöne Sandstrände und das Dorf Azenhas do Mar, das wie ein Schwalbennest in den Klippen hängt.

Entlang der Eisenbahnlinie *Linha de Sintra* liegen die Schlafstädte Lissabons (*dormitórios*). Direkt an die Hauptstadt grenzt Amadora, mit seinen über 175.000 Einwohnern – nach Lissabon und Porto rein rechnerisch die drittgrößte Stadt Portugals. Amadora besteht aus einer Ansammlung trister Wohnblocks und hat sich im 20. Jh. stürmisch entwickelt: Von 1920 bis 1990 erhöhte sich die Einwohnerzahl um das 40fache von 4.000 auf 160.000.

Am Fuß des grünen Gebirges der Serra de Sintra erstrecken sich die Altstadt, Paläste und Schlösser von Sintra – ein wohltuender Kontrast zu den Betonvororten. In der Gegend um Colares wird noch viel Landwirtschaft und Weinbau betrieben. Zwar haben sich auch hier schon viele Einfamilienhäuser breit gemacht, deren Bewohner regelmäßig nach Lissabon pendeln, aber Mietskasernen gibt es dort glücklicherweise nicht.

Anfahrt: Erschlossen wird die Linha de Sintra durch die Eisenbahnlinie Lissabon/Rossio-Sintra und die dazu parallel verlaufende Autobahn IC 19.

Queluz (60.400 Einwohner)

Auf halbem Weg zwischen Lissabon und Sintra liegt Queluz. Eigentlich eine der wenig einladenden Schlafstädte Lissabons, bietet Queluz aber zwei der herausragenden Sehenswürdigkeiten der Region: Zum einen das prächtige Rokoko-Königsschloss Queluz, das man sich keinesfalls entgehen lassen sollte, und die südwestlich von Queluz gelegene Pulverfabrik in Barcarena, ein einzigartiges Relikt der Industriegeschichte.

„Portugals Klein-Versailles" wird das Schloss von Queluz gerne genannt. Obwohl solche Vergleiche oft hinken, in diesem Fall passt er: Prunk und Klunker, eigens aus der ganzen Welt zusammengetragen, blenden den Besucher, und wohl zu Recht heißt *Queluz* in der Übersetzung: „Welch ein Glanz!". Zwar sind die Zeiten, in denen sich die Könige und Königinnen Portugals hier inmitten weiter grüner Wiesen und absoluter Ruhe in ihrer Sommer-Residenz erholt haben vorbei – der Schlosspark wird inzwischen von Wohnblocks und der Autobahn Lissabon–Sintra umgeben. Dennoch bleibt der Palast mit seiner Rokoko-Architektur äußerst sehenswert.

Verbindungen

- *Zug* Ab *Lissabon/Rossio* (Metro Restauradores): tagsüber alle 15 Min., in der Rushhour alle 7,5 Min., nachts alle 30 Min. zum Bahnhof Queluz-Belas. Fahrzeit 23 Min. Preis 1,05 €. Hinweis: Bis voraussichtlich Mitte 2006 bleibt der Rossio-Bahnhof aufgrund von Sanierungsarbeiten gesperrt. Bis dahin die Züge ab Entrecampos nehmen (s. u.).
Ab *Lissabon/Entrecampos* (Metro Entrecampos): Mo–Fr tagsüber alle 15 Min., nachts sowie Sa/So alle 30 Min. über Sete Rios (Metro Jardim Zoológico). Teilweise schon ab Gare do Oriente. Fahrzeit 20 Min.
Nach *Sintra*: Züge alle 15 Min., nachts alle 30 Min. Fahrzeit ca. 25 Min.

- *Bus* Alle Busse halten im Zentrum an der Haltestelle Quatro Caminhos in der Avenida Elias Garcia; von dort ist es nicht mehr weit bis zum Nationalpalast. Es fährt die Gesellschaft Lisboa Transportes (LT) – Vimeca.
Ab *Lissabon/Colégio Militar* (Metro Colégio Militar-Luz): Bus 163 (Richtung Massamá) täglich etwa alle 30 Min. Bus 101 (Richtung Tercena) ebenfalls täglich etwa alle 30 Min. Fahrzeit ca. 25 Min.
Ab *Oeiras* und *Carcavelos Praia*: Bus 106 Mo–Fr alle 40 Min., Sa/So stündlich. Fahrzeit 30 Min.

Linha de Sintra Karte S. 392/393

Übernachten

Pousada Dona Maria I, Largo do Palácio Nacional de Queluz, ☎ 214356158, 214356189, www.pousadas.pt. Direkt gegenüber dem Palast von Queluz im ehemaligen Gebäude der königlichen Palastwache. Ein vollkommen renovierter Bau aus dem 18. Jh. Schöner Frühstücksraum und helle Bar in der Nähe der Rezeption. Im Untergeschoss befindet sich ein kleines Theater. Alles wirkt etwas kühl, aber stilvoll. Die 22 geräumigen Zimmer und 2 Suiten sind modern eingerichtet. TV, Minibar, Klimaanlage und Marmorbadezimmer mit Musik. Im oberen Geschoss sind die Zimmer nicht ganz so hoch, haben dafür aber Blick auf den Palast. Auf der anderen Seite des Hofes befindet sich das zugehörige Luxus-Restaurant Cozinha Velha. Preis DZ mit Frühstück je nach Saison 125–195 €.

Essen & Trinken

O Poço, Av. da República, 33–37 und Travessa da Correia 4–6, ✆ 214357737. An der Straße vom Zentrum etwa 200 m vor dem Palast. Mo Ruhetag. Das gekühlte Schaufenster präsentiert ganze Ferkel – für Mitteleuropäer ein gewöhnungsbedürftiger Anblick, in Portugal dagegen ein Hinweis auf frisches Fleisch. Mit dunklem Holz ausgekleideter Speiseraum im Erdgeschoss. Zwiebel- und Knoblauchgebinde hängen von der Decke. Im zweiten Stock ein weiterer Raum. In der Mitte unterhält ein Fernseher die Gäste. Regionale Küche in reichhaltigen Portionen. Der zum Couvert gereichte Schinken ist recht teuer, muss aber nur bei Verzehr bezahlt werden. Hauptgerichte ab 6 €.

- *Café* **Pastelaria Bijou**, Rua António Enes, 34. Kleine Konditorei auf dem Weg vom Bahnhof zum Palast. Große Auswahl an günstigem Gebäck, *empadas* (Pasteten) und *pão com chouriço* (Brot mit Räucherwurst). Nur Stehplätze.

Palácio Nacional de Queluz

Queluz ist ein Schloss kühnster Träume: Florentiner Marmor, französische Möbelantiquitäten, glitzernde Kronleuchter, zahllose Spiegel, brasilianisches Jacarandaholz. Nach den prunkvollen Festsälen betritt man die einzelnen Gemächer. Besonders beachten sollte man den Azulejo-Korridor mit bunten, asiatischen Szenen aus den Jahren 1764 und 1784 sowie den Botschaftersaal mit einem Marmorboden im Schachbrettmuster und chinesischen Vasen. Das Zimmer des Königs, die *Sala Dom Quixote*, wirkt trotz seines rechtwinkligen Grundrisses durch die Anordnung der Säulen und der Decke überraschenderweise rund.

Die Bauarbeiten begannen ab 1747 und zogen sich bis Ende des Jh. hin. Für die ursprüngliche Planung verantwortlich zeichnete Mateus Vicente de Oliveira, ein Schüler des deutschen Architekten und Konstrukteurs des Palastes von Mafra Ludovice. Nach ihrer Hochzeit mit Dom Pedro 1760 ließ die Königin Maria I. Queluz durch den französischen Architekten Jean-Baptiste Robillion zur Sommerresidenz ausbauen und großzügige Gärten anlegen. Die Königin selbst verfiel hier später der Schwermut.

Palácio Nacional de Queluz 393

1794 verlegte man den Sitz des Königshauses ganz nach Queluz, da die königliche Holzbaracke im Lissabonner Stadtteil Ajuda (*Real Barraca da Ajuda*), Zufluchtsort der Könige nach dem Erdbeben von 1755 und Vorläuferin des heutigen Palácio da Ajuda, abgebrannt war. Heute dient der Palast für ausgesuchte Staatsbankette und als Residenz für ausländische Staatsgäste der portugiesischen Republik.

Der große, entzückende **Garten** wurde im Stil von Versailles angelegt; dort finden sich zahlreiche Steinstatuen und reich verzierte Brunnen. Besonders beachtenswert ist der mit Azulejos geschmückte Kanal im hinteren Teil des Gartens. Hier finden sich auch schöne Parkbänke.

Der Königspalast von Queluz

Einen kleinen Eindruck des höfischen Lebens kann man von Mai bis Oktober jeden Mittwoch um 11 Uhr in den Palastgärten erhaschen. Dann präsentieren die **Dressurreiter** der portugiesischen Staatsreitschule *Escola Portuguesa de Arte Equestre* ihre Künste. Es ist auch möglich, das Training jeden Werktag am Vormittag in den Gärten anzuschauen.

• *Öffnungszeiten* ✆ 214343860. Täglich außer Di und einigen Fei (u. a. am Stadtfeiertag 29. Juni) 9.30–17 Uhr. Einlass bis 30 Min. vor Schluss. Die Gärten stehen 10–17 Uhr offen (Mai–September bis 18 Uhr). Eintritt 4 €, bis 25 J. und ab 65 J. 50 % Ermäßigung, mit Cartão Jovem 60 %. Bis 14 J. frei. So bis 14 Uhr generell gratis. Nur Gartenbesichtigung: 1,50 €. Die Vorstellung der Dressurreiter kostet 9 € Eintritt, 50 % Ermäßigung ab 65 J., bis 8 J. frei.

Fábrica da Pólvora de Barcarena (Schwarzpulverfabrik)

In Barcarena, südwestlich von Queluz und bereits zum Kreis Oeiras gehörend, stößt man auf die faszinierenden Reste der königlichen Schwarzpulverfabrik *Real Fábrica da Pólvora*. Bereits im Jahr 1729 begann sie mit der Fabrikation und blieb bis ins Jahr 1988 in Betrieb – damit gehört sie zu den ältesten, noch erhaltenen Fabriken in Portugal. Die Ursprünge der Pulver- und Waffenherstellung an diesem Ort reichen jedoch noch weiter zurück bis in das 15. Jh., als die Expansion nach Übersee einen deutlich höheren Verbrauch an Pulver verursachte. Schließlich mussten die Völker Amerikas, Afrikas und Asiens teilweise erst einmal von ihrem „Glück" überzeugt werden. Außerdem hatten andere Kolonialmächte Appetit auf das ausgedehnte Netz portugiesischer Handelsposten bekommen, die es unter dem Einsatz von Waffengewalt schützen galt. Ein schönes Azulejobild zeigt links vom Eingang der Fabrik die Verschiffung von Pulverfässern nach Goa und Damão in Portugiesisch Indien.

Fábrica da Pólvora de Barcarena (Schwarzpulverfabrik)

Heute informiert das sehenswerte Pulvermuseum **Museu da Pólvora Negra** über die Geschichte des Schwarzpulvers und der Pulverfabrik. Gezeigt wird, wie man das durch die Chinesen im 8. Jh. erfundene Schwarzpulver aus Schwefel, Salpeter und Kohle herstellte. Untergebracht ist das Museum übrigens im ehemaligen Mühlenraum. Diese Mühlen wurden durch große Wasserräder angetrieben, die noch hinter dem Museum zu sehen sind.

Auch außerhalb des Museums ist auf dem weitläufigen Gelände noch viel von den **alten Fabrikanlagen** zu sehen. Vom Uhrenturm rechts neben dem Eingang ließ die Firmenleitung die Arbeitszeit ihrer bis zu 160 Beschäftigten kontrollieren. Die Direktoren selbst hatten nebenan ihre Unterkunft. Beim Spaziergang entlang des Baches, der Ribeira da Barcarena, der das Gelände durchzieht, entdeckt man den Platz **Praça do Sol**, auf dem man anfangs das Pulver trocknen ließ. Später benutzte man den benachbarten **Pátio do Enxugo** zum Trocknen, der an seinen Springbrunnen gut zu erkennen ist und heute als Amphitheater dient. Die Galerie oben bietet den besten Überblick auf das ehemalige Firmengelände.

Wer genau hinschaut, entdeckt, dass viele Gebäude dicke Wände aber nur dünne Decken haben. Das sollte die Wucht bei Explosionen nach oben ableiten und ein Übergreifen auf andere Gebäude verhindern. Dazu hat man auch die Bauten über das ganze Gelände verstreut und nicht direkt nebeneinander gebaut. Dennoch kam es in der Geschichte der Fabrik mehrmals zu verheerenden Unglücken: 1805 starben 30 Arbeiter; der letzte, tödliche Unfall ereignete sich 1972, als das Dampfmaschinenhaus **Oficinas a Vapor** in die Luft flog und sechs Arbeiter tötete. Wer sich ein Bild über die Wucht der Explosion machen möchte, kann die Ruinen der nie wieder aufgebauten Gebäude im Südteil des Geländes besuchen.

Azulejo verzierter Kanal im Garten des Palácio Nacional de Queluz

Noch weiter südlich steht das beeindruckendstes Ausstellungsstück: die alten Pulver-Mühlen im **Edifício das Galgas** mit ihren stählernen Zahnrädern. Vier schwere Krupp-Mahlräder aus Magdeburg haben das Pulver fein zerquetscht. Angetrieben wurden sie durch ein Wasserkraftwerk aus dem Jahr 1925 – bei Wasserknappheit konnte auch eine Dieselturbine zugeschaltet werden. Der Fluss diente aber nicht nur als Energiequelle, so hatte man bei Bränden sofort Wasser zur Hand, um zu löschen.

• *Anfahrt/Öffnungszeiten* ✆ 214381400 und 214391128. Mit dem Zug der *Linha de Sintra* bis zur Station Massamá-Barcarena. Den Bahnhof Richtung Süden verlassen, über die Av. Aurora unter der Autobahn hindurch in die Av. Infante Dom Henrique. Hier kann man einen Bus der folgenden Vimeca-LT-Linien nehmen und an der fünften Haltestelle direkt vor der Pulverfabrik aussteigen: 117, 120 und 171. Alternativ 10 Min. zu Fuß geradeaus weiter über die Av. Infante Dom Henrique, dann nach rechts in die Av. Santo António de Tercena und erneut nach rechts in die Estrada das Fontainhas (ausgeschildert). Museum: Di–So 10.30–13 und 13.30–18 Uhr, Mo geschlossen. Eintritt 1,25 €, unter 25 und ab 65 J. 0,50 €, bis 16 J. frei. So bis 14 Uhr generell frei. Das Gelände selbst ist täglich 9–18 Uhr (im Sommer 9–20 Uhr) kostenlos zu besichtigen.

Sintra (20.800 Einwohner)

Das 20 km nordwestlich von Lissabon gelegene Sintra ist der sehenswerteste Ort in der Umgebung der portugiesischen Hauptstadt und sollte in keinem Besuchsprogramm fehlen. Die Stadt zeichnet sich durch ihre malerische Lage im Gebirge der Serra de Sintra und ihr angenehmes Klima im Sommer aus. Besonders sehenswert sind die Altstadt, die Maurenburg sowie die beiden Königspaläste Palácio Nacional de Sintra und Palácio Nacional da Pena.

Um den Königspalast Palácio Nacional, das Herzstück der Stadt, sind zahlreiche **Paläste** zu sehen. Besonders eindrucksvolle Bauten stehen entlang der Estrada de Monserrate, die am Rande der Serra de Sintra nach Colares führt: Direkt hinter dem Ortsausgang von Sintra liegt der neo-manuelinische Palácio da Regaleira, der zusammen mit seinen mysteriösen Gartenanlagen besichtigt werden kann (s. u.). Gegenüber stechen die pseudo-maurischen Rundbögen des Palácio da Quinta do Relógio, der auffällig mit rot-weißen Querstreifen bemalt ist, ins Auge (s. u.). Etwa 250 m darauf folgt der Palácio de Seteais auf der rechten Straßenseite, heute ein Luxushotel. Etwa 4 km nach Sintra erreicht man dann die wunderschönen Gärten des Palácio de Monserrate, die ausführlicher unter „Serra de Sintra" (s. S. 409) beschrieben sind.

Das prunkvoll neomanuelinisch ausgestattete **Rathaus**, die *Câmara Municipal de Sintra*, aus dem Jahr 1908 erinnert am Beginn der Volta do Duche eher an einen Palast aus vergangenen Jahrhunderten als an ein modernes Verwaltungsgebäude. Weithin sichtbar ist die Spitze des schönen Rathaus-Turms, gekrönt von einer Sphärenkugel, einem der Wahrzeichen der portugiesischen Nation.

Tipp: Nehmen Sie auch im Hochsommer eine Windjacke oder einen Pullover mit, da es in Sintra zu fast jeder Jahreszeit kühl und windig werden kann. Besonders in der Serra de Sintra ist es oft auch nebelig. Mit der geeigneten Kleidung sollte dies aber kein Hinderungsgrund für einen Besuch sein, dann wirkt die Stadt nur noch romantischer und geheimnisvoller.

Geschichte: Zu größerer Bedeutung kam der Ort erst unter den Mauren, die zwei Burgen an der Stelle des heutigen Palácio Nacional und in der Serra de Sintra errichteten. Den entscheidenden Entwicklungsschub bekam Sintra, das man früher auch als *Monte da Lua* (Mondberg) bezeichnete, aber erst unter König Dom Dinis (1279–1325). Er ließ den Palácio Nacional zur königlichen Sommerresidenz ausbauen. Mit dem Ende der Dynastie Aviz und dem Beginn der spanischen Herrschaft im Jahr 1580 war dann auch Sintras Ära als Sommerresidenz vorbei. Später übernahm Queluz diese Funktion. 1839 ließ Dom Fernando II. aber auf einem der Berggipfel der Serra de Sintra an der Stelle eines Bergklosters eine neue Königsresidenz errichten, den Palácio da Pena – der königliche Hof kehrte nach Sintra zurück. Dem Königshof folgten viele Aristokraten in die Stadt, um hier ihre eigenen Paläste zu errichten. Sie zogen es vor, dem heißen Sommer Lissabons ins kühle Sintra zu entfliehen.

Hoch über Sintra: Castelo dos Mouros

Im 19. Jh. entdeckten die Romantiker Sintra für sich, darunter bekannte Schriftsteller wie Lord Byron. Auch heute noch zieht das romantische Ambiente in und um Sintra viele Künstler an. Anstelle der Aristokraten leben heutzutage vor allem reiche Industriellen- und Bankiersfamilien in den prächtigen Palästen an den Berghängen Sintras. Auch unter Ausländern erfreut sich die Stadt großer Beliebtheit, und so werden besonders an Wochenenden große Touristenströme durch Sintras Altstadt geschleust. Seit 1996 ist diese in ihrer Gesamtheit UNESCO-Weltkulturerbe. Da der Kreis Sintra neben der Kernstadt alle Orte an der Linha de Sintra außer Amadora umfasst, kommt er auf insgesamt 350.000 Bewohner und ist damit nach Lissabon und noch vor Porto der portugiesische Kreis mit den zweitmeisten Einwohnern.

Information/Diverses

• *Information* Es gibt 2 Turismos im Zentrum der Altstadt an der Praça da República, 23, ✆ 219231157 und 219241700, ✉ 219238787, und im Bahnhof Sintra, ✆/✉ 219241623. Beide Büros täglich außer Fei 9–19 Uhr (Juni–September bis 20 Uhr). Hier ist ein kostenloser Stadtplan erhältlich, außerdem bekommt man Hinweise zu Unterkunftsmöglichkeiten und Veranstaltungen. Auskünfte auch zu den anderen Orten der *Linha de Sintra*.

• *Post* Vor dem Turismo an der Praça da República, 26.

• *Polizei* Der PSP-Posten befindet sich hinter dem Bahnhof in der Rua João de Deus, 6, ☎ 219230761. Die GNR am Largo do Palácio, ☎ 219234016.

• *Markt* Jeden 2. und 4. So des Monats 9–18 Uhr großer Straßenmarkt *Feira de São Pedro* im Stadtteil São Pedro de Sintra. Die Bauern und Händler reisen extra von weit her an, um hier Lebensmittel, Tiere, Antiquitäten, Kleidung und Trödel zu verkaufen. Interessante Atmosphäre und günstige Preise.

• *Supermarkt Ponto Fresco*, Av. Heliodoro Salgado, 41.

• *Ereignisse* Bezirksfeiertag ist am 29. Juni mit der *Festa de São Pedro* und einem großen Markt. Dann haben alle Paläste und Museen geschlossen.

Jedes Jahr im Sommer findet das *Sintra-Festival* mit hochkarätig besetzten Klassik-Konzerten und Ballett-Nächten statt.

E ssen & Trinken
1 Curral dos Caprinos
3 Panisintra
4 Café Pastelaria Ideal
8 Casa de Chá Raposa
9 Fábrica Queijadas da Sapa
10 Pastelaria Piriquita
12 Casa da Avó
18 Café da Natália
19 Lugar dos Sabores

Ü bernachten
2 Pensão Nova Sintra
5 Casa Miradouro
6 Casa de Hóspedes Monte da Lua
7 Casa de Hóspedes D. Maria da Parreirinha
11 Lawrence's Hotel
13 Quinta de São Thiago
14 Quinta da Capela
15 Quinta das Sequóias
16 Pensão Sintra
17 Casa de Hóspedes Chalet do Relógio
20 Jugendherberge

Sintra

Verbindungen

• *Zug* Der Bahnhof Sintra befindet sich im Stadtteil Estefânia; von dort erreicht man die Altstadt in ca. 10 Min. zu Fuß. Ein zweiter Bahnhof, Portela de Sintra, liegt ca. 10 Gehmin. entfernt in der Neustadt. Von dort fahren auch die meisten Busse ins Umland ab.

Von *Lissabon/Rossio* (Metro Restauradores): tagsüber alle 15 Min., nachts alle 30 Min. Fahrzeit 42 Min. Preis 1,50 €. Hinweis: Bis voraussichtlich Mitte 2006 bleibt der Rossio-Bahnhof aufgrund von Sanierungsarbeiten gesperrt. Bis dahin die Züge ab Entrecampos nehmen (s. u.).

Ab *Lissabon/Entrecampos* (Metro Entrecampos): Mo–Fr tagsüber alle 15 Min., nachts sowie Sa/So alle 30 Min. über Sete Rios (Metro Jardim Zoológico). Teilweise mit Umsteigen in Monte Abraão. Fahrzeit 39 Min.

• *Bus* Die meisten Busse unterhält die Gesellschaft ScottURB (Ausnahmen sind vermerkt). ScottURB-Informationen gibt es gegenüber vom Ausgang des Bahnhofs Sintra in der Av. Miguel Bombarda, 59. Ein weiterer Infokiosk steht vor dem Bahnhof Portela de Sintra.

Nach *Almoçageme*: Bus 403 ab beiden Bahnhöfen Sintra und Portela de Sintra Mo–Sa 12-mal, So 10-mal. Dazu Bus 438 ab Portela de Sintra 2-mal täglich. Fahrzeit 25 Min. Außerdem Bus 439 ab Bahnhof Portela de Sintra 9-mal täglich. Fahrzeit 45 Min. (Umweg über Várzea de Sintra).

Nach *Azenhas do Mar*: Busse 440, 441. Bus 441 ab Bahnhof Portela de Sintra via Colares, Praia das Maças und teilweise Praia Grande Mo–Fr ca. 23-mal, Sa/So 11-mal. Fahrzeit ca. 30 Min. Bus 440 via Janas Mo–Fr 7-mal, Sa 4-mal, So 3-mal täglich.

Nach *Cascais* (via Azóia, Cabo da Roca und Malveira da Serra): Bus 403 Mo–Sa 12-mal, So 10-mal. Davon fahren je 9 Busse direkt bis ans Cabo da Roca, die anderen nur bis Azóia. Abfahrt an beiden Bahnhöfen Portela de Sintra und Sintra. Fahrzeit 70 Min.

Nach *Cascais* (via Alcabideche): Bus 417 täglich alle 50 Min. Schnellere und billigere, aber weniger schöne Strecke nach Cascais als via Azóia. Abfahrt an beiden Bahnhöfen Portela de Sintra und Sintra. Fahrzeit 40 Min.

Nach *Colares*: Busse 403, 438 und 441 ab Bahnhof Portela de Sintra. Etwa jede halbe Stunde. Fahrzeit 20 Min.

Nach *Ericeira*: Mit der Busgesellschaft Mafrense ab Bahnhof Portela de Sintra Mo–Fr stündl., Sa/So alle 2 Stunden. Fahrzeit 50 Min.

Nach *Estoril* (via Alcabideche): Bus 418 stündlich jeden Tag. Abfahrt an beiden Bahnhöfen Portela de Sintra und Sintra. Fahrzeit 40 Min.

Nach *Mafra*: Mit Mafrense ab Bahnhof Portela de Sintra Mo–Fr 10-mal, Sa/So 6-mal. Fahrzeit 45 Min.

Linha de Sintra — Karte S. 392/393

Linha de Sintra

Nach *Oeiras*: Bus 467 stündlich ab Bahnhof Portela de Sintra und Bahnhof Sintra. Fahrzeit 45 Min.
Zur *Praia das Maçãs*: Bus 441 ab Bahnhof Portela de Sintra Mo–Fr ca. 23-mal, Sa/So 11-mal. Fahrzeit 30 Min.
Zur *Praia Grande* (via Colares): Bus 441 ab Bahnhof Portela de Sintra Mo–Fr ca. 8-mal, Sa/So 6-mal (im Sommer häufiger). Bus 438 fährt zusätzlich 2-mal täglich.
Zur *Praia do Magoito*: Bus 444 ab Bahnhof Portela de Sintra. Mo–Fr 20-mal, Sa/So 13-mal. Die meisten Busse fahren nur bis Magoito-Ort, im Sommer fährt etwa jeder zweite Bus bis Magoito-Strand (im Winter nur 3 pro Tag). Fahrzeit 30 Min.
Zur *Praia da Samarra*: Bus 443 ab Portela de Sintra bis ins 1,5 km entfernte Catribana. Mo–Fr 16-mal, Sa/So 11-mal. Fahrzeit 40 Min.

- *Stadtbus* Zwischen Bahnhof Portela de Sintra, Bahnhof Sintra, Altstadt (Sintra Vila) und São Pedro de Sintra verkehrt der Bus 433 (*SintraLine*) alle 20 Min. Tickets nur an Bord. Fahrpreis 0,75 €.
Zum *Palácio da Pena* sowie *Castelo dos Mouros* und zurück fahren Mo–Fr alle 20 Min. und Sa/So alle 15 Min. Busse der Linie 434 (Circuito da Pena), Abfahrt ab Bahnhof Sintra und Altstadt (Sintra Vila). Fahrpreis gilt für beliebig viele Hin- und Rückfahrten an einem Tag und kostet 3,85 €.
In den Ortsteil *Várzea de Sintra*: Busse 442 (Richtung Fontanelas), 439 (Richtung Almoçagueme) und 440 (Richtung Azenhas do Mar) täglich mehrmals pro Stunde.
- *Straßenbahn* Zur Praia das Maçãs geht es über Colares auch mit der historischen Tram der Stadt Sintra. Fr–So jeweils 6-mal täglich. Preis pro Fahrt 2 €, ab 65 J. 1 €, Kinder bis 4 J. frei. Fahrzeit 45 Min. Abfahrt vor dem Museu de Arte Moderna, ca. 10 Min. zu Fuß von den beiden Bahnhöfen Portela de Sintra und Sintra entfernt.
- *Taxi* Taxisintra, ✆ 219138018 und *Táxis Antral de Sintra*, ✆ 219230001.

Übernachten (s. Karte S. 398/399)

***** **Lawrence's Hotel (11)**, Rua Consiglieri Pedroso, 38–40, ✆ 219105500, ✆ 219105505, www.lawrenceshotel.com. Am Rand des historischen Stadtkerns. Das zweitälteste Hotel der Iberischen Halbinsel, 1764 gegründet und vom Schriftsteller Eça de Queiroz in seinem Meisterwerk „Os Maias" verewigt. Auch Lord Byron ist hier 1809 abgestiegen und wurde hier vermutlich zu seinem Gedicht „Childe Harold's Pilgrimage" inspiriert, in dem er Sintra als „glorreiches Eden" bezeichnet hat. 1961 schloss das Hotel, 1989 erwarben es die Holländer Jan Willem und Coreen Bos. Damals lag das Gebäude aber völlig in Ruinen und sie benötigten 10 Jahre und 2,5 Millionen Euro, bis sie das Hotel 1999 wieder eröffnen konnten. Sehr stilvolle Einrichtung mit Ziegel- und Dielenböden, Möbel im antiken Stil. Kleine Bar, Aufenthaltsraum und Bibliothek. Familiäre Atmosphäre, nur 17 Zimmer und 5 Suiten. Die beste Aussicht haben die Suiten. Die Bäder zieren Marmorplatten und Azulejos. Die oben genannten Schriftsteller finden sich in Zimmernamen wieder. DZ je nach Saison 195–245 € (inkl. Frühstück à la carte).

***** **Hotel Tivoli Palácio de Seteais**, Rua Barbosa du Bocage, 8, ✆ 219233200, ✆ 219234277, www.tivolihotels.com. Ca. 1,5 km außerhalb Sintras Richtung Monserrate gelegen. Ein romantischer Palast aus dem 18. Jh., umgebaut und erweitert zu einem exquisiten Luxushotel mit einzigartigem Ambiente. Dazu gehören ein gepflegter französischer Garten mit Blick auf den Palácio da Pena, Sandtennisplätze und ein Swimmingpool. Pompöse Säulen und Treppenaufgänge. Pompeijanische Wandmalereien, mit Stuck verzierte Decken, schwere Brokatvorhänge und Mobiliar im Empirestil schmücken die Gesellschaftsräume, eine Bar und das Restaurant sowie die 30 Zimmer mit Marmorbad, WC, Satelliten-TV, Telefon und Safe. DZ je nach Saison 125–285 € (Frühstück inkl.)

Turismo de Habitação: Quinta das Sequóias/Casa da Tapada (15), Estrada de Monserrate, ✆ 219243821 und 219230342, ✆ 219106065, www.quintadasequoias.com. Hinter dem Bogen, der die Estrada de Monserrate vor dem Palácio de Monserrate überspannt, nach links abbiegen. Anschließend geht es 2 km durch das riesige Privatgrundstück der Quinta (hier gibt es sogar Wanderwege für die Gäste). Sie heißt zu Recht auch „Waldhaus", da sie inmitten der Serra de Sintra, abgeschieden vom Rest der Welt liegt. Von der Terrasse und den Zimmern aus genießt man einen phantastischen Blick auf den Palácio da Pena. Gepflegter englischer Rasen, Schwimmbad. Die 6 Zimmer sind unterschiedlich ausgestattet mit Möbeln aus der Antiquitätensammlung der Besitzerin, alles sehr ge-

Sintra

Gut erhalten: historischer Ortskern von Sintra

pflegt. Nur Nichtraucher erwünscht. Mindestaufenthalt zwei Nächte. DZ mit Frühstück je nach Saison 145–160 €.

Turismo de Habitação: Quinta da Capela (14), Estrada Velha de Colares/Estrada de Monserrate, ✆ 219290170, ✆ 219293425, www.quintadacapela.com. Etwa 500 m nach dem Palácio de Monserrate auf der rechten Straßenseite. Die Quinta da Capela wurde im 16. Jh. vom Fürsten von Cadaval gegründet. Ihr Name rührt von der Kapelle her, die sich auf ihrem Grundstück befindet. In ihr werden jeden So öffentliche Messen gelesen. Schlichtes Haupthaus mit verschiedenen Nebenhäusern. Blick auf den Palácio da Pena und den nahegelegenen Palácio de Monserrate. Pfauen im Garten, weitere Vögel in einer Voliere. Innen stilvolle ländliche Einrichtung und moderne Kunst. Helle, lichte Gänge und ein schöner Aufenthaltsraum in Grün. 9 Zimmer mit eigenem Bad. DZ mit Frühstück je nach Saison 110–160 €. Teilweise im Winter geschlossen.

Turismo de Habitação: Casa Miradouro (5), Rua Sotto Mayor, 55, ✆ 219107100, ✆ 219241836, www.casa-miradouro.com. Am unteren Rand der Altstadt gelegen. Sehr ruhige Gegend. Die Casa Miradouro wird ihrem Namen „Haus Ausblick" vollauf gerecht. Wunderschöner Blick über das ländliche Umland Sintras. Schweizer Eigentümer. Stilvoll eingerichtet. Unten Salon mit Stuckdecke und im Keller der hübsche Frühstücksraum. Eine alte Holztreppe führt nach oben zu den geräumigen Zimmern. Mobiliar in antikem Stil. Große Bäder mit Dusche. Rauchen in den Zimmern nicht erwünscht. DZ je nach Saison 90–125 € (Frühstück inkl.). Im Januar und Februar teilweise geschlossen.

Turismo de Habitação: Quinta de São Thiago (13), Estrada de Monserrate, ✆ 219232923, ✆ 219234329. Biegt man 500 m nach dem Bogen, der die Estrada de Monserrate überspannt, nach rechts ab, erreicht man am Ende eines 1,5 km langen, schlechten Feldweges ein herrschaftliches, massives Haus inmitten eines herrlichen Gartens. Die Quinta de São Thiago war im 16. Jh. ursprünglich ein Kloster der Hieronymiten. Trotz einiger Umbauten hat das Haus den früheren Charakter vollständig bewahrt. Angesichts massiver Möbel, Reliquien an den Wänden, riesiger Balken und dunkler Gänge fühlt man sich wie in einer alten Burg. Pflanzenliebhaber finden innen sehr schöne Blumenarrangements und draußen einen verwunschenen Garten mit Schwimmbad und Tennisplatz. Vom Balkon und von einigen der 10 Zimmer aus hat man einen schönen Blick auf das nahe Colares. In der Kapelle und im Garten finden gelegentlich Hochzeiten statt; in der Bibliothek des Hauses kann man kostbare alte Bücher studieren. Die englische Familie unter Leitung von Mrs. Teresa Braddell empfängt ihre Gäste wie Freunde. Die Zimmer sind unterschiedlich gehalten, alle haben sehr schöne Azulejos in den Badezimmern. DZ mit Frühstück je nach Saison 65–80 €, mit Aussicht 80–120 €.

2.ª **Pensão Nova Sintra (2)**, Largo Afonso de Albuquerque, 25, ✆ 219230220, ✆/✉ 219107033, www.novasintra.com. In der Nähe des Bahnhofs Sintra. Altehrwürdige Pension aus dem Jahr 1875, seit 1999 in neuem Glanz und der Tradition entsprechend stilvoll eingerichtet. Von einigen Zimmern und der großen Terrasse mit Skulpturenpark zeitgenössischer Bildhauer (Volker Schnüttgen, Matthias Contzen) herrlicher Blick in die Umgebung. Auch ein schmuckes Restaurant, in dem das Frühstücksbuffet und Mittagessen serviert werden. Alle Zimmer verfügen über eigenes Bad. DZ je nach Saison 60–75 € (mit Frühstück). Wer mehr als 2 Nächte reserviert, bekommt 20 % Nachlass.

2.ª **Pensão Sintra (16)**, Travessa dos Avelares, 12, S. Pedro de Sintra, ✆/✉ 219230738. - Gräfliche Villa aus dem Jahr 1880 am Berghang. Insgesamt nur 8 sehr geräumige und 2 kleinere Zimmer mit Dielenboden und alten Betten. Alle Zimmer mit eigenem Bad, das mit Azulejos verkleidet ist. Einige Zimmer mit Blick auf das Castelo dos Mouros. Fernsehzimmer und geräumiger, blau-gelber Frühstücksraum mit Holzkamin. Im 6.000 qm großen, schönen Park lockt ein Pool. Es wird Deutsch gesprochen: Die Privatpension wird von Frau Rosner und ihrer Tochter geführt. Voranmeldung empfehlenswert. DZ mit Frühstück je nach Saison 40–70 €, mit Ausblick 10 € mehr. Bei Zahlung mit Kreditkarte 5 € Zuschlag.

Casa de Hóspedes Chalet do Relógio (17), Estrada da Pena, 22, ✆ 219241550, ✉ 214861969, www.chaletrelogio.com. Von der Altstadt geht es etwa 400 m Richtung Palácio da Pena den Berg hoch. Das Haus mit dem auffälligen Uhrenturm liegt in einer Linkskurve inmitten eines großen Parks. Bushalt der Linie 434 zum Palácio da Pena neben dem Nachbarhaus mit einem auffällig spitzen Turm. Das Chalet do Relógio aus der Mitte des 19. Jh. ist architektonisch sehr ansprechend. Kein Wunder, hat es doch der Architekt der Quinta da Regaleira, Luigi Manini, geplant. Die Inneneinrichtung ist dagegen leider weder historisch noch besonders stilvoll. Dafür sind die Zimmer teilweise sehr groß und haben alle Bad. Im Winter kann es etwas kühl und muffig werden. Zimmer 31 hat den besten Blick auf das Castelo dos Mouros und den Pena-Palast. DZ je nach Saison 50–60 € (inkl. Frühstück).

Casa de Hóspedes Monte da Lua (6), Av. Miguel Bombarda, 51, ✆/✉ 219241029. Direkt gegenüber dem Bahnhof. So sauber und gut ausgestattet, dass das Haus locker eine 2-Sterne-Pension sein könnte. Alles frisch gestrichen. Zimmer mit eigenem Bad, Zentralheizung, TV und Telefon. Einige Zimmer mit sehr gutem Blick Richtung Colares, andere Richtung Castelo dos Mouros. DZ ohne Frühstück je nach Saison 40–50 €.

Casa de Hóspedes D. Maria da Parreirinha (7), Rua João de Deus, 12/14, ✆/✉ 219232490. Nur wenige Meter hinter dem Bahnhof. 12 mittelgroße Zimmer mit Schreibtisch, TV, Schrank und eigenen Badezimmern. Schlicht eingerichtet, aber gut in Schuss und sauber. Die eine Hälfte der 12 Zimmer geht zur Straße raus, die andere nach hinten. Eigener Parkplatz hinter dem Haus. Chefin ist Dona Maria, der auch das benachbarte Restaurant Parreirinha gehört. DZ je nach Saison 35–40 € (ohne Frühstück).

• *Jugendherberge* **Pousada de Juventude de Sintra (20)**, Santa Eufémia, São Pedro de Sintra, ✆ 219241210, ✉ 219233176, www.pousadasjuventude.pt. Ca. 2 km oberhalb von São Pedro, in der Nähe des Palácio da Pena. Mit dem Bus 434 (Circuito da Pena) vom Bahnhof Sintra bis zum Haupteingang des Parque da Pena fahren, anschließend 150 m die Calçada da Pena bergab Richtung São Pedro de Sintra. Am Forsthaus Casa da Lapa nach rechts abbiegen und 300 m dem schmalen und felsigen Fußweg nach oben folgen. Rezeption von 8–12 und 18–24 Uhr geöffnet. Das Haus selbst ist von 8–24 Uhr geöffnet. 25 Betten in 4 Schlafsälen mit bis zu 8 Betten, dazu 11 DZ. Gemeinschaftsraum und Fernseher sind vorhanden. Reitmöglichkeit. Auch Mahlzeiten werden angeboten. Der Aussichtspunkt Santa Eufémia mit Kapelle, Antennen und Blick auf Lissabon, Cascais und Estoril ist nur ein paar Meter entfernt. Preis pro Person im Mehrbettzimmer je nach Saison 8,50–10,50 €. DZ ohne eigene Toilette 20,50–25 €, mit eigener Toilette 24–29 €. 2006 wegen Renovierungsarbeiten geschlossen.

• *Privatzimmer* Ein großes Angebot in der Altstadt sowie in den modernen Stadtteilen Estefânia und Portela für 25–50 € pro DZ je nach Saison. Zahlreiche Unterkünfte auch in der Rua João de Deus hinter dem Bahnhof. Vermittlung über den Turismo.

Essen & Trinken (s. Karte S. 398/399)

Sintra hat leider nicht so viele empfehlenswerte Restaurants zu bieten wie sehenswerte Paläste. Vor allem in der Altstadt sind die meisten Lokale sehr touristisch und bieten nur ein schlechtes Preis-Leistungs-Verhältnis.

Curral dos Caprinos (1), Rua 28 de Setembro, 13, Cabriz/Várzea de Sintra, ℡ 219233113. Im Ortsteil Cabriz ca. 2,5 km außerhalb des Zentrums. 100 m östlich der Stelle in Cabriz, an der die Straße nach Sintra-Altstadt von der Straße Várzea de Sintra–Lourel abbiegt (die Busse 439, 440 und 442 nach Várzea de Sintra halten hier). Täglich geöffnet. 3 große Speisesäle für 250 Pers. Großes, rustikal eingerichtetes Restaurant. Am Eingang blaue Azulejos mit ländlichen Motiven. Von der Decke baumeln Knoblauchbündel und Schinken. Schon über 25 Jahre alt, weit bekannt und beliebt für seine gute Küche. Spezialitäten des Hauses: diverse Fleischspieße (*espetadas*) oder im Ofen gebratenes Zicklein (*cabrito assado no forno*). Ausgefallene Beilagen wie schwarze Bohnen oder *açorda* (Brotbrei mit Knoblauch). Sehr große Auswahl an Tagesgerichten. Sollte die Verdauungsmüdigkeit mit Macht einsetzen, liegt das weniger am „Kleinen Schlafanzug" (*pijaminha*), einer der exotischen Nachspeisen, sondern an der Größe der Portionen. Hauptgerichte ab 12 €.

Casa da Avó (12), Rua Visconde Monserrate, 46, ℡ 219231280. Neben dem Spielzeugmuseum. Do Ruhetag. Einfach eingerichteter Familienbetrieb („Haus der Oma") mit kleinem Speiseraum. Wenige Gerichte regionaler portugiesischer Küche zur Auswahl. Hauptgerichte ab 8,50 €. Sehr reichhaltige Portionen, die halben Portionen sind daher auch sättigend.

Lugar dos Sabores (19), Praça D. Fernando II, 27, ℡ 219231470. Direkt am Marktplatz im Stadtteil São Pedro. So geschlossen. Nur Mittagstisch. Sehr einfaches Café-Restaurant im Kantinenstil. Die Reis-, Nudel-, Fleisch- und Fischgerichte liegen vorgewärmt in Blechwannen und können an der Theke in Augenschein genommen werden. Kleine Auswahl. Jedes Gericht 7,50 €, halbe Portion 6 €. Vergleichsweise günstig und sättigend. Bei gutem Wetter mit Terrasse.

Cafés (s. Karte S. 398/399)

Auf keinen Fall sollte man sich die süße Spezialität Sintras, die *queijadas*, entgehen lassen: süße Törtchen, die mit einer Mischung aus Frischkäse, Eigelb, Zucker und Zimt gefüllt und in mehreren Konditoreien in Sintra hergestellt und verkauft werden. Die Queijadas werden auch in Cafés und an Ständen am Straßenrand angeboten. Die zweite Spezialität Sintras sind die *travesseiros*, ein süßes Blätterteiggebäck, ebenfalls in fast allen Cafés erhältlich.

Café Pastelaria Ideal (4), Largo Afonso de Albuquerque, 9, ℡ 219230364. Zwischen Bahnhof und Neustadt Estefânia am Beginn der Rua Dom Francisco d'Almeida. So Ruhetag. Schön eingerichtetes Café, gegründet 1936. Massive Holzstühle und Tische mit Marmorplatten. Großes Angebot an Gebäck, z. B. gute *queijadas* aus eigener Herstellung.

Café da Natália (18), Rua 1° de Dezembro, 3/5, ℡ 219235679. Im Stadtteil São Pedro, zwischen Marktplatz und dem davon östlich gelegenen Largo Chão de Meninos. So geschlossen. Freundliches Café mit Terracottaboden, Holzstühlen und schweren Steintischen. Lebhaftes Treiben, da gut besucht. Große Auswahl an süßen Törtchen und Torten, *pastéis* und Kuchen. Bei gutem Wetter Service auf der Terrasse. Auch salzige Snacks für den kleinen Hunger oder Mittagstisch, wenn's etwas mehr sein darf.

Padaria Panisintra (3), Largo Afonso de Albuquerque, 5 und 7. Gegenüber dem Café Ideal. So geschlossen. Bäckerei, gut für ein günstiges Frühstück im Stehen. Einfache Inneneinrichtung.

Pastelaria Piriquita (10), Rua das Padarias, 1 und 3, ℡ 219230626. Zu Beginn der Altstadtgasse schräg gegenüber dem Palácio Nacional. Täglich außer Mi 9–22 Uhr. Eines der ältesten und bekanntesten Cafés Sintras. Nicht nur vorzügliche *queijadas* (können auch im Pack zum Mitnehmen gekauft werden), sondern auch *travesseiros* und anderes mehr.

Schöne Einrichtung mit weiß-grünen Azulejos und Marmorboden. Wer keinen Platz findet, kann es auch 50 m gassenaufwärts in der Filiale Piriquita 2 probieren.
Casa de Chá Raposa (8), Rua Conde Ferreira, 29, ✆ 219244482. In einer Seitenstraße unweit des Rathauses. Mo Ruhetag, Di–Fr 12–19 Uhr, Sa/So 16–21 Uhr. Teehaus und Dekorationsgeschäft zugleich. In einem schönen mit Stuck verzierten Saal werden in esoterischem Wohnzimmerambiente Tee, Kaffee und Gebäck kredenzt. Daneben versuchen die Inhaber, Einrichtungsideen zu vermarkten: daher werden auch Kunstwerke, leicht kitschige Dekorationsgegenstände und sogar das Mobiliar verkauft. Kännchen Tee ab 3,50 €.

Fábrica das Verdadeiras Queijadas da Sapa (9), Volta do Duche, 12, ✆ 219230493. Neben dem Rathaus von Sintra auf dem Weg vom Bahnhof in die Altstadt. Mo geschlossen. Der älteste, seit 1756 bekannte Fabrikant der köstlichen *queijadas*. In den kleinen Räumen der traditionsreichen *Queijada*-Fabrik können diese auch gleich gegessen oder zum Mitnehmen gekauft werden. Im Sommer stehen auch auf der Terrasse Tische. Das halbe Dutzend *queijadas* kostet 3,80 €, Stückpreis 0,75 €.

Sehenswertes

Parque da Liberdade

Mit seinen weitläufigen Grünanlagen eignet sich der Parque da Liberdade („Park der Freiheit") ideal dafür, im Schatten der Bäume und vieler exotischer Gewächse sein Picknick zu verzehren oder sich von anstrengenden Besuchstouren zu erholen. Neben dem Jardim do Ultramar in Belém ist der Parque da Liberdade das beliebteste Motiv für Hochzeitsfotos. Am Rand der Volta do Duche fällt der prächtig mit Stuck und Azulejos verzierte Brunnen **Fonte Mourisca** ins Auge. Die maurische Pracht täuscht über den wahren Ursprung des Brunnens – der Künstler José da Fonseca hat ihn erst 1922 geschaffen.

Anfahrt/Öffnungszeiten Volta do Duche. Täglich 9–19 Uhr (im Winter bis 17 Uhr). Eintritt frei.

Palácio Nacional de Sintra

Schon zu maurischen Zeiten stand hier eine Burg (*Alcácer*), die nach der Eroberung durch die Christen unter Dom João I. (1385–1433) erweitert und zur Sommerresidenz ausgebaut wurde. Seither ist der Königspalast mit seinen beiden auffälligen konischen Küchenkaminen das Wahrzeichen Sintras. Dom Manuel I. (1495–1521) brachte das manuelinische Element in die Architektur des Palastes ein. Aufgrund der vielen Umbauten wirkt der Palast heute uneinheitlich und etwas zusammengewürfelt. Dennoch ist er der letzte noch erhaltene mittelalterliche Königspalast Portugals.

Die Besucher erwartet beim Rundgang eine Abfolge verschiedenster Gemächer und Säle verschiedener Epochen. Nach dem Eingangssaal geht es links zunächst in den Schwanensaal, benannt nach den Deckengemälden aus dem 15. Jh. Über einen malerischen Innenhof mit Brunnen gelangt man in den Elsternsaal, welcher als Empfangs- und Audienz-Zimmer diente und mit schönen Azulejos und Deckengemälden aus dem 15. Jh. verziert ist. Zu sehen ist auch ein wertvoller astronomischer Globus aus dem Jahr 1575. Anschließend betreten die Besucher das ehemalige Schlafzimmer von Dom Sebastião. Im Saal Cäsars zeigt ein wertvoller flämischer Wandteppich Szenen aus Cäsars Leben. Durch eine manuelinische Tür gelangt man in den Wappensaal, dekoriert mit schönen, blauen Azulejos und einer überbordend vergoldeten Decke. Ein Blick aus einem der Fenster eröffnet eine gute Aussicht auf die umliegende Landschaft.

Eindrucksvolle Küchenkamine des Königspalastes in Sintra

Es folgt chinesische Elfenbeinkunst im Chinasaal und der Raum, in dem König Afonso VI. neun Jahre bis zu seinem Tode als Gefangener seines Bruders Pedro II. einsaß. Der Boden ist – angeblich vom vielen Hin- und Herlaufen erzählen die Führer – stark beschädigt. Anschließend gelangt man in die königliche Kapelle mit einer Decke aus dem 14. und 16. Jh. im so genannten arabisch beeinflussten Mudéjar-Stil. Daran schließt sich im ältesten Teil des Palastes der Arabische Saal an, der mit außergewöhnlich alten grün-weißblauen Azulejos aus dem 15. Jh. aufwarten kann. Den letzten Höhepunkt bietet die imposante Großküche mit den zwei gigantischen Kaminen. Durch sie zog der Rauch der riesigen Kessel und Drehspieße nach oben.

Öffnungszeiten Täglich außer Mi und Fei 10–17.30 Uhr. Einlass bis 30 Min. vor Schließung. Eintritt 4 €, mit Cartão Jovem 60 % Ermäßigung, bis 25 und über 65 J. 50 %, bis 14 J. frei, So bis 14 Uhr generell gratis. ✆ 219106840.

Quinta da Regaleira

Wer immer schon einmal wissen wollte, woher die geheimnisvolle Romantik Sintras kommt, erhält die Antwort in einer Kurve der Estrada de Monserrate. Dort steht die prachtvolle neo-manuelinische Quinta da Regaleira mit ihrem mysteriösen Labyrinth-Garten. Entworfen hat den Palast zu Beginn des 20. Jh. der italienische Architekt und Bühnenbildner Luigi Manini, der auch für die Lissabonner Oper São Carlos und das Palace Hotel in Buçaco bei Coimbra verantwortlich zeigte. Ihn unterstützten zahlreiche Skulpturenmeister wie José da Fonseca und João Machado, der per Zug fertig bearbeitete Steine aus Coimbra zulieferte.

Manini baute den Palast nach den Vorstellungen des aus Brasilien nach Portugal zurückgekehrten Multimillionärs António Augusto Carvalho Monteiro (1848–1920) um. Gotik, Manuelinik und Renaissance verschmelzen mit nationalen, portugiesischen Motiven zu einem prachtvollen Zeugnis der Glorie Sintras. In Anspielung auf die Finanzkraft des durch Kaffee- und Edelsteinhandel reich gewordenen Bauherren heißt der Palast im Volksmund deshalb auch *Palácio dos Milhões* („Millionenpalast").

Nach dem Tod Monteiros ging die Quinta da Regaleira in den Besitz seines Sohnes über, der das Vermögen des Vaters innerhalb kurzer Zeit verprasste und das Anwesen an die Familie d'Orey weiterverkaufte, die mit ihren 18 Kindern hier einzog. Für den symbolischen Preis von 1,5 Millionen Euro wurde die Quinta 1997 schließlich an die Stadt Sintra verkauft.

Zu Beginn der **Gartenanlage**, die in ihrem unteren Teil von exotischen Pflanzen und in ihrem oberen von heimischen Gewächsen dominiert wird, passieren die Besucher den Patamar dos Deuses, einen von Statuen griechischer Götter gesäumten Weg. Auf dem weiteren Weg stößt man immer wieder auf schöne Brunnen, dunkle Grotten und Wasserfälle.

Ganz oben angekommen, kann man hinter einer steinernen Drehtüre einen geheimnisvollen Brunnen ohne Wasser betreten. Eine Wendeltreppe führt über neun Ebenen auf seinen Grund hinunter – eine Anspielung an Dantes neun Stufen zur Hölle. Dieser weltweit wohl einzigartige Poço Iniciático wurde als Initiationsstätte für Freimaurer errichtet, die dort mit verbundenen Augen einen der beiden Ausgänge finden mussten. So führen am Grund des Brunnens, in dem ein acht zackiger Stern eingelassen ist, und auf einer der mittleren Ebenen unterirdische Felsengänge zu entfernten Punkten des Gartens. Unklar ist jedoch, ob der Brunnen jemals tatsächlich für Initiationsriten verwandt wurde und wer ihn errichten ließ.

Immer wieder öffnen sich inmitten des Gartengrüns herrliche Blicke auf Sintra, den Palácio da Pena und das Castelo dos Mouros. Die beste Aussicht hat man jedoch auf der Spitze des Turms Torre da Regaleira, dem der Palast seinen Namen verdankt. Ganz in der Nähe des Palastes steht die neo-manuelinische **Capela da Santíssima Trindade**. Auch hier Symbole der Freimaurerei: ein Dreieck mit einem Auge am Eingang. Unter der Kapelle befindet sich eine Krypta, rundum umgeben von unterirdischen Gängen, die den einstigen Besitzer, Carvalho Monteiro, trockenen Fußes in den Palast führen sollten.

Der **Palast** selbst beeindruckt neben seiner herrlichen neo-manuelinischen Fassade mit Mosaikböden und Deckenbemalungen. In den Räumen erzählen alte Photos von der Geschichte des Hauses. Die hier ausgestellte Sammlung *Exposição Maçónica* eines der ehemals führenden Freimaurers Portugals, José Eduardo Pisani Burnay (1924–1998) illustriert anhand von Keramiken, Schwertern und Medaillen die Geschichte der Freimaurer in Portugal. Aufmerksame Beobachter entdecken an der Fassade unter den Fenstern ein verschlungenes, stilisiertes CM – mit diesem Monogramm verewigte sich der Bauherr Carvalho Monteiro.

• *Anfahrt/Öffnungszeiten* Estrada de Monserrate, etwa zehn Min. zu Fuß vom Turismo entfernt. Täglich 10–17.30 Uhr, letzter Einlass 18 Uhr (Februar–April und Oktober bis 18 Uhr, letzter Einlass 19 Uhr; Mai–September bis 20 Uhr, letzter Einlass 19 Uhr). Das Museumscafé mit Terrasse hat teilweise länger geöffnet. Wer den Garten alleine erkunden will, zahlt 5 €. Es gibt auch empfehlenswerte zweistündige Führungen für 10 €, zu denen man sich unter ✆ 219106650 anmelden sollte (Turismo ist behilflich). Bis 14 J., über 65 J., Studenten und mit Cartão Jovem 50 % Ermäßigung, bis 9 J. frei.

Palácio da Quinta do Relógio

Drei hohe Rundbögen zieren den Mittelteil des Palastes, der zu den wichtigsten Bauwerken Portugals im neo-maurischen Stil gehört. Der gut sichtbare Schriftzug auf Arabisch hinter den Bögen bedeutet „Gott ist der einzige Sieger" und war das Motto der maurischen Könige Granadas – er ist insgesamt drei Mal abgebildet. Den Palast hat sich der Portugiese Manuel Pinto da Fonseca Mitte des 19. Jh. als Residenz erbauen lassen. Seinen Reichtum erlangte er durch Sklavenverkauf nach Brasilien. Aufgrund seines Lebenswandels nannte man ihn nach der Romanfigur von Alexandre Dumas auch *Monte Cristo*. Mit dem auffälligen Palast erhoffte er sich Zugang zu den obersten Kreisen Sintras. Das hat offensichtlich gut funktioniert: Denn immerhin verbrachten hier der spätere König Carlos I. und seine Frau Maria Amélia de Orleans im Mai 1886 ihre Flitterwochen. Sie genossen vor allem den exotischen Garten mit seinen Schuppentannen, Magnolien und Kamelien.
Anfahrt: Estrada de Monserrate am Largo da Quinta do Relógio, ca. 10 Min. zu Fuß vom Turismo. Der Palast kann nicht von innen besichtigt werden.

Museen

Museu de Arte Moderna: Mit der *Colecção Berardo* kann das Museum der Modernen Kunst auf eine der besten Sammlungen zeitgenössischer Kunst in Portugal zurückgreifen. Gezeigt werden wechselnde Ausstellungen mit Gemälden und Skulpturen aus den 30er Jahren bis zur Gegenwart. Unter den bisher ausgestellten Künstlern befanden sich Max Ernst, Joan Miró, Pablo Picasso, Gerhard Richter und Roy Lichtenstein. Untergebracht ist das Museum im prächtigen, historischen Casino von Sintra aus dem Jahr 1924.
Anfahrt/Öffnungszeiten Av. Heliodoro Salgado, ✆ 219248170. Im Stadtteil Estefânia. Di–So (auch Fei) 10–18 Uhr, Mo geschlossen. Letzter Einlass 30 Min. vor Schluss. Eintritt 3 €, für Schüler unter 18 J. 50 % Ermäßigung, unter 10 J. frei. So bis 14 Uhr generell frei.

> ### Der Beginn einer großen Sammlerkarriere
> Besitzer der im Museu de Arte Moderna ausgestellten *Colecção Berardo* ist der Unternehmer Joe Berardo, seines Zeichens auch Eigentümer des Weinkonzerns Bacalhôa Vinhos de Portugal. Er erzählt, wie er begonnen hat, Kunstwerke zu sammeln: „Eines Tages sah ich eine Reproduktion des Gemäldes einer sehr schönen Frau und dachte mir dabei, dass ich das Original besitzen müsse." Also fragte Berardo beim Besitzer der Kunsthandlung nach, wo man denn dieses Bild im Original erstehen könne. Der Eigentümer antwortete ihm lapidar: „Im Louvre-Museum in Paris." Bei dem Gemälde hatte es sich um eine Reproduktion Mona Lisas gehandelt. Für Berardo, heute Besitzer einer umfangreichen Kollektion moderner Kunst, ein Zeichen dafür, dass es nicht nötig ist, große Kenntnisse zu besitzen, um Kunst schätzen und lieben zu lernen.

Museu do Brinquedo: Das sehenswerte Museum beherbergt die fast unüberschaubare Menge von 20.000 Spielzeugen aus aller Welt. Sie hat der portugiesische Sammler João Arbués Moreira in 50 Jahren akribischer Kleinarbeit zusammengetragen. Darunter Heerscharen von Zinnsoldaten, Spielzeugautos, Dampfmaschinen sowie Brett- und Computerspiele. Am Eingang stoßen die Besucher auf eine Modellbahn-Anlage, ein Café und eine Buchhandlung. Die Beschriftungen sind auf Portugiesisch, am Eingang ist aber eine englische Beschreibung erhältlich. Ausgestellt sind die Spielzeuge in den oberen Stockwerken; ganz oben findet man eine liebevoll eingerichtete Puppenstube. Besonders sehenswert ist das mechanische Blechspielzeug, fabriziert in Deutschland in den 20er und 30er Jahren.

Anfahrt/Öffnungszeiten Rua Visconde Monserrate, ✆ 219242171. Am Ende der Volta do Duche und ganz in der Nähe des Palácio Nacional. Täglich außer Mo 10–18 Uhr, letzter Einlass 30 Min. vor Schluss. Eintritt 3 €, Studenten und ab 65 J. 50 % Ermäßigung, bis 2 J. frei.

Casa-Museu Atelier Anjos Teixeira: Obwohl nur wenige Meter unterhalb der Volta do Duche und damit am Weg fast aller Touristen gelegen, finden nur wenige die Zeit für einen kurzen Abstecher in dieses sehenswerte Museum. Es ist den beiden portugiesischen Bildhauern (Vater und Sohn) Artur Gaspar dos Anjos Teixeira (1880–1935) und Pedro Augusto Franco dos Anjos Teixeira (1908–1997) gewidmet. Der Sohn hat hier bis zu seinem Tod 1997 sein Atelier unterhalten. Zahlreiche Skulpturen, die hier als Modelle ausgestellt sind, sind in Lissabon und Umgebung als Originale zu bewundern. So z. B. die Statue der Republik im Parlament São Bento oder das Denkmal für den Landarbeiter an der Hauptstraße in São João das Lampas nördlich von Sintra.

Anfahrt/Öffnungszeiten Volta do Duche/Azinhaga da Sardinha – Rio do Porto, ✆ 219238827. Direkt unterhalb der Volta do Duche (s. Schild). Di–Fr 9.30–12 und 14–18 Uhr, Sa/So und Fei 14–18 Uhr, Mo geschlossen. Eintritt 1 €, ab 65 J. und mit Cartão Jovem 50 % ermäßigt, bis 14 J. frei.

Museu Arqueológico de São Miguel de Odrinhas: In dem 15 km von Sintra entfernten Örtchen Odrinhas findet sich eines der bedeutendsten Archäologiemuseen Portugals. Bereits im 16. Jh. hat man hier alte römische Inschriften der Region zusammengetragen. Heute ist hier nach Angaben des Museums die drittgrößte Sammlung römischer Inschriften der Welt (nach Rom und Athen) zu sehen. Das umfangreiche Ausstellungsgelände erstreckt sich über 15.000 m², darunter ein römisch-mittelalterlicher Begräbnisplatz und die kleine Kirche Ermida de São Miguel de Odrinhas, deren Ursprünge in das 12. Jh. zurück reichen.

Die Museumsgebäude selbst sind, auch wenn das nicht so aussieht, Neu-Konstruktionen. Sie sind um einen Innenhof, die *Ágora*, gruppiert und beherbergen die archäologischen Fundstücke aus den verschiedenen Epochen. Zu Beginn des Rundgangs stößt man auf die einzigen etruskischen Sarkophage Portugals. Francis Cook hat sie im 19. Jh. für seinen Palácio de Monserrate gekauft. Dort standen sie im Garten, bis die Sarkophage 1984 durch einen Erdrutsch verschüttet und anschließend nach Odrinhas in Sicherheit gebracht wurden.

Alle anderen Ausstellungsstücke stammen dagegen aus der Region Sintra: Im Saal der „Römischen Basilika" reihen sich römische Grab-, Altar- und Wegsteine beinahe endlos aneinander. Der folgenden Saal, die „Westgotische Kirche" zeigt deutlich den drastischen Verfall der allgemeinen Bildung nach dem Ende der römischen Herrschaft: Die Inschriften sind fehlerhaft und wackelig. Römische Sarkophage wurden zu christlichen Taufsteinen umfunktioniert, andere

Die alte Maurenfestung über Sintra

dienten den Westgoten als „Kühlschrank" oder dazu, um mit ihnen Olivenöl zu pressen oder um aus ihnen Pferde zu tränken. In den drei abschließenden Räumen sind Tempelritter-Grabsteine aus der Igreja Santa Maria de Sintra und Grenzsteine der Region ausgestellt.

Anfahrt/Öffnungszeiten Av. Prof. Dr. D. Fernando de Almeida, São Miguel de Odrinhas, ✆ 219613574. Ca. 15 km nördlich von Sintra. Die Busse Richtung Ericeira halten im Ort. 10–13 und 14–18 Uhr, Mo und Di geschlossen. Die Besucher werden geführt. Eintritt 2,50 €, ab 65 J. und mit Cartão Jovem 50 % ermäßigt, bis 14 J. frei.

Serra de Sintra

In der ganzen Serra de Sintra stößt man immer wieder auf interessante Felsformationen und auf verlassene Forsthäuser. Hoch über Sintra thronen das Maurenkastell und das romantische Königsschloss Palácio da Pena. Im Wald der Serra de Sintra liegen verschiedene Kostbarkeiten wie das verträumte Felsenkloster Capuchos oder der ausladende Park des Palácio de Monserrate. Das üppige Grün regte den englischen Poeten Lord Byron zu einem Vergleich mit dem „Garten Eden" an.

Castelo dos Mouros

Die Burg auf 450 m Höhe wurde unter arabischer Herrschaft im 8. oder 9. Jh. angelegt. 1147 ergab sich das Maurenkastell nach der Eroberung Lissabons durch Dom Afonso Henriques widerstandslos dem christlichen Heer. Danach verfiel es zusehends und wurde erst unter Dom Fernando II. (1816–85) restauriert. Die nationale Denkmalverwaltung gab der Burg in der 40er Jahren ihr heutiges Gesicht, nicht unbedingt getreu historischer Vorgaben.

Von den ausgedehnten Befestigungsmauern bietet sich ein ausgezeichneter Blick auf Sintra und das Hinterland bis zur Küste der Praia das Maçãs. Links neben dem Eingang ist einige Stufen weiter unten eine Zisterne aus dem Mittelalter zu besichtigen. Einer Legende zufolge liegt dort ein maurischer König in einem bronzenen Grab begraben. Er soll mit seinem Grabschatz von bösen Geistern bewacht werden.

• *Anfahrt/Öffnungszeiten* ✆ 219107970. Am bequemsten mit dem Bus 434 ab Bahnhof Sintra (s. S. 398). Wer zu Fuß den An- oder Abstieg bewältigen will, macht am besten die Wanderung 1 (s. S. 416). Täglich 9–19 Uhr (Mitte Juni bis Mitte September 9–20 Uhr, November bis April 9.30–18 Uhr). Einlass bis 1 Stunde vor Schluss. Nur am 25. Dezember geschlossen. Eintritt 3,50 €, unter 18 und über 65 J. 2 €. Unter 6 J. frei. Karten müssen am Tickethäuschen oben am Ausgang zur Straße gekauft werden.

Parque da Pena

In diesem Wald aus hundertjährigen Kiefern und Eukalyptusbäumen, den König Fernando II. im 19. Jh. als Mischung eines tropischen Waldes und der Wälder aus seiner deutschen Heimat anlegen ließ, liegt das Märchenschloss Palácio da Pena. Im Schatten der hohen Baumkronen kann man herrlich spazieren gehen. Dabei stößt man auf fremde Pflanzen, versteckte Teiche und verspielte Brunnen. Etwa 800 m vom Palácio da Pena entfernt krönt die Cruz Alta den höchsten Punkt der Serra de Sintra auf 529 m über dem Meer. Das „hohe Kreuz" ist auf der Straße, die einst für die Könige angelegt wurde, leicht zu erreichen. Den fabelhaften Rundblick auf Guincho, Cascais, Estoril und Lissabon sollte man sich nicht entgehen lassen.

• *Anfahrt/Öffnungszeiten* ✆ 219207953. Mit Bus 434 ab Bahnhof Sintra (s. S. 398). Schöne Alternative zu Fuß mit Wanderung 1 (s. S. 416). Täglich 9–19 Uhr (Mitte Juni bis Mitte September 9–20 Uhr, November bis April 9.30–18 Uhr). Einlass bis 1 Stunde vor

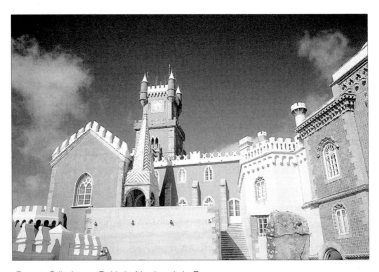

Bunter Stilmix am Palácio Nacional da Pena

Schluss. Nur am 25. Dezember geschlossen. Der Eingang Portão dos Lagos schließt jeweils 15 Min. früher. Eintritt nur in den Park: 3,50 €, unter 18 und über 65 J. 2 €, unter 6 J. frei. Kombinierter Eintritt mit Palácio Nacional da Pena: 6 €, unter 18 und über 65 J. 4 €, unter 6 J. frei. Tickets nicht am Portão dos Lagos erhältlich, sondern nur am Eingang zum Castelo dos Mouros oder am Haupteingang.

Palácio Nacional da Pena

Der märchenhaft verspielte Königspalast hoch über Sintra erinnert mit seiner Mischung verschiedenster Architekturstile auf den ersten Blick an das Schloss Neuschwanstein. Tatsächlich wurde der Palácio da Pena aber bereits 1839 erbaut, knapp 30 Jahre vor seinem bayrischen Gegenstück. Ganz frei von deutschem Einfluss ist er aber dennoch nicht: In Auftrag gab ihn Dom Fernando II., der deutsche Gemahl von Königin Dona Maria II. Architekt war mit Wilhelm Baron von Eschwege ebenfalls ein Deutscher.

Nach seiner Heirat mit Dona Maria II. 1836 fand Fernando schnell an Sintra Gefallen. Während seines ersten Aufstiegs in die Serra kam er an den Ruinen eines manuelinischen Bergklosters aus dem Jahr 1511 vorbei. Das Erdbeben 1755 hatte es so stark beschädigt, dass nur die Kapelle intakt geblieben war. Das brachte den König auf die Idee, hier das Schloss seiner Träume zu errichten. Kapelle und Kreuzgang des alten Klosters ließ Fernando in seinen neuen Palast integrieren. Der alte Kreuzgang und die Kapelle mit ihrem vom Bildhauer Nicolau de Chanterenne äußerst prachtvoll gestalteten Hochaltar aus Marmor und Alabaster sind dort noch heute zu sehen.

Architekt Eschwege bediente sich beim Bau des Palastes klassischer, romanischer, gotischer, manuelinischer, barocker, maurischer und indischer Stilelemente. Das Ergebnis ist ein Horror für jeden Stilpuristen. Sozusagen ein wahrer „Palast der Strafe", so lautet zumindest die wörtliche deutsche Übersetzung von „Palácio da Pena". Liebhaber etwas unkonventioneller Bauweisen werden an dem Schloss dagegen ihre wahre Freude haben. Den Mitgliedern des Königshauses selbst hat es in ihrem Palast offenbar nicht sonderlich gefallen. Sie bewohnten ihn recht selten, da es ihnen hier zu windig und zu neblig war.

Am Palácio da Pena angekommen, passieren die Besucher zuerst zwei mit Korallen, Muscheln und Weinblättern reich verzierte Tore, in einer manuelinisch-maurischen Stilmischung. Die Plattformen um den Palast bieten eine herrliche Sicht auf Lissabon, Sintra und Colares. Im Palast selbst sind die komplett eingerichteten Gemächer der königlichen Familie zu besichtigen, deren Zustand seit der Flucht des Königs aus Portugal 1910 nicht mehr verändert wurde – sogar das Geschirr steht noch.

Auf Grund ihrer Kunstfertigkeit fallen besonders die pseudo-maurischen Deckenornamente im Zimmer der Königin und die perspektivische Bemalung im arabischen Saal auf. Mit feinstem Stuck kann der große Festsaal aufwarten. Eher kurios ist die ausgestellte Sonnenuhr mit einer pünktlich zur Mittagszeit zündenden Kanone. Überraschend auch ein Blick auf die Stammtafel der Dynastie Bragança vor den Treppen zur Küche hinunter: Man beachte die große Anzahl der bei der Geburt gestorbenen Kinder, die mit *N.E.F. = Nascido e Falecido* markiert sind.

* *Anfahrt/Öffnungszeiten* ✆ 219105340. Mit Bus 434 ab Bahnhof Sintra (s. S. 398). Die Serra de Sintra kann man aber auch auf der Route der schönen Wanderung 1 erklimmen (s. S. 416). Täglich außer Mo und Fei 10–17.30 Uhr (Juli bis Mitte September bis 19 Uhr), Einlass bis 1 Stunde vor Schluss. Fotografieren verboten. Kombinierter Eintritt mit Parque da Pena: 6 €, unter 18 J. und über 65 J. 4 €, unter 6 J. frei (Tickets bereits am Eingang in den Park kaufen).

Palácio de Monserrate

Die romantischsten Gartenanlagen der Region Sintras – umgeben vom Grün der Serra de Sintra: wuchernde Farne, blühende Magnolien, plätschernde Wasserfälle. Der erste Vicomte von Monserrate, Sir Francis Cook, ließ hier in der 2. Hälfte des 19. Jh. ein Palais in orientalischem Stil erbauen und es von ausgedehnten Gartenanlagen mit hunderten exotischer Pflanzen aus Japan, China, Australien, Neuseeland, Mexiko, Brasilien und Südafrika umgeben. Dabei halfen ihm der Landschaftsmaler William Stockdale, der Botaniker William Nevil und der Gärtner James Burt. Später stand der seit 1949 dem portugiesischen Staat gehörende Palast über 40 Jahre lang leer, die Gärten verwilderten zusehends, bis beide erst in den 90er Jahren in langwierigen Arbeiten restauriert wurden.

Der Palácio de Monserrate erinnert mit seinem Stuck, Ornamenten und Spitzbögen an indische Paläste. Markant stechen die Rundbauten an den beiden Enden hervor. Innen sind wunderschön verzierte Räume im arabischen Mudejar-Stil sowie ein Brunnen zu sehen.

* *Anfahrt/Öffnungszeiten* Estrada de Monserrate. Keine direkte Busverbindung. Zu Fuß sind es knapp 2 km von Sintra-Altstadt entlang der romantischen Estrada de Mon-

serrate. Park täglich 9–19 Uhr (Mitte Juni bis Mitte September 9–20 Uhr, November bis April 9.30–18 Uhr). Einlass bis 1 Stunde vor Schluss. Eintritt 3,50 €, unter 18 J. und über 65 J. 2 €, unter 6 J. frei. Picknick im Park ist verboten! Der Palast kann nur im Rahmen von täglichen Führungen um 10 und 15 Uhr besichtigt werden. Vorherige Anmeldung unter ✆ 219237300 empfohlen. Kosten für die Führung (inkl. Park-Eintritt): 7 €, über 65 J. und bis 17 J. 5,50 €.

Convento dos Capuchos

Das verträumte, zwischen Felsen versteckte Kloster liegt 7 km von Sintra entfernt inmitten üppiger Wälder. In diesem einzigartigen Waldkloster führten Mönche des Ordens der Alcântariner, der von São Pedro de Alcântara als Abspaltung der Franziskaner gegründet worden war, ein karges, Welt abgeschiedenes Leben. Sie blieben der Idee der Bettelorden treu und lehnten weltlichen Besitz ab. 1560 errichtete Dom Álvaro de Castro das Kloster aufgrund eines Gelübdes seines verstorbenen Vaters Dom João de Castro, dem Vizekönig von Indien. Als Philipp II. von Spanien (damals in Personalunion auch König von Portugal) den Convento dos Capuchos besuchte, machte er die folgende anekdotisch überlieferte Bemerkung: Es gebe in seinem Reich zwei Kostbarkeiten – das reichste Kloster der Christenheit, den Escorial in Spanien, und das ärmste Kloster, den Convento dos Capuchos in Portugal. Bis zur seiner Säkularisierung im Jahre 1834 bewohnten Mönche den Konvent.

Innenhof des Convento dos Capuchos – abgeschiedene Lage inmitten der Serra de Sintra

Bis zu 14 Mönche lebten hier in winzigen, aus dem Fels gehauenen Zellen, die zur Wärmeisolierung mit Korkrinde verkleidet wurden. Im kalten und feuchten Winter „heizten" sie so ihre Zellen mit der eigenen Körperwärme. Die Räume sind so eng, dass sie sich gerade quer ausstrecken konnten, und die Türen so niedrig, dass sie nur auf Knien zu „durchschreiten" sind. Die Platzverhältnisse sollten die Brüder daran erinnern, dass Gott selbst im engsten Raum immer anwesend ist. Im ganzen Kloster stößt man immer wieder auf Kork, z. B. im Speiseraum, wo Decke, Tür und Bänke mit diesem Material überzogen sind. Nur die Kirche am Klostereingang ist etwas prachtvoller geraten, vor allem der Marmoraltar aus Rom fällt etwas aus dem ansonsten so spartanischen Ambiente.

Auch ein Gang in den Garten lohnt sich: Vom hinteren Teil mit seinen interessanten Felsformationen hat man einen schönen Blick auf Colares und die Praia das Maçãs.

• *Anfahrt/Öffnungszeiten* ☎ 219237300. Die nächste Bushaltestelle ist 3 km weiter westlich im Örtchen Pé da Serra zu finden (Bus 403 Sintra–Cascais via Cabo da Roca). Zu Fuß schöne Wandermöglichkeit (s. Wanderung 2 S. 418). Täglich 9–19 Uhr (Mitte Juni bis Mitte September 9–20 Uhr, November bis April 9.30–18 Uhr). Letzter Einlass 1 Stunde vor Schluss. Die Besucher werden etwa alle 15–30 Min. in Gruppen durch den Konvent geführt. Nur am 25. Dezember geschlossen. Eintritt 3,50 €, bis 17 J. und ab 65 J. 2 €, unter 6 J. frei.

Die Leiden eines Mönches

Am weitesten ging der Mönch Honório mit seiner Buße. Er hatte die vage Versuchung einer Frau gespürt, die ihm auf der Straße begegnet war. Daraufhin erlegte er sich selbst die Strafe auf, 30 Jahre in einer winzigen, höhlenähnlichen Grotte zu büßen. Man findet diese im Klostergarten gleich unterhalb des südlichen Hügels, ca. 50 m vom Eingang entfernt.

Capela da Peninha

In 486 m Höhe thront die Capela de Nossa Senhora da Peninha über der Serra de Sintra. An die kleine Kapelle aus dem 17. Jh. hat António de Carvalho Monteiro, besser bekannt als Besitzer der Quinta da Regaleira, 1918 einen romantischen Palast anbauen lassen. Letzten Endes hat er aber doch nie hier oben gewohnt. Schade für ihn, denn der Ausblick ist nur schwer zu schlagen: Von der Terrasse der Kapelle breitet sich ein Panorama der ganzen Küste von Guincho im Süden bis Ericeira im Norden aus. In der Ferne schimmert der wenige Kilometer entfernte Leuchtturm am Cabo da Roca. Durch den hohen Blickwinkel erstreckt sich das Meer unglaublich weit in Richtung Horizont. Dahinter warten nur noch die Azoren und Amerika ...

Anfahrt: Nächster Bushalt etwa 2,5 km entfernt am Abzweig von der Hauptstraße nach Azóia (Bus 403 Sintra–Cascais via Cabo da Roca). Die Kapelle selbst ist nicht zu besichtigen, die Terrasse ist aber frei zugänglich.

Wanderungen in der Serra de Sintra

Ob durch grüne Gebirgslandschaften, entlang mysteriöser Felsklöster, idyllischer Stauseen oder über die hoch aufragende Steilküste des Atlantik nördlich des Cabo da Roca – in der Serra de Sintra ist für zahlreiche Wandergeschmäcker etwas dabei.

Leider sind die Wege meist nicht markiert, mit den unten angegebenen Beschreibungen sollten sie aber gut zu finden sein. Immer erforderlich sind festes Schuhwerk und eine wärmende Regenjacke, auch im Hochsommer, da es in der Serra de Sintra schnell empfindlich kalt werden kann. Leider ist es immer wieder nötig, längere Strecken entlang von Nebenstraßen zu gehen, da

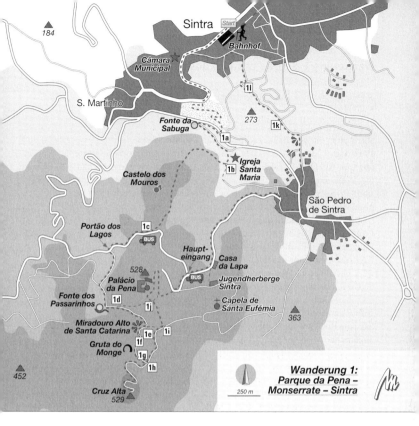

keine öffentlich zugänglichen Waldwege existieren. Die Wanderungen 2 und 3 verlaufen mehrheitlich an geteerten Straßen entlang. Besonders hier sollte man eher unter der Woche die Wanderstiefel schnüren, da am Wochenende die Tagesausflügler aus Lissabon mit ihren Autos einfallen. Die Anfangs- und Endpunkte der Wanderrouten sind alle gut mit dem Bus zu erreichen (Verbindungen s. Sintra S. 398).

> **Die folgenden Wanderungen wurden mittels GPS kartiert.**
> Waypoint-Dateien zum Downloaden unter:
> www.michael-mueller-verlag.de/portugal/lissabon

● *Karten* Aus den Militärkarten der Serie M888 im Maßstab 1:25.000 passen die Blätter 415 (Wanderungen 2, 3, 4, 5), 416 (Wanderungen 1, 2, 3) und 429 (Wanderung 4). Bezugsquelle s. A–Z/Karten S. 84.

● *Mountainbike* Die Wanderungen 2–4 lassen sich gut auf dem Rad zurücklegen (geländegängig sollte es aber schon sein). Die Routen 1 und 5 sind dagegen nicht fahrradtauglich.

Wanderung 1: Sintra – Castelos dos Mouros – Pena – Cruz Alta

Hinauf zu Maurenburg, Pena-Königsschloss und zum Gipfel der Serra de Sintra
Länge: 7 km, Dauer: 3 Std., Schwierigkeit: mittel

Startpunkt ist der Bahnhof Sintra auf 196 m über dem Meer: Hier geht es über die Av. Dr. Miguel Bombarda und die Volta do Duche in Richtung Altstadt (s. Karte S. 398/399). Vorbei am prunkvoll verzierten Rathaus Câmara Municipal erreicht man linker Hand den Haupteingang des Stadtparks Parque da Liberdade, den man nach oben bis zum Nebenausgang (**1a**) durchquert (ist der Park geschlossen, folgt man der Volta do Duche bis zum Museu do Brinquedo und biegt dort links in die Rua Visconde de Monserrate ein). Am Nebenausgang des Parks geht man rechts und an der gleich folgenden Weggabelung links in die Rua Marechal Saldanha bis zum Brunnen Fonte da Sabuga, dessen klares Wasser von den Einheimischen gerne in Flaschen abgefüllt wird. Nach den lokalen Legenden soll das Wasser Heilkräfte besitzen. Am Brunnen geht es links in die Calçada dos Clérigos.

Nach 150 m stehen linker Hand die Igreja de Santa Maria und das frühere Wohnhaus des dänischen Schriftstellers Hans-Christian Andersen. Gegenüber geht es nach rechts die Rampa do Castelo hinauf (**1b**).

Nun folgt ein steiler Aufstieg von 290 m über dem Meer zur Maurenburg Castelo dos Mouros auf 418 m Höhe. Insgesamt sind es vom Bahnhof Sintra bis zur Maurenburg ca. 2,5 km und 45 Min. Wanderung. Auf dem Weg durch den Wald sollte man sich eher nach rechts orientieren, der Weg ist aber auch ausgeschildert. Wer die Burg besichtigen will, muss allerdings erst am Kartenschalter an der Bushaltestelle der Linie 434 Castelo dos Mouros (**1c**) eine Eintrittskarte kaufen. Es empfiehlt sich hier bereits auch die Karte für den Parque da Pena und den Palácio da Pena zu kaufen, da es später auf der Wanderung keine Gelegenheit mehr dazu gibt.

Von der Bushaltestelle geht es nach rechts leicht abschüssig 250 m zum Nebeneingang des Parque da Pena, dem Portão dos Lagos. Dort muss man die zuvor gekaufte Eintrittskarte vorzeigen. In diesem Parkabschnitt hat König Fernando II. im 19. Jh. zahlreiche kleine Teiche anlegen lassen, aus deren Mitte Inseln mit von Moos überzogenen Miniaturburgen ragen. Wenn man der schmalen Teerstraße auf der linken Seite der Seen folgt, stößt man nach 300 m auf den mit herrlichen Azulejos verzierten „Vogelbrunnen" Fonte dos Passarinhos, bei dessen Bau 1853 sich der Architekt von maurischen Stilformen inspirieren ließ.

Geradeaus geht es den gepflasterten Weg weiter nach oben, vorbei an einer Sitzrunde mit einem weiteren Brunnen. Der gepflasterte Weg endet an einem Kiesweg, dem man nach rechts folgt. An der gleich folgenden Gabelung (**1d**) wieder nach rechts. Ca. 200 m weiter stößt man auf einen Teerweg, wenige Meter weiter rechts beginnt an einer Felsgruppe ein Pfad (**1e**), der über eine Steintreppe zum Aussichtspunkt Miradouro Alto de Santa Catarina führt. Hier wartet eine Bank unter einem Felsdach auf Besucher, die während einer Pause nach dem Aufstieg einen fast perfekten Blick auf den Palácio da Pena genießen können. Umgeben wird der Aussichtspunkt von alten pyrenäischen Eichen (*quercus pyrenaica*). So in etwa

Wanderung 2: Parque da Pena – Capuchos – Sintra

muss die ganze Serra de Sintra vor 500 Jahren ausgesehen haben, bevor man anstelle der knorrigen Eichen schneller wachsende Kiefern und Eukalyptusbäume anpflanzte.

Vom Aussichtspunkt folgt man dem Pfad weiter und biegt an den nächsten beiden Gabelungen jeweils nach rechts oben ein. An der dritten Gabelung (**1f**) hält man sich dann links. Nach 70 m öffnet sich inmitten einiger Felsquader eine dunkle Höhle, die Gruta do Monge. Hier meditierten einst die Mönche des ehemaligen Hieronymiten-Klosters, das im 16. und 17. Jh. an der Stelle des heutigen Pena-Palastes stand.

Von der Grotte aus geht es den Pfad weiter nach links oben. Nach 50 m kreuzt der Pfad einen gepflasterten Weg (**1g**), in den man nach links einbiegt. Noch 80 m weiter, dann ist die Teerstraße zur Cruz Alta erreicht (**1h**), der man nach rechts folgt. Die Straße führt zum besten Aussichtspunkt der ganzen Region, der Cruz Alta. Hier ist 529 m über dem Meer der höchste Punkt der Serra de Sintra erreicht.

Zurück geht es durch einen Kiefernwald immer der Teerstraße entlang. Nach etwa 550 m an der Kreuzung (**1i**) geradeaus, an der Gabelung nach 25 m dann halb rechts. Nach 50 m biegt ein gepflasterter Weg links ab (**1j**). Er führt über eine kleine Brücke zum Palácio da Pena nach oben. Nach einem evtl. Besuch des sehenswerten romantischen Palastes verlässt man den Parque da Pena über den Haupteingang ca. 250 m östlich des Palastes. Hier am Haupteingang kann man entweder den Bus 434 zurück zum Bahnhof nehmen oder nach links wieder zum Castelo dos Mouros und dem Hinweg gelangen. Wer eine weitere Wegvariante ausprobieren möchte, folgt der Calçada da Pena nach rechts bis in den schönen Ortsteil São Pedro de Sintra mit seinem jeden 2. und 4. Sonntag im Monat stattfindenden Markt, historischen Villen und Palästen.

Von São Pedro zurück zum Bahnhof Sintra empfiehlt sich folgender Weg:

vom Marktplatz aus Calçada de São Pedro (s. auch Karte S. 398/399), nach etwa 200 m halb rechts in die Rua Dr. Higino de Sousa. An deren Ende liegt ein besonderer Aussichtspunkt: Einer der wenigen Orte in der Stadt, an denen man gleichzeitig einen guten Blick auf das Castelo dos Mouros und den Palácio da Pena genießt. Anschließend nach links in die Rua Rodrigo Pereira, um nach 150 m an der Quinta do Arrabalde in den Fußweg Caminho da Alba Longa einzubiegen (**1k**). An dessen Ende rechts in die Rua Conde de Seisal und gleich links in die Escadinhas da Alba Longa (**1l**). An der folgenden Gabelung links die Stufen hinunter bis zur Rua Augusto Freire und dann nach links in die Rua João de Deus, die zurück zum Startpunkt Bahnhof Sintra führt.

Wanderung 2: Parque da Pena – Capuchos – Sintra (s. Karte S. 417)

Einsames Korkkloster Capuchos und die romantischen Monserrate-Gärten
Länge: 11 km, Dauer: 3,5 Std., Schwierigkeit: einfach

Mit dem Bus 434 vom Bahnhof Sintra oder zu Fuß bis zum Bushalt des Castelo dos Mouros (Wanderung 1). Hier am Startpunkt (**2a**) befindet man sich auf etwa 410 m über dem Meer. Auf der Straße die Mauer des Parque da Pena Richtung Westen umrunden. An der Abzweigung nach 600 m geht es geradeaus und nicht nach rechts Richtung Sintra (**2b**). Anschließend immer weiter der Straße geradeaus Richtung Capuchos-Kloster folgen. An dem Tor nach 2 km nicht nach rechts (**2c**), sondern weitere 2 km geradeaus bis zur Straßenkreuzung in der Nähe des Capuchos-Klosters (**2d**). Hier führen auch Weg 3 und 4 vorbei, sodass sich zahlreiche Weg-Alternativen anbieten.

Die Wanderung 2 biegt nach rechts in die Straße zum Convento dos Capuchos ein und folgt der leicht abschüssigen Straße 400 m bis zum Felsenkloster. Wer will, kann einen Besuch anschließen. Ansonsten wählt man am Eingang zum Klostergelände nach rechts den Weg „Desvio do Caminho da Mata" Richtung Osten. Nach ca. 250 m bietet sich an der ersten Abzweigung (**2e**) ein

**Wanderung 3:
Parque da Pena –
Peninha – Cabo da Roca**

kurzer Abstecher nach links zur Höhe Alto das Três Cruzes auf 344 m über dem Meer an, von der man eine phantastische Sicht auf die Umgebung hat. Dazu biegt man an der Weggabelung nach 100 m **(2f)** in den Weg nach rechts ab. Nach weiteren 100 m **(2g)** verlässt man auch diesen Weg nach rechts und biegt in einen kleineren Waldweg ein, um zum Alto das Três Cruzes zu gelangen. Zurück zum Beginn des Abstechers **(2e)** und dort weiter Richtung Nordosten. Nach etwa 500 m erreicht man ein kleines Haus **(2h)**, ab hier geht es in Forstschneisen den Berghügel hinunter (tendenziell eher etwas links halten). Nach 1,3 km trifft man unten auf einen kleinen Teich an der Estrada de Monserrate. Auf der anderen Straßenseite liegt der Eingang zum Palácio de Monserrate.

Nach dem Besuch der romantischen Monserrate-Gärten, gelangt man über die asphaltierte Straße Estrada de Monserrate wieder zurück in das ca. 2,5 km entfernte Sintra. Auf dem Weg passiert man linker Hand die beachtenswerte Casa do Cipreste aus den Jahren 1907–13, das komplett begrünte Wohnhaus des portugiesischen Architekten Raul Lino. Das Gebäude ist ein gelungenes Beispiel für die Philosophie Linos (1879–1974), Landschaft und Natur in der Architektur aufzugreifen. Kurz vor dem Ortseingang Sintras passiert man anschließend das prächtige Hotel Palácio dos Seteais auf der linken Seite und die verwunschene Anlage der Quinta da Regaleira auf der rechten Seite der Straße.

Wanderung 3: Parque da Pena – Peninha – Cabo da Roca

Quer über die Serra de Sintra bis ans westliche Ende Europas
Länge: 14 km, Dauer: 4,5 Std., Schwierigkeit: einfach

Der Beginn ist bis zur Kreuzung in der Nähe des Convento dos Capuchos identisch mit Weg 2. An der Kreuzung **(2d)** geht man aber nicht nach rechts in die Straßen Richtung Convento dos Capuchos oder Pé da Serra und auch nicht nach links Richtung Malveira da Serra, sondern den Feldweg geradeaus entlang (dem Schild Tolos do Monge folgen). Den wenig schattigen Weg geht es beginnend bei einem Höhenniveau von 340 m nach oben. Schöne Aussicht: Rechter Hand liegt Colares unten im Tal, linker Hand Cascais, Estoril und der Stausee des Ribeiro da Mula. Wer zurückschaut, entdeckt das Castelo dos Mouros am Horizont. Auf dem Weg passiert man auf der linken Seite eine Gedenktafel an einem Felsen. Sie erinnert an 25 Soldaten, die hier bei einem Waldbrand-Einsatz am 7.9.1966 ums Leben kamen. Ab hier spenden Kiefern und Eukalyptus-Bäume etwas Schatten. 1,2 km nach der Straßenkreuzung erreicht man einen so genannten geodätischen Orientierungspunkt auf 490 m

Höhe an der höchsten Stelle dieser Wanderung. Direkt hinter der Betonsäule liegt das neolithische, also jungsteinzeitliche Felsengrab von Monge, das auf 2500 v. Chr. datiert wird. Zeit, eine Pause zu machen und in Ruhe den herrlichen Blick vom Cabo Espichel bis zum Palácio da Pena zu genießen.

Nun geht es 800 m über einen von alten Kiefern gesäumten Waldweg leicht abwärts bis zur geteerten Straße Capuchos–Azóia (3a), der man nach rechts Richtung Peninha folgt. Diese Gegend ist von Waldbränden weitgehend verschont geblieben. 300 m weiter erreicht man ein erstes Straßendreieck, hier geradeaus. Nach weiteren 300 m folgt ein zweites Straßendreieck (3b), an dem es nach links hinauf bis zur Capela da Peninha geht. Oben auf der Plattform in 489 m Höhe belohnt eine herrliche Aussicht erneut die Mühen.

Von der alten Kapelle geht es über den Vorplatz zu einem alten Wirtschaftsgebäude nach unten. Dort dem breiten, steinigen Feldweg folgen, der nach halb links den Hügel hinunter führt (nicht ganz nach links in den kleinen Feldweg). Der Weg umrundet nun in großem Bogen den Peninha-Hügel auf dessen Südflanke. Weit öffnet sich der Blick auf das Cabo da Roca und den Sandstrand von Guincho, der am Horizont zum Greifen nahe liegt. Disteln und Sträucher säumen den Wegesrand und wiegen sich in der kräftigen Atlantikbrise.

An der Abzweigung 600 m nach der Peninha-Kapelle folgt man dem Feldweg geradeaus (3c). Einen halben Kilometer weiter biegt man dann links ab (3d). Dagegen geht es an der nächsten Abzweigung nach 200 m rechts in einen Feldweg, der durch einen Wald aus Kiefern und Eukalyptusbäumen nach unten führt. Die älteren Bäume sind teilweise vollständig von Kletterpflanzen bewachsen. Der Pfad wird nun deutlich schmaler und stößt in einem kleinen Flusstal auf einen breiteren Waldweg, dem man nach links folgt (3f).

Nun geht es immer geradeaus, bis die Straße von Azóia nach Peninha erreicht ist, in die man links einbiegt. Kurze Zeit später stößt man dann auf die Kreuzung mit der Straße Sintra–Cascais. Hier (3g) zuerst links Richtung Cascais und nach 100 m gleich nach rechts in Richtung Azóia/Cabo da Roca abbiegen. Es geht immer geradeaus durch das Dorf hindurch, bis man 2,8 km weiter am „Ende der Welt" oder doch zumindest am westlichsten Punkt Europas, dem Cabo da Roca angekommen ist. Wer noch fit ist, kann hier entlang der Küste dem Weg Nr. 5 folgen. Ansonsten hier und bereits in Azóia Busse nach Sintra und Cascais.

Wanderung 4: Malveira da Serra – Capuchos – Colares

Vom Stausee Ribeira da Mula zum Weinort Colares
Länge: 10 km, Dauer: 3,5 Std., Schwierigkeit: mittel (zwei Anstiege mit insgesamt 350 Höhenmetern Differenz)

Dieser Wanderweg beginnt im Dorf Malveira da Serra auf 150 m über dem Meeresspiegel. Entlang der Straße Richtung Alcabideche und noch im Ort nach links auf die Straße in Richtung des ausgeschilderten Golfplatzes Penha Longa abbiegen. Auf der nicht so stark befahrenen, einigermaßen schattigen Straße geht es nun steil den Berg nach oben. 400 m nach dem höchsten Punkt der Straße auf 290 Höhenmetern geht in einer Rechtskurve ein Waldweg links ab (**4a**, an der Abzweigung steht eine Gruppe hoher Kiefern). Nach etwa 300 m stößt man erneut auf eine Gruppe Kiefern, hier (**4b**) geht es geradeaus einen stark abschüssigen Weg nach unten bis zur Staumauer der Barragem do Ribeiro da Mula auf 150 m über dem Meer. Von hier aus wird Cascais mit frischem Trinkwasser versorgt.

Unterhalb der Staumauer entlang, kommt man zum Parkplatz (**4c**) auf der Ostseite des Stausees. Gegenüber dem Parkplatz beginnt ein Feldweg Richtung Norden, der sich immer entlang des Stausees schlängelt. Am Ende des Sees überquert man dessen Ausläufer Richtung Westen. Wenige Meter nach dem See an der nächsten Abzweigung geradeaus. Der folgende, schattige Weg führt im östlichen Teil des Bachtales des Ribeiro da Mula die Serra de Sintra nach oben. Eukalyptusbäume spenden vor allem im oberen Teil viel Schatten.

Nach etwa 1,5 km stößt man auf einen von Eukalyptusbäumen umstandenen, kleinen Platz (**4d**). Hier die Abzweigung nach links nehmen, um durch eine Öffnung die Mauer der Quinta de Saldanha zu durchqueren. Nach 20 m gelangt man auf einen breiten Waldweg (hier kann man zurück bis Estoril blicken), den es nach rechts hoch bis auf die geteerte Straße geht. Ein paar Meter weiter rechts befindet sich die Straßenkreuzung in der Nähe des Convento dos Capuchos in 340 m Höhe über Meeresniveau (**4e**, Weg 2 und 3 kreuzen hier).

Auf der anderen Seite der Kreuzung führt eine Straße 500 m nach unten bis zum Eingang des Convento dos Capuchos. Am Zaun des Konvents nach rechts den Feldweg „Desvio do Caminho da Mata" entlang bis zur ersten Weggabelung nach 250 m (**4f**), in die man links einbiegt.

Nun bietet sich der auch in Wanderung 2 beschriebene Abstecher zum Aus-

**Wanderung 4:
Malveira da Serra –
Capuchos – Colares**

sichtspunkt Alto das Três Cruzes an. Dazu biegt man an der Weggabelung nach 100 m (**4g**) in den Weg nach rechts ab (ohne Abstecher geradeaus). Nach weiteren 100 m (**4h**) verlässt man auch diesen Weg nach rechts und folgt einem kleineren Waldweg zur Felsgruppe Alto das Três Cruzes nach oben.

Zurück geht es bis zur zweiten Weggabelung (**4g**), an der wir rechts einbiegen. Wenig später geht es einige Zeit am Zaun des Convento entlang, bis der „Caminho da Mata" genannte Weg im Wald nach unten führt. Die ersten beiden Wegkreuzungen geradeaus, an der dritten dann nach links abbiegen. Nach wenigen Metern gelangt man an ein

Flüsschen **(4i)** in einem kleinen Tal. Dieses muss man überqueren und folgt dann dem Weg (rote Pfeile) 1,5 km immer geradeaus, bis man ins Dorf Penedo kommt.

In Penedo biegt man am besten nach rechts in die für Autos als Sackgasse ausgezeichnete Rua da Costa ein. Auf dem steilen Feldweg ins Tal hinunter - genießt man einen exzellenten Blick auf die umliegende Landschaft. Am prachtvollen Landgut Quinta Mazziotti **(4j)** folgt man rechts der Estrada do Vidal, die später in die Rua Cândido dos Reis und Rua da República übergeht und in das historische Ortszentrum des Weinorts Colares mit seiner Kirche und dem Musikpavillon führt. Zur Bushaltestelle geht es die Rua José Inácio da Costa nach unten und dann nach links in die Av. dos Bombeiros Voluntários, wo neben dem Postamt die Linie Colares–Sintra hält. Nun befindet man sich nur noch auf 19 m über dem Meeresspiegel und am Ziel der Wanderung (s. S. 424).

Wanderung 5: Cabo da Roca – Praia Grande – Azenhas do Mar

Entlang den Felsklippen hoch über dem Atlantik
Länge: 12 km, Dauer: 4,5 Std., Schwierigkeit: schwer

Dieser Weg ist nur für Personen geeignet, die etwas Erfahrung im Bergwandern haben und einigermaßen schwindelfrei sind (für Kinder gefährlich)! Es empfiehlt sich unbedingt festes Schuhwerk.

Los geht es am Cabo da Roca, dem westlichsten Punkt Europas. Nach der Besichtigung der beeindruckenden Felsenlandschaft des Kaps geht es zuerst 1,2 km auf der Straße zurück Richtung Azóia, bis links ein Feldweg abzweigt **(5a**, Schild: Ursa). Diesen Weg entlang. Nach 600 m erreicht man zwei kleine Plätze ca. 150 m über dem Meer **(5b)**. Nun geht es bis zur Praia da Ursa hinunter: Der Weg verläuft von den Plätzen aus gesehen rechts. Im letzten Teil des Abstieges zum Strand muss man etwas klettern.

Unten ragen mehrere auffällige Felsen aus dem Wasser. Mit etwas Phantasie kann man die Gestalt einer Bärin erkennen. Der lokalen Legende nach soll sie sich am Ende der Eiszeit geweigert haben, dem Befehl der Götter zu folgen und nach Norden zu ziehen. Zur Strafe seien sie und ihre Jungen in einen Felsen im Meer verwandelt worden.

Anschließend wieder auf dem Weg zurück nach oben klettern, aber nach etwa 100 m das Bachbett der Ribeira da Ursa Richtung Norden überqueren. Dort wo der Bach steil nach unten abfällt, geht dies am einfachsten **(5c)**. Nun muss man den Hügel hinauf; etwas anstrengend, da man wieder bis auf 112 m über dem Meer gelangen muss. Den steil abfallenden Felsklippen folgt man nach Norden. Immer wieder öffnen sich neue Blickwinkel auf die bizarre Felslandschaft um das Cabo da Roca. Im Osten thront der Palácio da Pena über der Serra de Sintra, im Norden ist Ericeira im Dunst am Horizont zu erspähen.

Nach 1 km findet man einen von der Ferne etwas merkwürdig anmutenden Steinkreis. Bei näherer Betrachtung wird man feststellen, dass es sich um ein großes Loch handelt, das bis zum Meeresniveau abfällt **(5d)**. Der Fojo da Adraga ist Teil der Grottensysteme der nahe gelegenen Praia da Adraga.

Anschließend den Hügel hinunter zur Praia da Adraga: Am einfachsten und ungefährlichsten ist es, wenn man sich eher in Richtung Landesinneres orientiert und dann ein Stückchen die Straße Richtung Strand zurückgeht. Es bietet sich nun ein kurzer Abstecher zur einsamen Praia da Adraga mit ihren schönen Felsformationen an. Im Anschluss beginnt kurz hinter der Wendeschleife des Restaurants auf der linken Seite der Straße ein Pfad Richtung Norden **(5e)**.

Ab hier haben die Ranger des Naturparks Sintra-Cascais den Weg weiß-rot ausgeschildert. Auf sandigem Boden geht es einen Feldweg nach oben, diesmal nur noch auf 80 m Höhe (die Klippen werden merklich niedriger). Nach einem Kiefernwald biegt der Weg nach links vom Feldweg ab **(5f)**, um wieder zur Küste zu stoßen **(5g)**. Dabei immer den rot-weißen Markierungen folgen.

Nach etwa 1 km entlang der Steilküste ist über der Praia Grande ein runder Betonblock, eine Orientierungshilfe für die Schifffahrt, erreicht **(5h)**. Etwa 300 m weiter erreicht man an einem Maschendrahtzaun mit Strommasten eine lange Treppe **(5i)**, die durch eine kleine Schlucht zur Praia Grande hinunterführt. Auf dem Weg sind links über der Treppe 120 Mio. Jahre alte Saurier-Fußspuren in den Felswänden zu entdecken.

Wer will, kann bereits ab dem Nordende der Praia Grande einen Bus zurück nach Sintra nehmen. Sonst folgt man der Straße, die an der Praia Grande beginnt, bis man oben an der ersten Kreuzung kurz vor dem Campingplatz in den Feldweg nach links Richtung Praia Pequena abbiegt **(5j)**.

Nach 500 m erreicht man den Aussichtspunkt Vígia de Colares mit schönem Blick auf die gegenüberliegende Praia das Maçãs. Nach dem kurzen Abstieg muss man entweder baren Fußes den Bach Ribeira de Colares überqueren oder flussaufwärts bis zur nächsten Brücke **(5k)** gehen, um den Strand Praia das Maçãs zu erreichen. Auch hier gibt es Busanschluss nach Sintra.

Es lohnt sich aber, der Straße noch weitere 1,7 km bis zum Endpunkt der Tour, Azenhas do Mar, zu folgen: Vom links der Straße gelegenen Aussichtspunkt genießt man den besten Blick auf den kreisförmig in die Felsen gebauten Ort. Auch von hier fahren Busse nach Sintra.

Colares (7.000 Einwohner)

Der Ort ist bekannt für seine guten Weine und hat sich noch viel ländlichen Charme bewahrt. Wie der Name „Hügel" schon andeutet, erstreckt sich Colares über eine sehr hügelige Landschaft. Ein wunderschönen Blick kann man genießen, wenn man die steile, enge Straße in den deutlich höher gelegenen Ortsteil Penedo hinauffährt.

Sehenswert ist die Hauptkirche **Igreja Matriz** im Ortskern. Sie stammt aus dem 15. Jh., wurde aber nach dem Erdbeben 1755 stark verändert. Im Inneren sind vielfarbige Azulejos aus dem 17. und 18. Jh. zu sehen. Im Ortszentrum steht auch noch ein manuelinischer Schandpfahl (*pelourinho*) aus der Zeit, als Colares von Dom Manuel I. der Status einer Kleinstadt (*vila*) zuerkannt wurde.

Ein Erlebnis ist die Fahrt mit der uralten **Straßenbahn**, die in den Sommermonaten zwischen Sintra über Colares zur Praia das Maçãs verkehrt. Als man sie 1904 einweihte, führte die Strecke sogar bis zum Bahnhof von Sintra. 1974 nach der Nelkenrevolution verstaatlichte die Regierung die Tram und legte sie Anfang 1975 still. Es folgten lange Jahre des Verfalls, während denen nur der kleine Abschnitt Banzão–Praia das Maçãs ab 1979 betrieben wurde. Ab 1997 hat die Stadt Sintra in mehreren Etappen die restliche Strecke bis ins Zentrum Sintras renoviert.

Vor dem Atlantikwind schützt man die Weinberge in Colares durch aufgehäufte Mauern aus Natursteinen – diese kleinen Schutzwälle geben der Region ihr charakteristisches Aussehen. Die lokal produzierten Weine kann man in der Kellerei **Adega Regional de Colares** erwerben. Das weiß gestrichene Gebäude erstreckt sich neben der Straßenbahn-Strecke Richtung Praia das Maçãs im Ortsteil Banzão. Zahlreiche Eichenfässer umgeben die 120 m lange Halle der Kellerei, in das größte Fass passen 19.590 Liter. Kühles Ambiente herrscht in der stimmungsvoll mit Laternen beleuchteten Halle – hier werden neben Weinproben auch Kongresse und Gala-Diners veranstaltet. Die Palette der Weine aus Colares reicht vom einfachen Tafelwein *O Saloio* bis zum bekannten Rotwein *Ramisco*. Wer will, kann die Weine kaufen, darf sie aber leider nicht vorher kosten.

Anfahrt/Öffnungszeiten Adega Regional de Colares – Coisas do Vinho, Alameda Coronel Linhares, 32, Banzão, ℡ 219288082. Eingang neben der Straßenbahnhaltestelle Banzão. Mo–Fr 9–12 und 14–18 Uhr. Keine Führung, aber man kann selbst durch die Halle schlendern.

Verbindungen/Diverses

- *Bus* Von *Sintra*: Busse 403, 438 und 441 etwa jede halbe Stunde. Abfahrt am Bahnhof Portela de Sintra. Fahrzeit ca. 20 Min.
Nach *Almoçageme*: Bus 403 Mo–Sa 12-mal, So 10-mal. Fahrzeit 10 Min.
Nach *Azenhas do Mar* (via Praia das Maçãs): Bus 441 Mo–Fr ca. 23-mal, Sa/So 11-mal. Fahrzeit 10 Min.
Nach *Cascais* (via Azóia, Cabo da Roca und Malveira da Serra): Bus 403 Mo–Sa 12-mal, So 10-mal. Davon je 9 Busse direkt bis ans Cabo da Roca, die anderen nur bis Azóia. Fahrzeit 50 Min.
Zur *Praia Grande*: Bus 441 Mo–Fr ca. 8-mal, Sa/So 6-mal (im Sommer deutlich häufiger). Bus 438 fährt zusätzlich 2-mal täglich. Fahrzeit ca. 5 Min.
- *Straßenbahn* Die historische Tram Sintra–Colares–Praia das Maçãs fährt Fr–So jeweils 6-mal täglich. Preis pro Fahrt 2 €, ab 65 J.

1 €, Kinder bis 4 J. frei. Fahrzeit 30 Min. bis Sintra und 15 Min. bis Praia das Maçãs.

• *Post* Rua dos Bombeiros Voluntários, 5. Gegenüber der Feuerwehr an der Hauptstraße.

> **Keine Chance für die Reblaus**
>
> Colares ist zwar ein sehr kleines Weinanbaugebiet, aber dafür umso einzigartiger. Die Winzer müssen hier tiefe Löcher in den sandigen Boden graben, um bis zur Tonschicht unter dem Sand zu gelangen, in die sie dann die Rebstöcke pflanzen können – so tief, dass die Stämme der Reben meist komplett im Boden bleiben und nur die Zweige an die Oberfläche hinausragen. Während der katastrophalen Reblausepidemie in der zweiten Hälfte des 19. Jh. erwies sich diese aufwändige Anbaumethode als außerordentlicher Glücksfall: Die Rebläuse konnten durch den sandigen Boden nicht an die Wurzeln der Pflanzen gelangen. In Westeuropa entkamen so nur die Reben von Colares der Verwüstung durch diesen aus Amerika eingeschleppten Schädling. Daher können die Winzer von Colares auch heute noch direkt die eigenen Reben in den Boden pflanzen, während im restlichen Europa die Reben auf Reblaus resistente, amerikanische Rebstöcke aufgepfropft werden.

*Ü*bernachten

** **Hotel Miramonte**, Av. do Atlântico, 155, Pinhal, Colares. ✆ 219288200, ✉ 219291480, www.viphotels.com. An der Straße nach Praia das Maçãs. Gehört zur VIP-Kette. Die meisten Zimmer befinden sich in den Häusern hinten im ruhigen Garten. Dort auch ein Schwimmbecken. Blick auf die Serra de Sintra. Geräumige Zimmer mit etwas altmodischer Einrichtung. DZ mit Frühstück je nach Saison 50–65 €. Kinder bis 4 J. kostenlos im Zimmer der Eltern.

Cabo da Roca

An den geographischen Koordinaten 38°47 Nord, 9°30 West endet Europa. 140 m über dem Meer liegt der westlichste Punkt des europäischen Kontinents. „Onde a terra acaba e o mar começa" (Wo die Erde endet und das Meer beginnt), beschrieb der Nationaldichter Luís de Camões das Felskap. Die unwirtliche Felslandschaft steht in starkem Kontrast zur grünen Serra.

Abgesehen vom 144 m hohen Leuchtturm aus dem Jahr 1772 und dem Seefunksender gibt es am Cabo da Roca so gut wie nichts außer einem Fremdenverkehrsbüro. Hier kann man sich mit einer kunstvoll gestalteten Urkunde den Besuch am Kap bestätigen lassen (gegen eine kleine Gebühr, versteht sich). Am Himmel sind oft Falken zu erspähen. Überall wuchert die Gelbe Mittagsblume (*carpobrouts edulis*), eine kriechende Pflanze, die aus Südafrika eingeschleppt wurde und sich hier rasant verbreitet hat. Sie lässt nur noch wenig Platz für die heimischen Pflanzen, wie die vom Aussterben bedrohte Sintra-Nelke (*dianthus cintranus*).

Geht man ein Stück Richtung Süden, erblickt man bizarre Felsformationen. Den Abstieg zum Meer sollten aber nur Geübte mit gutem Schuhwerk wagen (Einstieg in den sehr steilen und rutschigen Weg ca. 100 m südlich des Kreuzes).

426　Linha de Sintra

Unten herrscht immer starker Wellengang, und oben auf den Klippen weht auch im Hochsommer oft ein kalter Wind, sodass man besser Pullover und lange Hosen mitnehmen sollte.

In **Azóia**, etwa 2 km vom Cabo da Roca entfernt, findet man mehrere Restaurants, ein Hotel und einige Läden mit Kunsthandwerk. In dieser Touristenfalle ist jedoch alles recht teuer. Nach dem Zweiten Weltkrieg haben sich hier mehrere deutsche Nazis versteckt, bevor sie nach Südamerika flohen. Sie waren in einem Haus oberhalb der Quinta do Rio Touro untergebracht, das sich auch heute noch in deutschem Besitz befindet. Der englische Autor Robert Wilson ließ sich davon zu seinem Krimi *Tod in Lissabon* inspirieren.

Information/Verbindungen

- *Information* Turismo am Cabo da Roca, ✆ 219280081. Täglich außer Fei 9–19 Uhr (Oktober–Mai) bzw. 9–20 Uhr (Juni–September).
- *Verbindungen* Bus 403 von den Bahnhöfen *Cascais*, *Portela de Sintra* und *Sintra* (via Colares): Mo–Sa 12-mal, So 10-mal. Je 9 Busse fahren täglich direkt bis ans Cabo da Roca, die anderen nur bis Azóia. Fahrzeit ca. 40 Min. von Sintra und 30 Min. von Cascais aus.

Übernachten

*** **Hotel Aldeia da Roca**, Azóia, ✆ 21928000-1/-3, ✆ 219280163. Mehrere eingeschossige, rustikal eingerichtete Häuser. Der Bushalt Azóia ist nicht weit entfernt. Schöner Blick auf den Wald der Serra de Sintra. Ruhige Lage. 14 große Zimmer mit TV, Telefon, Minibar, Klimaanlage und geräumigen Badezimmern. Schwimmbad, Tennisplatz, Wäscherei, Restaurant und Bar für die Kunden. Parkplätze direkt vor den Häusern. DZ mit Frühstück je nach Saison 75–95 €. Extra-Bett für Kinder bis 12 J. kostenlos. Bei längeren Aufenthalten teilweise deutliche Ermäßigungen.

Turismo de Habitação: Convento de São Saturnino, Azóia, ✆ 219283192, ✆ 219289685, www.saosat.com. In Azóia nach der Abzweigung der Straße Cascais–Sintra (Bushalt) in den zweiten Feldweg nach links einbiegen. Vorbei an der Bar Moinho Dom Quixote und dann immer den roten Schildern mit einem „S" folgen. Es geht etwa 900 m auf einem nur teilweise geteerten Weg steil in das Tal hinunter. Unten erwartet die Besucher ein völlig abgeschieden gelegenes Gelände mit Orangen- und Zitronenbäumen sowie Gänsen, Hühnern und Katzen. Es handelt sich dabei aber nicht um einen Bauernhof, sondern um ein Luxusanwesen mit Schwimmbad. Die Besitzer haben hier mehrere völlig verfallene Gebäude renoviert. Eine Kapelle macht den Eindruck eines Konvents komplett, auch wenn nicht belegt ist, dass hier wirklich einmal Mönche gelebt haben. Verwinkelte Gänge führen zu den nur 6 Zimmern in den kleinen Gebäuden. Rustikale Einrichtung mit dunklen Möbeln und Fliesenböden, sehr stilvolle Marmorbäder. Den besten Blick hat Zimmer Nr. 5 mit Terrasse. Dazu kommen 3 Appartements in einem weiteren Haus, allerdings ohne Küchen und mit bescheideneren Bädern. Direkten Meerblick vom Bett aus in Appartement C. DZ je nach Saison und Zimmer 130–180 € (inkl. Frühstück). Ab 2 Nächten Ermäßigung, zu Schulferienzeiten 3 Nächte Mindestaufenthalt.

Turismo no Espaço Rural: Quinta do Rio Touro, Caminho do Rio Touro, Azóia, ✆ 219292862, ✆ 219292360, www.quinta-riotouro.com. Nachdem man von der Straße Cascais–Sintra nach Azóia abgebogen ist (hier hält der Bus), nach 70 m links in einen Feldweg einbiegen. Die Quinta folgt nach 200 m auf der rechten Seite in einem kleinen Tal. Das Anwesen besteht aus mehreren gelb gestrichenen Gebäuden, einem

Bizarre Felslandschaft am Cabo da Roca

Berühmt für lange Wellen – die Praia Grande

Innenhof und einem 3 Hektar großen Garten mit 8.000 Bäumen, der biologisch bewirtschaftet wird. Ruhiges, familiäres Ambiente. Massive Steinböden, Azulejos sowie zahlreiche Gemälde zeitgenössischer Künstler wie Júlio Pomar sorgen für eine gediegene Atmosphäre. Der Besitzer Fernando Reino war früher Universitätsprofessor und portugiesischer Botschafter in Norwegen. Zimmer mit Zentralheizung und eigenem Bad, fast alle auch mit Terrasse und Meerblick. Gästebibliothek mit TV, Schwimmbad und eigener Jogging-Pfad. DZ je nach Ausstattung und Saison 120–200 € (inkl. Frühstück).

Café

Bar Moinho Dom Quixote, Azóia, ✆ 219292523. Hinter der Abzweigung der Straße Sintra–Cascais Richtung Azóia (Bushalt) nach 150 m links abbiegen. Täglich 12–2 Uhr. Die Bar liegt neben einer alten Windmühle, daher auch der Name. Wunderschöner Blick nach Guincho und weit auf das Meer hinaus. Zwei gemütliche, düstere Innenräume mit Korbstühlen und Holztischen. Davor ein geräumiger Wintergarten. Bei schönem Wetter setzt man sich am besten auf die mehrstufige Gartenterrasse – zwischen Kakteen, Palmen und Gummibäume. Im Publikum fast ausschließlich Touristen. Bier 2 €.

Praia da Adraga

Nördlich des Cabo da Roca liegt der Felsenstrand Praia da Adraga mit interessanten Grotten. In der Nähe findet man den hübschen Ort Almoçageme.

Die recht isoliert gelegene **Praia da Adraga** ist fast vollständig von hohen Felsklippen eingeschlossen – ein schönes Strandpanorama. In den südlich des Strandes gelegenen Klippen sind bei Ebbe tiefe Felsgrotten zu erkunden. Eine Taschenlampe kann dabei gute Dienste leisten. Am Strand selbst findet sich nur ein kleines, einsam gelegenes Fischrestaurant. Obwohl die Praia da Adraga nur etwa 300 m lang ist, tummeln sich hier im Sommer doch meist nicht so viele Badende wie an den Stränden weiter nördlich.

Verbindungen

Es gibt keine direkten Busse bis zur Praia da Adraga. Von Almoçageme (Haltestelle Largo im Ortskern) führt aber eine relativ wenig befahrene Straße zum Strand hinunter. Die ca. 2 km lange Strecke ist recht hübsch, hat aber nur wenig Schatten.
Von *Sintra* nach Almoçageme (via Colares): Bus 403 Mo–Sa 12-mal, So 10-mal. Abfahrt an beiden Bahnhöfen Portela de Sintra und Sintra. Fahrzeit ca. 25 Min. Bus 438 ab Portela de Sintra 2-mal (über Praia Grande). Außerdem Bus 439 ab Bahnhof Portela de Sintra 9-mal täglich. Fahrzeit ca. 45 Min. (Umweg über Várzea de Sintra).
Von *Cascais* nach Almoçageme (via Cabo da Roca): Bus 403 Mo–Sa 12-mal, So 10-mal. Fahrzeit ca. 45 Min.

Essen & Trinken

Restaurante da Adraga, Praia da Adraga, ℅ 219280028. Täglich geöffnet. Schlichtes Strandrestaurant, das vom schönen Panorama profitiert. Fischernetze zieren die Wände. Empfehlenswert *chocos grelhados* (gegrillter Tintenfisch) und der Wein aus Azenhas do Mar. Hauptgerichte ab 6 €.

Praia Grande

Beinahe endlose und sauber brechende Wellen: Kein Wunder, dass dieser lang gezogene, schmale Strand vor allem bei Wellenreitern zu den besten Tipps gehört. Aber auch „normale" Wasserratten können sich angesichts des ungewöhnlich schwarzen Sandes und der hohen Felsen für den „Großen Strand" begeistern.

Die beste Aussicht auf die waghalsig mit den Wellen gleitenden Surfer bieten die Terrassen der diversen Restaurants, die sich wie eine Perlenkette entlang der Uferpromenade reihen. Am Wochenende drängen sich hier die Autos in der glühend heißen Sonne auf der Suche nach dem letzten Parkplatz. Surf- und Bodyboardbretter stapeln sich auf dem Bürgersteig. Unter der Woche geht es dagegen etwas ruhiger zu. An manchen Tagen verlieren sich die Badegäste geradezu an dem langen Sandstrand.

Am Ende des Strandes führt eine Treppe die fast senkrechte Kalksteinklippe nach oben. In den Felsen kann man Dinosaurier-Fußspuren erkennen, die vor etwa 120 Millionen Jahren entstanden sind. Damals war die Serra de Sintra noch eine flache Küstenebene mit zahlreichen Lagunen.

Blick auf die Praia das Maçãs

Einige der Fußstapfen, die mächtige Saurier in den feinen Schlamm einprägten, sind durch die Ablagerung anderer Sedimente erhalten geblieben und später in Felsen verwandelt worden. Als Magmaströme die Serra de Sintra dann vor 80 Millionen Jahren zu einem Gebirge auftürmten, legte dies die Spuren schließlich wieder frei.

Über einen holprigen Feldweg erreicht man die nördlich gelegene **Praia Pequena** (an der Kreuzung vor der Praia Grande nach rechts abbiegen). Über dem „Kleinen Strand" sind die Küstenfelsen ins Rutschen gekommen. Wegen des drohenden Felsschlags ist der Strand so gefährlich, dass man hier besser nicht badet.

Verbindungen

Von *Sintra/Bahnhof Portela de Sintra* (via Colares): Bus 441 Mo–Fr ca. 8-mal, Sa/So 6-mal (im Sommer deutlich häufiger). Bus 438 fährt zusätzlich 2-mal täglich. Fahrzeit ca. 25 Min. Weitere Busse fahren ab der ca. 1,5 km vom Strand entfernten Abzweigung an der Straße Colares–Praia das Maças.
Nach *Azenhas do Mar* (via Praia das Maças): Bus 441 Mo–Fr ca. 8-mal, Sa/So 6-mal (im Sommer häufiger). Fahrzeit 10 Min.

Übernachten

*** Hotel Arribas, Av. Alfredo Coelho, ✆ 219292145, ✆ 219292420, www.hotelarribas.com. Direkt über dem Meer am Zugang zur Praia Grande gelegen. 37 Zimmer und 21 Suiten (für bis zu 6 Pers.). Alle klimatisiert, mit Minibar, Tresor, Telefon, Satelliten-TV und sehr gutem Meerblick. Bäder mit Fön. Moderne und geräumige Inneneinrichtung. Die Zimmernummern sind in Azulejos ausgeführt. Ein Saal für bis zu 400 Pers. Das Hotel besitzt eines der größten Salzwasserschwimmbecken Portugals. DZ mit Frühstück je nach Saison 63–115 €.

Essen & Trinken

Nortada, Praia Grande, ✆ 219291516. Ca. 200 m vor dem Strand von Praia Grande über dem Meer gelegen. Ein Bushalt vor dem Strand. Täglich 11–24 Uhr (im Winter Mi Ruhetag). Mit Terrasse und gutem Meerblick. Hin und wieder bläst hier oben über dem Meer der kräftige Nordwind (*nortada*), den die Segler so sehr schätzen. Innen geräumiger Speisesaal. Spezialität *açorda de gambas* (Brotbrei mit Garnelen). Auch sonst viele Fische und Meerestiere im Angebot, die oft nach Kilo berechnet werden. Empfehlenswert der *arroz de tamboril* (Reiseintopf mit Seeteufel). Hauptgerichte ab 10 €.

Praia das Maçãs

Der nicht sehr große „Strand der Äpfel" ist die nächstgelegene Badebucht von Sintra und in den Sommermonaten dementsprechend gut besucht. Im Herbst, wenn der Trubel vorbei ist, taucht die Herbstsonne die Felsen und den Sandstrand in ein romantisches Licht.

Der Ort selbst besteht aus einer Ansammlung einfacher Ein- und Mehrfamilienhäuser, die teilweise direkt über die Klippen gebaut sind. Neben den Strandurlaubern und Tagesausflüglern haben sich hier auch einige Menschen dauerhaft niedergelassen, die nach Lissabon zum Arbeiten pendeln.

Surfer sollten übrigens besser gleich zur benachbarten Praia Grande weiterfahren, da an der Praia das Maçãs gefährliche Felsen im Wasser versteckt sind.

„Schwalbennest" in der Felsküste: Azenhas do Mar

Verbindungen

- **Bus** Von *Sintra* (via Colares): Bus 441 ab Bahnhof Portela de Sintra Mo–Fr ca. 23-mal, Sa/So 11-mal. Fahrzeit 30 Min.
Nach *Azenhas do Mar*: Bus 441 Mo–Fr ca. 23-mal, Sa/So 11-mal. Fahrzeit 4 Min.
Zur *Praia Grande*: Bus 441 Mo–Fr 8-mal, Sa/So 6-mal (im Sommer deutlich häufiger). Fahrzeit 5 Min.
- **Straßenbahn** Zur Praia das Maçãs geht es ab Sintra auch mit einer uralten Straßenbahn. Fr–So jeweils 6-mal täglich. Preis pro Fahrt 2 €, ab 65 J. 1 €, Kinder bis 4 J. frei. Fahrzeit 45 Min.

Übernachten

3.ª **Pensão Residencial Real**, Rua Fernão de Magalhães, ✆ 219292002. Etwas versteckt und parallel zur Hauptstraße gelegen. Die Pension liegt direkt über dem Meer und bietet von der Terrasse und vom schönen Aufenthaltsraum einen fabelhaften Blick auf die See. Schon seit 1889 existiert diese Pension. Der langen Tradition entsprechend gibt es sehr viele Dauergäste. Freundlich eingerichtete Zimmer mit Korkfußboden. DZ je nach Saison, Größe des Zimmers und Blick 35–60 € (ohne Frühstück).

Azenhas do Mar

Knapp zwei Kilometer nördlich der Praia das Maçãs liegt das wie ein Schwalbennest in die Klippen gebaute Dorf Azenhas do Mar. Die kleinen, weißen Häuschen über dem Meer bieten einen einzigartigen Anblick. In der Umgebung findet man zwischen Sandsteinklippen immer wieder versteckte Sandstrände.

Den besten Blick auf das malerische Dorf hoch über dem Meer hat man von der gegenüberliegenden Aussichtsplattform, die an der Straße nach Praia das

Praia da Adraga: außerhalb der Hauptsaison meist einsam

Maçãs liegt. Ein Abstieg durch die engen Gässchen mit den kleinen Häusern und den steilen Treppen ist ebenfalls sehr lohnend. Unten am Strand angekommen, findet man ein Naturschwimmbad, das sich bei Flut selbst auffüllt. Der eigentliche Strand verschwindet aber bei Flut und ist Steinschlag gefährdet.

Über das 2 km nördlich von Azenhas do Mar gelegene Dorf Fontanelas kann man die **Praia da Aguda** erreichen, die nochmals 1 km von Fontanelas entfernt ist. Vom 70 m über dem Meer gelegenen Parkplatz führt eine Holztreppe nach unten an den schmalen Sandstrand.

Verbindungen

• *Bus* Von *Sintra/Bahnhof Portela de Sintra*: Bus 441 (via Colares, Praia das Maçãs und teilweise Praia Grande) Mo–Fr ca. 23-mal, Sa/So 11-mal. Fahrzeit 30 Min. Bus 440 (via Janas) Mo–Fr 7-mal, Sa 4-mal, So 3-mal täglich.
Nach *Fontanelas*: Bus 441 ca. 8-mal täglich. Fahrzeit 5 Min.

Übernachten

• *Privatzimmer* **Casal de Santa Virgínia**, Av. Luís Augusto Colares, 19, ✆/✉ 219283198, www.casalstvirginia.com. Schöne alte Villa am Ortseingang von Azenhas do Mar, direkt über den Klippen. Im Besitz des Engländers Edwin Crowe, der auch etwas Deutsch spricht. Frühstücksraum mit herrlichem Meerblick. Mittelgroßer Garten mit Schwimmbad. Zimmer mit Fliesenböden, eigenen Bädern und teilweise auch Terrassen, manchmal mit Meerblick. Am kleinsten sind die beiden Zimmer im obersten Stock mit Dachschräge, eines davon hat eine Dachgaube mit Meerblick. DZ je nach Blick 95–105 € (inkl. Frühstück).

Essen & Trinken

Terraço da Azenha, Azenhas do Mar, ✆ 219280739. Bar oberhalb des Strands von Azenhas – man muss um das Schwimmbecken herum, um zum Eingang zu gelangen. Im Sommer täglich 10–24 Uhr, im Winter nur Sa/So 10–20 Uhr. Mehrere Tische und Stühle im Freien mit Blick auf den Strand. Im Rücken die Häuser von Azenhas do Mar. Bier 1,70 €. Zur Bar gehört das gehobene Restaurant Azenhas do Mar, es ist etwas weiter unterhalb gelegen.

Magoito

Dieser Sandstrand ist von hohen Klippen umgeben, auch im Wasser finden sich einige Felsen. Über dem Strand thront ein Beobachtungsposten der Zollbehörde Guarda Fiscal.

2 km vom Strand entfernt liegt der Ort Magoito, ein kleines Dorf ohne besondere Sehenswürdigkeiten. Den folgenden Strand in Richtung Norden, die **Praia da Samarra**, erreicht man nach 3 km über die Straße von Magoito via Tojeira. Der Strand erstreckt sich in einem langen, engen Flusstal, das meist gut vor Wellen geschützt ist. Die nächsten Dörfer sind ein gutes Stück entfernt, die Straßen eher staubige Feldwege mit Schlaglöchern, und so wird man hier das Gefühl nicht los, irgendwo im Niemandsland gelandet zu sein.

• *Verbindungen* Von *Sintra* nach *Magoito*: Bus 444 ab Bahnhof Portela de Sintra Mo–Fr 20-mal, Sa/So 13-mal. Die meisten Busse fahren nur bis Magoito-Ort, im Sommer fährt etwa jeder zweite Bus bis Magoito-Strand (im Winter nur 3 pro Tag). Dauer 30 Min.

Zur *Praia da Samarra*. Bus 443 ab Portela de Sintra bis ins Örtchen Catribana. Von da sind es über einen Fußweg nur 1,5 km bis zum Strand. Mo–Fr 16-mal, Sa/So 11-mal. Fahrzeit 40 Min.

Geheimnisvolle Rundkapelle von Janas

Wer von Azenhas do Mar über das Dorf Janas nach Sintra fährt, kann dort die sehenswerte Rundkapelle Capela de São Mamede aus dem 16. Jh. besichtigen. Die Kapelle in der seltenen Rundform strahlt eine merkwürdige Stimmung aus und soll früher Platz heidnischer Kulte gewesen sein. Später wurde sie Ziel der Wallfahrt *Romaria de São Mamede*, die jährlich am 17./18. August abgehalten wird. Dabei wurde früher alles Vieh, das im vergangenen Jahr krank gewesen war, dreimal gegen den Uhrzeigersinn um die Kapelle getrieben. Während sich die Stiere dabei angeblich stets friedlich verhalten haben sollen, nutzte die Jugend aus den nahe gelegenen Dörfern die Feierlichkeiten, um mit üblen Keilereien alte Rechnungen zu begleichen. Diese Praxis konnte erst 1930 durch das entschlossene Einschreiten der Nationalmiliz GNR beendet werden, die der lokale Pfarrer zu Hilfe gerufen hatte. Heute geht es bei der Wallfahrt friedlich zu, und auch das Vieh kann sich ausruhen, da es nur noch kollektiv gesegnet wird und nicht mehr um die Kapelle hetzen muss.

Einsame Strände im Norden Lissabons – Foz do Lizandro bei Ericeira

Nördlich von Lissabon

Der Norden Lissabons hat sich noch den Charme der Estremadura bewahrt. Man stößt auf hübsche Dörfer, malerische Windmühlen und Reste der gegen Napoleon erbauten Forts der Linhas de Torres Vedras. Die größte Sehenswürdigkeit ist der Klosterpalast von Mafra. Doch auch die Strände um das malerische Fischerdorf Ericeira sollte man sich nicht entgehen lassen.

Landschaftlich wird die Region im Norden Lissabons von Hügeln dominiert. Lediglich im östlichen Bereich herrscht die flache Ebene des Tejotals vor. Der Norden Lissabons ist die traditionelle Kornkammer der Hauptstadt, und noch heute versorgen die Bauern der Region, die so genannten *Saloios*, die Metropole mit Lebensmitteln. Besonders gut schmeckt ihr „Brot der Fleischwerdung" (*Pão da Encarnação de Mafra*). Es wird aus Weizen- und Roggenmehl hergestellt, ist lang haltbar und wird inzwischen sogar schon in manchen New Yorker Bäckereien verkauft. Nahe der Stadtgrenze zu Lissabon haben sich aber auch hier die scheinbar unvermeidlichen Schlafstädte wie Odivelas, Loures oder Sacavém ausgebreitet.

• *Anfahrt* Neben der Zuglinie nach Vila Franca fahren in den Norden vor allem Busse ab dem Terminal Campo Grande. Dazu erschließen die Autobahnen A 1 nach Porto und A 8 nach Torres Vedras die Region. An die A 8 ist Mafra ab Malveira durch die A 21 Mafratlântico angebunden. Leider soll diese Autobahn bis Ericeira verlängert werden, was dort nicht nur ein schönes Tal zerstören, sondern auch den Baudruck erhöhen wird.

Mafra

(10.700 Einwohner)

Das kleine Städtchen wird völlig vom weithin sichtbaren, gigantischen Nationalpalast dominiert. Schon allein wegen seiner unglaublichen Größe sollte der Klosterpalast in keinem Besuchsprogramm der Umgebung Lissabons fehlen. Das monumentale Gebäude gilt als bedeutendstes Bauwerk des portugiesischen Barock.

*I*nformation/*V*erbindungen/*D*iverses

- *Information* Turismo im Nationalpalast, rechts vom Eingang zur Basilika. ✆ 261817170, ✆ 261817179. Mo–Fr 9–18 Uhr, Sa/So und Fei 9.30–13 und 14.30–18 Uhr.
- *Bus* Es fahren Busse der Gesellschaft Mafrense. Abfahrt in alle Richtungen an der Praça da República gegenüber dem Nationalpalast.
Von *Lissabon* (via Malveira): Mo–Fr mindestens stündlich, Sa/So alle 1–2 Std. ab der Metrostation Campo Grande. Fahrzeit ca. 50 Min.
Von *Sintra*: ab Bahnhof Portela de Sintra Mo–Fr 10-mal, Sa/So 6-mal. Fahrzeit 45 Min.
Nach *Ericeira* (via Sobreiro): Mo–Fr mindestens stündlich, Sa/So alle 1–2 Std. Fahrzeit 28 Min. Mo–Fr 4 weitere Busse, die über Senhora do Ó, Carvoeira und Foz do Lizandro und somit nicht über Sobreiro fahren.
Nach *Gradil* (über Tapada de Mafra): Mo–Fr nur ein Bus am Mittag (nur an Schultagen) und am Abend. Sa/So keine Busse.
Nach *Torres Vedras*: Mo–Fr 7-mal, Sa 5-mal, So 3-mal. Fahrzeit 60 Min.
- *Bahn* Der Bahnhof Mafra an der Strecke Lisboa/Rossio–Figueira da Foz liegt ca. 9 km außerhalb des Ortes (keine Busverbindung!) Besser in Malveira aussteigen, da dort die Busse aus Lissabon vorbeifahren.
- *Post* Av. 25 de Abril, 3.
- *Polizei* GNR-Posten in der Rua do Seminário, ✆ 261815124. An einer Stichstraße von der Rua Serpa Pinto.

*Ü*bernachten

** Hotel Castelão (5), Av. 25 de Abril, ✆ 261816050, ✆ 261816059, www.hotelcastelao.com. An der Hauptstraße am Ortsausgang nach Ericeira gelegen. Altmodisch eingerichtete, etwas laute Zimmer mit eigenem Bad, Heizung, Mini-Bar, Sat-TV und Telefon. Zum Hotel gehören mehrere Restaurants in der nächsten Umgebung. DZ mit Frühstück je nach Saison 57–85 €.

Turismo de Habitação: Quinta de Sant'Ana (3), Gradil, ✆ 261961224, ✆ 261962486, www.quintadesantana.com. Im Dorf Gradil zwischen Mafra und Torres Vedras gelegen (nur sehr sporadisch Busse). Das noble

Übernachten
1 Casal da Paz
2 Parque de Campismo do Sobreiro
3 Quinta de Sant'Ana
5 Hotel Castelão
7 Jacinta Marques
8 Margarida Nunes

Essen & Trinken
4 O Pão Quente
6 Os Três Irmãos
9 Café da Vila

Landgut baute König Fernando II. 1850 für seine Liebhaberin, eine Opernsängerin. Heute gehört es dem Fürst von Fürstenberg (Hauptsitz dieses Adelshauses ist in Donaueschingen/Deutschland) und wird von seiner Tochter Ann und ihrem Mann James Frost geleitet. Zur Quinta gehören ein Schwimmbad und 45 ha Land, auf dem Wein angebaut wird. Auf dem Gelände befinden sich 4 Appartementhäuser, darunter eine ehemalige Weinbrennerei und ein ehemaliger Pferdestall sowie ein Neubau in traditionellem Stil. Platz ist jeweils für 4 bis 8 Pers. Pro Woche kostet das kleinste Haus je nach Saison 630–800 € (ohne Frühstück).

Turismo no Espaço Rural: Casal da Paz (1), Rua Coronel Calado, 2-A, Paz, ✆ 212043792, ℻ 261812899. Im kleinen Dorf Paz, nur 1 km vom Klosterpalast Mafra in Richtung Ericeira. Das hübsche, gelbe Gebäude stammt ursprünglich aus dem 16. Jh., wurde aber stark umgebaut. 6 geräumige Zimmer mit Parkettboden, dunklen Möbeln und eigenem Bad mit Badewanne. Ein Zimmer ist für Rollstuhlfahrer geeignet. Einfacher Frühstücksraum, Fernsehzimmer sowie eine Spielecke für Kinder. Kapelle aus dem 17. Jh. Sonnenterrasse mit Blick auf das entfernte Meer und die Basilika. Großer Garten an der Grenze zur Tapada de Mafra. Parkplatz. Geleitet von der Deutschen Hildegard-Maria Mundel-Calado. DZ mit Frühstück 65 €.

• *Privatzimmer* **Jacinta Marques (7)**, Rua Aquilino Ribeiro, 2, ✆ 261815085, ℻ 261814085 (Fax der Tochter). Hinter dem Hotel Castelão in einer ruhigen Nebenstraße. 3 schön eingerichtete, geräumige Zimmer und ein Appartement mit 3 Zimmern und Küche. DZ 25–30 €, Appartement 30–40 €. Vorher anmelden. Bei längerem Aufenthalt sind auch günstigere Preise möglich.

Margarida Nunes (8), Rua Tomás da Fonseca, 8, ✆ 261814183 und 965873952 (mobil). Neben dem Haus von Jacinta Marques. Im Obergeschoss drei DZ, alle hell und geräumig sowie mit eigenem Bad. Eine Gemeinschaftsküche mit Kühlschrank kann benutzt werden. Die Besitzer lebten lange Zeit in Heinsberg und sprechen gut Deutsch. DZ ohne Bad 25 €, mit Bad 30 €.

• *Camping* **** Parque de Campismo do Sobreiro (2)**, Cabeço do Pinheiro, Sobreiro, ✆ 261815525, ℻ 261813333. Clubcampingplatz zwischen Mafra und Ericeira im Dorf Sobreiro kurz vor dem Kunsthandwerkerdorf mit der Windmühle (die Busse Mafra-Ericeira halten hier). Ganzjährig geöffnet. Kleiner, schattiger Platz mit Blick auf das Kloster in Mafra. Einfache sanitäre Anlagen. Für Zelte findet sich auch im Sommer immer ein Plätzchen. Erwachsene 3,45 €, Zelt 2,55 €, Pkw 2,60 €. Günstiger mit nationaler oder internationaler Campingkarte.

Essen & Trinken (s. Karte S. 435)

Os Três Irmãos (6), Av. 25 de Abril, ✆ 261812909. Einfaches Restaurant neben dem Hotel Castelão, zum dem es auch gehört. Täglich geöffnet. Niedrige und mit dunklem Holz dekorierte Speiseräume. Fernseher in der Ecke. Gegessen wird auf Holzbänken. Reichliche Portionen, von denen bei mäßigem Appetit auch zwei Personen satt werden. Auch Hähnchen vom Grill zum Mitnehmen. Hauptgerichte ab 7 €.

O Pão Quente (4), Av. 25 de Abril, ✆ 261812231. Gegenüber dem Hotel Castelão, mit dem es auch den Eigentümer gemein hat. Täglich geöffnet. Schlichte Inneneinrichtung mit einem großen Azulejobild. Pizzen ab 5 €. Am Eingang eine Bäckerei, oben Cafébetrieb mit günstigen Preisen.

• *Café* **Café da Vila (9)**, Largo Terreiro Dom João V, 2. Neben dem Soldatendenkmal an der Südostecke des Nationalpalastes. Di–So 7.30–2 Uhr, Mo geschlossen. Verglaster Vorbau mit Korbstühlen, von denen man das Treiben auf dem Platz gut beobachten kann. Im Sommer auch Stühle im Freien. Leckere Kuchen. Aus den Lautsprechern tönt Elektro-Sound. Beliebter Treffpunkt der lokalen Bevölkerung.

Palácio Nacional de Mafra

Betrübt über seine Zeugungsunfähigkeit, legte König João V. auf Vorschlag eines Mönches das Gelübde ab, ein Kloster zu errichten, falls ihm doch noch ein Nachfolger „gelänge". Nach drei Jahren Ehe klappte es endlich. Am 26. November 1711 hielt der König sein Gelübde und gab den Befehl, in Mafra einen dem hl. Antonius geweihten Konvent zu errichten. Dadurch wurde aus dem kleinen Städtchen Mafra ein fast unscheinbares Anhängsel des alles dominierenden, riesigen Konvents. Der Klosterpalast ist sogar größer geraten als der Escorial in Spanien – beim ewigen Zweikampf Portugal–Spanien ein nicht unerhebliches Detail.

Der König beauftragte einen Architekten aus Regensburg, Johann Friedrich Ludwig (er nannte sich später Ludovice), mit der Leitung des Baus. Ludwig ließ sich dabei vom Barock Italiens inspirieren, wo er auch seine Ausbildung erhalten hatte. Einige deutsche Einflüsse sind dennoch in den Palast eingegangen. Um die Basilika als zentrales Element gruppierte er weite Flügel, Innenhöfe und zwei ausladende Türme zum Abschluss der beeindruckenden Fassade. Zum Bau des Palastes benötigte man bis zu 50.000 Arbeiter. Die mörderischen Arbeitsbedingungen, die fast 2.000 Menschen das Leben kosteten, hat José Saramago in seinem Roman *Memorial do Convento* eindrucksvoll beschrieben (dt. *Das Memorial*). Pünktlich zum 41. Geburtstag des Königs am 22. Oktober 1730 weihte man schließlich in einer prächtigen Zeremonie die Basilika ein.

Dominiert Mafra mit seiner gigantischen Fassade: Palácio Nacional de Mafra

In ihrer Maßlosigkeit hatte sich die portugiesische Krone aber finanziell völlig übernommen und musste fast den Staatsbankrott erklären, obwohl der Bau größtenteils mit Waren aus der Kolonie Brasilien finanziert wurde. So konnten einige der ursprünglich noch geplanten zusätzlichen Mammutprojekte nicht mehr realisiert werden. Der König hätte damals noch gerne vom Vorplatz des Klosters eine breite Avenida zum Meer anlegen lassen ... Die hätte der letzte König Portugals, Dom Manuel II., gut gebrauchen können. Er weilte gerade im Palast von Mafra, als am 5. Oktober 1910 in Lissabon die Republik ausgerufen wurde. Von Mafra flüchtete er sofort nach Eintreffen der Nachricht nach Ericeira, um von dort mit seiner Familie über Gibraltar nach England ins Exil zu gehen. Erst als Leichnam kehrte er wieder nach Portugal zurück und liegt heute im Kloster São Vicente de Fora in Lissabon begraben.

Wegen seiner enormen Ausmaße – die Grundfläche beträgt 40.000 m² – wirkt der Klosterpalast unpersönlich kalt. Besucher stehen erst einmal klein und verloren davor. Das Gebäude verfügt allein über 4.500 Türen und Fenster. Zwischen den Gemächern des Königs im linken Flügel und den Räumen der Königin im rechten Teil des Palastes liegen sage und schreibe 250 m Entfernung. Offenbar fühlte sich das Ehepaar körperlich nicht so sehr angezogen, was durchaus auch einer der Gründe für das Nachwuchsproblem gewesen sein könnte.

Während der etwa einstündigen Führung wird lediglich ein Viertel des ganzen Palastes besichtigt, da er z. T. noch anderweitig genutzt wird. Im Klosterflügel hat sich das Militär breit gemacht, sodass vom ehemaligen Franziskaner-Konvent kaum etwas zu sehen ist. Früher waren noch das Rathaus von Mafra, das Kreisgericht, ein Postamt, eine Polizeistation, eine Sparkassenfiliale und sogar ein Kino im Palast untergebracht. Einer der Höhepunkte der Führungen ist die **Palastbibliothek**. Sie zählt zu den schönsten Bibliotheken Europas und ist mit ihren 88 m länger als die Palast-Basilika. Unter den 40.000 Bänden der kreuzförmig angelegten Bibliothek befinden sich diverse Prunkstücke wie eine Erstausgabe der *Lusiaden* von Camões (Studien sind mit Genehmigung Mo–Fr möglich).

Genau in der Mitte des Palastes liegt die **Basilika** aus rosa und weißem Marmor mit barocken und neoklassizistischen Elementen. In und vor der Basilika beeindrucken riesige Heiligenstandbilder, geschaffen von portugiesischen und italienischen Künstlern. Sie hatten ihr Handwerk in der von 1753–70 im Konvent untergebrachten Bildhauerschule erlernt. Diese wurde vom Italiener Alessandro Giusti geleitet. Unter dessen Schülern befand sich auch Machado de Castro, einer der bedeutendsten portugiesischen Bildhauer. Beeindruckend sind neben den Statuen auch die sechs großen Orgeln. Sie erklingen nach ihrer Restauration durch das Denkmalamt IPPAR nun wieder häufiger anlässlich von Orgelkonzerten.

Jeden Sonntag kann man ab 16 Uhr einem Konzert der 114 Glocken des **Palastglockenspiels** lauschen. Das Glockenspiel ertönte zum ersten Mal bei der Weihung des Palastes und zählt zu den komplexesten der Welt – zusammen wiegen die aus Antwerpen und Lüttich stammenden Bronzeglocken 217 Tonnen!

• *Öffnungszeiten* **Palast**: ✆ 261817550. 10–17.30 Uhr (letzter Einlass 16.30 Uhr), Di und Fei geschlossen. Eintritt 4 €, mit Cartão Jovem 60 %, bis 25 J. und Rentner 50 % Ermäßigung, bis 14 J. frei, So bis 14 Uhr generell gratis. Die Besucher werden in Gruppen durch den Palast geführt. Der Eingang befindet sich links vom Eingang zur Basilika. **Basilika**: Täglich 10–13 und 14–17 Uhr. Eintritt frei.

Jardim do Cerco: Links vom Palast bietet sich ein barocker Garten für eine Picknickpause nach dem anstrengenden Besuch im Konvent an. Im vorderen, sehr gepflegten Teil ist ein kleiner botanischer Garten angelegt. Der hintere Teil macht dagegen einen eher verwunschenen, naturbelassenen Eindruck. Dort kann man über eine Reihe von mit Steinstatuen geschmückten Wegkreuzungen spazieren, an denen sich jeweils sechs Wege vereinen.

Öffnungszeiten ✆ 261813399. Täglich 9–17 Uhr (im Sommer bis 19 Uhr). Eintritt frei.

Italienisch inspirierte Statuen an der Basilika

Tapada Nacional de Mafra: Hinter dem Palast erstreckt sich kilometerweit der von einer langen Mauer umgebene Wildpark Tapada Nacional de Mafra. König João V. ließ ihn im Jahr 1747 anlegen, um dort zu jagen. Heute gehen in den 819 Hektar Wald der Tapada de Mafra aber nur noch die Touristen auf die Pirsch. Wem das zu blutrünstig ist, der kann sich aber auch auf eine reine Wanderung im Gelände beschränken, in dem Füchse, Hirsche und Wildschweine leben. Bei den Waldbränden des Jahres 2003 ist der Wildpark leider zu großen Teilen abgebrannt und musste damals für mehrere Monate geschlossen werden. Es wird noch einige Jahre dauern, bis sich die Natur vollkommen davon erholt hat.

• *Anfahrt/Öffnungszeiten* ℅ 261817050, www.tapadademafra.pt. Der Eingang befindet sich im Dorf Codeçal, ca. 4 km nordöstlich von Mafra. Erreichbar zu Fuß oder per Auto (leider nur sehr sporadische öffentliche Verkehrsmittel). Wanderungen täglich möglich mit Beginn um 9.30 und 14 Uhr. Es stehen drei Rundwege zwischen 4 und 7,5 km offen. Dauer 2–3,5 Std. Eintritt 4,50–6 €. Wer will, kann täglich um 9.30 und 14 Uhr auch eine Fahrradtour starten (Preis mit eigenem Rad 10 €, mit Leihrad 20 €). Von Februar bis November fährt am Wochenende um 10.45 und 15 Uhr auch ein „Touristenzug" für 10 € pro Person durch den Park (Rentner 8 €, bis 10 J. 6 €, bis 3 J. frei). An Jagdtagen kann die Tapada für den Besucherverkehr gesperrt sein. Wer will, kann auf dem Gelände auch übernachten: die Parkverwaltung vermietet Unterkünfte.

Aldeia Típica de José Franco

Dieses sehenswerte Kunsthandwerksdorf kann auf halbem Weg zwischen Mafra und Ericeira im Ort Sobreiro besichtigt werden. Auf die Besucher wartet ein liebevoll gestaltetes Mini-Portugal mit Windmühle, Burg, Tanzplatz, Brunnen und Schule. Besonders für Kinder, die überall herumklettern und -tollen können, ist das ein großer Spaß. Wer will, kann es den Portugiesen gleichtun und sich in der Bäckerei frische Brötchen mit Räucherwurst (*pão quente com chouriço*) holen und diese dann im Weinkeller (*adega*) mit einem großen Krug Wein verzehren. Am Eingang wird in einem Geschäft schönes, rustikales Tongeschirr zu günstigen Preisen verkauft.

Anfahrt/Öffnungszeiten Sobreiro, ℅ 261815420. Buslinie Mafra–Ericeira. Täglich 10–18 Uhr. Eintritt frei.

Ericeira (4.400 Einwohner)

Das 40 km nordwestlich von Lissabon gelegene Fischerdorf ist ein beliebter Badeort. Ericeira hat besonders bei Wellenreitern einen glanzvollen Namen, da sich hier einige der besten Surfstrände Europas befinden. Neben den zahlreichen, sehr vielfältigen Stränden lockt die Besucher eine gut bewahrte Altstadt.

Die über dem Meer gelegene Altstadt ist mit ihren hübschen, blau-weiß angestrichenen Häuschen schon allein einen Besuch wert. Neben dem alten Ortskern Ericeiras haben sich in den vergangenen Jahren Appartementsiedlungen breit gemacht, die hier aber in erträglichem Ausmaß geblieben sind. Sehenswert sind die beiden Kapellen des Ortes **Capela de Santo António** und **Capela de São Sebastião**, beide vollständig mit Azulejos ausgefliest. Letztere stammt aus dem 16. Jh. und fällt durch ihre außergewöhnliche, achteckige Rundform auf.

Öffnungszeiten Zumeist sind die Kirchen von 10–17 Uhr geöffnet.

Besonders schön ist die Felsküste zwischen der Praia dos Pescadores und dem Hotel Vila Galé Ericeira. Inmitten der verwitterten Felsen findet man zahlreiche Aussichtspunkte, von denen man gut beobachten kann, wie sich die Wellen brechen.

Ericeira 441

Geschichte: Man nimmt an, dass der Name *Ericeira* von *Ouriço* (= Seeigel) kommt. Tatsächlich werden an den Stränden von Ericeira häufig Seeigel angespült. Für einige jüdische Emigranten wurde Ericeira während des Zweiten Weltkriegs zur unfreiwilligen Zwischenstation. Sie waren vor den Nationalsozialisten nach Portugal geflüchtet und konnten von dort aus aber nicht in ein Drittland weiterreisen, da ihnen Visa oder das Geld für die Reise fehlten. Um die Flüchtlinge besser kontrollieren zu können, ließ sie die portugiesische Regierung hier internieren. Zurück nach Deutschland mussten sie aber nicht.

Information/Verbindungen/Diverses

- *Information* Turismo in der Rua Dr. Eduardo Burnay, 33-A, ☏ 261863122, ✉ 261864136. Mo–Fr 10–13 und 14.30–18.30 Uhr, Sa/So und Fei 10–13 und 15–19 Uhr. Im Sommer (15.7.–15.9.) täglich 9.30–24 Uhr. Hier gibt es einen Stadtplan und eine detaillierte Wegbeschreibung für Ortstouren.
- *Bus* Ericeira wird von der Gesellschaft Mafrense angefahren. Der Busbahnhof befindet sich in der Rua dos Bombeiros Voluntários. Die Fahrpläne liegen auch im Turismo aus. Im Sommer fahren auf einigen Linien mehr Busse als unten angegeben.

Ab *Lissabon* (via Mafra und Sobreiro): Vom Busbahnhof an der Metrostation Campo Grande Mo–Fr mindestens stündlich, Sa/So alle 1–2 Std. Fahrzeit 75 Min.

Ab *Sintra*: ab Bahnhof Portela de Sintra Mo–Fr stündlich, Sa/So alle 2 Std. Fahrzeit 50 Min.

Nach *Mafra* (über Sobreiro): Mit den Bussen, die nach Lissabon fahren (s. o.). Fahrzeit 20 Min. Dazu Mo–Fr 4 weitere Busse, die über Foz do Lizandro, Carvoeira und Senhora do Ó und somit nicht über Sobreiro fahren.

Nach *São Lourenço* (via Ribamar): Mo–Fr 10-mal, Sa 4-mal, So 2-mal. Fahrzeit 25 Min. Die Busse haben folgende Fahrtziele: Casais de São Lourenço, Chãos, Aranha und Torres Vedras.

Nach *Torres Vedras*: Mo–Fr 6-mal, Sa 3-mal, So 1-mal. Fahrzeit 1 Std.

- *Stadtbus* Die *Carreira Urbana de Ericeira* verbindet Mo–Fr 8-mal den Campingplatz mit dem Largo São Sebastião und der Praça dos Navegantes (Endstation ist der Stadtteil Alto das Pretas). Sa/So und Fei keine Busse.
- *Taxistand* Largo dos Condes da Ericeira, ☏ 261865567.
- *Post* Rua do Paço, 2. Am Largo dos Condes da Ericeira.
- *Polizei* GNR am Largo do Pelourinho, 1, ☏ 261866700. Neben der Igreja da Misericórdia.
- *Einkaufen* Obst, Gemüse, Fleisch, Fisch und Blumen gibt es in der städtischen Markthalle in der Rua do Paço am Largo dos Condes da Ericeira. Juni–September täglich 7–15 Uhr, in den anderen Monaten Mo geschlossen.

Das Einkaufszentrum Galerias São Sebastião ist in der Av. Bombeiros Voluntários gegenüber der Capela de São Sebastião zu finden.

- *Kino* Cine Estúdio Ericeira, ☏ 261862848. Im Centro Comercial an der Praça da República. 1 Saal mit 210 Plätzen.

Übernachten (s. Karte S. 445)

**** Hotel Vila Galé Ericeira (18), Largo dos Navegantes, ☏ 261869900, ✉ 261869950, www.vilagale.pt. Großer, direkt am Meer gelegener, architektonisch ansprechend gestalteter Hotelkomplex nahe der Praia do Sul. Nannte sich früher Hotel do Turismo, bis es 2002 von der Vila Galé-Gruppe modernisiert wurde. Lange Korridore, die Zugang zu 202 mittelgroßen Zimmern mit hohen Decken geben. Schreibtisch, Klimaanlage, Sat-TV, Minibar, Radio, Tresor sowie Bäder mit Badewanne und Fön. Balkons, z. T. mit Meerblick auf die Praia do Sul. Schöner Speisesaal mit Blick auf den Atlantik. Bar, Diskothek, Konferenzsaal, Gartenterrasse sowie 3 Schwimmbäder mit Süß- und Salzwasser. Der Health-Club im Untergeschoss mit Sauna, türkischem Bad und Fitness-Raum ist auch öffentlich zugänglich. DZ je nach Saison 100–150 € (inkl. Frühstücksbuffet), mit Meerblick und Terrasse 30–45 € mehr.

Nördlich von Lissabon

** Hotel Vilazul (12), Calçada da Baleia, 10, ℡ 261860000, ℻ 261862927. Hübsches, modern ausgestattetes Hotel mit 21 Zimmern. Bad oder Dusche, Klimaanlage, Telefon und Satelliten-TV. Zwei Bars und ein schönes Restaurant. DZ mit Frühstück je nach Saison 55–78 €.

** Hotel Pedro O Pescador (15), Rua Dr. Eduardo Burnay, 22, ℡ 261864032, ℻ 261862321. Das kleine, blau gestrichene Hotel liegt im Ortszentrum. Helle, einfach eingerichtete Zimmer mit Holzfußboden. DZ mit eigenem Bad und Frühstück je nach Saison 40–70 €.

Residencial Casa do Sol (5), Rua Prudêncio Franco da Trindade, ℡ 261864400. An der Kreuzung der Ringstraße mit der Straße nach Mafra – zum Zentrum sind es nur wenige Schritte. Das schöne, alte Haus kann mit einem großen Garten aufwarten. Geschmackvoll ausgestatteter Wohnraum. Die 14 ruhigen Zimmer (Doppelfenster) sind in unterschiedlichen Stilen eingerichtet, manche haben Meerblick. Praktisch alle Zimmer mit eigenem Bad, Heizung, Telefon, Sat-TV und Radio. DZ mit Frühstück je nach Saison 35–50 €.

Residencial Camarão (2), Travessa Espírito Santo, ℡ 261862665, ℻ 261864402, www.residencialcamarao.com. In einer ruhigen Nebenstraße neben dem Markt. 24 etwas altmodisch eingerichtete Zimmer mit Heizung, Sat-TV, Telefon, Radio, teilweise mit Meerblick. Sauber und gut in Schuss. Reichhaltiges Frühstück. Die portugiesischen Besitzer lebten 15 Jahre lang in Köln und sprechen Deutsch. Supermarkt im Erdgeschoss des Hauses. DZ mit Frühstück je nach Saison 35–50 €.

Hospedaria Bernardo (8), Rua Prudêncio Franco da Trindade, 17, ℡/℻ 261862378. Gegenüber der Post. Sehr einfache Zimmer, die um einen kleinen Innenhof herum gruppiert sind. Teilweise mit eigenem Bad, einige wenige auch mit Meerblick. Die Wirtin ist in Ericeira für ihr engagiertes Anwerben potentieller Kunden bekannt. DZ je nach Saison und Ausstattung 25–55 € (die teuren mit eigenem Bad). Es werden auch Appartements vermietet.

• *Privatzimmer/Ferienwohnungen* Großes Angebot im Ort. Eine Liste hat der Turismo. DZ ca. 20–50 € je nach Saison.

Ericeira Villas (17), Rua Eduardo Henriques Pereira, Lote 3, ℡ 261862336, ℻ 261863737, www.portugalvacances.com. In Frankreich ℡ 0033/553892897 (Englisch und Französisch gesprochen). Etwas südöstlich der Altstadt. Geöffnet Mo–Fr zu den normalen Bürozeiten. Vermittlung von zahlreichen Ferienwohnungen für 2 bis 8 Pers. Appartements für 4 Pers. je nach Saison ab 259–441 € pro Woche.

• *Camping* **** Parque de Campismo Municipal de Mil Regos**, ℡ 261862706, ℻ 261866798, www.ericeiracamping.com. Etwa 1 km nördlich von Ericeira gelegen. Verbindung zum Ort durch den Stadtbus. 200 m zum nächsten Strand. Ganzjährig geöffnet. Auf dem 260.000 m^2 großen Campingplatz ist Platz für 1.800 Pers. Fußballplatz, Bar und Supermarkt. Direkt neben dem Campingplatz liegt das öffentliche städtische Schwimmbad. Gute sanitäre Anlagen in mehreren Gebäuden. Außerdem steht eine Windmühle auf dem mit Kiefern bewachsenen Platz. Erwachsene je nach Saison 2,30–4,10 €, Zelt 1,90–3,40 €, Pkw 1,90–3,80 €.

Essen & Trinken (s. Karte S. 445)

Mar à Vista (4), Rua de Santo António, 16, ℡ 261862928. Mitten in der Altstadt, direkt oberhalb der Praia dos Pescadores. Mi Ruhetag. Von einigen Tischen Blick auf das Meer, daher auch der Name des Restaurants. Die Wände sind mit vom Meerwasser rund geschliffenen Steinen „verputzt". Von der Decke baumeln rote Boien und machen das Fischerambiente komplett. Ausschließlich Meeresfrüchte wie *gambas* (große Garnelen) oder Muscheln im Angebot. Hauptgerichte ab 10 €, das meiste wird aber nach Gewicht berechnet.

Prim (6), Largo do Prim, ℡ 261865230. An einem kleinen Platz an der Rua 5 de Outubro nur wenige Meter nördlich der Praça da República. Täglich geöffnet. Mittelgroßer Raum, breite Fenster auf den Platz vor der Tür. Dort auch einige kleine Holztische im Freien. Fernseher über dem Tresen. Viele Fleischgerichte, aber auch Fisch. Hausspezialität ist die Parrilhada – gegrilltes Fleisch nach brasilianischer Art. Der Eigentümer ist Brasilianer, ihm gehört auch das Toca do Caboz. Hauptgerichte ab 7,50 €.

Snackbar América (1), Rua dos Ferreiros, 6, ℡ 261862263. Hinter der Markthalle an einem kleinen Platz mit einem auffälligen Fischbrunnen. Täglich offen. Ein paar Tische im Eingangsbereich mit der Küche, weitere

Ericeira 443

Ericeiras Häuser sind typischerweise weiß-blau gestrichen

hinten links im schlicht eingerichteten Speiseraum. Ein Fernseher läuft in der Ecke. Solide Hausmannskost ohne große Finessen. Viele gegrillte Fischgerichte im Angebot, aber auch Steaks. Die Sardinen kommen mit viel grobem Meersalz gegrillt auf den Tisch. Wem das zu salzig ist, entfernt einfach die Haut. Hauptgerichte ab 7,50 €.

A Toca do Caboz (3), Rua 5 de Outubro, 20 sowie weiterer Eingang in der Rua Fonte do Cabo, 71, ✆ 261862248. In der Fußgängerzone nördlich der Praça da República. Täglich geöffnet. Der Speisesaal befindet sich im ersten Stock. Ein seit den 40er Jahren existierendes Traditionsrestaurant. Die Lampen hat man aus Ankern hergestellt.

Im Sommer abends oft voll, dann besser einen Tisch reservieren. Empfehlenswert sind die auf Holzkohle gegrillten Fische. Hauptgerichte ab 7 €.

Tik Tapas (11), Rua do Ericeira, 15, ✆ 261869235. Tapas-Bar südlich des Hotel Vilazul (eine weitere Filiale, das Tik Tak liegt gegenüber dem Prim in der Rua 5 de Outubro, 7). Do geschlossen. Bunte Einrichtung im mediterranen Stil. Fernseher an der Wand und das Markenzeichen des Hauses, eine Uhr. Weite Fenster, die zur überdachten Terrasse hinaus gehen. Leckere Weine im Angebot – nicht nur als ganze Flasche, auch als Glas. Zahlreiche Tapas ab 1 €.

Cafés, Internetcafé, Bars (s. Karte S. 445)

Pastelaria Café Central (7), Praça da República (Ecke Rua de Santo António und Rua da Misericórida). Absolut zentrale Lage inmitten der Altstadt. Der Treffpunkt in Ericeira. Mi geschlossen. Zahlreiche Stühle im Innenraum, der etwas altmodisch eingerichtet ist. Im Sommer auch Terrassenbetrieb.

Pão da Nossa Vila (10), Praça da República, 12-B. Täglich außer Di. Bäckerei mit leckeren Gepäckspezialitäten aus eigener Fabrikation, die in Körben im Regal aufgereiht sind. Empfehlenswert die *queijadas* (Quarktörtchen). Dazu *queques* (Rührteigküchlein) in zahlreichen Varianten. Nur Stehplätze.

Pastelaria Xico (13), Rua Eduardo Burnay, 30. Kleines, lichtes Café in der Fußgängerzone unweit des Turismo. Täglich geöffnet. Besteht seit 1958. Das Café war ursprünglich einmal fast doppelt so groß. Mittlerweile stehen in der rechten Hälfte des Cafés aber keine Tische mehr, sondern Surfbretter und Bekleidungsständer – der Besitzer hat dort kurzerhand einen Surfladen

untergebracht. Die Bedienung kann hinter der Theke zwischen Café und Surfladen hin- und herspazieren. Auch Terrassenservice. Gutes, preiswertes Gebäck.
- *Internetcafé* **Cyber Clube Ericeira (9)**, Praça da República, 11, ℅ 261865743. Täglich 11–23 Uhr. Eigentlich eine Videothek, aber hinten in der Ecke stehen auch 10 Computer. Außerdem zwei Anschlüsse für Notebooks. Eine Stunde 3 €, Mindestnutzung 20 Min.
- *Bars* **La Luna (16)**, Praca dos Navegantes, Edifício dos Navegantes, 12. Schräg gegenüber dem Vila Galé-Hotel. Täglich 11–2 Uhr, Oktober–Juni Mo geschlossen. Einige Tische auf der Terrasse. 2 mittelgroße, hellgelb gestrichene Räume. Beliebter Treff der Nachtschwärmer von Ericeira.
Ponto Sete Pub (14), Rua Dr. Miguel Bombarda, 7. Kleine Jazz-Bar, in einer Seitenstraße in der Nähe des Largo de Santa Marta. Täglich 19-2 Uhr. Wenige Plätze an kleinen Hockern. Am Wochenende hin und wieder Live-Jazz. Die Wände zieren vergilbte Jazz-Plakate. Bier 1,25 €, auch ausländische Biere wie Franziskaner-Weizen und Guiness im Angebot.

Strände in und um Ericeira

In und um Ericeira gibt es über zehn, teilweise völlig unterschiedliche Strände. Hier ist für jeden Geschmack etwas dabei. Außerdem findet man an Ericeiras Küste das jodhaltigste Wasser Portugals.

Im Ortskern: Direkt auf Höhe des Zentrums stößt man neben dem Fischerhafen auf die Praia dos Pescadores, an der sich die königliche Familie 1910 ins Exil nach England einschiffte. Weiter nördlich schließt sich die Praia do Norte an, auch Praia do Algodio genannt. Das ist ein breiter, zum Surfen geeigneter Sandstrand, den der Hafen mit einer langen Mole von der Praia dos Pescadores trennt. In der Nähe der Igreja São Sebastião erstreckt sich der kleine Sandstrand Praia de São Sebastião. Im Südteil des Zentrums, liegt der von hohen Klippen umgebene, lange Strand Praia do Sul. Die Ortsansässigen nennen den Sandstrand auch Praia da Baleia (Wal-Strand), seit hier 1872 ein großer Wal angespült wurde.

Südlich vom Ortskern: Etwa 3 km vom Zentrum entfernt erstreckt sich an der Mündung des Flusses Lizandro die schöne, einsam gelegene Praia da Foz do Lizandro. Dort kann man in Süß- und Salzwasser baden, da sich der Strand sehr weit an der Flussmündung entlang erstreckt. Ein beliebter Ort für den Surfunterricht, da wenige Felsen im Wasser lauern und die Wellen schön an den Sandbänken vor dem Strand brechen.

Noch 3 km weiter südlich erreicht man die Praia de São Julião an der Mündung des nächsten Flusses Falcão. An der Südseite dieses sehr feinsandigen Strandes befinden sich einige

Hohe Klippen: die Praia da Empa nördlich von Ericeira

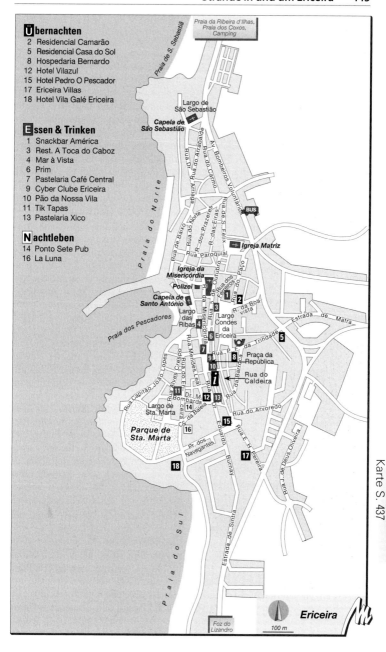

kleine Felsengrotten, die bereits Teil des Naturparks von Sintra-Cascais sind. Surfer reiten auch hier gerne auf den Wellen, die wie an der Foz do Lizandro von Sandbänken gebrochen werden.

Anfahrt Die Busse nach Sintra (s. o.) fahren am Parkplatz nördlich über der Praia Foz do Lizandro vorbei, außerdem halten sie kurz hinter Carvoeira in Baleia. Von da aus sind es noch ca. 2 km zur Praia de São Julião (nach rechts abbiegen). Zur Foz do Lizandro fahren auch die Busse über Senhora do Ó nach Mafra (s. o.).

Nördlich vom Ortskern: Auf der Höhe des Campingplatzes trifft man auf die Praia do Matadouro, eine kleine Bucht mit hohen Felsen und wenig Sand. Sie ist bei den Surfern für die Welle an der Pedra Branca berühmt. An diesem Felsen brechen sich die Wellenberge, wenn sie aus südlicher Richtung kommen. Das ist vor allem nach Hurrikans im Atlantik der Fall. Normalerweise erreichen die Wellen Ericeira aber aus dem Nordwesten, dann ist das Surfen hier nicht möglich. Knapp 1,5 km nördlich des Zentrums liegt die von schönen Felsen umgebene Praia da Empa. Von hier aus kann man zu Fuß auch den wenig besuchten Nachbarstrand Praia da Orelheira erreichen.

Der nächste Strand Praia da Ribeira d'Ilhas lässt sich gut von einem Aussichtspunkt neben der Straße 100 m über dem Meer bewundern. Bis hierher sind es vom Zentrum Ericeiras etwa 2,5 km, die man zu Fuß auf dem Bürgersteig neben der Straße bequem zurücklegen kann. Vom Aussichtspunkt schlängelt sich eine Treppe zum Strand an der Mündung des Rio do Cuco hinunter, alternativ kann man ihn über eine Stichstraße im Flusstal erreichen. Die Praia da Ribeira d'Ilhas zählt zu den besten Surfstränden Europas und hat Ericeira zum Wellenreiter-Mekka Portugals gemacht. Hier kämpften die Surfer im April 1977 beim ersten Surfwettbewerb Portugals um den Sieg. Heute finden hier regelmäßig Weltcup-Wettbewerbe statt. Die Wellen brechen an der Praia da Ribeira d'Ilhas sehr sauber, aber Achtung: Starke Strömungen können die Surfer schnell auf die Felsen treiben!

Weiter Richtung Norden folgt der kleine Ort Ribamar, knapp 5 km von Ericeira entfernt. Biegt man dort in die Straße links neben der Windmühle ein, gelangt man an die Praia dos Coxos. Dieser Strand ist zweigeteilt: Der nördliche Teil ist eine enge, von Felsen eingefasste Bucht; am südlichen Teil, der über einen kurzen Feldweg zu erreichen ist, gibt es die höchsten Wellen von Ericeira und Umgebung. Daher ist die Praia dos Coxos bei Surfern sehr beliebt. Anfänger sollten sich jedoch besser fernhalten, da das Ufer zum größten Teil aus Felsen besteht.

Die Burgkirche in Torres Vedras

2 km weiter nördlich liegt an der Mündung des Flusses Safarujo die weitläufige Praia de São Lourenço mit grobkörnigem Sand. Eine kleine Hängebrücke führt über das grüne Flussdelta im Ort São Lourenço.

Anfahrt Die Busse nach São Lourenço fahren an oder nahe dieser Strände vorbei (s. o. „Verbindungen").

Wer jetzt richtig auf den Geschmack gekommen ist, sollte noch 3 km weiter fahren – durch São Lourenço bis kurz vor Talefe. Von dort aus führt eine Stichstraße zur Praia da Calada. Es gibt eine kleine Bar, ansonsten viel Sand und hohe Felsklippen, die den Strand säumen. Sonnenanbeter sollten sich nicht zu nahe ans Felsmassiv legen, da immer wieder riesige Steinbrocken in die Tiefe stürzen. Wer die 500 m zum Strand nicht nach unten laufen möchte: Es gibt rund 250 Parkplätze. Dennoch ist der Strand auch im Sommer meist nicht so überlaufen, schließlich sind es immerhin 10 km bis ins Zentrum von Ericeira.

Anfahrt Die Busse der Gesellschaft Mafrense von Ericeira nach Torres Vedras halten in Talefe (s. o. „Verbindungen").

Torres Vedras (19.000 Einwohner)

Über den Gassen der hübschen Altstadt thront majestätisch eine Burg. Auf zahlreichen Hügeln der Umgebung findet man Reste der Befestigungsanlagen, die im 19. Jh. gegen die napoleonischen Invasionen errichtet wurden und als „Linhas de Torres Vedras" in die Geschichte eingingen.

Zentrum der modernen Stadt ist die **Praça 25 de Abril** mit dem Jardim da Graça. Mitten auf dem Platz erhebt sich ein schlanker Obelisk zur Erinnerung an das portugiesisch-britische Heer, das von 1808–1814 in der *Guerra Peninsular* gegen die Franzosen kämpfte.

Noch etwas weiter nördlich liegen die beiden zentralen Plätze Praça de São Pedro und Largo Wellington, in deren Mitte die **Igreja de São Pedro** zu finden ist. Die Kirche wurde im 16. Jh. errichtet und mehrere Male umgebaut. Das Ergebnis ist eine wilde Mischung verschiedener Stile. Die Azulejos aus dem 16., 17. und 18. Jh. wollen ebenso gar nicht zueinander passen. Wirklich schön ist aber das manuelinische Eingangstor mit Renaissance-Einflüssen.

Das Wahrzeichen der Stadt, der **Chafariz dos Canos**, steht in der Rua Cândido dos Reis. Dieser Brunnen ist Endpunkt des Aquäduktes, das hinter dem Bahnhof beginnt. Im Jahre 1561 ließ ihn Prinzessin Dona Maria erbauen. Er besteht aus einem Halbkreis von fünf großen gotischen Bögen. Auf dem Dach erblickt man Burgzinnen. Nebenan existiert noch eines der alten Stadttore, das aber nur für Prozessionen geöffnet wird.

In der Umgebung stößt man auf die Ruinen hunderter **Windmühlen**. Insgesamt soll es nördlich von Lissabon etwa 1.000 dieser alten Mühlen geben, alleine 400 davon im Kreis Torres Vedras. Merkwürdig, dass dennoch die Niederlande und nicht Portugal als Land der Windmühlen bekannt geworden sind. Heute stehen moderne Turbinen von Enercon, Gamesa und Nordex auf den Hügeln um Torres Vedras und produzieren mit Hilfe des Winds Strom.

Feste: Berühmt ist der **Karneval** von Torres Vedras, die einzige „ernst zu nehmende" Fastnachtsveranstaltung in der Region Lissabon und der größte Karneval Portugals. Freitags beginnen die Feierlichkeiten mit dem Umzug der Schüler. Der Samstag gilt mit Zügen am Nachmittag und Abend sowie der traditionellen Schlüsselübergabe an die Narren als Höhepunkt. Weitere Umzüge gibt es am Sonntag und am Karnevalsdienstag. Nachts animieren Live-Bands mit brasilianischer und portugiesischer Musik die Straßen der Altstadt. Schlusspunkt ist der Aschermittwoch mit dem symbolischen Verbrennen der Fastnacht und einem Abschiedsfeuerwerk für die Narren. Der **Stadtfeiertag** ist der 11. November.

Strand: Zum Baden fahren die Einheimischen an den am nächsten gelegenen Strand von Santa Cruz. Die Praia de Santa Cruz gehört zu den meist besuchten Stränden der Region und ist daher im Sommer recht überlaufen. Die Sandstrände hier werden teilweise von schönen Felsformationen gesäumt.

Information/Verbindungen/Diverses

- *Information* Rua Nove de Abril, ✆/📠 261314094. Mo–Sa 10–13 und 14–18 Uhr, So geschlossen.
- *Bus* Der Busbahnhof liegt ca. 100 m südlich des Bahnhofs auf einem kleinen Hügel. Fahrkarten gibt es innen am Schalter. Es fahren vor allem Busse der Barraqueiro-Gruppe der Marken Barraqueiro Oeste, Boa Viagem und Mafrense.

Ab *Lissabon*: Schnelle Direktbusse von Barraqueiro Oeste in 40 Min. Fahrzeit über die Autobahn Mo–Fr alle 30 Min., Sa/So alle 1–2 Std. ab der Metrostation Campo Grande. Es fahren auch etwa stündlich weitere Busse über Malveira, die aber 90 Min. bis Torres Vedras brauchen.

Neben diesen Regionalbussen gibt es täglich auch noch 10 Express-Busse der Rede Expressos der Linie Lissabon–Torres Vedras–Peniche ab dem Busbahnhof Sete Rios (Metro Jardim Zoológico, Benfica). Fahrzeit 45 Min.

Nach *Ericeira*: Mit Mafrense Mo–Fr 6-mal, Sa 3-mal, So 1-mal. Fahrzeit 60 Min.

Nach *Mafra*: Mafrense fährt Mo–Fr 7-mal, Sa 5-mal, So 3-mal. Fahrzeit 60 Min.

Nach *Santa Cruz*: Barraqueiro Oeste fährt über Ponte de Rol Mo–Fr alle 30 Min., Sa/So stündlich. Eine weitere Linie über Palhagueiras Mo–Fr stündlich und Sa/So alle 2–3 Std. Fahrzeit 35 Min.

Nach *Vila Franca de Xira* (via Arruda dos Vinhos): Linie 50 von Boa Viagem Mo–Fr 13-mal, Sa/So 5- bis 7-mal. Fahrzeit 80 Min.

- *Zug* Die *Linha do Oeste* nach Lissabon führt durch eine schöne, hügelige Landschaft. Die eingleisige, nicht elektrifizierte Strecke wird leider von der portugiesischen Staats-Eisenbahn CP so stiefmütterlich wie die Strecken im entvölkerten Landesinneren behandelt – ein Paradebeispiel für das Missmanagement der CP. Die Fahrzeiten können mit denen der Expressbusse, die parallel auf der neuen Autobahn Torres Vedras–Lissabon verkehren, nicht konkurrieren, und zu allem Unglück muss man auch noch umsteigen, wenn man nach Lissabon will.

Ab *Lissabon/Sete Rios* (Metro Jardim Zoológico): Mo–Fr 12-mal, Sa/So 10-mal. Man muss zuerst mit den Vorortzügen der Linha de Sintra bis zur Station Mira Sintra-Meleças fahren, wo dann auf Regionalzüge umgestiegen wird. Fahrzeit 30 Min. bis Mira Sintra-Meleças, dann noch mal ca. 65 Min. bis Torres Vedras.

- *Post* Rua António Batalha Reis. Neben der Praça 25 de Abril.
- *Polizei* PSP, Rua Manuel César Candeias, ✆ 261330770.

Übernachten

** Hotel Império (6), Praça 25 de Abril, ✆ 261314232, 📠 261321901, www.imperio-online.com. Direkt im Zentrum gelegen. Komfortable Zimmer mit Sat-TV, Telefon und Klimaanlage. Blick auf die Burg oder den Convento da Graça. Badezimmer mit Dusche oder Wanne. 47 Zimmer auf fünf Stockwerken, dazu Konferenzräume und ein Restaurant. DZ mit Frühstück 55 €.

1.ª **Residencial dos Arcos (1)**, Bairro Arenses, ✆ 261312489, 📠 261323870, www.residencialdosarcos.com. Etwas außerhalb des Zentrums, ca. 500 m hinter dem Bahnhof. Den Namen hat die Pension vom nahe gelegenen Aquädukt aus dem 16. Jh. Die Zimmer sind mit eigenem Bad, Radio und Telefon ausgestattet. Garage vorhanden. DZ mit Frühstück 45 €.

Übernachten
1 Residencial dos Arcos
3 Residencial Moderna
6 Hotel Império

Essen & Trinken
2 Adega Taurina Manadinhas
4 O Gordo
5 Pastelaria Carmitas
7 Fábrica Coroa

Torres Vedras

3.ª **Residencial Moderna (3)**, Avenida de Tenente Valadim, 18, ℡ 261314146. Familienpension in der Nähe der Markthalle. Einfache, kleine Zimmer mit Sat-TV, Klimaanlage, Schrank, Teppichböden und eigenem Badezimmer. Etwas altmodisch eingerichtet, aber sauber. DZ ohne Frühstück 35–40 €.

Essen & Trinken

Man sollte sich die leckere Gebäckspezialität der Region, die *pastéis de feijão* (Bohnenpasteten), nicht entgehen lassen. Verkauft werden sie in der **Fábrica Coroa** (Praça 25 de Abril, 11-A, ℡ 261323494, Karte S. 448, Nr.7), die sich auf ihre Herstellung spezialisiert hat. Leckere *pastéis de feijão* bäckt auch die **Pastelaria Carmitas** (Rua 1.° de Dezembro, 12-B, ℡ 261322138, Karte S. 448, Nr. 5), eine kleine Konditorei mit empfehlenswerten Süßwaren.

Adega Taurina Manadinhas (2), Rua Capitão Luís Boto Pimentel, 12, ℡ 261324294. Unterhalb der Burg zwischen den Straßen Rua de Santo António und Rua Mouzinho de Albuquerque gelegen. So geschlossen. In 2 getrennten Speisesälen fühlt sich der Gast in die Welt des Stierkampfs versetzt. Fotografien von Stierkämpfern, Stierköpfe und Weinfässer zieren die Wände. Ebenso ein Fernseher. Zu den reichlich portionierten Speisen, die bei 8,50 € liegen, wird viel Wein getrunken. Es gibt auch halbe Portionen für 5 €.

O Gordo (4), Rua Almirante Cago Coutinho, 7-A, ℡ 261323079. Gegenüber der Igreja de São Pedro. Di Ruhetag. Am Eingang ein Aquarium mit Meerestieren, die Spezialität des Hauses. Kühles Ambiente, da Fußboden und Wände mit Marmor verkleidet sind. Vor allem lokales Publikum. Große Auswahl an Nachtischen, die man in einer Theke ausgestellt hat. Hauptgerichte ab 5,80 €.

Castelo (Burg)

Die Burg von Torres Vedras wurde mit großer Wahrscheinlichkeit bereits von den Westgoten oder den Alanen angelegt, vielleicht sogar schon von den Römern. Später wurde sie in mehreren Etappen weiter ausgebaut: zunächst von den Mauren, später dann unter den portugiesischen Königen. Seit dem Erdbeben von 1755 stehen aber nur noch Ruinen. Von oben genießt man einen weiten Blick über die Altstadt und die umliegenden Hügel der Estremadura. Auf dem Burggelände befindet sich außerdem noch die kleine Kirche Igreja de Santa Maria do Castelo mit Resten eines alten romanischen Portals sowie schönen Azulejos und Gemälden im Inneren.

Öffnungszeiten Täglich außer Mo und Fei 10–18 Uhr. Eintritt frei.

Igreja e Convento da Graça

Im Jahre 1578 gründeten Augustiner-Mönche die Kirche und den Konvent auf den Trümmern eines alten Hospitals aus dem 13. Jh. In der Kirche finden sich

Illustrieren das Leben von São Gonçalo de Lagos: Azulejos im Kreuzgang des Convento da Graça

barocke Heiligenbilder und Schnitzereien aus der ersten Hälfte des 17. Jh. Die Mauern des Kreuzgangs sind mit schönen Azulejos aus dem 18. Jh. verziert, auf denen Stationen aus dem Leben von São Gonçalo de Lagos, dem ersten Prior des Augustiner-Konvents, dargestellt sind.

Im ehemaligen Klostergebäude des Convento da Graça ist das Stadtmuseum **Museu Municipal** untergebracht. Fossilien, Werkzeuge und Jagdgeräte aus der Kupfer- und Bronzezeit dokumentieren die Frühgeschichte der Region um Torres Vedras. Auch Zeugnisse aus der Zeit des römischen *Turres Veteres* sind zu besichtigen. Der Besucher erfährt zahlreiche Einzelheiten über die französische Invasion und die erfolgreiche Verteidigung durch die portugiesisch-britischen Truppen mittels der *Linhas de Torres Vedras*. Schlachtmodelle, zeitgenössische Waffen und ein Modell der Verteidigungslinien veranschaulichen die Kämpfe.

Anfahrt/Öffnungszeiten Praça 25 de Abril, ✆ 261310485. Di–So 10–13 und 14–18 Uhr, Mo und Fei geschlossen. Eintritt 0,75 €, mit Cartão Jovem 0,50 €, Kinder bis 12 J., Studenten und ab 65 J. frei, ebenso generell sonntags. Zugang zu Kreuzgang und Kirche frei.

Linhas de Torres Vedras

Auf den Hügeln der Umgebung wurden Anfang des 19. Jh. zur Abwehr der napoleonischen Invasionen zwei Ketten von Befestigungsanlagen zwischen dem Tejo und dem Atlantik errichtet, die als *Linhas de Torres Vedras* in die Geschichte eingegangen sind. Obwohl mit ihrem Bau 1808 und damit schon zwei Jahre vor der dritten französischen Offensive auf Lissabon begonnen worden war, wussten die Truppen des französischen Generals *Masséna* nichts von deren Existenz. Portugiesen und Engländer hatten die beiden Festungsreihen in einem wahren Kraftakt von der Atlantikküste bei Santa Cruz über die Hügel von Torres Vedras, Sobral de Monte Agraço und Arruda dos Vinhos bis zum Tejo bei Vila Franca de Xira gebaut. Ausgerüstet waren die Forts mit Signalmasten, mit deren Hilfe Nachrichten in sieben Minuten vom Atlantik bis an den Tejo übermittelt werden konnten. Unwissend rannten die napoleonischen Armeen in die schwer befestigten Anlagen und wurden dort in mehreren Schlachten geschlagen. Die letzte, entscheidende Niederlage erlitten die Franzosen 1810 am *Grande Forte de Alqueidão*, 4 km von Sobral de Monte Agraço entfernt. Ein klassischer Fall des vollständigen Versagens von Spionage und Feindaufklärung.

Vila Franca de Xira (19.000 Einwohner)

Die Stadt liegt an mehreren wichtigen Verkehrswegen 30 km nordöstlich von Lissabon. Landschaftlich bietet sich ein starker Kontrast zwischen den karstigen Bergen im Norden und den weiten Tejoniederungen auf der Südseite der Stadt. Vila Franca ist eine der wichtigsten Städte der Region Ribatejo sowie die Hauptstadt des portugiesischen Stierkampfes und der portugiesischen Reitkunst.

Durch die Stadt läuft nahezu der gesamte Verkehr von Lissabon Richtung Porto einschließlich der Schnellzugstrecke und der Autobahn A 1, die sich hier über das Tal spannt. Früher war die Stadt als Verkehrsknotenpunkt sogar noch bedeutender, da die örtliche Tejobrücke zwischen ihrer Errichtung 1951 und dem Bau der Lissabonner Ponte 25 de Abril im Jahr 1966 die einzige Straßenverbindung von Lissabon in Richtung Süden war.

Neben der Altstadt, die mit neueren Gebäuden durchsetzt ist und so leider etwas an Reiz verloren hat, verdient der **Bahnhof** in Vila Franca einen Besuch. Der Künstler Jorge Colaço hat ihn in den 20er und 30er Jahren des vergangenen Jahrhunderts mit schönen blauen Azulejos verziert, die ländliche Motive der Region zeigen. Von Colaço stammen auch die Azulejos am Sportpalast im Lissabonner Parque Eduardo VII und im Bahnhof São Bento von Porto. Auf der anderen Seite der Bahngleise kann man im Stadtpark **Jardim Municipal** einen schönen Blick auf die Tejobrücke und das andere Flussufer genießen.

Über Vila Franca de Xira thront der **Monte Gordo**, der „fette Berg". Von seinem Aussichtspunkt bietet sich eine herrliche Aussicht auf die *Lezírias* genannten Flussniederungen des Tejo. An Tagen mit guter Sicht reicht der Blick bis weit in den Alentejo. Ein Flugfunksender und drei stillgelegte Windmühlen sorgen für eine etwas sonderbare Atmosphäre.

Stierhatzen – Esperas e Largadas de Touros

Die ganze Stadt ist verbarrikadiert, Stiere rennen orientierungslos umher, vor ihnen laufen einige besonders Mutige und versuchen, sich vor der anstürmenden Rinderhorde in Sicherheit zu bringen. Zwei Mal jährlich – Anfang Juli und Anfang Oktober – kann man in Vila Franca de Xira ein merkwürdiges Schauspiel erleben. Dabei werden aus den traditionellen Stierzuchtgebieten des Ribatejo Stiere in die Stadt gebracht und dort durch die engen Straßen getrieben. Die Gassen sind mit Gattern abgeriegelt, die Schaufenster mit Holzbrettern und Balken stierfest vernagelt. Der ganze Wettlauf geschieht dann in furchtbarer Panikstimmung. Chaos und Gebrüll überall. Wenn die Stiere kommen, versuchen eher ängstliche Läufer und überraschte Zuschauer die Bretter an den Häusern hinaufzuklettern und dort den Ansturm außer Reichweite vorbeirauschen zu lassen; manchen gelingt es, andere fallen vor die tobende Meute: blaue Flecken, Knochenbrüche und schlimmere Verletzungen kommen vor. Manchmal sind auch Tote zu beklagen. Diese *Espera e Largada de Touros* ähnelt dem in Deutschland bekannteren und wesentlich brutaleren Fest in Pamplona, der Hauptstadt der spanischen Provinz Navarra. Ähnliche lokale Ereignisse finden in den Städten Alcochete, Arruda dos Vinhos und Montijo statt, die bekannteste Stierhatz ist jedoch die von Vila Franca.

Feste: Das größte Fest in Vila Franca ist die **Festa do Colete Encarnado**, die jedes Jahr am ersten Wochenende im Juli veranstaltet wird. Dann finden in den Straßen Stierhatzen und – leider scheinbar unverzichtbare – Stierkämpfe in der *Praça de Touros Palha Blanco* genannten Arena am Südende des Ortes statt. Das „Fest der roten Weste", benannt nach der Bekleidung der *forcados*, der Fußtruppen der Stierkämpfe, lockt alljährlich große Besuchermassen in die Stadt. In den Straßen werden Sardinen gegessen und zur Unterhaltung gibt es Volksmusik. Die Stierkampfarena diente übrigens schon verschiedensten

Azulejos mit Landidylle am Bahnhof von Vila Franca de Xira

Zwecken: 1941 rettete man hier das Vieh vor den Fluten des Tejo-Hochwassers und in den 40ern sperrte das Salazar-Regime demonstrierende Arbeiter kurzerhand in der Arena ein.

Während der **Feira de Outubro** in der ersten Oktoberwoche ergießen sich weitere Besucherströme über die Stadt. Auch für die dann stattfindende Kunsthandwerksmesse werden erneut Stiere in *largadas de touros* durch die Gassen und Straßen getrieben. Wegen diesem ausgeprägten Faible für Stierhatzen und -kämpfe bezeichnen manche Lokalpatrioten Vila Franca gerne als „portugiesisches Sevilla", was allerdings vollkommen übertrieben ist.

Information/Verbindungen/Diverses

- *Information* Turismo in der Rua Almirante Cândido dos Reis, 147, ✆ 263285605, ✉ 263270788. Mo–Fr 10–13 und 14–18 Uhr, Sa 10–13 Uhr. So und Fei geschlossen.
- *Zug* Ab *Lissabon/Santa Apolónia* (über Gare do Oriente): Täglich stündlich ein Vorortzug (*Suburbano*) Richtung Azambuja, Mo–Fr zur Rushhour alle 30 Min. Dazu Mo–Fr stündlich und Sa/So alle zwei Std. Regionalzüge (*Regional*) Richtung Entroncamento und Tomar. Fahrzeit in beiden Fällen etwa 30 Min.

Ab *Lissabon/Alcântara-Terra*: Mo–Fr alle 30 Min. ein Zug über Campolide, Sete Rios (Metro Jardim Zoológico), Entrecampos (Metro Entrecampos), Roma-Areeiro (Metro Areeiro) und Gare do Oriente (Metro Oriente). Sa/So keine Züge. Fahrzeit ab Alcântara-Terra 50 Min., ab Entrecampos 40 Min.

- *Bus* Abfahrt vom Bahnhofsvorplatz sowie der angrenzenden Rua Serpa Pinto:

Nach *Torres Vedras* (via Arruda dos Vinhos): Linie 50 von Boa Viagem Mo–Fr 13-mal, Sa/So 5- bis 7-mal.

- *Post* Rua Luís de Camões, 129. In der Nähe des Hauptplatzes.
- *Polizei* PSP-Posten in der Av. Pedro Victor, 7, ✆ 263200580.
- *Einkaufen* Centro Comercial *Vilafranca Centro*, Rua Alves Redol. Zwischen dem Bahnhof und der Praça 25 de Abril. Ein modernes Einkaufszentrum mit 180 Geschäften.

454 Nördlich von Lissabon

Das von einer blauen Kuppel gekrönte Gebäude erinnert ein wenig an eine Moschee.
- *Markt* Städtische Markthalle in der Rua Miguel Esguelha mit hübschem Eisendach und sehr schönen Azulejos im Jugendstil, welche die vier Jahreszeiten darstellen.
- *Kino Lusomundo* im 2. Stock des Centro Comercial Vilafranca Centro, Rua Alves Redol, ✆ 707246362. 2 Säle à 150 Plätze.

Übernachten

2.ª **Pensão Flora (3)**, Rua Noel Perdigão, 12, ✆/≋ 263271272, www.flora.com.sapo.pt. Familienpension nicht weit vom Stadtzentrum entfernt. Etwas laut wegen der nahen Straße. Gänge mit Azulejos verkleidet. Innen ein gehobenes Restaurant mit regionaler ribatejanischer Küche. Zimmer mit eigenem Bad, Radio, TV und Telefon. DZ mit Frühstück 45 €.

3.ª **Pensão Residencial Ribatejana (5)**, Rua da Praia, 2-A, ✆ 263272991. Direkt am Bahnhof und dementsprechend laut. Kleine, saubere Pension mit 11 Zimmern, die in verschiedenen Farben eingerichtet sind. Alle Zimmer mit Dusche und Waschbecken. Einfach aber preiswert: DZ 25 € (kein Frühstück).

Turismo no Espaço Rural: Quinta de Santo André (1), Estrada Monte Gordo, ✆ 263272143, ≋ 263272776. Ein im Stil des 17. Jh. erbautes, modernes Landgut. Es gibt die Möglichkeit, hier Reiterferien in Zusammenarbeit mit dem *Centro Equestre da Lezíria* zu verbringen. Die Quinta liegt auf einem 8 ha großen Grundstück auf dem Monte Gordo über Vila Franca de Xira. Schwimmbecken. 5 große Gästezimmer und ein Appartement. DZ mit Frühstück 75 €.

- *Camping* ** **Parque Municipal de Campismo (2)**, ✆ 263275258. Ca. 1,5 km vom Bahnhof entfernt Richtung Norden am Berg gelegen, wenige 100 m westlich der A 1. Ganzjährig geöffnet. Einige schattige Zeltplätze. Kaum Dauercamper, da der Platz durch die nahe Autobahn recht laut ist. Auf dem Gelände 3 Schwimmbecken mit Sprungturm, deren Benutzung für Campinggäste kostenlos ist. Tennisplätze, Bar, Restaurant und Kinderspielplatz. Schöner Blick auf das flache Schwemmland des Tejo. Pro Person je nach Saison 2,20–2,60 €, Zelt 1,60–1,90 €, Pkw 1,60–1,90 €.

Essen & Trinken/Nachtleben

Regionale Spezialitäten sind Flussfische wie der Maifisch (*sável*), der aber im März gegessen wird, oder die Aale (*enguia*), die gerne im Fischeintopf (*caldeirada*) serviert werden.

Fartazana (4), Rua Almirante Cândido dos Reis, 131, ✆ 263282943. Neben dem Turismo. Mo geschlossen. Schlichtes, hell gekacheltes Restaurant. Gute und große Portionen. Regionale Küche und Meeresfrüchte. Hauptgerichte ab 6,50 €.

Restaurante Regional (6), Rua Serpa Pinto, 92, ✆ 263273096. In der Nähe des Bahnhofs. Sa Ruhetag. Gute regionale Küche in reichlichen Portionen. An den Wänden Korkchenstücke mit Abdrucken von Pferdebrandeisen und Schwarzweißfotos der *Festa do Colete Encarnado*. Hauptgerichte ab 5,50 €.

Museu do Ar: Das einzige Luftfahrtmuseum Portugals liegt neben dem Bahnhof von Alverca zwischen Lissabon und Vila Franca de Xira. In der Ausstellungshalle der portugiesischen Luftwaffe wird auf ca. 3.000 m² die Geschichte der internationalen und der portugiesischen Fliegerei anhand von Flugzeugen, Flugzeugmodellen und vielen anderen Exponaten rund ums Fliegen dokumentiert. Ausgestellt sind Fluggeräte namhafter Hersteller und Flugpioniere wie Havilland, Blériot und Spitfire. Eine Besonderheit stellt eine Fairey III D dar, jener Flugzeugtyp, mit dem Sacadura Cabral und Gago Coutinho 1922 die erste Südatlantiküberquerung gelang, welche dann aber an der brasilianischen Küste abstürzten und überlebten. Darüber hinaus ist Technisches wie Motoren, Triebwerke und Sextanten sowie Flugkarten, Uniformen und Photographien verdienter portugiesischer Piloten zu bestaunen. Raketen und viele Waffen verleihen dem Museum einen etwas militaristischen Anstrich.

• *Anfahrt/Öffnungszeiten* Largo dos Pioneiros, ✆ 219582782. Bis auf die Interregionais (IR) halten alle Züge zwischen Lissabon und Vila Franca de Xira in Alverca. Museum direkt neben dem Bahnhof auf der Tejoseite. Täglich außer Mo und Fei 10–17 Uhr (Juli–September bis 18 Uhr). Eintritt 1,50 €, über 65 J. 0,75 €, Schüler bis 18 J. 0,50 €, unter 12 J. frei.

Museu Cerâmica de Sacavém: Das Museum in der alten Keramikfabrik von Sacavém dokumentiert eindrucksvoll Geschichte und Technik der industriellen

Windturbinen der Firma Nordex bei Igreja Nova östlich der Tapada de Mafra

Keramikproduktion seit dem 19. Jh. in Portugal. Die wenige Kilometer nördlich der Stadtgrenze von Lissabon gelegene Fabrik wurde 1856 gegründet und war Portugals bedeutendste Produktionsstätte alltäglicher Gebrauchskeramik von Geschirr über Azulejos bis zur Toilettenschüssel. Keramik aus Sacavém war auch über die Landesgrenzen hinaus bekannt: Bereits 1878 erhielt das Unternehmen ein Bronzediplom auf der Weltausstellung in Paris. Nach dem Ende der Produktion 1989 errichtete man das Museum um einen der alten Brennkamine herum. Auf zwei Etagen präsentieren halbjährlich wechselnde Ausstellungen einen Teil der 5.000 Stücke umfassenden Sammlung. Ein Video zeigt die Geschichte der Fabrik. Ein kleines Atelier lädt zum Modellieren ein – vor allem für Kinder ein Vergnügen.

• *Anfahrt/Öffnungszeiten* Urbinazação Real Forte, ✆ 219499890. Direkt gegenüber dem Bahnhof von Sacavém inmitten eines Neubauviertels gelegen. Mit den Zügen von Lissabon Richtung Alverca oder Vila Franca Xira zu erreichen (außer IR-Züge). Di–Fr 10–19.30 Uhr, Sa/So 10–13 und 14–20 Uhr (im Winter jeweils nur bis 18 Uhr), Mo und Fei geschlossen. Eintritt 1,50 €, Kinder bis 12 J. frei, Studenten 50 % ermässigt.

Die Lagoa de Albufeira und ihre weitläufigen Sanddünen

Südlich von Lissabon

Das Gebiet auf der Südseite des Tejo vermittelt sehr unterschiedliche Eindrücke: Einerseits unschöne Industrieanlagen und Raffinerien, große Hafendocks und monotone Wohnsilos. Anderseits die Kleinstadtidylle von Alcochete neben dem Naturschutzgebiet der Tejomündung und die Costa Azul mit ihren langen Sandstränden und malerischen Strandbuchten inmitten des Gebirges der Serra da Arrábida.

Am Wochenende sind die Strände beliebtes Ausflugsziel der Lissabonner. Auf der Ponte 25 de Abril, der Verkehrsschlagader Richtung Süden, geht dann gar nichts mehr. Aber auch wochentags ist die Brücke wegen der vielen Pendler insbesondere zu den Hauptverkehrszeiten hoffnungslos verstopft.

Im Südosten der Halbinsel von Setúbal, wie das Gebiet zwischen des Flüssen Tejo und Sado bezeichnet wird, erstreckt sich das Gebirge der Serra da Arrábida. Auf dessen Nordseite gedeihen in einer sanften Hügellandschaft um Azeitão und Palmela Wein und Oliven. Den Westen der Halbinsel von Setúbal durchziehen dagegen weite Pinienwälder. An der Südwestspitze fallen spektakuläre Felsklippen am Cabo Espichel ins Meer ab.

Anfahrt Zwei Brücken verbinden Lissabon mit der Südseite des Tejo: die Ponte 25 de Abril im Westen (inkl. Zugstrecke) und die Ponte Vasco da Gama im Osten. Alternativen sind die zahlreichen Schiffslinien über das Binnenmeer des Tejo, das „Strohmeer" *Mar de Palha*.

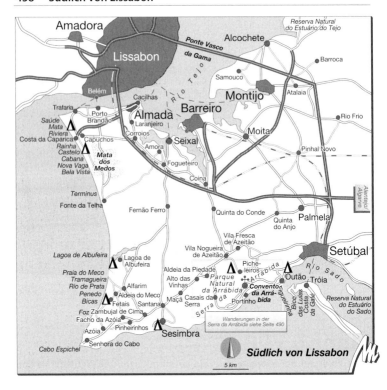

Alcochete
(13.000 Einwohner)

Ländliche Kleinstadtidylle direkt gegenüber von Lissabon. Eine äußerst sehenswerte Altstadt und eine Ruhe, die sich wohltuend von der ewigen Hektik der quirligen Metropole abhebt.

Bei einem Besuch von Alcochete fallen zuerst die beiden Kirchen am Rande der Altstadt ins Auge. Am westlichen Ende des historischen Stadtkerns liegt die **Igreja da Misericórdia**, in der mittlerweile das Museum für Sakrale Kunst **Museu Municipal/Núcleo de Arte Sacra** untergebracht ist. Die vollständig restaurierte Kirche aus dem 16. Jh. war früher Teil eines nicht mehr existierenden Palastes, in dem auch König Dom Manuel I. geboren wurde. Besonders beachtenswert sind der Hochaltar und die Deckengemälde. Das Museum stellt religiöse Kunstgegenstände und auch die älteste Bruderschaftsfahne Portugals aus. Vor der Kirche kann man auf einem langen Bootsanlegesteg mit teilweise sehr farbenprächtigen Fischerbooten entlang spazieren. Hier fuhren früher einmal die Fähren nach Lissabon ab.

Anfahrt/Öffnungszeiten Largo da Misericórdia, ✆ 212348654. Museumseingang an der Ostseite der Kirche. Di–Fr 10.30–12.30 und 14–17.30 Uhr, Sa/So 14–18 Uhr, Mo und Fei geschlossen. Eintritt frei.

Alcochete

Kleinstadtidylle in Alcochete

Auf der entgegengesetzten Seite der Altstadt steht die gotisch-manuelinische Hauptkirche, die **Igreja Matriz**, mit blau-weißen Azulejos. In der Nähe befindet sich am Tejoufer die Palmenallee Avenida dos Combatentes da Grande Guerra, von der man einen schönen Blick auf die andere Flussseite genießt. Der Ort eignet sich gut zum Verweilen, zumal es ein günstiges Café mit Terrassenservice gibt.

Ausstellungsstücke aus der Geschichte der Stadt und ihrer Umgebung seit der Römerzeit werden im Stadtmuseum **Museu Municipal** gezeigt.
Anfahrt/Öffnungszeiten Rua Dr. Ciprião Figueiredo, ℡ 212348653. Di–Fr 10.30–12.30 Uhr und 14–17.30 Uhr, Sa/So 14–18 Uhr, Mo und Fei geschlossen. Eintritt frei.

Gut zum Windsurfen eignet sich die **Praia dos Moinhos** an der Straße Richtung Samouco. Das Baden sollte man an dem „Strand der Windmühlen" allerdings tunlichst unterlassen, da das Wasser ziemlich verschmutzt ist. Seit dem 17. Jh. wird hier in der Nähe Salz in Salinen gewonnen. Mittlerweile liegen diese allerdings zum größten Teil brach.

*I*nformation/*V*erbindungen/*D*iverses

• *Information* Turismo am Largo da Misericórdia im Museu Municipal/Nucleo de Arte Sacra, ℡ 212348655, ℡ 212348695. Di–Fr 9–12.30 und 14–18 Uhr, Sa/So 9–13 Uhr, Mo und Fei geschlossen.

• *Schiff/Bus* Schöne Fahrt mit modernen Katamaranbooten von *Lissabon* (Fährstation Terreiro do Paço) zum Cais do Seixalinho in Montijo: Mo–Fr stündlich (zur Hauptverkehrszeit alle 30 Min.), Sa/So alle 90 Min. Fahrzeit 20 Min. Vom Fährhafen weiter mit den Buslinien 410 und 412 der Transportes Sul do Tejo (TST) nach Alcochete: Mo–Sa etwa alle 30 Min., So alle 40 Min. Fahrzeit ca. 20 Min. Der Preis für das kombinierte Schiff-Bus-Ticket auf der Strecke Lissabon–Alcochete beträgt 2,10 €. Es ist an der Fährstation in Lissabon und in den Bussen erhältlich. Das

460 Südlich von Lissabon

Kombiticket kommt billiger als getrennte Tickets der beiden Gesellschaften.
* *Bus* In Alcochete fahren die Busse der Transportes Sul do Tejo (TST) an den Haltestellen neben der Igreja Matriz ab: Richtung Lissabon in der Av. 5 de Outubro, Richtung Montijo in der Rua do Padre Cruz. Die Linien 410, 412 und 413 halten auch vor dem Einkaufszentrum Freeport.

Ab *Lissabon*: Direkt ab der Gare do Oriente (Metro Oriente) über die Ponte Vasco da Gama mit den Linien 431 (Richtung Montijo), 432 (Richtung Atalaia) und 437 (Richtung Montijo). Täglich etwa stündlich, Sa/So alle 2 Std. Fahrzeit ca. 30 Min.

Nach *Setúbal* (über Montijo): Linie 413 Mo–Fr mindestens stündlich, Sa/So mindestens alle 2 Std. Fahrzeit 70 Min.

* *Taxi*   Táxis Antral de Alcochete, ✆ 21840040.
* *Post* Rua Ruy de Sousa Vinagre, 25.
* *Polizei* GNR, Rua Dona Maria Teresa de Noronha, ✆ 212348071.
* *Markthalle* Mercado Municipal, Rua do Mercado.
* *Einkaufszentrum/Kino Freeport*, ein riesiges „Outlet"-Zentrum östlich der Stadt. Zahlreiche Busse der Linien 410, 412 und 413 ab dem Zentrum. Die Geschäfte sind unter freiem Himmel angeordnet. Dazu gibt es mehrere Kinosäle. Gegen den Bau gab es Proteste von Umweltschützern, da das Gelände ursprünglich als Pufferzone für das Tejo-Naturschutzgebiet vorgesehen war.
* *Feste* Am zweiten Wochenende im August und an den darauf folgenden Tagen findet in der Stadt die *Festa do Barrete Verde e das Salinas* statt. Hauptattraktion dieser einwöchigen Veranstaltung sind die täglichen Stierhatzen (*largadas de touros*), die Freitag und Samstag nachts sowie Sonntag, Montag und Dienstag morgens stattfinden. Die Stiere werden von Reitern auf den Feldern zusammen getrieben und durch die Straßen der Stadt gejagt (Av. 5 de Outubro, Rua José André dos Santos und Rua Dr. Cipriāo de Figueiredo). Ein gefährliches Spektakel, bei dem es fast jährlich Verletzte gibt. In der Arena (*Praça de Touros*) finden außerdem Stierkämpfe statt.

Übernachten

*** Hotel Al Foz (5), Av. Dom Manuel I, ✆ 212341179, ✉ 212341190, www.al-foz.pt. Etwa 600 m außerhalb des Stadtzentrums in Richtung Montijo. Alle 30 Zimmer sehr ansprechend eingerichtet und mit Telefon, Sat-TV, Radio, Klimaanlage und Minibar ausgestattet. Zum Hotel gehört auch ein Schwimmbad und eine Bar am Tejoufer. DZ mit Frühstück 92 €.

Turismo de Habitação: Quinta da Praia das Fontes (6), Largo do Marquês de Soydos, ✆/✉ 212340191, www.quintapraiafontes.com.pt. Am Tejouferpark zwischen der Igreja da Misericórdia und dem Restaurant Al Foz. Der Palast aus dem 16. Jh. bietet ein herrschaftliches Ambiente in 3 luxuriös eingerichteten Zimmern und in 4 Appartements mit eigener Küche. Die Quinta besticht durch ihre Lage mit Blick auf Lissabon sowie durch einen schönen Garten mit Orangenbäumen. Außerdem Schwimmbecken, Pferdekoppel und Tennisplatz. DZ 85 €, Appartement 100 € (jeweils mit Frühstück).

Turismo de Habitação: Palácio de Rio Frio, Rio Frio, Pinhal Novo, ✆ 212319701, ✉ 212319633. 10 km südöstlich von Alcochete und Montijo. Nur 1–3 Busse der TST-Linie 417 ab Montijo pro Tag, daher Mietwagen nötig. Herrlicher Palast im Zentrum des zweitgrößten, privaten Landgutes Portugals. Ein großes Hauptgebäude, davor ein Garten mit Buchshecken und Pool. Nur vier Zimmer zu vermieten. Hohe Stuckdecken, Holzböden, antike Möbel sowie eigene Bäder mit Wannen. Prächtige Gemeinschaftsräume, eine Privatkapelle und der schönste Frühstücksraum der Region: eine große Holztafel, die Wände komplett ausgefliest mit blau-weißen Azulejos, die ländliche Szenen zeigen. Um den Palast zahlreiche, teilweise verfallene landwirtschaftliche Anlagen, die praktisch ein eigenes Dorf bilden. Schräg gegenüber kann man Reitstunden in einem Reitzentrum nehmen. Die Zeit scheint fast still zu stehen, Schwalben durchpflügen die Luft auf der Suche nach Insekten, zahlreiche Korkeichen spenden etwas Schatten in der sengenden Sonne. Man wird das Gefühl nicht los, am Ende der Welt gelandet zu sein. DZ 80 €, Suite 100 € (jeweils inkl. Frühstück).

Hospedaria Casablanca (2), Rua Senhora de Santana, 2, ✆/✉ 212340583. Einfache, aber gepflegte Pension in der Nähe der Igreja da Misericórdia. Saubere, helle Zimmer mit Korkboden. DZ mit eigenem Bad 40 €, mit Gemeinschaftsbad 35 € (inkl. Frühstück).

Alcochete

Übernachten
2 Hospedaria Casablanca
4 Jugendherberge
5 Hotel Al Foz
6 Turismo de Habitação: Quinta da Praia das Fontes

Essen & Trinken
1 Rest. Tasca O Marítimo
3 Alcaxete

Alcochete
50 m

• *Jugendherberge* **Centro de Estágio e Albergue de Juventude de Alcochete (4)**, Rua da Liberdade, Quinta do Valbom, ✆/℡ 212342508. Etwa 1 km außerhalb des Zentrums gelegen. Die Avenida Dom Manuel I bis zum Hotel Al Foz, dort nach links in die Rua da Liberdade einbiegen, dann noch ca. 400 m bis zum Sportkomplex mit der Jugendherberge. Wer mit dem Bus aus Montijo kommt, kann am Kreisverkehr am Ortseingang aussteigen. Von da sind es über die Rua Cerradinho da Praia nur noch ein paar Meter bis zur Rua da Liberdade.

Rezeption 9–12 und 18–24 Uhr (Oktober bis März nur bis 22 Uhr). Die unabhängige Jugendherberge ist nicht dem internationalen Jugendherbergsverband angeschlossen. Schönes, modernisiertes Haus mit einfachen Großschlafräumen. Es gibt die Möglichkeit, eigene Speisen zuzubereiten. Tennisplatz und das städtische Schwimmbad direkt neben dem Haus, zur Praia dos Moinhos sind es etwa 500 m. Übernachtung je nach Saison 8,50 bzw. 10 € (kein Frühstück).

Essen & Trinken

Alcaxete (3), Av. Dom Manuel I, 8, ✆ 212348500. Gehobenes Restaurant in einer ehemaligen Olivenölfabrik am Westrand des historischen Stadtkerns. Di ganztags und So abends geschlossen. Schöner Innenraum auf zwei Ebenen. Steinbögen, in der Mitte sind noch Olivenpressen erhalten. Spezialität ist *porco preto*, eine frei lebende Schweinerasse aus dem Alentejo. Davon stammt auch die empfehlenswerte *picanha* (Fleisch auf brasilianischer Art mit schwarzen Bohnen, Reis und Pommes frites). Hauptgerichte ab 12 €.

Tasca O Marítimo (1), Rua Comendador Estêvão de Oliveira, 41, ✆ 212342625. Mitten in der Altstadt-Fußgängerzone. So abends geschlossen. Ein kleiner Speisesaal, dekoriert mit Schiffsmodellen und zwei Fernsehern. Auf der Gasse stehen bei gutem Wetter auch einige Tische. Traditionelle portugiesische Küche. Spezialität sind *caldeiradas* (Fischeintöpfe). Dazu wird Warsteiner ausgeschenkt. Hauptgerichte ab 7 €.

Reserva Natural do Estuário do Tejo

Das Naturschutzgebiet des Tejodeltas erstreckt sich am östlichen Ende des Tejobinnenmeeres *Mar de Palha* auf über 14.560 ha. Zugvögel nutzen das größte Flussmündungsgebiet Portugals als wichtige Zwischenstation auf dem Weg zwischen Afrika und Nordeuropa. Die lohnendste Besuchszeit sind daher die Monate September bis April: Im Januar halten sich in den weitläufigen Sumpfgebieten bis zu 120.000 Vögel auf. Im Herbst und im Frühjahr kann man sogar Flamingos beobachten, die von den beiden einzigen europäischen Flamingo-Kolonien in der französischen Camargue und dem andalusischen Lago Fuente de Piedra hierher geflogen kommen.

Aus dem deutschen Wattenmeer ziehen die Säbelschnäbler zwischen November und Februar ans Tejodelta – zeitweise befinden sich hier bis zu 50 Prozent der in ganz Westeuropa vorkommenden Exemplare. Die etwa taubengroßen Vögel gehören mit ihren säbelförmigen Schnäbeln, dem schwarz-weißen Kopf sowie ihren hohen Beinen zu den auffälligsten Arten. Mit ihrem Schnabel durchpflügen sie während der Ebbe das schlammige Flachwasser und filtern Krebse, Würmer und Insekten aus dem Schlick. Das auch bei Flut nur wenige Meter tiefe Wasser nutzen zahlreiche Fische wie Seebarsche, Seezungen oder Rabenfische als Laichplatz. Außerdem sind Reiher, Strandläufer und Mäusefalken zu beobachten. Als ökologisch bedeutendstes Feuchtgebiet Portugals wurde das Tejodelta 1976 zum Naturschutzgebiet erklärt.

• *Informationen* Centro de Interpretação da Reserva Natural do Estuário do Tejo, Av. dos Combatentes da Grande Guerra, 1, ✆ 212341742, ✉ 212341654. Im öffentlich zugänglichen Informationszentrum sind Fotos und Dokumente über das Naturschutzgebiet ausgestellt.

Câmara Municipal de Alcochete, Turismo, Largo da Misericórdia, ✆ 212348655. Einmal pro Woche (in der Regel am Fr) organisiert die Stadt von Mai bis Oktober Segeltouren auf der Alcatejo, einem ehemaligen Tejo-Transportschiff. Die genauen Fahrttermine kann man beim Turismo erfragen. Der Preis pro Person beträgt 5,50 €, unter 18 J. und über 65 J. 4 €, bis 12 J. 2,75 €, bis 6 J. frei. Der Turismo informiert auch über weitere Besuchsmöglichkeiten des Naturschutzgebietes per Jeep.

Wanderung zu den Salinen (s.Karte S. 463)

> Gute Beobachtungsmöglichkeit von Vögeln
> Länge: ca. 9 km, Dauer: 3 Std., Schwierigkeit: einfach

Los geht es am Largo da Misericórdia, von dem man der Uferstraße Av. Dom Manuel I Richtung Westen folgt. Nach dem Ortsende erst einmal geradeaus Richtung Samouco, an der nächsten Kreuzung aber nach rechts dem Schild „Museu do Sal" folgen.

Hier beginnen die Salinen. Sie werden über Kanäle mit Salzwasser aus dem Tejodelta gefüllt. Anschließend wird der Kanal verschlossen und man lässt das Wasser verdunsten. Zurück bleibt Meersalz. Früher war dies ein wichtiger lokaler Wirtschaftszweig, heute werden die Salinen in erster Linie aus Naturschutzgründen betrieben, da sie vielen Vögeln als Nahrungsquelle dienen.

Zuerst folgt man der Teerstraße, die eine lange Linkskurve macht. Eine kleine Brücke führt über einen Entwässerungsgraben, rechts steht verlassen eine Windmühle. Dem inzwischen gepflasterten Weg folgt man Richtung Westen: das Tejoufer rechter Hand, die Salzfelder linker Hand. Hier sind mit etwas Glück schon die ersten Flamingos zu sehen, wie sie im Schlick nach Nahrung suchen.

Auffällig ist die alte Bacalhau-Fabrik *Secadouro de Alcochete*. Die Betongestelle, zwischen denen früher der Kabeljau auf Drähten getrocknet wurde, sind noch gut zu sehen. Leider ist die Gegend heute ziemlich verlassen und vermüllt. Man passiert die Aquarius Bar (Einkehrmöglichkeit): Ab hier geht es immer direkt am Tejoufer entlang. Bei Ebbe kann man über den Strand spazieren, bei Flut nimmt man den teilweise sehr sandigen Pfad entlang des Zauns.

Im folgenden Bereich sind die Salinen deutlich besser erhalten. Die Vasco da Gama-Brücke ist inzwischen schon gut zu sehen. Immer dem Ufer folgend, passiert man einen geodätischen Markierungsstein. Der Weg endet wenig später an einem Gatter, aber rechts um die Ecke kann man die Salinenzone durch ein Tor betreten. Hier halten sich häufig rosarote Flamingos auf, die man aufgrund ihres lustigen Gangs und ihrer langen, gebogenen Hälse leicht erkennen kann. Da sie etwas scheu sind, bekommt man einen guten Blick nur mit Fernstecher oder Teleobjektiv.

Wenn der Weg entlang des Ufers endet, umrundet man die Saline linker Hand, bis man wieder am Tor angelangt ist. Zurück folgt man einfach dem Hinweg. Wer will, kann bei Ebbe auch den Strand bis zur Praia dos Moinhos entlanggehen.

Almada (54.000 Einwohner)

Almada ist Lissabons unmittelbarer Nachbar auf der Südseite des Tejo. Wahrzeichen der Stadt ist die weithin sichtbare Christkönig-Statue „Cristo-Rei". Neben der Aussichtsplattform der Statue bietet auch die Altstadt von Almada einen herrlichen Blick auf Lissabon.

Im Stadtteil **Cacilhas** mit seinem hübschen, aber kleinen historischen Ortskern befand sich einst das Zentrum des portugiesischen Schiffsbaus. Der große Busbahnhof neben den beiden Fährstationen ist Drehscheibe für den gesamten Regionalverkehr in die südlichen Vorstädte Lissabons. Der Ortsname Almada geht auf das arabische Wort für Mine *al ma'din* zurück, höchstwahrscheinlich auf Grund der seit 1832 stillgelegten Goldmine südlich von Fonte da Telha an der Küste. Bewohnt wird Almada vor allem von Zuwanderern aus der südportugiesischen Provinz Alentejo. Dazu kommen viele Menschen aus den ehemaligen portugiesischen Kolonien Afrikas. Die meisten Einwohner Almadas gehören den mittleren und unteren Einkommensklassen an. Viele von ihnen, die so genannten *Cacilheiros*, pendeln täglich mit der Fähre nach Lissabon zur Arbeit.

Im tristen Häusermeer Almadas mit seinen hohen Wohnblocks geht der kleine, historische Ortskern **Almada Velha** fast unter. Sehenswert ist er dennoch. Von der Burg Almadas, dem Castelo, ist allerdings nicht mehr viel erhalten geblieben. Außerdem ist hier die Nationalmiliz GNR untergebracht, sodass das Burggelände nicht zu besichtigen ist.

Lohnend ist in Almada Velha auch ein Besuch des **Palácio da Cerca** mit dem **Centro de Arte Contemporânea**, in dem wechselnde Ausstellungen zeitgenössischer Kunst präsentiert werden. Der Palast aus dem 18. Jh. ist aber schon allein wegen seiner exponierten Lage hoch oben über dem Tejo und seiner architektonischen Schönheit einen Besuch wert.

Anfahrt/Öffnungszeiten Rua da Cerca, 2, ✆ 212724950. Die Busse der Linie 101 von Cacilhas zum Cristo-Rei halten unweit entfernt am Largo Luís de Camões. Di–Fr 10–18 Uhr, Sa 13–18 Uhr, So, Mo, Fei und im August geschlossen. Eintritt frei.

Der benachbarte Aussichtspunkt **Miradouro Luís de Queirós** lässt auf den still dahinfließenden Tejo und das gegenüberliegende Lissabon blicken. Hier führen Stufen bis zum Cais do Ginjal an den Tejo und den dort gelegenen Restaurants hinunter. Wer will, kann auch mit dem Aufzug **Elevador da Boca do Vento** die 50 m Höhenunterschied zwischen Almada Velha und dem Cais do Ginjal überwinden. Nur wenige Aufzüge dürften ein ähnlich atemberaubendes Panorama bieten wie dieser gläserne Lift an der Küste Almadas.

Der Aufzug verkehrt täglich von 8 bis 24 Uhr. Der Fahrpreis beträgt 1 € und gilt für eine Auf- und Abfahrt.

Verbindungen/Diverses

- *Schiff* Ab Lissabon: Mit der Fähre ab Cais do Sodré (Metro Cais do Sodré) alle 10 bis 30 Min. Die Fähren verkehren von frühmorgens bis spät in die Nacht. Fahrzeit ca. 15 Min. Preis 0,70 €.
- *Zug* Mit den Zügen der Gesellschaft Fertagus ab den Lissabonner Bahnhöfen Roma-Areeiro (Metro Areeiro), Entrecampos (Metro Entrecampos), Sete Rios (Metro Jardim Zoológico) und Campolide über die Brücke des

25 April zum Bahnhof im Stadtteil Pragal. Mo–Fr alle 10 bis 20 Min. Nachts sowie Sa und So alle 30 Min. Preis 1,45 €. Dauer 15 Min. ab Entrecampos. Die Fahrt lohnt sich alleine wegen der Aussicht. Vom Bahnhof Pragal erreicht man alle 5–10 Min. mit den Bussen 124, 125, 126 und 127 der Transportes Sul do Tejo (TST) das Zentrum von Almada und Cacilhas.

• *Bus* Der zentrale Busbahnhof der Gesellschaft Transportes Sul do Tejo (TST) liegt direkt neben dem Fährhafen von Cacilhas. Mehrfahrtenkarten für die Busse (*módulos*) gibt es am Kiosk in der Mitte.

Zur *Costa da Caparica*: Alle 15 Min. Busse der Linie 124. Die Busse fahren über den Bahnhof Pragal. Fahrzeit 30 Min. Zusätzlich fahren stündlich Schnellbusse der Linie 135 ohne Zwischenhalt über die Autobahn (*via rápida*).

Nach *Sesimbra*: Linie 203 stündlich, zu den Hauptverkehrszeiten Mo–Fr alle 30 Min. Fahrzeit 60 Min.

466 Südlich von Lissabon

Nach *Setúbal*: Linie 783 über Azeitão Mo–Fr stündlich, Sa/So alle 2 Std. Fahrzeit 1 Std. Zusätzlich Mo–Fr 10 Schnellbusse der Linie 583 ohne Stopp in Azeitão.

Nach *Trafaria*: Alle 20 Min. mit der Linie 125 ab Cacilhas. Die Busse fahren über den Bahnhof Pragal. Fahrzeit 40 Min.

- *Stadtbus* Zum *Cristo-Rei*: Die Busse der Linie 101 verkehren alle 20 bis 40 Min. Fahrzeit 15 Min.
- *Post* Praça Movimento das Forças Armadas und Av. 25 de Abril, 41.
- *Polizei* PSP, Rua Direita do Pragal, 1, ℡ 212746558. GNR, Alameda do Castelo, ℡ 212733408.
- *Einkaufszentrum/Kino* Almada Forum, Estr. Caminho Municipal, 1011, Vale de Mourelos, ℡ 707246362. Vom Bahnhof Pragal über die Fußgängerbrücke die Autobahn zur Costa da Caparica queren und dann in den Fußweg neben der Tankstelle querfeldein (ca. 10 Min.). Eines der größten „Centros Comerciais" Portugals. Über 250 Geschäfte und Restaurants sowie 12 Kinosäle von Warner-Lusomundo, in dem vor allem Blockbuster aus Hollywood gezeigt werden.
- *Kino* Academia Cine-Teatro, Rua Capitão Leitão, 64, ℡ 212729750. Großer Saal im Stil der 50er Jahre für etwa 700 Personen.

Lisnave – Tankerkrise in Almada

Im Jahr 1861 lief in den Werftanlagen Almadas das erste Eisenschiff Portugals vom Stapel, zahlreiche weitere folgten. In den 60er Jahren des 20. Jh. errichtete der portugiesische Konzern *Companhia União Fabril* (CUF) der Industriellenfamilie José de Mello dann eine der weltweit größten Trockendockanlagen in Cacilhas. Mit der *Lisnave* getauften Werft wollte man vom damaligen Öltankerboom profitieren. Doch die Nachfrage nach neuen Schiffen brach 1973 mit der durch den Yom-Kippur-Krieg zwischen Israel und Ägypten ausgelösten Ölkrise überraschend schnell zusammen. Es folgten lange Jahre, in denen die Anlagen in Cacilhas selten voll ausgelastet waren. Seit Ende 2000 werden nun in Almada keine Frachter und Tanker mehr gebaut oder aufgemöbelt. Geblieben ist das riesige, 300 Tonnen schwere Kranportal als weithin sichtbares Industriedenkmal. Damit war die Geschichte von Lisnave aber nicht beendet: Die Werft ist nach Setúbal umgezogen. Hier steht nun mit drei jeweils 280 m langen Docks die größte Trockendockanlage Europas. Daran ist übrigens auch deutsches Kapital beteiligt: ThyssenKrupp hält 20 % an dem Unternehmen. Allerdings arbeiten nur noch 600 Menschen direkt bei Lisnave und 1.500 bei Subunternehmen, früher waren es einmal 10.000.

Übernachten (s. Karte S. 465)

- *Jugendherberge* **Pousada de Juventude de Almada (1)**, Quinta do Bucelinho, Pragal, Almada, ℡ 212943491, ℡ 212943497, www.pousadasjuventude.pt. Die Jugendherberge liegt am Ende des Stadtteiles Pragal, der von Lissabon per Fertagus-Zug bequem zu erreichen ist. Den Bahnhof Pragal Richtung Ausgang Hospital Garcia de Orta verlassen. Ca. 400 m auf der Straße bis zum Hospital. Am Kreisverkehr direkt hinter dem Krankenhaus dem Schild „Junta Autónoma de Estradas" folgen. Geradeaus ca. 100 m bis zur Schranke – hier links. Zum Hospital fahren auch Busse ab dem Fährhafen in Cacilhas (Linien 124, 125, 126 und 127). Die Jugendherberge ist rund um die Uhr offen, die Rezeption allerdings nur von 8–24 Uhr. Neben sehr großzügig ausgelegten Aufenthalts- und Speiseräumen sind Waschgelegenheit und Terrasse vorhanden. Herrlicher Blick auf Lissabon, den Tejo und die Christus-Statue. 94 Betten in Mehrbettzimmern. Auch 13 DZ mit Balkon und Tejoblick. Mehrbettzimmer je nach Saison 11–13 €, DZ 30–37 €, Frühstück 1 € pro Person.

Korkeichen in Gefahr

Früher führten Alcochete und die Nachbarstadt Montijo ein recht beschauliches Leben, da sie von der Hauptstadt Lissabon durch das Binnenmeer des Tejo, das *Mar de Palha*, getrennt waren. Mit der Abgeschiedenheit ist es aber weitgehend vorbei, seit am 29. März 1998 die neue, 18 km lange Tejobrücke Ponte Vasco da Gama eröffnet wurde. Seit der Inbetriebnahme der sechsspurigen, 900 Millionen Euro teuren Autobahnbrücke sind die Einwohnerzahlen beider Städte rapide angestiegen. Besonders negative Folgen hatte der Autobahnbau für die südlich des Tejo sehr zahlreichen Korkeichen (wissenschaftlicher Name Quercus suber). Alleine um die Autobahn A 2 nach Alcácer do Sal zu verlängern, fällte man 7.000 der charakteristischen Korkeichen. Immerhin sind inzwischen die Pläne vom Tisch, den neuen internationalen Flughafen Lissabons bei Rio Frio zu bauen. Dafür hätten bis zu 85.000 Korkeichen gefällt werden müssen.

Zwar hat man in Portugal in den 90ern zahlreiche neue Korkeichen gepflanzt, doch benötigen die Bäume bis zu 40 Jahre, um voll erntefähig zu werden. Bis dahin könnte sich aber ein Trend der Verpackungsindustrie negativ ausgewirkt haben: Immer mehr Wein- und Sektflaschen werden inzwischen mit Plastikpfropfen statt mit echten Korken verschlossen. Die Weinindustrie ist aber einer der wichtigsten Abnehmer der portugiesischen Korkindustrie. Fällt sie weg, dann werden zahlreiche Korkplantagen, die so genannten *montados*, unwirtschaftlich. Das hätte katastrophale Folgen für die lokale Tierwelt, warnen die Umweltschützer der britischen Royal Society for the Protection of Birds. Sie haben 42 Vogelarten wie den vom Aussterben bedrohten Iberischen Kaiseradler oder den seltenen Mönchsgeier gezählt, die von den Korkeichen abhängen. Den Erhalt dieses Lebensraums könne man aber fördern, indem man beim Weinkauf auf echte Korken achte.

Essen & Trinken (s. Karte S. 465)

In Cacilhas findet man mehrere empfehlenswerte Fischrestaurants. Einige Bars liegen in der Altstadt zwischen dem Largo Camões und dem Miradouro Luís de Queirós.

Ponto Final (2), Rua do Ginjal, 72, ✆ 212760743. Neben dem Atira-te ao Rio und direkt am Tejo gelegen. Ein kleiner Strand vor der Tür, das Wasser ist allerdings für ein Bad zu verschmutzt. Di geschlossen. Sehr stilvoll, mit einer von der Seefahrt inspirierten Dekoration, schöne Schiffsmodelle. Von der Terrasse vor allem nachts überwältigende Aussicht auf das gegenüberliegende Lissabon. Spezialität ist gegrillter Fisch. Hauptgerichte ab 10 €.

Atira-te ao Rio (3), Rua do Ginjal, 69/70, ✆ 212751380. Über den Weg ab der Fährstation in Cacilhas entlang des Tejos zu erreichen, ca. 10 Min. immer geradeaus gehen. Alternative Wege: Vom Miradouro in Almada die Stufen herabsteigen oder mit dem Aufzug Elevador da Boca do Vento hinunterfahren. 13–15 und 20–24 Uhr, Mo Ruhetag. Brasilianisches Restaurant in extravaganter Lage. Untergebracht neben verfallenen Hafenanlagen mit einem sehr schönen Blick auf Lissabon. Rustikales Interieur. Fr und Sa brasilianische Live-Musik. Spezialität und einziges Gericht am Sa ist brasilianische *feijoada* (Fleischeintopf mit schwarzen Bohnen mit Büffet) für 13 €. Hauptgerichte ab 9 €.

O Rei da Sardinha Assada (6), Rua Cândido dos Reis, 51-B, ✆ 212740105. Kurz vor dem Cova Funda gelegen. Täglich offen.

Einfacher, gut besuchter Speisesaal mit Veranda. Sardinen sind beim „König der gebratenen Sardine" selbstverständlich im Angebot, aber auch weitere Fische und Fleisch. Sehr amüsant und kaum verständlich war bei der Recherche 2005 allerdings die deutsche Version der Speisekarte: Tintenfisch mit Reis (*arroz com polvo*) wurde dort zu „Fische Ruinieren". Hauptgerichte ab 6 €.

O Novo Nevada (4), Av. Dom Afonso Henriques, 18-A, ✆ 212750521. An der Hauptstraße im modernen Zentrum Almadas gelegen. 12–24 Uhr, So geschlossen. Am Eingang Barbereich, hinten hell eingerichteter Speiseraum. Gehobenes Restaurant mit überaus großem Angebot an leckeren Fisch- und Fleischgerichten zu Preisen ab 6 €, Mittagsteller schon ab 4,50 €.

Cova Funda (5), Rua Cândido dos Reis, 103, Cacilhas, ✆ 212764035. In der Straße, die am Busbahnhof Cacilhas nach oben führt. So Ruhetag. Sehr kleiner, enger und mit Fliesen ausgeschmückter Speiseraum. Zur Mittagszeit vor allem von Einheimischen besucht. Der Wirt brät die Fische, die im Kühlschaufenster zu sehen sind, in einer kleinen Grillecke auf der Straße. Günstiger Wein frisch vom Fass. Hauptgerichte ab 5,50 €.

Fernão Mendes Pinto

Der berühmteste Bewohner Almadas war der portugiesische Asienreisende und Abenteurer Fernão Mendes Pinto. Unklar ist, wann er genau geboren wurde, am wahrscheinlichsten ist ein Datum um 1510. Aufgewachsen zunächst im mittelportugiesischen Montemor-o-Velho, kam er bereits mit etwa elf Jahren nach Lissabon, um als Diener eines Adeligen zu arbeiten. Ab 1537 reiste Fernão Mendes Pinto über 20 Jahre lang durch Asien. Der Portugiese besuchte Indien, Siam, China und erreichte als einer der ersten Europäer Japan. Dabei war er in den verschiedensten Funktionen unterwegs: als Händler, Soldat, Botschafter des portugiesischen Vizekönigs von Goa und als Missionar im Dienste der Jesuiten, von denen er sich aber 1557 wieder trennte. Nach eigenen Angaben ist Fernão Mendes Pinto auf seinen Reisen insgesamt 13-mal gefangen genommen und 17-mal verkauft worden. So musste er als Sklave für Araber und als Zwangsarbeiter an der chinesischen Mauer arbeiten. Trotz dieser Missgeschicke kehrte er schließlich 1558 als reicher Mann nach Lissabon zurück. Er begann als Richter in Almada zu arbeiten, heiratete und baute sich ein Landgut in Pragal. Über zehn Jahre nach seiner Rückkehr verfasste der Abenteurer schließlich von 1569–78 seinen Roman *Peregrinação* („Pilgerreise"). Doch nach seinem Tod 1583 sollten noch über 30 Jahre vergehen, bis das Werk veröffentlicht wurde. 1603 erteilte das *Santo Ofício* (die Inquisition) die Lizenz für die *Peregrinação* und 1614 konnte das Buch endlich gedruckt werden. Mit insgesamt 19 Ausgaben und mehreren Übersetzungen wurde es ein „Bestseller" des 17. Jh.

Das Geheimnis des Erfolgs liegt wohl zum einen darin, dass Fernão Mendes Pinto als einziger Portugiese seinen Reiseberichten eine kritische Note gibt. Zum anderen ist die Form der *Peregrinação* als Mischung zwischen erlebter Autobiographie und erfundenem Abenteuerroman sehr spannend. Die Übertreibungen des Buches wurden in Portugal zum geflügelten Wortspiel: *„Fernão, mentes? Minto!"* („Fernão, lügst Du? Ja, ich lüge!") Mittlerweile ist Fernão Mendes Pinto von der Forschung aber teilweise rehabilitiert worden. Zwar sind die von ihm angegebenen Zahlen nicht immer korrekt, aber dennoch ist sein Werk zur wertvollen Geschichtsquelle geworden. Heute erinnert ein Straßenname in der Nähe des Cristo-Rei an ihn.

Cristo-Rei

Die 1959 geschaffene Christkönig-Statue ist der berühmten Cristo-Redentor-Statue in Rio de Janeiro nachempfunden. Während in Rio die Christus-Statue auf dem Corcovado-Berg steht, dient in Almada ein 82 m hoher Betonsockel als Plattform für die 28 m große Jesus-Figur des Bildhauers Francisco Franco. Ein Lift bringt die zahlreichen Besucher zur Aussichtsebene mit ihrem phantastischen Panorama auf Lissabon und die Brücke des 25. Abril. Allein schon aufgrund des Blicks lohnt sich der Abstecher zur Statue. Seine Entstehung verdankt der Cristo-Rei von Almada einem Gelübde, das die portugiesischen Bischöfe 1942 in Fátima abgelegt haben: Die Statue sollte gebaut werden, wenn Portugal von den Wirren des Zweiten Weltkriegs verschont bliebe. Geplant war auch die Errichtung eines großen Wallfahrtszentrums, das sich von der Statue bis an den Tejo hinunter erstrecken sollte. In dieser Hinsicht ist allerdings – wohl mangels Nachfrage – bis heute nichts Konkretes getan worden.

Soll Lissabon schützen: Cristo Rei

Anfahrt/Öffnungszeiten ✆ 212751000. Von Cacilhas mit Stadtbus 101. Täglich 9.30–18 Uhr. Eintritt 3 €, unter 8 J. frei, bis 15 J. 50 % Ermäßigung.

Costa da Caparica (6.900 Einwohner)

Wenn die Lisboetas von „der Costa" sprechen, meinen sie diesen lebendigen Badeort vor den Toren Lissabons. Wegen seiner Nähe zur Hauptstadt und seinen weiten Sandstränden mit sauberem Wasser ist er ein ideales Ziel für den Wochenendausflug. Dementsprechend ist der Ort durch viel Trubel, hohe Appartementhäuser und zahlreiche Campingplätze geprägt.

Das kleine Städtchen unterscheidet sich deutlich von den noblen Badeorten Cascais und Estoril an der feudalen Linha de Cascais. Mit acht bis zehn Millionen Besuchern jährlich ist die Costa da Caparica inzwischen eindeutig der bedeutendste Badeort der Region Lissabon. Vor allem an Sommerwochenenden hat man das Gefühl, halb Lissabon sei angereist; in der Nebensaison herrscht dagegen oft Tristesse.

Eine kleine Strandeisenbahn bringt Ausflügler ganz unterschiedlicher Couleur an die 24 Strände der knapp 20 km langen Küste. Jeder **Strand** – oft nur durch einen Wellenbrecher vom nächsten getrennt – hat ein eigenes, ganz „spezielles" Publikum: Surfer, Homosexuelle, Dauercamper ... Die Praia da Bela Vista im Süden ist einer der wenigen offiziell ausgewiesenen FKK-Strände Portugals.

470 Südlich von Lissabon

Übernachten
2 Hotel Costa da Caparica
3 Residencial Real
7 Pensão Residencial Colibri
8 Camping Orbitur
9 Centro de Lazer de São João da Caparica

Essen & Trinken
1 O Barbas
4 Calafate
5 A Merendeira
6 Pastelaria O Capote

Costa da Caparica

Information/Verbindungen/Diverses

• *Information* Turismo in der Av. da República, 18, ☎ 212900071, ✉ 212900210. Mo–Sa 9.30–13 und 14–17.30 Uhr (Sa nachmittags nur im Sommer), So und Fei geschlossen.

• *Bus* Ab *Lissabon*: Mit dem Direktbus der Linie 153 der Transportes Sul do Tejo ab der Praça de Espanha (Metro Praça de Espanha) über Alcântara. Alle 40 Min. ein Bus. Fahrzeit je nach Stau auf der Ponte 25 de Abril ca. 40 Min. Karten sollten am Vorverkaufsposten gekauft werden.

Nach *Almada/Cacilhas*: Alle 15 Min. Busse der Linie 124 der Transportes Sul do Tejo (TST) Richtung Cacilhas bis spät in die Nacht. Die Busse fahren über Capuchos und den Bahnhof Pragal. Fahrzeit ca. 30 Min. Zusätzlich stündlich Schnellbusse der Linie 135 ohne Zwischenhalt über die Autobahn *(via rápida)*.

• *Schiff/Bus* Ab *Lissabon*: Sehr schöne Fahrt ab Belém mit in Hamburg-Harburg von Scheel & Jöhnk gebauten Schiffen nach Trafaria. Teilweise kann man im Freien auf dem Deck sitzen. Immer zur vollen und zur halben Std., nur Sa/So nachmittags lediglich ein Schiff pro Std. Von Trafaria alle 20 Min. weiter mit dem Bus der Linie 129 nach Costa da Caparica. Im Sommer gibt es auf der Strecke auch ein Schiff-Bus-Kombiticket für 2,60 €. Die Fährfahrt alleine kostet 0,73 €.

Alternativ mit der Fähre ab Cais do Sodré (Metro Cais do Sodré) nach Cacilhas, von dort mit dem Bus 124 der Transportes Sul do Tejo (TST) zur Costa da Caparica (s. o.). Hier kostet das nur im Sommer erhältliche Schiff-Bus-Kombiticket 3,60 €.

• *Zug/Bus* Mit den Zügen der Gesellschaft Fertagus ab *Lissabon* von den Bahnhöfen

Costa da Caparica

Roma-Areeiro (Metro Areeiro), Entrecampos (Metro Entrecampos), Sete Rios (Metro Jardim Zoológico) und Campolide über die Brücke des 25. Aprils zum Bahnhof von Almada im Stadtteil Pragal. Mo–Fr alle 7,5 bis 15 Min. Nachts sowie Sa und So alle 30 Min. Preis 1,45 €. Vom Bahnhof Pragal erreicht man die Costa da Caparica alle 15 Min. mit den Buslinien 124 und 194 der Transportes Sul do Tejo (TST).

• *Strandbahn* Die kleine Strandeisenbahn Transpraia pendelt zwischen Costa da Caparica und *Fonte da Telha* jede halbe Std. (9–19.30 Uhr). Die halbe Strecke bis zur Praia da Riviera kostet hin und zurück 2,35 €, die gesamte Strecke 3,80 €. Betrieb bei gutem Wetter von April bis Oktober am Wochenende, von Juni bis September bei gutem Wetter täglich. Alternativ gibt es den etwa stündlich parallel landeinwärts fahrenden Bus 130 der Linie Costa da Caparica – Fonte da Telha.

• *Post* Praça 9 de Julho, 10/12.

• *Polizei* PSP, Travessa António Correia, an der Kreuzung zur Autobahn nach Almada/ Lisboa. ✆ 212901461.

• *Einkaufen* An der Praça da Liberdade kann man frischen Fisch und Obst kaufen.

• *Nachtleben* Zahlreiche Bars befinden sich an der Av. General Humberto Delgado. Dazu haben noch einige der Strandbars hin und wieder auch nachts geöffnet.

Übernachten

**** Hotel Costa da Caparica (2), Av. General Humberto Delgado, 47, ✆ 212918900, ✆ 212910687, www.hotelcostacaparica.pt. Moderner Hotelbau direkt am Hauptstrand. 353 Zimmer, davon 7 speziell für Schwerbehinderte. Blick vom Balkon über den Strand bis nach Cascais. Minibar, Sat-TV, Radio, Tresor, Telefon. DZ mit Frühstück je nach Saison 105–145 €, mit Meerblick 117–161 €.

2.ª **Pensão Residencial Real (3)**, Rua Mestre Manuel, 18, ✆ 212918870, ✆ 212918879. Zentral in Strandnähe gelegen. Kleine, gepflegte Pension in einer etwas ruhigeren Parallelstraße zur Fußgängerzone. Insgesamt 20 Zimmer mit eigenem Bad, Telefon, Sat-TV und Klimaanlage. Manche Zimmer mit Meerblick. DZ mit Frühstück je nach Saison 40–80 €.

3.ª **Pensão Residencial Colibri (7)**, Av. 1° de Maio, 10, ✆ 212919100, ✆ 212919106, www.hotelresicolibri.com. In Zentrumsnähe an der Verlängerung der Straße aus Lissabon. Daher sind die Zimmer zur Straße hin trotz Doppelglasfenster teilweise etwas laut. Helle Gänge. Mittelgroße Zimmer mit Teppichboden, Kabel-TV, Telefon, Spiegelschrank und eigenem Bad mit Wanne. Einfach, aber sehr sauber. Zimmer im ersten Stock mit Balkon. Erst 2001 eröffnet, daher besser in Schuss als andere Unterkünfte im Ort. DZ je nach Saison 43–60 € (mit Frühstück).

• *Jugendherberge* **Centro de Lazer de São João da Caparica (9)**, Rua Bernardo Santareno, 3, Santo António de Caparica, ✆ 212918250, ✆ 212918258, www.centrolazercaparica.com. Am 3. Kreisverkehr Richtung Trafaria rechts in die Seitenstraße abbiegen (hier auch Halt der Busse nach Trafaria). Die Jugendherberge befindet sich hinter dem Block auf der linken Seite. Sie steht für alle Altersgruppen ohne Jugendherbergsausweis offen. Rezeption 9–22 Uhr. Von Weihnachten bis Ende Januar geschlossen. Insgesamt 100 Betten – vor allem in Mehrbettzimmern. Aber auch schlicht eingerichtete, saubere DZ mit Fliesenböden, Kommode und Schreibtisch sowie Heizung. Einige DZ haben eigenes Bad und TV. Ansonsten Gemeinschaftsbäder. Großer Frühstücksraum. Nebenan eine Bar, die von der europäischen Bodyboard-Meisterin Rita Pires und ihrem Freund geführt wird. Es werden auch Bodyboard-Kurse angeboten. Internetnutzung kostenlos, Schließfächer vorhanden. Keine Kochgelegenheit. Großzügige Gartenanlage mit Kiefern, Tennisplatz und kleinem Pool. Parkplatz. Im Sommer empfiehlt sich eine vorherige Reservierung. Pro Person im Mehrbettzimmer je nach Saison 11–15 €, das DZ ohne Bad 22–33 €, DZ mit Bad 28–40 € (Frühstück jeweils inkl.).

• *Camping* ***** Camping Orbitur (8)**, Av. Afonso de Albuquerque, Quinta de Santo António, Monte de Caparica, ✆ 212919710, ✆ 212919715, www.orbitur.pt. Ganzjährig geöffnet. Ca. 1 km nördlich des Ortskerns am 2. Kreisverkehr Richtung Trafaria gelegen. Die Busse der Linie 129 Costa da Caparica-Trafaria halten praktisch direkt vor dem Eingang. Sehr großes Gelände, nur teilweise schattig, in unmittelbarer Nähe zum Strand gelegen. Kleiner Supermarkt, Restaurant, Diskopavillon und Tennisplatz. Im Sommer oft sehr voll und laut. Die sanitären Anlagen sind akzeptabel, es könnte aber mehr davon geben. Preis pro Person je nach Saison 2,50–4,65 €, Zelt 2,30–3,95 €, Auto 2,30–4,55 €.

Es werden auch zahlreiche Bungalows und Wohnwagen für 4 Personen vermietet.

Essen & Trinken (s. Karte S. 470)

O Barbas (1), Praia da Vila, ℡ 212900163. Direkt am Strand gelegen. Im Sommer täglich offen, im Winter Di abends und Mi ganztags geschlossen. 3 große, fast immer volle Speisesäle. Abends öfters Live-Musik. An den Wänden Fußballposter von Benfica neben modernen Fischer- und Heiligen-Azulejos. Benannt nach dem beeindruckenden Vollbart des Wirtes. Spezialitäten des Hauses sind *caldeirada* (Fischeintopf) und *arroz de marisco* (Reiseintopf mit Meeresfrüchten). Hauptgerichte ab 8,50 €. Angeschlossen sind eine Karaoke-Bar und eine Disko.

Calafate (4), Rua Dr. Francisco Inácio, 21, ℡ 212914482. In einer ruhigen Nebenstraße zur Fußgängerzone. Mo Ruhetag, Di–Fr nur 18–22.30 Uhr, Sa/So 12.30–15 und 19–22.30 Uhr. Gediegene, angenehme Einrichtung im Landhausstil, draußen ein schöner Innenhof mit Tischen. Eine gute Alternative zu den lauten Promenadenrestaurants. Hauptgerichte ab 8 €.

A Merendeira (5), Rua dos Pescadores, 20-A, ℡ 212904527. Mitten im Zentrum an der Fußgängerzone. Täglich durchgehend 10.30 Uhr–1 Uhr (Fr/Sa bis 2 Uhr). Für einen kleinen, typisch portugiesischen Imbiss als Alternative zu den zahlreichen Hamburgerbuden zu empfehlen. Aus großen Holzöfen kommt *merendeira com chouriço*, Weißbrot mit Räucherwurst für 1,30 €, dazu gibt es noch die leckere Kohlsuppe *caldo verde* für 1,20 €. Als Nachtisch mundet der süße Milchreis *arroz doce*.

• *Café* **Pastelaria O Capote (6)**, Rua dos Pescadores, 40-B, ℡ 212903838. An der Fußgängerzone. Täglich offen. Beliebtes Café im Zentrum. Einige Tische auf der Terrasse. Im Inneren nur Tresen zum Stehen. Selbstbedienung mit Vorausbezahlung. Nebenan das zugehörige Restaurant mit gleichem Namen.

Legendäres Costa da Caparica-Restaurant

Convento dos Capuchos

Auf den Klippen über der Stadt liegt dieses ehemalige Franziskanerkloster. Die Familie Távora gründete es im Jahr 1558. Offiziell heißt es Convento da Nossa Senhora da Piedade, nach der charakteristischen Bekleidung der Mönche ist es im Volksmund aber nur als „Kapuzenkloster" bekannt. Das Erdbeben von 1755 zerstörte große Teile des Gebäudes, später wurde es aber wieder aufgebaut. Hier finden im Sommer häufig Jazz- und Klassikkonzerte statt (Veranstaltungskalender beim *Turismo* erhältlich). Sehenswert sind neben dem manieristischen Portal auch die Klostergärten, in denen zahlreiche frisch getraute

Paare ihre Hochzeitsfotos schießen lassen. Von der Terrasse neben dem Kloster hat man eine herrliche Aussicht über die Costa da Caparica.

Anfahrt ℡ 212720515. Mit Bus 124 (Richtung Cacilhas) bis zum Ortseingang von Capuchos. Von dort sind es noch ca. 150 m zu Fuß über die Rua de Lourenço Pires de Távora bis zum Kloster (einen Fußweg von der Costa da Caparica gibt es leider nicht). Nachts sollte man das Klostergebiet allerdings meiden, da es häufiger zu Überfällen kommt. Die Kunstgalerie des Gebäudes ist Mi–Sa 10–18 Uhr geöffnet.

Arriba Fóssil da Costa da Caparica

Von Trafaria bis zur Lagoa de Albufeira erheben sich die rötlich schimmernden Sandsteinklippen der *Arriba Fóssil da Costa da Caparica*. In grauer Vorzeit reichten diese zwischen 60 und 110 m hohen Klippen einmal bis ans Meer heran; heute erstrecken sie sich kilometerweit parallel zur Küste und sind so ein eindrucksvolles Zeugnis der urzeitlichen Steilküstenformation. Wind und Regen setzen die Felsen einer permanenten Erosion aus. Vor allem südlich der Costa da Caparica in der Nähe des Ortes Fonte da Telha ist der Anblick der tief zerfurchten Sandsteine beeindruckend.

Im tiefer gelegenen Bereich der Klippen haben Wissenschaftler bis zu 15 Millionen Jahre alte Fossilien aus dem Miozän gefunden. Nach oben verjüngt sich das Alter der Fossilien, bis sie nur noch etwa 2.000 Jahre alt sind. Weit jünger sind die Kiefernwälder der *Mata Nacional dos Médos* oberhalb der Klippen, die König João V. im 18. Jh. anlegen ließ, um das Vordringen der Sanddünen zu stoppen.

Lagoa de Albufeira / Aldeia do Meco

Lang gezogene Sandstrände und ausgedehnte Pinienwälder prägen die Region um das stille Gewässer der Lagune von Albufeira. Während der Nordteil der Lagune weitgehend unbesiedelt und von Schilf sowie Kiefernwäldern bewachsen ist, reihen sich an der Südseite zahlreiche Campingplätze aneinander.

Über 4 km lang zieht sich die **Lagoa de Albufeira** ins Hinterland. Man nimmt an, dass hier vor etwa drei Millionen Jahren während des so genannten Pliozäns ein Tejoarm ins Meer mündete. Heute speisen drei kleine Bäche, die Ribeira da Apostiça, die Ribeira da Ferraria und die Ribeira da Aiana die Lagune. Eine kleine Öffnung verbindet die Lagoa mit dem offenen Meer: Zahlreiche Badende machen sich einen Spaß daraus, sich von der Strömung durch den Kanal treiben zu lassen. Dabei sollte man aber vorsichtig sein: Die starke Strömung kann einen weit auf das offene Meer hinausziehen! Ungefährlicher ist da ein Bad an einem der zahlreichen, flachen Sandstrände um die Lagune. Auch bei Windsurfern ist die ruhige Lagoa de Albufeira als Alternative zum rauen Atlantik sehr beliebt.

Südlich der Lagune folgen um das Dorf **Aldeia do Meco** zahlreiche Sandstrände. Eine kleine Stichstraße führt vom Dorf in die etwa 2 km entfernte Praia do Meco, einen wunderschönen Sandstrand mit spektakulären Felsformationen am Südende. Bei guter Sicht erblickt man im Norden die Linha de Cascais, nach Westen hin breitet sich das weite Meer beinahe unendlich in Richtung Azoren und Amerika aus. Nur ein paar Fischerboote sind am Horizont zu erspähen. Außer zwei Strandrestaurants und der Endstation einiger Unterwassertelefonleitungen herrscht Natur pur.

Bei Paraglidern steht die **Praia das Bicas** hoch im Kurs. Auf den etwa 50 m hohen Felsenküsten nehmen sie Anlauf, um über den langen Sandstrand mit seinen vom Meer deformierten Dünen zu schweben. In den Sommermonaten bevölkern vor allem die Gäste des nahe gelegenen Campingplatzes CampiMeco den Strand. Die Brandung ist hier schon etwas höher als an der Praia do Meco. Richtung Süden beendet die Felsküste des Cabo Espichel die von der Costa da Caparica ununterbrochen bis hierher reichenden Sandstrände. Als letzte Badegelegenheit vor dem Kap folgt die etwa 3,5 km südlich von Aldeia do Meco an einer Flussmündung gelegene Praia da Foz.

• *Anfahrt Praia das Bicas* Zur Praia das Bicas sind es von Aldeia do Meco zu Fuß oder per Pkw 2 km über eine schwach befahrene Straße nach Südwesten (Hinweisschild Campimeco folgen). Wer zur Praia da Foz will, sollte nach ca. 2 km an der Abzweigung zur Praia das Bicas nicht nach rechts abbiegen, sondern der Staubpiste geradeaus folgen.

Verbindungen

Während es nach Aldeia do Meco zahlreiche direkte Busse ab Sesimbra gibt, ist die Lagoa de Albufeira mit öffentlichen Verkehrsmitteln leider nur schlecht zu erreichen. Am besten nimmt man einen Bus von Sesimbra Richtung Aldeia do Meco und steigt im Ort Alfarim aus. Von dort sind es noch ca. 4 km bis zur Lagune, die man zu Fuß oder per Taxi zurücklegen kann (Taxistand neben der Kirche in Alfarim).

Von Norden her kann man mit der Strandeisenbahn der Costa da Caparica bis zur Endstation in Fonte da Telha fahren. Dann sind es noch 7 km schöner Fußmarsch entlang des fast endlosen Sandstrandes, bis man die Lagune erreicht.

Ab *Sesimbra* nach *Aldeia do Meco* (über Santana und Alfarim): Busse der Linien 222 (Richtung Facho da Azóia), 223 (Richtung Aldeia do Meco) und 240 (Richtung Lagoa de Albufeira) Mo–Fr etwa stündlich, Sa/So etwa alle 2 Std. Fahrzeit ca. 30 Min.

Ab *Sesimbra* nach *Lagoa de Albufeira*: Die Linie 240 fährt 2-mal täglich (So nur 1-mal).

Übernachten

• *Camping* *** **CampiMeco**, Praia das Bicas, Aldeia do Meco, ✆ 212683393, 🖂 212683844. Ganzjährig geöffnet. 2,5 km vom Ort Aldeia do Meco entfernt (dort Bushalt). Sehr großer, halbschattiger bis schattiger Platz, mit Pinien bewachsen, in unmittelbarer Nähe der 500 m entfernten Praia das Bicas, dort auch ein Restaurant. Sanitäre Anlagen befriedigend. Schwimmbad, Tennis, Minigolf, Supermarkt und Snackbar vorhanden. Erwachsene je nach Saison 2,30–3,25 €, Zelt und Pkw je 2–2,80 €. Es werden auch Bungalows und Wohnwagen vermietet.

** **Lagoa – Clube Português de Caravanismo**, Lagoa de Albufeira, ✆ 212684872, 🖂 212684777. Ganzjährig geöffnet. In hübscher Lage nahe der Lagoa de Albufeira. Nächster Bushalt erst im 4 km entfernten Ort Alfarim. Sehr ruhig gelegenes, schattiges und abschüssiges Gelände mit Pinien. Sanitäre Anlagen zufrieden stellend. Restaurant, Minisupermarkt und Café. Clubcampingplatz, daher nur für Gäste mit portugiesischer oder internationaler Campingkarte. Mit internationaler Karte pro Person 2,50 €, Zelt 3,11 €, Pkw 2,01 €.

* **Fetais**, Rua da Fonte, 4, Fetais, Aldeia do Meco, ✆ 212682978, 🖂 212685098, www.campingfetais.com. Im Dezember und Anfang Januar geschlossen. Am südlichen Ende des Ortes Aldeia do Meco. Etwa 500 m zum Ortszentrum (dort fahren auch Busse). 1 km Fußweg zur Praia do Rio da Prata und über die Straße 2 km zur Praia das Bicas. Einfacher, kleinerer Platz mit viel Rasen und ausreichend Schatten. Zur Infrastruktur gehören ein kleiner Supermarkt und ein Restaurant. Pro Person und Zelt 4 €, Pkw 2 €.

Fossilien im Zeitraffer: Arriba Fóssil da Costa da Caparica

Cabo Espichel

Eine bizarre Steilküste lässt die Costa Azul im Westen enden. Die zwischen 135 m und 150 m hohe Felswand am Kap fällt hier steil ins Meer ab. Eine Wallfahrtskirche und ein Leuchtturm trotzen dem starken Wind.

Am letzten Sonntag im September wird in Cabo Espichel das älteste Fest des Bezirks gefeiert, die **Festa da Nossa Senhora do Cabo**, die an eine Erscheinung der Mutter Gottes im 15. Jh. erinnert. In einer feierlichen Prozession tragen die lokalen Würdenträger eine Marienstatue bis ans Kap. Dabei danken die Fischer ihrer Patronin, der Nossa Senhora do Cabo, für den Schutz.

Viele nutzen das Fest auch, um der **Igreja da Nossa Senhora do Cabo** mit ihren Deckengemälden, weiß-blauen Azulejos und barocken Seitenaltären einen Besuch abzustatten. Die 1701 erbaute Wallfahrtskirche war früher die bedeutendste Pilgerstätte des Landes; mittlerweile hat ihr Fátima in Mittelportugal allerdings eindeutig den Rang abgelaufen. Um die Kirche gruppieren sich die dem Verfall preisgegebenen, spartanischen Pilgerunterkünfte. Staubwolken wehen durch die verlassenen Häuserzeilen, die Sonne brennt unaufhörlich – eine Atmosphäre wie im Westernfilm.

Öffnungszeiten Kirche täglich 9.30–13.30 und 14.30–18.30 Uhr.

Hinter der Kirche fällt die Küste in herrlichen Felsformationen steil ins Meer ab. Besonders bei starkem Wind sollte man sich nicht zu nah an den Abgrund des Kaps wagen. Die Klippen sind absolut ungesichert, immer wieder rutschen kleinere Felsstücke ab, wie man gut an der gegenüberliegenden Steilwand sehen kann. Der Leuchtturm aus dem Jahr 1790 markiert die Südwestspitze der Halbinsel von Setúbal auch bei Nacht: Seine 1.000 Watt-Halogenbirne strahlt knapp 50 km weit.

Verbindungen

Ab *Sesimbra*: Bus 201 der Transportes Sul do Tejo (TST) nur 2-mal täglich direkt ans Kap. 2006 war Abfahrt in Sesimbra um 13.30 und 14.50 Uhr. Zurück vom Cabo Espichel 14.05 und 15.30 Uhr. Fahrzeit 30 Min. Außerdem täglich 6–9 zusätzliche Busse bis Azóia, dem letzten Ort vor dem Kap. Von dort sind es 3 km zu Fuß zum Cabo Espichel. Ab *Santana*: Mo–Fr 3-4 Busse der Linie 210.

Übernachten

**** **Estalagem dos Zimbros**, Pinheirinhos-Cabo Espichel, ✆ 212684954, ✉ 212684956. In der Nähe des Ortes Pinheirinhos, auf halbem Weg von Sesimbra ans Kap (der Bus fährt direkt am Hotel vorbei). Moderner, weißer Rundbau, der in der schönen Landschaft befremdlich wirkt. Innen sehr ansprechender Komfort. Hübsch eingerichtete Zimmer mit Telefon, Sat-TV und Klimaanlage. Reizvoller Rundblick bis zum Meer und zu den Hügeln von Sesimbra. Im Garten ein Schwimmbad. DZ mit Frühstück je nach Saison 59–89 €.

Wanderung zur Praia dos Lagosteiros

> Schöner Blick auf die Felsklippen des Kaps
> Länge: ca. 3 km, Dauer: 45 Min.
> Schwierigkeit: mittel (steiler Ab- und Anstieg, kein Schatten)

Von der Bushaltestelle an der ehemaligen Pilgerstätte am Cabo Espichel folgt man der Straße etwa 500 m Richtung Azóia, um dann in einen Feldweg nach links abzubiegen. Kurz danach überquert man das ehemalige Aquädukt, das die Pilger mit Wasser versorgte. Der Blick reicht bis zur Aldeia do Meco und der Costa da Caparica. Nach ca. 300 m geht es an der ersten Abzweigung den Feldweg nach links ins Tal zur Praia dos Lagosteiros hinunter. Der Regen hat den Weg teilweise tief zerfrucht. Sträucher fassen ihn auf beiden Seiten ein. Rechter Hand erheben sich hohe Felsklippen, von Zeit zu Zeit lösen sich hier große Blöcke ab.

Die 140 Höhenmeter bis zum Strand sind schnell überwunden. Wer hier genau hinschaut, kann in den Felsen Spuren entdecken, die Dinosaurier hier in der Kreidezeit und im Jura hinterlassen haben. Der Strand selbst besteht vor allem aus Steinen, die von der Brandung rund gerieben wurden. Angeschwemmte Fallen der Fischer und als Boien benutzte Kanister verunzieren die Bucht.

Zurück geht es die gleiche Strecke wie auf dem Hinweg – vor allem im Sommer kann der steile, schattenlose Anstieg recht anstrengend sein.

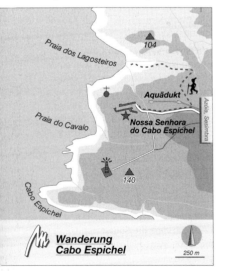

Sesimbra (37.600 Einwohner)

Der alte Fischerort liegt zu Füßen einer steilen Hügelkette an einer windgeschützten Bucht. Auf einer Anhöhe oberhalb des Ortes thront die teilweise restaurierte Maurenburg. Der Ort selbst bewahrte sich mit seinen engen Gassen den Charme eines Fischerstädtchens. Allerdings hat man die umliegenden Berghänge mit großen Appartementblocks verschandelt.

Besonders am Wochenende tummeln sich viele Tagesausflügler aus Lissabon am etwa 1,5 km langen, feinen **Sandstrand**. Das Wasser ist meist klar und eignet sich wegen schön bewachsenen Felsen hervorragend zum Schnorcheln und Tauchen. Durch die geschützte Lage bleiben die Wellen niedrig, und auch kleine Kinder können ihren Badespaß unbeschwert genießen.

Im Zentrum des langen Sandstrandes erhebt sich die **Fortaleza**. Es lohnt sich, einen kurzen Blick hineinzuwerfen, sollte der Eingang offen stehen. Gut zu erkennen ist die Residenz des Festungs-Kommandanten. Das Fort hat der Jesuitenpater und Militäringenieur João Cosmander 1648 an Stelle einer Festung anlegen lassen, die englische Schiffe bei einer Attacke im Jahr 1602 zerstört hatten. Im 18. Jh. diente es den so genannten *Meninos de Palhavã*, den unehelichen Kindern von König Dom João V., als Sommerresidenz. Seit 1879 ist der Zoll *Guarda Fiscal* im Fort untergebracht, die Stadt würde hier aber gerne ein Museum einrichten.

Leider haben in den vergangenen Jahren Stadtverwaltung und Immobilienfirmen Hand in Hand die letzten freien Bauplätze zubetoniert. Negativbeispiel ist das 200 m lange Gebäude *Mar de Califórnia* am Ostrand der Av. 25 de Abril mit seinen 11 Stockwerken. Da es nach Ansicht der Zentralregierung illegal auf öffentlichem Grund und in einem Naturschutzgebiet errichtet wurde, soll es wieder abgerissen werden.

Vom **Castelo**, der 240 m über der Stadt gelegenen Burg, hat man einen ausgezeichneten Blick auf Sesimbra und die umliegenden, karstigen Steilhügel der Serra da Arrábida. Ein Fußweg führt über die nachts hell erleuchteten Burgzinnen. In der Mitte der in den 30er Jahren des vergangenen Jahrhunderts gründlich restaurierten Burgmauern liegt die kleine Kapelle **Igreja Santa Maria do Castelo**. Ihre Ursprünge reichen bis in das Jahr 1160 zurück, nur 13 Jahre nachdem König Dom Afonso Henriques mit Hilfe von Kreuzrittern die Burg von den Mauren erobert hatte. Neben der Kapelle kann man in einem Terrassencafé Erholung vom anstrengenden Aufstieg finden.

Anfahrt/Öffnungszeiten An der Kreuzung der Rua Conselheiro Ramada Curto mit der Av. Combatentes führt eine steile Rampe Richtung Burg nach oben, die bald in einen schmalen Fußweg mündet. Wem der Aufstieg zu steil ist, der kann eine der zahlreichen Buslinien ab Sesimbra nehmen, die alle über den höher gelegenen Ort Santana fahren. Von dort ist es über die Straße noch gut 1 km zur Burg. Täglich 7–19 Uhr (Fr/Sa bis 20 Uhr).

Information/Verbindungen/Diverses

- *Information* Largo da Marinha 26–27, ✆ 212288540, ✎ 212288265. Im unteren Bereich des Platzes westlich der Fortaleza. Täglich 9–12.30 und 14–17.30 Uhr, in den Sommermonaten (Juni–September) durchgehend von 9–20 Uhr.

478 Südlich von Lissabon

- *Schiff/Bus* Ab *Lissabon:* Mit dem Schiff über den Tejo ab Cais do Sodré (Metro Cais do Sodré) nach Cacilhas. Dort weiter mit Bus 203 nach Sesimbra (s. u.).
- *Zug/Bus* Ab *Lissabon*: Mit dem Fertagus-Zug ab den Stationen Roma-Areeiro (Metro Areeiro), Entrecampos (Metro Entrecampos) oder Sete Rios (Metro Jardim Zoológico) nach Foros de Amora. Hier umsteigen auf die TST-Buslinie 203 Cacilhas–Sesimbra (s. u.).
- *Bus* Ab *Lissabon*: Die TST-Linie 207 fährt Mo–Fr 10-mal ab der Praça de Espanha (Metro Praça de Espanha) über Alcântara (Haltestelle gegenüber dem Bahnhof Alcântara-Terra), Sa 5 Busse, So 3 Busse (Juli und August 7 Busse). Fahrzeit 60 Min.

Nach *Aldeia do Meco* (über Santana und Alfarim): Linien 222 (Richtung Facho da Azóia), 223 (Richtung Aldeia do Meco) und 240 (Richtung Lagoa de Albufeira) Mo–Fr etwa stündlich, Sa/So etwa alle 2 Std. Fahrzeit ca. 30 Min.

Zum *Cabo Espichel*: Bus 201 der TST nur 2-mal täglich direkt ans Kap. Abfahrt war 2006 in Sesimbra um 13.30 und 14.50 Uhr. Zurück vom Cabo Espichel 14.05 und 15.30 Uhr. Fahrzeit 25 Min. Außerdem täglich 6–9 weitere Busse bis nach Azóia, dem letzten Ort vor dem Kap.

Nach *Cacilhas*: Linie 203 stündlich, zu den Hauptverkehrszeiten Mo–Fr alle 30 Min. Fahrzeit 60 Min.

Nach *Lagoa de Albufeira*: Die Linie 240 fährt 2-mal täglich (So nur 1-mal).

Nach *Setúbal* (via Aldeia da Piedade und Vila Nogueira de Azeitão): Linie 230 Mo–Fr 9-mal, Sa/So 6- bis 7-mal. So teilweise mit Umsteigen in Azeitão. Fahrzeit 55 Min.

- *Stadtbus* Die Linie 228 fährt Mo–Sa alle 30 Min. ab Busbahnhof und Largo da Marinha zum Fischerhafen Porto de Abrigo. So und Fei keine Busse.
- *Post* Rua Major Joaquim Preto Chagas, 10. Nördlich des Largo Gago Coutinho.
- *Polizei* GNR, Largo Gago Coutinho, 18. ✆ 212230269.
- *Markt* Kleine Markthalle mit Obst und Gemüse in der Rua da República, 10. Außerdem Fischverkauf an kleinen Ständen am Hafen Porto de Abrigo ca. 1,5 km westlich des Zentrums.
- *Feste* Stadtfeiertag ist der 4. Mai, der mit Prozessionen, Messen und Festen begangen wird. Auch an den Tagen davor und danach finden Feierlichkeiten statt. Sie erinnern an die Erscheinung eines Jesus-Bildes. Das Bild soll im 16. Jh. während eines Unwetters am Strand von Sesimbra auf einem Felsen aufgetaucht sein, den das Meer nie überspült haben soll. Seitdem haben die lokalen Fischer mit dem Senhor Jesus das Chagas ihren Patron gefunden.

Mit Subventionen über Wasser halten

Schon seit Jahren steckt die Fischerei in Sesimbra in der Krise. Nachdem die Fangboote die traditionell sardinenreichen Gewässer der Region stark überfischt hatten, wichen sie in den 90ern Richtung Marokko aus, um dort Degenfisch zu fangen. Doch die marokkanische Küste ist seit Ende 1999 tabu, da das nordafrikanische Land seine Verträge mit der EU über die gemeinsame Nutzung der Fischgründe nicht erneuert hat. In der Folge konnten zahlreiche Boote nicht mehr auslaufen. Einige der lokalen Fischer haben sich seitdem auf den Fang von Schwertfischen auf hoher See spezialisiert, andere halten sich nur noch mit EU-Subventionen „über Wasser". Die Staatshilfen erhalten letztendlich aber nur die Überkapazitäten aufrecht und verlängern damit die chronische Überfischung des Atlantiks. Im Endeffekt schadet dies auch den Fischern, da sich so die Fischbestände nicht erholen können.

Sesimbra 479

Übernachten

**** Hotel Sana Park Sesimbra (11), Av. 25 de Abril, ☎ 212289000, ℡ 212289001, www.sanahotels.com. In Zentrumsnähe direkt an der Uferpromenade. Das ehemalige Hotel Espadarte war das erste Hotel in Sesimbra. Um die Jahrtausendwende komplett renoviert, zählt es inzwischen 97 Zimmer und 3 Suiten. Durch ihre charakteristische Rundform dürfte die Hotellobby den meisten Passanten auffallen. Fast alle der geräumigen, modern eingerichteten Zimmer haben einen kleinen Balkon. Dazu Kabel-TV, Minibar, Klimaanlage und große, schlicht gehaltene Bäder mit Badewannen. Konferenzräume, Garage, Sauna, türkisches Bad sowie ein Schwimmbad auf der obersten Etage. Auf dem Dach auch eine öffentlich zugängliche Panorama-Bar mit herrlichem Blick auf Sesimbra. DZ mit Landblick in der Nebensaison 95 €, mit Meerblick 105 € (inkl. Frühstück). In der Hauptsaison teurer.

2.ª **Residencial Náutico (1)**, Av. dos Combatentes, Bairro Infante D. Henrique, 3, ☎/℡ 212233233. Einfache Pension nordwestlich über dem Stadtzentrum. Kleiner, zweistöckiger Bau. Alle Zimmer mit eigenem Bad, Fernseher und Telefon. Teilweise sehr schöne Sicht auf Sesimbra und das Meer. DZ mit Frühstück je nach Saison ab 40–75 €.

● *Camping* **** Forte do Cavalo (8)**, Porto de Abrigo, ☎ 212288500, ℡ 212288265. Städtischer Campingplatz oberhalb des Fischerhafens Porto de Abrigo, ca. 1,5 km außerhalb von Sesimbra. Stadtbus 228 bis Porto de Abrigo (im Juli und August teilweise direkt bis zum Platz). Von Anfang April bis Ende Oktober geöffnet. Schattiges, terrassenförmig angelegtes Gelände. Sanitäre Anlagen einigermaßen akzeptabel. Ein kleiner Supermarkt ist vorhanden. Übernachtung pro Person 1,80 €, Zelt 2,65 €, Pkw 0,85 €. Internationale oder nationale Campingkarte notwendig.

Essen & Trinken (s. Karte S. 479)

Ribamar (5), Av. dos Náufragos, 29, ✆ 212234853. Täglich bis 23 Uhr geöffnet, im Dezember teilweise geschlossen. Gehobenes Restaurant an der Strandpromenade mit ansprechendem Ambiente, das es seit 1950 gibt. Man kann auf der Terrasse, auf dem verglasten Balkon oder innen Platz nehmen. Fischgerichte diverser Zubereitungsarten vom Grill über den Eintopf bis in Salzkruste gebacken (crusta de sal). Auch einige Fleischspeisen. Hauptgerichte ab 13,90 €.

O Farol (10), Largo da Marinha, 6, ✆ 212233356. Am Platz über der Touristeninformation zentral gelegen. Di Ruhetag. Kleines, gemütliches Fischrestaurant mit Terrasse und appetitlicher Fischauslage. Fischgerichte ab 7,50 €.

Café Filipe (6), Largo da Marinha, 15, ✆ 212231653. Neben der Weinlaube am Platz über dem Turismo. Täglich geöffnet. Einfacher Speiseraum mit großem Azulejobild und Aquarium. In erster Linie Terrassenbetrieb. Schöner Blick Richtung Meer. Tagesgerichte ab 7 €.

Lobo do Mar (3), Porto de Abrigo, ✆ 212231096. Einfaches Fischrestaurant auf halbem Weg zum Campingplatz. Mit den Stadtbussen zum Porto de Abrigo zu erreichen. Täglich mittags geöffnet, nur Fr/Sa/So auch abends (im Sommer jeden Tag Abendessen). Ein paar Stühle auf der blauweiß gestrichenen Terrasse. Innen ein Speiseraum mit Fliesenboden. Sehr leckere Fischsuppe. Hauptgerichte ab 6,50 €.

Tasquinha do Gil (4), Rua da República, 2, ✆ 212280045. Mo geschlossen. Winziges, sehr einfaches Familienrestaurant, aber so beliebt, dass sich abends vor der Tür oft Warteschlangen bilden. Besonders lecker sind die sardinhas assadas und der peixe espadarte (Schwertfisch), beide in großen Portionen. Guter Rotwein vom Fass. Der unaufgefordert servierte Salat muss extra bezahlt werden. Gegrillt wird auf der Straße in einer kleinen Hausecke. Gerichte ab 6 €.

Pizzeria Fratello (2), Rua Professor Fernandes Marques, 6-C, ✆ 210813207. An einem kleinen Platz wenige Meter oberhalb der Strandpromenade. 12–15 Uhr und 18–23 Uhr (im Sommer bis 24 Uhr), Mi Ruhetag (im Winter auch Di). Angenehme Atmosphäre unter einem Holzdach. Sympatische portugiesische Besitzer. Vor allem lokales Publikum, viele Stammgäste. Als Vorspeise wird leckeres Knoblauchbrot mit Käse oder Chouriço (Räucherwurst) für 2 € angeboten. Schmackhafte Pizzen, Nudelgerichte und Salate. Mittelgroße Pizzen ab 4,75 €. Alles auch zum Mitnehmen.

Mittagsruhe in Sesimbra

Cafés und Nachtleben (s. Karte S. 479)

Defacto Caffé (7), Av. dos Náufragos, 26, ✆ 917254983. Täglich von 10–23 Uhr, Fr/Sa bis 2 Uhr, im Winter Mo geschlossen. Kleines Café an der Strandpromenade mit Terrasse, allerdings direkt zur Straße hin. So nahe am Meer, das verpflichtet: die Decke

Portugals Versailles: Palácio Nacional de Queluz (JB) ▲▲
Maurisch inspiriert: Palácio da Quinta do Relógio in Sintra (JB) ▲

▲▲ Mysteriöser Brunnen ohne Wasser – Poço Iniciático der Quinta da Regaleira (JB)
▲ Schwalbennest in der Serra da Arrábida: Convento Novo (JB)

Steilküste am Cabo Espichel südlich Lissabons (JB) ▲

Symbolisiert die Stadtrechte: Pelourinho auf dem ▲▲
Hauptplatz in Vila Franca de Xira (JB)
Allee mit Blick auf das Tejo-Binnenmeer in Alcochete (JB) ▲

▲▲ Costa da Caparica: 'Hausstrand' der Lissabonner (JB)
▲ Auf der Burg hoch über Sesimbra (JB)

des Cafés ist gewellt und eine Wellenborde ziert die Wand. Viel Süßes zum Naschen wie *queijinhos de Azeitão* (süße Eigelb-Nuss-Küchlein) oder *rabanadas* (Weißbrot in Ei, Zimt und Zucker gewendet und herausgebacken, in Deutschland auch als „Armer Ritter" bekannt). Außerdem Eis in der Waffel.
Bar Sereia (9), Av. dos Náufragos 20–22, ✆ 212281544. Eine der zahlreichen Bars an der Strandpromenade. Man kann sich auf der Terrasse oder innen am langen Holztresen setzen.

Azeitão (8.500 Einwohner)

Das idyllische Örtchen liegt inmitten einer lieblichen Hügellandschaft auf der Nordseite der Serra da Arrábida zwischen Setúbal und Sesimbra. Olivenbäume und Weinstöcke gedeihen hier vortrefflich, bereits die Araber kultivierten das fruchtbare Gebiet intensiv. Die Gegend bietet sich auch für ausgedehnte Wanderungen an.

Der Ort besteht aus den beiden Ortsteilen Vila Nogueira de Azeitão und Vila Fresca de Azeitão. Der Name *Azeitão* leitet sich von *azeitona* (= Olive) ab, aber heute steht das Örtchen mehr im Zeichen des Weins. In **Vila Nogueira de Azeitão** bemerken nur wenige Besucher den Palácio dos Duques de Aveiro am Dorfplatz, der Praça da República oder auch Rossio genannt wird. Der Palast aus dem Jahr 1521 war früher im Besitz der Herzöge von Aveiro, bis Premierminister Marquês de Pombal 1759 die Familie verfolgen und hinrichten ließ (s. auch Kasten „Gesalzene Strafe" S. 310). Leider ist der Palast heute völlig heruntergekommen und nicht zu besichtigen, obwohl es sich dabei um den größten Palast südlich des Tejo handelt und er als eines der schönsten klassizistischen Bauwerke Portugals gilt. Anschauen kann man dagegen die nahe gelegene Igreja São Lourenço aus dem Jahr 1344. Ihre blau-weißen Fliesen aus dem 18. Jh. stellen Szenen aus dem alten Testament dar.

Gegenüber dem Kirchlein erstreckt sich das altehrwürdige **Weingut José Maria da Fonseca**. Gegründet hat es José Maria da Fonseca bereits 1834, heute befindet es sich in sechster Generation immer noch in Familienbesitz. Mit einer maximalen Jahresproduktion von 18 Millionen Liter, von denen vier Fünftel in den Export gehen, eine der größten und berühmtesten Weinfirmen Portugals. Das Unternehmen ist der älteste Produzent des schweren, 18-prozentigen *Moscatel de Setúbal*, ein Likörwein aus Muskatellertrauben, dem Portwein von Herstellungsverfahren und Geschmack nicht unähnlich. Daneben stellt Fonseca auch Sekt, Brandy und normale Weine her, darunter den spritzigen Weißwein *Lancers* oder den in Eichenfässern gereiften Weißwein *Pasmados*. Sehr lohnenswert ist die Führung durch das Weingut. Sie beginnt im ehemaligen Wohnhaus der Besitzer aus dem 18. Jh., heute das Museum des Unternehmens. Anschließend geht es durch den schönen Garten in die erfrischend kühlen Weinkeller. In den imposanten Hallen lagern bis 26 Millionen Liter, darunter Kostbarkeiten wie über 100 Jahre alte Muskateller. Über die uralten Mahagoni- und Eichenfässer haben sich schon zahlreiche Spinnweben ausgebreitet. Der Wein lagert hier übrigens nur, abgefüllt wird er in einem modernen Neubau einen Kilometer weiter Richtung Vila Fresca. Zum Schluss der Führung besteht Gelegenheit, einige Weine zu verkosten und zu erwerben.

Anfahrt/Öffnungszeiten Rua José Augusto Coelho, 11/13, ✆ 212198940, www.jmf.pt. Täglich 9–12 und 14.15–16 Uhr. Eintritt frei.

482 Südlich von Lissabon

An der Estrada Nacional 10 am Ortsausgang Richtung Quinta do Conde/Lissabon kellert ein prominenter Konkurrent: **Bacalhôa Vinhos de Portugal (BVP)**. Bis 2005 hieß das Unternehmen noch *J.P. Vinhos* nach João Pires, dem Firmengründer. Im Jahr 2000 kaufte die Kellerei allerdings den Renaissancepalast Bacalhôa mit dazugehörigem Weingut und benannte sich kurzerhand danach um. Mit einer maximalen Jahresproduktion von 12 Millionen Litern ist BVP das zweite Großunternehmen des Ortes und in Portugal bekannt für preiswerte Qualitäts-Weißweine. Im Gegensatz zu José Maria da Fonseca setzt die 1922 gegründete Firma aber eher auf Moderne statt auf Tradition. Weithin sichtbar ist die Gruppe von haushohen Edelstahltanks. BVP führt ebenfalls durch seine Weinkellerei, auch hier darf der Besucher an Wein und Muskateller nippen. Nach der Halle mit den Muskateller-Eichenfässern geht es in das abgedunkelte, kühle Lager der Spitzenweine, dann zu den Edelstahltanks und der Abfüllanlage. Rund 3.000 Flaschen werden hier stündlich gefüllt, verkorkt und mit Etiketten beklebt.

Anfahrt/Öffnungszeiten Estrada Nacional 10, Vila Nogueira de Azeitão, ℘ 212198060. Besuch nur nach telefonischer Voranmeldung. Mo–Do 9–12 und 14.30–17.30 Uhr, Fr 9–12 Uhr. Eintritt pro Person 2 €. Auch ohne Führung ist der Einkauf im Firmenladen möglich: Mo–Fr 9–13 und 14.30–18 Uhr, Sa 9.30–13.30 und 15–18.30 Uhr, So geschlossen.

Im 2 km entfernten Ortsteil **Vila Fresca de Azeitão** liegt gegenüber dem Busbahnhof besagtes Anwesen **Quinta e Palácio da Bacalhôa**. Der Palast ist einer der schönsten Renaissancebauten Portugals. Hinter den Palastmauern fand 1974 gewissermaßen Landesverrat statt, wenn auch in sehr kleinem Stil. Die damaligen Besitzer wollten auf der Quinta einen Spitzenwein schaffen und entschieden sich für zwei französische Rebsorten: Cabernet Sauvignon und Merlot. Bis heute ist *Bacalhôa Vinhos de Portugal (BVP)* den beiden Franzosen treu geblieben und produziert in dem Palasthof den *Quinta da Bacalhôa*, einen hochwertigen Rotwein. Dem Nordosten zugewandt, leichte Hanglage – wer möchte, kann selbst durch den Weingarten streifen. Am schönsten ist der Blick über die Reben und den angrenzenden französischen Garten aber vom Palast aus. Vor über 600 Jahren stand an der Stelle des Palácio da Bacalhôa ein Jagdhaus in gotischem Stil, das König João I. in seinen Besitz genommen hatte. Erst seine Nichte Beatriz und später Brás de Albuquerque, der Sohn des indischen Vizekönigs Afonso de Albuquerque, machten daraus den heutigen Renaissancepalast mit seinen beeindruckenden Azulejobildern und markanten Turmdächern, die wie übergroße Kuchen aus Sand aussehen. Nach der Ausrufung der Republik verfiel der Palast fast völlig. Die Eigentümer kümmerten sich um den Ausverkauf, nicht um seinen Erhalt. Als einige Azulejobilder aus den Wänden geschlagen und in die USA verkauft werden sollten, erinnerte man sich dann aber doch daran, dass der Palast mittlerweile unter Denkmalschutz stand. Stattdessen schickte die Interessentin aus den USA, Orlena Scoville, Geld nach Portugal, kaufte kurzerhand nicht nur die Fliesenbilder, sondern das ganze Anwesen, und ließ den Palast restaurieren, bevor sie ihn im Jahr 2000 weiterverkaufte. Im Innern erinnert der Palast eher an ein Kellergewölbe und beherbergt heute einige Sammlerstücke von Joe Berardo, dem

Gepflastert mit dem typischen Wellenmuster: Gassen in Sesimbra

484 Südlich von Lissabon

BVP-Haupteigner. Eine Lichterborde am Boden taucht die Azulejobilder, Statuen und Mosaike in dämmriges Licht und sorgt für eine fast sakrale Stimmung. Ein sehr lohnenswerter Besuch.

Anfahrt/Öffnungszeiten Estrada Nacional 10, Vila Fresca de Azeitão, ✆ 212180011. Nicht zu verfehlen wegen des schmiedeeisernen Zauns und der hohen Hecken. Besichtigung nur mit Führung und nach telefonischer Voranmeldung. Di–Sa 9–13 und 14–17 Uhr, So, Mo und Fei geschlossen. Eintritt 5 €, Kinder bis 12 J. frei.

Information/Verbindungen/Diverses

- *Information* Der Turismo befindet sich in Vila Nogueira de Azeitão neben dem Weingut José Maria da Fonseca: Rua José Augusto Coelho, 27, ✆ 212180729. Täglich 10–13 Uhr, Mo–Sa auch 14–18 Uhr. Die Informationen zu den örtlichen Sehenswürdigkeiten sind visuell nicht besonders ansprechend, dafür aber aktuell.
- *Bus* Es fahren in erster Linie Busse der Gesellschaft TST. Mit Ausnahme der Linien nach Coina und Portinho da Arrábida bedienen alle Busse beide Ortsteile. Zum Umsteigen eignet sich Vila Nogueira am besten: Hier halten alle Linien am Dorfplatz.

Ab *Lissabon*: Mit den Bussen der Linien 754 und 755 Lissabon–Setúbal („normal"). Abfahrt in die Praça de Espanha (Metro Praça de Espanha) und Alcântara-Terra. Täglich ein Bus pro Std. Fahrzeit ca. 40 Min. Karten am besten am Vorverkaufsschalter kaufen. Achtung: Die schnellen Direktbusse Lissabon–Setúbal der Linie 561 („via rápida") fahren nicht über Azeitão.

Nach *Cacilhas* (über Fogueteiro und Laranjeiro): Linie 783 Mo–Fr stündlich, Sa/So alle 2 Std. Fahrzeit ca. 40 Min. In Cacilhas Anschluss an die Fähren nach Lissabon.

Nach *Coina*: Mit der Linie 2N der Busgesellschaft SulFertagus bis zum Bahnhof Coina, wo Anschluss an die Fertagus-Züge nach Lissabon besteht. Mo–Fr stündlich, zur Rushhour alle 30 Min. Sa/So keine Busse.

Nach *Palmela*: TST-Linien 767 und 768 Mo–Fr jede Std. ein Bus, Sa/So alle 2 Std. Fahrzeit 25 Min.

Nach *Portinho da Arrábida* (via Casais da Serra): Nur im Juli und August am Wochenende und an Feiertagen zwei Busse der TST-Linie 256 hin und zurück.

Nach *Sesimbra* (via Aldeia da Piedade): TST-Linie 230 Mo–Fr 9-mal, Sa/So 6- bis 7-mal. Fahrzeit 30 Min.

Nach *Setúbal*: Linien 754 und 755 täglich stündlich. Fahrzeit 20 Min.

- *Post* Rua José Augusto Coelho, 166. In Vila Nogueira de Azeitão an der Straße Richtung Sesimbra.
- *Einkaufen* *São Simão Arte*, Vila Fresca de Azeitão, ✆ 212183135, ✆ 212190621. In Vila Fresca nahe der Abzweigung von Vila Nogueira nach Palmela. Kleine Azulejo-Manufaktur, in der die Fliesen kunstvoll von Hand bemalt werden. Man kann den Künstlern dabei über die Schulter schauen. Über den Innenhof erreicht man Verkaufsraum und Werkstatt. Eine der wenigen Firmen, die noch Azulejos im alten Format 14x14 cm und nicht in der Industrie-Größe 15x15 cm brennen. Die Firma entstand, als José Maria da Fonseca 1983 Azulejos für eine Renovierung brauchte. Verkauf einzelner Fliesen, z. B. kann man sich mit Ziffern und Buchstaben Namensschilder und Hausnummern zusammenstellen. Auch Auftragsarbeiten.

Übernachten

**** Estalagem Quinta das Torres, Vila Nogueira de Azeitão, ✆ 212180001, ✆ 212190607. An der Nationalstraße EN 10 in Richtung Vila Fresca, 500 m vom Ortszentrum Vila Nogueira de Azeitão entfernt (Bushalt der Linie nach Setúbal vor der Hofeinfahrt). Der Renaissancepalast aus dem Jahr 1570 liegt inmitten eines weitläufigen Parkgeländes und bietet eine luxuriöse Unterkunft. Im prunkvollen, Efeu bewachsenen Hauptgebäude findet man einen herrschaftlichen Empfangssalon. Innenhof mit Brunnen und Orangenbäumen. Hohe Decken, Fliesenböden und ältere Möbel zieren die 10 kühlen Zimmer. TV, Telefon und Schreibtisch sowie hübsche Bäder. Angeschlossen ist ein öffentlich zugängliches Restaurant. Am Wochenende häufig Hochzeitsgesellschaften, dann kann es etwas laut werden. DZ je nach Saison ab 70–100 € (mit Frühstück). Wer will, kann nach Voranmeldung an der Rezeption die Quinta besichtigen, auch ohne Gast zu sein.

Hotel Rural Club d'Azeitão, Quinta do Bom Pastor, Vila Fresca de Azeitão, ℡ 212198590, 📠 212191629, www.maisturismo.pt/clubaz. Hotel im Ortsteil Vila Fresca inmitten eines weitläufigen Landgutes in der Nähe der Quinta da Bacalhoa. Als „ländliches Hotel" ausnahmsweise ohne Sterne klassifiziert. Eine sehr herrschaftliche Anlage aus dem 17. Jh., früher im Besitz der Grafen von Carvalhais. Innen ist der alte Glanz nicht mehr ganz so deutlich zu spüren, die Einrichtung des 1993 eröffneten Hotels ist nüchtern-modern gehalten. 30 sehr großzügig geschnittene Zimmer mit Sat-TV, Minibar, Klimaanlage, Schreibtisch, gekachelten Böden und schönen Bädern mit Wanne. Außerdem noch kleinere Zimmer mit Dachschräge, die so genannten Quartos Lisboa Antiga. Großes Restaurant, in dem am Wochenende oft Hochzeiten gefeiert werden, dazu Garten mit Schwimmbad und Joggingpfad. DZ mit Frühstück je nach Saison 85–120 €

Turismo no Espaço Rural: Quinta da Arrábida, Casais da Serra, ℡ 212183433, 📠 212181266, www.quintadaarrabida.com. Bei Casais da Serra, etwa auf halbem Weg zwischen Azeitão und Sesimbra an der Landstraße 379. Ein enger, staubiger Weg führt zum Anwesen. Nur an Sommerwochenenden einige Busse der Linie Vila Nogueira de Azeitão–Portinho da Arrábida, daher Pkw nötig. Abgeschiedene, extrem ruhige Lage inmitten der Hügel der Serra da Arrábida. Weitläufiges, sehr grünes Grundstück mit Swimmingpool. Unterhalb des Herrenhauses der Besitzer liegen 2 kleine, architektonisch gelungene Ferienhäuser. Sehr lieblich im Landhausstil eingerichtet. Das kleine Haus, die Casa do Pinheiro, hat ein Schlafzimmer und fasst 2 Personen. Das größere Haus, die Casa do Forno, verfügt über 2 Schlafzimmer, ein Wohnzimmer mit Kamin und ist für 4 Personen gedacht. Beide Häuser haben je eine kleine Küche, Telefon und Sat-TV. Übernachtung mit Frühstück im kleinen Haus je nach Saison 65–85 €, im größeren Haus 90–120 €.

Turismo no Espaço Rural: Quinta da Piedade, Aldeia da Piedade, ℡ 212189381, 📠 212198778. Ca. 3 km von Vila Nogueira de Azeitão entfernt findet man an einer Nebenstraße das Weindörfchen Aldeia da Piedade (zu erreichen mit den Bussen nach Sesimbra). Die Quinta da Piedade liegt etwas abseits, von Weinbergen umgeben. Schwer zu finden, da nicht ausgeschildert: Durch Aldeia da Piedade bis zur Rua da Escola, dann links der Rua da Vitória bis zum Ende folgen. Dort rechts und gleich links auf einem schmalen Weg zum Haus. Das Grundstück ist nicht sehr weitläufig, besticht aber durch seine exponierte Lage. Von der großen Veranda, die an die 4 Zimmer anschließt, hat man einen wunderbaren Blick auf die Serra da Arrábida. Alle Gästezimmer des Landhauses sind in jeweils unterschiedlichen Farbtönen eingerichtet. Helles und freundliches Ambiente. Die Badezimmer befinden sich gegenüber auf dem Flur. Im Erdgeschoss großes Speise- und Wohnzimmer mit Kamin und Sitzgruppe. Schwimmbad im Garten. DZ mit Frühstück 70–80 €.

Agroturismo: Quinta de Santo Amaro, Aldeia da Piedade, ℡ 212189230, 📠 212189390. Das stattliche Landgut liegt am Rande des Weinörtchens Aldeia da Piedade (zu erreichen mit dem Bus der Linie Setúbal–Sesimbra). Anfahrt: Durch den Ort Aldeia da Piedade, dann geradeaus in die Rua Mariana Serpa, nach ca. 200 m ist das Gut auf der linken Seite nicht zu übersehen. Die 1755 völlig zerstörte und wieder aufgebaute Quinta hat nicht nur den Charme eines Landguts, der Gast fühlt sich auch in längst vergangene Zeiten zurückversetzt: eine Küche aus Urgroßmutters Zeiten mit wuchtigen Kupferkesseln, dazu antike Möbel, Azulejo verzierte Wände und geschnitzte Holzdecken. Außerdem ein großer Saal, der als Wohnzimmer für die Gäste dient und in dem es neben Gemälden, alten Büchern und schweren Kronleuchtern auch einen Kamin gibt. Im Garten Brunnen, Schwimmbecken und Tennisplatz. Sehenswert ist die eigene, mit Azulejos ausgekleidete Kapelle, die sonntags als Dorfkirche fungiert. Mindestaufenthalt sind 3 Nächte. DZ mit Frühstück 85 €.

Residencial Quinta do Rio, Quinta do Rio, Alto das Vinhas, ℡ 212189343, 📠 212189442, www.azenhadaordem.pt. Etwa 4 km von Vila Nogueira de Azeitão entfernt, an der Straße nach Sesimbra. Einfahrt von Azeitão kommend linker Hand in einer scharfen Rechtskurve kurz vor dem Ort Alto das Vinhas. Die Busse von Azeitão nach Sesimbra fahren an der Einfahrt vorbei. Landschaftlich schön gelegenes Landhaus inmitten von Weinbergen, Feldern und Pferdekoppeln. Schwimmbad, Tennisplatz, Minigolf

486 Südlich von Lissabon

und Reitmöglichkeit. 30 etwas altmodisch eingerichtete Zimmer. DZ mit Frühstück je nach Saison 40–70 €.

• *Camping* *** Picheleiros**, Estrada dos Picheleiros, Azeitão, ✆ 212181322. Abgeschieden in schöner Umgebung an den nördlichen Ausläufern der Serra da Arrábida gelegen, 4 km südlich von Vila Nogueira. Keine Busverbindung, aber schöner Fußweg (Wanderung s. S. 498). Ganzjährig geöffnet. Supermarkt und Snack-Bar sind vorhanden. Stellenweise wenig Schatten auf dem abschüssigen, terrassenförmig angelegten Gelände. Sanitäre Einrichtungen in gutem Zustand. Erwachsene zahlen 2,42 €, Zelt 2,14 €, Pkw 1,75 €. Für Portugiesen ist eine Campingkarte Pflicht, für Ausländer nicht.

Essen & Trinken

Probieren sollte man unbedingt die beiden regionalen Gebäcksspezialitäten von Vila Nogueira de Azeitão: *tortas*, gerollter Biskuitteig mit Eigelb-Zucker-Füllung, und *queijinhos de Azeitão*, wörtlich zwar „Azeitão-Käslein", tatsächlich aber sehr süße Eigelb-Nuss-Küchlein. Um richtigen Käse handelt es sich dagegen bei der dritten kulinarischen Spezialität des Ortes, dem *queijo de Azeitão*, ein 100 bis 250 Gramm schwerer, kreisrunder Schafskäse, der nur in der Region produziert werden darf. Der weiche Azeitão-Käse reift 20 Tage lang und erinnert mit seinem würzigen Aroma an die Gebirgskäse der mittelportugiesischen Serra da Estrela. Tatsächlich soll ein Käser aus dieser Region um 1830 die Herstellungstechnik nach Azeitão gebracht haben.

Restaurante Azeitão, Praça da República, 8 (Rossio), Vila Nogueira de Azeitão, ✆ 212188310. Gehobenes Restaurant in einem versteckten Winkel des Dorfplatzes von Vila Nogueira. Do Ruhetag. Hoher Saal, geschmackvoll rustikal eingerichtet und in angenehm gedämpftes Licht getaucht. An den zitronengelben Wänden Landwirtschaftsutensilien wie Dreschschlegel. Im Sommer auch Terrassenservice. Zu empfehlen die Fischsuppe mit frischem Koriander (*sopa de peixe*), gereicht in tiefen Tonschüsseln. Als Nachtisch die lokale Spezialität *tortas de Azeitão*, der Wirt schwört allerdings auf seine *mousse au chocolate*. Hin und wieder auch Fado-Abende. Hauptgerichte ab 9,55 €.

Sanfte Hügel in der Serra da Arrábida

- *Café* **Pastelaria Cego**, Rua José Augusto Coelho, 150, Vila Nogueira de Azeitão, ✆ 212180301. An der Straße Richtung Sesimbra. 8–23 Uhr, Di Ruhetag. Blind (port. *cego*) war der erste Konditor in der Rua José Augusto Coelho 150. Daher der Name der Pastelaria. Der heutige Konditor kann zwar sehen, hat aber den Namen trotzdem beibehalten. Kleiner, dämmriger Raum. Hinten in der Küche werden die leckeren *tortas* und *queijinhos de Azeitão* in Massen produziert.

Serra da Arrábida

Eindrucksvoller Gebirgszug entlang der Küste zwischen Setúbal und Sesimbra. Das üppige Grün des bis zu 500 m hohen Gebirges wird immer wieder von Sandbuchten unterbrochen, z. T. fällt die Küste steil ins Meer ab. Auf der Nordseite wachsen Wein und Oliven auf ockerfarbenen Böden. Vegetation und Klima muten mediterran an. Zahlreiche Wanderrouten führen zu herrlichen Aussichtspunkten.

Hier in der Serra da Arrábida sind noch Reste der ursprünglich sehr ausgedehnten mediterranen Wälder erhalten geblieben, die es in ihrem eigentlichen Verbreitungsgebiet, dem Mittelmeerraum, kaum mehr gibt. Ihr Erhalt ist nicht nur auf die günstigen klimatischen Bedingungen zurückzuführen, sondern auch auf alte Schutzdekrete der lokalen Fürsten, die ihr Jagdrevier verteidigen wollten. Den Geologen zufolge ist der Gebirgszug vor etwa 180 Millionen Jahren entstanden, als die Gegend noch unter Wasser stand. Die unregelmäßige Form der Berglandschaft hat zahlreiche verschiedene Mikroklimen mit einer reichen Flora entstehen lassen, darunter Steineichen, Meerkirschen und Lorbeerbäume. Unter den Felsen haben lokale Forscher in den vergangenen Jahren weitläufige Höhlensysteme entdeckt. Leider sind sie zum Großteil nicht der Öffentlichkeit zugänglich.

Doch obwohl mittlerweile Teil des Naturschutzgebiets Parque Natural da Arrábida, ist auch diese Idylle heute bedroht. Achtlos weggeworfene Zigaretten oder vorsätzlich verursachte Waldbrände, ein boomender Wochenendautoverkehr und zahlreiche Steinbrüche stellen eine Gefahr für das sensible Ökosystem dar. Insbesondere die monströse Secil-Zementfabrik von Outão westlich von Setúbal ist ein wahres optisches Attentat in dieser ansonsten so harmonischen Region. Seit 1904 existiert die mit einer Jahresproduktion von 2 Millionen Tonnen größte Zementfabrik Portugals, immer wieder wird ihre Betriebsgenehmigung verlängert. In den Öfen der Zementfabrik will die Regierung sogar Sondermüll verbrennen lassen. Und das, obwohl man die Serra da Arrábida der UNESCO als Weltnaturerbe vorschlagen möchte.

Die eigentliche Serra da Arrábida ist mit etwa 8 km Ausdehnung nicht sehr groß. Dazu kommen aber ihre Ausläufer: die Serra do Risco im Westen bei Sesimbra sowie im Osten die Serra de São Luís, die Serra dos Gaiteiros und zwischen Setúbal und Palmela die Serra do Louro. Insgesamt umfasst der Parque Natural da Arrábida 10.800 Hektar. Immer wieder beeindruckt der Kontrast zwischen Meer und Gebirge: In der Serra do Risco fallen die Klippen bis zu 380 m tief ins Meer ab – die höchste Steilküste Portugals, nur auf Madeira gibt es höhere Klippen.

Während die Serra da Arrábida die meiste Zeit des Jahres ein stilles Dasein führt, tummeln sich an Sommerwochenenden die Ausflügler und Badegäste an den **Stränden** der Region. Von Setúbal an der Küste entlang erreicht man nach 6 km Richtung Westen die Praia da Figueirinha, die sich um eine „Nase" des Gebirgszuges herum erstreckt. Wer sich im grobkörnigen Sand des breiten Strandes in der Sonne aalt, kann fast vergessen, dass die Betonfabrik nur ein paar Minuten entfernt ist. Lediglich in 3 km Luftlinie Distanz, aber unerreichbar, liegt die Halbinsel Tróia auf der anderen Seite des tiefblauen Meeres.

Weiter Richtung Westen stößt man in der nächsten Bucht auf den nächsten Sandstrand, die ebenfalls traumhafte, aber deutlich kleinere Praia de Galapos.

Der schönste Strand ist jedoch Portinho da Arrábida, zu dem eine kleine Abzweigung von der Küstenstraße führt. Über der runden Bucht mit ihrem langen Sandareal thronen die Berge der Serra da Arrábida und das gleichnamige Kloster. Den Wald um den Convento da Arrábida nannten die Mönche früher *Mata do Solitário* (= „Wald des Einsamen"). Er ist ein Stück ältesten portugiesischen Urwaldes und darf nicht betreten werden.

Information/Verbindungen

- *Informationen* Parque Natural da Arrábida/Instituto de Conservação da Natureza, Praça da República, Setúbal, ✆ 265541140, ✆ 265541155.
- *Bus* Leider gibt es weder über die Gebirgs- noch über die Küstenstraße durchgehende Busverbindungen. Anfang 2006 war zudem die Küstenstraße östlich von Portinho da Arrábida wegen Steinschlaggefahr gesperrt (und damit die Praia da Figueirinha nicht erreichbar). Sie sollte aber bis Ende 2006 wieder geöffnet werden.

Zur *Praia da Figueirinha*: Linie 723 im Juni und die erste Septemberhälfte stündlich, Juli und August jede halbe Std., sonst keine Busse direkt zum Strand. Fahrzeit ca. 15 Min. Ganzjährig Linie 751 ab Setúbal zum ca. 1 km entfernten Outão: Mo–Fr 8-mal, Sa/So 4-mal.

Zum *Portinho da Arrábida*: nur im Juli und August eine sehr sporadische Busverbindung ab Vila Nogueira de Azeitão. Lediglich zwei Busse Sa/So und Fei.

Übernachten

Privatzimmer: Casa d'Adôa, Casa 3, Portinho da Arrábida, ✆ 212180689 und 212198530, ✆ 212198538, www.casadaadoa.com. Nur März bis Oktober geöffnet. 200 Jahre altes Gebäude wenige Meter vom Meer entfernt. In der Umgebung nur einige Strandrestaurants, aber keine Geschäfte. 10 Zimmer mit Kühlschrank, TV, Klimaanlage und Heizung. Etwas altmodische Einrichtung. Eigene Bäder. Teilweise Meerblick. DZ je nach Größe 50–90 € (inkl. Frühstück).

Sehenswertes in der Serra da Arrábida

Convento da Arrábida: 250 m hoch über Portinho schmiegt sich der einsame Konvent an den Berg und bietet einen erstklassigen Ausblick über das Meer. Ab 1538 lebten hier mehrere Franziskanermönche in kleinen Felshöhlen. Vier Jahre später ließ der Herzog von Aveiro für sie die heutige Klosteranlage errichten – daher wird sie auch *Convento Novo* („neuer Konvent") genannt. Unter ihren ersten Bewohnern war der Heilige Petrus von Alcântara, ein bekannter spanischer Mönch. Als berühmtester Eremit des Convento da Arrábida gilt jedoch der Dichter Frei Agostinho da Cruz. Nach der Säkularisierung in Portugal musste das Kloster im Jahr 1834 aufgegeben werden. Es folgte ein langer Verfall – inzwischen war die Anlage in den Besitz der Herzöge von Palmela gelangt. 1990 erwarb die Fundação Oriente – eine Stiftung des Casino-Magnaten Stanley Ho aus Macao – den Konvent und begann mit dessen Restauration.

Das alte Kloster überrascht durch seine schlichte Architektur. Das abgeschiedene Leben der Franziskaner symbolisiert eine Mönchsstatue am Eingang: Sie hat Augen und Mund verschlossen. Etwas weiter innen erinnern zwei in die Decke des Ganges eingelassene Totenköpfe an die Vergänglichkeit des irdischen Lebens. Etwa 15 Ordensbrüder lebten hier in kleinen, weiß gekalkten Zellen – die Gebäude erinnern mit ihren engen Gassen etwas an ein südportugiesisches Dorf. Stündlich schlägt eine kleine Glocke – das Uhrwerk stammt übrigens aus dem Schwarzwald. Ansonsten herrscht hier oben eine wahrhaft himmlische Ruhe.

Anfahrt/Öffnungszeiten Nur per Auto bzw. Fahrrad über die malerische Bergstraße zu erreichen. Der Convento Novo befindet sich im Privatbesitz der Fundação Oriente, die hier in einem Anbau Konferenzen abhält, und ist ausschließlich nach Voranmeldung unter ✆ 212197620 zu besichtigen. Mi–So führt Herr Quirino jeweils um 15 Uhr auf Portugiesisch durch das Kloster.

Museu Oceanográfico: Das Museum ist in dem alten Fort Santa Maria aus dem Jahr 1670 am Südende der Bucht von Portinho da Arrábida untergebracht. Bis 1932 diente das Gebäude als Brauhaus, bis 1976 als staatliches Pousada-Hotel. Man sollte sich unter dem Meeresmuseum aber keinesfalls den kleinen Bruder des Ozeanariums in Lissabon vorstellen. Es gibt nur ein paar wenige, kleine Aquarien mit Fischen, Anemonen und Krustentieren aus der Region. Ansonsten lebt hier nichts mehr. Vielmehr handelt es sich um eine biologische Sammlung aus getrockneten, ausgestopften oder in Alkohol und Formol eingelegten Fischen, Fischföten, Meeressäugern und Wasservögeln. 1900 präparierte Luís Gonzaga do Nascimento, ein Forscher aus Setubal, die ersten Meerestiere. Mit seinem Nachlass wurde 1955 das Museum begründet.

⏰ ✆ 212189791. Di–Fr 10–16 Uhr, Sa 15–18 Uhr, So/Mo und Fei geschlossen, im August auch Sa. Eintritt 1,75 €, Kinder bis 12 J. 1,25 €.

Lapa de Santa Margarida: Eine der wenigen, begehbaren Felsenhöhlen im Raum Lissabon. Die Grotte der Heiligen Margarete scheint von Stalagmiten und Stalagtiten getragen, die sich berühren und zusammenwachsen. Nachdem sich die Augen an das Dunkel der Höhle gewöhnt haben, entdeckt man eine kuriose Kapelle mit dem Altar der Heiligen Margarete inmitten des Raumes. Eine in den Fels geschlagene Tür führt zur Sakristei. Wer in die Höhle eintritt, wird es erst hören, dann sehen: Die Grotte hat einen zweiten Ausgang hin zum Meer. Bei ruhigem Seegang wäre sie mit einem Fischerboot auch übers Wasser zu erreichen.

Anfahrt Vom Museu Oceanográfico der Straße 600 m nach oben folgen bis zum Lar de Férias da Casa do Gaiato, einem auffälligen, dreistöckigen Ferienhaus mit vielen Rundbögen. Gegenüber dem Eingang des Ferienhauses geht man in die Abzweigung zur Quinta Casal de Santa Margarida. Kurz vor dem Eingangstor führt eine eingewachsene, aber gut begehbare Treppe nach links. An Kakteen- und Sträucherwänden vorbei geht es zur Grotte.

Wanderungen in der Serra da Arrábida

Herrliche Wanderrouten ziehen sich durch die Ausläufer der Serra da Arrábida. Ob Serra do Louro, Serra de São Luís oder die Hügel um Azeitão, immer wieder öffnen sich phantastische Panoramablicke. Auch die mediterran anmutende Hügellandschaft kann begeistern.

Erforderlich sind einigermaßen festes Schuhwerk und eine wärmende Regenjacke, da das Wetter auch im Sommer ab und zu schnell umschlagen kann. Unter der Woche ist es ruhiger, aber auch am Wochenende wird man kaum viele Wanderer treffen. Bis auf Wanderung 4 sind alle Wanderungen auch mit dem Mountainbike befahrbar.

> **Die folgenden Wanderungen wurden mittels GPS kartiert.**
> Waypoint-Dateien zum Downloaden unter:
> www.michael-mueller-verlag.de/portugal/lissabon

- *Verbindungen* Die Anfangs- und Endpunkte der Wanderrouten sind alle sehr gut mit Bussen zu erreichen. Genaue Angaben s. unter den Orten Setúbal S. 502, Palmela S. 500, Azeitão S. 484 und Sesimbra S. 478.
- *Karten* Aus den Militärkarten der Serie M888 im Maßstab 1:25.000 passen die Blätter 454 (Wanderungen 1, 2, 3, 4, 5), 464 (Wanderung 5) und 465 (Wanderung 5). Bezugsquelle s. A–Z/Karten S. 84.
- *Hunde* Vor allem in der Gegend von Azeitão bereiten immer wieder Hunde Probleme. Leider lassen hin und wieder manche Besitzer die Einfahrtstore zu ihren Gehöften offen stehen und ihre Hunde frei laufen. Trifft man auf einen bellenden Hund auf dem Weg, sollte man zuerst in möglichst großem Abstand zur Hofeinfahrt versuchen, langsam an ihm vorüberzugehen. Manchmal hilft aber auch das nicht, dann bleibt nur, einen Umweg zu laufen.

Wanderung 1: Setúbal – Palmela (s. Karte S. 492/493)

> Die besten Aussichten auf Meer, Gebirge und die Städte
> Länge: 14 km, Dauer: 5 Std., Schwierigkeit: mittel (zahlreiche Anstiege mit insgesamt 600 Höhenmetern Differenz)

Los geht es in Setúbal: Die Stadt verlässt man über die Estrada do Castelo de São Filipe in Richtung Burg. Kurz vor dem Einfahrtstor zur Burg (**A1a**) der Straße nach rechts folgen, es sei denn, man möchte noch einen kurzen Abstecher zum Castelo unternehmen. Linker Hand der Straße eröffnet sich ein herrlicher Blick auf die Burg und Tróia inmitten des dunkelblauen Meeres, rechts auf der Bergkuppe stehen mehrere aufgelassene Windmühlen. Das Ende des Anstiegs ist an der Kreuzung beim Casal Moinho do Forte auf 140 Höhenmetern erreicht (**A1b**). Hier geradeaus nach unten – nach 100 m geht die Teerstraße in einen Feldweg über. Rechts unterhalb des Weges erstreckt sich die Grube eines alten Steinbruchs, im Hintergrund ist die Burg von Palmela gut zu sehen. Niedrige Kiefern säumen den Weg, der nach weiteren 400 m eine Kreuzung erreicht (**A1c**): Hier halb links durch das Tor zur Quinta do Viso Grande.

Die Quinta linker Hand liegen lassen und geradeaus dem steinigen Feldweg durch schöne Olivenhaine und Schafherden bis ins Tal zum Dorf Grelhal auf

100 Höhenmetern folgen. Dort am Ende des Wegs nach links in die Teerstraße abbiegen (**A1d**). Diese mündet bald in einen schattigen, schmalen Fußweg. Auf diesem ehemaligen Römerweg erreicht man nach 500 m die Nationalstraße EN 10 (hier auch Bushalt der Linie Azeitão–Setúbal). Die EN 10 etwa 400 m nach links Richtung Azeitão entlang, dann nach rechts (**A1e**) in die Nebenstraße zur Capela de São Luís da Serra. Der steile Anstieg auf der wenig schattigen Kiesstraße ist mühevoll, wird aber oben auf einer Höhe von 175 m über dem Meer durch eine wunderbare Aussicht belohnt: Setúbal, das Meer und die Hügellandschaft der Serra da Arrábida liegen einem zu Füßen. Ein Picknickbereich unter schattigen Kiefern neben der blau-weißen Kapelle bietet sich für eine Pause an.

Anschließend den Weg, auf dem man zur Kapelle gekommen ist, 150 m zurückgehen und dann nach links in einen Fußweg einbiegen (**A1f**), der auf der Höhe der Kapelle das Bergmassiv der Serra de São Luís in Richtung Nordosten umläuft. Während der Umrundung der Serra de São Luís eröffnen sich immer wieder schöne Blicke auf Setúbal und das Sadodelta. Der Duft von Eukalyptusbäumen liegt in der Luft.

An der Abzweigung nach 400 m geht es den steinigen Weg links hoch (**A1g**), an der nächsten Abzweigung dagegen geradeaus. Nach 500 m stößt man auf einen der zahlreichen stillgelegten Steinbrüche in der Region. An der Gabelung hinter dem Steinbruch den Weg nach links hoch zu einem zweiten Steinbruch. An der folgenden Abzweigung dagegen nach rechts. Im Osten ist das nächste Zwischenziel gut zu erkennen: die Antennen auf der Spitze der Serra dos Gaiteiros.

Nach 150 m an der nächsten Gabelung geradeaus. Hier hat man 221 Höhenmeter erreicht – der Weg geht nun nach unten. Dabei passiert man einen dritten Steinbruch: Hier (**A1h**) nach rechts auf der teilweise geteerten Straße ins Tal hinunter. Unten im Tal auf die Schotterpiste nach rechts einbiegen. Durch Getreidefelder und Olivenhaine sind es noch 700 m bis zur Straße, der man nach rechts Richtung Osten folgt (**A1i**). Setúbal liegt nun wieder zum Greifen nahe. Nach 800 m zweigt in einer lang gezogenen Linkskurve ein steiniger Fußweg nach links Richtung Norden (**A1j**) ab. Es folgt der Aufstieg in die Serra dos Gaiteiros von 110 auf 210 Höhenmeter: Mit ihrem niedrigen Gebüsch könnte die Landschaft der Macchia Sardiniens oder einer kroatischen Insel entsprungen sein.

Oben auf dem Kamm der Serra dos Gaiteiros angekommen der Straße nach rechts folgen, bis nach 800 m Antennen erreicht werden. Am Parkplatz etwa 100 m vor dem Tor zur zweiten Antenne nach rechts in den Fußweg (**A1k**). Orchideen säumen den Pfad – einige Meter weiter hat man den bestmöglichen Blick auf das Castelo von Palmela, das majestätisch den gegenüberliegenden Hügel beherrscht. Weiter geradeaus dem kleinen, teilweise recht abschüssigen Pfad folgen, bis dieser auf einen breiteren Feldweg stößt. Hier links ins Tal hinab bis zum Dorf Bezelga.

An der Landstraße in Bezelga gleich links über die Brücke. Die zweite Abzweigung links rein (**A1l**). Es kostet einige Mühe, auf der staubigen, kurvenreichen Straße von 40 auf 170 Höhenmeter aufzusteigen, um schließlich nach etwa 1,5 km Palmela zu erreichen.

In Palmela angekommen kann man am Ende der Rua Afonso de Albuquerque nach links abbiegen, um zum Busbahnhof zu gelangen. Lohnenswert ist aber ein Abstecher nach rechts hinauf zur Burg auf 232 Höhenmetern. Oben auf

Wanderung 2: Setúbal – Azeitão (s. Karte S. 492/493)

> Durch Kiefernwälder, Olivenhaine und Korkeichenfelder
> Länge: 13 km, Dauer: 4 Std., Schwierigkeit: einfach

Der Anfang von Setúbal bis zur Capela de São Luís da Serra ist identisch mit Wanderung 1 (alternativ kann man auch erst am Bushalt der Linie Lissabon–Azeitão–Setúbal im Dorf Grelhal starten). Beide Wanderungen trennen sich an der Capela de São Luís da Serra: Hier folgt diese Wanderung dem Weg Richtung Westen, der am Picknickbereich neben der Kapelle beginnt. Anfangs verläuft der steinige Weg auf gleicher Höhe wie die Kapelle, dann geht es nach unten. Nach 400 m erreicht man einen größeren Feldweg, in den man nach rechts einbiegt. Parallel zur weiter südlich verlaufenden Nationalstraße EN 10 geht es nun Richtung Westen.

Libellen schweben in der Luft, immer wieder huschen Kaninchen durch die Strauchlandschaft, zahlreiche Patronen am Wegesrand zeugen von der letzten Jagdsaison. Nach 700 m mündet der Feldweg in eine Schotterpiste – hier geht es nach rechts (**A2a**). 800 m weiter, ca. 100 m hinter einem Wassertank auf der linken Seite und kurz vor dem Ende der Steigung, biegt ein Weg nach links (**A2b**) in Richtung eines Kiefernwäldchens ab. Er folgt der Grenzlinie zwischen den Kreisen Setúbal und Palmela – aufmerksame Beobachter können die Grenzsteine am Wegesrand entdecken.

Immer dem Hauptweg entlang, bis man nach etwa 700 m den höchsten Punkt der Wanderung auf 179 Höhenmetern erreicht hat – es öffnen sich herrliche Ausblicke auf die gegenüberliegende Serra de São Francisco. Kurz nach dem Beginn des Abstiegs stößt man

Wanderung 2: Setúbal – Azeitão

in einer Rechtskurve auf einen grünen Metallzaun an einer Weggabelung: hier links in den kleinen abschüssigen Pfad **(A2c)**. 90 m weiter an der nächsten Gabelung erneut nach links und dann immer geradeaus bis nach einem 600 m langen, schattigen Weg das Tal erreicht ist.

Unten im Tal des Baches Ribeira do Alcube angekommen, dem Feldweg nach links folgen **(A2d)**. Durch prächtige Korkeichen, Orangengärten und Olivenhaine wandert man immer parallel zur Ribeira do Alcube, bis nach 1,6 km eine Teerstraße erreicht wird, der man nach

rechts folgt **(A2e)**. Die Teerstraße führt stetig aufwärts, beginnend bei 50 Höhenmetern, bis man auf 162 Höhenmetern die Capela do Alto das Necessidades und die Kreuzung mit der Nationalstraße EN 10 erreicht hat.

Die Nationalstraße überqueren (Vorsicht starker Verkehr) und nach wenigen Metern in den Feldweg halb links einbiegen. An der Gabelung nach 200 m rechts halten. An der folgenden Abzweigung halb links, bis man nach 500 m das Busdepot von Vila Fresca de Azeitão erreicht (wer in den Ortsteil Vila Nogueira de

Azeitão will, kann hier geradeaus weiter – s. Wanderung 3). In die Straße am Busdepot rechts rein: Nach wenigen Metern hat man die EN 10 und den Busbahnhof von Vila Fresca de Azeitão erreicht. Auf der anderen Straßenseite ist die Quinta da Bacalhôa nicht zu übersehen (s. Azeitão).

Wanderung 3: Palmela – Azeitão (s. Karte S. 492/493)

Windmühlen-Wanderung auf dem Kamm der Serra do Louro
Länge: 15 km, Dauer: 3,5 Std., Schwierigkeit: einfach

Startpunkt ist der Busbahnhof von Palmela. Am Kreisverkehr auf dessen Westseite geht es die Rua Helena Cardoso in Richtung Serra do Louro nach oben. Nach etwa 300 m links dem kleinen, ansteigenden Feldweg folgen (A3a). Eine Windmühle reiht sich hier n die andere. Auch wenn es sehr nach Privatgelände aussieht, kann man an der vierten Mühle vorbeigehen. Dann spaziert man auf dem felsigen, spärlich bewachsenen Grat der Serra do Louro entlang.

Schmetterlinge flattern durch die Luft, Eidechsen bringen sich aufgeschreckt in Sicherheit, Heuschrecken zirpen inmitten blühender Disteln. Auf beiden Seiten eröffnen sich weit reichende Aussichten: auf der Südseite zur Serra dos Gaiteiros, zur Serra de São Luís und bis nach Setúbal, auf der Nordseite zur Quinta do Anjo und hinten im Dunst bis zum Tejodelta mit Lissabon. Während der Kupfer- und Steinzeit wohnten hier oben Menschen in der längst verfallenen Siedlung Chibanes – wer Glück hat, kann den Archäologen bei ihrer Arbeit zusehen.

Nach etwa 3 km, kurz hinter der letzten aus einer Gruppe von fünf Windmühlen, verlässt man den Grat und folgt einem breiteren Weg nach unten (A3b). Nun verläuft die Route immer parallel zum Grat, etwas unterhalb auf dessen Nordseite (phasenweise haben ihn die Nationalparkwächter weiß-rot markiert). Nach 900 m entlang vereinzelter, knorriger Korkeichen geht es an einer Abzweigung nach links (A3c). Am Wegesrand einige Picknickbänke unter hohen Kiefern.

1 km weiter stößt der Feldweg auf eine kleine Teerstraße: hier nach links (A3d). Nach 50 m auf der Straße gleich rechts unter einer Überlandstromleitung hindurch und auf den Grat der Serra de São Francisco hinauf. Beim Blick zurück sieht man eine weitere Windmühle – insgesamt stehen 14 Windmühlen entlang dieser Wanderung. Die Serra de São Francisco ist die Verlängerung der Serra do Louro mit ähnlich guter Aussicht: links erstreckt sich die Halbinsel Tróia zwischen Atlantik und Sado, rechts ist in der Ebene die Coca-Cola-Fabrik von São Gonçalo zu sehen. Auf diesem Wegabschnitt können ein paar bellende Hunde anzutreffen sein, die aber normal nur ihre Grundstücke verteidigen und Fußgänger durchlassen.

Nach 3 km endet der Weg an der Capela do Alto das Necessidades und mündet in die Nationalstraße EN 10. Diese stark befahrene Straße überqueren und ihr ein paar Meter nach rechts folgen, bis man nach links in den ersten Feldweg einbiegt. An der nächsten Gabelung rechts, die übernächste dann halb links. Nach 300 m passiert man die Hinterhöfe des Busdepots von Vila Fresca de Azeitão. Wer will, kann hier am Busbahnhof von Vila Fresca de Azeitão die Wanderung beenden (zur Haltestelle geht es nach rechts).

Wanderung 4: Azeitão – Picheleiros – Azeitão

Auf dem Weg nach oben: Wanderung in der Serra de São Luís

Es lohnt sich aber, noch bis zum Ortsteil Vila Nogueira weiterzuwandern, sowohl wegen der schönen Weinberge als auch um dort die lokalen Gebäckspezialitäten zu kosten (s. Azeitão). Dazu biegt man nach dem Ende der Umzäunung des Busdepots links ab (**A3e**). Hinter einigen Villen erreicht man nach 800 m vier Kiefern auf einem freien Feld. Dort rechts (**A3f**) in die Rua da Califórnia abbiegen und 1,5 km immer geradeaus durch die Weinberge.

Die Kreuzung mit der Landstraße Richtung Picheleiros überqueren – nun ist der Ortsteil Vila Nogueira erreicht. In die dritte Straße nach dieser Kreuzung rechts abbiegen (**A3g**, Rua Helena da Conceição dos Santos e Silva). Bald stehen wir im Zentrum von Azeitão am Weingut José Maria da Fonseca. Zu den Bussen sind es noch 200 m nach rechts bis zum Hauptplatz von Azeitão, dem Rossio.

Wanderung 4: Azeitão – Picheleiros – Azeitão (s. Karte S. 496/497)

Rundweg durch die sanften Hügel von Azeitão
Länge: 12 km, Dauer: 3 Std. 30 Min., Schwierigkeit: einfach

Start ist am Busbahnhof von Vila Fresca de Azeitão. Direkt neben dem Busbahnhof von der Hauptstraße abbiegen und dem Schild „Centro de Inspecções" folgen. An der ersten, hinteren Ecke des Busdepots nach rechts und nach 50 m gleich in die erste Abbiegung nach links (**A4a**). Diesem Weg folgt man 400 m geradeaus nach oben. Wenn linker Hand einige verlassene Windmühlen stehen, an der Abzweigung rechts rein (**A4b**). Es geht noch ein Stück weiter nach oben, bis auf 212 Höhenmetern die verlassene Windmühle von Cuco er-

496 Südlich von Lissabon

reicht ist. Hier öffnet sich ein fast perfekter Rundblick von der Sadomündung über die Serra da Arrábida zu den Hügeln von Picheleiros und Azeitão.

An der nächsten Wegkreuzung in 600 m Entfernung links abbiegen (**A4c**), um den Hang nach unten zu gelangen. Unten am Landgut Quinta do Paraíso angekommen rechts abbiegen und etwa 600 m geradeaus bis zur Teerstraße in Alto das Rosas (**A4d**). Dieser nach links Richtung Picheleiros folgen.

An der nächsten Straßenabzweigung geradeaus bis zu einer Kreuzung (**A4e**), wo man sich rechts in Richtung des ausgeschilderten Campingplatzes Picheleiros hält. Die Teerstraße führt 1,3 km steil nach oben und dann wieder nach unten. Am Eingang des Campingplatzes vorbei und entlang des Zaunes nach oben, immer dem Hauptweg entlang. Nach 1,3 km findet man in einer Linkskurve einen kleinen Wegstein namens „TM 65", außerdem stehen sowohl rechter Hand als auch geradeaus mehrere Kiefern. An dieser Stelle geht es rechts ab (**A4f**).

An den nächsten beiden Kreuzungen nach etwa 800 und 900 m geradeaus. Nochmal 300 m weiter biegt der Waldweg in einem Wegdreieck nach links ab (**A4g**). Hier geradeaus den kleinen Hügel nach oben; der Weg wird nun enger und geht in einen Trampelpfad über, der sich durch die Buschlandschaft nach unten windet. Nach 100 m dem Weg links folgen, 60 m dann nach rechts dem Wegweiser des Nationalparks folgen. Während der Jagdsaison im Oktober ist diese Gegend sehr beliebt, um Hasen zu schießen – das zeigen auch die Unmengen Schrotpatronen überall im Wald. Dann sollte man etwas vorsichtiger sein und die Wege nicht verlassen.

Durch Kiefern und stachlige Büsche führt der bei Regen glitschige Pfad nach

unten (lange Hosen empfehlenswert!), bis er dort auf einen breiteren Weg stößt, dem man nach links folgt (**A4h**). An der nächsten Weggabelung geradeaus, an der darauf folgenden zwischen zwei Korkeichen hindurch nach rechts (**A4i**). Nun immer geradeaus an Felsklippen vorbei nach oben. Dort geht es nach rechts auf einen Feldweg in besserem Zustand. Hier oben genießt man einen schönen Blick auf die Serra da

Wanderung 4:
Azeitão – Picheleiros – Azeitão

Wanderung 5:
Azeitão – Sesimbra

Arrábida und bis nach Lissabon. An der nächsten Abzweigung nach 100 m halb links (**A4j**) und dann immer geradeaus, bis nach 1,3 km das Dorf Aldeia de Irmãos erreicht ist (**A4k**).

In Aldeia de Irmãos stößt man auf die Hauptstraße von Sesimbra nach Azeitão. Zuerst nach rechts, und dann nach 50 m links zum Ortskern des Nachbardorfes Oleiros. Am hübschen Ortsplatz rechts halten, nach etwa 500 m gelangt man erneut auf die Hauptstraße Sesimbra–Azeitão, der man nun nach links folgt (Achtung Verkehr!). Einige Schritte weiter erreicht man Vila Nogueira de Azeitão. Hier bietet es sich am Ende der anstrengenden Wanderung an, in einem der Cafés die lokalen Gebäckspezialitäten *tortas* oder *queijinhos* zu kosten (s. Azeitão).

Wanderung 5: Azeitão – Sesimbra (s. Karte S. 496/497)

Durch Landgüter und Korkeichen auf die Burg von Sesimbra
Länge: 17 km, Dauer: 5 Std., Schwierigkeit: einfach

Start ist die Bushaltestelle am Hauptplatz von Vila Nogueira de Azeitão, dem Rossio. Die Hauptstraße Richtung Sesimbra am Weingut José Maria da Fonseca vorbei und dann nach links in die Rua Helena da Conceição dos Santos e Silva (**A5a**). Durch Weinberge mit Blick bis nach Lissabon geht es 2,5 km immer geradeaus den Hauptweg entlang (in einer Linkskurve nach 2 km nicht rechts abbiegen, sondern halb links halten).

Nach einem kleinen Abstieg trifft der Weg auf eine asphaltierte Nebenstraße (**A5b**). Der Straße nach rechts bis zum Eingang des Campingplatzes Picheleiros folgen. Linker Hand am Eingang vorbei und entlang des Zaunes nach oben. Oben angekommen geht es, stets auf dem Hauptweg bleibend, bis zum 2 km entfernten Landgut Quinta do Ramada. Dabei durchquert man herrliche Korkeichenfelder – es ist noch gut zu erkennen, wann die Stämme das letzte Mal geschält wurden.

An der Weggabelung neben der Quinta do Ramada nicht nach rechts Richtung Quinta da Serra, sondern nach links Richtung Casais da Serra. Immer geradeaus, bis nach 1,5 km im Dorf Casais da Serra die Straße von Aldeia da Piedade nach Portinho da Arrábida erreicht ist (**A5c**) – hier gibt es auch eine Einkehrmöglichkeit im örtlichen Restaurant. Der asphaltierten Straße etwa 250 m entlang nach links Richtung Süden folgen. Dort nach rechts in eine breite Schotterpiste Richtung des westlich gelegenen Landguts Casal do Desembargador (hier ist der Weg weiß-rot markiert). Nun geht es etwa 4 km durch die Wiesen, Viehweiden und Felder auf dem riesigen Großgrundbesitz des Herzogs von Palmela, vorbei an verfallenen und noch bewirtschafteten Landgütern. Im Besitz des Duque de Palmela ist auch die prächtige Quinta do Calhariz, deren Anwesen sich auf einer Anhöhe nördlich des Weges erstreckt. Im Süden kann man die Steinbrüche von Pedreiras erkennen, die sich in die Serra da Arrábida hineingefressen haben. Die Schotterpiste endet im Dorf Boeiro, wo man der Asphaltstraße nach rechts folgt (**A5d**). Geradeaus geht es durch den sich anschließenden Ort Pedreiras, bis man an der Grundschule (*Escola Primária*) nach rechts auf die Landstraße Nr. 525 Richtung Santana abbiegt.

Nun folgt ein etwas unangenehmer Teil der Wanderung: Vor allem an Werktagen fahren hier zahlreiche Lkw zu den nahe gelegenen Steinbrüchen. Nach 1,9 km geht die Straße im Ort Sampaio in die Straße Nr. 379 aus Azeitão über (**A5e**). Nach 300 m ist an einem Kreisverkehr der nächste Ort Santana erreicht (Bushalt). Santana geradeaus Richtung Sesimbra durchqueren. An der dritten Abzweigung nach dem Kreisverkehr biegt die Straße nach Sesimbra links hinunter ab. Man hält sich hier jedoch geradeaus Richtung Cabo Espichel. 400 m weiter an der Kirche dann nach links in Richtung Castelo abbiegen (**A5f**).

300 m weiter geht es nach rechts. Kurz darauf steht man am Beginn der Auffahrt zur Burg: Direkt links neben der großen Tafel mit den Öffnungszeiten beginnt der Fußweg zur Burg. Nach etwa 100 m geht es an der Wegkreuzung

nach rechts (**A5g**). Am Nordosttor erreicht man die Burg nach einem Anstieg auf 241 m Höhe. Nun liegen einem das Meer und Sesimbra zu Füßen. Die Burg verlässt man auf dem gleichen Weg wieder, nur dass man an der Wegkreuzung (**A5g**) nach rechts in das Tal hinunter abbiegt. Der steile, hin und wieder etwas rutschige Weg endet in Sesimbra an einer Straßenkreuzung (**A5h**). Dort geradeaus führt die Rua Conselheiro Ramada Curto direkt ins Stadtzentrum hinunter, wo man auch den Busbahnhof findet (s. Sesimbra).

Palmela
(14.600 Einwohner)

Ein hübsches, verwinkeltes Städtchen auf der höchsten Erhebung des zur Serra da Arrábida gehörenden Gebirgszuges Serra do Louro. Die Bewohner leben hauptsächlich vom Weinbau; im Herbst findet hier das reizvollste Weinfest in Lissabons Nähe statt. Vom Burgberg bietet sich eine phantastische Sicht auf die Umgebung.

Das **Castelo** beherrscht Palmela – ohne die Burg wäre der Ort gar nicht denkbar. Der Aufstieg ist mühsam, lohnt angesichts des Panorama-Blicks aber allemal. Die strategische Lage nutzten bereits die Mauren, um hier eine Festung zu errichten. Im 12. Jh. wechselte die Festung mehrmals zwischen Mauren und Christen den Besitzer, bevor sie 1205 König Dom Sancho I. endgültig einnahm und dem Ritterorden von Santiago übergab. Die Rittermönche lebten bis zur Auflösung aller religiöser Orden im Jahr 1834 auf der Burg. Dann verfiel die Anlage zusehends, bis sie die Regierung 1945 renovieren und den ehemaligen Klosterbau in ein staatliches Pousada-Hotel verwandeln ließ. Kurioserweise hat man damals auch ein inzwischen still gelegtes Schwimmbad im hinteren Teil der Burg gebaut. Es will so gar nicht in die mittelalterliche Umgebung passen, fällt aber nicht weiter auf.

Vom mächtigen Eingangstor der Burg sind es nur ein paar Schritte zur **Igreja Santa Maria do Castelo** aus dem 12. Jh. Wie bei der Igreja do Carmo in Lissabon, sind auch von ihr seit dem Erdbeben von 1755 nur noch Ruinen zu sehen. Die spätgotische **Igreja de Santiago** aus dem Jahr 1480 ist dagegen gut erhalten. Das Altarbild zeigt den hl. Jakob (=Santiago), den Schutzpatron der Reconquista, im Kampf gegen die Mauren. Hinter der Kirche bietet eine etwas versteckte Aussichtsterrasse einen schönen Blick auf Setúbal und den gegenüberliegenden Bergzug der Serra dos Gaiteiros mit ihren Radio- und TV-Antennen. Das Burgcafé D. Sancho bietet sich mit seiner Terrasse für eine Pause nach dem anstrengenden Aufstieg an. Nebenan stellt das städtische Archäologiemuseum **Museu Municipal** lokale Fundstücke aus.

Öffnungszeiten ✆ 212338180. Santiago-Kirche und Museum Di–So 10–12.30 und 14–18 Uhr, Mo und Fei geschlossen. Eintritt frei. Die Burganlage ist immer zugänglich.

Ein wahres Schmuckstück ist die von Palmen bestandene **Igreja Matriz de São Pedro** aus dem 18. Jh. im Ort. Herrliche Azulejo-Kunst bedeckt die Wände im Innern; dargestellt werden die Stationen im Leben des hl. Petrus. Diese Kirche hat der Architekt António Rodrigues entworfen, er war auch für die Igreja Santa Maria da Graça in Setúbal verantwortlich. Gegenüber fällt das Rathaus **Paços do Concelho** mit seiner eleganten, von Treppen gesäumten Säulenfassade ins Auge.

500 Südlich von Lissabon

Nicht weit entfernt kann man an einem **Aussichtspunkt** unter Weinlauben weit in das Sado-Flussdelta und bis in den Alentejo blicken. Nebenan stehen ein paar alte Windmühlen, teilweise zu Radiosendern umfunktioniert. Gut zu sehen sind auch die zahlreichen Weinberge Palmelas, auf denen vor allem die portugiesische Rebsorte Castelão angebaut wird. Sie ist an die hier vorherrschenden sandigen Böden gut angepasst.

Information/Verbindungen/Diverses

* *Information* Turismo innerhalb der Burganlage, ✆ 212332122. Mo–Fr 10–12.30 und 14–17.30 Uhr, Sa/So 10–13 und 15–17.30 Uhr. Im Sommer teilweise länger offen.
* *Bus* Nach Palmela fahren Busse der Gesellschaft TST. Der Busbahnhof liegt am unteren Rand der Altstadt.
Von *Lissabon*: Linie 565 ab Gare do Oriente (Metro Oriente) Mo–Fr stündlich, Sa/So alle 2 Std. Fahrzeit 45 Min.
Von *Setúbal*: Busse der Linien 767 und 768 Mo–Fr alle 30 Min, Sa/So jede Std. Fahrzeit 20 Min.
Nach *Vila Nogueira de Azeitão*: Busse der Linien 767 und 768 Mo–Fr jede Std. ein Bus, Sa/So alle 2 Std. Fahrzeit 25 Min.
* *Stadtbus* Ein Kleinbus fährt vom Busbahnhof über Rossio, Rathaus Câmara Municipal, Largo 5 de Outubro und weiter. Zur Burg am Rathaus aussteigen. Mo–Fr alle 40 Min., Sa vormittags alle 45 Min., Sa nachmittags und So keine Busse.

Palmela

Rathaus und Burg von Palmela

- *Zug* Der Bahnhof von Palmela auf der Strecke Lissabon–Setúbal liegt ca. 4 km außerhalb der Stadt. Es gibt nur eine schlechte Anbindung ins Zentrum, daher sollte man besser mit dem Bus anreisen.
- *Polizei* GNR, Rua Heliodoro Salgado, 34, ✆ 212350006.
- *Weinverkauf* Casa-Mãe da Rota dos Vinhos da Costa Azul, Largo São João Baptista, ✆ 212334398. Neben der Kirche oberhalb des Busbahnhofes. Offizieller Verkauf der regionalen Weine von Palmela bis Azeitão.
- *Weinfest* Das Fest findet traditionell am ersten Wochenende im September von Donnerstag bis Dienstag statt. Sonntags wird eine symbolische Weinernte zelebriert, danach zieht man zum Kirchplatz, wo die Trauben zerstampft und während der Messe gesegnet werden. Den daraus hergestellten Wein bekommt die Kirche später als Messwein. Nachmittags findet ein Wagenzug statt, der unter einem jährlich wechselnden Motto steht. An den anderen Tagen gibt es traditionellerweise Fado- und Rock-Konzerte sowie ein Feuerwerk auf der Burg.

Übernachten

Pousada de Palmela (4), Castelo de Palmela, ✆ 212351226, ✉ 212330440, www.pousadas.pt. Ein altes Klostergebäude aus dem 15. Jh. beherbergt die Pousada in exquisiter Lage auf dem Burgberg. In 238 m Höhe über dem Meer genießt man von fast allen 28 Zimmern das phantastische Panorama der Serra da Arrábida und der Mündungsbucht des Rio Sado. Der Kreuzgang dient als Frühstücksraum. Die Zimmer sind schlicht und geschmackvoll im Stil des ehemaligen Klosters eingerichtet. Telefon, Sat-TV und Radio gehören zur Ausstattung. DZ mit Frühstück je nach Saison 125–195 €.

2.ª **Residencial Varandazul (2)**, Rua Hermenegildo Capelo, 3, ✆ 212331451, ✉ 212331454, http://varandazul.planetaclix.pt. Im Ortskern gelegene, ansprechende Pension mit 17 Zimmern. Alle mit Sat-TV, Radio, Telefon und Klimaanlage ausgestattet. Eigenes Bad mit Fön. Das Haus hat eine schöne Terrasse und eine Bar. DZ mit Frühstück je nach Saison 45–60 €.

Essen & Trinken (s. Karte S. 500)

Retiro Azul (1), Largo do Chafariz Dona Maria I, 3, ✆ 212350021. Neben dem Busbahnhof, Eingang etwas versteckt zwischen BPI-Bank und dem Café Retiro Azul. Täglich offen. Schöne Einrichtung. Beleuchtete Glasbilder mit Motiven der Umgebung. Spezialitäten sind *tortilha à Retiro Azul* (Bratkartoffeln mit Eiern), *arroz de tamboril* (Reiseintopf mit Seeteufel) und *arroz de pato no forno* (im Ofen gebratener Reis mit Ente). Zu empfehlen ist aber auch *secretos de porco preto* (schwarzes Landschwein). Hauptgerichte ab 9 €.

O Correio Mor (3), Rua dos Aviadores Gago Coutinho e Sacadura Cabral, 56, ✆ 210822755. Auf dem Weg vom Largo São João Baptista zur Burg. So Ruhetag. Hell und schlicht eingerichtet, ein Fernseher unterhält die Gäste. In der Ecke hält eine Kühltheke Nachtische und Weißweine frisch. Zahlreiche Briefmarken sind in Schaukästen ausgestellt, getreu dem Namen „Hauptpostamt". Dem Restaurant angeschlossen ist allerdings keine Postfiliale, sondern ein Laden für Nähbedarf. Reichhaltige Portionen ab 7 €.

Setúbal (85.000 Einwohner)

Die Distrikthauptstadt liegt etwa 50 km südlich von Lissabon am Mündungsbecken des Rio Sado, geschützt durch die vorgelagerte Halbinsel Tróia. Das Stadtbild prägen neben der hübschen Altstadt auch moderne Wohnblocks in den äußeren Stadtbezirken, einige Industrieanlagen entlang des Sado und der ausgedehnte Hafen.

Die **Altstadt** bietet mit ihren kleinen, verwinkelten Gassen ein gefälliges Bild. Mittelpunkt des Zentrums ist die belebte, gepflasterte Praça de Bocage – benannt nach der hier befindlichen Statue des Dichters und Literaturtheoretikers Bocage. Zum Verweilen in gemütlichen Straßenrestaurants lädt die Palmenallee **Avenida Luísa Todi** ein, die sich entlang des Hafens quer durch das ganze Zentrum zieht.

Setúbal ist als Fischerei- und Industriezentrum wirtschaftlich von großer Bedeutung. Viele Menschen aus dem trockenen und armen Alentejo, der unmittelbar an Setúbal grenzt, ließen sich hier nieder, um Arbeit zu finden. Nicht allen gelang dies, und so steht die Stadt heute auch für die schärfsten sozialen Probleme Portugals.

Information/Verbindungen/Diverses

• *Information* Turismo der Stadt Setúbal in der Casa do Corpo Santo in der Nähe des Bahnhofs Praça do Quebedo: Praça de Santa Maria, ✆/✉ 265534222. Mo–Sa 9.30–12.30 und 14–18 Uhr, So und Fei 14–18 Uhr.
Turismo der Touristenregion Costa Azul in der Nähe der Av. Luísa Todi: Travessa Frei Gaspar, 10, ✆ 265539120, ✉ 265539128. Di–Fr 9.30–18 Uhr, Mo und Sa 9.30–12.30 und 14–18 Uhr, So und Fei geschlossen. Infos auch zu den anderen Orten südlich von Lissabon. Viele Prospekte und Stadtpläne. Unserer Erfahrung nach allerdings wenig hilfreich, wenn es um die Suche nach praktischen Informationen geht.

• *Zug* Die Stadt hat 2 Bahnhöfe: Setúbal (Hauptbahnhof) und der näher an der Altstadt gelegene Bahnhof Praça do Quebedo. Die Fertagus-Züge halten aber nur am Hauptbahnhof. Von dort fahren die Stadtbusse 605, 609 und 614 ins Zentrum (Mo-Fr etwa alle 20 Min., Sa/So stündlich).
Von *Lissabon* mit der Privatbahn Fertagus (Achtung: spezielle Fahrkartenautomaten). Ab den Bahnhöfen Lissabon Roma-Areeiro (Metro Areeiro), Entrecampos (Metro Entrecampos) und Sete Rios (Metro Jardim Zoológico) über Pragal (Almada) und Pinhal Novo nach Setúbal Hauptbahnhof. Schöne Aussicht bei der Querung der Brücke des 25.

Setúbal

Zentrum der Altstadt Setúbals – die Praça de Bocage

April. Stündlich ein Zug bis Mitternacht. Fahrzeit 55 Min. Fahrpreis 3,90 €.

Außerdem gibt es die *Linha do Sado* der Staatsbahn CP von Setúbal (Praça do Quebedo und Hauptbahnhof) über Pinhal Novo nach *Barreiro* (dort Anschluss an die Soflusa-Fähren nach Lissabon/Terreiro do Paço). In Pinhal Novo kann man auch Fernverkehrszüge an die Algarve, Richtung Alentejo sowie nach Mittel- und Nordportugal erreichen. Täglich stündlich. Fahrzeit bis Barreiro 40 Min., die Fähre nach Lissabon braucht nochmal 20 Min. Achtung: In Barreiro nicht am Bahnhof „Barreiro A" aussteigen! Die Fährstation befindet sich an der Endstation namens „Barreiro".

• *Bus* Der Busbahnhof (Terminal) der Gesellschaft TST liegt in der Av. 5 de Outubro. Oft wird dort auf der Anzeigetafel kein Bussteig angezeigt, dann selbst nachschauen, wo die Busse fahren, bevor sie weg sind. Die Busse nach Palmela und Alcochete halten auch am Bahnhof Setúbal. Auch Einzelfahrkarten jeweils am besten am Vorverkaufsschalter besorgen.

Ab *Lissabon*: Stündliche Schnellbusse der Linie 561 über die Autobahn („via rápida") und die Ponte 25 de Abril ab Praça de Espanha (Metro Praça de Espanha) und Alcântara-Terra. Fahrzeit 55 Min.

Die Schnellbusse der Linien 562 und 563 fahren ab Gare do Oriente (Metro Oriente) über die Ponte Vasco da Gama Mo–Fr stündlich, Sa/So alle 2 Std. Fahrzeit 40 Min.

Außerdem Busse der Linien 754 und 755 über die Landstraße („normal") ab Praça de Espanha via Alcântara-Terra, Vila Nogueira de Azeitão und Vila Fresca de Azeitão. Jeden Tag stündlich ein Bus. Fahrzeit ca. 1 Std. Landschaftlich besonders im Abschnitt Azeitão–Setúbal die eindeutig schönste Strecke.

Nach *Cacilhas*: Linie 783 über Azeitão Mo–Fr stündlich, Sa/So alle 2 Std. Fahrzeit 1 Std. Zusätzlich Mo–Fr 10 Schnellbusse der Linie 583 ohne Stopp in Azeitão.

Nach *Alcochete* (via Montijo): Linie 413 Mo–Fr mindestens stündlich, Sa/So mindestens alle 2 Std. Dauer 70 Min.

Nach *Azeitão*: Nach Vila Fresca und Vila Nogueira de Azeitão jeweils mit den Bussen der Linien 754, 755 und 783 über die Landstraße („normal") Richtung Lissabon/Praça de Espanha sowie Richtung Cacilhas. Außerdem mit Linie 230 nach Sesimbra. Täglich etwa alle 30 Min. Fahrzeit 20 Min.

Nach *Palmela*: Busse der Linien 767 und 768 Mo–Fr alle 30 Min., Sa/So jede Std. Fahrzeit 20 Min.

Zur *Praia da Figueirinha*: Linie 723 im Juni und die erste Septemberhälfte stündlich,

Südlich von Lissabon

Juli und August jede halbe Std., sonst keine Busse direkt zum Strand. Fahrzeit ca. 15 Min. Ganzjährig Linie 751 zum ca. 1 km entfernten Outão: Mo–Fr 8-mal, Sa/So 4-mal. Nach *Sesimbra* (über Vila Nogueira de Azeitão, Aldeia da Piedade): TST-Linie 230 Mo–Sa 9 Busse, Sa/So 6–7 Busse. So teilweise mit Umsteigen in Azeitão. Fahrzeit 55 Min.

- *Stadtbusse* In Setúbal existiert ein relativ großes und preiswertes Stadtbus-Netz, das von der TST unterhalten wird.
- *Schiff* Transado-Fähre nach *Tróia*: etwa alle 30 Min. Spät nachts jede Std. Fahrzeit 20 Min. Pro Person 1,10 €, Pkw 5,50 €. Abfahrt am Ostende der Av. Luísa Todi, unterhalb dem Bahnhof Praça do Quebedo.
- *Post* Praça de Bocage, 12; Av. 22 de Dezembro (Ecke Av. Mariano de Carvalho) und Av. Luísa Todi, 311.
- *Polizei* PSP, Av. Luísa Todi, 350, ✆ 265522022. GNR, Av. Jaime Cortesão, ✆ 265522018.
- *Markt Mercado Municipal*, Av. Luísa Todi, 151–175. Die große Markthalle an der Palmenallee Luísa Todi lohnt einen Besuch. Die Händler verkaufen Obst, Gemüse, Fisch und Schnecken, eine Spezialität der Region.
- *Ereignisse* In der letzten Juli- und ersten Augustwoche wird auf der Av. Luísa Todi die *Feira de Sant'Iago* abgehalten, ein Markt für Produkte aus Landwirtschaft, Kunsthandwerk und Industrie der Region, der mit Folklore, Rock- und Pop-Konzerten sowie Rummelplatz-Attraktionen bereichert wird. Die Feira de Sant'Iago gilt als eines der größten Volksfeste Südportugals und wird seit 400 Jahren abgehalten.

Das Stadtfest *Festas Bocagianas* findet in der Woche vor dem 15. September (einschließlich) statt. Geboten werden kulturelle Aktivitäten wie z. B. Konzerte.

- *Nachtleben* Zahlreiche kleinere Bars entlang der Hafenseite der Av. Luísa Todi, auf der Höhe der Hausnummern 301–357.
- *Kino* Castello Lopes Jumbo Setúbal,

Übernachten
1 Estalagem do Sado
2 Residencial Setubalense
4 Albergaria Solaris
6 Residencial Bocage
7 Esperança Centro Hotel
9 Quinta do Patrício
11 Jugendherberge
14 Residencial Mar e Sol
16 Há Mar ao Luar
17 Pousada de São Filipe
18 Quinta dos Moinhos de São Filipe
19 Camping Outão

Essen & Trinken
3 Pastelaria Capri
5 Saca Rolhas
8 Restaurant Casa do Chico
10 Restaurant D. Paco
12 Restaurant Duarte dos Frangos
13 Ribeirinha do Sado
15 Adega Leo do Petisco

Centro Comercial Jumbo, ✆ 707220220. Nördlich der Stadt an der Autobahn nach Lissabon (die Schnellbusse nach Lissabon fahren hier vorbei). 4 Kinosäle.

Übernachten

Pousada de São Filipe (17), Castelo de S. Filipe, ✆ 265550070, ✉ 265539240, www.pousadas.pt. Herrschaftliche Herberge innerhalb der alten Burganlage von Setúbal. Keine Busverbindung ins Zentrum. Exklusive Lage und Sicht. Unserer Meinung nach mit der Pousada von Palmela das am schönsten gelegene Hotel in der Region Lissabon. Stilvolle, luxuriöse Einrichtung. Alle 14 Zimmer mit Telefon, Sat-TV, Radio, Klimaanlage. DZ mit Frühstück je nach Saison 125–195 €.

***** **Estalagem do Sado (1)**, Rua Irene Lisboa, 1–3, ✆ 265542800, ✉ 265542828, www.estalagemdosado.com. Auf einer Anhöhe inmitten eines Neubaugebietes im Stadtviertel Reboreda. 1,5 km oder 15 Min.

Setúbal 505

zu Fuß vom Zentrum. Stadtbuslinie 609 Richtung Casal Figueiras bis zum Beginn der Rua Nossa Senhora da Arrábida. Herrschaftliches Haus, das 2001 zur Estalagem umgebaut wurde. Dabei hat man es leider nicht ganz stilecht um einen Panorama-Aufzug und ein zusätzliches Dachgeschoss ergänzt. Im alten Teil des Hauses 9 Suiten mit hohen Decken und Balkon. Im Neubau 57 geräumige Zimmer mit kleinem Balkon, Sat-TV und großen Bädern. Am besten die Zimmer ab Nummer 10 mit Blick auf Stadt und Fluss verlangen. Restaurant im 8. Stock mit umwerfendem Blick in alle Himmels–richtungen von der Serra de São Luís über Palmela, Setúbal bis nach Tróia. Konferenzräume. DZ mit Frühstück 125–145 €.

*** **Esperança Centro Hotel (7)**, Av. Luísa Todi, 220, ✆ 265521780, ✉ 265521789, www.lunahoteis.com. Modernes Hotel ein paar Schritte vom Altstadtkern entfernt. Die blaue Fassade kommt etwas heftig daher, innen ist die Einrichtung deutlich dezenter. 80 funktional eingerichtete Zimmer mit kleinem TV, Klimaanlage, Telefon, Tresor, Teppichböden und Schreibtisch. Moderne Badezimmer mit Badewanne. Im 4. und 5. Stock haben die Zimmer nach vorne etwas Sado-Blick. Die hinteren Gemächer sind dafür etwas leiser, da sie nicht zur Straße

506 Südlich von Lissabon

gehen. Konferenzräume. Wi-Fi-Internet-Verbindung. DZ 60–80 € (inkl. Frühstück).

Turismo de Habitação: Quinta do Patrício (9), Estrada do Castelo de São Filipe, ✆ 265500475, 🖷 265233817, www.hafesta.com. Kleines, rotes Haus auf einem Hügel gegenüber der Burg. Feldweg auf halbem Weg zur Burg, dann in das zweite Tor auf der rechten Seite. Auf dem ganzen Anwesen herrlicher Blick auf die Stadt und das Sadodelta. In erster Linie lebt die Quinta von Hochzeiten, die im Festzelt im Garten stattfinden. Ansonsten herrscht hier oben aber absolute Stille. Im Haupthaus 3 Zimmer mit eigenem Bad sowie der Frühstücksraum mit einer großen steinernen Tafel. Im blumenreichen Garten auch ein kleines Schwimmbad und eine Windmühle aus dem Jahr 1780. Wer Lust hat, kann in der umgebauten kreisrunden Mühle Quartier beziehen – eine recht ausgefallene Form der Unterkunft. Weiter im Angebot ein Appartementhäuschen. Kurioserweise heißt der Hofhund „Mietzi". DZ je nach Saison 70–80 €, die Windmühle und das Appartement kosten 80–90 € (alle mit Frühstück).

Turismo no Espaço Rural: Há Mar ao Luar (16), Casa do Mar e Moinho do Luar, Alto de São Filipe, ✆ 265220901, 🖷 265534432, www.hamaraoluar.com. Schönes altes Landhaus oberhalb der Burg in sehr ruhiger, abgeschiedener Lage. Vor dem Burgeingang rechts abbiegen und der Straße weitere 700 m folgen. Oben angekommen rechts abbiegen. Insgesamt sind es ca. 30 Min. zu Fuß ins Stadtzentrum, 10 Min. mit dem Auto. Keine öffentlichen Transportmittel. Je 2 Appartements im Haupthaus und in einem Holzhaus (hier auch guter Ausblick). Liebevoll eingerichtete Zimmer mit Terrasse, Dielenboden, Radio, Fernseher sowie hübsche Bäder mit schwarz-weißen Azulejos. Wer will, kann sich in einer kleinen Küchenzeile Speisen zubereiten. Neben den Zimmern wird auch eine sehr gut erhaltene Windmühle aus dem Jahr 1862 mit kleiner Küche und Schlafraum für 2 Personen vermietet. Vom Fenster ein herrlicher Blick auf Tróia und die Burg. Der Boden ist mit den alten Mühlsteinen gepflastert. Schöner Garten mit Oleandern, Kiefern und Olivenbäumen sowie einem kleinen Pool. DZ mit Frühstück 85 €, Windmühle 105 €.

1.ª Albergaria Solaris (4), Praça Marquês de Pombal, 12, ✆ 265541770, 🖷 265522070. In der Altstadt Setúbals, unweit der Av. Luísa Todi. Das alte mit Azulejos verzierte Haus verfügt über 30 hübsch und modern eingerichtete Zimmer mit Telefon, Sat-TV, Radio, Minibar, Klimaanlage und Haartrockner. DZ mit Frühstück je nach Saison 50–55 €.

1.ª Residencial Setubalense (2), Rua Major Afonso Pala, 17-1°, ✆ 265525790, 🖷 265525789. Sehr schönes, gepflegtes Haus, in einer ruhigen Altstadtgasse gelegen. 24 moderne und komfortable Zimmer mit Sat-TV, Telefon, Radio, Klimaanlage. Sehr angenehme und private Atmosphäre im Haus. DZ in der Hauptsaison inkl. Frühstück 50 €, in der Nebensaison 35 €.

1.ª Residencial Bocage (6), Rua São Cristóvão, 14, ✆ 265543080, 🖷 265543089. Ruhige Lage im Zentrum, 2 Häuser mit 14 bzw. 24 Zimmern. Familiäres Ambiente. Stilvolle und gepflegte Einrichtung. Zimmer mit Telefon, Radio und Klimaanlage. Fernsehraum vorhanden. DZ mit Frühstück je nach Saison 32,50–45 €.

2.ª Residencial Mar e Sol (14), Av. Luísa Todi, 606/608, ✆ 265534603 und 265534868, 🖷 265532036, www.resmaresol.com. Von außen unpersönlich wirkendes mehrstöckiges Haus am Rande des Stadtzentrums mit 71 Zimmern. Innen hell und freundlich eingerichtete Aufenthaltsräume. Die kleinen, sauberen Zimmer haben Sat-TV, Telefon, Klimaanlage und einen kleinen Balkon. Blick auf den Sado von den oberen Stockwerken. Garage vorhanden. DZ mit Frühstück je nach Saison 38–50 €.

• *Privatzimmer/Ferienwohnung* **Quinta dos Moinhos de São Filipe (18)**, Moinhos de São Filipe, Alto de São Filipe, ✆ 265228278, www.moinhossaofilipe.com. Anfahrt s. o. Há Mar ao Luar, nur geht es oben angekommen nach links. 2 Zimmer in einem Neubau mit Klimaanlage, Heizung, Sat-TV und großen Bädern. Außerdem zwei Windmühlen, die bis 2000 in Ruinen standen und dann als Unterkunft für jeweils max. 4 Personen neu aufgebaut wurden, beide mit Telefon, offenem Kamin, Küche. Von hier exzellente Aussicht auf das Meer und Tróia, ebenso vom Frühstücksraum und der Veranda mit Schwimmbad. Im Gegensatz zu anderen Unterkünften dieser Art machen Haus und Windmühlen keinen historischen, sondern eher einen modernen Eindruck. Daher wurden sie auch nicht als Turismo de Habitação klassifiziert. Konferenzräume, Garten mit Spielplatz und Joggingpfad. DZ je nach Saison 60–125 €. Windmühlen 100–175 € (Frühstück jeweils inkl.). Reservierung empfohlen.

Setúbal

• *Jugendherberge* **Pousada de Juventude de Setúbal (11)**, Largo José Afonso, Edifício do IPJ, ✆ 265534431, 🖷 265532963, www.pousadasjuventude.pt. Zwischen Altstadt und Hafen, nur wenige Schritte von der Av. Luísa Todi entfernt an einem großen Platz. Eingang auf der Rückseite des modernen, zweistöckigen Gebäudes. Rezeption 8–12 und 18–24 Uhr. 8 schlichte Zimmer mit 4 Betten und Korkboden, dazu 10 DZ. Die Ausstattung ist mit nur einem Aufenthaltsraum eher spärlich. Keine Küche vorhanden. Kein Frühstück. Preis im Mehrbettraum je nach Saison 7–9 €, DZ ohne eigenes WC 18–23 €, mit eigenem WC 20–25,50 €.

• *Camping* ** **Outão (19)**, Estrada da Figueirinha, ✆ 265238318, 🖷 265228098. Westlich der Stadt, zum Zentrum sind es ca. 4 km. Die Busse der Linien 723 (Praia da Figueirinha) und 751 (Outão) halten in der Nähe des Platzes. Ganzjährig geöffnet. Direkt am Meer, für ein Bad ist die Wasserqualität hier jedoch noch recht bedenklich. Zahlreiche Caravan-Stellplätze. Für mäßigen Schatten sorgen einige Laubbäume und Kiefern. Das Ambiente wirkt etwas steril. Die sanitären Anlagen sind in Ordnung. Supermarkt. Erwachsene 3,40 €, Zelt 4 €, Pkw 2,60 €.

Essen & Trinken (s. *Karte S.* 504/505)

In Setúbal kann man vorzügliche Fischgerichte essen, was angesichts des großen Hafens nicht verwundert. Entlang der Avenida Luísa Todi reihen sich die Restaurants wie an einer Perlenkette aneinander. Auf dem Bürgersteig braten die Kellner frischen Fisch auf Holzkohlegrills. Darunter vor allem die Spezialität der Stadt: den sehr schmackhaften gegrillten Degenfisch *(peixe espada grelhado)*.

Adega Leo do Petisco (15), Rua da Cordoaria, 31–33, ✆ 265228340. Am Westende der Av. Luísa Todi. So geschlossen. Mit Mistgabeln, Azulejos und Laternen „typisch" dekoriert. Der Fernseher an der Wand passt nicht ganz dazu. Sehr beliebt beim lokalen Publikum. Wenn es bereits voll ist, am Eingang eine Wartenummer ziehen. Vielleicht ist aber auch an den paar Steintischen vor der Tür noch Platz. Spezialität ist *chocos fritos* (frittierter Tintenfisch). Hauptgerichte ab 7,50 €, allerdings ohne Beilagen wie Salat oder Pommes frites, die je noch 1,50 € kosten. Auch halbe Portionen ab 6 €, die für einen normalen Esser völlig ausreichend sind.

Saca Rolhas (5), Av. Luísa Todi, 388, ✆ 265221595. Mo Ruhetag. Am Eingang kann man die Fische vor dem Verzehr aussuchen – ein Zeichen guter Restaurants. Großer Speisesaal mit dunkler Decke und Azulejo verkleideter Wand. In der Ecke eine Kühltheke mit den Nachtischen. Zahlreiche Plätze auch auf der überdachten Terrasse. Viele gegrillte Fische, aber auch Nudel- und Reiseintöpfe. Hauptgerichte ab 7 €, die meisten aber deutlich teurer.

Casa do Chico (8), Av. Luísa Todi, 490, ✆ 265239502. Täglich außer Mo 12–23 Uhr. Einfaches Restaurant im Seefahrerstil mit Terrasse. Auf dem Bürgersteig werden die leckeren Fische gegrillt. Spezialität ist *ensopado de enguias* (Aaleintopf), den es allerdings nur auf Vorbestellung gibt. Empfehlen kann man aber auch die *dourada* (Goldbrasse). Tagesgerichte ab 7 €.

Ribeirinha do Sado (13), Av. Luísa Todi, 586, ✆ 265238465. In der Westhälfte der Av. Luísa Todi, kurz vor der Abzweigung Richtung Burg. Mo ganztags und So abends geschlossen. Kleiner, eng bestuhlter Speiseraum. Zur Mittagszeit kann es recht laut werden. Viel lokales Stammpublikum. Spezialität des Hauses sind Fische, die auf der Terrasse gegrillt werden, sowie *migas*, ein mit Knoblauch gewürzter Brotbrei, der mit Kartoffeln serviert wird. Salat wird als Beilage angeboten, muss aber extra bezahlt werden. Hauptgerichte ab 7 €.

Duarte dos Frangos (12), Av. Luísa Todi, 285, ✆ 265522603. Nicht weit von der Jugendherberge entfernt. Mi nur mittags geöffnet, Do Ruhetag. Freundliche, helle Einrichtung. Die Wände sind mit Azulejos geschmückt – angenehme Atmosphäre. Im Angebot vor allem gegrillte Hähnchen. Hauptgerichte ab 6,50 €.

D. Paco (10), Av. Luísa Todi, 74/76, ✆ 265234881. Im Ostteil der Av. Luísa Todi, nicht weit vom Fährhafen Richtung Tróia. Mo Ruhetag. Die Dekoration vermittelt Stierkampfambiente. Vor der Tür Sonnenterrasse mit Grill. Spezialität ist die *cataplana* (Fisch in Kupferkasserolle) sowie *arroz de marisco* (Reiseintopf mit Meeresfrüchten). Hauptgerichte ab 6 €.

- Café **Pastelaria Capri (3)**, Largo da Misericórdia, 38, ✆ 265523020. Mitten im Herzen der historischen Altstadt, nicht weit vom Turismo der Costa Azul. So Ruhetag. Große Konditorei mit einem langen Tresen, hinter dem sich leckere Törtchen stapeln. Morgens bleibt oft kein Platz mehr frei. Ohne Bedienung, bestellt wird am Tresen. Man bekommt eine Magnetkarte, mit der man am Ausgang bezahlt. Bei gutem Wetter stehen ein paar Tische auf dem Platz vor der Tür.

Sehenswürdigkeiten

Castelo de São Filipe: Hoch über der Stadt thront die Burg Setúbals. Hier oben genießt man einen beeindruckenden Panoramablick auf die Stadt und ihre Bucht samt der Halbinsel Tróia. Philipp II., in Personalunion König von Spanien und Portugal, ließ die Festung von 1582 bis 1600 auf einem sternenförmigen Grundriss erbauen, um den Hafen von Setúbal besser verteidigen zu können. Zwei Mauerlinien sollten den Durchschlag selbst mächtigster Geschosse verhindern. Als Architekt des Bauwerks zeichnete der italienische Militäringenieur Filipe Terzi. Die kleine Burgkapelle hat der Altmeister der portugiesischen Fliesenkunst, Policarpo de Oliveira Bernardes, im Jahr 1734 komplett ausgefliest. Auf den herrlichen Azulejos sind Szenen aus dem Leben Philipps des Heiligen zu sehen.
Anfahrt/Öffnungszeiten 1 km außerhalb der Stadt. Von der Av. Luísa Todi über die Rua Marquês da Costa und die Estrada do Castelo de São Filipe per Fuß in ca. 20 Min. zu erreichen. Keine Busse. Tagsüber eigentlich immer geöffnet. Eintritt frei.

Igreja de Jesus: Die kunstvoll gestaltete gotisch-manuelinische Kirche wurde 1490 samt dem dazugehörigen Klostertrakt nach einem Gelübde Justa Rodrigues Pereiras, der Amme von König Dom Manuel I., errichtet und vom berühmten Architekten Diogo de Boitaca entworfen. Er schuf damit eines der bedeutendsten manuelinischen Bauwerke Portugals, das dem ebenfalls von ihm erbauten Hieronymitenkloster in Belém als Vorbild diente. Die Igreja de Jesus schmücken typisch manuelinische Details an Fenstern, Säulen und Portal. Im Inneren sind vor allem die in sich gedrehten Säulen beachtenswert. Dazu die Azulejos, die Chorraum und Kirchenschiff verzieren. Sehenswert sind auch der Kreuzgang und das Stadtmuseum, **Museu de Setúbal**, im ehemaligen Klostertrakt Convento de Jesus, den einst Klarissinnen bewohnten. Hier sind die 14 Gemälde aus dem 16. Jh. ausgestellt, die früher an den Wänden der Kirche hingen. Außerdem sind Skulpturen, Möbel, Schmiedekunst, archäologische Fundstücke sowie Münzen und Azulejos zu sehen.
Anfahrt/Öffnungszeiten Praça Miguel Bombarda, ✆ 265537890. Mo–Sa 9–12.30 und 14–17.30 Uhr, So und Fei geschlossen. Eintritt frei.

Igreja de Santa Maria da Graça: Die älteste Kirche der Stadt und Kathedrale Setúbals steht am Largo de Santa Maria. Sie wurde 1248 im romanischen Stil erbaut und im 16. Jh. von António Rodrigues unter Verwendung klassischer Stilelemente komplett umgestaltet. Außen fallen die wuchtig wirkende Fassade und ihre beiden Seitentürme ins Auge, innen die Verzierungen mit Fresken, Schnitzarbeiten und Azulejos aus dem 18. Jh.

Igreja de São Julião: Die vermutlich aus dem 13. oder 14. Jh. stammende Kirche an der zentralen Praça de Bocage wurde in den darauf folgenden Jahrhunderten mehrmals umgebaut. Neben zwei bemerkenswerten manuelinischen Portalen hat man sie mit prächtigen Azulejos und barocken Goldschmiedearbeiten ausgeschmückt.

Pionier des manuelinischen Stils: Igreja de Jesus

Museu do Trabalho Michel Giacometti: In der *Fábrica Perienes*, einer 1971 geschlossenen Fischkonservenfabrik über dem Hafen Setúbals, ist das Museum der Arbeit untergebracht. Heute kann man in den ehemaligen Fabrikräumen die Sammlung des 1990 verstorbenen Michel Giacometti zur Arbeitsgeschichte in der Region Setúbal besichtigen. Schwerpunkt der Ausstellung ist die Geschichte der Konservenindustrie. Hohe Fenster lassen viel Licht in die Halle. Von der Aussichtsplattform neben dem Museum genießt man einen guten Blick auf den Hafen.

Anfahrt/Öffnungszeiten Largo Defensores da República, ℡ 265537880. Di–Sa 9.30–18 Uhr, So, Mo und Fei geschlossen. Eintritt frei.

Reserva Natural do Estuário do Sado

Auf der dem Meer abgewandten Seite der schmalen Halbinsel Tróia erstreckt sich das Sadodelta. Mit seiner großen, vor Wind und Wellen gut geschützten Fläche ist es wie die Lissabonner Tejobucht als natürlicher Hafen gut geeignet. Während die Industrieanlagen von Setúbal das Nordufer dominieren, blieb der Südteil durch das Naturschutzgebiet der Reserva Natural do Estuário do Sado aber weitgehend naturgetreu erhalten. Hier leben die bis zu 3,60 m langen Sado-Delphine, Otter und etwa 100 Vogelarten, die in der weitläufigen, flachen Flussmündung gute Lebensbedingungen finden. Darunter zahlreiche weiß gefiederte Reiher, außerdem Strandläufer, Wildenten und Störche.

Informationen Reserva Natural do Estuário do Sado – Instituto de Conservação da Natureza, Praça da República, Setúbal, ℡ 265541140, ℡ 265541155. Hier gibt es Infomaterial über Flora und Fauna, sowie einen kleinen Wanderführer.

Ausflug zu den Flussdelphinen im Sado

Jeden einzelnen der etwa 30 im Flussdelta des Sado heimischen Delphine kennen Maria João Fonseca und Pedro Narra, die beiden Inhaber des Ökotourismusunternehmens Vertigem Azul, beim Namen. Alle können sie anhand der Rückenflosse identifizieren. Die Sado-Delphine gehören zu den wenigen ortsfesten, in Flussmündungen lebenden Populationen Europas. Seit 1998 bietet Vertigem Azul Ausfahrten zu den Delphinen an. Mit Erfolg: Seitdem haben sich die Meeressäuger zum Wahrzeichen Setúbals entwickelt. Doch trotz ihres hohen Bekanntheitsgrades muss noch viel getan werden, um die Großen Tümmler besser zu schützen: Ein Großteil der Abwässer der Stadt und der umliegenden Industrieanlagen fließt weiterhin ungeklärt in den Sado. Das verursacht bei den Meeressäugern Hautkrankheiten und schwächt deren Immunsystem. Besonders im Sommer sorgen zahlreiche, schlecht überwachte Jetskis und Motorboote für einen hohen Geräuschpegel und stören die Orientierung der Tiere.

Während der etwa dreistündigen Tour mit Vertigem Azul nähern sich die Tiere oft bis auf wenige Meter dem Gummiboot mit starrem Rumpf. Gerne nutzen sie auch dessen Heckwelle, um darin zu „surfen" – ein herrlicher Anblick. Vor allem wenn die Delphine ihre Lieblingsspeise, Tintenfische, jagen, springen sie aus dem Wasser, um ihre Beute mit Schlagen auf die Wasseroberfläche zu betäuben. Wer Glück hat, entdeckt auf der Fahrt *Boca Aberta* („Offener Mund") – einen Delphin mit einem schwach ausgeprägten Kiefermuskel, der seinen Mund nicht mehr schließen kann. Oder *Asa* („Flügel"), der bereits einmal im Schlamm gestrandet war und per Helikopter gerettet werden musste.

Hin und wieder verlassen die Delphine das Sadodelta und schwimmen in Richtung Portinho da Arrábida und Tróia ins Meer hinaus. Hier treffen sie oft auf andere, wandernde Gruppen ihrer *Großer Tümmler* genannten Delphinart (wiss. *Tursiops truncatos*, port. *Roaz*, engl. *Bottlenose Dolphin*). Die Bootsfahrten von Vertigem Azul führen übrigens in jedem Fall an diesen schönen Teil der Küste von Setúbal. Im Sommer besteht während der Fahrten auch Bade- und Schnorchelmöglichkeit am Strand, allerdings nicht mit den Delphinen.

Adresse: Vertigem Azul, Edifício Marina Deck, Rua Praia da Saúde, 13 - Loja 11, ✆ 265238000, www.vertigemazul.com. In der Regel im Sommer zwei tägliche Ausfahrten um 9.30 und 14.30 Uhr, im Winter meist am Wochenende, wenn es das Wetter zulässt. Vorherige Reservierung dringend empfohlen, da oft ausgebucht. Es besteht keine Garantie, die Delphine zu sehen, aber mehr als 90 % der Fahrten sind erfolgreich. Preis pro Ausfahrt 30 €, Kinder bis 12 J. 50 % Ermäßigung. TAP-Passagiere erhalten bei Vorlage der Bordkarte einen Rabatt. Auch Kanufahrten, Jeeprundfahrten und Wanderungen.

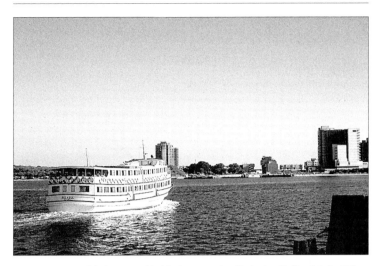

Die kürzeste Verbindung zu den Stränden Tróias ist die Fähre

Tróia

Entlang der schmalen Halbinsel gegenüber von Setúbal liegen weite Sandstrände in einem paradiesischen Umfeld: blaues Wasser, Palmen und das Panorama der Serra da Arrábida. Hier beginnt bereits die südportugiesische Region Alentejo, deren Charme auf der gesamten Südseite des Tejo gegenwärtig ist.

Zur Zeit der Römer war die Halbinsel Tróia ein wichtiges Zentrum für die Konservierung des an der Costa Azul gefangenen Fischs, der eingesalzen und dann bis nach Rom gebracht wurde. Die römischen Ruinen mit ihren über 50 erhaltenen Salzbecken auf der Westseite der Halbinsel sind Zeugnis dieser Epoche.

Heute ist Tróia in erster Linie ein Badeort mit langen Sandstränden. Leider wurde die Halbinsel von hohen, weithin sichtbaren Appartementhotels verschandelt – Tourismus genau so, wie er eigentlich nicht sein sollte. Auch wenn der offizielle Prospekt der Tourismusregion Costa Azul von *belíssimos hotéis*, also „schönsten Hotels", spricht, sind die Bauten kaum an Hässlichkeit zu überbieten. Immerhin hat der Mischkonzern Sonae zwei der Bauten im September 2005 abgerissen. An ihrer Stelle soll nun ein neues Ressort mit wenigen Geschossen entstehen.

Sieht man aber einmal von den Hotelanlagen ab, so eröffnet sich ein herrliches Bild aus Sand, Meer und dem Grün der dichten Pinienwälder im Süden der lang gestreckten Halbinsel. Die Strände ziehen sich von hier nahezu endlos über 60 km lang Richtung Süden.

Anfahrt Einzige Verbindung ist die Transado-Fähre von Setúbal. Sie verkehrt etwa alle 30 Min., spät nachts jede Std. Fahrzeit 20 Min. Pro Person 1,10 €, Pkw 5,50 €.

Etwas Portugiesisch

Einige kurze Regeln zur **Betonung**:
- Prinzipiell wird die zweitletzte Silbe betont.
- In folgenden Fällen wird die letzte Silbe betont: Das Wort endet mit einem Konsonanten (Ausnahme -**s** und -**m**), oder die letzte Silbe enthält ein **i** oder ein **u**.
- Trägt eine Silbe einen Akzent ^ (geschlossen), ` oder ´ (offen) bzw. ã oder õ (nasaliert, d.h. ähnlich ausgesprochen wie die französischen Laute -*in* [*matin*] und -*an* [*Sagan*]), so ist diese Silbe im Wort zu betonen.

Die korrekte **Aussprache** ganz ausführlich darzustellen würde mehrere Seiten ausfüllen, daher etwas vereinfacht und in Kürze: Die Buchstaben **b, d, f, k, l, m, n, p, t** und **u** werden ähnlich wie im Deutschen ausgesprochen (Ausnahme: Folgt **m** oder **n** auf einen Vokal, so ist dieser zu nasalieren). Diphthonge (zwei Vokale auf eine Silbe) sind getrennt auszusprechen (also *E-u-ro-pa*, statt *Eu-ro-pa*). Im folgenden zwei Tabellen zur Aussprache der vom Deutschen abweichenden Vokale und Konsonanten.

Vokal	Bedingung	Aussprache
a	betont	offener als deutsches **a**
a	unbetont	wie deutsches **ä**
e	betont	wie deutsches **ä**
e	mit Akzent ´	wie deutsches **ä**
e	mit Akzent ^	geschlossenes **e** wie in See
e	unbetont	geschlossenes **e** wie in ein**e**
e	unbetont am Ende	fast völlig verschluckt
e	am Anfang als es- oder ex-	wie ein **i**
i	normal	wie deutsches **i**
i	zwischen zwei Vokalen	wie deutsches **j**
o	betont mit Akzent ´	offenes **o** wie in S**o**nne
o	betont mit Akzent ^	geschlossenes **o** wie in **O**fen
o	unbetont	wie ein **u**

Konsonant	Bedingung	Aussprache
c	vor e oder i	stimmloses **s** wie in Maß
c	vor t	meist stumm (arquitecto=arquitätu)
c	vor a, o oder u	wie **k**
ç		stimmloses **s** wie in Maß
ch	immer	stimmloses **sch** ähnlich wie dt. Fi**sch**
g	vor a, o und u	wie deutsches **g**
g	vor e und i	stimmhaftes **sch** wie in **J**ournalist
gu	vor a, o und u	wie deutsches **gu**
gu	vor e und i	wie deutsches **g**
h	am Anfang eines Wortes	wird nicht ausgesprochen
lh		wie lj

nh		wie nj
j		stimmhaftes sch wie in Journalist
qu	vor a und o	wie **kw** (qual=kual; Ausnahme quatorze=katorze)
qu	vor e und i	wie **k**, das u bleibt stumm (qui=ki)
r	zwischen zwei Vokalen	Einfaches zungengeschlagenes r
r	am Anfang eines Wortes	wie deutsches Gaumen-r
rr		wie deutsches Gaumen-r
s	normal	stimmloses **s** wie in Maß
s	zwischen zwei Vokalen	stimmhaftes **s** wie in Rose
s	vor stimmhaftem Konsonant	stimmhaftes **sch** wie in Journalist
s	vor stimmlosem Konsonant	stimmloses **sch** ähnlich wie dt. Fisch
s	am Ende eines Wortes, wenn nächstes Wort mit Konsonant beginnt oder am Satzende	stimmloses **sch** ähnlich wie dt. Fisch
s	am Ende eines Wortes, wenn nächstes Wort mit Vokal beginnt	stimmhaftes **s** wie in Rose
v		wie deutsches **w**
x	meistens	wie stimmloses **sch**
x	ab und zu	wie stimmhaftes **s**
x	selten	wie deutsches **x**
z	normal	stimmhaftes **s**
z	am Ende eines Wortes, wenn nächstes Wort mit Konsonant beginnt oder am Satzende	stimmhaftes **sch**

Kleiner Wortschatz

Frau	*senhora* oder *dona*
Herr	*senhor*

Wobei bei Frauen und Männern unterer Schichten der Vorname genannt wird, also z.B. *Dona Beatriz* oder *Senhor João*. Bei Frauen und Männern oberer Schichten der Nachname, also z.B. *Senhor Balsemão* oder *Senhora Costa*. Jeder, der ein Studium abgeschlossen hat, besitzt in Portugal das Recht sich *Doutor* (bzw. *Doutora*) zu nennen und wird daher mit *Senhor Doutor* angeredet. Ingenieure werden mit *Engenheiro/a*, Architekten mit *Arquitecto/a* angesprochen.

Wie geht es Ihnen?	*como está?*
Danke, sehr gut	*(muito) bem, obrigado (als Mann)* *(muito) bem, obrigada (als Frau)*
Danke	*obrigado (als Mann), obrigada (als Frau)*
Hallo!	*olá!*
Guten Morgen	*bom dia (bis 12 h mittags)*
Guten Tag	*boa tarde (nachmittags ab 12 h)*
Guten Abend/Gute Nacht	*boa noite (nach Sonnenuntergang)*
Auf Wiedersehen	*adeus*

514 Etwas Portugiesisch

Bis gleich	*até já*
Bis später	*até logo*
Ich heiße ...	*chamo-me ...*
Entschuldigung (um Erlaubnis bitten)	*com licença*
Entschuldigung	*desculpe!* oder *desculpa!*
Keine Ursache	*de nada*
Ja / Nein	*sim / não*
Bitte	*faz favor* oder *por favor*
Ich verstehe nichts	*não entendo nada*
Ich bin Deutscher (Deutsche)	*sou alemão (alemã)*
Sprechen Sie Deutsch?	*fala alemão?*
... Französisch	*... francês*
... Englisch	*... inglês*
... Italienisch	*... italiano*
... Spanisch	*... espanhol*
Sprechen Sie bitte etwas langsamer!	*fale mais devagar, por favor!*

Weg und Richtung

Wo ist ...?	*onde é ...?* oder *onde fica ...?*
Wo sind ...?	*onde são ...?* oder *onde ficam ...?*
Wo ist ein Tourist-Info?	*onde fica um posto de turismo?*
... ein Supermarkt?	*... um supermercado?*
...eine Bank	*... um banco?*

Zahlen

1	*um* (männlich), *uma* (weiblich)	16	*dezasseis*
		17	*dezassete*
2	*dois* (m.), *duas* (w.)	18	*dezoito*
3	*três*	19	*dezanove*
4	*quatro*	20	*vinte*
5	*cinco*	30	*trinta*
6	*seis*	40	*quarenta*
7	*sete*	50	*cinquenta*
8	*oito*	60	*sessenta*
9	*nove*	70	*setenta*
10	*dez*	80	*oitenta*
11	*onze*	90	*noventa*
12	*doze*	100	*cem*
13	*treze*	105	*cento e cinco*
14	*quatorze*	1.000	*mil*
15	*quinze*	1.000.000	*um milhão*

Etwas Portugiesisch

erste/r	*primeiro, primeira*	sechste/r	*sexto/a*
zweite/r	*segundo/a*	siebte/r	*sétimo/a*
dritte/r	*terceiro/a*	achte/r	*oitavo/a*
vierte/r	*quarto/a*	neunte	*nono/a*
fünfte/r	*quinto/a*	zehnte/r	*décimo/a*

Zeiten

Wie spät ist es?	*que horas são?*
Es ist 7 h früh	*são sete da manhã*
Es ist 9 h abends	*são nove da noite*
Der wievielte ist heute?	*a quantos estamos?*

Monate

Januar	*Janeiro*
Februar	*Fevereiro*
März	*Março*
April	*Abril*
Mai	*Maio*
Juni	*Junho*
Juli	*Julho*
August	*Agosto*
September	*Setembro*
Oktober	*Outubro*
November	*Novembro*
Dezember	*Dezembro*

Wochentage

Montag	*segunda-feira*
Dienstag	*terça-feira*
Mittwoch	*quarta-feira*
Donnerstag	*quinta-feira*
Freitag	*sexta-feira*
Samstag	*sábado*
Sonntag	*domingo*

Übernachten

Wo ist ein Campingplatz?	*onde fica um parque de campismo?*
Können Sie mir ein Hotel empfehlen?	*seria possível recomendar-me um hotel?*
Ich möchte ein Zimmer	*queria um quarto*
Haben Sie ein Einzelzimmer?	*tem um quarto para uma pessoa só?*
... Doppelzimmer	*... quarto duplo*
... Zimmer mit Ehebett	*... quarto com cama de casal*
... Zimmer mit zwei Betten	*... quarto com duas camas*
... Zimmer mit eigenem Bad	*... quarto com casa de banho privativa*
... Zimmer mit Dusche	*... quarto com duche*
Wir haben ein Zimmer reserviert	*reservámos um quarto*
Kann ich das Zimmer sehen	*posso ver o quarto?*
Ich möchte ein Zimmer, das nicht auf die Straße geht	*queria um quarto que não dá para a rua*
Ich bleibe ... Tage	*vou ficar ... dias*

516   Etwas Portugiesisch

Ich möchte noch einen Tag bleiben	*queria ficar mais um dia*
Ich werde heute auschecken	*vou sair hoje*
Frühstück inbegriffen	*com pequeno almoço incluído*
Ich möchte noch eine Wolldecke	*queria mais um cobertor*
... ein Handtuch	*... uma toalha*
Der Abfluss des Waschbeckens / der Dusche funktioniert nicht	*o esgoto do lavabo/duche não funciona*
Wieviel kostet das pro Nacht?	*quanto custa por noite?*
Ich möchte eine Rechnung	*queria uma factura*

Apotheken

Wo ist eine Apotheke?	*onde fica uma farmácia?*
Ich möchte gerne Papiertaschentücher	*queria lenços de papel*
... Tampons	*... tampões*
... Damenbinden	*... pensos higiénicos*
... Kopfschmerztabletten	*... comprimidos para dores de cabeça*
... Kondome	*... preservativos*
... Pflaster	*... emplastos*

Notfall/Krankheit

Hilfe!	*socorro!*
Helfen Sie mir!	*ajude-me!*
Ich fühle mich schlecht	*não me sinto bem*
Können Sie einen Arzt empfehlen?	*pode indicar-me um bom médico?*
Rufen sie mir einen Krankenwagen!	*chame uma ambulância!*
Ich habe hier Schmerzen	*dói-me aqui*
Eine Schlange hat mich gebissen	*mordeu-me uma cobra*
Ich habe Kopfschmerzen	*tenho dores de cabeça*
... Zahnschmerzen	*... de dentes*

Entzündung	*inflamação*	Krampf	*convulsão*
Erkältung	*constipação*	Quetschung	*contusão*
Fieber	*febre*	Sonnenstich	*insolação*
Husten	*tosse*	Verbrennung	*queimadura*

Öffentliche Verkehrsmittel

Wo ist die nächste Bushaltestelle?	*onde fica a mais próxima paragem de autocarro?*
... U-Bahnhaltestelle?	*... do Metro?*
Wo ist der nächste Bahnhof?	*onde fica a mais próxima estação de comboios?*
... Taxistand	*... praça de táxis?*

Was kostet die Fahrt?	*quanto custa a viagem?*
Bitte eine Fahrkarte nach ...	*queria um bilhete para ...*
Rückfahrkarte	*bilhete de ida e volta*
Bitte 10 Vorverkaufskarten	*dez módulos, por favor*
Um wieviel Uhr fährt der nächste Zug/Bus nach ...?	*a que horas sai o próximo comboio/autocarro para ...?*
... der letzte Zug nach ...?	*a que horas sai o último comboio para ...?*
... der erste Bus nach ...?	*a que horas sai o primeiro autocarro para ...?*
An welcher Haltestelle muss ich aussteigen?	*qual é a paragem onde tenho que sair?*
Welchen Bus nehme ich nach ...?	*qual é o autocarro que vai para ...?*
Ist das der Bus/Zug nach ...?	*é este o autocarro/comboio que vai para ...?*

Essen und Trinken

Im Restaurant

Haben Sie einen freien Tisch?	*tem uma mesa livre?*
Bitte die Karte!	*a ementa, faz favor!*
Bitte die Weinkarte!	*a ementa dos vinhos, se faz favor!*
Bitte die Nachtischkarte!	*a ementa de sobremesa, se faz favor!*
Ich nehme ...	*eu tomo ...*
Alles zusammen	*tudo junto*
Ober!	*faz favor!*
Mittagessen	*almoço*
Abendessen	*jantar (ceia = später Nachtimbiß)*
Ich möchte gerne mehr Brot	*queria mais pão*
... noch ein Bier	*... mais uma cerveja*
Wo ist die Toilette?	*onde fica a casa de banho?*
Was empfehlen Sie?	*o que recomenda?*
Die Rechnung bitte	*a conta, se faz favor*
Die Rechnung stimmt nicht	*a conta está errada*
Das Beschwerdebuch, bitte!	*traga-me o livro de reclamações, se faz favor!*
Guten Appetit!	*bom proveito!* oder *bom apetite!*
Auf Ihr Wohl! Prost!	*saúde!*

Suppen *sopas*

Grünkohlsuppe	*caldo verde*	Gemüsesuppe	*... de hortaliça*
Alentejo - Suppe	*sopa alentejana*	Meeresfrüchtesuppe	*... de marisco*
(Fleischbrühe, Brot, Ei, Knoblauch, Petersilie)		Fischsuppe	*... de peixe*
		Hühnerbrühe	*canja*
Gemüsesuppe	*sopa de legumes*	Kalte Gemüsesuppe	*gaspacho*

Meeresfrüchte und Fische *mariscos e peixes*

Herzmuscheln	*amêijoas*	Entenschnecken	*lapas*
Hering	*arenque*	Hummer	*lavagante*
Thunfisch	*atum*	Seezunge	*linguado*
Kabeljau (Stockfisch)	*bacalhau*	Tintenfisch	*lula*
Meerbrassen	*besugo*	Miesmuschel	*mexilhão*
Fischeintopf	*caldeirada*	Austern	*ostras*
Krabben	*camarão*	Degenfisch	*peixe-espada*
Krebs	*caranguejo*	Felsmuscheln	*perceves*
Bastardmakrele	*carapau*	Schellfisch	*pescada*
Makrele	*cavala*	Weißling	*pescadinhas*
Silberbarsch	*cherne*	Krake	*polvo*
Tintenfisch	*choco*	Rochen	*raia*
Rabenfisch	*corvina*	Seebarsch	*robalo*
Goldbrasse	*dourada*	Lachs	*salmão*
Aal	*enguia*	Meerbarbe	*salmonete*
Schwertfisch	*espadarte*	Taschenkrebs	*santola*
große Krabben	*gambas*	Seespinne	*sapateira*
Barsch	*garoupa*	Sardinen	*sardinhas*
Brasse	*goraz*	Brassen	*sargo*
Languste	*lagosta*	Alse (Maifisch)	*sável*
kleine Langusten	*lagostins*	Steinbutt	*rodovalho*
Neunauge	*lampreia*	Seeteufel	*tamboril*
Taschenmessermuschel	*lingueirão*	Forelle	*truta*
		Jakobsmuscheln	*vieiras*

Fleisch *carne*

Fleischknödel	*almôndegas*	Mittelrippenstück	*entrecosto*
Rindersteak	*bife*	Schnitzel	*escalopes*
kl. Rindersteak	*bitoque*	mageres Fleisch	*febras*
Lamm	*borrego*	gekochter Schinken	*fiambre*
wild	*bravo*		
Pansen	*bucho*	Hähnchen	*frango*
Zicklein	*cabrito*	Huhn	*galinha*
Schnecken	*caracóis*	Lebergericht	*iscas*
Hackfleisch	*carne picada*	Wildschwein	*javali*
geräucherte Wurst	*chouriço*	Hase	*lebre*
		Spanferkel	*leitão*
Wachtel	*codorniz*	Zunge	*língua*
Kaninchen	*coelho*	dünne Wurst	*linguiça*
Kotelett	*costeletas*	Lende	*lombo, lombinho*

Speiselexikon 519

junger Stier	*novilho*	Nieren	*rins*
Schinkenwurst	*paio*	Wurst/Würstchen	*salpicão, salsichas*
Ente	*pato*	Kutteln	*tripas*
Truthahn	*peru*	Rind	*vaca*
Hackbraten	*picado*	Kalb	*vitela*
Schwein	*porco*		
geräucherter Schinken	*presunto*		

Gemüse *legumes, hortaliça*

Kürbis	*abóbora*	Blumenkohl	*couve-flor*
Artischocke	*alcachofra*	Erbsen	*ervilhas*
grüner Salat	*alface*	Spinat	*espinafre*
Reis	*arroz*	dicke Bohnenkerne	*favas*
Oliven	*azeitonas*		
gekochte Kartoffeln	*batatas cozidas*	Bohnen	*feijão*
		Kichererbsen	*grão*
Pommes Frites	*batatas fritas*	Linsen	*lentilhas*
Auberginen	*beringelas*	Mais	*milho*
Kastanien	*castanhas*	Paprika	*pimento*
Karotte	*cenoura*	gemischter Salat	*salada mista*
Pilze	*cogumelos*	Tomate	*tomate*
Grünkohl	*couve*		
Rosenkohl	*couve de bruxelas*		

Gewürze *condimentos*

Zucker	*açúcar*	Basilikum	*manjericão*
Rosmarin	*alecrim*	Senf	*mostarda*
Olivenöl	*azeite*	Oregano	*oregão*
Knoblauch	*alho*	Pfeffer	*pimenta*
Curry	*caril*	Chili	*piri-piri*
Zwiebel	*cebola*	Salz	*sal*
grüner Koriander	*coentro*	Petersilie	*salsa*
Lorbeer	*louro*	Essig	*vinagre*

Nachspeisen *sobremesas*

Milchreis	*arroz doce*	Schokoladenpudding	*mousse de chocolate*
Kekskuchen	*bolo de bolacha*		
Schlagsahne	*chantilly*	Sahne	*nata*
Eiscreme	*gelado*	Törtchen	*pastel*
Milchcreme	*leite creme*		
Bratapfel	*maçã assada*		

Karamel-Pudding	*pudim flan*	Fruchtsalat	*salada de frutas*
		Torte	*tarte*
Käse	*queijo*		
"Armer Ritter"	*rabanadas*		

Zubereitung *modo de preparação*

gebraten	*assado*	mittel durch	*médio*
Gut durch	*bem passado*	über Holzkohle gegrillt	*na brasa*
gekocht	*cozido*		
mariniert	*de escabeche*	im Ofen	*no forno*
geschmort	*estufado*	paniert	*panado*
fritiert	*frito*	scharf	*picante*
gegrillt	*grelhado*	Püree	*puré*
schlecht durch	*mal passado*	gefüllt	*recheado*

Weitere Gerichte *outros pratos*

Brotbrei mit ...	*açorda de ...*
Miesmuscheln mit Zitronensaft	*amêijoas à Bulhão Pato*
Reiseintopf mit ...	*arroz de ...*
Bacalhau mit Pommes Frites vermischt	*bacalhau à Brás*
Bacalhau mit gekochten Kartoffeln und Zwiebeln vermischt	*bacalhau à Gomes de Sá*
Bacalhau am Stück gekocht mit Grünkohlblättern, gekochten Kartoffeln und einem hartgekochten Ei	*bacalhau de consoada* oder *... com todos*
Steak mit Sahne	*bife à café / Marrare*
Spieß mit ...	*espetada de ...*
Geflügelkleinspeise (sprich Geflügelinnereien)	*cabidela*
kapverdischer Bohneneintopf	*cachupa*
Fischeintopf	*caldeirada*
Schweinefleisch mit Muscheln	*carne de porco à alentejana*
Mit Zwiebeln und Muscheln in einer Kupferpfanne gekochte und servierte Meeresfrüchte, Fleisch- oder Fischstücke	*cataplana*
In Rotwein zubereitetes Ziegenfleisch	*chanfana*
Eintopf mit Rinds-, Schweine- und Hühnerfleisch, dazu Schlachtwurst, Reis, Kartoffeln, Karotten und Rüben	*cozido à portuguesa*
Rinderkutteln mit Hühnerfleisch und Bohnen	*dobrada*
Bohneneintopf mit Räucherwurst (*Chouriço*), Blutwurst und Speck	*feijoada à portuguesa*
Bohneneintopf mit Kutteln	*feijoada à transmontana*
Rindsfleisch mit gekochten Kartoffeln, Karotten, Erbsen und Schlachtwurst	*jardineira*

Speiselexikon 521

Gericht aus eingeweichten Maisbrotkrumen	*migas*
Garnelenfrikadellen	*rissóis de camarão*
Omelett	*omeleta*
Gericht mit Schweinefleischstückchen, geronnenem Schweineblut, Leber, Innereien und Kartoffeln	*rojões*
Thunfischsalat mit schwarzen Oliven, Tomaten- und grünem Salat sowie gekochten Kartoffeln	*salada de atum*

Snacks *petiscos*

Kl. Schweinesteak im Brötchen	*bifana*	Kl. Rindersteak im Brötchen	*prego*
Hot Dog	*cachorro*	Frikadellen aus ...	*rissóis de ...*
Schnecken	*caracóis*	Getoastetes Brot mit Butter	*torrada*
kleine Pastete	*empada*	Gemischter Toast	*tosta mista*
Brot mit Räucherwurst	*pão com chouriço*	Käsetoast	*tosta com queijo*
Pasteten aus ...	*pastéis de ...*	Schinkentoast	*tosta com fiambre*

Sonstiges *diversos*

Löffel	*colher*	Krug	*jarro*
Rechnung	*conta*	Butter	*manteiga*
Glas	*copo*	halbe Portion	*meia-dose*
Messer	*faca*	Sauce	*molho*
Gabel	*garfo*	Zahnstocher	*palitos*
Serviette	*guardanapo*	Teller	*prato*

Getränke *bebidas*

Leitungswasser	*água da torneira*	Tee	*chá*
		kalt	*fresco*
Mineralwasser mit Kohlensäure	*água mineral com gás*	großer Milchkaffee	*galão*
Mineralwasser ohne Kohlensäure	*água mineral sem gás*	kleiner Milchkaffee	*garoto*
Kaffee (Espresso)	*bica*	Flasche (klein, groß)	*garrafa (pequena, grande)*
großes Faßbier	*caneca de cerveja*		
Espresso mit Wasser verdünnt	*carioca*	normales Faßbier	*imperial*
		Dose	*lata*
Heißes Wasser mit Zitrone	*carioca de limão*	Milch	*leite*
Bier	*cerveja*	Kakao	*leite com chocolate*

Register

A
Abendessen 157
Abgeschleppte Autos 134
Adressen 73
Afonso Henriques (König) 28
Ajuda 316
Alameda das Linhas de Torres 326
Albergaria 141
Alcântara 301
Alcochete 458
Aldeia da Piedade 485
Aldeia de Irmãos 497
Aldeia do Meco 473
Alfama 247
Algés 354
Alleinreisende Frauen 79
Almada 464
Almoçageme 428
Alto das Rosas 496
Alto das Vinhas 485
Alto de São João 328
Alverca 455
Amoreiras 294
Anreise 18
Antiquitäten 190
Antonius von Padua 198
Antunes, António Lobo (Schriftsteller) 324
Apotheken 82
Appartements 143
Aquário Vasco da Gama (Algés) 355
Aqueduto das Águas Livres 298
Araber 27
Arbeitslosenquote 70
Architektur, Moderne 274
Areia 387
Ärzte, deutschsprachige 82
Assembleia da República (Parlament) 291
Aufenthaltsgenehmigung 74
Aufzüge 125
Auskunft, telefonische 94
Auto 133
Auto (Anreise) 23
Autoestradas 134
Avenida da Liberdade 265, 266
Avenidas Novas 270
Aviz (Dynastie) 30
Azeitão 481

Azenhas do Mar 431
Azóia 426
Azulejogeschäfte 190
Azulejos 339

B
Bacalhau 158
Baden 224
Bahn (Anreise) 18
Bairro Alto 280
Bairro da Encarnação 329
Baixa 237
Baleia 446
Barcarena 394
Barcelona 19, 20
Barock 109
Barreiro 131
Bars/Kneipen 213
Beco do Chão Salgado 310
Behinderte 74
Beilagen 161
Belém 305
Benfica 319
Benfica (Fußballclub) 325
Bezelga 491
Bibliothek (Mafra) 439
Bibliotheken 205
Bier 164
Blaue Flagge 227
Blumenmarkt 188
Boca do Inferno 385
Bodyboarden 233
Boeiro 498
Boitaca, Diogo de 309
Börse 69
Botschaften, portugiesische 76
Bragança, Dynastie 34
Briefmarken, Markt 189
Britischer Friedhof (British Cemetery) 290
Bücher (gebraucht) 194
Buchhandlungen 193
Buchholz 195
Buchmesse 193
Burg (Palmela) 499
Burgund, Dynastie 28
Bus (Anreise) 22
Busbahnhof 22

C
Cabo da Roca 425
Cabo Espichel 475
Cabral, Pedro Álvares 32

Cacilhas 464
Caetano, Marcello 46
Cais do Sodré (Metro) 281
Calatrava, Santiago 330
Câmara Municipal (Rathaus) 239
Camões, Luis de 204, 310
Camping 144
Campo de Ourique 294
Campo Pequeno 272
Campolide 294
Carcavelos 362
Carcavelos 362
Carnide 326
Carris 122, 123
Cartão Jovem 76
Carvoeira 446
Casa de Hóspedes 142
Casa dos Bicos 250
Casa Fernando Pessoa 298
Casais da Serra 485
Casal do Desembargador 498
Cascais 373
Casino (Estoril) 364, 370
Castelo (Torres Vedras) 450
Castelo de São Filipe (Setúbal) 508
Castelo dos Mouros (Sintra) 409
Castelo São Jorge (Burg) 256
Caxias 355
CDs 195
Cemitério Alto de São João (Ostfriedhof) 329
Cemitério da Ajuda (Friedhof) 317
Cemitério dos Prazeres (Westfriedhof) 294
Centro Cultural de Belém 313
Cervejarias 156
Chafariz d'El Rei (Brunnen) 251
Chelas 329
Chiado 245
Chipkarte 7 Colinas 120
Churrasqueiras 156
Codeçal 440
Colares 424
Coliseu dos Recreios 244
Costa da Caparica 469
Couvert 157
Cristo-Rei (Statue) 469
Cruz Alta (Sintra) 410
Cuco 495

Register 523

D

Delgado, Humberto (General) 45
Deutsche Welle 91
Diebstahl 88
Diebstahl Bank-Karte 80
Diebstahl einer Kreditkarte 80
Diskotheken 220
Doca de Santo Amaro 301
Drogen 77

E

Eiffel, Gustav 245
Einkaufen 184
Einkaufszentren 184
Einreisebestimmungen 77
Eléctricos 124
Elektrizität 78
Erdbeben (1755) 109, 237
Ericeira 440
Ermäßigungen 120
Eroberungen 106
Espaço Memória dos Exílios (Estoril) 372
Essen & Trinken 155
Essenszeiten 157
Estação Santa Apolónia 250
Estádio da Luz 325
Estádio de Alvalade 328
Estado Novo 42, 113
Estalagem 141
Estoril 364
Estoril-Open (Tennis) 372
Estrada de Benfica 319
Estufa Fria (kaltes Gewächshaus) 272
Estufa Quente (heißes Gewächshaus) 272
EU-Hilfen 71
Eukalyptus 67
Eusébio (Fußballspieler) 326
EXPO 98 116, 330
Express-Busse 124

F

Fado 207
Fähren 130
Fahrkarten (Carris) 123
Fahrrad 136
Fahrradmitnahme 22
Fátima 40
Fátima, Wunder von 40
Feiertage 78
Feira da Ladra (Flohmarkt) 189
Feira Internacional de Lisboa – FIL 330
Felsengrab von Monge (Serra de Sintra) 420
Ferienwohnungen 143
Fernbusse 131
Fernsehen 78
Festa da Nossa Senhora do Cabo (Cabo Espichel) 475
Feste 197
Film, portugiesischer 203
Fisch 159
Fischauktionen (Cascais) 374
Fischfang 66
FKK 225
Fleischgerichte 157
Flohmärkte 189
Flug (Anreise) 20
Flughafen Lissabon 21
Fogueteiro 303
Fontanelas 432
Formel-1-Rennen (Estoril) 372
Forte de Oitavos 385
Foto 88
Franco 43
Frauen 79
Frühstück 157
Funktaxis 133
Fußball 200
Fußballfanatismus 200

G

Galerien 201
Galerien, römische 240
Gama, Vasco da 32, 310
Gare do Oriente (Hauptbahnhof) 330
Geld 79
Geldanweisungen 80
Genf 19
Germanen 26
Geschichte 25
Gesellschaft 57
Gesundheit 81
Gesundheitszentren 82
Getränke 162
Gewerkschaften 70
Glockenspiel (Mafra) 439
Goethe-Institut 205
Golfen 228
Gotik 105
Graça 259
Gradil 435
Grelhal 490
Großbrand (1988) 115
Grotten (Praia da Adraga) 428
Guincho 386
Gulbenkian, Calouste Sarkis 345

Guterres, António 53

H

Hafen Lissabon 305
Hauptbahnhof (Anreise) 20
Hauptbahnhof (Gare do Oriente) 330
Haustiere 83
Heinrich der Seefahrer 30
Hendaye 19
Herculano, Alexandre (Grab) 312
Homöopathie 82
Homosexuelle 87
Honório (Mönch) 414
Hospitäler 82
Hotels 141
Hunger, nächtlicher 223

I

Industrie 68
Inlineskaten 229
Instituto Superior de Agronomia 304
Instituto Superior Técnico 274
Integralismo Lusitano 44
Interior 61
Internet 83
Internetcafés 182
InterRail 19
Irún 19

J

Janas 433
Jardim Botânico 284
Jardim Botânico da Ajuda 317
Jardim do Cabeço das Rolas 333
Jardim do Torel 265
Jardim do Ultramar 307
Jardim Zoológico (Zoo) 319
Jardins Garcia de Orta 330
Jazz 207
Jazz-Festival (Cascais) 381
João da Silva 352
Joggen 229
Judenverfolgung 62
Jugendherbergen 144
Juni (Feste) 198

K

Kaffee 176
Karneval 197
Karneval (Torres Vedras) 447
Karten 84
Kartenvorverkauf 196
Karthager 25

Keramikgeschäfte 190
Kinder 84
Kino 202
Kirche 61

Kirchen

Basílica da Estrela
(Basilika) 288
Basilika (Mafra) 439
Capela da Gandarinha
(Cascais) 385
Capela da Peninha (Sintra) 414
Capela de Santo António
(Ericeira) 440
Capela de São Jerónimos
(Belém) 315
Capela de São Mamede
(Janas) 433
Capela de São Sebastião
(Ericeira) 440
Convento da Arrábida 488
Convento das Bernardas 292
Convento dos Capuchos
(Costa da Caparica) 472
Convento dos Capuchos
(Sintra) 413
Convento dos Cardaes
(Kirche und Kloster) 284
Ermida de Belém (Kapelle)
315
Ermida de Nossa Senhora da
Saúde e São Sebastião 259
Ermida de Santo Amaro
(Kapelle) 302
Igreja da Conceição Velha 240
Igreja da Encarnação 246
Igreja da Graça 261
Igreja da Misericórdia
(Alcochete) 458
Igreja da Nossa Senhora do
Cabo (Cabo Espichel) 475
Igreja de Jesus 288
Igreja de Jesus (Setúbal) 508
Igreja de Santa Engrácia 264
Igreja de Santa Luzia 256
Igreja de Santa Maria da
Graça (Setúbal) 508
Igreja de Santiago (Palmela)
499
Igreja de Santo António
(Estoril) 365
Igreja de Santo António de
Lisboa 255
Igreja de São Julião
(Setúbal) 508
Igreja de São Pedro (Torres
Vedras) 447
Igreja de São Roque 281
Igreja de Sta. Maria do
Castelo (Torres Vedras) 450

Igreja do Convento de São
Domingos 244
Igreja do Convento do
Carmo 246
Igreja do Loreto 246
Igreja do Santo
Condestável 295
Igreja e Convento da Graça
(Torres Vedras) 451
Igreja e Mosteiro São
Vicente de Fora (Kirche
und Kloster) 261
Igreja Matriz (Colares) 424
Igreja Matriz de São Pedro
(Palmela) 499
Igreja Santa Maria do
Castelo (Palmela) 499
Igreja Santa Maria do
Castelo (Sesimbra) 477
Igreja São Lourenço
(Azeitão) 481
Mosteiro dos Jerónimos
(Kirche und Kloster) 308
Sé (Kathedrale) 251
Klassik 206
Kleider-Markt (Carcavelos)
363
Kleidung 85
Klima 85
Kolonialkriege 46
Kolumbus, Christoph 32
Kondome 82
Kork 67
Korkeichen 467
Krankenhäuser 83
Krankenversicherung 81
Kreditkarten 80
Kreuzfahrten 24
Kriminalität 86
Kunsthandwerk 190
Kunsthandwerksdorf
(Sobreiro) 440
Kunsthandwerksmesse
(Estoril) 372

L

Lagoa de Albufeira 473
Landeskunde (Literatur) 72
Landwirtschaft 66
Lapa 287
Largo do Carmo 247
Largo do Chiado 246
Leitungswasser 87
Lesben 87
Linhas de Torres Vedras 451
Lisboa Card 120
Lisnave 466
Lissabon an einem Tag 238
Literatur 204

Litoral 61
Lojas de Conveniência 187
Loures 434
Lumiar 326
Lusitania (römische
Provinz) 26
Lusitanien 103
Lusitanier 26

M

Madragoa 287
Madredeus 205
Madrid 19, 20
Mãe d'Água 299
Mafra 435
Magoito 433
Malveira da Serra 388
Manierismus 108
Manini, Luigi 405
Manuel I. (König) 32
Manuelinik 107
Marathon 229
Mariscos 160
Marisqueiras 156
Markthallen 188
Marmor 68
Marquês de Pombal 35
Mauren 27
Maut (Autobahngebühren)
134
Meeresfrüchte 160
Messe Lissabon 330
Metro 122
Metrostationen 275
MFA - Movimento das
Forças Armadas 47
Mietwagen 136
Militärputsch 28. Mai 1926 41
Miradouro do Calhau 320
Miradouro Nossa Senhora
do Monte 260
Miradouro Santa Catarina 286
Miradouro Santa Luzia
(Aussichtspunkt) 256
Miradouro São Pedro de
Alcântara 281
Mittagessen 157
Mobiltelefon 94
Modegeschäfte 192
Módulos (Carris) 123
Monatskarten 122
Monsanto 320
Monte Estoril 365
Monteiro, Porfírio Pardal 113
Moschee 62

Register 525

Mountainbike
 (Serra de Sintra) 415,
 (Serra da Arrábida) 490
Mouraria 259
Münzen, Markt 189
Muscheln 160

Museen
Casa Museu Dr. Anastásio Gonçalves 344
Casa-Museu Amália Rodrigues 349
Casa-Museu Atelier Anjos Teixeira (Sintra) 408
Casa-Museu Medeiros e Almeida 347
Casa-Museu Mestre João da Silva 350
Centro de Arte Moderna 345
Fundação Arpad Szenes/Vieira da Silva 351
Museu Arqueológico 336
Museu Arqueológico de Odrinhas (Sintra) 408
Museu Cerâmica de Sacavém 455
Museu da Água da EPAL 335
Museu da Carris 340
Museu da Cidade 340
Museu da Farmácia 343
Museu da Marioneta 346
Museu da Música 348
Museu da Pólvora Negra (Barcarena) 395
Museu da Rádio 349
Museu das Artes Decorativas 337
Museu das Comunicações 341
Museu de Arte Moderna (Sintra) 407
Museu de Calouste Gulbenkian 345
Museu de Electricidade 342
Museu de Macau 346
Museu de Marinha 346
Museu de São Roque 281
Museu de Setúbal (Setúbal) 508
Museu do Ar (Alverca) 455
Museu do Banco de Portugal 338
Museu do Brinquedo (Sintra) 407
Museu do Chiado 340
Museu do Conde de Castro Guimarães (Cascais) 385
Museu do Design 342
Museu do Fado 343
Museu do Mar (Cascais) 384
Museu do Trabalho (Setúbal) 509
Museu Geológico 344
Museu Militar 348
Museu Municipal (Alcochete) 459
Museu Municipal (Torres Vedras) 451
Museu Municipal/Núcleo de Arte Sacra (Alcochete) 458
Museu Nacional de Arqueologia 336
Museu Nacional de Arte Antiga 336
Museu Nacional de Etnologia 343
Museu Nacional do Azulejo 337
Museu Nacional do Teatro 351
Museu Nacional do Traje 351
Museu Nacional dos Coches 341
Pavilhão do Conhecimento/Ciência Viva 352
Museumscafés 182
Musik 205

N
Nachspeisen 161
Nachtbusse 124
Namensgebung 102
Napoleon 35
Narbonne 19
Naturkost 187
Naturschutzgebiet des Sado 509
Nelkenrevolution 47
Neuchristen 62
Neujahr 197
Núcleo Arqueológico da Rua dos Correeiros 240

O
Oben-ohne-baden 225
Odivelas 434
Odrinhas 408
Oeiras 358
Öffnungszeiten 87
Oleiros 497
Olisipónia 258
Olivais 328
Oliveira, Manoel de 203
Oper 206
Outão 487
Ozeanarium 332

P
Pacheco, Duarte 113
Paço de Arcos 357
Paço do Lumiar 326
Paços do Concelho (Rathaus) 239
Padrão dos Descobrimentos 314
Palácio Anjos (Algés) 354
Palácio da Quinta do Relógio (Sintra) 407
Palácio das Necessidades 303
Palácio de Belém 307
Palácio de Monserrate (Sintra) 412
Palácio de Seteais (Sintra) 396
Palácio do Beau Séjour 323
Palácio do Marquês de Pombal (Oeiras) 360
Palácio Marquês de Fronteira 319
Palácio Nacional da Ajuda 316
Palácio Nacional da Pena (Sintra) 411
Palácio Nacional de Mafra (Mafra) 436
Palácio Nacional de Queluz (Queluz) 392
Palácio Nacional de Sintra (Sintra) 404
Paläste (Cascais) 373
Palmela 499
Pannenhilfe 24
Panteão Nacional 264
Paragliding 474
Parede 362
Parkeinweiser (Arrumadores) 135
Parken 134
Parks (Cascais) 373
Parque (Metro) 278
Parque da Liberdade (Sintra) 404
Parque da Pena (Sintra) 410
Parque do Monteiro-Mor 326
Parque Eduardo VII 271
Parque Urbano dos Moinhos de Santana 318
Passeio Público 266
Pavilhão Atlântico 332
Pavilhão dos Desportos Carlos Lopes 272
Paz 436
Penedo 422
Penha de França 279
Pensionen 141

526 Register

Pessoa, Fernando (Dichter) 204, 230, *(Grab)* 312
Phönizier 103
Photo 88
Picheleiros 486
Pinhal Novo 303
Pinto, Fernão Mendes 468
Planetário Calouste Gulbenkian 312
Politik 57
Polizei 88
Pombal, Marquês de 110
Ponsard, Raúl Mesnier de 245
Ponte 25 de Abril 302
Ponte Vasco da Gama (Brücke) 334
Pontinha 174
Popkonzerte 206
Popmusik 205
Portinho da Arrábida (Serra da Arrábida) 488
Porto Brandão 131
Porto/Campanhã 20
Portogebühren 89
Portucale (Grafschaft) 28
Portwein 163
Portweinprobierlokal 218
Post 88
Pousada 141
Praça da Figueira (Platz) 244
Praça de Londres 275
Praça do Areeiro 275
Praça do Comércio 238
Praça do Príncipe Real 282
Praça dos Restauradores 266
Praça Marquês de Pombal 267
Privatzimmer 143
Programmzeitschriften 196

Q
Queiroz, Eça de 291
Queluz 391
Quinta da Regaleira (Sintra) 405
Quinta Granja 326

R
Radio 89
Radwege 137
Rathaus (Lissabon) 239
Rathaus (Sintra) 396
Reblaus 425
Reconquista 27
Regeln (Bus und Straßenbahn) 124

Regeneração 111
Regionaler Aufbau 60
Reisegepäckversicherung 97
Reiserücktrittversicherung 97
Reiseveranstalter 18
Reisezeiten 86
Reiten 229
Reiterferien 454
Reklamationen 91
Renaissance 108
Residencial 142
Restaurants, Lissabon 165
Restelo 306
Retornados 48, 114
R-Gespräche 94
Ribamar 446
Ribeiro da Mula 421
Rio de Janeiro 36
Rockkonzerte 206
Rockmusik 205
Rodrigues, Amália 208
Rokoko 110
Rollstuhlfahrer (Busservice) 75
Romanik 105
Romantik 111
Römer 26
Rossio (Bahnhof) 243, (Platz) 243
Rua Augusta 239
Rundkapelle (Janas) 433

S
Sacavém 455
Salazar, Ana 192
Salazar, António de Oliveira 42
Sampaio, Jorge 53
Sandsteinklippen (Costa da Caparica) 473
Santa Cruz 448
Santana 265, 498
São Bento 288
São Gonçalo 494
São João do Estoril 366
Saramago, José (Schriftsteller) 269
Saudade 117
Schiff (Anreise) 24
Schnaps 164
Schnorcheln 230
Schwarzpulverfabrik 394
Schwimmbäder 227
Schwule 87
Sebastianismo 33

Second-Hand-Mode 193
Segeln 230
Seilbahn 334
Seilfabrik 306
Seixal 131
Serra da Arrábida 487
Serra de São Francisco 494
Serra de São Luís 491
Serra de Sintra 409
Serra do Louro 494
Sesimbra 477
Setúbal 502
Silva, Aníbal Cavaco 52
Silva, Maria Helena Vieira da 350
Sintra 396
Sklaverei 32
SMS 94
Snacks 162
Soares, Mário 52
Sobreiro 440
Souvenirs 190
Sport 224
Sport Lisboa e Benfica (Fußballmannschaft) 325
Sporting Clube de Portugal (Fußballclub) 328
Sprachkenntnisse 92
Sprachlehrbücher 92
Sprachschulen 92
Staatssicherheit PIDE 248
Stadien 201
Stadtbusse 123
Stadtfeiertag (Lissabon) 198
Stadtpläne 84
Stadtrundfahrten 132
Staus 134
Steuerkarte 74
Stierhatzen (Alcochete) 460
Stierhatzen (Vila Franca de Xira) 452
Stierkampf 273
Stierkämpfe (Vila Franca de Xira) 452

Strände
Azenhas do Mar 432
Praia da Adraga 428
Praia da Adraga 428
Praia da Aguda 432
Praia da Azarujinha (Estoril) 366
Praia da Calada (Ericeira) 447
Praia da Conceição (Cascais) 374
Praia da Cruz Quebrada 355
Praia da Duquesa (Cascais) 374

Register 527

Praia da Empa (Ericeira) 446
Praia da Figueirinha (Serra da Arrábida) 488
Praia da Foz (Aldeia do Meco) 474
Praia da Foz do Lizandro (Ericeira) 444
Praia da Galé (Guincho) 386
Praia da Orelheira (Ericeira) 446
Praia da Parede (Carcavelos) 362
Praia da Poça (Estoril) 365
Praia da Rainha (Cascais) 374
Praia da Ribeira (Cascais) 374
Praia da Ribeira d'Ilhas (Ericeira) 446
Praia da Samarra 433
Praia da Torre (Oeiras) 359
Praia das Bicas (Aldeia do Meco) 474
Praia das Maçãs 430
Praia das Maçãs 430
Praia das Moitas (Estoril) 366
Praia de Algés 354
Praia de Caxias 355
Praia de Galapos (Serra da Arrábida) 488
Praia de Paço de Arcos 357
Praia de Santa Cruz (Torres Vedras) 448
Praia de Santa Marta (Cascais) 374
Praia de Santo Amaro (Oeiras) 358
Praia de São Julião (Ericeira) 444
Praia de São Lourenço (Ericeira) 447
Praia de São Pedro (Estoril) 366
Praia de São Sebastião (Ericeira) 444
Praia do Abano (Guincho) 386
Praia do Guincho (Guincho) 386
Praia do Magoito 433
Praia do Matadouro (Ericeira) 444
Praia do Meco (Aldeia do Meco) 473
Praia do Norte (Praia do Algodio) (Ericeira) 444
Praia do Sul (Praia da Baleia) (Ericeira) 444
Praia do Tamariz (Estoril) 365
Praia dos Coxos (Ericeira) 446
Praia dos Moinhos (Alcochete) 459
Praia dos Pescadores (Ericeira) 444

Praia Grande 429
Praia Grande 429
Praia Monte Estoril (Estoril) 366
Praia Pequena 430
Straßenbahn (Colares-Sintra) 424
Straßenbahn, historische (Sintra) 400
Straßenbahnen 124
Straßenbahnlinie 12 250
Straßenkarten 84
Studentenausweis 92
Studentenfest 197
Studieren 92
Supermärkte 186
Suppen 157
Surfen 366
Surfen (Carcavelos) 362
Surfen (Ericeira) 446
Surfen (Estoril) 366
Surfschule 235

T
Tauchen 230
Taxi 133
Teatro Nacional Dona Maria II 243
Teatro Romano 255
Tejobrücke 25 de Abril 302
Tejobrücke Vasco da Gama 334
Tejo-Flussdelta (Alcochete) 462
Telefonieren 93
Telefonladen 94
Telefonzellen 94
Telenovelas 79
Tennis 233
Teppiche 190, 191
Terreiro do Paço 239
Theater 210
Tintenfische 159
Toiletten 95
Tordesillas, Vertrag von 32
Torre de Belém 314
Torres Vedras 447
Tourismus 69
Touristeninformationen 95
Trafaria 470
Trinkgeld 96
Trinkgeld (Taxi) 133
Tróia 511
Turismo (Lissabon) 96
Turismo de Habitação 142
Turismo Rural 142

U-V
Überbuchung 21
Übernachten 140
Umwelt 63
Universität, erste 105
Valença/Tui 20
Verfassung 57
Verhaltensknigge 96
Verkehrstipps Frankreich 24
Verkehrstipps Portugal 24
Verkehrstipps Spanien 24
Versicherungen 96
Viertel, unsichere 86
Vigo 20
Vila Franca de Xira 451
Vila Nogueira de Azeitão 481
Vinho Verde 163
Viriatus 26
Vorortbusse 131
Vorspeisen 157

W
Waldbrände 64
Wanderkarten 84
Wanderungen in der Serra da Arrábida 490
Wanderungen in der Serra de Sintra 414
Wäschereien 97
Wassertemperaturen 225
Wein 67, 162
Wein (Carcavelos) 362
Weinanbau Colares 425
Weinfest (Palmela) 501
Weingüter (Azeitão) 481
Weinläden 186
Weinprobierlokal 215
Wellenreiten 232, 233
Weltempfänger 90
Weltkrieg, erster 39
Wildes Campen 145
Windmühlen (Lissabon) 318
Windsurfen 236
Windsurfen (Guincho) 386
Windsurfen, Lagoa de Albufeira 473
Wirtschaft 65
Wohnen 98
Wörterbücher 92

X-Z
Xabregas 328
Zeit 98
Zeitungen 98
Zoll 77
Zoo 319
Züge, Nahverkehr 128
Zyklon (Cascais) 375

Verlagsprogramm

Ägypten
- Ägypten
- Sinai & Rotes Meer

- **Baltische Länder**

Belgien
- *MM-City* Brüssel

- **Bulgarien** – Schwarzmeerküste

- **Dominikanische Republik**

Deutschland
- Allgäu
- Altmühltal & Fränk. Seenland
- Berlin & Umgebung
- *MM-City* Berlin
- Bodensee
- Franken
- Fränkische Schweiz
- Mainfranken
- Nürnberg, Fürth, Erlangen
- Oberbayerische Seen
- Ostseeküste – von Lübeck bis Kiel
- Ostseeküste – Mecklenburg-Vorpommern
- Rügen, Stralsund, Hiddensee
- Schwäbische Alb
- Usedom

- **Ecuador**

Frankreich
- Bretagne
- Côte d'Azur
- Elsass
- Haute-Provence
- Korsika
- Languedoc-Roussillon
- *MM-City* Paris
- Provence & Côte d'Azur
- Südfrankreich
- Südwestfrankreich

Griechenland
- Athen & Attika
- Chalkidiki
- Griechenland gesamt
- Griechische Inseln
- Karpathos
- Kefalonia & Ithaka
- Korfu
- Kos
- Kreta
- Kykladen
- Lesbos
- Naxos
- Nord- u. Mittelgriechenland
- Peloponnes
- Rhodos
- Samos
- Santorini
- Skiathos, Skopelos, Alonnisos, Skyros – Nördl. Sporaden
- Thassos, Samothraki
- Zakynthos

Großbritannien
- Cornwall & Devon
- England
- *MM-City* London
- Südengland
- Schottland

- **Irland**

- **Island**

Italien
- Abruzzen
- Apulien
- Chianti – Florenz, Siena
- Dolomiten – Südtirol Ost
- Elba
- Friaul-Julisch Venetien
- Gardasee
- Golf von Neapel
- Italien
- Italienische Riviera & Cinque Terre
- Kalabrien & Basilikata
- Liparische Inseln
- Marken
- Mittelitalien
- Oberitalien
- Oberitalienische Seen
- Piemont & Aostatal
- *MM-City* Rom
- Rom & Latium
- Sardinien
- Sizilien
- Südtirol
- Südtoscana
- Toscana
- Umbrien
- *MM-City* Venedig
- Venetien

Kroatien
- Istrien
- Kroatische Inseln & Küste
- Mittel- und Süddalmatien
- Nordkroatien – Kvarner Bucht

- **Malta**, Gozo, Comino

- **Niederlande**
- *MM-City* Amsterdam
- Niederlande

Norwegen
- Norwegen
- Südnorwegen

Österreich
- *MM-City* Wien
- Wachau, Wald- u. Weinviertel
- Salzburg & Salzkammergut

Polen
- Polen
- Polnische Ostseeküste

Portugal
- Algarve
- Azoren
- *MM-City* Lissabon
- Lissabon & Umgebung
- Madeira
- Nordportugal
- Portugal – gesamt

Schweden
- Südschweden

Schweiz
- Genferseeregion
- Graubünden
- Tessin

Serbien und Montenegro
- Montenegro

- **Slowenien**

Spanien
- Andalusien
- *MM-City* Barcelona
- Costa Brava
- Costa de la Luz
- Gomera
- Gran Canaria
- *MM-Touring* Gran Canaria
- Ibiza
- Katalonien
- Lanzarote
- La Palma
- *MM-Touring* La Palma
- Madrid & Umgebung
- Mallorca
- Nordspanien
- Spanien – gesamt
- Teneriffa
- *MM-Touring* Teneriffa

Tschechien
- *MM-City* Prag
- Südböhmen
- Tschechien – gesamt
- Westböhmen & Bäderdreieck

- **Tunesien**

- **Türkei**
- *MM-City* Istanbul
- Türkei – gesamt
- Türkei – Lykische Küste
- Türkei – Mittelmeerküste
- Türkei – Westküste
- Türkische Riviera – Kappadokien

- **Ungarn**

- **Zypern**

Aktuelle Informationen zu allen Reiseführern finden Sie im Internet unter www.michael-mueller-verlag.de

Michael Müller Verlag GmbH, Gerberei 19, 91054 Erlangen, Tel. 0 91 31 / 81 28 08-0; Fax 0 91 31 / 20 75 41; E-Mail: mmv@michael-mueller-verlag.de